Deutsche Sprache und Literatur aus Südosteuropa –
Archivierung und Dokumentation
Beiträge der Tübinger Fachtagung vom 25. – 27. Juni 1992

Veröffentlichungen des Südostdeutschen Kulturwerks
Reihe B: Wissenschaftliche Arbeiten
Herausgegeben von Anton Schwob
Band 66
Institut für donauschwäbische Geschichte und Landeskunde Tübingen
Buchreihe Band 5
Herausgegeben von Schwob / Fassel
unter Mitarbeit von Hans Gehl, Stefan Sienerth und Krista Zach

Deutsche Sprache und Literatur in Südosteuropa – Archivierung und Dokumentation

Beiträge der Tübinger Fachtagung
vom 25. – 27. Juni 1992

Herausgegeben von
Anton Schwob und Horst Fassel

Verlag Südostdeutsches Kulturwerk
München 1996

Die Deutsche Bibliothek – CIP-Einheitsaufnahme

Deutsche Sprache und Literatur in Südosteuropa:
Archivierung und Dokumentation / Südostdeutsches Kulturwerk.
Hrsg. von Anton Schwob und Horst Fassel.
– München: Südostdt. Kulturwerk, 1994
(Veröffentlichungen des Südostdeutschen Kulturwerks: Reihe B,
Wissenschaftliche Arbeiten; Bd. 66)
ISBN 3-88356-070-7
NE: Schwob, Anton [Hrsg.]; Südostdeutsches Kulturwerk:
Veröffentlichungen des Südostdeutschen Kulturwerks / B

Umschlaggestaltung: © Südostdeutsches Kulturwerk unter Verwendung der Abbildungen Lorenz Töppelt, Origines et occasus Transsylvanorum, Lyon 1667 (Titelblatt, oben); Burg von Buda mit Museen, Archiven und Bibliotheken (darunter); Hunyadi-Kastell in Temeswar (heute Banater Museum, links oben); Brukenthal-Museum mit Brukenthal-Bibliothek in Hermannstadt (darunter); Archiv und Museum in Osijek (darunter).

Gedruckt mit Unterstützung
des Bundesministers des Innern
und des Instituts für donauschwäbische Geschichte und Landeskunde Tübingen

ISBN 3-88356-070-7

D-81379 München, Leo-Graetz-Str. I/1
Herstellung: Ebner Satz & Druck, Verlag, Deggendorf

Inhalt

ANTON SCHWOB (Graz):
Vorwort 9

Sektion Sprachwissenschaft

1. Mundart und Standardsprache

KURT REIN (München):
Mundarten und Hochsprache in Südosteuropa und ihre Erforschung unter den besonderen Sprachbedingungen dieses Raumes 13

KARL MANHERZ (Budapest):
Die donauschwäbischen Mundarten und ihre Erforschung in Ungarn 25

BRIGITTE BRUCKNER (München):
Die Struktur der Mundarten im mittleren Südsiebenbürgen 37

WALTER HOFFMANN (Bonn):
Zur Situation der rheinischen Mundarten in der Gegenwart 45

2. Datenerhebung durch Feldforschung

WOLFGANG KLEIBER (Mainz):
Zur Erhebung von Fachwortschätzen in Südosteuropa. Erfahrungen und Vorschläge aus dem Umkreis des Wortatlas der kontinentalgermanischen Winzerterminologie (WKW) 52

PETER WIESINGER (Wien):
Überlegungen zu sprachgeographischen und sprachsoziologischen Forschungen im Banat. Ein Plädoyer für einen „Banaterdeutschen Sprachatlas" 61

HANS GEHL (Tübingen):
Datenerhebung in der Mundartforschung 71

3. EDV-gestützte Datenverarbeitung

JOACHIM GÖSCHEL (Marburg a. d. Lahn)/RAPHAELA LAUF (Marburg a. d. Lahn):
Datenverarbeitung: Transkription, Verzettelung und EDV-Anwendung . . . 82

ARNO RUOFF (Tübingen):
Mundartenvarianten. Bericht über das Projekt „Dokumentation donauschwäbischer Mundarten" 85

KATHARINA WILD (Fünfkirchen/Pécs):
Statistisch-syntaktische Untersuchungen ungarndeutscher Mundarten 94

4. Gestaltung von Wörterbüchern

HELMUT PROTZE (Leipzig):
Das Sprachinselwörterbuch. Seine Gestaltung und Bedeutung für Sprachwissenschaft, Volkskunde und Geschichte 99

RUDOLF POST (Mainz):
Das Pfälzische Wörterbuch – Abgrenzung, Materialsammlung und Erarbeitung 119

SIGRID HALDENWANG (Hermannstadt/Sibiu):
Das Siebenbürgisch-Sächsische Wörterbuch innerhalb der deutschen Mundartforschung. Eigenheiten und Aufbau 126

GISELA RICHTER (Gundelsheim a. Neckar):
Zu Anlage und Anliegen des Nordsiebenbürgisch-Sächsischen Wörterbuchs 132

HANS-HENNING SMOLKA (Marburg a. d. Lahn):
Zum Problem von Mischung und Ausgleich in der siebenbürgischen Wortgeographie 136

PETER KOTTLER (Temeswar/Timişoara):
Gegenwärtiger Stand und Perspektiven der Arbeit am „Wörterbuch der Banater deutschen Mundarten" 148

5. Linguistik und Deutschdidaktik

MÁRIA PAPSONOVÁ (Eperies/Prešov):
Die Entwicklung der Schreibsprache in der Zips am Beispiel der „Zipser Willkür" 154

HALRUN REINHOLZ (München):
Die Zweisprachigkeit Banater Schüler als Problem der Deutschdidaktik . . 167

Sektion Literaturwissenschaft

WOLFGANG KESSLER (Herne):
Deutschsprachige Veröffentlichungen im Raum des historischen Ungarn: Erschließung – Sammlung – Benutzung 191

STEFAN SIENERTH (München):
Pietismus in Siebenbürgen. Die Briefe des Sachsenkomes Andreas Teutsch an August Hermann Francke 218

KONRAD GÜNDISCH (Oldenburg):
„Germanistisches" in der Siebenbürgischen Bibliothek Gundelsheim . . . 236

Gottfried Habenicht (Freiburg):
Das Johannes-Künzig-Institut für ostdeutsche Volkskunde 245

Anton Unterkircher (Innsbruck):
Das EDV-Projekt des Innsbrucker „Brenner-Archivs" 257

Mária Rózsa (Budapest):
Die deutschsprachige Presse in Ungarn im Überblick.
Eine Budapester Dokumentation 265

András Varga (Szegedin / Szeged):
Die Geschichte der Bibliothek des Ordenshauses der Piaristen
und des Minoritenkonvents in Szeged 278

Monica Vlaicu (Hermannstadt / Sibiu):
Das politische und das Vereinsleben der Deutschen
in Rumänien, 1918 – 1945. Quellen aus den Beständen des
Staatsarchivs Hermannstadt 287

Ioan Dordea (Klausenburg / Cluj-Napoca):
Karl Kurt Kleins Briefwechsel mit rumänischen Gelehrten 301

Horst Fassel (Tübingen):
Deutsche Literatur in den Sammlungen der Universitätsbibliothek Jassy . . 310

Antal Hegedüs (Neusatz / Novi Sad):
Möglichkeiten der Nutzung von Quellen zur Geschichte der Deutschen
aus Südosteuropa in serbischen Archiven 319

Ioan Dordea (Klausenburg / Cluj-Napoca):
Das neue Archivgesetz in Rumänien. Änderungsvorschläge im
Gesetzentwurf 322

Verzeichnis der Mitarbeiterinnen und Mitarbeiter . . . . . . 4. Umschlagseite

Vorwort

Der Zusammenbruch des Kommunismus schuf für die Erforschung der deutschen Sprache und Literatur in und aus Südosteuropa neue Voraussetzungen: Einerseits wurden hierdurch die bisher unter erheblichen Schwierigkeiten gepflegten Kontakte zu Fachkollegen aus Ostmittel- und Südosteuropa vertieft und ausgebaut, wurden Bibliotheksbestände, die bisher nur mit amtlicher Genehmigung benutzbar waren, leichter zugänglich und bürokratische Hindernisse etwa beim Ermitteln von Sprachzuständen abgebaut; andererseits stellen der Exodus der Banater Deutschen und Siebenbürger Sachsen und das sich abzeichnende Ende der historischen Existenz der Deutschen in Südosteuropa die Forscher aus diesem Wissensbereich vor ganz neue und unaufschiebbare Aufgaben. Dem *Südostdeutschen Kulturwerk* München und dem *Institut für donauschwäbische Geschichte und Landeskunde* Tübingen, die sich seit ihrer Gründung — 1951 bzw. 1987 — der Erforschung von Geschichte, Kultur, Sprache und Literatur der Deutschen in und aus Ostmittel- und Südosteuropa widmen, drängte sich unter diesen Umständen ein Tagungsthema zum Problemkreis „Dokumentation und Archivierung" regelrecht auf.

Die in diesem Band vereinigten Studien und Aufsätze sind zum überwiegenden Teil auf der in Tübingen vom 25. bis 27. Juni 1992 vom Institut für donauschwäbische Geschichte und Landeskunde und vom Südostdeutschen Kulturwerk veranstalteten Tagung als Referate vorgestellt worden. Sie wurden durch Beiträge ergänzt, die bei dieser wissenschaftlichen Veranstaltung nicht vorgetragen werden konnten, jedoch im thematischen Umfeld des Tübinger Symposions entstanden sind. Wenn auch Berührungen und Überschneidungen nicht zu vermeiden waren, wurde der Übersichtlichkeit wegen die Gruppierung der Beiträge nach den Bereichen Sprach- und Literaturwissenschaft, wie sie sich während der Tagung, die in zwei Sektionen abgehalten wurde, bewährt hatte, beibehalten.

Eine Vielzahl von Fragen und Problemen wurde im Zusammenhang mit dem Gebrauch von Mundart und deutscher Hochsprache in Südosteuropa und den Möglichkeiten ihrer wissenschaftlichen Untersuchung, lexikographischen Erfassung und Sicherung angesprochen. Neben gerafften Rückblicken auf die Rolle und Verbreitung des Deutschen in Südosteuropa, das in diesem Raum als Hochsprache und in verschiedensten von mundartlichen Ausprägungen schon seit dem Mittelalter und verstärkt seit der Zeit der Habsburger als regionales und überregionales Kommunikationsmittel diente, sowie auf die bisherigen Ergebnisse der Mundartforschung werden in mehreren Beiträgen Überlegungen darüber angestellt, wie die bereits aufgezeichneten und die durch Feldforschungen noch zu erhebenden

Sprachzustände mit Hilfe der bisher hierfür bedauerlicherweise nur partiell angewandten Methoden der Sprachgeographie und der Soziolinguistik auszuwerten, zu beschreiben und nicht zuletzt datenverarbeitungsgerecht zu erfassen und zu sichern sind. Sprachwissenschaftler, die seit vielen Jahren hauptsächlich lexikographisch tätig sind, gehen in ihren Beiträgen auf Anlage, Gestaltungsmöglichkeiten und Zielsetzungen der von ihnen miterarbeiteten Mundartwörterbücher ein, deren Erstellung angesichts der Abwanderung der Dialektsprecher und der Ausdörrung der Mundartlandschaften eine nicht hoch genug zu veranschlagende Dringlichkeit zukommt. Betrachtungen über die vielfachen Formen des Sprachausgleichs, der Mischung und Interferenz, wie sie in Regionen, in denen Menschen unterschiedlicher nationaler Zugehörigkeit und Muttersprache leben und miteinander kommunizieren, immer wieder anzutreffen sind, runden den thematischen Rahmen des sprachwissenschaftlichen Teiles dieses Buches ab.

Ziel der Vorträge, die in der literaturwissenschaftlichen Abteilung präsentiert wurden, war es, jene Forschungseinrichtungen, Bibliotheken, Archive sowie Buch- und Periodikabestände vorzustellen, die über größere Sammlungen deutscher Literatur aus Südosteuropa verfügen. Ein Informationsaustausch zwischen diesen Institutionen und eine intensivere, grenzüberschreitende Zusammenarbeit der einzelnen Forscher ist auch deshalb anzustreben, da selbst die am besten mit südostdeutscher Fachliteratur ausgestatteten Bibliotheken Deutschlands lediglich etwas mehr als die Hälfte der in Südosteuropa erschienenen Titel führen. Diese Bestände zu bereichern, elektronisch zu katalogisieren und zu vernetzen, um sie möglichst vielen Forschern und Interessierten über Fernleihe zugänglich zu machen, wird eine dringende Aufgabe der nächsten Jahre sein, nicht zuletzt deshalb, weil — trotz der nunmehr größeren Möglichkeiten der Kontaktnahme — ein uneingeschränkter Zugang zu vielen Bibliotheken und Archiven in Südosteuropa weiterhin nur bedingt möglich ist und deutschsprachige Bücher, Periodika und Nachlässe vor Ort infolge der unbeständigen politischen Lage nur begrenzt gesichert werden können. Daß es für Fachwissenschaftler aus diesem Bereich eine lohnenswerte Aufgabe ist, deutsche Bibliotheken und Archive auch im Hinblick auf ihre südosteuropäischen Bestände zu durchforsten, stellen die hier erstmals veröffentlichten Materialien, die rege kulturelle Beziehungen zwischen Deutschland bzw. Österreich und Südosteuropa auch in früheren Jahrhunderten belegen, unter Beweis.

Anton Schwob

Sektion
Sprachwissenschaft

Kurt Rein

Mundarten und Hochsprache in Südosteuropa und ihre Erforschung unter den besonderen Sprachbedingungen dieses Raumes

So nenne ich nach den Vorgaben von Tagungs- und Sektionsthema meinen Beitrag, der außerdem mit allem Risiko des ersten Referierenden und so auch mit der Gefahr der „Thema-Verfehlung" behaftet ist. Aus dem genannten Thema möchte ich folgende Aspekte ansprechen und in dieser Reihenfolge abhandeln:

1. Kurzer Rückblick auf die Geschichte der Mundarten und der deutschen Hochsprache in diesem Raum
2. Die dialekt-wissenschaftliche Beschäftigung damit, insbesondere in der sogenannten „Sprachinselkunde"
3. Jüngste Entwicklungen und daraus erwachsene aktuelle Aufgaben
4. Kurze Wunschliste der südostdeutschen Sprachforschung — insbesondere in organisatorisch-methodischer Hinsicht.

1. Kurzer Rückblick auf die Geschichte des Deutschen in Ost- und Südosteuropa

1.1 (Hoch)deutsch war in unserem Raum seit dem Mittelalter, namentlich den Zeiten der Königin Gisela von Bayern und den „durch Ungarland" führenden Kreuzzügen als Fremdsprache wohlbekannt und gut vertreten; erst recht gilt das für die nachmittelalterliche Zeit, spätestens seit unter den Habsburgern Friedrich III. und Maximilian I. Wien für drei Jahrhunderte faktisch die deutsche Hauptstadt geworden war. Die bevorzugte Stellung des Deutschen erreichte ihre weiteste Verbreitung aufgrund ihrer Geltung als amtlich verordnete Koine während der schwarzgelben Doppelmonarchie; aber auch danach — und selbst räumlich weit darüber hinausreichend — galt sie und gilt bis in den Zweiten Weltkrieg und resthaft selbst heute noch als übernationales Verständigungsmittel. So z. B. im rumänischen Altreich dank der alten Bukarester und Jassyer deutschen Kolonien; und selbst in Bulgarien, von wo bekanntlich Elias Canetti, einer der letzten großen Dichter deutscher Sprache aus diesem Raum, herstammt.

Diese unangefochtene Vormachtstellung des Deutschen — gerade auch gegenüber dem von Rumänien seit Mitte des 19. Jahrhunderts so sehr propagierten Französischen — verdankt sich aber neben dieser politischen, quasiamtlichen Förderung in der Habsburger Doppelmonarchie, zumindest ebenso stark auch der

1.2 Verbreitung des Deutschen in bodenständigen Mundarten.

In zahlreichen deutschen Sprach- und das heißt zumeist Mundartinseln dieses Raumes war Deutsch auch Erst- oder Muttersprache von Bürgern der verschiedensten Schichten. Sie bildeten auf dem Höhepunkt nach der Jahrhundertwende eine große deutsche Sprachlandschaft außerhalb des geschlossenen deutschen Sprachraums mit mindestens drei Millionen Sprechern. Nicht zuletzt durch den Ersten Weltkrieg wurden viele — insbesondere die kleineren darunter — überhaupt erst bekannt und später in ihren geschichtlichen und sprachlichen Hauptzügen auch zum erstenmal wissenschaftlich erfaßt: ja sogar — wenn auch unterschiedlich gut — bereits dialektologisch beschrieben und eingeordnet.

Das ist die hier gebührend herauszustellende Leistung der südostdeutschen Sprachinseldialektologie, die — nach Vorarbeiten seit der Jahrhundertwende, zwischen den Weltkriegen und sogar noch in den ersten beiden Dezennien danach — diese erste grobe Bestandsaufnahme unter zunehmend ungünstiger werdenden Bedingungen noch erstellte.

2. Die wissenschaftliche Beschreibungsmethode: Sprachinseldialektologie

Die wissenschaftliche Beschäftigung mit diesem Phänomen hat eine lange Tradition; namentlich bei den Siebenbürger Sachsen[1] setzte sie schon bei den Humanisten des 16. Jahrhunderts ein — oder hatte in diesen ihre Vorreiter. Obgleich diese Vorstellung „der im anderssprachigen Meer aufragenden Insel" wohl zuerst von der Wiener Germanistik im letzten Drittel des 19. Jahrhunderts am Beispiel der bairischen und alemannischen Dialektgruppen bzw. Sprachreste in Oberitalien und in der Schweiz (Walliser; 7/13 Gemeinden) erarbeitet wurde[2], wird diese Vorreiterrolle Transsylvaniens als Muttersprachinsel auch oft und gern von den Siebenbürger Sachsen[3] angeführt.

Die flächendeckende Ersterfassung dieses auslandsdeutschen Sprachraumes und auch eine erste methodische Reflexion ihrer speziellen Probleme aus dieser besonderen Situation ist das Verdienst einer ganzen Generation von aus diesem Raum hervorgegangenen Forschern: darunter sind hier neben Hermine und Karl Kurt

[1] Mit diesem Beispiel wird meist, auch in Lexika (z. B. dtv [1990] XVII 18): „Kleines Sprachareal innerhalb einer anderssprachigen Sprachgemeinschaft (z. B. das von den Siebenbürger Sachsen gesprochene Deutsch)" der Begriff nicht gerade erschöpfend und eindeutig erläutert.

[2] Vgl. Walter Kuhn (1934): Deutsche Sprachinselforschung. Plauen. S. 82 ff. Der Schmeller-Schüler Bergmann spricht von den Sieben und den Dreizehn Gemeinden bei Verona als den „Zykladen".

[3] Z. B. im Vorwort zu: Siebenbürgisch-Sächsisches Wörterbuch, Bd. 1, hrsg. von Adolf Schullerus. Straßburg 1908 ff. Einl. oder Sprachatlas: Karl Kurt Klein/L. E. Schmitt: Siebenbürgisch-Deutscher Sprachatlas, bearb. von Kurt Rein, Marburg 1961.

Klein[4] besonders Viktor Schirmunski[5] oder Ladislaus Michael Weifert[6] als führend zu nennen.

Leitendes Forschungsprinzip und Hauptmotiv bei dieser intensiven Beschäftigung mit den Sprachinseln war die an sich naheliegende Frage der Entstehung(sgeschichte) dieser auffälligen Sprachvorkommen fernab dem geschlossenen Sprachgebiet. Mit diesem historischen Interessenschwerpunkt standen diese meist an den deutschen Dialektzentren wie Marburg oder Wien ausgebildeten Südostdeutschen in einer Reihe mit der älteren deutschen Dialektologie und Linguistik, die damals ja auch primär diachron ausgerichtet war. Bei einem Teil der Sprachinselforscher führte das aber doch dann zur verkürzten Sicht auf die „Sprachinsel als Museum" — insbesondere bei den bald 900 Jahre alten Inseln aus dem Mittelalter, wie Siebenbürgen oder der Zips. In deren für „museal" gehaltenen Dialekten suchte man nach Archaismen im Wortschatz oder in der möglichst original althochdeutschen Lautung, die im binnendeutschen Sprachraum längst aufgegeben waren — wenn sie je so bestanden hatten.

Doch trifft dieser Vorwurf der „Geschichtsfixiertheit" eher die Wiener Erforscher der südbairischen Sprachinseln als die südostdeutschen Dialektologen, die es — außer wiederum mit den Sachsen — meist mit jüngeren, historisch nicht so ergiebigen „Inseln" zu tun hatten. Dagegen gilt für letztere stärker, daß sie die Dialektforschung als „ancilla historiae" betrachteten bzw. mißbrauchten. Diese Sicht hat gleichfalls eine lange Tradition und wurde an der Paradesprachinsel Siebenbürgen mit wechselndem Erfolg praktiziert seit Honterus' Feststellung auf seiner Sachsenkarte: „Sie sein vom Rein und Sachsen; wovon sie in ihrer Sprache Zeugnis geben, indem sie datten und watten wie die Niederdeutschen." Dieser Vorläufer im 16. Jh. wurde dann im 18. Jh. noch verstärkt, als Leibniz dieselbe Idee hatte und aus „einem Specimen ihrer Sprache" das Rätsel der Herkunft der Siebenbürger einwandfrei lösen zu können glaubte[7]. Die nach Erscheinen der ersten Sprachatlaskarten einsetzende, letztlich vergebliche Suche nach einer engumrissenen „Heimat der Väter", die von der Nösner Germanistenschule (Kisch, Huss) dialektologisch vorbereitet worden war, endete denn auch bei der Urheimatfahrt nach Luxemburg 1905 mit einer Enttäuschung: Trotz allen „Hineinhörens" waren die nord- und südsiebenbürgischen (Orts-)Dialekte nirgendwo exakt lokalisierbar. Dieses Versagen der derart überforderten Dialektgeographie sollte sich dann noch

[4] Vgl. Karl Kurt Klein (1963): Transsylvanica. Gesammelte Abhandlungen und Aufsätze zur Sprach- und Siedlungsforschung der Deutschen in Siebenbürgen (= Buchreihe der Südostdeutschen Historischen Kommission 12). München.

[5] Vgl. Viktor Schirmunski (1939): Sprachgeschichte und Siedlungsmundarten, In: Germanisch-Romanische Monatsschrift 18, S. 113–122 und 171 f.

[6] Ladislaus Michael Weifert (1960): Grundsätzliche Probleme und Erkenntnisse im Lichte der südostdeutschen, insbesondere Banater Mundartforschung. In: Zeitschrift für Mundartforschung 27, S. 115–128.

[7] Vgl. Kurt Rein (1966): Siebenbürgisch-luxemburgische Begegnungen. In: Luxemburg und Siebenbürgen. Hg. von Karl Kurt Klein. Köln–Graz (= Siebenbürgisches Archiv, III. F., 5). S. 203–230.

sehr abträglich für die Siebenbürger Dialektologie der folgenden Jahre auswirken, die mit ANDREAS SCHEINER einen der Dialektgeographie gegenüber äußerst skeptischen Vertreter hatte[8].

2.1 Sprachausgleichsforschung zwischen den Weltkriegen

Die in den 20er Jahren einsetzenden Bemühungen, die Entstehung der südostdeutschen Kolonistendialekte des 17.–19. Jahrhunderts als Ergebnisse komplexer „Mischungs- und Ausgleichsvorgänge“ unter den mitgebrachten Dialekten der Erstsiedler zu erklären, waren demgegenüber linguistisch realistischer und durch die hier jüngere und z. T. günstigere Quellenlage kritischer und methodenbewußter. Auch ihr sind Irrwege und Enttäuschungen nicht erspart geblieben, wie die Aufdeckung von „dialektgeographischen Illusionen“ bei solchen mechanisch-sprachgeographischen Beheimatungen durch die sowjetischen Germanisten VIKTOR SCHIRMUNSKI[9] oder durch A. BÖHMER[10] bei der Beheimatung von Pfälzern am Niederrhein aufzeigte[11].

Die methodische Summe aus diesen sprachwissenschaftlich-dialektologischen Bemühungen zog ANTON SCHWOB[12]. Dabei zeigte sich, daß zunehmend linguistische und sprachtheoretische Fragestellungen wie Sprach-/Dialektmischung und Ausgleich stärker in den Vordergrund gerieten; zu deren Beantwortung wurden sowohl systemlinguistische (wie z. B. die Nähe der von den Erstsiedlern mitgebrachten Mundarten zueinander und zum Hochdeutschen) als auch immer stärker sozio- und pragmalinguistische (wie z. B. die Funktion des Hochdeutschen) Aspekte herangezogen, aber auch rein zufällig-historische (wie etwa die Konfession, die Zusammensetzung der Erstkolonisten u. a.).

Für die traditionell theorieferne Dialektologie[13] war das eine beachtliche Leistung und führte zu einer ersten kritischen Distanz auch zu ihren eigenen Methoden und Ergebnissen, auch wenn das Theoriedefizit gerade der Sprachinseldialektologie natürlich immer noch groß blieb und selbst heute bei ihrem zumindest in ihren bisherigen Forschungsgebieten zu befürchtenden Ende noch so ist.

8 ANDREAS SCHEINER (1930): Stand, Methoden und bisherige Ergebnisse der Siebenbürgisch-deutschen Mundartforschung. In: Deutsche Hefte für Volks- und Kulturbodenforschung 1, S. 253–260.

9 A. STRÖHM/VIKTOR SCHIRMUNSKI (1926/27): Deutsche Mundarten an der Newa. In: Teuthonista 3, S. 39–62 und 153–165.

10 A. BÖHMER (1909): Sprach- und Gründungsgeschichte der pfälzischen Colonie am Niederrhein. Marburg.

11 Obgleich, wie VEITH bei einer erneuten Prüfung zu BÖHMERS Ehrenrettung in jüngster Zeit wiederum feststellen konnte, die ermittelte Sprachheimat gar nicht „so illusionär“ gewesen war! Vgl. W. H. VEITH (1969): Kuseler Mundart am Niederrhein. In: Zeitschrift für Dialektologie und Linguistik 36, S. 67–76.

12 ANTON SCHWOB (1971): Wege und Formen des Sprachausgleichs in neuzeitlichen ost- und südostdeutschen Sprachinseln. München.

13 Vgl. K. HEGERS Klage über das unbefriedigende „Verhältnis von Theorie und Empirie in der Dialektologie“. In: Dialektologie-Handbuch zur deutschen und allgemeinen Dialektforschung 1 (1982), S. 424 ff.

2.2 Die Wende von der diachronen zur synchronen Sprachinseldialektologie

Eine Wandlung dieser älteren südostdeutschen Sprachinseldialektologie brachte der theoretische Neuanfang in der deutschen Mundartforschung Ungarns, wo infolge der Kriegsereignisse die insbesondere vor dem Ersten Weltkrieg auf ungarisch florierende lokale Forschungstradition abriß und — bis auf JOHANN WEIDLEIN in Westdeutschland — nach 1945 unter keineswegs leichten Bedingungen neu anfangen mußte. (Dies im Unterschied zu dem darin ungleich liberaleren Rumänien, wo die deutsche Bildungs- und Wissenschaftstradition auf relativ beachtlicher Höhe blieb und mit der Weiterführung des Siebenbürgisch-Sächsischen Wörterbuchs[14] und der Herausgabe eigener „Forschungen zur Volks- und Landeskunde"[15] auch vom kommunistischen System fortgesetzt wurde.

Der mit den Namen KARL MOLLAY[16], CLAUS JÜRGEN HUTTERER und KARL MANHERZ verknüpfte methodische Neuansatz führte zu einer stärkeren synchronen Betrachtungs- und Beschreibungsweise. Damit setzte sie einmal die alte Aufgabe einer Inventarisierung der deutschen Mundarten Ungarns fort und erfaßte die bisher als weniger interessant kaum beachteten, überwiegend ostmittelbairischen Mundarten des „Ungarischen Mittelgebirges" (HUTTERER[17]) bzw. der sogenannten „Heanzen" in Westungarn (KARL MANHERZ[18]). Sie komplettierten so die Dialektgeographie der deutschen Mundarten in Ungarn gerade noch rechtzeitig vor deren Auflösung, die in den an Österreich grenzenden und gründlicher ausgesiedelten deutschen Siedlungsgebieten weiter fortgeschritten ist als in dem eher verschont gebliebenen „Transdanubien", der von JOHANN WEIDLEIN[19] u. a. beschriebenen „Schwäbischen Türkei", wo der Erhaltungszustand des Deutschen etwas besser ist.

Wichtiger jedoch war die — schon von der Entwicklung der Linguistik her längst fällige — Wende in den Interessenschwerpunkten: von der diachron auf die Urheimat gerichteten Durchforschung der Sprachinseln auf die stärker synchrone Beschreibung der eigentlichen heutigen Sprachinseln, deren Entwicklung gerade unter den Einflüssen der neuen Umgebung, deren Sprache und Kultur allgemein, jetzt eindeutig in den Vordergrund des Interesses trat.

HUTTERER hat mit seiner Kritik „Grundsätzliches zur Sprachinselforschung" von 1963[20] diesen Weg theoretisch zu untermauern versucht und auch ohne den

[14] Ab dem 3. Band: G. In Zusammenarbeit mit der Deutschen Akademie der Wissenschaften zu (Ost-)Berlin, vertreten durch HELMUT PROTZE. 1971 ff.

[15] Mit 1–2 Heften jährlich ab 1959 (Jg. 1) bis derzeit 36 (1993).

[16] Vgl. CLAUS JÜRGEN HUTTERER/KARL MOLLAY (1965): Deutsche Mundartforschung in Ungarn. In: Zeitschrift für Mundartforschung 32, S. 130 ff.

[17] CLAUS JÜRGEN HUTTERER (1963): Das Ungarische Mittelgebirge als Sprachraum. Halle/Saale.

[18] KARL MANHERZ (1977): Sprachgeographie und Sprachsoziologie der deutschen Mundarten in Westungarn. Budapest.

[19] Z. B. JOHANN WEIDLEIN (1943): Kolonistendörfer und Kolonistenfelder in der Schwäbischen Türkei. In: Deutsche Forschungen in Ungarn 8, S. 224 ff. und ders. (1952): Katholische und protestantische Mundarten in der Batschka. In: Zeitschrift für Mundartforschung 21, S. 43–49.

[20] CLAUS JÜRGEN HUTTERER (1963): Grundsätzliches zur Sprachinselforschung. In: PBB (O) 85 (1963), S. 177–196.

später dafür üblichen Terminus bereits eine „Kontaktlinguistik“ gefordert. Diese ist in seinen und in den folgenden Arbeiten der im Unterschied zu jener vor dem Ersten Weltkrieg auf deutsch publizierenden „Neuen Budapester Schule“ auch bereits weitgehend eingelöst.

Aber auch die rumäniendeutsche Philologie der 50er und 60er Jahre entdeckte die Wichtigkeit und Ergiebigkeit von deutsch-rumänisch-ungarischen Sprachkontaktphänomenen historischer Art[21]. JOHANN WOLF, Germanist an der Pädagogischen Hochschule, der späteren Universität Temeschburg, regte zahlreiche „Diplomarbeiten“ zum Banatschwäbischen an, von denen eine ganze Reihe sehr ausführlich die Interferenzen mit dem Rumänischen bzw. Ungarischen behandelt. Ähnliches bringen an hervorstechender Stelle auch die umfassenderen Banater Ortsmonographien, deren Ertrag dann in WOLFs „Kleine Banater Mundartkunde“ von 1975 einging[22].

1978 erschien in Hermannstadt ein Sammelband unter dem Titel „Interferenzen“, der die wechselseitigen Beeinflussungen von Rumänen, Ungarn und Deutschen in Siebenbürgen im sprachlichen wie folkloristischen Bereich in der ganzen Breite neu aufnahm und z. T. sehr ausführlich darstellte.

Das vorläufige Ende der methodischen Öffnung auch der südostdeutschen (Sprachinsel-)Dialektologie und die absolute Gegenposition zu H. KUHNs einseitigem Ur-Konzept von der deutschen Sprachinsel als Volkstumsinsel aus den 20er Jahren war dann mit INGEBORG WEBER-KELLERMANNs „Interethnik-Konzeption“ in den 70er Jahren erreicht[23]. Abgesehen von ihrer unhaltbaren Deutung der jüngsten tragischen Schicksale der Südostdeutschen dieser Sprachinseln als Folge — ja gewissermaßen Strafe — dieser „isolierenden“ Sicht, sind auch ernsthafte methodische Bedenken anzumelden: So ist schon die Berechtigung bzw. der Nutzen ihres primär ethnologischen Forschungsansatzes für die Sprach-/Dialektwissenschaft fragwürdig — zumal ein zu ihrer Interethnik analoger Terminus „Interlinguistik“ seit MARIO WANDRUSZKAs gleichnamigem Buch (1971) bereits vergeben ist für eine Teildisziplin der Angewandten Linguistik zur Schaffung und Bewertung von künstlichen Welthilfe- oder Mittlersprachen. Bei aller Parallelität sind grundsätzliche Unterschiede zwischen Volkskunde und Sprache nicht zu übersehen: Man kann sich zwar eine Tracht oder Brauchtum aus zwei oder mehreren Kulturtraditionen — sogar gleichmäßig zusammengesetzt — vorstellen. Aber solcherart entstandene „Mischsprachen“ aus Schriftsprachen bzw. Dialekten und Schriftsprache sind bisher in diesem Vielvölkerraum noch nicht festzustellen. (Nicht einmal das

[21] Z. B. GISELA RICHTER: „Zur Bereicherung der siebenbürgisch-sächsischen Mundart durch die rumänische Sprache“ anhand von z. T. sehr alten Entlehnungen in einer der ersten Nummern der zum Flaggschiff der Sprachforschung gewordenen Hermannstädter „Forschungen zur Volks- und Landeskunde“ 3 (1960), S. 37–56.

[22] Dieses Standardwerk erschien 12 Jahre später als „Banater deutsche Mundartenkunde“ in erweiterter Neuausgabe, ebenfalls beim Kriterion Verlag Bukarest.

[23] Zuerst: INGEBORG WEBER-KELLERMANN (1959): Zur Frage der interethnischen Beziehungen in der „Sprachinsel-Volkskunde“. In: Österreichische Zeitschrift für Volkskunde 62, S. 19–47. Überarbeitet in: Dies. (1978): Zur Interethnik. Donauschwaben, Siebenbürger Sachsen und ihre Nachbarn. Frankfurt/M.

aus der politischen Verschweißung der beiden „Nahsprachen" [im Sinne von KLOSS] Serbisch und Kroatisch hervorgegangene ehemalige „Serbokroatisch" kann dafür in Anspruch genommen werden, da jede eine eigene Sprachgemeinschaft hatte und nicht zufällig heute wieder deutlich unterschieden wird.)

2.3. Exkurs: Sprache und Ethnie

Dagegen gehört sehr wohl z. B. die Frage hierher, inwieweit eine solche Sprachinsel- oder Minderheiten-Identität an eine eigene Sprache gebunden ist, ja, gebunden sein muß; dabei ist es unerheblich, ob diese aus Dialekt und Hochsprache oder nur einem (meist ersterem) besteht; oder ob ethnische Unterschiede bei gleicher Sprache und räumlichem Nebeneinander auf Dauer überhaupt möglich sind. Bekannte Beispiele für mehrere Ethnien gleicher Sprache wären die Deutschschweizer und die deutschsprachige „Nation Österreich" neben der bundesdeutschen; genauso bekannte Gegenbeispiele sind etwa die einander in der gleichen Sprache befeindenden Iren und Engländer. Ebenso wohlbekannt sind die nicht wenigen Nationen aus zwei oder mehr Sprachen wie die Belgier oder wiederum die Schweizer, deren Konnationalität trotz gelegentlich sehr hoch gehender, sprachlich begründeter Spannungen nie ernsthaft in Frage steht.

Diese hier sichtbar werdende Frage des zunehmenden Auseinanderdriftens von Sprache und Ethnizität ist z. B. für die Rußlanddeutschen von höchster — für die Ungarndeutschen wohl nicht mehr so großer — Aktualität. Ist doch etwa nur rund die Hälfte der über zwei Millionen Rußlanddeutschen auch des Deutschen — und sei es auch „nur" in Form von Dialekt — noch mächtig. Aber das ist ein weites „Neben-Feld", auf das hier nur hingewiesen werden kann[24].

3. Jüngste Entwicklungen: Deutsch als Zweitsprache in Südosteuropa

Womit wir bei dem jüngsten, m. E. dringendsten Kapitel im Verhältnis Mundart/Hochsprache in unserem südosteuropäischen Untersuchungsraum sind: Der Tatsache, daß Deutsch in der Hochsprachform bei den Deutschstämmigen dieses Raumes — zumindest in der Funktion — oft nur mehr „Zweitsprache" ist, neben der jeweiligen Landessprache Ungarisch, Russisch, Rumänisch etc. Der andere Fall, daß (deutsche) Mundart nicht mehr von deutscher Hoch- oder Schriftsprache — wie es die ältere Forschung, z. B. noch KLOSS nannte — „überdacht" ist, weil man den Kindern in den Sprachinseln das Minderheiten-Grundrecht muttersprachlichen Schulunterrichts vorenthält, ist leider nicht so selten[25]: So bekanntlich in Elsaß-Lothringen[26], wo die Mehrheit selbst der (insbesondere ländlichen)

[24] Zuletzt dazu: O. KOTZIAN (1991): Die Deutschen in den Aussiedlungsgebieten (= Modellversuch Aussiedler, Band 2 der Lehrerfortbildungsakademie Dillingen); speziell zu den Rußlanddeutschen s. S. 97 ff.

[25] Vgl. Kolloquium zum Deutschunterricht und Unterricht in deutscher Sprache bei den deutschen Bevölkerungsgruppen im Ausland. Hrsg. von A. RITTER, Flensburg 1988.

[26] Vgl. A. JENNY: Deutsch als Sprachproblem und Schulproblem. Zur Situation des Deutschunterrichts im Elsaß. In: RITTER (1988), S. 173.

Schuljugend wohl noch der Mundart als „Tiefstufe/Low Variant" (im Sinne von FERGUSONS[27] Diglossiekonzeption) mächtig ist; während die insbesondere für Schriftlichkeit und (Schul-)bildung etc. verwendete Hochstufe (FERGUSONS „High Variant") das Französische ist. Dabei wird in diesen Sprachinseln diese „Diglossie" à la FERGUSON noch durch die Zweisprachigkeit oder Bilinguität überlagert oder aufgebrochen, worauf FISHMAN bereits 1967 systematisch verwiesen hat[28].

Denn mit der großen Mobilität in der modernen Industriegesellschaft, aber auch durch die Veränderungen der politischen Landkarte in diesem Jahrhundert, kommt immer häufiger noch eine zweite Sprache hinzu. Das hat *Bilingualismus* mit/ohne Diglossie mit der ungleich guten Beherrschung von drei bis vier Sprachvarietäten zur Folge.

Diese Mehrfachkompetenz — ganz gleich welcher Perfektionsstufe — ist für den durchschnittlichen Minderheiten-/Sprachinselangehörigen zweifellos eine Mehrbelastung. Diese versucht er nach Möglichkeit baldmöglichst abzubauen: Als einzelner, indem er im Laufe seiner Biographie — z. B. als Einwanderer — seine Sprachzugehörigkeit von der einstigen Muttersprache L1 zur Umgangssprache L2 wechselt. Aber auch ganze Sprechergruppen in solchen isolierten Situationen suchen und finden Auswege. Wie ich vor einiger Zeit ausgeführt habe[29], finden sich gerade in den ost- und südostdeutschen Sprachinseln gute Belege für solche vereinfachenden Sprachwandel- und Abbauvorgänge als instruktive Studienobjekte: Beim Zusammentreffen von *Diglossie* (d. h. ausgebauter Doppelkompetenz von Mundart und Standard derselben Kultursprache) und *Bilingualismus* (d. h. Hinzutreten einer zweiten Hoch-/Kultursprache mit/ohne Dialekt daraus) entsteht eine unterschiedlich gute Dreifach-(Vierfach-)Kompetenz in den jeweils beteiligten Varietäten.

Besonders gute Beispiele finden sich in den südbairischen Sprachinseln, wo Italienisch (meist zusammen mit Regionalmundarten wie z. B. Friulanisch), im Kanaltal noch Slowenisch (als „Windisch" sowie Schriftslowenisch) neben die deutsche Muttersprachkompetenz treten. Als Ausweg aus dieser „Hexaglossie" wird zuerst — wo noch vorhanden und nicht schulisch gestützt — die deutsche Hochsprachenkompetenz, später auch die dialektale Deutschkompetenz aufgegeben bzw. von einer der anderen beteiligten Varianten verdrängt. Bei dem gruppenweisen Abbau solcher Mehrsprachigkeit gibt es zwei typologisch naheliegende „historische Lösungen", die ich einmal bezeichnet habe[30] als:

[27] CH. FERGUSON (1959): Diglossia. In: Word 15. Außerdem: KURT REIN (1988): Zur Frage der Diglossie im bayerisch-österreichischen Mundartraum. In: Festschrift für Ingo Reiffenstein zum 60. Geburtstag. Göppingen. (= Göppinger Arbeiten zur Germanistik 478) S. 145–162.

[28] J. FISHMAN (1976): Bilingualism with and without Diglossia; Diglossia with and without Bilingualism. In: Journal of Social Issues 23, S. 29–38 und ders. (1976): Advances in the Sociology of Language, Bd. 1, S. 217 ff., bes. 231 ff.

[29] KURT REIN (1978): Neuere Entwicklungstendenzen der deutschen Sprache in Rumänien. In: Standardsprache und Dialekte in mehrsprachigen Gebieten Europas (= Akten 2. Symp. über Sprachkontakt in Europa). Hrsg. von P. S. URELAND. Mannheim 1979, S. 125–148.

[30] REIN (1978), S. 140 ff.

3.1 *Die elsässische:* Diglossie mit deutscher Mundart und Hochsprache wird unter dem Druck der zweiten (Hoch-)Sprache Französisch vereinfacht zu muttersprachlichem Dialekt (Elsässer Deutsch) + „fremder“ (französischer) Hochsprache. Dieser Vorgang trat seit längerem auch in Ungarn und Rußland und insbesondere auch bei deutschen Übersee-Auswanderern ein — soweit diese noch Deutsch beibehielten.

3.2 *Die baltische,* wo unter dem Druck der Umgangssprachen Estnisch/Lettisch sowie des Russischen der ursprünglich neben dem Hochdeutschen anzunehmende niederdeutsche Dialekt früh aufgegeben wurde und nur noch deutsche Hochsprache und fremde Hochsprache sich gegenüberstehen bzw. -standen.

Diese Tendenzen zeigen sich bei den jüngsten Entwicklungen in *Rumänien,* wo die frühere, durch das liberale Schulsystem ermöglichte, volle Diglossie sich mit diesem Schulsystem aufzulösen beginnt: In den Städten werden die Dialekte, insbesondere die Banater, aufgegeben, und man spricht eine der Umgangssprache nahe städtische Ausgleichsmundart als „Koine“ — oder noch lieber gleich Hochdeutsch (in stark regionaler Ausprägung).

Auf dem flachen Land schwindet wegen seit längerer Zeit fehlender deutscher Schulen die aktive Kompetenz des Hochdeutschen. Es ist eine Weiterführung der elsässischen (ungarischen/russischen) Lösung auch hier zu erwarten: Mundart(reste) und Staatssprache. Und diese Mundartsituation ist in den meisten Fällen nur eine Übergangsstufe zur individuellen Einsprachigkeit in der neuen Sprache L2 (in der 1. Generation noch mit Resten aus der Mutter- oder Erstsprache L1 in Akzent und Wortschatz).

Dieser Assimilationsprozeß geht dann — wenn einmal durch Verweigern des muttersprachlichen Schulunterrichts mehr oder minder gewaltsam eingeleitet — je nach den sozialen und politischen Begleitumständen ganz „natürlich“ weiter bis zur Aneignung auch des Dialekts von L2 und später zu Diglossie 2 in der neuen Sprache L2 (falls in L2 vorhanden).

Dieser früher dramatisch „Entvolkung“ genannte Sprachverlust kann aber auch von demselben ihn auslösenden Staat gestoppt, im Idealfall sogar rückgängig gemacht werden[31]: Diese Chancen bestehen, wenn die bisherige Ausschaltung des muttersprachlichen Standards (hier der deutschen Hochsprache) aus politischer Liberalität aufgegeben oder aber die Kenntnis dieser Kultursprache als Fremdsprache für Angehörige einer nur wenig verbreiteten Sprache aus wirtschaftlichen Gründen gar für nützlich gehalten wird. Das ist bekanntlich derzeit in dem von uns betrachteten Südosteuropa nach dem Rückzug des amtlich verfügten, aber im Schulunterricht völlig ineffektiv gebliebenen Russisch überall der Fall.

Hier ist die Stunde der praktischen Bewährung gekommen für die bisher historisch bzw. nur philologisch arbeitende Dialektologie in und aus diesen noch existierenden deutschen Sprach(=Mundart)gebieten: Deren Bewohner verfügen zwar

[31] Am Beispiel der amerikanischen ethnischen Minderheiten behandelt diese Frage J. Fishman (1985): The Rise and Fall of the Ethnic Revival: Perspectives on Language and Ethnicity. Berlin. Bes. S. 105 ff.

heute (wie die Elsässer) über Deutsch meist nur noch in dialektaler Form bzw. haben — auf diesem oben beschriebenen Weg des Sprachwechsels eventuell noch weitergeschritten — lediglich passive und resthafte Kenntnisse davon. Diese noch so geringen Dialektkenntnisse lassen sich aber sehr gut als Hilfe und Leitfaden zu einer volleren Kompetenz des Deutschen auch in hochdeutscher Form nutzen. Die Erfahrungen mit dieser „dialektnutzenden Methode", die von den Elsässern G. HOLDERITH und ANDRÉ WECKMANN[32] propagiert wurde, sind insgesamt sehr erfreulich. Ansätze zu deren Übertragung auf Ungarn liegen ebenfalls vor, bedürfen aber noch der didaktischen Umsetzung und intensiveren Integration in den Deutschunterricht der Minderheit[33]. Ihr Erfolg und Nutzen könnte in unserem Untersuchungsgebiet aber noch größer sein bei dem Boom, den Deutsch in Ost- und Südosteuropa seit einigen Jahren erlebt und der eigentlich eine Rückkehr des Deutschen in seine infolge der Kriegsereignisse für ein halbes Jahrhundert stark geschwächte Position darstellt.

Der Gewinn bei den nur mehr resthaft des Deutschen mächtigen sogenannten „Deutschstämmigen" wird allerdings z. T. etwas geschmälert durch die allgemeine Dialekt-Intoleranz der „DIN A4-Deutschlehrer" (etwa des Goethe-Instituts mit ihrer in Finnland, in den USA oder in Japan sicher angebrachten „norddeutschen Einheitslautung"), die an den in unserem Betrachtungsgebiet natürlich häufigen südwestdeutschen Dialektinterferenzen im Hochdeutsch dieses Raumes Anstoß nehmen; bisweilen sogar mehr als an dem durch seine Erstbetonung unverkennbar ungarischen oder russischen Akzent[34]. Diese Dialektintoleranz ist sogar bis in die Deutschlehrbücher z. B. Ungarns eingedrungen, wo dekretiert wird, sich „ausschließlich an die norddeutsche Aussprache" zu halten[35], während die räumlich nähere — vor der Wiederbesetzung der Deutschlektorate im Ostblock durch linientreue DDR-Lektoren noch bodenständige — süddeutsch-österreichische Aussprache-Varietät des Deutschen erst gar nicht in Betracht gezogen wird[36].

[32] Vgl. ANDRÉ WECKMANN (1986): Im Zwurwelland. Conte pédagogique en dialecte alsacien et allemand standard pour classe 5e et 6e. Voie spécifique régionale. Strasbourg; Ders. (1988/89): Z wie Zwirbel. L'allemand en classe 5e/6e. Voie spécifique régionale. Ed. Oberlin/Strasbourg.

[33] In Zusammenarbeit der Universitäten Budapest (K. MANHERZ/R. HESKY) und München (K. REIN) und mit Unterstützung des Südostdeutschen Kulturwerks fanden zwei Fachtagungen zum „Unterricht des Deutschen als Zweitsprache an den deutschen Nationalitätenschulen Ungarns" in Budapest 1987 mit Fortsetzung in Zangberg 1988 statt, die der „Entwicklung zusätzlicher Arbeitsmaterialien" gewidmet waren. — Vgl. dazu KURT REIN in: Beiträge der Fachtagung von Germanisten aus Ungarn und der Bundesrepublik Deutschland in Budapest 1988. Budapest 1989. (= DAAD Dokumentation 13) S. 23–27.

[34] Vgl. dazu meine ausführliche Stellungnahme: KURT REIN (1989): Wie hoch muß das Hochdeutsch sein beim Unterrichten in Ländern mit deutschsprachiger Tradition? In: Beiträge der Fachtagung von Germanisten aus Ungarn und der Bundesrepublik Deutschland in Budapest 1988. (Anm. 33) S. 379–386.

[35] So z. B. J. JUHÁSZ (1980): Richtiges Deutsch. Budapest 5, S. 11.

[36] Dabei wurde in analoger Situation bei den Rußland- bzw. Wolgadeutschen bereits 1928 von A. STRÖHM ein Handbuch „Deutschunterricht in mundartlicher Umgebung" in Charkow herausgebracht — von den neueren soziolinguistischen Ansätzen in der pädagogischen Buchreihe ‚Mundart Hochsprache kontrastiv' (1971 ff.) ganz zu schweigen!

Damit sind wir schon bei den anstehenden Aufgaben in Forschung und Praxis. Ich will meine „Eröffnungs-Tour d'horizon“ zunächst schließen, indem ich noch einige Desiderata nenne, die in theoretischer und praktischer Hinsicht in diesem Feld der südostdeutschen Sprachforschung m. E. zur baldigen Erledigung anstehen:

4. Dringende Aufgaben der südostdeutschen Sprach- und Dialektforschung

4.1 Fortsetzung der *laufenden lexikalischen Großprojekte* in Hermannstadt („Siebenbürgisch-Sächsisches Wörterbuch“) und Temeswar (Veröffentlichung des „Banaterschwäbischen Mundartwörterbuchs“); ferner personelle wie finanzielle Sicherung der anderen Projekte in diesem Bereich („Ungarndeutsches Wörterbuch“ und „Ungarndeutscher Sprachatlas“ in Budapest) durch engere Koordination und eventuelle Zusammenlegung mit Temeswarer Unternehmen und Sammlungen — nicht ohne praktische wie theoretische Unterstützung durch deutsche Parallelinstitute und Kollegen.

4.2 Gemeinsames *Erarbeiten von Übersichtsdarstellungen* größerer südostdeutscher Teillandschaften (unter Einbeziehung von Volkskunde und Literatur) nach dem Vorbilde etwa der „Banater Mundartkunde“ von JOHANN WOLF, die vereinfacht aber wohlfundiert die Hauptcharakteristika der jeweiligen Mundartgebiete in Übersicht darbieten. Ziele sollten dabei sein:

4.2.1 Einbringen der Ergebnisse bisheriger Forschung in die binnendeutsche Dialektologie, z. B. für das Pfälzer Wörterbuch, dessen historisch wertvolle Ergänzungen aus Galizien und der Bukowina nur durch den glücklichen Umstand, daß der erste Herausgeber JULIUS KRÄMER selbst aus Galizien stammte, in die bisherigen Lieferungen hineingelangten.

4.2.2 Beitrag zu Selbstverständnis und Identität der Sprecher aus diesen Gebieten — sei es, daß diese als Minderheit in ihrer bisherigen Heimat solche Unterstützung und Entscheidungshilfen nutzen (z. B. durch „Nationalitätenkunde“ in der Lehrerausbildung in Ungarn oder in der GUS), sei es, daß sie als spätausgesiedelte Fremde in der neuen Heimat Deutschland eine solche Stärkung auch des sprachlichen Selbstbewußtseins als psychologische und praktische Integrationshilfe dringend brauchen.

4.2.3 Als Bereitstellung von kontrastiven Unterrichtsmaterialien, die als praktizierte Hilfe und Leitfaden das Erlernen des Hochdeutschen effektiviert: Motivational („man kann ja schon [etwas] Deutsch!“) wie auch praktisch (bei einigermaßen geschicktem Aufbau der ersten Lektionen ist unschwer ein erster Grundwortschatz aus der Mundart zu gewinnen).

Dabei ist es gleich, ob dieser Deutschunterricht als Zweit- bzw. Fremdsprache in Ungarn oder Kasachstan erfolgt oder ob damit „nur“ der sprachliche Einstieg der Spätaussiedler in der neuen Heimat Deutschland sehr effektiv erleichtert werden kann. Diesbezügliche Erfahrungen bzw. Vorlagen der Rußlanddeutschen von

A. Ströhm aus den 20er Jahren und Neuansätze von Nina Berend[37] und Klaus-Peter Rosenberg[38] liegen bereits vor und bestätigen die Ansätze des Verfassers bei und mit den Ungarndeutschen.

4.3 Danach erst (obgleich als kaum weniger wichtig zu bezeichnen) und zum Abbau des bereits beklagten Theoriedefizits dringend nötig sind Anregungen zu neuen Forschungsaspekten auf diesem — etwa im Bereich der Kontaktlinguistik — sehr weiten Feld der bewährten, aber nun mit modernen Beschreibungskriterien und -verfahren arbeitenden Sprachinselforschung. Diese kann die methodisch solide Grundlage bilden zur aktuellen Erforschung von angesichts der jüngsten politischen Wandlungen so aktuellen Problemen wie Bikulturalität, Akkulturation oder Assimilation — konkret z. B. der Diskussion der oben angedeuteten Fragenbereiche: „Ethnie und Sprache" oder „Interkulturelle Erziehung" in Theorie und (schulischer) Praxis, einer Frage, die auch von unserer Gastarbeiter- und Einwandererproblematik her des Interesses in der Bundesrepublik sicher sein könnte.

Aber gerade hier und heute haben wir ja bereits ein Beispiel dafür und morgen oder übermorgen sicher die ersten Rückmeldungen über Sinn und Unsinn solcher Überlegungen und ganzer Tagungen — oder eventuell gar schon konkrete Hinweise auf die Relevanz anderer Themen aus diesem Bereich.

[37] Nina Berend (1994): Sprachinselforschung. Frankfurt/M.

[38] Klaus-Peter Rosenberg (1993): Sprache und Sprachgemeinschaft bei den Deutschen in der ehemaligen Sowjetunion. In: Akten des 27. Linguistischen Kolloquiums. September 1992. Hrsg. v. Susanne Beckmann u. a. Münster, Tübingen.

KARL MANHERZ

Die donauschwäbischen Mundarten und ihre Erforschung in Ungarn[1]

1. Die Geschichte der Erforschung der ungarndeutschen Mundarten der Nachkriegszeit bzw. Stand und Aufgaben der ungarndeutschen Dialektologie wurden bereits öfters von CLAUS JÜRGEN HUTTERER bearbeitet. Die erste Zusammenfassung stammt aus dem Jahr 1960[2]. Sie bietet einen siedlungsgeschichtlichen Überblick und behandelt die wichtigsten Perioden der Erforschung des ungarländischen Deutschtums (Mittelalter, Humanismus, Aufklärung, 19. und 20. Jahrhundert). Es werden auch *jene* Gebiete in die Forschungsgeschichte mit einbezogen, die seit dem Ersten Weltkrieg nicht mehr zu Ungarn gehören (Zips und Siebenbürgen), und auch die weiteren Aufgaben der Forschung bestimmt. Eine ungarische Zusammenfassung der Probleme stammt ebenfalls von HUTTERER[3]. 1971 berichtete er über die Forschungsarbeit der Germanisten in Ungarn, wobei auch der ungarndeutschen Mundartforschung, besonders dem neuen Anfang nach 1945, mehrere Seiten gewidmet waren[4]. 1965 berichteten KARL MOLLAY und CLAUS JÜRGEN HUTTERER in Marburg über die deutsche Mundartforschung in Ungarn und über die drei Projekte, deren Verwirklichung die ungarndeutsche Dialektologie bzw. Germanistik sich zum Ziel gesetzt hatte: über den ungarndeutschen Sprachatlas, das Wörterbuch der ungarndeutschen Mundarten und das Wörterbuch des Frühneuhochdeutschen in Ungarn[5]. Über die deutsche Volksgruppe in Ungarn liegt sowohl in ungarischer als auch in deutscher Sprache ein Bericht vor[6],

[1] Der vorliegende Text ist eine Erweiterung des Beitrags „Die ungarndeutschen Mundarten und ihre Erforschung in Ungarn". In: Beiträge zur Volkskunde der Ungarndeutschen 5 (1985), S. 27–36.

[2] CLAUS JÜRGEN HUTTERER (1960): Geschichte der ungarndeutschen Mundartforschung. Berlin.

[3] CLAUS JÜRGEN HUTTERER (1960): A Dunántúli Középhegység németsége és a magyarországi német nyelvjáráskutatás problémái [Das Deutschtum im Ungarischen Mittelgebirge und Probleme der Ungarndeutschen Mundartforschung]. In: Magyar Nyelv 56, S. 220 ff.

[4] C. J. HUTTERER (1971): 25 Jahre Germanistik in Ungarn. In: Acta Linguistica Academiae Hungaricae (künftig: ALH) 21, S. 155 ff.

[5] CLAUS JÜRGEN HUTTERER/KARL MOLLAY (1965): Deutsche Mundartforschung in Ungarn. In: ZfMaf 32, S. 130 ff.

[6] C. J. HUTTERER (1973): A magyarországi népcsoport [Die deutsche Volksgruppe in Ungarn] In: Népi kultura — Népi társadalom VII. Hrsg. von der Ethnographischen Forschungsgruppe der Ungarischen Akademie der Wissenschaften. Budapest. S. 93 ff.; Ders. (1975): Die deutsche

bereits im Druck ist ein Forschungsbericht über die Erforschung der germanischen Sprachen in Ungarn seit 1945 vom Verfasser dieser Zeilen[7].

2. Die Notwendigkeit der Erforschung der ungarländischen deutschen Mundarten und deren wissenschaftlicher Bedeutung wurde bereits Anfang unseres Jahrhunderts mit dem Vortrag von GIDEON PETZ an der Ungarischen Akademie der Wissenschaften erkannt[8]. PETZ hat damals die wichtigsten Aufgaben der Forschung bestimmt. Vor dem Ersten Weltkrieg, besonders aber in den Nachkriegsjahren, sind Arbeiten über deutsche Mundarten und Volkskunde in großer Zahl, meistens aber nur in ungarischer Sprache erschienen. Diese begnügten sich jedoch mit einer Materialsammlung (im positivistischen Sinne) und mit der Einordnung der jeweiligen Mundarten in das System der deutschen Mundarten im damaligen Reichsgebiet. Hauptziel war in den meisten Arbeiten die Suche nach der „Urheimat". Dadurch wurde die ganze Mundartforschung zur Hilfswissenschaft der Geschichte. Über die einzelnen Ortsmundarten wurde viel geschrieben, es fehlten aber zusammenfassende Arbeiten, die die Wirkung der verschiedenen Triebkräfte auf die Mundarten untersucht hätten. Die neue sprachgeographisch orientierte Schule entstand unter der Leitung von HEINRICH SCHMIDT in Szegedin[9]. Auch er hat jedoch das Wesentliche an der Sprachgeographie nicht erkannt: Zusammenhängende Sprachlandschaften vermochte er nur über die Siedlungsgeschichte zu erklären, ohne die innere Entwicklung der Mundarten zu beachten. Nach wie vor war bis zum Zweiten Weltkrieg die Suche nach der „Urheimat" bzw. die Definition der ungarländischen deutschen Mundarten nach dem im deutschen Sprachgebiet geltenden System charakteristisch für die Forschung. Auch die späteren Zusammenfassungen von JOHANN WEIDLEIN sind durch die sprachgeographische Schule von SCHMIDT bestimmt[10]. Was dagegen die praktische Arbeit betrifft, leistete die Mundart- und Geschichtsforschung bis 1945 viele Beiträge zur komplexen Erforschung des Ungarndeutschtums. Im Bereich der Theorie mußte jedoch in den 50er Jahren neu angefangen werden.

3. Aufgrund der Schätzungen für das Jahr 1960 beträgt die Zahl der in Ungarn verbliebenen Deutschen etwa 220000, also 2,5 % der Gesamtbevölkerung. Im Vergleich zur Gesamtzahl der Nationalitäten in Ungarn ist diese Zahl noch immer bedeutend, da die Slowaken, Südslawen und Rumänen in Ungarn zusammen nur 2,2 % der Gesamtbevölkerung ausmachen[11].

Volksgruppe in Ungarn. In: Beiträge zur Volkskunde der Ungarndeutschen I, Budapest. S. 11 ff.; INGEBORG WEBER-KELLERMANN (1978): Zur Interethnik. Donauschwaben, Siebenbürger Sachsen und ihre Nachbarn. Frankfurt/M. S. 290 ff.

[7] KARL MANHERZ (1978): Germanistik in Ungarn. In: Veröffentlichungen der Abteilung für Allgemeine Germanistik der Eötvös-Loránd-Universität, Bd. I.

[8] Vgl. Anm. 2, S. 53 passim.

[9] Vgl. Anm. 2, S. 72.

[10] Vgl. Anm. 2, S. 72.

[11] Die folgenden Ausführungen sind dem Aufsatz von C. J. HUTTERER (vgl. Anm. 6), S. 20 ff. entnommen.

Die Deutschen leben heute im westungarischen Grenzraum, im Ungarischen Mittelgebirge (Mittelungarn), im südlichen Transdanubien in der Tolnau und Baranya (Schwäbische Türkei und Nordbatschka) und in einigen Streusiedlungen im Komitat Sathmar, im Tokajer Bergland und im Komitat Békés. Die sprachliche Gliederung sieht folgendermaßen aus:

3.1. Eine ostdonaubairische (ostmittelbairische) Mundart findet man bei den Deutschen in Nordwestungarn, bei den Heidebauern auf der Wieselburger Heide (Heideboden) und bei den Heanzen (Bohnenzüchtern) in und um Ödenburg, Güns und Steinamanger (ahd.-abair. *uo* > *ui*, z. B. Kuh-*kui;* ahd.-abair. *ai* > *oa*, z. B. Geißel-*koasl*). Die Wiener Umgangs- bzw. Verkehrssprache hat die alten *ui*- und *oa*-Formen in den letzten Jahren stark aufgelockert, durch die städtische Wortwahl wurde die *ui*-Mundart des Gebietes oft auch zurückgedrängt und durch die außergewöhnliche soziale Stratifikation noch weiter differenziert. Die soziale Schichtung des westungarischen Deutschtums war in der Zeit vor 1950 eine in ganz Ungarn einmalige, eigenartige Erscheinung. Die deutschsprachige Intelligenz spielte hier schon immer eine wichtige Rolle, das Großbauerntum nahm gern „städtische“ Einflüsse auf, und die große Zahl der Handwerker hatte hier eine spezielle Mikrokultur und eine entsprechende Sprachlandschaft entwickelt. Bedeutend war noch, daß es sich um ein Grenzgebiet handelte, das bis 1945 unmittelbare Kontakte zum deutschen Sprachgebiet (Österreich) hatte. Dementsprechend hebt sich in diesem Raum die Bauernsprache von den Fach- und Berufssprachen, von den Stadtmundarten und der Sprache der Intelligenz jeweils ab[12].

Die Ortsmundarten des Raab-Lafnitztales zeigen bereits einen Übergang zum steirisch-südbairischen Dialektraum, wenn dies auch nur für die unmittelbare Umgebung von St. Gotthard charakteristisch ist (Unterzemming, Raabfidisch).

3.2. Das Ungarische Mittelgebirge gliedert sich in einen Ost- und einen Westabschnitt. Im Norden gilt Deutschpilsen als eigenständig: Seine Mundart hat sich aus südbairischen und ostmitteldeutschen Elementen entwickelt und bewahrt viele archaische Züge, wie sie auch für die deutschen Mundarten im Hauland oder in den Zipser Gründen charakteristisch sind.

Der Ostabschnitt des Ungarischen Mittelgebirges wurde in seiner Sprachentwicklung vom bairischen Ofner Bergland bestimmt und ausgeglichen. Es konnten sich aber an den Rändern kleinere deutsche Sprachinseln dem Ofner Einfluß entziehen, so die Sedemer Gruppe nördlich von Waitzen/Vác (Berkine/Berkenye, Galine/Katalinpuszta, Sende/Szendehely), im weiteren Tax/Taksony und das Unterdorf von Harost/Dunaharaszti südlich der Hauptstadt sowie Iklad und Kreßtur/Rákoskeresztúr nordöstlich vom alten Pest, heute eingemeindet. Die Sodemer Gruppe spricht eine ostfränkische Mundart, die als Übergang zwischen den bairischen und mitteldeutschen Mundarten steht. Am Donauknie herrscht in vier Dörfern eine ziemlich einheitliche rheinfränkisch-donaubairische Mischmundart (in Sebegin/Zebegény, Großmarosch/Nagymaros, Kleinmarosch/Kismaros Bogdan/Dunabogdány). Diese Mischung ist auch für die Bergwerksiedlung Tscholnok/

[12] Vgl. Karl Manherz (1972): Soziale Schichten in den deutschen Mundarten in Nordwestungarn. In: Annales Univ. Scient. Sectio Linguistica. Budapest. S. 85 ff.

Csolnok bei Dorog charakteristisch, obwohl das fränkische Substrat vom Donaubairischen noch stärker überdacht wurde. Eigenständig sind die Mundarten von Ofen/Buda und Pest. Die Ofner und die Pester Mundart haben bis um die Jahrhundertwende die Formen der wienerisch bestimmten ostdonaubairischen Verkehrssprache an die umliegenden Dörfer vermittelt. In Pest und Schorokschar/Soroksár herrscht eine mit schwäbischen Elementen durchsetzte bairische, im Unterdorf von Harost/Dunaharaszti und Tax/Taksony eine schwäbische Mundart. Die Sprache der deutschen Dörfer auf der Csepeler Insel/Csepel-sziget hebt sich durch ihren konservativen Charakter von den Mundarten des Ofner Berglands ab. In den Mundarten von Großturwall/Törökbálint und Orasch/Diós gilt der Wandel von altem *uo* > *ui* im Gegensatz zu *u* der Umgebung. Auch Werischwar/Pilisvörösvár und einige Dörfer im Pilisch-Gebirge sondern sich durch eine starke Diphthongierung oder durch die „Wiener Monophthongierung" und eine unruhige Sprachmelodie von der Umgebung ab (z. B. Brot-*pråud*, Braut-*pråd*, neu-*näx* u. a.).

Im Westen ist der Donauwinkel eine typische Übergangszone zum Schildgebirge/Vértes.

Dorog, Plintenburg/Visegrád, Tat/Tát und Sattelneudorf/Nyergesújfalu sind die Dörfer, die eine mundartliche Kontinuität zum Ofner Bergland sichern. *ui*- und *a*-Formen zeigt die Mundart von Schüttling/Süttö, Tolnau/Vértestolna, Untergalla/Alsógalla zum Teil auch Tarian/Tarján haben eine *ua*-Mundart mit einem fränkischen Substrat, was mit der Siedlungsgeschichte dieser Dörfer im Einklang steht. In Bay/Baj werden *ua*- und *oa*-Formen gesprochen, die Mundart stimmt mit der auf dem Heideboden überein, da Bay seine Kolonisten aus diesem Gebiet bezog.

Im Schildgebirge zeigt sich eine mehrfache Staffelung und Überschichtung. Es ist eigentlich ein ostdonaubairisches *ua*-Gebiet, an der Ost- und Westgrenze liegen jedoch einige *ui*-Dörfer (Kirne/Környe, Ketschke/Kecskéd, Schemling/Vértessomló, Pußtawahn/Pusztavám, Gant). Bairisch durchdrungene rheinfränkische Mundarten herrschen in Nadap, Atschau/Vértesacsa und Lauschbrünn/Lovasberény (im Welenzer/Velence-Gebirge).

Im Westabschnitt ist das Zentrum Zirtz/Zirc. Der sprachliche Ausgleich erfolgte auf der Grundlage der ostdonaubairischen *ui*-Mundart. Die bairischen Siedlungen der Wesprimer Hochfläche bilden bereits eine Brücke zu den Rheinfranken auf der Hochfläche (Kischludt/Kislöd, Waschludt/Városlöd, Bandau/Bánd), in Großwaschon/Nagyvázsony herrscht eine Übergangsmundart zu den südfränkischen Siedlungen des Plattenseeoberlandes. Im Südwesten herrscht in Urkut eine *ua*- in Sötz/Szöc und Kolontar eine *ui*-Mundart. Südbairische Merkmale weist die Mundart von Kolontar auf, dasselbe ist auch für das Nachbardorf Pulau/Pula charakteristisch.

3.3. In den Mundarten der Streusiedlungen, die vom Bergland aus besiedelt wurden, findet man die Sprachmerkmale der Mutterkolonien. Beritschke/Bakonypölöske, Erwin/Örvényes am Plattensee sowie einige Dörfer in der Schomodei haben eine *ui*-Mundart und lassen ihren Ursprung aus dem Buchenwald erraten. Ähnliches gilt auch für die Mundarten von Berzel/Ceglédbercel und Hartingen/Ujhartyán zwischen Donau und Theiß, die sich von den *ua*-Mundarten des Ofner Berglandes herleiten lassen.

3.4. In Südosttransdanubien herrscht eine bunte Zusammensetzung der Ortsmundarten, auch konfessionelle Unterschiede wirken hier stärker als in anderen Gebieten. Oft leben in einem Dorf katholische, lutherische und kalvinistische Deutsche zusammen. Die Bevölkerung hier ist fränkischen, teils auch schwäbischen Ursprungs. Im Norden — im größten Teil der Tolnau — ist ein hessischer, im Süden in der Baranya — ein spezifisch fuldischer Dialektraum entstanden, wobei auch das Bairische und das Schwäbische erkennbar sind. In der noch zu Ungarn gehörenden Nordbatschka und im Banat herrschen südrheinfränkische, d. h. pfälzische Mundarten.

3.5. Außer dem zusammenhängenden Sprachraum sind auch einige kleinere Mundartinseln vorhanden. In Tschawerl/Csávoly in der Nordbatschka findet man eine typisch fränkisch-bairische Mischmundart. Bairische Mundarten sind in Jörging/Györköny, Wikatsch/Bikács (vom Heideboden besiedelt), in Neuglashütten/Kisújbánya und Petschwar/Pécsvárad vorhanden. Stark bairisch durchdrungen sind auch die Mundart der Gemeinde Tolnau/Tolna im Tolnauer Komitat sowie fast alle deutschen Ortsmundarten der Schomodei (Sulk/Szulok, Bartsch/Barcs).

Eine oberdeutsche, ostfränkische Mundart spricht man in Nadasch/Mecseknádasd.

Eine Sonderstellung nehmen die Mundarten von Sagetal/Szakadát und Großsäckel/Nagyszékely in der Tolnau mit ihren sogenannten gestürzten Diphthongen ein (Blut-*plout,* tief-*teif,* Brief-*proiph,* kühl-*khoil*). In Sagetal sind außerdem noch moselfränkische Formen, wie *dot, wot, et* (das, was, es) kennzeichnend. Sonst herrscht in den meisten Dörfern die rheinfränkische Einheitsmundart.

Das Schwäbische ist am reinsten in der Hajoscher Mundart (Hajós an der Donau) erhalten, sonst noch in Tewel/Tevel, Kleindorog/Kisdorog und Sumpau/Zomba in der Tolnau. Schwäbischer Einfluß läßt sich in den fränkischen Mundarten von Aprau/Apar und Jood/Gyód beobachten. Ganz vereinzelt steht die voralemannische Mundart von Arpad/Nagyárpád.

Die Mundarten im Tokajer Bergland zeigen schwäbischen Vokalismus und mitteldeutsch-fränkischen Konsonantismus.

Rein schwäbische Mundarten herrschen noch in den Dörfern des ehemaligen Sathmarer Komitats: in Wahlei/Vállaj, Merk (heute bereits Mérkvallaj) und Saiten/Zajta.

Die deutschen Orte im Komitat Bekesch/Békés (Elek, Almáskamarás) haben ostfränkische, Mezöberény eine fränkische Mundart mitteldeutscher Prägung. In Jula/Gyula ist die Stadtmundart — soweit noch vorhanden — eine österreichisch bestimmte städtische Umgangssprache.

4. Die Erforschung der ungarndeutschen Mundarten konnte in der Nachkriegszeit zunächst nicht mit derselben Intensität betrieben werden wie in den 30er Jahren.

Zwar lag bereits 1947 eine Dissertation von JULIUS GOTTFRIED SCHWEIGHOFER[13] vor, aber der eigentliche Neubeginn der Forschungen ist eng mit der Tätigkeit von CLAUS JÜRGEN HUTTERER verbunden. In den 50er Jahren war es noch KARL MOLLAY, der versuchte, junge Forscher für die ungarländische Germanistik und damit auch für die Mundartforschung zu gewinnen. Schließlich erfolgte auch die Förderung durch die Ungarische Akademie der Wissenschaften, und zwei Forscher hatten die Möglichkeit, auf dem Gebiet der Mundartkunde (HUTTERER) bzw. der deutschen Sprachgeschichte (GÁRDONYI) tätig zu werden. HUTTERER hatte sich eine Synthese der deutschen Mundarten im Ungarischen Mittelgebirge zum Ziel gesetzt. Da die wissenschaftlichen Voraussetzungen dafür in Budapest nicht gegeben waren, wurde er nach Leningrad zu VIKTOR SCHIRMUNSKI, einem der hervorragendsten Kenner der deutschen Mundartforschung und Sprachsoziologie, entsandt, der die Betreuung seiner Arbeit übernahm.

1959 war es dann soweit, daß die Forschung und die Nachwuchsausbildung institutionell organisiert werden konnten. Bei der Erstellung der wissenschaftlichen Perspektivpläne wurden u. a. der Ungarndeutsche Sprachatlas sowie das Wörterbuch der ungarndeutschen Mundarten als Ziele in den Vordergrund gerückt. C. J. HUTTERER arbeitete die Pläne noch im selben Jahr aus. Auf Anregung des Vizepräsidenten der Deutschen Akademie der Wissenschaften in Berlin, WOLFGANG STEINITZ, wurden sie bereits im Herbst 1960 in das Kulturabkommen der Ungarischen und der Deutschen Akademie der Wissenschaften eingegliedert. Mit der Leitung der Arbeiten wurde HUTTERER im Rahmen seiner Tätigkeit am Institut für deutsche Sprache und Literatur der Universität Budapest betraut. Die Finanzierung dieser Vorhaben liegt seit 1962 beim Ministerium für Bildungswesen (heute Unterrichtsministerium), die wissenschaftliche Aufsicht wird von der Ungarischen Akademie der Wissenschaften besorgt. Die Weiterführung der Arbeit wird im Rahmen wissenschaftlicher Vier- bzw. Fünfjahrespläne verwirklicht.

1963 erschien von C. J. HUTTERER als Band 24 der Mitteldeutschen Studien in Halle/Saale eine historische Lautgeographie der deutschen Mundarten in Mittelungarn[14]. Sowohl für die theoretische als auch für die praktische Arbeit der ungarndeutschen Dialektologie ist dieses Buch grundlegend. Mit komplexer Methode werden Landeskunde, Landesgeschichte und Forschungsgeschichte eines zusammenhängenden Sprachraums behandelt, wobei der Hauptteil, die historische Lautgeographie, auch eine Wortbildungslehre der deutschen Mundarten enthält. Interethnische und soziologische Aspekte, Generationsmerkmale, Zweisprachigkeit sowie Interferenz werden weitgehend beachtet. Auch für die ungarische Sprachwissenschaft enthält das Buch reiches Material, besonders was die Erforschung der deutschen Lehnwörter im Ungarischen betrifft. Mit dem ergänzenden Kartenwerk kann dieses Buch als Vorarbeit für einen regionalen Sprachatlas des nordöstlichen Transdanubien betrachtet werden. Neben dieser „praktischen" Lei-

[13] JULIUS GOTTFRIED SCHWEIGHOFER (1947): Siedlungsgeschichte und Mundart von Deutschtewel/Nagytevel im westlichen Buchenwald. Hs. Diss. Budapest.

[14] C. J. HUTTERER (1963): Das Ungarische Mittelgebirge als Sprachraum. Historische Lautgeographie der deutschen Mundarten in Mittelungarn. Halle/Saale. (= Mitteldeutsche Studien 24).

stung der ungarndeutschen Mundartforschung wurde jedoch auch theoretisch gearbeitet. HUTTERERS Aufsatz „Sieben Thesen zur Dialektforschung“[15] war für weitere Arbeiten ausschlaggebend, besonders die zweite These:

„Mundart ist ein in sich faßbarer, auch nach ihrem eigenen System erklärbarer Komplex mit einem strukturalistischen Terminus: ein eigenständiges Korpus, dessen Erforschung letzten Endes auch methodologisch der Erforschung sonstiger Korpora ähnlicher Rangordnung gleichgesetzt werden kann.“[16]

Der Verfasser fordert Systemforschung und behandelt besonders Probleme der Synchronie und Diachronie.

Vergleicht man die Rolle der Germanistischen Lehrstühle der ungarischen Universitäten in der Vor- und Nachkriegszeit, läßt sich weiterhin die führende Stellung der Budapester Germanistik beobachten. Nicht nur deshalb, weil die Pläne zur Erforschung der ungarndeutschen Mundarten hier ausgearbeitet wurden, sondern auch, weil die Einzelarbeiten zu diesem Thema in großer Zahl von Budapester Germanisten stammen. KARL MOLLAY arbeitete auf dem Gebiet der ungarndeutschen Namenforschung mit besonderer Berücksichtigung des historischen Materials vor 1686[17]. Stand und Aufgaben der ungarndeutschen Namenforschung von 1686 bis zur Gegenwart wurden von HUTTERER zusammengefaßt[18]. Auf dem Gebiet der Onomastik hat die ungarndeutsche Mundartforschung eine Schuld abzuleisten, denn die Zahl der namenkundlichen Arbeiten oder auch nur Vorarbeiten innerhalb der ungarndeutschen Sprachforschung zwischen 1686 und 1977 ist gering. Außer den Arbeiten von ELMAR SCHWARTZ und ELEMÉR MOÓR über die Ortsnamen Westungarns bzw. des Burgenlandes sind noch die Abhandlungen und Aufsätze O. PÉTERDIS über den nordwestlichen Buchenwald und das Plattenseeoberland sowie die von J. WEIDLEIN über das südliche Transdanubien — immerhin aus jüngster Zeit — erwähnenswert. Dazu kommen einige monographische Darstellungen, welche die Gassennamen von Ofen und Fünfkirchen behandeln. Mit ungarndeutschen Namen der Neuzeit haben sich anhand einzelner Teilfragen F. ZIMMERMANN und A. TAFFERNER beschäftigt. E. BONOMIS Mitteilungen über die an Namen gebundenen Legenden und Ortsneckereien sowie den sathmarschwäbischen Veröffentlichungen von HUGO MOSER verdanken wir wichtige Informationen. Darüber hinaus hat M. ARATÓ-ALBECKER die Flurnamenbearbeitung zu zwei Ortschaften der Ofner Gegend geliefert[19].

[15] C. J. HUTTERER (1968): Sieben Thesen zur Dialektforschung. In: ALH 18, S. 280 ff.

[16] Ebenda, S. 280; C. J. HUTTERER (1963): Sprachgeographie und Dialektologie. In: Altalános Nyelvészeti Tanulmányok [Studien zur Allgemeinen Linguistik] Bd. 1, S. 143 ff.; ders. (1965): Mischung, Ausgleich und Überdachung in den deutschen Sprachinseln des Mittelalters. In: Verhandlungen des Zweiten Internationalen Dialektologenkongresses, Marburg/Lahn, 5. – 10. 9. 1965. Hrsg. von L. E. SCHMITT. Bd. 1. Wiesbaden. (= ZfMaf, Beihefte N.F.3), S. 399–405.

[17] KARL MOLLAY (1970): Die Erforschung des deutschen Namengutes in Ungarn aus der Zeit vor 1686. In: ALH 20, S. 121 ff.

[18] C. J. HUTTERER (1970): Stand und Aufgaben der ungarndeutschen Namenforschung (von 1686 bis zur Gegenwart). In: ALH 20, S. 129 ff.

[19] Ebenda, S. 129 f.

HUTTERERS Fazit:

Im Hinblick auf die Theorie hat die ungarndeutsche Namenforschung der Vorkriegszeit fast Bleibenderes erzielt als die Dialektologie, da sie [. . .] von ihrem Stoff gezwungen war, [. . .] anstatt der Suche nach „Urheimat" die interethnischen Beziehungen innerhalb der neuen Heimat zu untersuchen[20].

HUTTERER behandelt in seiner Zusammenfassung vor allem die besonders vernachlässigten Gebiete der ungarndeutschen Namenforschung: Personennamen, Übernamen, Haus- und Hofnamen, Tiernamen, geographische Namen (neue deutsche Namen, Übersetzungsnamen, lautliche Eindeutschungen, bewußte Namenschöpfungen) und gibt auch wichtige Gesichtspunkte zur weiteren Forschungsarbeit an. Er sieht die Funktion der Onomastik darin, sowohl zur Aufhellung der Geschichte verschwundener Siedlungen als auch zur Klärung alter Siedlungsvorgänge, Besitzverhältnisse und agrarhistorischer Tatsachen bzw. der Herkunftsgeschichte der einzelnen deutschen Siedlergruppen beizutragen. Angesichts des bisher bearbeiteten Materials ist die ungarndeutsche Onomastik noch eine Grundlagenforschung.

Es wurde und wird jedoch weiterhin in dem Bereich gearbeitet. 1970 erschien ein Aufsatz von IRENE POGÁNY über „Deutsche und ungarische Bergnamen in Ofen nach den Türkenkriegen"[21]. Die Untersuchung der Bergnamen erfolgt sowohl nach inhaltlichen als auch nach morphologischen Gesichtspunkten, außerdem wird eine Namentypologie erstellt. IRENE POGÁNY hat auch die deutschen und ungarischen geographischen Namen im Ofner Bergland und im Pester Vorland gesammelt, um sie im Rahmen einer Dissertation zu bearbeiten[22]. 1974 sammelte und bearbeitete eine Studentin des Germanistischen Instituts der Budapester Universität die geographischen Namen in den sechs auch von Deutschen bewohnten Ortschaften im Pilisch-Gebirge[23]. Gesammelt, aber noch nicht ausgewertet ist das Namenmaterial aus Westungarn, wo es in einigen Ortschaften nach dem Katalog der UDSA abgefragt wurde. Die kurzen Ortsmonographien der ungarndeutschen Siedlungen, die in der Hochschule von Fünfkirchen vorliegen, enthalten auch jeweils eine Liste der deutschen geographischen Namen. Ende der sechziger Jahre veröffentlichte JOSEF BANNER eine Untersuchung über die Namen der Eleker Deutschen (Komitat Békés) in ungarischer Sprache[24], die in den Beiträgen zur Volkskunde der Ungarndeutschen nun auch in deutscher Sprache erscheinen soll.

5. Aufgrund der angeführten Vorarbeiten konnten KARL MOLLAY und CLAUS JÜRGEN HUTTERER 1965 in Marburg über die Projekte der ungarndeutschen Dialektologie (UDSA, WUM) berichten. Auch ein Tonarchiv der deutschen Mundarten

20 Ebenda, S. 130 f.

21 Vgl. ALH 20 (1970), S. 141.

22 Vgl. auch I. POGÁNY (1968): Beiträge zur bewußten Flurnamenschöpfung in Ungarn um die Mitte des 19. Jhs. In: ALH 18, S. 317 ff.

23 A. SZARKA (1974): Die Flurnamen von Werischwar/Pilisvörösvár. Budapest. (Hs. Facharbeit).

24 JOSEF BANNER (1974): Elek község német személynevei [Die deutschen Personennamen von Elek]. In: Békés megyei múzeumok közleményei [Mitteilungen der Museen im Komitat Békés], II, S. 187 ff.

sollte entstehen. Diese Zielsetzungen erforderten für die neueren Arbeiten eine komplexe Forschungsmethodik. Sprache, Volkskunde, Statistik, Landeskunde und Geschichte im engeren Sinne wurden verknüpft.

Erste Aufgabe war, das Fragebuch des UDSA abzufragen. Es enthält 600 Fragen zu Phonetik und Wortschatz. Neben solchen allgemeiner Art (*Brot, Vater, Mutter* u. dgl.) wurden auch Fragen gestellt, die den eigentümlichen Bauernwortschatz sowie Brauchtum und Lebensbedingungen des Volkes betreffen. Auf diese Weise sollte der Atlas zu einem Forschungsinstrument für die weitere Flächen- oder Punktforschung werden. Die meisten Fragen sind gleichzeitig laut- wie wortgeographisch von Interesse, so daß in der Erhebung einerseits streng auf die Lautung des Korpus zu achten ist, andererseits stets die sinngemäße Entsprechung ermittelt werden muß, auch dort, wo sie in einem von der ursprünglich erfragten Lautung grundverschiedenen Korpus vorkommt[25].

Die Budapester Germanisten sorgten auch für die Ausbildung neuer Kräfte. Auf Anregung von C. J. Hutterer begann der Verfasser mit der Abfragung des UDSA-Fragebuchs zuerst in seiner engeren Heimat, im Pilisch-Gebirge (in sechs Ortschaften), später im Schildgebirge, im Welenzer Gebirge und in Westungarn. Ergebnisse dieser Arbeit waren zwei Untersuchungen, von denen eine 1977 unter dem Titel „Sprachgeographie und Sprachsoziologie der deutschen Mundarten in Westungarn“ in deutscher Sprache veröffentlicht wurde[26]. Es handelt sich hierbei um Teilarbeiten zu den geplanten regionalen Atlanten (Ungarisches Mittelgebirge, Westungarn).

Zwischen 1960 und 1968 beteiligte sich auch das Institut für Sprachwissenschaft der Ungarischen Akademie der Wissenschaften an der Sammlung mundartlichen Materials. Die Aufnahmen für das Tonarchiv wurden weitergeführt. Dazu haben die Studenten des Germanistischen Lehrstuhls im Rahmen verschiedener Exkursionen bedeutend beigetragen. Geplant war in jedem Ort, wo Deutsche wohnen und noch eine deutsche Mundart sprechen, eine Aufnahme von 30 Minuten. In erster Linie war die Sprache der bäuerlich-handwerklichen Grundschicht zu erheben, wobei schichtenspezifische, konfessionelle sowie Generationsmerkmale weitgehend zu beachten waren. Auch auf fachsprachliches Material wurde großer Wert gelegt. Es sind Projekte geplant, die den Wortschatz des Kleingewerbes, des bäuerlichen wie des städtischen Handwerks und des Bergwerks erschließen sollen. Einige Arbeiten aus diesem Bereich sind bereits veröffentlicht (Fischerei, Kerzengießen, Töpferei, Weinbau, Viehzucht, Volksnahrung u. a.)[27]. Auch das Erzählgut

[25] Vgl. die Einleitung zum Fragebuch des UDSA von C. J. Hutterer (vervielf.).

[26] Karl Manherz (1977): Sprachgeographie und Sprachsoziologie der deutschen Mundarten in Westungarn. Budapest. Vgl. auch ders. (1986): Die deutschen Mundarten im Pilisch-Gebirge. Budapest. In: Ungarndeutsche Studien 3, S. 5 ff.

[27] Vgl. K. Manherz (1969): Beiträge zur Fischerei am Neusiedlersee und auf dem Heideboden. In: ALH 19, S. 133 f.; ders. (1970): Kerzengießen auf dem Heideboden. In: ALH 20, S. 173 ff.; ders. (1972): Beiträge zur volkskundlichen Beschreibung des Weberhandwerks in Pula (Plattenseeoberland). In: Acta Ethnographica 21, S. 379 ff.; ders. (1973): Die Terminologie der Flachsverarbeitung in den deutschen Mundarten in Westungarn. In: Annales Univ. Scient.

der Ungarndeutschen sollte (wenn auch nicht systematisch) gesammelt und auf Tonband festgehalten werden. In Zusammenarbeit mit dem Lehrstuhl für Volkskunde wird an einem Märchenkatalog bzw. an einer Märchentypologie gearbeitet[28].

Insgesamt liegen etwa 180 Tonbänder im Budapester Archiv der ungarndeutschen Mundarten vor. Aufgrund dieses Materials entstanden einige Diplomarbeiten und Dissertationen an der Universität Budapest. Die wichtigsten Themen waren: Der Wortschatz der Handwerkersprachen[29], das Verhältnis zwischen Hochsprache und Mundart und der Prozeß des Sprachwandels (im Zusammenhang mit der Zweisprachigkeit)[30], die Lautlehre einer einzelnen Ortsmundart[31] oder Themen aus dem Bereich der ungarndeutschen Volkskunde[32].

1967 bearbeitete FRANZ KIEFER die Hajoscher Mundart aus synchronischer Sicht[33] in der Absicht, „moderne" Methoden der Mundartforschung anzuwenden. Er stützte sich dabei auf die grundlegenden Ausführungen von HUTTERER zum Verhältnis Hochsprache und Mundart bei den Ungarndeutschen[34], berührte kurz die Problematik der Lehnwörter aus dem Ungarischen, untersuchte den Einfluß des Hochdeutschen bzw. der deutschen Umgangssprache und grenzte die Mund-

Sectio Linguistica, Budapest, IV, S. 93 ff.; M. IMRE/K. MANHERZ (1979): Beiträge zur Töpferei in Altglashütten/Óbánya. In: Beiträge zur Volkskunde der Ungarndeutschen II, S. 159 ff.

[28] Vgl. auch die Sammlung von K. VARGHA/B. RÓNAI (1973): Der schlaue Bergmannsknappe. Budapest.

[29] Vgl. E. HAJDU (1979): Der Weinbau in Schambeck/Zsámbék. In: Beiträge zur Volkskunde der Ungarndeutschen II, S. 99 ff.; W. HAMBUCH (1981): Der Weinbau von Pußtawahn/Pusztavám. (= Ungarndeutsche Studien) Budapest; H. TOTH (1975): Der Wortschatz der Viehzucht in Weindorf/Pilisborosjenö. Budapest. (Hs. Facharbeit); M. BRAUNSTEIN (1986): Volksnahrung in Unterzemming/Alsószölnök (Westungarn). In: Beiträge zur Volkskunde der Ungarndeutschen VI, S. 83 ff.; R. MIHÁLYI (1981): Volksnahrung in der Baranya. In: Beiträge zur Volkskunde der Ungarndeutschen III, S. 7 ff.; M. MIRK (1985): Wortschatz des Bergbaus in St. Iwan/Pilisszentiván bei Ofen. In: Beiträge zur Volkskunde der Ungarndeutschen V, S. 125 ff.

[30] Vgl. E. RIEDER (1976): *ui*-Mundarten im Schildgebirge. Budapest. 1976 (Hs. Facharbeit); E. FETT (1976): Die deutsche Mundart von Gant. Budapest. (Hs. Facharbeit); K. GERSTNER (1978): Interferenz im Weinbauwortschatz von Leinwar/Leányvár. Budapest. (Hs. Diss.).

[31] Vgl. A. VÉGH (1978): Die deutsche Mundart von Berzel/Ceglédbercel und Hartingen/Ujhartján. Budapest. (Hs. Facharbeit); K. MORVÁY (1975): Die deutsche Mundart von Gyód. Budapest. (Hs. Facharbeit); M. STANG (1970): Die modalen Hilfsverben in der deutschen Mundart von Barbarc. Budapest. (Hs. Facharbeit).

[32] I. HAMBACH (1981): Mucsi. Lautlehre und Volkstracht einer fuldischen Siedlung in der Tolnau. In: Beiträge zur Volkskunde der Ungarndeutschen III, S. 67 ff.; K. OSZTHEIMER/K. MANHERZ (1975): Themen und Motive in den Bergmannsliedern aus St. Iwan/Pilisszentiván bei Ofen. In: Beiträge zur Volkskunde der Ungarndeutschen I, S. 221 ff.; bzw. ebda., III (1981), S. 155 ff.

[33] F. KIEFER (1967): Zur synchronischen Beschreibung einer schwäbischen Mundart. In: ALH 17, S. 89 ff.

[34] Vgl. CLAUS JÜRGEN HUTTERER (1961): Hochsprache und Mundart bei den Deutschen in Ungarn. In: R. GROSSE/C. J. HUTTERER: Hochsprache und Mundart in Gebieten mit fremdsprachigen Bevölkerungsteilen. Berlin. S. 50 ff.

art von Hajosch gegen die Nachbarmundarten ab. Im Lautstand, im Wortschatz, in der Sprachmelodie und im Sprechtempo werden Assimilationserscheinungen bei den Umsiedlern aufgezeigt. Die gesonderte Berücksichtigung der Sprachmelodie und des Sprechtempos in einem eigenen Kapitel ist eine Neuheit. Die synchronische Lautbeschreibung beinhaltet auch die synchronische Darstellung der statistischen Verteilung der Einzellaute. Zwar kann die Arbeit insgesamt als wichtiger Beitrag zur synchronischen Beschreibung einer Mundart betrachtet werden, andere wichtige Gesichtspunkte (generations- und geschlechtsspezifische Unterschiede, Sprachgebrauch usw.) wurden aber nicht genügend berücksichtigt. KIEFERS Schlußfolgerungen beziehen sich hauptsächlich auf zwei Fragenkomplexe: auf die Sprache der Ausgewanderten (Einfluß der fremden sprachlichen Umgebung) und auf die zeitgemäße Behandlung des mundartlichen Materials.

Hajosch erweckte auch außerhalb Ungarns Interesse für seine Sprache und Volkskunde. Nach einer 1941 veröffentlichten Arbeit von I. GYÖRGYPÁL-ECKERT[35] untersuchten besonders die Freiburger Volkskundler Hajoscher Material, vor allem WALTRAUT WERNER. Nach einer Kundfahrt mit JOHANNES KÜNZIG beschrieb sie Haus und Hof, Tracht und Bräuche der Hajoscher[36].

Auch die Universitäten von Debrezin und Segedin sowie die Hochschule in Fünfkirchen lieferten Beiträge zur Erforschung der ungarndeutschen Mundarten. 1970 verteidigte JOHANN MÁRVÁNY seine Dissertation über die Mundarten in der nördlichen Schwäbischen Türkei[37]. In der Schriftenreihe „Arbeiten zur deutschen Philologie“ des Debreziner Germanistischen Lehrstuhls erschienen Untersuchungen zu den Mundarten im Tokajer Bergland[38]. Gefördert von dem Volkskundler BÉLA GUNDA, verfaßte GEORG MESTER eine Dissertation über Sitte und Brauchtum in Elek (Kom. Békés)[39]. In Fünfkirchen arbeiteten die Studenten unter der Leitung von KARL VARGHA hauptsächlich auf dem Gebiet der ungarndeutschen Volkskunde[40]. In einem Projekt wollen nun KATHARINA WILD und ihre Mitarbeiter versuchen, die Syntax der deutschen Mundarten im südlichen Transdanubien zu erfassen.

[35] I. GYÖRGYPÁL-ECKERT (1941): Die deutsche Volkserzählung in Hajós. (= Volksdeutsche Studien). Hamburg.

[36] Vgl. W. WERNER (1969): Altschwäbisches aus dem ungarndeutschen Dorf Hajós. In: Jahrbuch für ostdeutsche Volkskunde 12, S. 249 ff.; dies. (1970): Weihen, Heilsegen und Hausgebete in dem ungarndeutschen Dorf Hajós. In: Jahrbuch für ostdeutsche Volkskunde 13, S. 191 ff.

[37] J. MÁRVÁNY (1970): Zur Gliederung der deutschen Mundarten im südöstlichen Transdanubien. In: ALH 20, S. 183 ff.

[38] Vgl. I. LENGYEL (1970): Grundriß der deutschen Mundarten von Hercegkút. In: NFD (Arbeiten zur deutschen Philologie, Debrecen) 5, S. 36 ff.

[39] Vgl. dazu J. BANNER/G. MESTER (1962): Farsangi néphagyományok az eleki németeknél [Faschingsbräuche bei den Deutschen in Elek]. In: Ethnográfia 73, S. 533 ff.; dies. (1966): Eleki német gyermekdalok, mondókák es szöveges játékok [Kinderlieder, Sprüche und Spiele aus Elek]. In: Néprajzi Közlemények 1–2, S. 32 ff.; dies. (1966): Faschingsbrauchtum der Ungarndeutschen von Elek. In: Acta Ethnographica 15, S. 319 ff.; dies. (1968): Brauchtum der Fasten- und Osterzeit bei den Eleker Deutschen. In: Acta Ethnographica 17, S. 177 ff.

[40] Vgl. die Kartei des Lehrstuhls Fünfkirchen/Pécs im Institut für donauschwäbische Geschichte und Landskunde Tübingen (bis 1988).

Insgesamt läßt sich eine fruchtbare Verflechtung der Volkskunde und der Mundartforschung der Ungarndeutschen beobachten. 1975 wurde in Békéscsaba eine Tagung zur Erforschung der Volkskunde der ungarländischen Nationalitäten abgehalten, wo auch Vorträge über die Sprache und Volkskunde der Deutschen auf der Tagesordnung standen[41]. Anläßlich dieser Tagung wurde von der Ungarischen Ethnographischen Gesellschaft und vom Demokratischen Verband der Ungarndeutschen die Schriftenreihe „Beiträge zur Volkskunde der Ungarndeutschen" gegründet. Die Bände dieser Reihe erscheinen seit 1975 alle zwei Jahre. In den hier zusammengefaßten Arbeiten geht es um die komplexe Erforschung der Siedlungsgeschichte, der Volkskunde, der Sprache unter weitgehender Beachtung interethnischer Zusammenhänge. Die Ungarische Ethnographische Gesellschaft und der Verband der Deutschen in Ungarn haben aber auch sonst einiges zur Volkskunde, Sprache und Geschichte der Ungarndeutschen veröffentlicht[42].

Um die gezieltere Erforschung der ungarndeutschen Mundarten und der Volkskunde zu ermöglichen, wurde von denselben Institutionen 1977 eine Feldforschung im südlichen Transdanubien organisiert. Die Feldforschung war mit theoretischer Arbeit verbunden: Erst wurden Vorträge über Fragen der ungarndeutschen Mundartforschung gehalten und anschließend praktische Arbeit geleistet[43].

In jüngster Zeit trägt auch die „Neue Zeitung" mit ihren Veröffentlichungen zur Erforschung der deutschen Mundarten und Volkskunde wesentlich bei, auf Seite 7 finden sich regelmäßig einschlägige Aufsätze.

Die wichtigsten Aufgaben für die nächste Zukunft sind: 1) Das Abfragen des Fragebuches des *UDSA* im südlichen Transdanubien nebst Tonaufnahmen für das Tonarchiv; 2) Die Bearbeitung des fachsprachlichen Materials zum Wörterbuch der ungarndeutschen Mundarten (*WUM*); 3) Die systematische Bearbeitung der geographischen Namen.

[41] M. BOROSS (1979): Illustrationen der handschriftlichen Liederbücher der Deutschen auf dem Heideboden. In: Beiträge zur Volkskunde der Ungarndeutschen II, S. 73 ff.; G. MESTER (1962): Faschingsbrauchtum bei den Eleker Deutschen. In: Ethnographia 73, S. 533 ff.; K. MANHERZ (1976): Sprachwandel bei den Deutschen in Westungarn. Gedruckt in: Nemzetközi Néprajzi Nemzetiségkutató Konferencia. Békéscsaba.

[42] Vgl. z. B. B. KÁLMÁNFI (1976): Glück auf. Volksdichtung der Deutschen im Doroger Kohlenbecken. Budapest. K. MANHERZ (Hrsg.): Patsch Handel z'samm. Kinderlieder, Reime und Kinderspiele. Budapest, 1975; KATHARINA WILD: Hoppa, hoppa Reiter! Kinderlieder, Reime und Spiele aus der südlichen Baranya; L. HOLLÓS/J. G. SCHWEIGHOFER/G. HIDAS: Volkslieder der Ungarndeutschen ; A. HESSE/K. MANHERZ: Das Liederbuch von Berzel/Ceglédbercel.

[43] In Altglashütten/Óbánya, vom 1.–6. August 1977. Mit Vorträgen über die Volkskunde der Baranya (B. ANDRÁSFALVI), über die Sammlung ungarndeutscher Volkslieder (A. HESSE), über die Töpferei in Altglashütten und das Heimatmuseum in Nadasch/Mecseknádasd (M. IMRE), über Ehegemeinschaft und Mundartleben (J. G. SCHWEIGHOFER), über die Volkskunde der Ungarndeutschen (K. VARGHA) und über die Mundarten in der Tolnau und Baranya (K. MANHERZ). Den Bericht darüber siehe in: Beiträge zur Volkskunde der Ungarndeutschen III (1981), S. 199 ff.

BRIGITTE BRUCKNER

Die Struktur der Mundarten im mittleren Südsiebenbürgen

Ebenso wie die gesamte siebenbürgisch-sächsische Sprachlandschaft ist auch das Gebiet des mittleren Südsiebenbürgens durch Aufsplitterung in einzelne, mehr oder weniger voneinander abweichende Ortsmundarten gekennzeichnet.

Im folgenden sollen die Mundarten von siebzehn Gemeinden des ehemaligen Schenker Stuhls näher betrachtet werden; es sind die Mundarten von Abtsdorf, Jakobsdorf, Probstdorf, Hundertbücheln, Roseln, Schönberg, Agnetheln, Mergeln, Werd, Großschenk, Tarteln, Braller, Seligstadt, Scharosch, Felmern, Rohrbach und Kleinschenk.

Da die Verschiedenartigkeit ihres lautlichen Erscheinungsbildes bei näherem Betrachten nicht so willkürlicher Natur ist, wie es beim ersten Blick auf die Lautkarte den Anschein hat, sollen im folgenden Ansätze zu einer sprachhistorischen Deutung unter Heranziehung sprachgeographischer und historischer Methoden versucht werden.

Im Fall unserer Sprachlandschaft handelt es sich — historisch gesehen — um einen Teil jenes Gebiets, das durch die Verschiebung der „gyepü"-Linie zu den Karpaten hin für die Besiedlung freigegeben wurde. Etwa um 1150, zur Zeit Geysas II., besiedelten die in Urkunden sogenannten „priores flandrenses" das Gebiet der späteren drei Kapitel des Altlandes: Hermannstadt, Leschkirch und Schenk.

Eine weitere, nachgeysanische Siedlergruppe hatte bereits 1200 das Gebiet um Reps, das spätere Kosder Kapitel, voll ausgebaut. In der Grenzbeschreibung (1206) der Villa Latina (Woldorf) sind u. a. bereits unsere Ortschaften Felmern, Scharosch und Seligstadt aufgeführt[1].

In unserer Sprachlandschaft können wir demnach zwei Siedlungswellen unterscheiden:

1. Die Gemeinden des Schenker Kapitels: Agnetheln, Schönberg, Mergeln, Werd, Tarteln, Braller, Großschenk und dessen Tochtersiedlung Kleinschenk.

2. Die Gemeinden der sogenannten Schenker Abteilung des Kosder Kapitels: Jakobsdorf, Probstdorf, Roseln, Hundertbücheln, Seligstadt, Scharosch, Rohrbach und Felmern[2].

[1] KARL KURT KLEIN (1963): Schäßburg im Kosder Kapitel. In: ders.: Transsylvanica. Gesammelte Abhandlungen und Aufsätze zur Sprach- und Siedlungsforschung der Deutschen in Siebenbürgen. München. (= Buchreihe der Südostdt. Histor. Kommission 12). S. 180 ff.

[2] KARL KURT KLEIN, a. a. O., S. 181.

Im Zuge einer Deutung des heutigen Mundartbildes nach historischen Kriterien wäre als erstes abzuklären, ob die heutigen Ortsmundarten irgendwelche Spuren dieser zwei verschiedenen Siedlungswellen aufweisen, des weiteren, ob sich in den darauffolgenden Jahrhunderten die Grenze zwischen den Kapiteln Schenk und Kosd wahrnehmbar auf die Ortsmundarten ausgewirkt hat.

Die Möglichkeit eines horizontal-räumlichen Sprachausgleichs innerhalb unserer Mundartlandschaft ist vor allem ab der Entstehung des Schenker Stuhls im 14. Jahrhundert gegeben, als die obengenannten Gemeinden u. a. zu einer verwaltungsmäßigen Einheit zusammengefaßt wurden. Daß ein solcher horizontal-räumlicher Sprachausgleich tatsächlich stattgefunden hat bzw. heute noch stattfindet, soll im folgenden kurz anhand der gegenwärtigen Verteilung der palatalisierten bzw. gutturalisierten Alveolare verdeutlicht werden.

In der anliegenden Tabelle sind Lautformen dreier Wortgruppen aufgezeichnet, die sprachgeschichtlich auf das Schema: westgermanisch langer Vokal (*i:*, *u:*) oder Diphthong (*eu*) gefolgt von alveolaren Konsonanten (*t, d, n*) zurückgehen.

Beispiele der ersten Gruppe wg. *i: + þ, d, n:* leiden, beneiden, schneiden, reiten, schreiten, streiten, weiter, (Holz-)Scheit, Seite, Zeit, mein, dein, sein, fein, scheinen, Schwein, Wein.

Beispiele der zweiten Gruppe wg. *u: + d, n:* läuten, Haut, Maut, Braut, Kraut, braun, Zaun.

Beispiele der dritten Gruppe wg. *eu + d, n:* deuten, Leute, heute, Euter, neun, neunzehn.

Beim Betrachten folgender Karten des Siebenbürgisch-Deutschen Sprachatlasses (1. Band, Teil II): 73 „braune"; 77 „deine"; 87 „Freitag"; 103 „heute"; 110 „Leuten"; 115 „meinem"; 122 „neun"; 128 „Schweine"; 140 „Wein" ergibt sich ganz allgemein, daß Vertreter dieser Wortgruppen im Südsiebenbürgischen teils in palatalisierter, teils in gutturalisierter Form auftreten[3].

Die gutturalisierten Formen treten vor allem in der weiteren oder engeren Umgebung von Broos, Hermannstadt, Marktschelken, Großprobstdorf und Holzmengen auf.

Auf Karte 73 „braune" nehmen die gutturalisierten Formen den größten Teil der südsiebenbürgischen Mundartlandschaft ein, während die palatalisierten Formen nur auf einem recht schmalen Streifen zwischen gutturalisierten und bilabialen Formen vorkommen.

Auf den Karten 103 „heute" und 110 „Leuten" erscheinen die gutturalisierten Formen in den Westen zurückgedrängt. Der Großteil der Fläche wird teils von palatalisierten, teils von Formen mit einfachen Konsonanten beherrscht.

Auf den Seiten 77 „deiner", 115 „meinem", 128 „Schweine" und 140 „Wein" ragen die gutturalisierten Formen nur noch als „Inseln" aus dem von palatalisierten Formen überschwemmten Gebiet heraus.

[3] Siebenbürgisch-Deutscher Sprachatlas, hrsg. von Karl Kurt Klein und Ludwig Erich Schmitt. Bd. 1: Laut- und Formenatlas, bearb. von Kurt Rein. Marburg 1962 und 1964.

Es sieht so aus, daß die Vertreter der Wortgruppen, die sprachgeschichtlich auf wg. *u:* und nachfolgenden Alveolar zurückgehen, in den siebenbürgischen Dialekten eine gewisse Tendenz zur Gutturalisierung aufweisen — im Gegensatz zu Vertretern der Wortgruppen, die sprachgeschichtlich auf wg. *i:* und nachfolgenden Alveolar zurückgehen. Diese letzteren zeigen ganz deutlich eine Tendenz zur Palatalisierung.

Rein palatalisierte Ortsmundarten, in denen sowohl die Vertreter des wg. *i:* als auch des wg. *u:* palatalisiert sind (wie zum Beispiel die Mundart von Seligstadt), einerseits sowie rein gutturalisierte Ortsmundarten, wo sowohl die Vertreter des wg. *u:* als auch jene des wg. *i:* gutturalisierte Formen aufweisen (wie zum Beispiel die Mundart von Hermannstadt), andererseits sind allem Anschein nach Extremfälle und als solche relativ selten.

Die Entstehung der palatalisierten bzw. gutturalisierten Wortformen sowie deren Ursachen sind nicht allein in der siebenbürgischen Sprachforschung vielfach umstritten und diskutiert worden. Bernhard Capesius faßt die zahlreichen Hypothesen zu diesem Problem in seiner Arbeit über die Vertreter des alten *i:*, *u:*, *ü:* folgendermaßen zusammen:

> Alle Erklärungsversuche lassen sich im Grunde auf zwei zurückführen: die eine sucht aus den Verhältnissen der deutschen Sprache heraus auf dem Weg über die Diphthongierung diese Erscheinung zu erklären, die andere greift zu fremdsprachlicher Beeinflussung[4].

Capesius erwähnt Fr. Marienburg, der sich erstmals in der siebenbürgischen Sprachforschung mit der Palatalisierung befaßt hat, und dessen Ansicht, daß „die palatinale Verstärkung . . . aus einer immer gröberen Verdickung des semikonsonantisch gewordenen *i* hervorgegangen ist“[5].

Interessant ist unter anderem, daß Marienburg die Palatalisierung als „Verstärkung“ der Konsonanten empfindet. Während J. Wolff die „Mouillierung“ allein auf das Phänomen der Diphthongierung zurückführt[6], zieht Andreas Scheiner erstmals die Möglichkeit eines keltisch-romanischen Einflusses in Betracht:

> Unsere uralten Diphthongierungen von *u* und *i* mit den zugehörigen „gutturalen und palatinalen“ Verstärkungen gehören zu den ersten Wirkungen des fremden Akzents und sind vielleicht die ältesten Spuren germanischer und keltoromanischer Sprachmischung[7].

Wenn wir nun die konsonantischen Verstärkungen innerhalb unserer Mundartlandschaft im mittleren Südsiebenbürgen anhand anliegender Tabelle näher betrachten, so ergeben sich folgende Besonderheiten:

1. Innerhalb der Wortgruppe, die auf wg. *i:* + *p*, *d*, *n* zurückgeht, treten in keiner unserer Ortsmundarten gutturale Verstärkungen auf.

In Roseln, Schönberg, Seligstadt und Mergeln sind die Alveolare palatal verstärkt. Der Großteil unserer Ortsmundarten weist bezüglich dieser Wortgruppe

[4] Bernhard Capesius (1912): Vertreter des alten *î*, *û*, *ü̂* im Siebenbürgisch-Sächsischen. In: Siebenbürgisches Archiv 38, S. 437.

[5] Bernhard Capesius, a. a. O., S. 438.

[6] Bernhard Capesius, a. a. O., S. 438.

[7] A. Scheiner (1912): Siebenbürgischer Tonfall. In: Siebenbürgisches Archiv 38, S. 406.

einen Monophthong (halbgeschlossener Vordervokal) gefolgt von einem einfachen Konsonanten auf.

2. Innerhalb der Wortgruppe, die auf wg. *eu + d, n* zurückgeht, treten ebenfalls keine gutturalisierten Formen auf. Im Gegensatz zur ersten Gruppe sind palatalisierte Formen häufiger anzutreffen; diese sind nur in Schönberg und z. T. in Mergeln monophthongisch vereinfacht. Die anderen Mundarten mit palatal verstärkten Konsonanten, wie in Jakobsdorf, Probstdorf, Hundertbücheln, Roseln, Seligstadt, Scharosch, zum Teil Rohrbach, und sogar einige mit einfachem Konsonanten, wie Felmern und zum Teil Rohrbach, enthalten einen Diphthong, der in diesem Gebiet im Zusammenhang mit der Palatalisierung anzutreffen ist und der sich im Prinzip auf *ui* reduzieren läßt. Die verschiedenartige lautliche Realisierung dieses Diphthongs in den einzelnen Ortsmundarten beruht einerseits darauf, daß das *u* weiter „zerdehnt" wird und schließlich über einen zentraleren und/oder weniger geschlossenen Vokal auf das *i* stößt; andererseits ist das *i* teils völlig, teil nur „im Ansatz" in die von ihm bewirkte Palatalisierung eingegangen[8].

3. Innerhalb der Wortgruppe, die auf wg. *u: + d, n* zurückgeht, treten in unserer Mundartlandschaft auch guttural verstärkte Formen auf, zumindest bezüglich *n* in beinahe jeder der Ortsmundarten.

Der Gutturalisierung entspricht ein *u*-haltiger Diphthong. Es handelt sich hierbei um eine sekundäre Diphthongierung, die durch ein „Vorschlags-*e*" entstanden ist[9]. In den Mundarten von Abtsdorf, Mergeln, Braller erscheint das *u* innerhalb des Diphthongs bereits zu *o*, in Agnetheln und Felmern sogar zu *a* gesenkt, während es in Probstdorf zu *e* zentralisiert wurde.

Man könnte es auch so auffassen, daß das *u* auf diese Weise in der von ihm bewirkten Gutturalisierung aufgeht. Für diese Auffassung spricht die in Kleinschelken gebräuchliche Form *tsin* (Zaun), die in diesem Sinne als fortgeschrittenste Form innerhalb unseres Mundartgebiets bezeichnet werden kann.

Palatalisierte Formen weisen die Mundarten von Seligstadt und Rohrbach auf, letztere nur bezüglich *n*.

In Hundertbücheln und Scharosch sind die Konsonanten jeweils nur „im Ansatz palatalisiert"; in Felmern und zum Teil auch in Rohrbach sind die Konsonanten einfach, d. h. unverstärkt. Sowohl vor den palatalisierten als auch vor den einfachen Konsonanten ist der für die Palatalisierung typische Diphthong anzutreffen.

Die Kombination Monophthong und einfacher Konsonant ist hier verglichen mit der ersten Gruppe relativ selten: nur in Großschenk und Kleinschenk (in Verbindungen mit *d* und *t* regelmäßig, in Verbindungen mit n jeweils mit einigen Ausnahmen: *tsion, tsin*) und zum Teil in Mergeln (in Verbindungen mit *d* und *t*). Zu bemerken ist noch, daß sich ein Teil der Ortsmundarten nicht konsequent ein-

[8] Konsonantische Formen wie in Hundertbücheln und Scharosch werden von Bernhard Capesius als „im Ansatz palatalisiert" bezeichnet, im Gegensatz zu den „im Absatz palatalisierten" Formen, a. a. O., S. 352.

[9] Bernhard Capesius, a. a. O., S. 344.

heitlich verhält. So weisen Jakobsdorf, Probstdorf, Schönberg und Roseln bezüglich *d* und *t* Palatalisierung, bezüglich *n* hingegen Gutturalisierung auf.

In Schönberg sind die palatalisierten Formen immer monophthongisch.

Bei näherem Betrachten der Sprachkarte zeichnen sich vier verschiedene Mundarttypen ab, die im folgenden kurz charakterisiert werden sollen:

I. Die Mundarten von *Abtsdorf, Agnetheln, Werd, Tarteln* und *Braller:* Hier treten keine palatalisierten Formen auf. Die Formen sind größtenteils vokalisch und konsonantisch einfach — bis auf Formen der Gruppe wg. *u:* + *d, n,* die guttural verstärkt sind.

II. Die Mundarten von *Hundertbücheln, Seligstadt, Scharosch, Rohrbach* und *Felmern:* In diesen Mundarten treten keine gutturalisierten Formen auf. Vokalisch und konsonantisch einfache Formen sind im Gegensatz zum ersten Typ relativ selten und nur innerhalb der Gruppe wg. *i:* + *þ, d, n* anzutreffen. Die Formen dieses Mundarttyps sind größtenteils palatal verstärkt.

Felmern nimmt eine gewisse Sonderstellung ein, da es konsonantisch durchwegs einfache und bezüglich der Wortgruppe wg. *u:* + *n* bilabiale Formen (*briam, tsiam*) aufweist, die für das östliche Südsiebenbürgen kennzeichnend sind[10]. Der Triphthong *uai,* der in den Wortgruppen wg. *eu* + *d, n* und wg. *u:* + *d, n* auftritt, ist dem Vokalismus palatalisierter Formen sehr ähnlich, so daß wir Felmern auch zu dieser Gruppe zählen können.

III. Die Mundarten von *Jakobsdorf, Probstdorf, Roseln, Schönberg* und *Mergeln:* Diese Mundarten verhalten sich nicht konsequent palatal oder guttural, es treten sowohl palatalisierte als auch gutturalisierte Formen auf.

Bezüglich der Gruppe wg. *i:* + *t, d, n* weisen sie durchwegs vokalisch einfache, monophthongische und in Jakobsdorf, Probstdorf und — bezüglich *d* und *t* — Mergeln auch konsonantisch einfache Formen auf, während Roseln, Schönberg, und — bezüglich *n* — Mergeln konsonantisch verstärkte, palatalisierte Formen aufweisen.

In den Gruppen wg. *eu* + *d, n* und wg. *u:* + *d, n* treten durchwegs diphthongische und palatal verstärkte Formen auf. Mergeln und Schönberg weisen jedoch auch bezüglich dieser Gruppe Monophthonge auf. Als Sonderfall ist in Mergeln das unverstärkte *d* und *t* zu verzeichnen, während *n* palatalisiert ist.

Die Gruppe wg. *u:* + *n* dieser Mundarten zeigt durchwegs guttural verstärkte Formen.

IV. Die Mundarten von *Großschenk* und *Kleinschenk.* Diese Mundarten haben vokalisch einfache, monophthongische und konsonantisch unverstärkte Formen in allen untersuchten Wortgruppen — mit einigen Ausnahmen innerhalb der Gruppe wg. *u:* + *n* (Großschenk *tsion,* Kleinschenk *tsin*).

Zusammenfassend ist hervorzuheben, daß die sprachlichen Tendenzen bezüglich der konsonantischen Verstärkung innerhalb unseres Teilgebiets jenen des gesamten südsiebenbürgischen Mundartgebiets ähnlich sind: Gutturalisierung im

10 Siebenbürgisch-Deutscher Sprachatlas, a. a. O., Karte 73 „braune“.

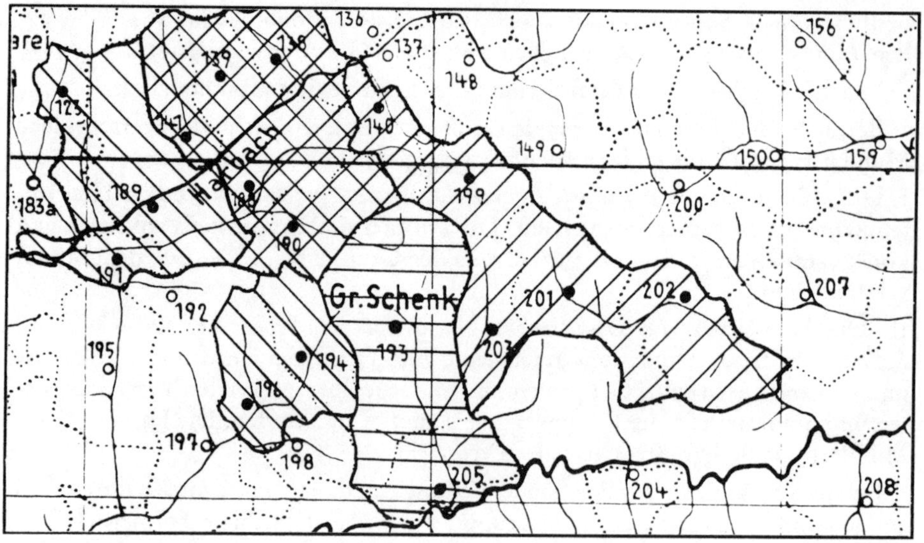

	wg. ī + þ, d, n	wg. ū + d, n	wg. ëu + d, n
123 Ab	e:it	iokt	e:it
138 Ja	et	uəʈ iʊŋ	uəʈ
139 Pr	et	uɔʈ iəŋ	uɔʈ
140 Hu	ɛt	uəjt	uəjt
141 Ros	eʈ	uəʈ iʊŋ	uəʈ
188 Schb	eʈ	eʈ eʊŋ	eʈ
189 Ag	et	iokt iaŋ	et
190 Me	et eɳ	et ioŋ	et eɳ
191 We	e.t	i.ʊkt	e.t
193 Grsch	et an	et an, tsioŋ	et an
194 Ta	et	iukt	et
196 Br	et	iokt	et
199 Se	eʈ	uəʈ	uəʈ
201 Scha	ejt	ʊɐjt	ʊɐjt
202 Fe	i.et	uait	uait
203 Rob	ɛt	ʊæit ʊæiɳ	ʊæit ʊæiɳ
205 Klsch	i:t	i:t i:n, tsiŋ	i:t

(Verwendetes Transkriptionssystem: IPA mit geringfügigen Modifikationen)

Westen, Palatalisierung im Osten. Beobachtungen, die ganz allgemein mit Hilfe der genannten Karten des Siebenbürgisch-Deutschen Sprachatlasses gemacht wurden, sind im Endeffekt auf den kleinen Rahmen unserer Mundartlandschaft übertragbar.

In diesem Zusammenhang können wir die Mundarten vom Typ III als sogenannte „Mischmundarten" bezeichnen. Das wird vor allem durch die Wortgruppe wg. *u:* + *d*, *n* augenfällig, da diese mit gewisser Regelmäßigkeit bezüglich *d* und *t* palatale, bezüglich *n* hingegen gutturale Verstärkungen aufweist.

Demnach sieht es so aus, als würde für Wörter, die auf wg. *u:* und nachfolgenden Alveolar zurückgehen, eine Palatalisierungs-Gutturalisierungs-Linie mitten durch unser Gebiet verlaufen.

Für die Wörter, die auf wg. *eu* bzw. wg. *i:* und nachfolgenden Alveolar zurückgehen, ist innerhalb unserer Mundartlandschaft keine Grenze festzustellen, sondern lediglich ein Übergang von palatalisierten Formen im Osten zu einfachen, unverstärkten Formen im Westen. Angenommen, es handelt sich bei diesen einfachen, unverstärkten Formen um sogenannte „Ausgleichsformen", so sind dies sprachgeschichtlich jüngere Formen, die infolge des Gegensatzes Palatalisierung — Gutturalisierung entstanden sein könnten[11].

Das Vorhandensein palatal verstärkter Formen im östlichen Teil unserer Sprachlandschaft, angenommener Ausgleichsformen im westlichen Teil unserer Sprachlandschaft sowie guttural verstärkter Formen in und um Holzmengen, Marktschelken und Großprobstdorf (westlich unserer Sprachlandschaft)[12], das alles deutet darauf hin, daß eine weitere Palatalisierungs-Gutturalisierungs-Linie, u. zw. bezüglich der Wortgruppen „wg. *eu*" und „wg. *i:*", ebenfalls durch unser Gebiet verlaufen sein könnte. Wie auch unsere Tabelle bestätigt, scheinen die konsonantisch verstärkten Formen dieser Wortgruppen im allgemeinen sprachlich weit weniger stabil und gefestigt zu sein als jene der Wortgruppe „wg. *u:*". Dies wäre vom sprachwissenschaftlichen Standpunkt aus eine mögliche Erklärung für die Tatsache, daß sich die Ausgleichsformen der Wortgruppen „wg. *eu*" und „wg. *i:*" innerhalb unseres Gebiets schneller, nachhaltiger und in größerem Ausmaß durchgesetzt haben als jene der Gruppe „wg. *u:*".

Diese sprachwissenschaftlichen Deutungen lassen sich auch mit den siedlungsgeschichtlichen Fakten leicht in Einklang bringen:

Ein Blick auf unsere Lautkarte zeigt, daß die Gemeinden vom Mundarttyp I durchwegs Gemeinden des Schenker Kapitels sind, während die Gemeinden vom Mundarttyp II durchwegs Gemeinden der Schenker Abteilung des Kosder Kapi-

[11] Zum Problem des sprachlichen Ausgleichs vgl. Anton Schwob (1971): Wege und Formen des Sprachausgleichs in neuzeitlichen ost- und südostdeutschen Sprachinseln. München.
Ders. (1971): Zu Problemen der Sprecherbewegung und Sprachbewegung. Historische Begleitumstände des Sprachausgleichs in südostdeutschen Sprachinseln. In: Siebenbürgisches Archiv 8, III. F., S. 200–226.

[12] Siebenbürgisch-Deutscher Sprachatlas, a. a. O., Karten Nr. 73 „braune", 77 „deine", 87 „Freitag", 103 „heute", 110 „Leuten", 115 „meinen", 122 „neun", 128 „Schweine", 140 „Wein".

tels sind. Die räumlich-geographisch dazwischenliegenden Gemeinden bilden den Mundarttyp III und gehören teils dem Schenker, teils der Schenker Abteilung des Kosder Kapitels an.

Zusammenfassend läßt sich feststellen, daß die Mundarten der ehemaligen Schenker Kapitelsgemeinden, also jener Gemeinden, die im Zuge der ersten Siedlungswelle entstanden sind, gegenwärtig zum Teil gutturalisierte Formen aufweisen, die im Gegensatz stehen zu den überwiegend palatalisierten Formen der ehemaligen Kosder Kapitelsgemeinden, also jener Gemeinden, die im Zuge einer weiteren, etwas späteren Siedlungswelle entstanden sind.

Die Frage, ob und inwieweit die Siedler die diphthongischen Ansätze zur konsonantischen Verstärkung bzw. zu deren verschiedenartiger Realisierung selbst mitgebracht haben oder nicht, läßt sich allein vom heutigen Mundartbild aus nicht aufklären[13].

Zu erklären bleibt noch, wieso die Mundarten von Großschenk und dessen Tochtersiedlung Kleinschenk im Süden unserer Sprachlandschaft durchwegs konsonantisch unverstärkte und vokalisch einfache, monophthongische Formen aufweisen. Theoretisch müßten sie sich wie die Mundarten vom Typ III verhalten und sowohl palatal als auch guttural verstärkte Formen herausgebildet haben.

Da Großschenk jedoch — wie auch die Bezeichnung „Schenker Kapitel“ und „Schenker Stuhl“ schon andeuten — jahrhundertelang das kirchenpolitische und verwaltungsmäßige Zentrum dieses Gebiets und obendrein ein Zentrum des Handwerks und des Handels gewesen ist, ist es naheliegend, daß hier vor allem ausgleichende Tendenzen zum Zuge kamen. Das Zusammentreffen von Menschen mit ganz verschiedenartigen mundartlichen Klängen hat das Entstehen einfacher, neutraler Mundartformen begünstigt, da diese einfachen Formen am ehesten auch von ortsfremden Handel- und Gewerbetreibenden ohne größere Umstellungsschwierigkeiten verstanden und gesprochen werden konnten.

13 Bernhard Capesius, a. a. O., VIII. Kap.: Die Theorien der Diphthongierung und Mouillierung, S. 423 ff.

Walter Hoffmann

Zur Situation der rheinischen Mundarten in der Gegenwart

Vorbemerkung: Die folgenden äußerst knappen Anmerkungen zu Stand und Status rheinischer Mundarten haben lediglich Stellvertreter-Funktion im Umfeld südosteuropäischer Sprachinselforschung. Das Institut für geschichtliche Landeskunde der Rheinlande, Abteilung für Sprachforschung, unter der Leitung von Werner Besch hat nur insofern Anteil an diesem Forschungsfeld, als es 1967 das reiche Material des nordsiebenbürgischen Wortschatzes von Friedrich Krauss übernommen hat. Unter glücklichen Umständen (in der Person Gisela Richters) konnte dann auch mit Hilfe der DFG die organisatorische Ausführung des Nordsiebenbürgisch-sächsischen Wörterbuchs in die Wege geleitet werden. Über dieses erfolgreiche Unternehmen berichtet Gisela Richter in diesem Band. Worüber ich deshalb in aller erforderlichen Kürze nur sprechen kann, sind Aspekte des Status und der Gebrauchssituation der Mundarten im Rheinland, räumlich etwa der alten preußischen Rheinprovinz entsprechend, sprachgeographisch dem Mittel- und Niederfränkischen. Dazu gehört dann auch die Frage nach dem Stand des Sprachgebrauchs in Teilen der moselfränkischen „Urheimat" der Siebenbürger Sachsen, wenn dies als „sachlicher" Anknüpfungspunkt akzeptiert werden könnte.

Unter dem Aspekt des Verhältnisses von Dialekt(en) zur Standardsprache will ich einige neuere Studien und Materialien zusammentragen, die den Sprachgebrauch im oben abgegrenzten Rheinland betreffen[1]. Die bekannten methodischen Probleme der Erhebung und folgend der Beschreibung von Sprachgebrauch gerade im Dialekt-Standard-Kontinuum (zumeist nur indirekte Erhebung mittels Fragebogen, Umfrage, Interview) brauche ich hier sicher nicht zu erörtern.

Am Anfang sollte man sich zwei Beobachtungen zur binnendeutschen Dialektsituation ins Gedächtnis rufen. Zum einen handelt es sich um die Feststellung eines deutlichen Süd-Nord (oder Nord-Süd?)-Gefälles im Dialektgebrauch, was beispielsweise im Handbuch Dialektologie zu einer entsprechenden Aufteilung geführt hat. Diese dialektsoziologische Gliederung in eine nördliche, wenig dialektale und eine südliche, stark dialektale Hemisphäre drängt gerade die Frage auf nach dem Zustand des mitteldeutschen (hier westmitteldeutschen) Streifens, dessen strukturelle „Fächer"-Gliederung zur festen sprachgermanistischen Metaphorik gehört. Tendiert der rheinische Raum eher zum nördlichen oder zum südlichen Paradigma?

Das zweite „Faktum" ist die allseits von den Medien bis in die Forschung hinein

[1] Es geht also nicht um die natürlich auch erheblichem Wandel unterworfenen inneren Sprachstrukturen rheinischer Mundarten, vgl. dazu etwa Jürgen Macha (1991).

Tabelle 1: Übersicht zur Dialektdemoskopie
(Umfragen Allensbach 1966/1983 nach Bundesländern)

Bundesländer	a) Es können einen Dialekt sprechen (in %) (1966) b) Es können die Mundart hier aus der Gegend sprechen (1983)							
	ja		ein wenig		nein		(Sprecherzahl) = 100 %	
	1966 a)	1983 b)	1966 a)	1983 b)	1966 a)	1983 b)	1966 a)	1983 b)
Saarland	76,7	93,6	14,0	6,5	0,3	X	(43)	(31)
Rheinl. Pfalz	76,0	62,8	8,3	13,1	17,4	24,1	(121)	(137)
Hessen	63,5	56,2	13,3	18,7	23,2	25,1	(181)	(187)
Nordrh.-Westf.	46,4	35,4	13,7	21,0	39,9	43,6	(541)	(590)
Bundesrepublik	57,1	51,1	12,1	17,4	30,8	31,4	(2000)	(2115)

Ende der 70er Jahre apostrophierte „Dialektrenaissance“, die das Prestige der Mundarten wieder bis zur „Hoffähigkeit“[2] gehoben habe. Hat diese sattsam propagierte „Mundartwelle“ Auswirkungen auf den alltäglichen, den normalen Sprach- respektive Dialektgebrauch gehabt, den Weg der rheinischen Dialekte in Richtung eher süd- oder eher norddeutscher Sprachverhältnisse beeinflußt?

Die vorzustellenden neueren Erhebungen[3] legen — wie nicht anders zu erwarten — ein erheblich differenzierteres Bild der rheinischen Sprachgebrauchs-Landschaft nahe. Ausgangspunkt kann die für 1966 vorliegende repräsentative Umfrage des Allensbacher Demoskopie-Instituts sein, die wir am Bonner Institut 1983 im Anschluß an die Hoffähigkeits-Diagnose Allensbachs von 1981 nochmals haben durchführen lassen. Eine Aufgliederung nach Bundesländern zeigt nach beiden Erhebungen[4] starke Unterschiede zwischen der nördlichen und der südlichen „Mitte“ des Westens und entsprechende Abweichungen vom bundesrepublikanischen Durchschnitt. Bei aller offensichtlichen Problematik[5] zeigen die erhobenen Werte doch generell, daß offenbar genau die westmitteldeutschen Länder tatsächlich ein Übergangsgebiet bilden zwischen deutlich mehr Dialektkompetenz als im Bundesdurchschnitt im Süden (Rheinland-Pfalz 1983 mit 62,8 %, das Saarland gar mit 93,6 %) und deutlich weniger Dialektkompetenz als im Bundesdurchschnitt im Norden (Nordrhein-Westfalen mit 35,4 %). Hessen liegt mit einer ähnlichen Nord-Süd-Schichtung[6] dazwischen. Zum Vergleich bestätigen für 1983 Niedersachsen mit 34,6 % und Bayern mit 68,8 % das Auseinanderdriften zwischen Nord und Süd. Nicht übersehen werden darf beim Blick auf diese Bruchstelle, daß generell die Dialektkompetenz in diesen Bundesländern weiter zurückgegangen ist[7]. Die Steigerungen zwischen 1966 und 1983 bei der Antwort-Kategorie „ein wenig“ sollte man besser interpretationsfrei belassen.

Schon diese grobe Vermessung verweist darauf, daß offenbar auch im moselfränkischen Raum die Mundartkompetenz überdurchschnittlich hoch ist. Dies läßt sich sowohl für die aktive wie die passive Dimension der Dialektkompetenz noch ein wenig präzisieren durch die Ergebnisse einer Fragebogenerhebung, die wiederum die Abteilung für Sprachforschung des Bonner Instituts in der alten Rheinprovinz[8] 1981/82 durchgeführt hat. Befragt wurden über die Gemeindeverwaltungen sogenannte „Experten“, die als Kenner der örtlichen Verhältnisse umfassend Stellung beziehen sollten zu Sprachgebrauch, Sprachprestige, Sprachwandelprozessen etc.[9], stellvertretend für ihren Wohnort. Aus immerhin 696 Orten (von ca. 1250 angeschriebenen) haben wir Rückmeldungen erhalten. Trotz der

[2] Vgl. Allensbach (1981).

[3] Vgl. dazu die Angaben im Literaturverzeichnis.

[4] S. dazu die Tabelle 1: Übersicht zur Dialektdemoskopie.

[5] Was hat man etwa von der Kompetenz-Steigerung im Saarland zu halten, wenn es sich um 31 Befragte handelt?

[6] Vgl. Friebertshäuser/Dingeldein (1989) mit Erhebungen aus dem Jahr 1984.

[7] Zur „Steigerung“ im Saarland vgl. Anm. 5.

[8] Das Gebiet entspricht etwa dem der Landesteile Nordrhein von Nordrhein-Westfalen und Rheinland von Rheinland-Pfalz.

[9] Vgl. den Bericht Hoffmann/Macha (1985).

Tabelle 2: Expertenbefragung 1981/82
(vgl. Macha 1986, S. 303 f.)

a) Frage: Wieviel Prozent der Bevölkerung sprechen regelmäßig Platt?

Niederrheinischer Grenzraum | Bergisches Land | Raum Saar-Mosel

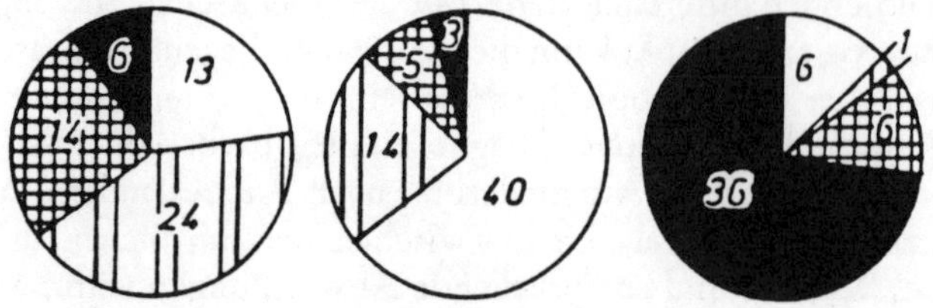

b) Frage: Wieviel Prozent der Bevölkerung verstehen Platt?

Niederrheinischer Grenzraum | Bergisches Land | Raum Saar-Mosel

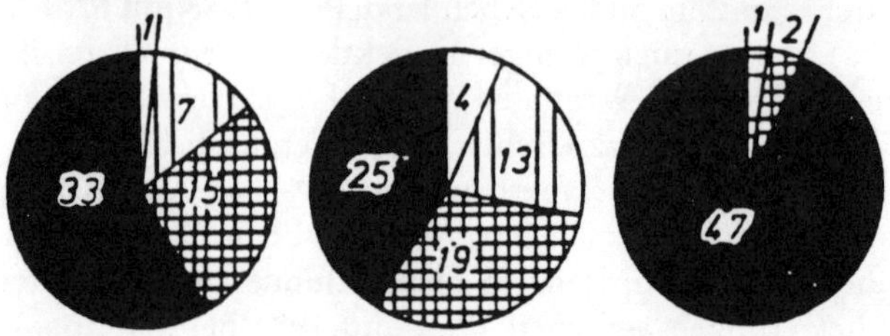

Erläuterungen:
- Anteil Plattverstehen pro Ort: ☐ = 0–25%; ▥ = 26– 50%; ▦ = 51–75%; ■ = 76–100%;
- Zahlen in den Kreissegmenten = jeweilige absolute Belegmenge

c) Frage: Welche Sprachform lernt ein Kind aus einer im Ort eingesessenen Familie normalerweise zuerst?

Niederrheinischer Grenzraum | Bergisches Land | Raum Saar-Mosel

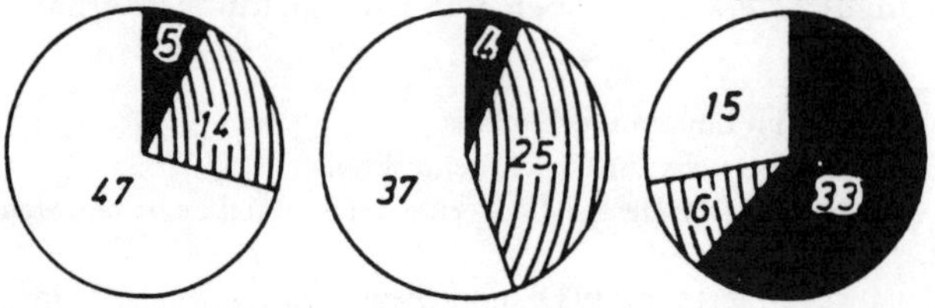

Erläuterungen:
- Primärsprache: ■ = Platt; ▥ = Rheinische Umgangssprache; ☐ = Hochdeutsch
- Zahlen in den Kreissegmenten = jeweilige absolute Belegmenge

nicht herausfilterbaren Schönfärbereien und Schwarzmalereien solcher subjektiven Meinungsäußerungen lassen sich erste Einsichten in Sprachgebrauchsstrukturen gewinnen, deren Geltung über 1992 hinaus aber keineswegs geradlinig fortgeschrieben werden darf (vgl. die Schlußbemerkungen).

Auf die Frage „Wieviel Prozent der Bevölkerung [Ihres Ortes] sprechen regelmäßig Platt?" haben wir aus 295 Orten (= 42,4 % aller Orte) erfahren, daß zwischen 51 und 100 % der Einwohner dies tun. In 199 Orten (= 28,6 %) sprechen 0–25 % regelmäßig Platt, also wohl nicht nur zur Karnevalszeit, und in 175 Orten (= 25,1 %) gibt es 26–50 % solcher aktiven Plattsprecher. Auf die Frage nach der passiven Dialektkompetenz gaben die Experten aus 574 Orten (= 82,5 %) an, daß die Bevölkerung zu 51–100 % Platt verstehe. 0–25 % Platt-Verstehen gibt es danach nur in 29 Orten (= 4,2 %), in 67 (= 9,6 %) sind es 26–50 %. Beide Ergebnisse zusammen vermögen bei aller methodisch gebotenen Vorsicht (und der Nicht-Vergleichbarkeit mit den Allensbach-Daten) doch zu zeigen, daß sicherlich gut die Hälfte der Bevölkerung zwischen Kleve und Trier durchaus nicht selten Platt spricht, wenn man den Begriff „regelmäßig" für den Umfang der Plattverwendung nach unten begrenzen will; die Grenze nach oben muß und sollte besser offen bleiben. Den Auguren eines baldigen Platt-Exitus, die es seit urdenklichen Zeiten auch im Rheinland in nicht geringer Anzahl gibt, muß diese Resistenz des Platt etwas ungeheuer vorkommen, zu leugnen ist sie nicht.

Für die Frage nach dem Nord-Süd-Gefälle im Dialektgebrauch hat JÜRGEN MACHA[10] aus dieser Experten-Umfrage drei kleinere Teilräume ausgewählt und deren Daten vergleichend vorgelegt, ausgehend vom Zollgrenzbezirk zwischen Kleve und Aachen, als niederrheinischer Grenzraum bezeichnet und mit 59 Orten vertreten, zum anderen das Bergische Land (63 Orte des Oberbergischen, des Rheinisch-Bergischen und des Rhein-Sieg-Kreises) und ganz im Süden den Raum Saar-Mosel, von 49 Belegorten der Kreise Trier-Saarburg und Bernkastel-Wittlich gebildet (vgl. Tabelle 2).

Die Ergebnisse zeigen u. E. recht klar, daß man regional erhebliche Unterschiede in aktiver wie passiver Dialektalität ansetzen muß. Das Bergische Land hat sich offenbar am weitesten vom Platt entfernt, wogegen der Raum Saar-Mosel eine ausgesprochen dialektfeste Position einnimmt. Der nördliche Niederrhein steht zwischen den beiden Extremen, aber näher an den Bergischen Verhältnissen. Eine Reihe von kleineren ortsbezogenen Studien (Promotions-, Magister- und Examensarbeiten) bestätigen die Notwendigkeit räumlicher Differenzierung für die Beschreibung der Diglossie-Situation im Rheinland. „Typisch rheinische" Sprachverhältnisse existieren nicht, eine Art „Rheinischer Fächer" muß wohl auch in bezug auf Sprachgebrauch (und Sprachprestige) angesetzt werden; die nördlichen Räume tendieren zu eher niederdeutschen Verhältnissen, der südliche eher zu einer Situation oberdeutschen Zuschnitts.

Ob der als zweiter Komplex angesprochene mediale Mundartboom für den Gebrauch rheinischer Mundarten eine Wende eingeleitet hat, möchte ich eher skep-

[10] Vgl. JÜRGEN MACHA (1986 a).

tisch beurteilen[11]. Sowenig der seit langem apostrophierte generelle Exitus der Mundarten eingetreten ist, sollte man auch den Einfluß solcher kulturellen Oberflächenphänomene auf den gesellschaftlichen Sprachwandel nicht überschätzen: Sprachentwicklungen haben einen (ziemlich) langen Atem.

Viel wichtiger scheint mir aber, worauf ich abschließend noch kurz eingehen möchte, daß im Bereich der familialen Sprachgebrauchskonstellationen tatsächlich von grundstürzenden Wandlungen zu reden ist, die wiederum vor allem im mittleren und nördlichen Rheinland generationsspezifisch ablaufen. Es geht um die Bedingungen des Erstsprachenerwerbs der Kinder in ortsansässigen, von der Familiengeschichte her traditionell dialektal (ripuarisch oder niederfränkisch) geprägten Familien. Stark forciert seit den 60er Jahren, hat hier ein erhebliches Umdenken stattgefunden. „Mit den Kindern kein Platt", diese Maxime hat nach längerem Vorlauf eine vorher eher ungeregelte, auch den Gebrauch von Dialekt einschließende sprachliche Primärsozialisation abgelöst. Der Effekt: der Anteil dialektkompetenter Jugendlicher und Kinder wird rapide geringer. Wie z. B. eine Untersuchung von Geschwisterpaaren aus Fritzdorf/Bonn nachweist[12], liegt die Bruchstelle wohl in den 60er Jahren. Die seitdem geborenen Kinder werden unter anderen, massiv standardsprachorientierten Prämissen sprachlich erzogen. Auch wenn die einsprachig-standardsprachliche Familie nicht zwangsläufig als der völlig dominierende Typus zu prognostizieren ist und momentan noch eine Art „Gemengelage" den familiären Sprachgebrauch besser charakterisieren mag: Die Gewichte haben sich intentional offenbar stark von der Mundart weg verschoben[13]. Eine Zusammenstellung und Erörterung diesbezüglicher Arbeiten bringt MACHA (1993). Auch in diesem Bereich gibt es, wie die Ergebnisse der Expertenbefragung nahelegen, wiederum starke regionale Unterschiede (vgl. Tabelle 2, Frage c). Die Festigkeit des Dialektgebrauchs im Saar-Mosel-Raum begrenzt sicher auch die Wirksamkeit der elterlichen Standard-Intentionen im Primärspracherwerb. Für die Mitte und den Norden der Rheinlande darf man aber bei aller gebotenen Zurückhaltung aufgrund einigen empirischen Materials festhalten: Dialekt als „Muttersprache" im engeren Sinne gibt es nicht mehr. Die Tendenzen zum Gebrauch dialektferner Sprache im Erziehungskontext, auch und nicht zuletzt in der Schule[14], haben seit ca. 25 Jahren einen kräftigen Schub erhalten. Mundartliches Sprachwissen muß und wird an anderen sprachlichen Kontaktstellen immer noch erworben, nur sind seine Erscheinungsformen[15] nicht mit den herkömmlichen Mitteln von Dialekt-Lexik oder -Grammatik zu beschreiben.

[11] Vgl. auch JÜRGEN MACHA (1986 b).

[12] SIEBURG (1992).

[13] Viele „sprechende" Beispiele bei JÜRGEN MACHA (1991).

[14] Vgl. schon die Ergebnisse einer älteren Erhebung des Bonner Instituts in JÜRGEN MACHA (1981).

[15] Hier ist u. a. auf die Diskussion um den sogenannten „Neuen Substandard" hinzuweisen, vgl. z. B. GÜNTER BELLMANN (1983).

Literatur

Allensbach (1981): Institut für Demoskopie Allensbach. Mundart wird hoffähig. Allensbacher Berichte 1981, Nr. 14. Allensbach.

Bellmann, Günter (1983): Probleme des Substandards im Deutschen. In: Aspekte der Dialekttheorie. Hrsg. Klaus J. Mattheier. Tübingen. S. 105–130.

Friebertshäuser, Hans / Dingeldein, Heinrich J. (1939): Hessischer Dialektzensus. Statistischer Atlas zum Sprachgebrauch. Hergest. mit Softwaresystemen von Harald Händler und Wolfgang Putschke. Tübingen.

Grömping, Monika (1985): Empirische Untersuchung zum Sprachgebrauch in einem Eifel-Dorf (Mutscheid). Staatsarbeit (masch.) Bonn.

Hoffmann, Walter / Macha, Jürgen (1985): Meinungen über die Situation des Dialekts. Zu einer ‚Expertenbefragung' im Rheinland. In: Ortssprachenforschung. Beiträge zu einem Bonner Kolloquium. Hrsg. von Besch, Werner / Mattheier, Klaus J. Berlin. S. 201–212.

Macha, Jürgen (1981): Dialekt/Hochsprache in der Grundschule. Ergebnisse einer Lehrerbefragung im südlichen Nordrhein-Westfalen. Erarbeitet aufgrund der Vorstudien und Erhebungen von W. Besch, W. Hoffmann, K. J. Mattheier. Bonn.

Macha, Jürgen (1986a): Dialekt und Standardsprache. Zur heutigen Situation im deutschen Grenzgebiet. In: Rheinische Vierteljahresblätter 50, S. 298–305.

Macha, Jürgen (1986b): Löst die Aufwertung des Dialekts die Probleme von Mundartsprechern? In: Volkskultur an Rhein und Maas 5, S. 30–35.

Macha, Jürgen (1991): Der flexible Sprecher, Untersuchungen zu Sprache und Sprachbewußtsein rheinischer Handwerksmeister. Köln u. a.

Macha, Jürgen (1993): ‚Wie die Alten sungen ...?' Generation und Sprache im Rheinland. In: Vielfalt des Deutschen. Festschrift für Werner Besch. Hrsg. von K. J. Mattheier u. a. Frankfurt u. a. S. 601–618.

Merges, Josef Karl Christian (1977): Der untere Niederrhein. Studien zu seiner sprachlichen Entwicklung. Diss. Bonn.

Sickinger, Claudia (1990): Eine vergleichende Untersuchung zum situationsspezifischen Dialektgebrauch im Rheinland und in Württemberg. Magisterarbeit (masch.). Bonn.

Sieburg, Heinz (1992): Geschlechtstypischer Dialektgebrauch. Empirische Untersuchung verschiedengeschlechtlicher Geschwister in Fritzdorf. Köln u. a. 1992; Zusammenfassung in: Rheinische Vierteljahresblätter 55 (1991), S. 294–314.

Wolfgang Kleiber

Zur Erhebung von Fachwortschätzen in Südosteuropa.
Erfahrungen und Vorschläge aus dem Umkreis des Wortatlas der kontinentalgermanischen Winzerterminologie (WKW)

I. Vorbemerkungen, Zielsetzungen

Die folgenden, sehr knappen Ausführungen sind aus der praktischen Arbeit am WKW hervorgegangen. Die Feldforschungen in Südosteuropa gehören zu den größten Erlebnissen meiner bisherigen wissenschaftlichen Arbeit. Sie haben mich persönlich geprägt. Der menschliche und sachlich-wissenschaftliche Ertrag von mehr als 100 Sprachaufnahmen ist unschätzbar. Heute liegen von unserem Atlaswerk (WKW) der Einleitungsband, vier Kartenlieferungen mit 82 Sprachkarten und vier umfangreiche Kommentarfaszikel vor. Die fünfte Lieferung erscheint Ende 1994. Dies ist die Erfahrungsbasis, auf deren Grundlage ich berichten will. Als konstitutiv bis in alle Einzelheiten der Planung und Organisation, der politischen und wirtschaftlichen Struktur, der siedlungs- und sprachgeschichtlichen Grundlagen erwies sich der Gegensatz zwischen den (vereinfacht) westlichen und östlichen Untersuchungsgebieten. In gröbster Vereinfachung: geschlossenes deutsches Sprachgebiet ≠ deutsche Sprachinselareale; parlamentarische ≠ totalitäre Staatsform; Privateigentum ≠ Staatseigentum usw. Ich referiere zunächst über einige Methodenprobleme der empirischen Feldforschung, vorwiegend anhand von Kriterien zur Informantenauswahl, spreche dann über die Fachsprachenforschung in Südosteuropa und ende mit gezielten praktischen Projektvorschlägen.

II. Methodenprobleme bei Sprachaufnahmen zum WKW in Südost- und Osteuropa

Für die primär areallinguistische Zielsetzung des WKW wurde bezüglich der Informantenauswahl das Zufallsstichprobenverfahren durch eine Auswahl nach qualitativen Kriterien ersetzt. Als Minimalkatalog galten (vereinfacht) die folgenden Anforderungen an die Informanten:

1. *Ortsrepräsentativität (Ortspunktauswahl)*
2. *Dialektkompetenz (Informantenauswahl, Varietät)*
3. *Fachkompetenz (Informantenauswahl, Berufspraxis)*
4. *Altersschichtkompatibilität (Informantenauswahl, Altersgruppe)*

Die vielschichtige Problematik derartiger abstrakter Kriterienkataloge soll nun in knappster Form verdeutlicht werden. Dabei werden Erfahrungsgrundsätze im Westen solchen im Osten gegenübergestellt.

Zu 1. *Ortsrepräsentativität (Ortspunktauswahl)*

Die kartographische Belegpräsentation mittels der Punkt-Symbolmethode erfordert die nur wenig variable Äquidistanz der Ortspunkte. Ein hundertprozentiges Ortsnetz ist im Westen weder realisierbar noch überhaupt notwendig (Klein-, großräumige Homogenität). Im Osten wird der Aspekt der Äquidistanz schon durch die, großräumig betrachtet, ungleiche Verteilung der Sprachinseln im Untersuchungsareal relativiert. Die Ortsauswahl muß nach Kriterien der Sprachinseldialektologie erfolgen. Ist der sprachliche Ausgleich auf der Ebene der Ortssysteme (oder darunter) stehengeblieben (z. B. Saderlach, Sagetal), müßte prinzipiell ein hundertprozentiges Ortsnetz gefordert werden. Der WKW berücksichtigt ausgesprochene Ortssprachen, Ortsindividualitäten in exemplarischer Weise.
Ortssprachen. Beispiele:
Nr. 360 Guttenbrunn / Zăbrani (R) — odenwälderisch
Nr. 278 Saderlach / Zădăreni (R) — hochalemannisch
Nr. 417 Sagetal / Szakadát (H) — moselfränkisch
Nr. 376 Deutsch-Pilsen (H) — mittelbairisch-ostmitteldeutsch
Nr. 323 Großpold, 329 Großau (R): Landlerorte Siebenbürgen — mittelbairisch
Nr. 404 Kriegsdorf / Hodod (R) — südalemannisch (oberrheinisch)
Die Ortssprachen stehen im Gegensatz zu relativ homogenen Gebietssprachen. Beispiele:
Nr. 192 Rübnig (YU) Gottschee — südbairisch
198 Wretzen (YU)
623 Reinthal (YU)
Nr. 254 Ratkau (H) Tokajer Bergland — schwäbisch
255 Trautsondorf (H)
Nr. 123 Chortitza (SU) Ukraine — mennonitisch / niederdeutsch-friesisch
Ferner: 342 Friesendorf, 369 Nikopol, 375 Steinfeld, 396 Rosental.
Nr. 279 Helenendorf (SU) Kaukasus — zentralschwäbisch
Ferner: 283 Katharinenfeld, 284 Grünfeld, 394 Georgsfeld, 397 Alexanderdorf.

Folgerungen: Beim Aufbau des Ortsnetzes müssen neben den Ortssprachen unbedingt relativ einheitliche Gebietssprachen — zumindest in Auswahl (repräsentativ) — berücksichtigt werden. Zur örtlichen Dialekt-Bikompetenz: Die beobachteten Fälle traten immer auf der Grundlage naher nachbarschaftlicher Kommunikation auf. Ein Beispiel: Der 83jährige Gewährsmann aus Temesch/Krim sprach selbst einen ausgeprägten zentralhessischen *oi*-Dialekt [nointse:, dinsdox]. Den Sprachgegensatz zu dem benachbarten 40 km entfernten Schwabendorf Kronental hat er in Dutzenden von Beispielen geschildert: [k^{h}um hēri, vo gōš nō:] „Komm her, wo gehst Du hin?" usw.

Das Ortsnetz des WKW umfaßt jetzt 420 Aufnahmeorte, die sich auf 14 (13) Staaten (Stand vor 1989) verteilen: Bundesrepublik 142, Ex-DDR 11; Luxemburg 3; Frankreich 20; Schweiz 27; Liechtenstein 1; Italien 10; Österreich 40; Tschechoslowakei 14; Polen 1; Ungarn 30; Jugoslawien 17; Rumänien 54; Sowjetunion 50.
Davon: 82 aus nicht mehr bestehenden deutschsprachigen Gebieten im Osten: (ehemalige) ČSSR 14, Polen 1, (ehemaliges) Jugoslawien 17, (ehemalige) UdSSR 50.

Zu 2. *Dialektkompetenz (Informantenauswahl, Varietät)*

Die soziolinguistische Problematik des Konstrukts ‚Basisdialekt' ist ja bekannt. Ich gehe nicht näher darauf ein. Die sichere Beherrschung der örtlichen oder regionalen deutschen Dialektvarietät durch den Informanten bildet nach wie vor eine wichtige Grundvoraussetzung der Ortsenquête und der Ortsvalidität der Ergebnisse bei Sprachatlanten. Bei östlichen Enquêten traten zusätzliche Probleme auf (z. B. bei Rußlanddeutschen).

2.1 Mehrsprachigkeit. Naturaler Bilingualismus. Zwei Beispiele:
2.1.1 Örtliche Bikompetenz; primär: mennonitisch-niederdeutsch + oberdeutsch-südrheinfränkisch (SU Bessarabien/Molotschna)
2.1.2 Örtliche Bikompetenz; primär: südoberdeutsch-bairische Landlermundart + westmitteldeutsch Siebenbürgisch-sächsisch (Rumänien Landlerorte).

2.2 Sprachmischung, Mischdialekte aufgrund von Migration. Zwei typische Fälle:
2.2.1 Deportierte Gruppen verschiedener Herkunft bilden am Ansiedlungsort unter sich eine neue Ortssprache/Koiné (Wolgadeutsche + Kaukasusdeutsche im Ural).
2.2.2 Emigrierte Informantengruppen bilden am neuen Wohnort mit einem autochthonen Ortsdialekt (meist in Westdeutschland) einen Mischdialekt, der in bestimmten Kommunikationssituationen ‚nach außen' verwendet wird. Betroffen ist, je nach Beruf, vor allem die vom neuen Heimatdialekt und höheren Varietäten beeinflußte Phonemik. Hier liegt die bekannte, generelle Problematik aller nicht mehr am Heimatort befragten Informanten, welche oft schon seit vielen Jahrzehnten im Westen ansässig geworden sind. Der Rückgriff auf diesen Informantentyp ist aus bekannten Gründen unabdingbar. (Die 50 WKW-Ortsaufnahmen der ehemaligen UdSSR wurden alle in Deutschland getätigt).

2.3 Rekonstruktionsdialekt, Erinnerungsdialekt. Bei verschiedenen Informanten wurden Dialekt und Sachbereich nach bis zu 40/50jähriger Zäsur während der Enquête rekonstruiert (s. u.).

Zu 3. *Fachkompetenz (Informantenauswahl: Berufsspektrum)*

Ein fachsprachlich strukturiertes Questionnaire setzt die haupt- oder nebenberufliche Praxis des Informanten voraus, die Kartographie überdies die Verbreitung des Sachgebiets, des Sachobjekts im Untersuchungsareal. Einen spezifischen

Schwerpunkt setzte im WKW die Ausrichtung des Questionnaires auf die traditionellen manuellen Arbeitsweisen, Techniken und Geräte. Folgende Kompetenztypen sind zu unterscheiden:

3.1 Die gespaltene oder Mischkompetenz

Im Westen des Untersuchungsgebiets sind die alten, traditionellen, manuellen Arbeitsweisen und Geräte durch Maschinen mit entsprechender Technik ersetzt. Eine naturwissenschaftlich bestimmte, standardisierte, durch Fachschulen vermittelte Terminologie steht neben dem als Erinnerungsform bewahrten alten Winzerlexikon. Es kommt zu Verdrängungs-, Ablösungs- und Substitutionsprozessen in Arbeitswelt und Fachlexikon, welche zumeist 30 - 50 Jahre zurückliegen. Die Kontinuität der Praxis ist trotz des technologischen und terminologischen Wandels jeweils gegeben. Das Aufnahmegespräch muß darauf gerichtet sein, die verschiedenen sachlich-sprachlichen Sedimente zu trennen. Das Questionnaire ist auf diesen Zweck abgestimmt.

3.2. Die Erinnerungskompetenz

Im Osten des Untersuchungsgebietes lagen häufig, bei den Rußlanddeutschen fast ausnahmslos, die Zeiten der letzten Berufspraxis 40, sogar 50 Jahre zurück. Die einschlägigen Erfahrungen bezogen sich zudem nicht mehr auf Privat-, sondern auf Kolchoswirtschaften mit hohem Technisierungsstand inmitten einer fremdsprachigen Kommunikationssituation (Russisch). Sehr selten kam es zur Kontinuität der Weinbauernarbeit in den Deportationsgebieten im Süden der Sowjetunion. Insgesamt war im Aufnahmegespräch eine 40–50jährige berufspraktische Diskontinuität zu überbrücken, was oft überraschend gut gelang (410 Temesch). In Rumänien/Ungarn bestehen kleinere Privatwirtschaften (Hofareale) neben großen Genossenschaften, Weinbaukolchosen. Hier kam es zu einer anderen Art gespaltener Kompetenz: hochtechnisiert/fremdsprachig ǂ manuell/ortssprachig-deutsch. Die Interferenz beider Lexik-Schichten ist vor allem durch Lehninfiltrate nachweisbar.

Zu 4. *Altersschichtkompatibilität (Informantenauswahl, Altersgruppe)*

Die bisherigen Ausführungen rechtfertigen die Wahl der 60–80jährigen als Generationsgruppe, welche allein die sprachlichen und außersprachlichen Voraussetzungen noch mitbringt. Nur am Rande sei erwähnt, daß beispielsweise in Ungarn die sichere Handhabung des deutschen Dialekts nur noch in dieser Altersschicht gewährleistet ist.

III. Allgemeines. Zur Erhebung von Fachsprachen mit besonderer Berücksichtigung Ost- und Südosteuropas

Auswahlaspekt:
Aus kulturhistorischen, wirtschafts- und sprachgeschichtlichen Gründen sollten vor allem diejenigen ländlichen (dialektalen und traditionellen) Berufsteilsprachen

bzw. Teilwortschätze erhoben werden, von denen im Untersuchungsgebiet, möglichst sprachgeographisch gestreut, noch Sprach- und Funktionsträger vorhanden sind. Aus dem reichen Berufssprachenspektrum greife ich, als besonders ergiebig, folgende heraus:

1. *Landwirtschaftlich-bäuerlich geprägte Fachsprachen*

1.1 Landwirtschaft im engeren Sinne: Ackerbau (Getreidebau, Wiesen), Viehwirtschaft (Weide), Haus und Hof (Garten-, Obstbau), Wald- und Holzarbeit usw.

1.2 Sonderkulturen: Weinbau, Hanfbau, Tabakbau, Obst- und Gemüsebau usw.

- Die landwirtschaftlich strukturierte bäuerliche Gesellschaft in Ost- und Südosteuropa bietet die Voraussetzung für eine einheitliche und zugleich flächendeckende sprachlich-sachliche Erhebungsgrundlage.
- Basis für die Enquêten müssen im Grundbestand einheitliche und vergleichbare, jedoch für regionale Besonderheiten offene Fragebücher sein. Im WKW-Questionnaire liegt für die Sonderkultur des Weinbaus ein einschlägiger Versuch vor. Für die Landwirtschaft ist an die Fragebücher und die einschlägigen Erfahrungen der modernen Sprachatlanten des SDS, ALA, SSA sowie des AIS anzuknüpfen. Methodische Transparenz gebietet die Offenlegung der Enquête-Grundlagen. Die Publikation und Diskussion der Fragebücher ist immer noch keine Selbstverständlichkeit.

2. *Handwerkerfachsprachen im bäuerlich-dörflichen Bereich*

- Küfer/Böttcher. Nach den Erfahrungen im Umfeld des WKW wurde in Mainz ein eigenes Questionnaire mit über 300 Fragen entwickelt. Es steht auf Wunsch zur Verfügung.
- Schmied, Zimmermann, Töpfer, Schlosser, Korbflechter und andere im dörflichen Umfeld beheimatete Fachsprachen.

3. *Handwerkersprachen vorwiegend im städtischen Bereich*

- Bergbau. Angesichts der reichen Tradition im Südosten ein besonders dringendes Desiderat. (HEILFURTHs volkskundliche Meisterleistung besitzt keine sprachlich-philologische Entsprechung).
- Städtische Handwerkersprachen (cf. ERNST MUMMENHOFF: Der Handwerker in der deutschen Vergangenheit. 1924).

Schneider, Schlosser, Barbier, Fleischer, Schmied, Schuhmacher, Uhrmacher, Bäcker, Glaser, Hafner, Sattler, Tischler, Steinmetz, Tuchmacher, Maler, Seiler, Drucker etc.

Was sollen diese Aufzählungen (cf. Ofener Stadtrecht 1413/21: 60 Handwerkssprachen), die ja bei weitem nicht vollständig sind? Dreierlei:

Erstens: Es war zu verdeutlichen, vor welch gewaltigen, noch völlig unzureichend in Angriff genommenen Aufgaben die deutsche Fachsprachenforschung auf der Ebene der Dialekte insgesamt, besonders auch im Südosten, steht.

Zweitens: Stadtgeschichte und Handwerksgeschichte (z. B. Zunftgeschichte) gehören bekanntlich zusammen. Eine umfassende Sprachgeschichte und Wirtschaftsgeschichte der deutschen Stadt (eben auch unter Einbeziehung Osteuropas) fehlt immer noch. Wir besitzen noch nicht einmal zureichende Monographien über Metropolen wie Köln, Straßburg, Nürnberg, Wien usw. Das reiche gedruckte und ungedruckte Material (Stadtbücher, Stadtrechte, Zunftbücher, Zunftrollen, Stadtrechnungen etc.) in Südosteuropa (bes. Wien, Preßburg, Hermannstadt, Schäßburg etc.) sei exemplarisch genannt. Es harrt noch der sprachgeschichtlichen Erschließung.

Drittens: Handwerksgeschichte, Zunftgeschichte ist im Südosten, wie zuletzt Hans Gehl in mustergültiger Weise aufgezeigt hat, untrennbar verknüpft mit deutschem Kultur- und Spracheinfluß. Die ungarischen Handwerkersprachen „wimmeln von deutschen Lehnwörtern“, deren regionale Herkunft noch nicht untersucht ist. Wir sehen den deutschen Spracheinfluß heute unter dem Aspekt der Europäisierung unseres Kontinents. Südosteuropa ist für die historische Sprachforschung insgesamt eine Entwicklungsregion. Nirgends wird dies deutlicher als am Beispiel Siebenbürgens. Eine Mainzer Magisterarbeit soll zeigen, daß von einer methoden- und quellenkritischen, philologisch-sprachhistorischen Auswertung des ungemein reichen und weit zurück zu verfolgenden gedruckten und ungedruckten siebenbürgisch-sächsischen Quellenmaterials bisher noch nicht einmal in Ansätzen die Rede sein kann. Es gibt meines Wissens keine einzige Skriptauntersuchung einer siebenbürgischen Stadt.

4. *Zusammenfassung*

Die Sprachaufnahmen zum Wortatlas der kontinentalgermanischen Winzerterminologie (WKW) in Südosteuropa und der ehemaligen Sowjetunion waren durch areallinguistische, fachsprachlich-sachkundliche, soziolinguistische und politische Determinanten entscheidend geprägt.

1. Die areallinguistischen Determinanten eines Sprachatlasses erforderten die Berücksichtigung synchroner, syntopischer und synsozialer Aspekte bei der Erhebung der Sprachdaten. Pragmatische Kategorien führten zu einschneidenden Begrenzungen des Datenkorpus, vor allem hinsichtlich der Ortsauswahl, der Ortsnetzdichte, welche die kartographische Darstellungsmethode (Punkt-Symbol-Karte) erzwangen.

2. Die fachsprachlich-sachkundlichen Determinanten erforderten flächendeckende Kompatibilität auch des der Fachterminologie zugrundeliegenden Sachsubstrats. Pragmatische Zwänge (Finanzierung, Zeitrahmen) limitierten hierbei sowohl den Umfang als auch den Aufbau des fachsprachlichen Questionnaires. Für die Erhebung der Terminologie und der Sachgüterwelt (trimedial) stand bei dem WKW pro Ortspunkt maximal ein Arbeitstag zur Verfügung.

3. Die soziolinguistisch-diastratischen und politischen Determinanten. Die Auswahl der Informanten hatte, wie in Punkt II betont wurde, zuerst die fachsprachli-

che Kompetenz zu gewährleisten. Diese war gesichert durch die Zugehörigkeit der Informanten zum entsprechenden Berufsstand (WKW: Winzer) und die langjährige eigene Praxis in dem alten, traditionsgeprägten und sich stark wandelnden Handwerk, im Falle des WKW im Winzerberuf (Kolchoswesen). Dazu kam als weitere Voraussetzung die sichere Beherrschung einer deutschen Dialektvarietät. Pragmatische Zwänge, etwa unter dem Einfluß von Umsiedlungen, Aussiedlungen, rezenten Auswanderungsbewegungen schränkten in der Regel die Anzahl der zur Verfügung stehenden Informanten drastisch ein und strukturierten das Ortsnetz sowie vor allem den Altersaufbau der Informanten im Sinne einer starken Dominanz der 60–80jährigen. Mit politisch bedingten Hemmnissen wie absichtlichen und bürokratischen Erschwerungen bei der Aufnahmeorganisation, Überwachungsschikanen bei den Feldaufnahmen durch die Präsenz von „Kollegen" (Spitzeln) usw. hatten die Enquêten in Südosteuropa und der ehemaligen DDR in den 80er Jahren fast überall zu rechnen. Sie beeinflußten die erzielten Ergebnisse mehr oder minder stark.

IV. Schlußbemerkungen

Ich möchte nun auch in meiner Eigenschaft als germanistischer Beirat des Donauschwäbischen Instituts die aus dem Vorgetragenen resultierenden Forschungsdesiderata knapp zusammenfassen. Schwerpunkte Fachsprachen:

1. Wortatlas der donauschwäbischen Landwirtschaftsterminologie (WDL). Zu bestimmen sind noch u. a.: Areal, Zahl der Ortspunkte, Formulierung des Fragebuchs in Anlehnung an moderne Atlanten (z. B. SDS, AIS), Transkriptionsalphabet. Durchführung, Aufbau eines Beratergremiums und die internationale Koordination erfolgen durch das Donauschwäbische Institut. (Ich stelle meine Erfahrungen mit dem WKW gerne zur Verfügung.)

2. Wörterbuch donauschwäbischer Fachsprachen (WDF). Es könnte an Einzelmonographien zu den genannten Fachsprachen oder — zuletzt — an ein umfassendes Sammelwerk gedacht werden. Priorität sollten die modernen donauschwäbischen Fachsprachen haben. Das historische Material, ungemein wichtig, sollte aber gemäß dem Sprachgut-Rettungsaspekt vorerst zurückgestellt werden.
Der kleinstmögliche Sach-, Zeit-, Finanzrahmen (400 Fragen, 200 Orte?) sollte angestrebt werden.

3. Dringlichkeit. Angesichts der irreversiblen Entdeutschungs- und Auflösungsprozesse (man spricht vielerorts mit Fug von „Sprachtod") sind die skizzierten Projekte von höchster Dringlichkeit. Spätere Generationen werden uns fragen, ob wir erkannt haben, daß Sicherung, Bewahrung und Weitergabe des uns anvertrauten Kulturguts und Kulturerbes auch als höchstrangige Ziele einer verantwortungsbewußten Kultur- und Forschungspolitik eingeschätzt worden sind. Das Land Baden-Württemberg hat auf Initiative und in Zusammenarbeit mit Harald Zimmermann das Donauschwäbische Institut gegründet und damit — in schwierigen Zeiten — ein vielbeachtetes Zeichen gesetzt. Die sprachlichen Arbeiten hat Hans Gehl mit Energie, Tatkraft und Kompetenz vorangetrieben. Ich wünsche, daß sie abgesichert und fortgeführt werden können.

BARBA, KATHARINA (1982): Deutsche Dialekte in Rumänien. Die südfränkischen Mundarten der Banater deutschen Sprachinsel. Wiesbaden. (Zeitschrift für Dialektologie und Linguistik. Beiheft NF. 35).

BAUER, MARTHA (1954): Der Weinbau des Nordburgenlandes in volkskundlicher Betrachtung. Eisenstadt. (Wissenschaftliche Arbeiten aus dem Burgenland 1).

COX, HEINRICH LEONHARD (1992): Rezension zum WKW (Lieferung 1 und 2). In: Beiträge zur Namenforschung NF. 27, S. 406–410.

FLEISCHHAUER, INGEBORG/JEDIG, HUGO H. [Hrsg.] (1990): Die Deutschen in der UdSSR in Geschichte und Gegenwart. Ein internationaler Beitrag zur deutsch-sowjetischen Verständigung. Baden-Baden.

FLUCK, HANS-RÜDIGER (1985): Fachsprachen. Einführung und Bibliographie. 3. Aufl. Tübingen. (Uni-Taschenbücher 483).

GEHL, HANS (1991): Die oberdeutschen fescht-Mundarten des Banats. Mit 16 Karten und 27 Tafeln. Stuttgart. (Zeitschrift für Dialektologie und Linguistik. Beiheft 67).

Germanistische Linguistik in Rumänien 1958–1983. Eine Textauswahl. Hrsg. von HELMUT KELP. Bukarest. 1993.

HAHN, WALTHER von [Hrsg.]: Fachsprachen. Darmstadt. 1981. (Wege der Forschung 498).

HAJDÚ, ELISABETH (1979): Der Weinbau in Schambeck (Zsámbék) in Wort und Bild. In: Beiträge zur Volkskunde der Ungarndeutschen 2. Budapest, S. 99–144.

HALÁSZ, ZOLTÁN (1981): Das Buch vom Ungarnwein. Stuttgart.

HAMBUCH, WENDEL (1981): Der Weinbau von Pusztavám/Pusstawahn. Der Wortschatz des Weinbaus in der deutschen Mundart von Pusztavám. Budapest.

HUTTERER, CLAUS JÜRGEN (1960): Geschichte der ungarndeutschen Mundartforschung. Berlin. (Berichte über die Verhandlungen der Sächsischen Akademie der Wissenschaften zu Leipzig. Philologisch-historische Klasse 106,1).

HUTTERER, CLAUS JÜRGEN (1963): Das ungarische Mittelgebirge als Sprachraum. Historische Lautgeographie der deutschen Mundarten in Mittelungarn. 2 Bde. Halle. (Mitteldeutsche Studien 23).

HUTTERER, CLAUS JÜRGEN (1991): Aufsätze zur deutschen Dialektologie. Hrsg. von KARL MANHERZ. Budapest. (Ungarndeutsche Studien 6).

KLEIBER, WOLFGANG (1989): Zum Wortatlas der kontinentalgermanischen Winzerterminologie (WKW). In: Sprachatlanten des Deutschen. Laufende Projekte. Hrsg. von WERNER H. VEITH und WOLFGANG PUTSCHKE. Tübingen. (Studien zum Kleinen Deutschen Sprachatlas 2), S. 91–108.

KLEIBER, WOLFGANG [Hrsg.]: Wortatlas der kontinentalgermanischen Winzerterminologie (WKW). Einleitung. Tübingen 1990. Karten. Kommentar. Lfg 1: Tübingen 1990. Lfg 2: 1991. Lfg 3: 1992. Lfg 4: 1993. Lfg 5: 1994 (im Druck).

KLEIBER, WOLFGANG/BINGENHEIMER, SIGRID/STEFFENS, RUDOLF (1993): Weinbau und Sprachgeschichte vom Mittel- zum Oberrhein. (Aus der Werkstatt des Wortatlas der kontinentalgermanischen Winzerterminologie – WKW) (Mit 8 Karten). In: Weinbau, Weinhandel und Weinkultur. Sechstes Alzeyer Kolloquium. Hrsg. von ALOIS GERLICH. Stuttgart. (Geschichtliche Landeskunde 40), S. 245–281.

KÖNIG, RENÉ (1965): Praktische Sozialforschung 1: Das Interview. Formen, Technik, Auswertung. 4. Aufl. Köln, Berlin.

König, Werner (1982): Probleme der Repräsentativität in der Dialektologie. In: Dialektologie. Ein Handbuch zur deutschen und allgemeinen Dialektforschung. Hrsg. von Werner Besch, Ulrich Knoop, Wolfgang Putschke und Herbert Ernst Wiegand. Erster Halbband. Berlin, New York. (Handbücher zur Sprach- und Kommunikationswissenschaft 1, 1), S. 463 – 485.

Kottler, Peter (1977): Die Grundform des Verbs in den Banater Mundarten rhein- und moselfränkischer Prägung. Timişoara.

Manherz, Karl (1977): Sprachgeographie und Sprachsoziologie der deutschen Mundarten in Westungarn. Budapest.

Materialien. Heft 1 (1933). Hrsg. vom Institut für donauschwäbische Geschichte und Landeskunde. Tübingen.

Moser, Hugo (1937): Schwäbische Mundart und Sitte in Sathmar. München. (Schriften der Deutschen Akademie in München 30).

Resch, Gerhard (1980): Die Weinbauterminologie des Burgenlandes. Eine wortgeographische Untersuchung, ausgehend von der Weinbaugemeinde Gols. Wien. (Schriften zur deutschen Sprache in Österreich 4).

Schirmunski, Viktor M. (1928): Die deutschen Kolonien in der Ukraine. Geschichte, Mundart, Volkslied, Volkskunde. Moskau.

Schirmunski, Viktor M. (1992): Linguistische und ethnographische Studien über die alten deutschen Siedlungen in der Ukraine, Rußland und Transkaukasien. Hrsg. von Claus Jürgen Hutterer. München. (Veröffentlichungen des Südostdeutschen Kulturwerks Reihe B: Wissenschaftliche Arbeiten 59).

Schwob, Anton (1971): Wege und Formen des Sprachausgleichs in neuzeitlichen ost- und südostdeutschen Sprachinseln. München. (Buchreihe der Südostdeutschen Historischen Kommission 25).

Sebestyén, György [Hrsg.]: Das große österreichische Weinlexikon. Wien, München, Zürich, Innsbruck. 1978.

Vincze, István (1975): Tretgeräte und Pressen. Ein Beitrag zur Geschichte und Weinkultur in Osteuropa. In: Acta ethnographica Academiae scientiarum Hungaricae 24, S. 331–383.

Vrbinc, France (1959): Die Weinbauterminologie im Slovenischen. Ein Beitrag zur semasiologischen, sachkundlichen und etymologischen Deutung. Diss. Graz.

Wagner, Ferdinand (1952): Über die Entwicklung des Weinbaus der Deutschen in Bessarabien. In: Bessarabischer Heimatkalender, S. 71–75.

Weidlein, Johann (1937): Die Mundarten der deutschen Streusiedlungen in Ostungarn. In: Südostdeutsche Forschungen 2, S. 139–151.

Weidlein, Johann (1952): Deutsche Mundarten der Schwäbischen Türkei (Ungarn). In: Zeitschrift für Mundartforschung 20, S. 218–231.

Wiesinger, Peter (1983): Deutsche Dialektgebiete außerhalb des deutschen Sprachgebiets: Mittel-, Südost- und Osteuropa. In: Dialektologie. Ein Handbuch zur deutschen und allgemeinen Dialektologie. Hrsg. von Werner Besch, Ulrich Knoop, Wolfgang Putschke und Herbert Ernst Wiegand. Zweiter Halbband. Berlin, New York. (Handbücher zur Sprach- und Kommunikationswissenschaft 1, 2), S. 900–929.

Wolf, Johann (1987): Banater deutsche Mundartenkunde. Bukarest.

Peter Wiesinger

Überlegungen zu sprachgeographischen und sprachsoziologischen Forschungen im Banat.
Ein Plädoyer für einen „Banaterdeutschen Sprachatlas"

Vorbemerkung: Angesichts meiner inhaltlichen und bibliographischen Beschäftigung mit mehreren deutschen Dialekten des Binnenlandes und der Sprachinseln haben mich die Veranstalter der Tübinger Tagung gebeten, aus der Außensicht Desiderate der Banaterdeutschen Forschung aufzuzeigen und damit Anregungen für die mögliche weitere Erfassung und Untersuchung dieser in ihrer Existenz bedrohten Dialekte zu geben. Obwohl ich solche wünschenswerte Forschungen weder persönlich durchführen kann noch die bisherigen Leistungen der Banater Dialektologie geringschätzen und mich in laufende Untersuchungen und Arbeiten einmischen möchte, habe ich mich nach langem Zögern zu den folgenden Überlegungen entschlossen, weil ich sie in der gegenwärtigen Situation für die sinnvollste Festhaltung des Banaterdeutschen halte und weil sie vor allem für jene Institutionen in Deutschland von Bedeutung sein könnten, die in Verbindung mit örtlichen Stellen die Banater Sprachforschungen fördern und finanziell unterstützen.

1. Zum Stand der sprachgeographischen Erforschung der Banaterdeutschen Dialekte

Das Banat bildet in der Nordwestecke Rumäniens eine große Sprachinsel mit 154 Orten teils in größerem, flächenhaftem Verbund, teils in kleinen Ortsgruppen und teils in Einzelsiedlungen[1]. Ihre Bewohner sprechen nicht nur sehr verschiedenartige deutsche Dialekte rheinfränkischer, moselfränkischer, ostfränkischer, alemannischer und bairischer Herkunft und Prägung[2], sondern gebrauchen auch die deutsche Schrift- und Standardsprache in österreichischer Ausrichtung. War bis 1919 das Banat ein Teil des zur Habsburgermonarchie gehörenden Königreiches Ungarn und vor allem das Ungarische die wesentliche Kontaktsprache, so gelangte es mit dem Zerfall der Habsburgermonarchie zum größeren Teil an das neu-

[1] Vgl. J. Wolf: Banater deutsche Mundartenkunde, Bukarest 1987, Karte mit Ortsverzeichnis.

[2] Vgl. die Übersicht bei Wolf (wie Anm. 1), S. 73ff., sowie eine danach bearbeitete und ergänzte Karte von P. Kottler: Die Einteilung der Banater deutschen Mundarten, Timişoara 1988.

entstandene Rumänien. Dadurch wurde Rumänisch zur neuen Kontaktsprache, und heute ist die mittlere und jüngere Generation, zum Teil aber auch die ältere Generation deutsch-rumänisch zweisprachig, während sich die Kenntnis des Ungarischen großteils auf die Ältesten beschränkt. Neben einer rumänischen Bevölkerung gibt es im Banat auch ungarische, slowakische und serbische Minderheiten, die ihrerseits wieder Rumänisch, Ungarisch und/oder Deutsch beherrschen[3]. Zwar haben der starke rumänische Nationalismus und die großen wirtschaftlichen Schwierigkeiten viele Deutsche bereits während des totalitären Regimes seit den 1970er Jahren zur Auswanderung hauptsächlich nach Deutschland und teilweise nach Österreich bewogen und setzt sich nun bei Reisefreiheit seit 1990 diese Abwanderung besonders bei der jüngeren Generation verstärkt fort, aber es gibt noch überall genügend Deutsche, die gewissermaßen am vorhersehbaren Ende einer über 200jährigen Bestandsgeschichte die systematische Erhebung der verschiedenen deutschen Dialekte, wenn auch in letzter Stunde, ermöglichen würden. Dies soll der Gegenstand der folgenden Überlegungen sein.

Überschaut man die bisherige dialektologische Erforschung des Banats, wie sie in den beiden Bänden der „Bibliographie zur Grammatik der deutschen Dialekte" von 1982 und 1987[4] und in JOHANN WOLFS „Banater deutscher Mundartenkunde" von 1987[5] dokumentiert ist, dann fällt unübersehbar auf, daß die Erfassung und Beschreibung der deutschen Dialekte zum allergrößten Teil bloß punktuell in Ortsmonographien als isolierten Beschreibungen der Lautverhältnisse und selten des Formenbestandes, der Syntax und des Wortschatzes, und da oft nur von Teilbereichen derselben, erfolgt ist. Bei den meisten dieser Beschreibungen handelt es sich um kurze maschinschriftliche Examensarbeiten aus dem Germanistischen Institut der Universität Temeschburg/Timişoara von unterschiedlichem Umfang und wechselnder Qualität, wie es nun einmal für Prüfungsarbeiten charakteristisch ist. Sie waren bis vor kurzem überhaupt nicht zugänglich und sind auch heute wegen ihrer entlegenen Aufbewahrung in einem einzigen Exemplar nur schwer einsehbar. Dazu kommt, daß sie nach keinem einheitlichen Schema angelegt und damit ihre Sprachmaterialien nur schwer und lückenhaft vergleichbar sind. Sie bilden weitgehend die Materialgrundlage für JOHANN WOLFS „Banaterdeutsche Mundartenkunde" von 1987, die eine erweiterte Bearbeitung der „Kleinen Banater Mundartenkunde" desselben Verfassers von 1975[6] darstellt. So verdienstvoll ihre Behandlung der Laut- und Formenlehre und ausgewählter syntaktischer und lexikalischer Fragen ist, so bietet sie nur kursorische Überblicke über die geographi-

[3] Über die ursprüngliche Verteilung der deutschsprachigen und nicht deutschsprachigen Bevölkerung und Sprachen bis vor dem Zweiten Weltkrieg unterrichtet der Artikel Banat im Handwörterbuch des Grenz- und Auslandsdeutschtums, Bd. 1, Breslau 1931, S. 207–286.

[4] P. WIESINGER/E. RAFFIN: Bibliographie zur Grammatik der deutschen Dialekte – Laut-, Formen-, Wortbildungs- und Satzlehre 1800 bis 1980, Bern/Frankfurt a. M. 1982, S. 462–466 und Kt. 5. P. WIESINGER: Bibliographie zur Grammatik der deutschen Dialekte – Laut-, Formen-, Wortbildungs- und Satzlehre 1981 bis 1985 und Nachträge aus früheren Jahren, Bern u. a. 1987, S. 172–175.

[5] WOLF (wie Anm. 1), S. 326–347.

[6] J. WOLF: Kleine Banater Mundartenkunde, Bukarest 1975. Vgl. dazu auch meine Rezension in der Zeitschrift für Dialektologie und Linguistik 52 (1985), S. 240–241.

schen Laut-und Formenverteilungen der verschiedenen Dialekte und enthält auch keine Sprachkarten zu den einzelnen behandelten Phänomenen, was auf Grund der heterogenen Materialgrundlagen auch nicht möglich ist. Die systematische Sprachgeographie wenigstens eines Banater Teilraumes erarbeitete lediglich 1982 KATHARINA BARBA für die südfränkischen Mundarten von 9 Dörfern bei Arad im Nordosten der Sprachinsel[7]. Die sprachgeographisch nicht minder wichtige Wortgeographie der Banaterdeutschen Dialekte aber bleibt vollends ein Desiderat, wie es auch noch kein Banaterdeutsches Wörterbuch gibt[8].

Obwohl das Banat als eine große flächenhafte Sprachinsel gelten kann, liegen die Gründe für das Ausbleiben einer flächenhaft vorgehenden sprachgeographischen Erforschung, wie sie im Binnenland schon bald nach der Jahrhundertwende begonnen hat, in der Prolongierung des Sprachinselforschungsstandes der 20er und 30er Jahre unseres Jahrhunderts. Diese Sprachinselforschung war vorrangig gekennzeichnet von der Frage nach der Siedlerherkunft und dem Sprachausgleich von verschiedenen mitgebrachten Mundarten im neuen Sprachinselidiom im Vergleich zu den Dialekten der binnendeutschen Auswanderungsgebiete. So verdienstvoll solche im allgemeinen bloß an einzelne Ortschaften gebundene sprachliche Herleitungsforschungen in Verbindung mit der Beschreibung der rezenten Laut- und Formenverhältnisse und selten der Einbeziehung ausgewählten Wortschatzes auch sind, so übersehen sie zweierlei:

1. Eine neuzeitliche Sprachinsel wie das Banat entwickelt seine Dialekte innerhalb einer rund 200jährigen Existenz nicht bloß in Form einzelner Ortsdialekte vertikal durch allmählichen Ausgleich der verschiedenartigen, aus dem Binnenland mitgebrachten Mundarten der Erstsiedler in der nächsten bis übernächsten Generation, sondern auch horizontal durch die gegenseitige Beeinflussung in der Kommunikation mit der weiteren deutschsprachigen und auch der fremdsprachigen Umgebung.

2. In der Sprachfläche mit vielen Dörfern und wenigen als verwaltungstechnische, wirtschaftliche und kulturelle Bezugs- und Mittelpunkte fungierenden Städten, insbesondere der Hauptstadt Temeschburg/Timişoara, herrscht ein sprachsoziologisches Gefälle, indem das Prestige der soziologisch in Stadtdialekt, Umgangssprache und Standardsprache differenzierten Stadtsprachen höher eingestuft wird als der eigene Ortsdialekt, so daß durch die Beziehungen der Land- mit der Stadtbevölkerung stadtsprachliche Einflüsse auf die Dorfdialekte erfolgen[9].

[7] K. BARBA: Deutsche Dialekte in Rumänien – Die südfränkischen Mundarten der Banater deutschen Sprachinsel, Wiesbaden 1982 (Zeitschrift für Dialektologie und Linguistik, Beihefte NF 35).

[8] Zu einem Wörterbuch existieren Vorarbeiten am Germanistischen Institut der Universität Temeschburg/Timişoara.

[9] Zu Fragen des Sprachausgleichs vgl. zusammenfassend A. SCHWOB: Wege und Formen des Sprachausgleichs in neuzeitlichen ost- und südostdeutschen Sprachinseln, München 1971 (Buchreihe der Südostdeutschen Historischen Kommission 25); zur Sprachinselforschung im allgemeinen P. WIESINGER: Deutsche Sprachinseln, in: Lexikon der Germanistischen Linguistik, hrsg. v. H. P. ALTHAUS u.a., 2. Aufl., Tübingen 1980, S. 491–500; und C. J. HUTTERER: Sprachinselforschung als Prüfstand für dialektologische Arbeitsprinzipien, in: Dialektologie –

Um das Sprachleben in der deutschen Sprachfläche des Banats adäquat erfassen und die einzelnen Erscheinungen angemessen erklären zu können, ist daher anstelle der punktuellen und oft auch im Detail unzureichenden Dialekterfassung eine systematische areale Erfassung in Form einer Sprachgeographie unter Berücksichtigung moderner Forschungs-, Darstellungs- und Auswertungskonzepte erforderlich. Das aber kann nur durch systematische Explorierung in einem „Banaterdeutschen Sprachatlas" geschehen.

2. Zur Konzeption von Sprachatlanten

Ein „Banaterdeutscher Sprachatlas" muß die Sprachdaten so sammeln, daß mit seinen Materialien nicht nur eine Dokumentation erfolgt, die alle sprachlichen Ebenen, nämlich insbesondere die Erscheinungen des Laut- und Formenbestandes und des Wortschatzes sowie auch einzelne wesentliche Teilbereiche der Syntax und der Wortbildung berücksichtigt, sondern daß mit diesen Materialien auch in der sich anschließenden Auswertung die Beantwortung der verschiedenartigen dialektologischen Fragestellungen möglich wird.

Einem Sprachatlas darf heute nicht im Sinne der „klassischen" Theorie der Sprachgeographie, wie sie bis in die 60er Jahre herrschte, ein atomistisches Sprachkonzept zugrundeliegen, wonach sich eine Sprache aus einer Summe von bezugslosen Einzelerscheinungen zusammensetzt, so daß es auch genügt, eine beliebige Auswahl von diatopisch differenzierten Beispielen zu sammeln und diese auf Sprachkarten wiederzugeben[10]. Vielmehr muß unter strukturalistischen Aspekten von der Konstituierung der Sprache als eines Systems mit Subsystemen ausgegangen werden, in denen die Einzelerscheinungen durch Oppositionen und Relationen miteinander in Bezug stehen, wobei dann vor allem auf der Laut- und Formenebene durchaus ausgewählte charakteristische Beispiele für das Verhalten einer systemhaften Gruppe stehen können.

Darüber hinaus ist zu berücksichtigen, daß es zwar vor allem in relativ geschlossenen Dorfgemeinschaften auf Grund gesellschaftlicher, wirtschaftlicher, religiöser und kultureller gleichartiger Gemeinsamkeiten, wie sie die bäuerlich-handwerklich geprägten Banater Dörfer größtenteils aufweisen, auch weitgehende sprachliche Gemeinsamkeiten in Form des jeweiligen Dorfdialekts gibt, daß aber die Einwohner darüber hinaus auch die deutsche Schrift- und Standardsprache und die Kontaktsprache Rumänisch beherrschen und daß vor allem die Angehörigen der mittleren und jüngeren Generation heute häufig Dienstnehmerberufen als Arbeiter und Angestellte in den Städten nachgehen. Das hat unter stadtsprachlichem Einfluß zur Bildung eines die verschiedenen Ortsdialekte überbrückenden Verkehrsdialektes geführt, der nun seinerseits auf die Ortsdialekte zurückwirkt[11]. So kommt es heute auch zur sprachsoziologischen Differenzierung und damit zur

Ein Handbuch zur deutschen und allgemeinen Dialektforschung, hrsg. von W. Besch u.a., Bd. 1, Berlin/New York 1982, S. 178–189.

[10] Ein derartiger Sprachatlas ist z.B. der Siebenbürgisch-Deutsche Sprachatlas, hrsg. v. K. K. Klein und L. E. Schmitt, 3 Teile, Marburg 1964–1980.

[11] Vgl. dazu Wolf (wie Anm. 1), S. 137–147.

teilweisen soziologisch-generationsspezifischen Aufgliederung der Dorfsprache hauptsächlich mit Sprachunterschieden zwischen der alten und der jungen Generation. Ein die differenzierte heutige Sprachwirklichkeit berücksichtigendes Sprachatlaskonzept muß daher sowohl strukturell als auch soziologisch ausgerichtet sein.

An Konzepten für sogenannte „Kleinraumatlanten" des binnendeutschen Sprachraumes gibt es heute zwei grundlegende. Während für den grammatikalischen Bereich der Laut- und Formenlehre die systemhafte Konzeption selbstverständlich ist, divergiert die Frage nach der zugrundezulegenden Sprachschicht. Die meisten Kleinraumatlanten begnügen sich mit der Festlegung auf den ältesten erfaßbaren Dialektzustand und damit im Rahmen einer heute überall herrschenden sprachsoziologischen Differenzierung auf den Basisdialekt. Für diese in sprachsoziologischer Hinsicht „eindimensionale" Vorgangsweise vorbildlich ist der um 1930 von RUDOLF HOTZENKÖCHERLE und HEINRICH BAUMGARTNER begründete „Sprachatlas der deutschen Schweiz", dessen Publikation sich inzwischen dem Abschluß nähert[12]. Ihm folgen ebenfalls mit Bezug auf den alemannischen Dialektraum der „Vorarlberger Sprachatlas" von EUGEN GABRIEL, der in zweifacher Art durchgeführte „Atlas linguistique et ethnographique de l'Alsace" zunächst von ERNEST BEYER und dann von MARTHE PHILIPP, der von EUGEN GABRIEL und HUGO STEGER initiierte „Südwestdeutsche Sprachatlas" sowie der von WERNER KÖNIG geleitete „Sprachatlas von Bayerisch-Schwaben"[13].

Das Ziel dieser Sprachatlanten ist die diatopische Erfassung der repräsentativen basisdialektalen Verhältnisse der ortsansässigen, bäuerlich-handwerklichen, älteren Dorfbevölkerung und der sozial vergleichbaren Stadtbewohner[14]. Die Materialerfassung erfolgt für den Laut-, Formen- und Wortbestand hauptsächlich in Form von Einzelwortfragen, die nach inhaltlichen Zusammenhängen in einem nach Sachkapiteln geordneten Fragebuch zusammengestellt sind, um den Gewährspersonen bei der Befragung den sachlich-logischen Mitvollzug zu erleichtern. Teilweise sind auch Kurzsätze eingeplant, die in den Dialekt zu übertragen sind, was besonders der Erfassung von lautlichen Assimilationen und satzbedingten Abschwächungen (Satzsandhi) sowie von syntaktischen Problemen dient. Die phonetisch geschulten Exploratoren halten die Antworten auf Grund ihrer auditiven Perzeption in phonetischer Transkription fest. Das hat zwar den Nachteil, daß spätere Nachprüfungen nicht mehr möglich sind, vereinfacht aber das Verfahren und ist zeitsparend gegenüber einer erst nachträglich anzufertigenden Umschrift von Tonträgern, meist Tonbandmitschnitten, wie es von MARTHE PHILIPP praktiziert wird.

[12] Die Konzeption und Ausführung des „Sprachatlasses der deutschen Schweiz" wurde mehrfach dargelegt, zuletzt von R. TRÜB: Der Sprachatlas der deutschen Schweiz (SDS) – Ein Großatlas für einen Kleinraum, in: Sprachatlanten des Deutschen – Laufende Projekte, hrsg. v. W. H. VEITH u. W. PUTSCHKE, Tübingen 1989 (Studien zum Kleinen deutschen Sprachatlas 2), S. 133–177.

[13] Vgl. die Darstellungen dieser Sprachatlanten im Sammelband von W. H. VEITH/W. PUTSCHKE (wie Anm. 12).

[14] Teilweise werden jedoch die Stadtdialekte ausgeschlossen wie z. B. im „Atlas linguistique et ethnogeographique de la Lorraine germanophone" von MARTHE PHILIPP.

Das jeweilige Fragebuch mit rund 2.200 bis 2.600 Fragen erbringt nicht nur reichhaltiges Material für Phonologie, Flexionsmorphologie und Lexik sowie einzelnes Syntaktisches, sondern wählt seine Fragen so aus, daß auf jeder sprachlichen Ebene die signifikanten Erscheinungen erfaßt werden können. In der Phonologie als der wichtigsten Ebene, weil die lautlichen Abweichungen der Dialekte von der Schrift- und Standardsprache am zahlreichsten sind, wird dabei, ausgehend vom Mittelhochdeutschen als dem sprachhistorisch-vergleichenden Bezugssystem, darauf geachtet, daß im Hauptsilbenvokalismus die Normalpositionen vor Plosiven, Frikativen und Affrikaten ebenso vertreten sind wie die sich meist als Sonderpositionen erweisenden Verhältnisse vor Liquiden, Nasalen und Halbvokalen und daß im Konsonantismus besonders die Positionen im Anlaut, im intervokalischen Inlaut und im Auslaut sowie bestimmte Konsonantenkombinationen berücksichtigt sind. Hinsichtlich der Flexionsmorphologie beschränkt sich die Auswahl bei Substantiven aller Genera besonders auf die Erfassung starker und schwacher Pluralbildungen und des Dativs im Singular und Plural; bei den Adjektiven auf die prädikative und die starke und schwache attributive Verwendung sowie die Bildung der Komparation; und bei Verben auf die Ablautverhältnisse der starken Verben, die Formen der unregelmäßigen Hilfs- und Modalverben sowie auf die Personalformen der starken und schwachen Verben in den einzelnen Tempora und Modi und auf die Passivbildung. Bezüglich der Wortbildung erweisen sich besonders die zweigliedrigen Ortsadverbien als aufschlußreich. Syntaktisch lassen sich hauptsächlich einzelne Wortstellungsunterschiede ermitteln[15]. Die lexikalische Auswahl trachtet die ländlich-bäuerlichen Kulturbereiche zu erfassen, was mit den Sachkapiteln des „Sprachatlasses der Deutschen Schweiz" angedeutet sei: I. Tiere (Rindvieh, Weidewirtschaft, Ziegen, Schafe, Schweine, Geflügel, Bienen, Pferd, Hund, Katze, Kaninchen), landwirtschaftliche Gebäude, Heuernte, landwirtschaftliche Geräte; II. Ackerbau, Obst, Beeren, Getreidebau; Wald- und Holzarbeit; Almwirtschaft; Weinbau, Fischerei (beides örtlich begrenzt); III. Körperteile des Menschen, die menschliche Gemeinschaft, Kirche; freilebende Tiere; Wetter; Zeitbegriffe und Feste; Richtungsadverbien; Blumen und Bäume; Bodenarten und Geländeformen; Wiesen- und Weidewirtschaft, Zäune; IV. Frauenarbeit; Kartoffel- und Gemüseanbau, Brotbacken; menschliche Zustandsäußerungen (weinen, stottern, rülpsen usw.); Bekleidung; Essen und Trinken; Haus und Hausgeräte; Spiele; Familie und Verwandtschaft; Zahlen[16]. Die Aufnahmen selbst werden von den Exploratoren nach eingehender Vorbereitung jeweils im Haus der Gewährspersonen in deren natürlicher Umgebung gemacht. Bei der Auswahl der Gewährspersonen wird nicht nur darauf geachtet, daß sie und nach Möglichkeit auch ihre Eltern aus dem Ort stammen, dort aufgewachsen sind und möglichst den größten Teil ihres Lebens dort zugebracht haben, derselben älteren Generation

[15] Die erzielbaren Ergebnisse zeigen bei systemhafter Darstellung sehr schön die Bände I bis III des „Sprachatlasses der deutschen Schweiz" (1962 bis 1975) und für die Lautverhältnisse noch systematischer Band I des „Vorarlberger Sprachatlasses mit Einschluß des Fürstentums Liechtenstein, Westtirols und des Allgäus" (1985 bis 1991).

[16] Vgl. R. Hotzenköcherle: Einführung in den Sprachatlas der deutschen Schweiz, B: Fragebuch, Transkriptionsschlüssel, Aufnahmeprotokolle. Bern 1962.

angehören und von Beruf vor allem Bauern oder Handwerker sind, sondern daß sie sprechtechnisch nicht beeinträchtigt (z. B. zahnlos), geistig wendig und sachlich erfahren sind. So empfiehlt sich vor allem im Hinblick auf die Sachkapitel entsprechende Erfahrung, indem man etwa zur Abfragung der Wald- und Holzarbeit Männer, besonders Waldarbeiter, und der Frauenarbeit (Haus-)Frauen heranzieht. So kommt es pro Ort zur Einbeziehung von 4 bis 8 Gewährspersonen, was außerdem den Vorteil hat, eventuelle unterschiedliche Lautrealisierungen feststellen zu können. Zeitlich werden für eine solche Befragung durchschnittlich vier Tage benötigt.

Obwohl es sich bei all diesen Sprachatlanten sowie bei den seit kurzem in Arbeit befindlichen, ähnlich angelegten Sprachatlanten für den bairischen und ostfränkischen Sprachraum Bayerns[17] sowie für den bairischen Sprachraum Oberösterreichs[18] um sogenannte „Kleinraumatlanten" handelt, ist das jeweilige Arbeitsgebiet unterschiedlich groß. Das aber hat zur Folge, daß eine Auswahl an Belegorten bei Wahrung eines gleichmäßig angelegten Belegortnetzes getroffen werden muß. Soweit es ältere Dialektuntersuchungen und Feststellungen sprachlicher Grenzverläufe gibt, empfiehlt es sich, diese Erkenntnisse bei der Auswahl der Belegorte zu berücksichtigen. Ebenso liegt es nahe, Orte einzuplanen, deren Dialekte bereits früher einmal aufgenommen und untersucht wurden, weil dies bei der späteren Auswertung die Beobachtung von Stabilität und Wandel einzelner Dialekterscheinungen ermöglicht. Wird nicht wie im Falle von Vorarlberg und Liechtenstein mit 97 Belegorten fast jede der 107 Gemeinden aufgenommen, so erweist sich je nachdem, ob die einzelnen Dialektlandschaften größer oder kleiner sind, die Wahl jedes 3. bis 5. Ortes in sprachgeographischer Hinsicht als ideal. Davon hängt aber wieder die für die Gesamtaufnahme benötigte Zeit ab. Sie betrug im Falle von Vorarlberg und Liechtenstein bei durchschnittlich einer Aufnahme pro Woche und einem einzigen Explorator 2 Jahre[19]. Werden wie bei den meisten Unternehmungen mehrere gleichgeschulte Exploratoren eingesetzt, so verkürzt dies zwar die Arbeitszeit, doch muß bei individuellen Hör- und Notationsunterschieden auf die Vergleichbarkeit der Ergebnisse geachtet und dies bereits während der Aufnahmen überprüft werden.

Von teilweise anderer Konzeption ist der „Mittelrheinische Sprachatlas" von GÜNTER BELLMANN[20]. Er beschränkt sich inhaltlich zwar bloß auf die Phonologie, bezieht aber den heute besonders aktuellen sozialen Aspekt ein und fügt damit der

[17] Vgl. zum ältesten derartigen Projekt A. R. ROWLEY: Der Sprachatlas Nordostbayerns (SNOB), in: W. H. VEITH/W. PUTSCHKE (wie Anm. 12), S. 261–265.

[18] Vgl. H. SCHEURINGER: Der Sprachatlas von Oberösterreich (SAO) - Ein neuer Sprachatlas im Zentrum des bairischen Raumes. In: Zeitschrift für Dialektologie und Linguistik 59 (1992), S. 257–274.

[19] Tatsächlich erstreckten sich die Aufnahmen über 4 Jahre, weil jeweis nur im Winterhalbjahr exploriert wurde.

[20] Vgl. G. BELLMANN/J. HERRGEN/J. E. SCHMIDT: Der Mittelrheinische Sprachatlas (MRhSA), in: W. H. VEITH/W. PUTSCHKE (wie Anm. 12), S. 285–313, und G. BELLMANN: Zweidimensionale Dialektologie, in: Beiträge zur Dialektologie am Mittelrhein, hrsg. v. G. BELLMANN, Stuttgart 1986, S. 1–55 (Mainzer Studien zur Sprach- und Volksforschung 10).

traditionellen rein diatopischen auch die diastratische Dimension hinzu. Das geschieht in der Weise, daß fast an jedem Ort zwei Aufnahmeserien miteinander kontrastiert werden, indem den Dialektverhältnissen der bodenständigen, immobilen älteren Generation die Dialektverhältnisse der ebenfalls bodenständigen, aber mobilen jüngeren Generation gegenübergestellt werden. Dabei zeigen sich Konstanz und Wandel der Lautverhältnisse und zeichnet sich in den unterschiedlichen Strukturen die Weiterentwicklung des Dialekts ab. Meistens werden die sogenannten auffälligen „Primärmerkmale" und kleinräumige bis bloß örtlich geltende Erscheinungen zugunsten von städtischverkehrsdialektalen bis umgangssprachlichen Aussprachen aufgegeben und verändern sich dadurch die Dialektareale unter dem Einfluß der Sprache ihrer städtischen Mittelpunkte[21]. Dieses „zweidimensionale" Verfahren trägt damit der Realität mit variablen Sprachzuständen an ein und demselben Ort insofern Rechnung, als die traditionelle Sprachgeographie mit der Sprachsoziologie verbunden wird und im Rahmen des zweifellos größeren sprachsoziologischen Spektrums dessen äußere, generationsabhängige Extrempositionen auch kartographisch vergleich- und darstellbar erfaßt werden. Damit wird im Bereich der Sprachgeographie und ihrer Darstellung im Sprachatlas ein wesentlicher Fortschritt erzielt.

3. Zur Konzeption und Erarbeitung eines „Banaterdeutschen Sprachatlasses"

Die hier in Kürze in Erinnerung gerufenen Konzeptionen von „Kleinraumatlanten" sollten bei der Schaffung eines ‚Banaterdeutschen Sprachatlasses" berücksichtigt und eingebracht werden. Im einzelnen erscheinen dabei folgende Aspekte als wesentlich:

1. Da die Banaterdeutschen Dialekte verschiedener rheinfränkischer, moselfränkischer, ostfränkischer, alemannischer und bairischer Herkunft und Prägung sind, lassen sich die vielfältigen Mischungen und Ausgleiche am besten in einem Sprachatlas darstellen, der sich als Arealgrammatik versteht. Hinsichtlich der dann im Mittelpunkt stehenden Laut- und Formenlehre ist das Fragebuch so anzulegen, daß damit die relevanten Positionen des Vokalismus und Konsonantismus und die einschlägigen Bereiche der Flexionsmorphologie in ihrer systemhaften Gestaltung erfaßt werden können. Bei der Erarbeitung der einschlägigen Beispiele werden die Erkenntnisse bisheriger Banater Dialektuntersuchungen ebenso hilfreich sein wie bei der Erstellung von Kurzsätzen zur Ermittlung von einzelnen, diatopisch variablen Erscheinungen der Syntax. Bei Dialekten moselfränkischer Herkunft wird auch darauf zu achten sein, ob sich die mitgebrachte Relevanz tonischer Akzente („rheinische Akzentuierung") erhalten hat, eingeschränkt oder geschwunden ist[22].

[21] Einblicke in die erzielbaren Ergebnisse vermitteln J. Herrgen/J. E. Schmidt: Dialektalitätsareale und Dialektabbau, in: Dialektgeographie und Dialektologie – Günter Bellmann zum 60. Geburtstag von seinen Schülern und Freunden, hrsg. v. W. H. Veith u.a., Marburg 1989, S. 304–346 (Deutsche Dialektgeographie 90).

[22] Zu den Verhältnissen der tonischen Akzente im moselfränkischen Binnenland und Metho-

2. Da ausschnitthaft auch charakteristische Teile des ländlich-bäuerlichen und handwerklichen Wortschatzes erfaßt werden sollen, empfiehlt sich im Hinblick auf die erforderliche denkende Mitarbeit der Gewährspersonen der Aufbau des Fragebuches nach Sachbereichen. Diesen sind auf Grund der Wortbedeutungen die grammatikalischen Fragen zuzuordnen. Um eine ausreichende Dokumentation zu gewährleisten, werden insgesamt etwa zwischen 2000 und 2500 Fragen notwendig sein.

3. Die bekannte sprachsoziologische Differenzierung des Banaterdeutschen empfiehlt deren Einbeziehung in Form einer „zweidimensionalen" Vorgangsweise, etwa durch die kontrastive Aufnahme der bodenständigen immobilen älteren und der mobilen jüngeren Generation. Dabei wird man sich auf Grund von Erfahrungen bei der Aufnahme des Dialekts der jüngeren Generation auf das Gebiet der Grammatik beschränken können, was die Anzahl der Fragen für die zweite Aufnahmeserie um mehr als die Hälfte reduziert.

4. Die dialektal heterogene Zusammensetzung des Banaterdeutschen empfiehlt an sich die Aufnahme sämtlicher 154 Orte. Da es aber auf Grund der bisherigen Forschungsergebnisse kleinräumige Gruppenbildungen gibt, wird man sich dort mit einer Ortsauswahl begnügen können. Hingegen sollten isolierte Einzelorte auf jeden Fall aufgenommen werden. Man sollte daher trachten, nach Möglichkeit zumindest rund zwei Drittel bis drei Viertel der in Frage kommenden Orte aufzunehmen.

5. Obwohl der Mitschnitt von Dialektaufnahmen auf Tonband oder Tonkassette die Ergebnisse eindeutig und stets überprüfbar festhält, ist angesichts der zu erhebenden Materialmenge und der zeitlichen Dauer einer Aufnahme, die man auf Grund von zwei Aufnahmeserien auf 5 Tage veranschlagen kann, die phonetisch transkribierte Mitschrift nach auditiver Perzeption vorzuziehen, was natürlich gut ausgebildete und vor allem phonetisch geschulte Exploratoren voraussetzt. Angesichts einer auf Grund der politischen Erfahrungen ohnehin herrschenden Zurückhaltung der Banater dürfte es auch psychologisch vorteilhafter sein, Tonband- oder Tonkassettenaufnahmen auf lebhafte Sprecher und Sprecherinnen zu beschränken und diese dann zur akustischen Dokumentation erlebte Dorfereignisse und Arbeitsvorgänge aus ihrem täglichen Leben zusammenhängend im Umfang von etwa 10 Minuten erzählen zu lassen.

6. Hinsichtlich der Durchführung kann man von etwa 100 bis 120 Dialektaufnahmen der älteren Generation und nach Möglichkeit auch der jüngeren Generation ausgehen, sollte dies die Abwanderung gerade der jungen Leute da und dort bereits nicht mehr gestatten. Bei der Dauer einer solchen vollständigen Doppelaufnahme von 5 Tagen benötigen bei bloß einem Explorator 100 Aufnahmen 100 Wochen oder bei Berücksichtigung von Urlauben etc. gut zwei Jahre. Zwei Explora-

den ihrer phonetisch-phonologischen Erfassung und Darstellung vgl. J. E. Schmidt: Die mittelfränkischen Tonakzente (Rheinische Akzentuierung), Stuttgart 1986 (Mainzer Studien zur Sprach- und Volksforschung 8). Es ist zu bedauern, daß diese nur phonologisch zu lösenden Fragen bis jetzt bei keinen mittelfränkischen Sprachinseldialekten, weder in Siebenbürgen noch in Südungarn oder im Banat gestellt wurden.

toren können diese Aufgaben in etwas mehr als einem Jahr bewältigen, und drei Exploratoren vermögen 120 Aufnahmen in 10 Monaten und 100 in gut 7 Monaten durchzuführen.

Angesichts der kulturellen Bedeutung der Banaterdeutschen Sprachinsel und der Bedrohung ihrer weiteren Existenz sowie der vielfältigen sprachwissenschaftlichen Erkenntnismöglichkeiten, die ihre verschiedenartigen Dialekte nach Herkunft und Sprachausgleich, fremdsprachigen Kontakten mit der Umgebung, sprachsoziologischer Differenzierung und Rückschlüssen auf die binnenländischen Herkunftsbereiche der aktuellen und historischen Dialektologie bieten können, wäre eine rasche, konzentrierte, möglichst systematische und zielführende Dokumentation der Banaterdeutschen Dialekte in einem „Banaterdeutschen Sprachatlas“ wünschenswert. Dafür müßten aber finanzielle Förderungsmittel zur Anstellung von Exploratoren und für Sachausgaben aufgebracht werden, deren gezielter Einsatz großen sprachwissenschaftlichen und kulturhistorischen Gewinn verspricht.

HANS GEHL

Datenerhebung in der Mundartforschung

Die deutsche Dialektologie hat sich seit ihren Anfängen darum bemüht, ihre Ergebnisse weitgehend auf genaue Materialkenntnis organisiert in Korpora zu gründen, während die Intuition des Forschers eine gleichbleibend geringe Rolle spielt. Im 19. Jh. waren noch die Belege aus anderen Untersuchungen, aus Primärtexten, Urkunden usw., die am häufigsten herangezogene Quelle für das eigene Korpusmaterial. Die historische Orientierung auf mittelalterliche Quellen, wie sie besonders in dialektologischen Arbeiten vor 1870 anzutreffen ist, gilt heute meist als Zusatz zur eigenen Datenerhebung, wobei Belege aus Tonaufnahmen erst eine Erscheinung der jüngeren Vergangenheit sind.

1. Methodendiskussion

Im Verlauf ihrer über 150jährigen Geschichte hat die Dialektologie Methoden zur Untersuchung der Verteilung bestimmter Varietäten im Raum entwickelt, die nun auf ihre Tauglichkeit untersucht und möglicherweise den derzeitigen Verhältnissen angepaßt werden müssen, da sich die Forschungsperspektiven gewandelt haben[1].

Neben dem Datenaufarbeitungsverfahren der Kartierung ist die Erhebung sprachlicher Daten gegenwärtig das meistdiskutierte methodische Problem der Dialektologie. In seinen „Untersuchungen zur Methodologie und Methodik der Dialektologie“ betont PETER WAGENER die Bedeutung der Methoden zur Datenerhebung besonders bei empirischen Wissenschaften, denn Fehler an dieser Stelle sind später nur mehr schwer zu korrigieren. Erst mit der Wendung zur kommunikativen Sprachforschung in den 1970er Jahren und der stärkeren Berücksichtigung des Zusammenhangs von Sprache, Sprachträger und Gesellschaft ergab sich die Notwendigkeit, alltägliches Sprachverhalten in den Vordergrund zu rücken und die bis dahin gültigen Datenerhebungsmethoden zu überprüfen[2].

Methoden entwickeln sich in aller Regel aus den konkreten Bedürfnissen der Forschungspraxis. ERWIN K. SCHEUCH ist der Meinung, daß alle Formen der Befragung und besonders das persönliche Interview als Verfahren der Datensammlung

[1] KIRSTEN NABRINGS (1981): Sprachliche Varietäten. Tübingen. S. 42.

[2] PETER WAGENER (1988): Untersuchungen zur Methodologie und Methodik der Dialektologie. Marburg. (Deutsche Dialektgeographie Bd. 86). S. 101.

verwendet werden, weil sie dem bewußten und dem beiläufigen Gespräch als Mittel zur Informationsgewinnung ähnlich sind. Das verleitet zu einem methodologisch unkritischen Vorgehen. Viele Untersuchungen haben gezeigt, daß Interviews eine künstliche Vorgehensweise unter Benutzung äußerlicher Übereinstimmungen zu alltäglichem Verhalten sind[3].

2. Formen der Datenerhebung

Neben der *Belegsammlung aus der Primär- und Sekundärliteratur* sind die *direkte* und *indirekte Befragung*, die *Selbstbefragung* sowie die *Beobachtung* und die *Schallaufnahme* die wesentlichen Verfahren zur Stoffgewinnung für ein dialektologisches Vorhaben. *Direkt* wird eine Erhebung genannt, die durch einen Explorator erfolgt, der die erwünschten Informationen an Ort und Stelle selbst ermittelt, sie sofort persönlich fixiert und u. U. sogleich überprüft. Die Information erhält man durch die Befragung von Informanten und ihre Beobachtung, also durch die Kombination der Verfahren Interview und Beobachtung. *Indirekt* heißt in erster Linie schriftliche Befragung; teilweise spricht man auch von „Korrespondenzmethode". Dabei bedient sich der Forscher eines Fragebogens, den er an Informanten verschickt, ohne mit ihnen in Kontakt zu kommen: Der Informant füllt den Fragebogen aus und sendet ihn zurück[4].

2.1. Bis heute bestimmen die *direkte* und *indirekte Befragung* die Mundartforschung. Als Georg Wenker 1876 seine Erhebungen im Rheinland mit der Versendung seiner zunächst 42 Sätze begann, die später Zug um Zug ausgeweitet, zum Deutschen Sprachatlas führten, wählte er die indirekte Aufnahme, um durch Versendung und schriftliche Beantwortung von Fragebogen lieber wenig aus möglichst allen, als viel aus einer ungenügenden Zahl von Ortschaften zu erhalten. Wenkers Ziel, ein möglichst dichtes Ortsnetz zu knüpfen, wäre mit Hilfe der direkten Erhebung nicht zu erreichen gewesen. Allerdings hat er das Problem der Laienumschrift dabei nicht gelöst. Hingegen beruht der „Atlas linguistique de la France" (1902–1910) von Jules Gilliéron und Edmont Edmond auf direkter, 1897 begonnener Befragung. Gilliérons Absicht, viel tiefer in den Dialekt einzudringen und ausführliches Material zu erhalten, wäre auf indirektem Weg viel umständlicher und weitgehend unkontrolliert ausgeführt worden. Durch direkte Befragung konnte mehr Material pro Ort erbracht werden, doch es wurden weniger Orte erfaßt.

Die anschließende Forschungspraxis reagierte auf diese methodologische Kontroverse mit einem Kompromiß, als sich herausstellte, daß je nach Forschungsziel und konkreter Fragestellung beide Verfahren anwendbar sind. Für seine 1898 erschienene Untersuchung „Die Mundarten des oberen Neckar- und Donaulandes"

[3] Erwin K. Scheuch (1973): Das Interview in der Sozialforschung. In: Handbuch der empirischen Sozialforschung. Bd. 2: Grundlegende Methoden und Techniken der empirischen Sozialforschung. Erster Teil, 3. Auflage. Hrsg. von René König. Stuttgart. S. 66–190; hier S. 67.

[4] Erika Werlen (1984): Studien zur Datenerhebung in der Dialektologie (ZDL-Heft 46). Wiesbaden. S. 9.

trug KARL HAAG Aufnahmen von über 200 Ortschaften selbst zusammen, die er durch schriftliche Anfragen bei Lehrern ergänzte[5]. Auch die Marburger Sprachatlas-Forscher zogen die Konsequenz aus ihrer Auseinandersetzung mit OTTO BREMER. GEORG WENKER und FERDINAND WREDE beschlossen, die möglichen Mängel der indirekten Erhebung durch direkt und kleinräumig erhobene Daten zu kompensieren. Ihre Absicht wurde 1908 mit der Reihe „Deutsche Dialektgeographie" in die Tat umgesetzt[6].

2.2. *Die Selbstbefragung* (oder Introspektion) als Datenerhebungsverfahren wird von Forschern bei der Untersuchung ihrer Heimatmundarten verwendet, doch die eigene Kompetenz des Wissenschaftlers muß in jedem Fall durch die Befragung von Gewährspersonen überprüft und ergänzt werden.

2.3. *Die Beobachtung* als Form der Datenerhebung wird neuerdings empfohlen, weil sie den Gegenstand der Forschung und die ihn umgebende Situation weniger stark zu beeinflussen scheint. Allerdings sind mit der Beobachtung nur für wenige Forschungsfragen in ausreichendem Maße Daten zu erheben. Deshalb wird die teilnehmende Beobachtung als zusätzliches Datenerhebungsverfahren meist neben der Befragung eingesetzt[7].

2.4 *Die Schallaufnahme* als Datenerhebungsverfahren ist erst durch die Neuerungen von PAUL LESSIAK und THEODOR FRINGS möglich geworden, doch die Aufnahmen vom Anfang des 20. Jahrhunderts haben eigentlich nur illustrativen und dokumentarischen Charakter. Als Methode verwenden Korpus-Monographien Schallaufnahmen seit Ende der 1950er Jahre. Von den 36 nach 1960 erschienenen Korpus-Monographien verwenden 23 (d. h. 63,9 %) Tonbandaufnahmen, und von den zwischen 1970 und 1988 erschienenen Bänden der Reihe Deutsche Dialektgeographie bedienen sich 14 (d. h. 77,8 %) der Schallaufnahme zur Materialgewinnung[8]. Das 1899 beantragte Wiener Phonogrammarchiv stellte sich die unrealistische Aufgabe, zunächst sämtliche europäische Sprachen in ihrem Zustand am Ende des 19. Jahrhunderts, danach die europäischen Dialekte und im Verlauf weiterer Jahrzehnte sämtliche Sprachen der Erde aufzunehmen[9].

Das Deutsche Spracharchiv, 1932 von EBERHARD ZWIRNER in Berlin zur großangelegten Erfassung der deutschen Mundarten und landschaftlich gefärbten Umgangssprache gegründet, ist heute Abteilung des Instituts für deutsche Sprache in Mannheim. Aus der großen Aufnahmeaktion deutscher Dialekte und Umgangssprachen ab 1954 entstammt das Tonbandarchiv von 8647 Aufnahmen (19 cm/sec, in Vollspur) mit den dazugehörigen Protokollbögen über die Informanten, dazu

[5] KARL HAAG (1898): Die Mundarten des oberen Neckar- und Donaulandes (Schwäbisch-alemannisches Grenzgebiet: Baarmundarten). Reutlingen. S. 4.

[6] WAGENER (1988): S. 103.

[7] WAGENER (1988): S. 106 f.

[8] WAGENER (1988): S. 108.

[9] LEO HAJEK (1937): Das Phonogrammarchiv der Akademie der Wissenschaften in Wien. In: Archiv für die gesamte Phonetik. Erste Abteilung: Archiv für vergleichende Phonetik 1. Wien. S. 222–230; S. 222.

ca. 6000 Vertextungen von ca. 4000 dieser Aufnahmen mit verschiedenen Transkriptionen. Die Vertextungen werden in der Reihe „PHONAI. Lautbibliothek der europäischen Sprachen und Mundarten. Deutsche Reihe“ und Untersuchungen in den „Beiheften“ zu dieser Reihe publiziert[10]. Freilich wurden die ursprünglichen Planungen nicht eingehalten. Von der Aufnahmeaktion in der damaligen DDR, die von 1960–1964 in 434 Orten durchgeführt wurde, hat die Auswertung erst begonnen. An fast alle dialektologischen Großprojekte wurden zu hohe Erwartungen gestellt und dabei die Datenaufarbeitungszeit unterschätzt, sei es Verschriftlichung mündlich realisierter Sprache oder Visualisierung von Sprache im Raum durch die Kartierung. JOACHIM GÖSCHEL setzt für die phonetisch enge Transkription einer einzigen Minute fortlaufenden Textes auf Tonband mehr als eine Stunde an[11]. Wesentlich ist auch, daß die Datenbearbeitung von der Tonqualität der Schallaufnahmen bestimmt wird.

Die Zielsetzungen mancher Forschungsvorhaben werden in der Bearbeitungszeit neuen Erkenntnissen angepaßt. So umfaßt der Deutsche Sprachatlas zwar 1646 Manuskriptkarten, doch nur 128 davon sind publiziert. Nun soll ein Kleiner DSA mit 6000 ausgewählten Orten, wie auch ein Kleiner Deutscher Wortatlas durch Kombinationskarten die Datenaufarbeitung beschleunigen[12]. Auch von den großlandschaftlichen Wörterbüchern sind erst wenige abgeschlossen. Bei der langen Redigierungsphase kann es zu erheblichen konzeptionellen Differenzen zwischen der ersten und letzten Lieferung kommen.

3. Probleme der Feldforschung

Die moderne Dialektologie profitiert von ihrer langen empirischen Erfahrung und hat Anschluß an die Entwicklung der modernen Sprachwissenschaft gefunden. Als empirischer Forschungsbereich hat die Mundartforschung auch Berührungspunkte mit der Kulturanalyse. In der letzten Zeit stand zumeist das Verhältnis Explorator — Informant mit allen Nebenerscheinungen bis zum Explorator-Effekt oder Beobachter-Paradoxon bzw. der Rolle des Informanten im Mittelpunkt der methodischen Diskussion. Nach 1968 suchte man zudem die subjektive Interpretation der erfaßten Daten durch „objektive Welterfassung“ abzulösen. Man wollte

[10] ERNST BREMER/WALTER HOFFMANN (1982): Wissenschaftsorganisation und Forschungseinrichtungen der Dialektologie. In: Dialektologie. Ein Handbuch der deutschen und allgemeinen Dialektforschung. Hrsg. von WERNER BESCH u. a., Band 1.1. Berlin, New York. S. 202–231; S. 209. – Über die von Kurt Rein, Anton Schwob, Joachim Göschel, Rudolf Müller und Günter Bellmann im Auftrag des Deutschen Spracharchivs (technische Organisation) und des Deutschen Sprachatlas (wissenschaftliche Leitung) in den Jahren 1962 bis 1965 besorgten Aufnahmen von 236 südostdeutschen Ortsmundarten siehe den Beitrag von ANTON SCHWOB (1971): Zur Sicherung südostdeutscher Mundarten durch Schallaufnahmen. In: Volkstum zwischen Moldau, Etsch und Donau. Festschrift für Franz Hieronymus Riedl. Hrsg. von Theodor Veiter. Wien, Stuttgart. S. 38–46.

[11] JOACHIM GÖSCHEL (1973): Strukturelle und instrumentalphonetische Untersuchungen der gesprochenen Sprache. Berlin, New York. S. 39.

[12] BREMER/HOFFMANN (1982): S. 210 f.

durch arithmetische Exaktheit und Statistik die Probleme im gesamtgesellschaftlichen Rahmen erfassen. UTZ JEGGLE meint in seinen Untersuchungen zur Feldforschung in der Volkskunde, daß der Methodenstreit auf höherer Reflexionsebene und die mitgelieferten Probestücke oft den Eindruck von aufwendig formulierter Banalität erwecken. Es bleibt zu bedenken, daß die gepriesenen Mittelwertbestimmungen häufig Einzelwerte und Gruppenfragen verwischen, was nicht zu vertreten ist.

Der romantische Volkskundler fühlte sich nicht der Authentizität der erfaßten Daten verpflichtet, sondern seinen Idealen, die er mit seinem *Schatzsucherblick* fixierte. Es folgte der *Tatsachenblick* des aufklärerischen Reisenden, der durch den sogenannten *Merkwürdigkeitsblick* ergänzt wird. WILHELM HEINRICH RIEHL legte Ende des 19. Jahrhunderts seine „Handwerksgeheimnisse" genannte Feldforschungstechnik offen. Er entwickelte den *Ordnungsblick,* in den die Vorformen, nämlich der Tatsachen-, Reise- und Schatzgräberblick, eingingen. RIEHL verknüpfte Empirie und Analyse in der Volkskunde[13]. Neueren Ursprungs ist, nach ALFRED CAMMAN, der *Kontaktblick* beim Betreten der Stube, der dem günstigsten Steckkontakt für das Aufnahmegerät gilt, um die Sprecher möglichst gegenüber einer Gardine plazieren zu können. So wird die tongerechte Aufnahme gesichert[14]. Freilich sollen auch der Aufnahmeraum möglichst klein und fremde Geräuschquellen ausgeschlossen sein.

3.1. Die Beziehung zwischen Explorator und Gewährsperson

Das Dilemma des Feldforschers besteht in der Frage: Wie gewinnt man das Vertrauen der Menschen? So fragen im Grunde auch Handelsvertreter, Heiratsschwindler und Glücksspieler, die etwas anderes zu sein vorgeben, als sie wirklich sind, um Erfolg zu haben. Das Verhältnis von Forscher und Gewährsperson ist ein Arbeitsbündnis, in das man keine falschen Versprechungen einbringen sollte. Eine gewisse Distanz für die eigene Sicherheit und die des Partners ist unumgänglich, um dem Zwiespalt intensiver Feldforschung möglichst vorzubeugen, daß neben der Ebene Forscher – Objekt auch andere, auf Zweiseitigkeit gegründete Beziehungen wie Zuneigung, Antipathie oder gar Haß und Liebe auftreten[15].

Die empirische universitäre Forschung im alltäglichen Leben wird nach WOLFGANG ALBER oft als „die Angst des Forschers vor dem Feld" bezeichnet[16]. Wichtige Faktoren, um diese Angst zu neutralisieren, sind Kennenlernen, Zeit und Sensibilität des Forschers, der am besten selbst der Explorator ist. Sobald er bei der Feldfahrt in eine fremde Lebenswelt eintritt, braucht er jemanden, der ihm die Tür

[13] UTZ JEGGLE (1984): Zur Geschichte der Feldforschung in der Volkskunde. In: Feldforschung. Qualitative Methoden in der Kulturanalyse. Hrsg. von UTZ JEGGLE. Tübingen. S. 11–46; S. 12 ff.

[14] ALFRED CAMMANN (1972): Probleme und Methoden der Feldforschung mit Beispielen aus der Bestandesaufnahme ostdeutscher Volkskunde in der Gegenwart. In: Jahrbuch für ostdeutsche Volkskunde, Bd. 15. Marburg. S. 378–407; S. 403.

[15] JEGGLE (1984): S. 42 f.

[16] WOLFGANG ALBER (1984): Feldforschung und Textproduktion. In: Feldforschung. Qualitative Methoden in der Kulturanalyse. Hrsg. von UTZ JEGGLE. Tübingen. S. 113–128; S. 113.

öffnet. In der Regel ist es der gute Gewährsmann mit überdurchschnittlicher Bildung und Sprachkompetenz, der sich als Helfer anbietet. Andererseits können gekränkte Einflußreiche die Feldkontakte und die Forschung erheblich behindern[17]. Es kommt vor, daß solche Sprecher der Dorfgemeinschaft ihre selbstverfaßten Erzählungen und Gedichte in Mundart vortragen wollen; doch gelesene Texte sind keine echte Mundart.

HEINRICH LÖFFLER vertritt die Ansicht, daß man die ältesten Dorfbewohner aufsuchen müsse, die ihren Ort nie für längere Zeit verlassen haben, und deren Eltern möglichst auch schon ortsansässig waren, um die unverfälschte, herkömmliche Grundmundart zu erhalten[18]. Bereits diskutabel ist allerdings, ob der ortsgebürtige, ältere Landwirt allein die Grundmundart verkörpert und bereitwillig reproduziert. Schon um die vielschichtige Ortssprache zu erfassen, sind mehrere Gewährspersonen erforderlich. Diese sind als eigenständige und kompetente Sozialpartner zu betrachten, die als Individuen und Gesellschaftsmitglieder bewußt Daten liefern und niemals automatisch, ohne bewußte Überlegung sprechen. Die Gewährspersonen müssen die Ziele der Befragung kennen und die Verhaltensweise des Explorators verstehen[19]. Der erfolgreiche Feldforscher ARNO RUOFF argumentiert in diesem Sinn: „In vielen Fällen wurden wir als Berater oder Richter gebeten, gelegentlich auch als Beichtväter. Schon diese Erfahrungen verbieten es hinreichend, Gewährsleute nur als Beiträger sprachlicher Formen zu betrachten und diese ohne den Zusammenhang mit den Gegebenheiten ihrer Entstehung zu untersuchen“[20].

3.2. Interviewverfahren

Die Methodologie des Interviews unterscheidet zwischen hartem, weichem und neutralem Interview.

Das *harte Interview* läßt, nach ERIKA WERLEN, weder dem Explorator noch dem Informanten einen Spielraum in der Gestaltung der Fragen und Antworten. Der fixe Fragenkatalog ist in „Verhörtechnik“ abzufragen, wobei die herrschende Atmosphäre keine zwischenmenschliche Beziehung erlaubt. Der Informant muß ohne Bedenkzeit auf die Fragen antworten und darf keine Mißverständnisse aufklären oder eigene Äußerungen begründen.

Das *neutrale Interview* soll vor allem den modifizierenden Einfluß des Befragers reduzieren, ohne jedoch den Befragten vor den Kopf zu stoßen, wie beim harten Interview.

Das *weiche Interview* dagegen basiert auf einer zwischenmenschlichen Beziehung, die eine Vielzahl von Fehlerquellen birgt. Der Befragte wird vom Datenträ-

[17] ROLF LINDNER (1984): Ohne Gewähr. Zur Kulturanalyse des Informanten. In: Feldforschung. Qualitative Methoden in der Kulturanalyse. Hrsg. von UTZ JEGGLE. Tübingen. S. 59–72; S. 59, 69.

[18] HEINRICH LÖFFLER (1980): Probleme der Dialektologie. Darmstadt, 2. Auflage. S. 47.

[19] WERLEN (1984): S. 71.

[20] ARNO RUOFF (1973): Grundlagen und Methoden der Untersuchung gesprochener Sprache. (Idiomatica Bd. 1). Tübingen. S. 105.

ger zum handelnden Individuum. Je vertrauensvoller der Informant sein kann, desto zuverlässiger und unverzerrter werden seine Antworten sein[21].

Das direkte Aufnahmeverfahren in der Dialektgeographie bedient sich des „halbstandardisierten, weichen Interviews" und der „nicht-strukturierten, teilnehmenden Beobachtung". Das Datenbuch bestimmt die sprachlichen Daten, die für die zu kartierenden Probleme erhoben werden müssen; nicht festgelegt ist jedoch, wie diese Belege erfragt werden sollen. Gegen eine Standardisierung der dialektgeographischen Befragung wendet sich RUDOLF HOTZENKÖCHERLE, vor allem wegen der unterschiedlichen Lebens- und Arbeitswelten seiner Schweizer Erhebungsgebiete und wegen der verschiedenen Kapazitäten der Informanten. Freilich stört die bewegliche Fragestellung die Vergleichbarkeit der Antworten[22]. In der Volkskunde geht man zum *offenen* (oder narrativen) *Interview* über, das in günstigen Fällen als *Intensiv-* oder *Tiefeninterview* durchgeführt wird. Es nähert sich an gewohnte Kommunikationsweisen und alltägliche Gesprächsformen und soll allenfalls mit Hilfe eines flexiblen Interviewleitfadens gesteuert werden. Die Dokumentation des Gesprächs erfolgt durch Tonbandmitschnitt oder durch anschließende Niederschrift von Gedächtnisprotokollen[23].

Das weiche Interview verlangt, den Gesprächspartnern zuzutrauen, daß sie die Interaktionsform der Befragung von einem Gespräch mit Freunden unterscheiden können. Das Mißtrauen des Informanten, für den man sich als Datenquelle interessiert, sollte man als Ausdruck der Differenz zwischen Interview und freundschaftlichem Gespräch akzeptieren, denn daraus erwächst die Chance für ein Arbeitsbündnis, das nicht auf falsches Vertrauen setzt. Deshalb ist auch die Verweigerung einer Befragung oder eines Gesprächs eine eindeutige Situation, und die Ängste der Verweigerer sind zu respektieren. Ähnliche Beweggründe haben das *Sich-Dummstellen* und das *Sich-Gescheitstellen.* Beide Reaktionen sollen den Blick in die Karten des Informanten verhindern. UTZ JEGGLE erwähnt z. B. einen Vertriebenen, der eine Stunde über die Besiedlungspolitik von Maria Theresia sprach, aber nur fünf Minuten über sein eigenes Schicksal redete, das den Feldforscher eigentlich interessierte[24].

4. Merkmale der Sprachinselforschung

Die Sprachinselforschung erfordert eine von der allgemeinen Dialektologie abweichende Methodik. Die Ansiedlung stellt die Basis für die Entstehung einer Sprachinselmundart dar. Durch die Anlegung von Mutter- oder Stammsiedlungen, aber auch von späteren Tochtersiedlungen werden, nach CLAUS JÜRGEN HUTTERER, die Subsysteme miteinander *diatopisch* und *diastratisch* in Verbindung ge-

21 WERLEN (1984): S. 66 f.

22 WERLEN (1984): S. 63–65.

23 ROLF W. BREDNICH (1988): Quellen und Methoden. In: Grundriß der Volkskunde. Einführungen in die Forschungsfelder der Europäischen Ethnologie. Hrsg. von ROLF W. BREDNICH. Berlin. S. 73–94; S. 86.

24 UTZ JEGGLE (1984): Verständnisschwierigkeiten im Feld. In: Feldforschung. Qualitative Methoden in der Kulturanalyse. Hrsg. von UTZ JEGGLE. Tübingen. S. 93–112; S. 94 ff.

setzt, so daß sich daraus ein neues, einheitliches Subsystem aufbaut. Sprachinseln sind demnach eigenständige Sprachräume, deren innere Sprachbewegungen horizontal und vertikal zu ermitteln sind[25]. Nach der ursprünglichen Mischung divergierender Sprachformen kommt es nach WALTER KUHN zu einem Ausgleich erster Stufe (Einheitssystem der Ortsmundart) und zweiter Stufe (Einheitssystem in einem Sprachinselraum)[26]. Die Überdachung mehrerer Sprachinseln durch eine höhere Einheitsform (z. B. nach binnendeutschen bzw. österreichischen Mustern) ist relativ selten und wird von ANTON SCHWOB Ausgleich dritter Stufe genannt[27]. So entwickelte sich die deutsche Tochtersprache Pennsylfaanisch oder das Afrikaans aus dem Niederländischen.

Den Dialekt als „reine Bauernsprache" zu sehen, ist eine wissenschaftliche Abstraktion, die als Ausgangspunkt der Sprachinselforschung schon deshalb nicht zulässig ist, weil außer Bauern ein großer Siedleranteil Handwerker waren, z. B. in der Batschka und im Banat etwa 50 % Bauern und 35 % Handwerker. Da hier gleichzeitig horizontale und vertikale Sprachbewegungen erfaßt werden müssen, kommt für die Sprachinselforschung weder die Auswahl der Forschungspunkte nach den sonst üblichen Prinzipien der gleichen Entfernung oder der Siedlungsdichte noch die Befragung eines einzigen Informanten je Forschungspunkt in Betracht. Potentiell sind alle Orte der Sprachinsel auch Forschungspunkte. Eine Einschränkung ist nur dann möglich, wenn sich auf Grund vorheriger Systemerhebungen eine Mundart für die ganze Gruppe als maßgebend erweist. Das ist in kompakten Siedlungsräumen, etwa der Schwäbischen Türkei, der Batschka und des Banats möglich, kommt aber für Streusiedlungen, z. B. in Syrmien und Slawonien, nicht in Frage.

HUTTERER vertritt die Auffassung, daß sich das Einmannsystem bei der Befragung in der Sprachinselforschung noch weniger eignet als im Binnenland. Als bewährtes Minimum kann die Praxis des Deutschen Sprachatlas gelten: sechs Personen verschiedenen Geschlechts aus drei Altersschichten pro Ort. Enthält aber der Forschungspunkt mehrere, nach Konfessionen (z. B. in Siwatz/Batschka oder Semlak/Banat), nach Berufsschichten (Bauernmundart neben Umgangssprache der Handwerker) u. a. getrennte Gemeinschaften, so ist die Zahl der Informanten mit jener der Gemeinschaften zu multiplizieren[28]. Theoretisch gesehen ist das eine ideale Lösung. Doch wenn sie finanziell und personell nicht abgesichert ist, müssen wohl andere, akzeptable und realisierbare Varianten gefunden werden.

[25] CLAUS JÜRGEN HUTTERER (1982): Sprachinselforschung als Prüfstand für dialektologische Arbeitsprinzipien. In: Dialektologie. Ein Handbuch zur deutschen und allgemeinen Dialektforschung. Hrsg. von WERNER BESCH u. a., Band 1.1. Berlin, New York. S. 178–189; S. 179 f.

[26] WALTER KUHN (1934): Deutsche Sprachinselforschung. Geschichte, Aufgaben, Verfahren. Plauen. S. 252 ff.

[27] ANTON SCHWOB (1971): Wege und Formen des Sprachausgleichs in neuzeitlichen ost- und südostdeutschen Sprachinseln. München. S. 44.

[28] HUTTERER (1982): S. 182.

4.1. Methoden und Verfahren der Sprachinselforschung

Als brauchbare Methoden für die Stoffsammlung in der Sprachinselforschung nennt HUTTERER: *Beobachtung, direkte Aufnahmen* (*mit* oder *ohne Fragebuch*) und *indirekte Aufnahmen* (*mit Fragebuch*). Beobachtung in der Sprachinsel erbringt — anders als bei Großatlanten — wertvolles Spontanmaterial, z. B. zur Ermittlung grammatischer Fragen, zur Systemforschung. Direktaufnahmen sind am besten nur thematisch gebunden, in der Gestaltung aber den Informanten überlassen. Der Fragenkatalog kann sachlich gebündelte Fragen enthalten, z. B. was für Bäume in der Gegend bekannt sind oder welche Holzarten der Wagner wozu verwendet. Die Introspektion des mundartsprechenden Explorators ist immer durch Kontrollaufnahmen abzusichern. Isolierte Wörter sollen parallel dazu auch im Kontext aufgezeichnet werden.

Die Ergänzung der herkömmlichen Methoden durch Tonbandaufnahmen, ähnlich jenen des Deutschen Spracharchivs, erwies sich in der Sprachinselforschung als unentbehrlich. Als grundlegendes Verfahren hat sich die Direktaufnahme mit Fragebogen bewährt, wobei sich in Ungarn besondere Vorgangsweisen herausbildeten. Der Vergleichbarkeit des Materials zuliebe wurden die — von HEINRICH SCHMIDT um fünf erweiterten — Wenkersätze im Direktverfahren ermittelt, die VIKTOR SCHIRMUNSKI mit einer Liste von 200 Wörtern aus der Frageliste des DWA ergänzte. CLAUS JÜRGEN HUTTERER entwarf für Mittelungarn ein neues Fragebuch in Anlehnung an das Wortmaterial des DSA und des DWA, um die Vergleichbarkeit des Ungarndeutschen Sprachatlas mit den binnendeutschen dialektologischen Unternehmungen zu wahren. In den Misch- und Grenzzonen ist es ratsam, während der Feldforschung auch Zusatzmaterial zu sammeln. Die indirekte Erhebung mittels Fragebogen — eine Notlösung der Großatlanten — hat sich in der Sprachinselforschung nicht bewährt. In der ungarndeutschen Forschung war dieses Verfahren nur bei der Ermittlung sachkundlich scharf abgegrenzter Themen wie „Haus und Hof", „Trachten", „Weinbau" u. dgl. anwendbar.

In mehrsprachigen Gebieten läßt sich die Beeinflussung der Informanten durch mundartfremde Faktoren auf ein Minimum herabsetzen, behauptet HUTTERER, wenn man die Fragen in der bekannten Fremdsprache stellt[29]. Tatsächlich sind die Fragen des ungarndeutschen Fragebuchs ungarisch verfaßt. Für diese Zielgruppe, die nur mehr ungarische Schulen besuchen konnte, mag dieses Verfahren gerechtfertigt sein, da die Mundartsprecher die hochdeutschen Bezeichnungen von Tieren, Pflanzen usw. meist gar nicht kennen und auf die ihnen bekannte Bezeichnung in der ungarischen Frage mit der Variante in ihrer Mundart antworten. Anders ist es bei Feldforschungen in der Batschka und besonders im Banat und in Siebenbürgen, wo es die deutsche Unterrichtssprache den Informanten ermöglicht, ihre mundartlichen Wortformen von nhd. Einflüssen und fremdsprachlichen Entlehnungen bewußt auseinander zu halten und auf deutsche Fragen richtig zu antworten.

[29] HUTTERER (1982): S. 183 f.

4.2. Erkenntnisse der donauschwäbischen Dialektologie

Das Projekt *„Donauschwäbische Mundartforschung"* am Institut für donauschwäbische Geschichte und Landeskunde in Tübingen widmet sich seit 1987 der Dokumentation und Bearbeitung der von den Siedlern des 18. und 19. Jahrhunderts im mittleren Donauraum gesprochenen deutschen Mundarten, wobei auf Vorarbeiten aufgebaut und die Datenerfassung schrittweise eingeleitet wurde. Es erschien am sinnvollsten, den Schwerpunkt auf die Erforschung der Lexik zu legen, während Fragen der Grammatik, Phonetik u. ä. gleichzeitig durch Textaufnahmen vorbereitet, jedoch später bearbeitet werden sollen. Aus pragmatischen Gründen stand die Erfassung des Fachwortschatzes der Handwerker im Vordergrund, danach folgt der Fachwortschatz der Landwirtschaft. Die geeigneten Gewährspersonen haben in der Regel ein hohes Alter und müssen vorrangig befragt werden, da ihr Wissen sonst für die Forschung verloren ist.

Nur in Ausnahmefällen konnten die Tonaufnahmen bei Besuchen von Gewährsleuten am Institut durchgeführt werden. Üblicherweise mußte der Projektleiter als Explorator zuerst durch Aufrufe in der donauschwäbischen Presse, bei Heimattreffen der Mundartsprecher und durch schriftliche Anfragen im Bundesgebiet und vor allem in den ungarischen, jugoslawischen und rumänischen Siedlungsgebieten der Donauschwaben Informanten ermitteln, sie in ausgedehnten Kundfahrten besuchen, dabei die abzufragende Wortliste (140 Wörter ausgehend vom DWA), die von Kurt Rein für Südosteuropa modifizierten Wenkersätze und die Fragebögen von Hans Gehl für den Fachwortschatz der Handwerker und der Landwirtschaft mit den Gewährsleuten besprechen, die anschließenden Interviews lenken und das Tonbandgerät (UHER Report 4000, Aufnahmen zu 9,5 cm/sec) betätigen; nebenbei das Aufnahmeprotokoll aufsetzen und die Sprecher — womöglich in der Werkstatt vor ihrem Werkzeug — fotografieren.

Die 60 oder 120 Minuten (zwei Tonbandseiten) Schallaufnahmen mit zwei, häufig auch mehr Sprechern der gleichen Mundart erforderten einen halben Tag oder mehr intensiven Arbeitseinsatz. Der Explorator stellte die Fragen in seinem südfränkischen Heimatdialekt[30], um in der Aufnahme eine möglichst unverfälschte Mundart bzw. handwerkliche Umgangssprache zu sichern. Die Sprecher wurden über Form und Zweck der Interviews genau informiert und nahmen daran als aktive, bewußte Partner teil. Alle Befragungen erfolgten deutsch, was auch für Ungarn gilt; allerdings sollten Illustrationen von Pflanzen und Tieren, Skizzen von Geräten u. ä. Mißverständnissen vorbeugen.

Die 200 Magnetbänder unseres Tonarchivs stammen aus eigenen Aufnahmen (selten in Begleitung eines Mitarbeiters) und sind zum geringen Teil Übernahmen donauschwäbischer Aufzeichnungen aus den Beständen des Deutschen Spracharchivs Mannheim, des „Johannes Künzig-Instituts für ostdeutsche Volkskunde" Freiburg und der Germanistikabteilung der „Eötvös Loránd-Universität" Budapest. Dazu kamen Tonkassetten von Dialektsprechern und vom Fünfkirchner Ra-

[30] Vgl. Hans Gehl (1991): Die oberdeutschen *fescht*-Mundarten des Banats. (ZDL-Beiheft 67). Stuttgart.

dio Pécs. Die Tondokumentation umfaßt Gesprächsaufzeichnungen zum Fachwortschatz der Handwerker, aber auch zu anderen Themen, die nach dem Handwerkerwortschatz erforscht werden sollen. Die 440 vorgesehenen Ortspunkte der sechs Siedlungsgebiete sind bereits zu 75 % — allerdings nicht lückenlos — erfaßt. Als Fortsetzung des Projektes, ab 1993, wird der Schwerpunkt der Feldforschung auf die Abfragung des Fachwortschatzes der Landwirtschaft im donauschwäbischen Sprachbereich verlegt.

JOACHIM GÖSCHEL / RAPHAELA LAUF

Datenverarbeitung: Transkription, Verzettelung und EDV-Anwendung

JOACHIM GÖSCHEL

1. Zur Transkription dialektaler Sprachdaten

Der Schritt von der Datenerhebung zur Datenverarbeitung wird bei der Untersuchung gesprochener Sprache durch die Transkription vollzogen. Mit der Transkription wird damit eine empfindliche Nahtstelle für alle weiteren Forschungen überbrückt. Deshalb ist die genaue phonetische Erfassung gesprochener Sprache in den Dialekten durch eine enge phonetische Transkription sowohl für den Phonetiker als auch für den Dialektologen unabdingbare Voraussetzung für die weiteren Analysen, Beschreibungen und schlußfolgernden Ergebnisse. Für die Dialektologie hat dieser Grundsatz besondere Geltung, weil ihr Objektbereich zu einem sehr hohen Anteil in der Erforschung lautlicher Erscheinungen liegt. Nur auf dem festen Boden genauer, enger phonetischer Transkription können Lautveränderungen und Lautwandel — ein Hauptinteressengebiet der Sprachwissenschaft — entsprechend erklärt und gedeutet werden. Zwar wird es nicht für jedes Projekt möglich sein, Transkriptionen mit dem Genauigkeitsgrad zu erstellen, wie er in der Abteilung Phonetik des Deutschen Sprachatlas angestrebt wird, dennoch sollten bestimmte grundlegende Voraussetzungen einer phonetischen Transkription, die für dialektologische Untersuchungen verwendet wird, erfüllt sein.

Dafür sind erforderlich:

1. Die Wahl eines Transkriptionsinventars, das sowohl hinsichtlich der theoretischen Fundierung als auch hinsichtlich des Umfangs der zur Verfügung gestellten Symbole für alle anfallenden Probleme Lösungen bereit hält — vorzugsweise eines Systems, das weite Verbreitung gefunden hat und die Gewähr dafür bietet, daß alle, die das Inventar anwenden, unter einem bestimmten Zeichen dasselbe verstehen, das heißt: alle Zeichen müssen exakt definiert sein. Soll dieser Bedingung Rechnung getragen werden, so stellt das System der Associaton Phonétique Internationale (APl) das einzige in Frage kommende Inventar dar, welches sowohl international verwendet wird als auch theoretisch und praktisch entsprechend fundiert ist.

2. Die gründliche theoretische und praktische Ausbildung in Phonetik und in dem gewählten Transkriptionssystem für denjenigen, der die Transkriptionen zu erstellen hat. Die beiden wichtigsten Faktoren sind hier die Einübung des grundlegenden Unterschieds von semantischem und analytischem Hören und zweitens die Beherrschung der eigenen Sprechwerkzeuge mit der Fähigkeit, Gehörtes nachzusprechen und die dabei entstehenden Empfindungen in einen perzeptorisch-artikulatorischen Raster einzuordnen.

3. Die Absicherung der Reliabilität (Zuverlässigkeit) der erstellten Transkription durch Besprechung mit mindestens einem weiteren geschulten Transkribenten; die Gefahr eines „Exploratorendialekts“ ist sonst sehr groß.

Diese Forderungen machen die Verwendung von sprachlichem Material, das auf Tonträger gespeichert ist, unumgänglich. Eine direkte Befragungsmethode, mit der zwar in kürzerer Zeit größere Datenmengen erhoben werden können, kann unter dem Gesichtspunkt der nachprüfbaren Genauigkeit nicht als angemessen gelten. In jedem Falle ist eine Abwägung zu treffen zwischen einer exakten „engen“ Transkription (Zeitaufwand nach den in der Abteilung Phonetik des Deutschen Sprachatlas gemachten Erfahrungen: einschließlich einer Besprechung etwa zwölf Stunden für fünf Minuten gesprochener Sprache bei normalem Sprechtempo mit Sprechpausen) und den sachlichen und systematischen Mängeln einer „weiten“ Umschrift (keine Erfassung phonetischer Besonderheiten; keine Erfassung feiner lautlicher Unterschiede; keine Erfassung potentiell vorhandener minimaler Lautveränderungen, die auf Veränderungen innerhalb der untersuchten Sprachform hindeuten können).

Raphaela Lauf

2. Computative Hilfsmittel zur Bearbeitung der gewonnenen Daten

Für die reine Notation phonetischer Zeichen gibt es mittlerweile mehrere Programme für verschiedene Rechnertypen, in denen eigene phonetische Zeichensätze (sogenannte „Fonts“) entweder selbst erstellt oder fertig gekauft werden können. Beispielhaft können hier für die Rechner der Macintosh-Gruppe der Font „Laser IPA“ der Firma Linguists' Software, Edmonds (USA), für die Rechner der IBM-Gruppe der Font „Printer Polyglott“ der Firma Mikado (Berlin) oder (unter dem Programm Windows lauffähig) „Foreign Fonts“ (erhältlich bei der Firma softline, Oberkirch bei Offenburg (Baden) genannt werden. Die Verwendung solcher Zeichensätze ermöglicht z. B. den Ausdruck der Daten in Tabellenform für eine spätere Korrektur. In der Abteilung Phonetik des Deutschen Sprachatlas werden Publikationen mit Hilfe eines solchen Fonts erstellt; für die Auflistung der Daten des Projekts Kleiner Deutscher Lautatlas – Phonetik (KDSA [phon]) wird im Augenblick jedoch noch die handschriftliche Eintragung in Transkriptionslisten vorgenommen.

Als nächster Schritt ist die Verwendung einer Datenbank zu überlegen, mit deren Hilfe die Transkriptionsdaten beliebig erfaßt, gesucht, sortiert, gruppiert und ausgegeben werden können. Auch hierzu gibt es beispielsweise ein Produkt der Firma Mikado (Berlin). Möglich — wenngleich umständlich und fehleranfällig — ist es auch, bereits vorhandene kommerzielle Datenbankprogramme (dBase, askSam) den eigenen Zwecken anzupassen und die Eingabe der Daten in codierter Form vorzunehmen.

An vielen (leider nicht miteinander koordinierten) Stellen gibt es schließlich Bemühungen, die Erfassung und Verarbeitung der Sprachdaten zu kombinieren mit der graphischen Ausgabe der Daten auf einer sprachgeographischen Karte. Dies reicht je nach den Bedürfnissen der Anwender von einem starr vorgegebenen Ausdruck mit Hilfe eines Textverarbeitungsprogramms auf eine handgezeichnete Karte (so im Hessen-Nassauischen Wörterbuch der Abteilung Sprache in Hessen, in Marburg) über selbsterstellte Kombinationsprogramme (Eingabe, Datenbankbearbeitung, Kartenerstellung und Kartenausgabe in einem Programm, vorgestellt z. B. von Dr. H. GEISLER auf dem Internationalen Dialektologenkongreß, Bamberg 1990 [vgl. hierzu den Bericht über den Internationalen Dialektologenkongreß in ZDL 58 (1991), S. 72–73] bis hin zur Verwendung und Modifizierung großer kommerzieller Programmpakete (geplant für einen Jiddischen Sprachatlas, New York).

Am Deutschen Sprachatlas laufen zur Zeit Versuche, die Eingabe der geographischen Daten über ein Digitalisiertablett mit der Eingabe der Transkriptionsdaten in codierter Form zu verbinden. Die sortierten und manipulierten Daten sollen dann über einen postscriptfähigen Laserdrucker in die Form einer sprachgeographischen Karte gebracht werden, wobei auch benutzerorientierte Überlegungen (keine Überschreibungen von Daten und Belegorten, übersichtliche Gestaltung) eine Rolle spielen. Erstes Ergebnis einer mit vergleichbaren Methoden hergestellten Atlaspublikation ist etwa der von WOLFGANG VIERECK (Bamberg) herausgegebene und von HARALD HÄNDLER (Marburg/Lahn) computativ betreute Computer Developed Linguistic Atlas of England (CDLAE), Tübingen 1991. Dieser letztgenannten Form der Datenbearbeitung ist angesichts der großen Mengen von Daten, die für ein dialektologisches Projekt im allgemeinen verarbeitet werden müssen, sicher der Vorzug zu geben.

Arno Ruoff

Mundartenvarianten

Bericht über das Projekt „Dokumentation donauschwäbischer Mundarten“

Das Deutsche Spracharchiv, geleitet von Eberhard Zwirner, begann 1955, Proben aller deutschen Mundarten auf Tonband festzuhalten. In der von der Deutschen Forschungsgemeinschaft finanzierten Aktion sollten in jedem Aufnahmeort neben drei Einheimischen auch drei Heimatvertriebene aufgenommen werden. Die Erhebungen wurden den Landesuniversitäten übertragen, 1955 begannen von Tübingen aus Hermann Bausinger und ich mit Aufnahmen in Südwestdeutschland. Aus der Zusammenarbeit mit dem Deutschen Spracharchiv erwuchs die von mir geleitete Tübinger Außenstelle des Deutschen Spracharchivs, die spätere Tübinger Arbeitsstelle „Sprache in Südwestdeutschland“, in deren Rahmen im Laufe der Jahre mehr als 1500 Tonbandaufnahmen aus 500 Orten Baden-Württembergs und angrenzender Gebiete hergestellt, transkribiert und ausgewertet wurden. Die Auswertung galt in erster Linie den bisher nicht untersuchbaren Seiten des Redens im Bereich von Syntax und Stil. An systematischen Exzerpten bestimmter Spracherscheinungen wird deren Abhängigkeit von außersprachlichen geographischen, sozialen, situativen Bedingungen untersucht, wozu neuartige statistische Methoden entwickelt und angewandt werden.

Bei der Aufnahme der Heimatvertriebenen haben die Tübinger Aufnahmeleiter besonders die donauschwäbischen Neubürger berücksichtigt, zum einen, weil sie in unserem Land besonders stark vertreten waren, zum anderen, weil wir von vorausgegangenen Erhebungen volkstümlicher Überlieferungen einzelner donauschwäbischer Dörfer genügend Kenntnisse von Sitte und Brauch und auch von der Sprache der Donauschwaben erhalten hatten, um damit vernünftige Fragen im Tonbandinterview stellen zu können. Überdies fanden wir bei den Donauschwaben besonders viele leut- und redselige Gewährsleute, die etwas zu sagen hatten und es uns auch gerne ins Mikrophon sagten. Die Untersuchung donauschwäbischer Mundarten hat in Tübingen eine längere Tradition: Schon Hermann Fischer erforschte die Mundart von Sathmar, ihm folgte Hugo Moser mit einer Reihe von Schülern, und eine der ersten Tübinger Tonaufnahmen nach der Erfindung des Tonbandgerätes galt wieder der Mundart von Sathmar.

In den 70er Jahren begann Katharina Wild, Fünfkirchen/Pécs, mit Tonbandaufnahmen in der Baranya als Grundlage für ihre Habilitationsschrift über die

„Syntax der eingeleiteten Nebensätze in den Fuldaer deutschen Mundarten Südungarns". Das gemeinsame Interesse an der Syntaxforschung führte uns zu intensiver Zusammenarbeit, aus der heraus der Plan entstand, die Tonbandaufnahmen, welche KATHARINA WILD inzwischen aus ganz Ungarn gesammelt hatte, und die unsrigen für eine umfassende Dokumentation aller donauschwäbischen Mundarten auszunutzen. Alle diese Aufnahmen sind freie, unvorbereitete Gespräche von Gewährsleuten beiderlei Geschlechts und unterschiedlichen Alters und Berufs, in denen alle möglichen Themen des Alltagslebens wie der individuellen Lebensschicksale zur Sprache kommen. In den Tübinger Aufnahmen finden sich ebenso noch wohlerhalten überlieferte Ortsmundarten wie alle Arten und Grade der Anpassung an hiesige Mundarten und Umgangssprachen oder Mischungen von beidem. Das Pécser Material enthält örtliche Grundmundarten oder landschaftliche Verkehrssprachen mit jeweils unterschiedlich starker Madjarisierung.

Aus diesem Fundus von insgesamt mehr als 300 Tonbandaufnahmen von durchschnittlich etwa 20 Minuten Dauer wurden 120 ausgewählt (je 60 aus Tübingen und 60 aus Pécs), die zusammen die Mundarten des Ungarischen Mittelgebirges, der Schwäbischen Türkei, der Batschka, des Banats, von Syrmien, Slawonien und den verschiedenen Streusiedlungen vertreten. Bei dem Vortrag, der diesem Aufsatz zugrunde liegt, wurden mehrere Tonbandausschnitte wiedergegeben, an denen die Vielfalt an Formen und Inhalten gezeigt werden sollte: Bairische ui- und ua-Mundarten, fränkisch-bairische Mischmundarten, die fuldische Mundart aus der Baranya, das Schwäbisch von Hajosch mit einer Sprache, die noch der Mundart zur Auswanderungszeit entspricht und zusätzlich einige charakteristische Neuformen enthält wie das allenthalben im Auslandsschwäbischen anzutreffende *oi* (mit offenem *o*) nicht nur für althochdeutsches *ei,* sondern auch für mittelhochdeutsches langes *i* und *iu,* was in den Binnenmundarten nicht vorkommt, oder die Konjugationserweiterung durch Angleichung an das fränkische System. Eine Frau aus Arpad spricht reine schwäbische Mundart und danach reine fränkische Verkehrssprache, wie es im Ort üblich war. Aus Biberach an der Riß stammen Aufnahmen von Großmutter, Mutter und Tochter aus Neu-Schowe: Die erste spricht dortige Ortsmundart, die zweite dortige und danach leicht eingeschwäbelte Verkehrssprache (sie war dort und ist hier Kauffrau), die dritte spricht nacheinander drei Sprachen: dortige Ortsmundart, gemischte Umgangssprache, hiesige Mundart. Individueller Sprachwandel im Laufe von Jahren wurde durch Wiederholungsaufnahmen mehrerer Gewährspersonen verfolgt und ist ebenso in die Dokumentation aufgenommen.

Durch die Robert-Bosch-Stiftung, Stuttgart, das Auswärtige Amt in Bonn und die Donauschwäbische Kulturstiftung des Landes Baden-Württemberg bekamen wir finanzielle Unterstützung für die Transkription der Tonbandaufnahmen und die Herstellung des Schreibsatzes. In der Publikation behandeln wir zunächst die Geschichte der Donauschwaben, stellen zum einen die Grundzüge der fränkischen, bairischen und schwäbischen Herkunftsmundarten nach Phonetik und Morphologie dar, zum anderen die Entwicklung der donauschwäbischen Mundarten bis 1945, wobei wir uns auf die reiche vorliegende Literatur, besonders von HUTTERER, MANHERZ und WEIDLEIN stützen können, sowie den nachfolgenden

Sprachausgleich dort und hier. Anschließend werden die verschiedenen Siedlungsgebiete und ihre Sprache näher beschrieben, darauf beziehen sich dann die Kommentare zu den einzelnen Texten. Als Beispiel eines solchen Textes ist die Transkription einer Aufnahme aus Feked hier beigefügt, auf die sich der Aufsatz von Katharina Wild im vorliegenden Band teilweise bezieht (vgl. Anhang).

Der Text gliedert sich in Ortsbeschreibung, Daten zu Sprecher und Aufnahme, literarische Umschrift der Tonbandaufnahme mit Wort- oder Sacherklärungen in Fußnoten, anschließend sprachwissenschaftlichen Kommentar zur Phonetik, zur Morphologie und zur Syntax. (Die darin wiedergegebenen Belegbeispiele werden in der Publikation Verweise auf die Textzeile erhalten.) Der Dokumentation werden Karten beigegeben, eine Tonkassette mit Ausschnitten aus etwa der Hälfte der Tonbandaufnahmen soll beigefügt werden. Die betreffenden Stellen werden im Text vermerkt.

Auf diese Weise werden alle donauschwäbischen Mundarten vor ihrem nahen Erlöschen festgehalten und hörbar gemacht. Die Vielfalt ihrer Varianten bietet eine Grundlage für weiterführende linguistische Forschungen; mindestens ebenso wichtig wie die sprachlichen Formen werden aber die Inhalte der Gespräche sein mit ihrem Reichtum an kulturhistorischen und zeitgeschichtlichen Zeugnissen in authentischen Berichten.

Textbeispiel der Aufnahme W/1: siehe die folgenden Seiten.

Textbeispiel der Aufnahme W/1

Feked / Komitat Baranya / Ungarn

Feked ist eine ziemlich abseits gelegene kleine Ortschaft im nordöstlichen Teil der Baranya, in der Gereschder Hügellandschaft, an der 1911-12 erbauten Pécs-Bataszeker Eisenbahnlinie. Mit seinen 440 Einwohnern gehört es zum kleinen Dorftypus der von Deutschen bewohnten Siedlungen in der Schwäbischen Türkei. Die Deutschen machen 62,9% der Einwohner des Dorfes aus (im Jahre 1930: 94,4%). Im wirtschaftlichen Leben des Dorfes spielt der Ackerbau die führende Rolle, bedeutend ist auch die Schweine- und Rindviehzucht. Feked gehört zu der LPG von Véménd. Ein bedeutender Teil der jüngeren Einwohner arbeitet in der Industrie der nahen Städte. Die Sozialstruktur des Dorfes zeigt im Jahre 1980 folgendes Bild der Berufstätigen: Bauern 63,6%, Industriearbeiter 26,5%, Angestellte, Angehörige der Intelligenz 9,9%.
Vor 1945 lebte die Bevölkerung fast ausschließlich von der Landwirtschaft, intensive Viehzucht und Weinbau inbegriffen, auch einige Handwerker waren hier tätig, die aber ihr Handwerk nebenberuflich betrieben, aber den Bedarf des Dorfes deckten. Wegen der abgelegenen Lage des Ortes und des damit verbundenen Mangels an Arbeitsmöglichkeiten nach der Enteignung der Bauernhöfe wanderte ein Großteil der Jugendlichen allmählich in die Städte und größeren Dörfer ab. Demzufolge haben sich im Dorf die alten Sitten und Bräuche, das alte Dorfbild und besonders die deutsche Mundart recht gut erhalten. Auch die alten Bauernhäuser mit ihren Einrichtungen sind noch vorzufinden. Die Mundart dient hier noch als Verkehrssprache unter den Dorfbewohnern, sie wird auch von ziemlich vielen im Dorf gebliebenen Angehörigen der jüngeren Generation gesprochen.

W/1

Aufnahme: K. Wild, 1985
Umschrift: P. Löffelad

- ● Bauer, Heizer, geb. 1919. Wohnort seit 1975 Pécs.
- * Er spricht unbefangen und flüssig in seiner Ortsmundart. Sein Sprechen ist prosodisch gut gegliedert und verständlich.
- ♦ Kirmes

S: Friher, wie ich Jong' woan - jetz' sän ich jo scho fenfasächzich Joahr', alt - secksunsächzich - wie ich Jong' woan, do is uf der Kirmes[1)] so 'gange, do woa'n die Zechbuascht[2)]. Des woa'n die Buascht, die wos so sibzeh, ochtzehn in däre Ell'[3)] woa'n, fir-en Haiern[4)], die Buascht woa'n des. Un' nåch die Buascht, die hon sich z'sommgeredt un hon e Tichelje[5)] gekaaft, e schee' Tichelje, schee' Kaschmertichelje. Un' des Kasmer- Kaschmertichelje is aof Kirmes aosg'schpielt wor'n. Hat noch samstoogs oowds hot die Kirmes scho åog'fangt, do säm-mer zu dän Wiat 'gange, där Wiat, där wos d' in dän Wiatshaos, wu die Kirmes is k'hale wuan, där hot sich noch scho ougetroge

aa: Är git dezuu, nur bai ihn solle me-sche hal'. Un där Wiat, wo (e)s menst hot dezu'gewe, natirlich [klatscht in die Hände] - ho-me-sche duat k'hale. Mai G'schwisterkend, där woar Wiat, und hat maistens hot där me scho ender g'socht, ich soll nur alles mach', är git alles däzuu, wos meeglich is, är macht sai' Sach'. Na noch sem-m'r scho Samståg åweds hii'gange, noch woan Schwoartel[6], un is 'gässe wuan un getronke wuan un' bered't wor'n, wär mit wem geht, wäär mit weem in - ems Durf 'rem geht - do sän die Buascht poarwais 'gange - ems Durf 'rem. Na noch, wie-des bered't woar, noch hom-m'r zu Nocht g'haale un getronke, on en annern Toog säm-m'r in die Mess' 'gange, un nooch d'r Mess' nå is die Kirmes 'raosgegrowe wuan, die wos e' Jahr deviir, wos e Joahr deviir in des Loch woar aigegrowe. Des woar guuter, schener Schiller, schwårzer - 's hot kan anen Wain dift sai, kan waißer Wai hot net dirft sai. Schener schwoarzer Schiller, där woar in dän Loch aigemaoert un zugemaoert un zugemocht, also där is noch 'raosgegrowe wuan. Do hon die Musekante drai Raih'[7] g'schpielt und baim drai - dritte Raihe is-'n Buascht hii'gange un hot des Gloos 'raos un gejuucht un no noch is so d'remerem ou'gebote wuan däne Buascht ärscht, un sän drai Raihe g'schpielt wuan, es ganz Durf woar durt, von d'r Kiarich' ham, von d'r Mess' 'raos un hon geguckt, un noch säm-mer ham'gange Mittoog hale. Un nooch-en Mittoogmoll noch säm-mer poarwais' von Haos zu Haos 'gange un hon der Lait' Numm're v'rkaaft of des schee', des schee Kaschmertichelje is aa durt gewiese wuan.
A: Wie? Hot-'r des getrooge owwer emg'hengt?
S: Naa, des is durt hii'komme, aanerr hot's g'hobt. Des schee' Tichelje is zun Aosschpiele.
A: Ja, owwer hat-er-'sch in de Hand g'hobt owwer (...)?
S: So en Schtiel hatte-se -
A: So en Schtäcke?
S: - so gewiese und geweelt[8], ja. Oon noch sem-m'r - nooch-'n Mittooghale noch sem-m'r poarwais' von Haos zu Haos 'gange un hon Nummer v'rkaaft.
A: Ihr säächt "poa(r)wais". Wie woar des? Wär woar aa Poar?
S: Ja. Zwaa Buascht. Zwaa Buascht.
A: Zwaa Buascht. Die Zechbuwe owwer -
S: Die Zechbuascht woan des.
A: Die Zechbuascht hatte ka' Mäderje als Poar? Hatte se ka' Zechmäderje?
S: Des kemmt aa in die Raih'. Jetz tu-m'r ärscht iwer de Buascht rede. Die Zechbuascht sän noch dremerem'gange un hon die Numm'ro (v'r)kaaft. Ha, jetz' dä(f)-i scho soog', jetz sän ich scho aalt: mir hon die Numm'ro v'rkaaft, owwer mir hon scho gewißt, wär des Tichelje kricht!
A: Des woar iweråål so?
S: [Lachen] Mir hon scho gewißt, wär des Tichelje kricht. Miir hon scho gewißt! Hat, net all'! Wos die Gräßte woan, die hon scho gewißt, wu-'s hii'kämmt. Also noch, wie die Nummer v'rkaaft woan, noch is die Muusich 'gange nåmittågs un is - woar halt Kirmes: getanzt wuan, 'gässe wuan und getronke

wuan, un woan viele freme Lait' aa von d'r ganz' Emgeged, die Fraind'[9], die sän' allminand aof die Kirmes 'komme mit dene Wege, säl' woan noch die Gailswege, sän 'komme g'foah'n mit ihne schene Wege un hon sich grooßåa(r)tich 'loß seh', un woan allminaer froh, die Lait' woan mit ihre Fraind' allminaer schee un froh un zufriede, woar halt grooßåa(r)tich die Kirmes bai uns. Hat, gekocht is durt soo viel wuan, daß in vierzeh Toog nooch von Kirmese-Sach' woar. Vil is nooch in Saifaß aa noch 'komme, so hon-s'-es (zu) uns g'sogt, wu där - där Sai' ihre Sach' is 'nai'komme, do is aa noch vilmol die Tuate[10] 'nai'komme, wal es woar so vil, daß-s'-es nimmi ho(n)t 'kennt 'gäss', noch hon s'-es durt 'naig'schmesse[11]. [Atmet tief] Noch wie der Toog 'rem woar - oweds ho-m'r getanzt natirlich und muarjets widder, em-e' siwe sän-m'r widder z'somm'komme un halt widder weitergetanzt - noch säm-mer in die Käll'r. Hat, do sän noch scho die Mäderje mit'gange in Käll'r, in Käll'r, noch hom-m'r scho die Mäderje mitgenomme, in Kell'r då sän die Mäderje aa scho mit'gange. Noch säm-mer in Kell'r 'gange, von Kell'r zu Kell'r un von do- durthii un iweråålhii. Un nåch oweds hat (mer) natirlich widder waitergetanzt. Un en anen Muarjet[12], hat, noch säm-mer halt widder aof un halt widder waitergemocht, widder getanzt un (in) die Kell'r 'gange un 'remgelawe un oug'schtellt, wos hot gekennt oug'schtellt kennt gewär' [Lachen]. Un, des hot noch gedaoert bis Mittoog aa Uhr, also noch is-es Tichelje aosg'schpielt wuan. Un noch sän die Buascht so all' d'remerem, in d'r Mett' woar oaner g'schtane, un där hat' en' Hut un hot ärscht die - die Numm'ro g'schockelt, gewiese: des sän die Numm're, un bain Hut enwänich[13], då woar e' Schpänool[14]. Un hot-'r aof däre Schpänool do woar des - die Numm'ro drof, die wos des Tichelje kricht, där hot die Numm'ro in die Heh' g'schoppt[15] un gewiese: Hat, do sän die Numm'ro, noch do wiad-'s 'raosgezoge, un noch is aaner g'schafft[16] wuan - net där hot-se 'raosgezoge[17] - von dene Buascht na aaner g'schafft wuan: "Na, du ziechst die Numm'ro 'raos!" Un där is noch hii un hot-'r meh gewiese, hot so e' Hamb(e)l[18] gewiese un hot-esch widder 'nobgelosse un hot sälli 'raosgezoge: "Hat, von däre Hambel hon ich díe jetz 'raosgezoge, däs is die Numm'ro, däre - dän g'hiart des Tichelje, där wos die Numm'ro hot." Hat, perse[19], es woar jo aosgemocht, wär die Numm'ro hat. Hat, noch [hustet] hon-se geguckt, jed's sai' Nummer g'sucht g'schwind, noch'nad geguckt un g'sucht. Hat, noch, wie die Numm'ro woar, also noch hot (sich) die Muusich 'mol aofg'hai(r)t[20], noch, ha, säm-mer duat hiigeblose mit'n Tichelje. Die zwa virderschte Buascht, die hatte des Tichelje, un die annern sän halt ongepackt anaaner em-en Hals genumme, un so säm-mer halt noch dorthii gewalle[21]. Hat, die Lait' natirlich, die hån sich miß' 'riicht'[22]. Do woar noch zu esse un zu trenke un Backerai un alles minaner, durchenaner. Noch is 'gässe wuan un getronke wuan un verhale wuan bis oweds. Noch oweds, noch is wieder getanzt wuan, von siewe Uhr, halwer ocht, ocht Uhr, noch is widder getanzt wuan. Owwer hoart schtreng woan bai uns die Waiwer. Länger hot's net getanzt g'dift wär' bis elew Uhr, wal noch is doch die Fooste[23], ewwer zwelw Uhr - ich waaß ne-mol meh, wie's woar, elw owwer zwelw Uhr, noch is die Fooste aigeträte. Die anern zwa Toog', sen' die Mott'r net duat bliewa bai ihne Mäderje un hon se g'hitt[24)].

A: Mhm, nur em ärschte Toog.

S: Owwer en drette Toog, en drette Toog, wie hot 'mißt ham'gange wär' wege-'n Fooste, noch sen die Mott'r net ham. En ärschte un en zwate Toog sen-se ham'gange, ihre Mott'r, dene Mäderje ihre Mott'r.

A: Jaa, owwer wie hot die Fooste oug'fangt?

S: Wal en, hat, of Eschemett-

A: Des woar - des woar uf Fosching, uf Kirmes hot's doch net oug'fangt, de Kir- die Kirmes woar doch en elfte Novembär.

S: 'S wåhr, richtich!

A: De Fosching hot noch oug'fangt, ja -

S: Ja, ja!

A: - nooch en drette Toog.

S: Is'-so, jetz' hon ich mich ve'irrt, des war im Frihjoahr.

A: Ja, ja. Wal do woan noch - woar aa drai Toog, in viele Dirfer hon-se des ge'mocht.

S: Ja, gegrowe wuan - die Kirmes is en drette Toog aingegrowe wuan.

A: Oweds, owwer?

S: Oweds.

A: Oweds, mhm.

S: Un an anern Toog woar noch ka' meh Muusi(ch) un nicks meh, un Metternocht hot mißt Faierowed sai. Do sän die Mott'r duat 'bliewe, un ihre Techter - Metternocht: "Drai Toog' is lang' genung, jetz geh'-mer ham! Zwelw Uhr (jetz) is lang' genung, jetz geh'-mer ham!" Ob doo Fooste woar, owwer wos do woar, des waaß ich aa nimmi, net, des woar scho lang. Owwer (e)n drette Toog, noch sän die - de' Lait' ihre Mott'r dua(r)t bliewe un hon die Mäderje mit ham. Es war ja unser Maläär[25)], wal mir wärn gärn mit dene Mäderje ham'gange, noch woar m'r ja scho grouß, gäll.

A: Ja, und ihr hot net kennt (...).

S: Sibzeh, ochtzeh Joahr al(t), hot-m'r net kennt mit gegeh', wal die Mott'r hot-se verwescht un hot-se mit hamgenumme.

A: Un soocht 'mol, f'rem[26)] hot-me die Jonge Zechbuuwe g'haße, owwer Zechbuascht g'haaße?

S: Wohrschainlich fir des, wal die hon alles 'mißt laist'[27)], die Muusich un alles.

A: Mhm, un des hon-se net gemocht, des hon-se net gemocht, äs-se villaicht ender[28)] scho ins Wirtshaos sän 'gange un hon so uf Zech', so uf Schulde 'gässe hon.

S: Naa, Schulde hon mir niemols gemocht.

A: Net?

S: Mir hatte - mir Fekeder Lait'[29)], mir woan so, mir hon ka' Schulde wellt hoo'.

A: Die Kirmesebuascht hon des aa net gemocht?

S: Nee! Mir hon (immer) gezohlt [klatscht], un woar goar ka Maläär.

A: Woar färtich.
S: Des woar färtich.

1) Kirchweihfest; 2) Zechburschen = Organisatoren der Kirmes; 3) in dieser Älte = in diesem Alter; 4) vor dem Heiraten; 5) Tüchlein; 6) Schwartenwurst, bzw. Schwartenmagen; 7) Reihen beim Reihentanz; 8) gezeigt und geschwenkt; 9) die Verwandten; 10) Torte; 11) hineingeschmissen; 12) am anderen (= nächsten) Morgen; 13) inwendig; 14) "Spinnadel" = Anstecknadel; 15) gehoben; 16) beauftragt, angewiesen, befohlen; 17) nicht derjenige, der den Hut hielt; 18) eine Handvoll; 19) persze (ung.) = freilich; 20) aufgehört; 21) wallen = irgendwohin ziehen; 22) vorbereiten; 23) Fastenzeit; 24) gehütet; 25) Malör (frz. malheur) = Unglück, Pech; 26) warum; 27) leisten = zahlen; 28) früher, zuvor; 29) Leute aus Feked.

Feked gehört zum Fuldaer Dialektraum in der Schwäbischen Türkei. Der Sprecher redet in seiner fränkischen Ortsmundart, in der die auffälligen Fuldaer Eigenheiten nicht mehr zu finden sind. Diese Mundart kann im großen und ganzen mit der Verkehrsmundart dieses Gebietes identifiziert werden.

Im lautlichen Bereich finden sich folgende zweifelsohne mitteldeutsche bzw. fränkische Merkmale: Für mhd. ei1 bzw. ou steht a bzw. aa: *ham* (heim), *waaß* (weiß), *aa* (auch), *v'rkaaft* (verkauft); auch die Senkung i > e ist dieser Mundart eigen: *G'schwisterkend* (Geschwisterkind). Rundung des e > ö ist nicht eingetreten: *zwelf* (zwölf). Die Verbindung -nd assimilierte sich in vielen Fällen zu -n: *an anern Taag* (am anderen Tag), *enwänich* (inwendig), *minaner* (miteinander). Eine Assimilation trifft man auch in der Verbindung -lt: *Ell* (Alter), *nur bai ihn solle me-sche hal'* (nur bei ihm sollen wir sie halten). Der Verschlußlaut b erscheint in intervokalischer Stellung in der Regel als Reibelaut w: *owwer, ewwer* (aber), *gäwe* (geben). Das r wird nach Vokalen meistens vokalisiert: *Buarscht, Buascht* (Burschen), *Wiat* (Wirt).

Morphologie: Der Infinitiv sowie das Partizip Perfekt der starken Verben geht auf reduziertes -e aus: *gäwe* (geben), *sän hi'komme* (sind hingekommen). Ausnahme: Verben mit r am Stammende: *g'farn* (gefahren).
In der Stellung nach Modalverben erfährt das Infinitivsuffix des Vollverbs einen völligen Schwund: *ich soll nur alles mach'* (ich soll nur alles machen). Nach können bekommt der endungslose Infinitiv das Präfix ge-: *daß-s'-es nimme ho(n)t 'kennt 'gäss'* (daß sie es nicht mehr haben können essen). In der folgenden passivischen Konstruktion steht das Modalverb dürfen in seiner Partizip-Perfekt-Form, genauso wie das Vollverb tanzen: *Länger hot's net getanzt g'dift wär'* (länger hat es nicht getanzt gedurft werden).
Das Deminutivsuffix ist -chen, das als -je (Sing.) bzw. -erje (Plur.) erscheint: *Mätje, Mäderje* (Mädchen). Das Hilfsverb sein hat auch in dieser Ortsmundart dieselben Formen wie sonst in der Fuldaer Sprachlandschaft: *ich sän, m'r sän, sie sän* (ich bin, wir sind, sie sind). Der Genitiv der Substantive wird durch den possessiven Dativ ausgedrückt: *dene Mäderje ihre Mott'r* (diesen Mädchen ihre Mutter).

Der Text ist syntaktisch gut gegliedert, so daß die Satzgrenzen leicht festzustellen waren. Auffallend viele Relativsätze sind in ihm zu finden, die oft zur Umschreibung eines Attributs dienen. Statt "die 17-18jährigen Burschen" sagt der Sprecher: *die Buascht,*

die wos so sibzeh, ochtzehn in däre Ell woa'n. Die Relativpronomina der, die werden in jedem Fall mit dem Wort was verstärkt: der was, die was.
Beachtenswert ist auch die Satzgliedstellung in den Nebensätzen, besonders die Plazierung der verbalen Elemente. Alle weil-Sätze haben eine Hauptsatzstruktur, das heißt daß in ihnen das finite Verb den dritten Platz - nach Konjunktionen und Subjekt - einnimmt. In Nebensätzen mit zweigliedrigem Verbkomplex ist die Endstellung des Finitums nicht fest: *Un där Wiat, wo (e)s menst hot dezu'gewe.* In diesem Beispiel befindet sich zwischen vorangestelltem Finitum und Vollverb sogar noch ein weiteres Satzelement. Innerhalb der dreigliedrigen aktivischen verbalen Fügungen werden die einzelnen Elemente in der Regel aufgrund ihrer syntaktischen Abhängigkeit angeordnet: *daß-s'-es nimmi ho(n)t 'kennt 'gäss'.* Von dieser Reihenfolge unterscheiden sich die Elemente drei- und viergliedriger passivischer Verbfügungen nur durch die feste Endstellung des Hilfsverbs werden innerhalb des Verbkomplexes: *hot mißt ham'gange wär' wege-'n Fooste* (hat gemußt heimgegangen werden wegen der Fastenzeit).

Katharina Wild

Statistisch-syntaktische Untersuchungen ungarndeutscher Mundarten

Die Dialektsyntax gehört auch innerhalb der ungarndeutschen Mundartforschung zu den am wenigsten erforschten Teilbereichen. Mitte der 70er Jahre wurde auf Anregung der Tübinger Arbeitsstelle „Sprache in Südwestdeutschland" ein Projekt zur Syntax der sogenannten „Fuldaer" deutschen Mundarten gestartet. Diese Mundarten werden in etwa 30 Dörfern in Südungarn zwischen Pécs/Fünfkirchen[1] und Mohács/Mohatsch gesprochen. Die ersten Ergebnisse der Forschungsarbeit enthält die 1979 verteidigte Dissertation A der Verfasserin, in der aufgrund transkribierter Mundartgespräche von 14 Gewährsleuten Frequenz und Funktion der unterordnenden Konjunktionen einer einzelnen Ortsmundart in Südungarn (Babarc/Bawaz) behandelt wurden[2]. Anschließend kam es auf der Grundlage eines neuen Korpus zur Erschließung der Stellungsregeln in den „Fuldaer" Mundarten[3]. Im folgenden soll über diese zweite Phase der Untersuchung berichtet werden, indem zwei methodische Fragen angesprochen und einige Ergebnisse bekanntgegeben werden.

1. Korpusgestaltung

Da die bisherigen Untersuchungen bewiesen haben, daß die Mundartsyntax verhältnismäßig großräumig differenziert ist, wurden in die Untersuchungen nicht alle Siedlungen mit „Fuldaer" Mundart einbezogen, sondern nur sechs solche, die in jeder Hinsicht als Repräsentanten der Ortschaften dieses Gebietes angesehen werden können. Die Auswahl der Belegorte erfolgte unter Berücksichtigung mehrerer Faktoren[4]. Unter den Untersuchungsorten gibt es solche, die in der unmittelbaren Nähe der Stadt Mohács liegen (Nagynyárád/Großnaarad, Székelyszabar/Sawer), solche, die schon seit Anfang dieses Jahrhunderts Straßen- oder Schienenverkehr hatten (Babarc, Feked, Nagynyárád), und solche, die sich lange Zeit in einer relativ isolierten Lage befanden (Szür/Sier, Himesháza/Nimmersch). Die Größe dieser Ortschaften ist ebenfalls unterschiedlich, im wesentlichen stellen sie

[1] An zweiter Stelle wird jeweils die deutsche bzw. verdeutschte Form des ungarischen Ortsnamens angegeben.

[2] Gekürzte Fassung s. Katharina Wild 1986.

[3] Vgl. Katharina Wild 1991.

[4] Vgl. Katharina Wild 1991, S. 27.

den mittleren und kleineren Dorftypus im südlichen Transdanubien dar. Das Korpus enthält auf Tonband festgehaltene und anschließend transkribierte Mundartgespräche von insgesamt 24 Sprechern. Diese sind auf Ortschaften und Geschlechter gleichmäßig verteilt. Der Umfang des Korpus beträgt 4320 getippte Zeilen, 180 Zeilen pro Sprecher. Dem Inhalt nach läßt sich das Material den Themenkreisen: 1. „Arbeit, Arbeitsprozeß" und 2. „Erlebnisberichte" zuordnen. Bei jedem Sprecher sind beide Themenkreise gleichmäßig vertreten (je 90 Zeilen). Bei den Aufnahmen handelt es sich um sogenannte nichtvorbereitete Gespräche. Im Korpus sind 1773 eingeleitete Nebensätze zu finden, die das erstrangige Objekt der Untersuchungen bildeten. Es stellt sich die Frage, ob diese Belege für die Erschließung der Stellungsregeln ausreichend sind oder nicht, da es Fälle gibt, vor allem bei den mehrteiligen Verbkomplexen, die im Korpus nur in geringer Zahl oder überhaupt nicht auftreten. Wir sind auch der Meinung, daß ein für syntaktische Untersuchungen aus Tonbandaufnahmen zusammengestelltes Korpus niemals vollständig sein kann, denn es gibt Erscheinungen, die zwar der gesprochenen Sprache eigen sind, aber nur selten verwendet werden. In einem umfangreichen Korpus hätten sich aber vor allem die auch sonst dominanten Erscheinungen bedeutend gehäuft, deshalb wurde auf die Erweiterung des Untersuchungsmaterials verzichtet. Außer den genannten Aufnahmen stand uns aber auch Kontrollmaterial aus jeder Ortschaft zur Verfügung. Um eine annähernde Vollständigkeit in der Beschreibung der Satzgliedstellung erreichen zu können, wurden in die Arbeit auch solche Erscheinungen aufgenommen, die sich aus dem Kontrollmaterial, aus Kontrollbefragungen und aus Beobachtungen ergaben.

Die Sprecher der Texte gehören den folgenden Altersklassen an: Generation I zwischen 50–70 Jahren, Generation II über 70 Jahre. Es wurden solche Sprecher ausgewählt, die die Mundart noch auf muttersprachlichem Niveau sprechen. In die Untersuchung wurden außer Bauern auch Handwerker einbezogen. Wir waren bemüht, das Korpus so zu gestalten, daß das komplexe Phänomen Satzgliedstellung unter möglichst vielen Aspekten untersucht werden kann.

2. Materialauswertung

Bei der Bearbeitung des Materials wurde hauptsächlich nach den von der Tübinger Arbeitsstelle für die Analyse gesprochener Sprache verwendeten Methoden (einschließlich der literarischen Umschrift) verfahren[5]. Eine eingehende Analyse der Stellungsregeln wurde nur in den eingeleiteten Nebensätzen vorgenommen. Vergleichende Analysen, zu denen aus dem Korpus isolierte Hauptsätze herangezogen wurden, zeigten, daß die Anordnung der Elemente im Hauptsatz durch dieselben Prinzipien geregelt wird wie im Nebensatz. Selbst die Elemente mehrgliedriger Verbkomplexe befinden sich im Hauptsatz in derselben Reihenfolge wie im Nebensatz, allerdings nicht in Kontaktstellung:

(1) *hot-m'r net' kennt mitgegeh', wal die Mott'r hot-se verwescht . . .*[6] (hat man nicht können mitgehen, weil die Mutter hat sie erwischt . . .), (W/1, Zeile 128);

[5] Vgl. ARNO RUOFF 1973.

[6] Alle mundartlichen Beispiele sind bei ARNO RUOFF im Text W/1 zu finden.

(2) *wal es woar so vil, daß-s'-es nimmi ho(n)t 'kennt gäss'*, (weil es war so viel, daß sie es nicht mehr haben können essen), (W/1, Zeile 62–63).

Die Erschließung der Stellungsregeln wurde aufgrund des verzettelten Belegmaterials zuerst innerhalb der prädikativen Satzelemente, anschließend auch innerhalb der nominalen Glieder vorgenommen. Die Untersuchung zielte zunächst darauf ab, aufgrund des Belegmaterials die Positionsvarianten der einzelnen Elemente bzw. ihrer Kombinationen festzustellen. Diese wurden in einigen Fällen durch aus Kontrollbefragungen ermittelte Varianten ergänzt. Anschließend wurde zu erkennen versucht, welche Stellungsprinzipien den einzelnen Positionsvarianten zugrunde liegen. Eine statistische Untersuchung wurde in solchen Fällen durchgeführt, wo eine genügende Zahl von Belegen zur Verfügung stand. Ein Modell zur Beschreibung der Satzgliedstellung in den Mundarten lag nicht vor. Deshalb wurden am Beispiel der im Korpus am stärksten vertretenen Verbkomplexe *haben + Partizip Perfekt* und *sein + Partizip Perfekt* die Bedingungen herausgearbeitet, denen die Reihenfolge der verbalen Elemente unterliegt. Anschließend wurde untersucht, inwieweit diese in anderen Verbkomplexen wirksam sind bzw. welchen Einfluß sie auf die Anordnung der nominalen Elemente haben. Als potentiell reihenfolgebestimmend wurden betrachtet:

2.1. die außersprachlichen Faktoren: Wohnort, Beruf, Geschlecht, Alter sowie Gesprächsinhalt,

2.2. die innersprachlichen Faktoren: Semantik der Verben sowie der Nebensätze, Stellung und Länge der Nebensätze, kommunikative Gewichtigkeit der Satzelemente und Rhythmus.

3. Ergebnisse

Die Untersuchungen zeigen, daß für die Position der Satzelemente eine große Freiheit charakteristisch ist, wobei ihre Anordnung durch eine Anzahl relativ unfester, interagierender Regeln bestimmt wird. Bei diesen Regeln handelt es sich meistens um solche, die auch der Hochsprache eigen, aber in den untersuchten Mundarten weniger fest sind oder eine andere Verwendungsfrequenz aufweisen. Auch altertümliche Regeln haben sich gut erhalten und wirken stark. Darüber hinaus kann festgestellt werden, daß für die Position der Satzelemente keine geographisch bedingten Unterschiede nachweisbar sind. Ebenso erweisen sich soziologische Faktoren wie Beruf, Geschlecht und Generationszugehörigkeit nur als relativ schwache reihenfolgebestimmende Faktoren. Auch Gesprächsthema und Nebensatzlänge sind ohne Belang. Die grammatischen und semantischen Faktoren haben nur einen sekundären Einfluß auf die Plazierung der Elemente. Dagegen erweisen sich die rhythmischen und kommunikativen Stellungsprinzipien als starke Ordnungsregeln.

Der Einfluß der beiden letztgenannten Stellungsregularitäten auf die Abfolge der Elemente innerhalb mehrteiliger Verbkomplexe soll nun an einigen Beispielen dargestellt werden:

Im Nebensatz mit zweigliedrigem verbalem Prädikat ist die Position des Verbum finitum (einige Verbindungen ausgenommen) nicht fest, sie wird vielfach von der rhythmischen Struktur des Satzschlusses bzw. des ganzen Nebensatzes bestimmt. Für die Plazierung des Verbum finitum läßt sich folgendes rhythmische Stellungsprinzip ermitteln: Wenn dem Verbkomplex ein betontes Wort unmittelbar vorangeht, so neigt das Verbum finitum zur Voranstellung (s. Beispiel 3), nach einem unbetonten Wort hingegen zur Nachstellung (s. Beispiel 4):[7]

(3) *wu där - där Sai' ihre Säch' is 'nai'komme, do is aa noch vilmol die Tuate 'nai'komme,* (wo der Säue ihre Sache ist 'neingekommen, da ist auch dann vielmals die Torte 'neingekommen), (Text W/1, Zeile 61).

Durch die Voranstellung des Verbum finitum wird im obigen Nebensatz die regelmäßige Abfolge von Senkungen und Hebungen und damit verbunden der rhythmische Satzschluß geschaffen. (Weitere Beispiele s. W/1, Zeile 10, 20.) In diesem Nebensatz kann die Position des Verbum finitum auch durch einen semantischen Faktor bestimmt sein: Innerhalb der zweigliedrigen Verbkomplexe unseres Belegmaterials bewiesen nämlich die Verben *gehen* und *kommen* eine starke Anordnungskraft, bei ihnen überwiegt die Voranstellung des Verbum finitum 85 % zu 15 %[8].

Im Beispielsatz 4 wird die rhythmische Gliederung des Nebensatzes durch das Vorziehen des betonten Vollverbs bzw. durch die Nachstellung des schwach betonten Verbum finitum gesichert.

(4) *Na noch, wie-des bered't woar, noch ho-m'r zu Nocht g'hale un getronke* (Na dann, wie /wenn/ das beredet war, dann haben wir zu Nacht gehalten /zu Abend gegessen/ und getrunken), (Text W/1, Zeile 17).

Das Vollverb kann auch zum Zweck seiner Hervorhebung eine Vorderstellung einnehmen, wie es im Beispielsatz 5 der Fall ist:

(5) *Also noch, wie die Nummer v'rkáaft woan, noch is die Muusich 'gange . . .* (Also dann, wie /wenn/ die Nummern verkauft waren, dann ist die Musik[kapelle] gegangen . . .), (Text W/1, Zeile 52).

Bringt man im obigen Nebensatz das Vollverb in Nachstellung, so wird der Primärakzent des Nebensatzes und damit auch der kommunikative Schwerpunkt auf das Subjekt „die Nummern" verlagert:

wie die Númmer woan v'rkaaft

Dem Rhythmus kommt in unseren Mundarten bei der Anordnung der Elemente eine bedeutende Funktion zu. Trotzdem darf er aber nur als eine stark wirkende Tendenz und nicht als eine strenge Stellungsregel betrachtet werden, denn er kann von anderen Faktoren überlagert werden (s. Beispiel 5).

Innerhalb der drei- und viergliedrigen Verbkomplexe werden die Elemente in der Regel nach ihrer Abhängigkeitshierarchie in der Reihenfolge links-rechts angeordnet. So hat der Verbkomplex im Nebensatz des Beispiels 1 folgende syntaktische Struktur:[9]

[7] Vgl. Otto Behaghel 1932, S. 6–7.

[8] Vgl. Friedrich Maurer 1926, S. 42, 44–46.

[9] V = Verb. Die Ziffern bezeichnen die syntaktische Abhängigkeitshierarchie der Verben.

V_1 V_2 V_3
daß-s'-es nimmi ho(n)t 'kennt 'gäss'

Von dieser Reihenfolge der verbalen Elemente weichen die passivischen Fügungen wegen der festen Endstellung des Hilfsverbs *werden* ab:

V_1 V_2 V_4 V_3
(6) *wie hot 'mißt ham'gange wär' wege-'n Fooste, noch sen die Mott'r net ham.* (wie /wenn/ hat müssen heimgegangen werden wegen Fasten, dann sind die Mütter nicht heim), (Text W/1, Zeile 101).

Kommt einem verbalen Element (gewöhnlich dem Vollverb) eine besondere Funktion zu, so wird dieses meistens durch Umstellung hervorgehoben. Dabei wird es innerhalb des Verbkomplexes nach links, an die erste Stelle oder nahe zum Anfang des Verbkomplexes gestellt:

V_1 V_4 V_2 V_3
(7) *Länger hot's net getanzt gedift wär' bis elew Uhr* (Länger hat es nicht getanzt dürfen werden bis elf Uhr), (Text W/1, Zeile 96).

Zuletzt sei darauf hingewiesen, daß der Einfluß der ungarischen Sprache auf die Stellung der Satzelemente zwar in einigen Fällen vermutet wird, nicht aber mit Sicherheit nachgewiesen werden kann.

Literatur

BEHAGHEL, OTTO (1932): Deutsche Syntax. Bd. 4. Heidelberg.

ENGEL, ULRICH (1977): Syntax der deutschen Gegenwartssprache. Berlin.

ERBEN, JOHANNES (1954): Grundzüge einer Syntax der Sprache Luthers. Berlin.

HÄRD, JOHN EVERT (1981): Studien zur Struktur mehrgliedriger deutscher Nebensatzprädikate. Diachronie und Synchronie. Göteborg.

MAURER, FRIEDRICH (1926): Untersuchungen über die deutsche Verbstellung in ihrer geschichtlichen Entwicklung. Heidelberg.

RUOFF, ARNO (1973): Grundlagen und Methoden der Untersuchung gesprochener Sprache. Tübingen.

WILD, KATHARINA (1986): Untersuchungen zur Syntax der Konjunktionalsätze in der Bawazer (Babarc) deutschen Mundart. In: Ungarndeutsche Studien (Budapest) 3, S. 139–221.

WILD, KATHARINA (1991): Zur Satzgliedstellung in den „Fuldaer" deutschen Mundarten Südungarns. In: ZDL, Heft 1, S. 24–43. Stuttgart.

HELMUT PROTZE

Das Sprachinselwörterbuch. Seine Gestaltung und Bedeutung für Sprachwissenschaft, Volkskunde und Geschichte

Nach JAKOB GRIMM[1] ist ein Wörterbuch „die alphabetische verzeichnung der wörter einer sprache. sein begriff gründet wesentliche und durchdringende gegensätze zwischen alter und neuer zeit". Auf diesen nicht anfechtbaren Leitsatz beruft sich JOHANN ANDREAS SCHMELLER, wenn er in seinem Wörterbuch auf S. V feststellt: „Was ist findet in dem, was war, und dieses in jenem seine natürlichste Erklärung". SCHMELLER gibt in seinem Wörterbuch als Inhalt Ausdrücke von lebenden Dialekten und älteren Urkunden und Schriften. Beide Forscher erreichen ein hohes Ziel, indem sie — mit den Worten von GRIMM[2] „ein heiligtum der sprache gründen, ihren ganzen schatz bewahren, allen zu ihm den eingang offen halten".

Freilich, der Ausdruck „Wörterbuch" bestand schon vor JAKOB GRIMM. Er ist erstmalig im Jahre 1640 belegt, als der Hallenser Rektor GUEINZ in einem an den Fürsten Ludwig gerichteten Brief äußert, daß es gut wäre, „dasz ein wörterbuch (lexicon) wie auch phrases oder redensartbuch mit ehesten aus den besten schriften verfertiget, ans tageliecht keme"[3]. Mit dem wachsenden deutschen Sprachbewußtsein verliert sich mehr und mehr die ältere Bezeichnung „Dictionarium", in dem sich mit primär lateinischem Sprachgut humanistischer Einfluß geltend gemacht hat. Modern ist schon die Verbindung von *semasiologischer* und *onomasiologischer* Fragestellung bei GOTTFRIED WILHELM LEIBNIZ, der „Deutungs-Buch" und „Nahm-Buch" als untergeordnete Begriffe des Oberbegriffs „Dictionarium" oder „Wörterbuch" unterscheidet. LEIBNIZ sagt: „Die Deutungs-Bücher dienen eigentlich, wenn man wissen will, was ein vorgegebenes Wort bedeute; und die Nahm-Bücher, wie eine vorgegebene Sache zu nennen. Jene gehen von dem Wort zur Sache, diese von der Sache zum Wort".

Erinnern wir uns, daß als einer der ersten FRIEDRICH CARL FULDA 1788 den „Versuch einer allgemeinen teutschen Idiotikensammlung" unternimmt[4], wobei

[1] JACOB GRIMM, WILHELM GRIMM u. a. (1854–1971): Deutsches Wörterbuch. 32 Bände. Leipzig. Band I, Sp. IX.

[2] Ebda I, Sp. XII.

[3] Nach KRAUSE (1855): Der Fruchtbringenden Gesellschaft ältester Ertzschrein. Leipzig. S. 245.

[4] FRIEDRICH CARL FULDA (1788): Versuch einer allgemeinen teutschen Idiotikensammlung. S. 3, 6, 8.

„idiotisch" meint, „was in der Schriftsprache nicht allgemein bekannt ist, und mit einer Erklärung für jedermann belegt werden muß". Wesentlich scheinen mir seine unter II mitgeteilten drei Prinzipien zu sein, auf die wir kritisch zurückkommen werden: 1. „ein Wort zur jetztlebenden teutschen Welt gehören, und ihr brauchbar und nützlich seyn". „Teutschlateinische, teutschfranzösische, teutschslawische Wörter sind eine förmliche *Verunehrung* unserer Muttersprache", womit vor allem die französische Überfremdung des Deutschen jener Zeit gemeint ist. 2. „Wörter, wenn sie angeführt werden, müssen eine wesentliche Verbindung mit der Herkunft oder Bedeutung eines wahren teutschen Wortes haben". 3. „Von alten gänzlich *ausgestorbenen* Wörtern ist, wie leicht zu erachten, auch die Rede nicht. Ein altes Wort muß gegründeten Anspruch auf das Leben haben". Zusammenfassend heißt das: von FULDA wird das Landgebundene herausgestellt, das Fremdwort abgelehnt, die Etymologie hält sich in Grenzen des Allgemeinen, tritt aber in den Vordergrund.

Wohl der fruchtbarste[5] Forscher und Förderer im 18. Jahrhundert ist MICHAEL RICHEY, der in seinem 1755 erschienenen „Idioticon Hambvrgense oder Wœrter-Buch, zur Erklärung der eigenen, in und um Hamburg gebräuchlichen, Nieder-Sæchsischen Mund=Art" den Wert der entstehenden „Prouincial-Lexica" betont, da ihr Wesen geschichtlich aufklärend wirkt und urkundliches Verständnis vermitteln könne. 1743 war sein „idioticon hambvrgense sive glossarivm vocvm saxonicarvm" vorausgegangen.

JOHANN SIEGMUND VALENTIN POPOWITSCH, selbst slowenischer Muttersprache, will etwas anderes. Sein Ziel ist nicht die Pflege und Förderung des neuen Wörterbuchs, sondern, wie der Titel lautet, der „Versuch einer Vereinigung der Mundarten von Teutschland als eine Einleitung zu einem vollständigen Teutschen Wörterbuche . . ."[6]. Was POPOWITSCH zum ersten Male bietet, ist die Probe einer mundartlichen Wortgeographie, wobei am stärksten Österreich (Wien und die Steiermark) und Süddeutschland vertreten sind[7]. Als einer der ersten will er auch die Benennungen aus anderen bekannten Sprachen aufgenommen wissen. Auf den sprachgeschichtlichen Wert der Mundartwörterbücher hat als erster GOTTFRIED WILHELM LEIBNIZ hingewiesen und vor allem auf das *Siebenbürgisch-Sächsische* als altertümliche Mundart, die alte Sprachproben haben müßte. In einem aufschlußreichen Aufsatz geht ANDREAS SCHEINER[8] der Frage von LEIBNIZens Bewerbung beim österreichischen Kaiser Karl VI. um das Hofkanzleramt für Siebenbürgen nach und schreibt: „Als G. W. Leibniz bei seiner Bewerbung . . . vom 26. Sept.

[5] Vgl. A. SCHOLZ (1933): Deutsche Mundarten – Wörterbücher. Versuch einer Darstellung ihres systematisch-historischen Werdeganges von Anbeginn bis zum Ende des 18. Jahrhunderts. Dissertation Greifswald, Leipzig 1933, hier S. 53.

[6] . . . aus den hinterlassenen Schriften des berühmten Herrn Prof. Popowitsch. Wien 1780; anonym erschienen als „Untersuchungen vom Meere . . . von einem Liebhaber der Naturlehre und der Philosophie". Frankfurt und Leipzig 1750 (= POPOWITSCH).

[7] Vgl. PAUL KRETSCHMER (1918): Wortgeographie der hochdeutschen Umgangssprache. 2. Auflage, Göttingen 1969, S. 48 ff.

[8] ANDREAS SCHEINER (1971): Gottfried Wilhelm Leibniz und das Siebenbürgisch-Sächsische Wörterbuch. In: Südostdeutsches Archiv 14, S. 32–37.

1713 die Siebenbürger Sachsen mit in Rechnung stellte, war ihm diese Nation keine unbekannte Größe mehr; . . . war er schon im Jahre 1692 auf sie aufmerksam geworden und seither bemüht gewesen, in die Volksart der Siebenbürger Sachsen Einblick zu gewinnen". LEIBNIZ hatte sich schon seit den 70er Jahren des 17. Jahrhunderts sprachlichen und historischen Studien zugewandt[9] und in seinen „Unvorgreifflichen Gedancken, betreffend die Ausübung und Verbesserung der Teutschen Sprache" zum erstenmal die Mundarten in den Kreis wissenschaftlicher Betrachtung gezogen.

In *Siebenbürgen* machten sich zwei Geschichtswissenschaftler um die Mitte des 18. Jahrhunderts vom Wunsche LEIBNIZens ausgehend daran, den siebenbürgisch-sächsischen Wortschatz zu untersuchen und zu historischen Folgerungen zu nutzen und somit als erste Sprachinselwörterbücher vorzulegen: MARTIN FELMER und JOHAN SEIVERT. Es liegt in der Natur der Sache, daß bei Behandlung des Themas „Sprachinselwörterbuch" das Wörterbuch der ältesten und größten Sprachinsel Südosteuropas, Siebenbürgen, geradezu programmatische Aussagekraft besitzt und ihm besondere Bedeutung zukommt. MARTIN FELMER, 1720 in Hermannstadt geboren, studierte in Halle bei dem aus Kronstadt stammenden MARTIN SCHMEITZEL Geschichte und war auch Schüler von CHRISTIAN WOLFF. FELMERS „Abhandlung von dem Ursprung der Sächsischen Nation in dem Kayserlichen Königlichen Ertzherzogl. Oesterreichischen Erb=Groß=Fürstenthum Siebenbürgen worinnen die wahre Meinung bestättigt, die gegenseitigen aber aus zuverläßigen Gründen widerleget werden", die in nur zwei bis drei handschriftlichen Exemplaren damals wenig bekannt war und erst 1935 durch die Veröffentlichung weiteren Kreisen zugänglich geworden ist[10], sollte der Dank für die Ehrung sein, daß die Gesellschaft der freien Künste zu Leipzig ihn zu ihrem Mitglied ernannt hatte[11]. Im ersten Teil des Werkes gibt FELMER eine Übersicht über die Geschichte des Landes, der zweite (171 ff.) will „erstlich die allgemeinen Benennungen der gesammten Völkerschaft, sowohl als der besonderen Nahmen ihrer Wohnplätze und der unter dieser Nation befindlichen Geschlechter, zweytens ihre Sprache, Kleidung, Gewerbe, Sitten und Gebräuche kenntlich machen . . ., drittens ihre geistliche und bürgerliche Verfassung, Gesetze und Vorrechte beschreiben". Bei der Schilderung der Bräuche bricht er ab; doch sind die anderen Sachgebiete vollständig beschrieben. FELMER steht auf dem Gebiete der *Mundartforschung* auf der Höhe unserer Zeit; nur im einzelnen sind wir, nicht aber über seine grundlegenden Feststellun-

[9] Vgl. M. HAUPT (1861): A. Schmarsow, Leibniz und Schottelius, Quellen und Forschungen. In: Monatsberichte der Berliner Akadmie. Heft 23, S. 619–637.

[10] GOTTLIEB BRANDSCH (1935): Die Martin Felmer-Handschrift. In: Quellen zur deutschen Volkskunde, Hrsg. von GERAMB und MACKENSEN, Heft 5, Berlin. Ein handschriftliches Exemplar befindet sich in meinem Besitz.

[11] Auf dem Blatt neben dem Titelblatt steht von MARTIN FELMERS Hand geschrieben: „Der Löblichen Gesellschaft der freyen Künste zu Leipzig überreichet diese Blätter, zu Bezeugung seiner Hochachtung und schuldigen Dankbarkeit, für die Güte, mit welcher sie denselbigen zu Ihrem mitgenoßen aufzunehmen beliebet hat. Der Verfaßer."

gen, heute hinausgekommen[12]. Auch ist er der erste gewesen, der das Siebenbürgisch-Sächsische als eine *deutsche* (nicht germanische) Mundart erkannt und erklärt hat. FELMER geht bei der Erklärung der 220 Ortsnamen, die den größten Teil seines Wörterbuches einnehmen, soviel wie möglich auf die urkundlichen Bezeichnungen zurück und verweist weiträumig auf Vergleichsnamen. Er verbindet angemessen Urkunde und Wort bzw. Wörterbuch, oder wie F. HOLZTRÄGER[13] schreibt: „Die Verlebendigung der Urkunden und der Wörter ergibt eine eindringliche Geschichte dieses deutschen Siedlerstammes, wie wir sie in dieser Art vor- und nachher nicht mehr bekommen haben". Tatsächlich hat FELMER mit seinem Werke das Grundsätzliche der Darstellungsweise der Bonner Schule AUBIN-FRINGS-MÜLLER bzw. ihrer *Kulturkreisforschung* mindestens anderthalb Jahrhunderte vorweggenommen. Wie aus einer Bemerkung FELMERS hervorgeht, stand er mit GOTTSCHED im wissenschaftlichen Briefwechsel. Es ist hier nicht der Platz und die Zeit, auf viele direkt gegebene oder indirekt empfangene Anregungen GOTTSCHEDS an FELMER einzugehen oder darauf hinzuweisen, was der selbsttätig denkende Siebenbürger FELMER nicht übernehmen wollte. Anzunehmen ist aber, daß er durch die im 12. Hauptstück von GOTTSCHEDS „Sprachkunst" gegebenen und hervorgehobenen „Kern- und Gleichnisreden, imgleichen der Sprichwörter der deutschen Sprache", die nach GOTTSCHED nicht in eine Sprachkunst, wohl aber ins Wörterbuch gehören, ermuntert worden ist aufzunehmen. FELMERS Wörterbuch enthält nämlich zwei Abschnitte mit „Redensarten" (so auch GOTTSCHEDS Bezeichnung) und Sprichwörtern. Von FELMERS 25 angeführten Sprichwörtern (im § 24, S. 303 ff.) hat die folgenden 10 auch GOTTSCHED in seiner Sammlung (den FELMER aber nicht ausdrücklich nennt, wohl aber zählt er die Sammlungen von BEBELIUS, AGRICOLA, FRANK, EYRING, PETRI, GRUTTER, SCHOTTELIUS, WINKLER auf und fügt § 24/306 Anm. a ausdrücklich hinzu „u. a. m."). Bei FELMER lauten die 10 Sprichwörter: *Der Apfel fällt nicht weit vom Baum; Eine Gans übers Meer, eine Gans wiederum her; Mit großen Herren ist nicht gut Kirschen eßen; Ein neuer Besen kehret wohl; Viele Köche versaltzen die Suppe; Wer Vögel fangen will, muß nicht mit dem Kolben darunter werfen; Wer im Rohr sitzt, kann sich leicht Pfeiffen schneiden; Wer zum Heller gebohren ist, mag kein Kreutzer werden; Noth bricht Eisen; Wer den Schaden hat, darf vor den Spott nicht sorgen.* Wichtig erscheint uns noch FELMERS Zusatz in erwähnter Anmerkung a: „die Siebenbürger brauchen im gemeinen Leben auch einige Ungarische und Wallachische Sprichwörther". Mit der Berücksichtigung von Sprichwörtern und Redensarten im Mundartwörterbuch unter dem Stichwort des Sinnträgers wie mit der neuhochdeutschen „Übersetzung" des mundartlichen Stichwortes setzt FELMER schon anderthalb Jahrhunderte vor dem Erscheinen des Siebenbürgisch-Sächsischen Wörterbuchs den Maßstab, der noch heute für das Sprachinselwörterbuch allgemein gilt.

JOHAN SEIVERT, der andere Geschichts- und Sprachwissenschaftler des 18. Jahrhunderts, der wesentlich zur Gestaltung des Sprachinselwörterbuchs beigetragen

[12] Vgl. A. SCHULLERUS (Vorwort Siebenbürgisch-Sächsisches Wörterbuch 1, XIV); F. HOLZTRÄGER (1962): Die beiden ersten siebenbürgisch-sächsischen Mundartwörterbücher. In: Zeitschrift für Mundartforschung 29, S. 261.

[13] HOLZTRÄGER (1962), S. 263, Fußnote 1.

hat, ist 1735 in Hermannstadt geboren. Anders als bei FELMER, dessen Forschungen nur handschriftlich überliefert blieben, gelang SEIVERT die Publikation seiner knapp drei Dutzend Arbeiten, zum Teil auch wiederholt aufgrund der freundschaftlichen Beziehungen zu KARL GOTTLIEB VON WINDISCH, der in Preßburg Bürgermeister war und das „Ungarische Magazin" herausgab. WINDISCH veröffentlichte auch aus SEIVERTs Nachlaß dessen Hauptwerk „Johan Seiverts Nachrichten von siebenbürgischen Gelehrten und ihren Schriften" (Preßburg 1785). Zur Jahrestagung der Südostdeutschen Historischen Kommission April 1992 in Karlsruhe hat ANDREA SEIDLER (Wien) die *Korrespondenz* des KARL GOTTLIEB VON WINDISCH als Widerspiegelung von Formen privater Bildung im 18. Jahrhundert und dabei WINDISCHs Verhältnis zu JOHAN SEIVERT analysiert. Zweifellos hat SEIVERT die Anregung zu seiner Beschäftigung mit der Mundart von FELMER erhalten, den er aber auffallenderweise in seinen „Nachrichten von siebenbürgischen Gelehrten . . ." nicht erwähnt. SEIVERTs „Versuch eines siebenbürgisch-sächsischen Wörterbuchs", 1773 niedergeschrieben, 1781 erschienen, bildet den Ausgang für die „Proben" und das „Sächsische Idiotikon". Um „den Wunsch eines großen LEIBNIZ nur einigermaßen zu erfüllen", schreibt SEIVERT, will er aus seinem gesammelten Wörterbuch der siebenbürgisch-sächsischen Sprache „einige Proben besonders von eigentümlichen altdeutschen und fremden Wörtern" geben. Außer den „alten Wörtern, welche die heutige deutsche Sprache nicht mehr kennt", verzeichnet SEIVERT auch einige von den „vielen Wörtern aus der ungarischen, walachischen, ja auch aus der lateinischen Sprache", die sich in die sächsische Mundart „eingeschlichen" haben. Auffallenderweise gibt er vor allem Fremd- und Lehnwörter des Magyarischen an (ca. zwei Dutzend), obwohl die rumänischen sicherlich schon damals die Mehrzahl bildeten. Im „Hohenlied Salomonis", einem „Beitrag zu einer Geschichte siebenbürgisch-deutschen Sprachgefühls"[14] nennt ANDREAS SCHEINER SEIVERT „den Begründer siebenbürgisch-sächsischer *Mundartforschung*" (S. 73), FELMER und SEIVERT „die Begründer siebenbürgisch deutscher *Sprachgeschichtsforschung*" (S. 80, 83). Zeitlich liegt FELMERs Wörterbuch (1764) an vierter Stelle der damaligen deutschen Mundartwörterbücher nach MICHAEL RICHEYs Hamburgischem (1743, 1755), JOHANN CHRISTOPH STRODTMANNs Osnabrückischem (idioticon osnabrvgense) (Leipzig/Altona 1756) und JOHANN GEORGE BOCKs Entwurf eines Preußischen Wörterbuchs (Königsberg 1759). LINDNERs Baltendeutscher Wortschatz erscheint 1762. Auszüge aus JOHAN SEIVERTs „Versuch" erscheinen 1781, als POPOWITSCHs Versuch vorlag. Ebenfalls 1781 kommt JOHANN CARL DÄHNERTs „platt-deutsches Wörterbuch nach der alten pommerschen und rügischen Mundart" in Stralsund heraus. Mit ihm steht JOHAN SEIVERT chronologisch an siebenter Stelle dieser frühen wissenschaftlichen Reihe.

An der Schwelle des 19. Jahrhunderts steht JOHANN BINDER mit seinem Bemühen, dem Werk eine mit deutschen Dialekten verglichene Grammatik vorauszuschicken. Er hatte in Göttingen studiert und kannte FULDAs Werk. Für das 19.

[14] Auch als Sonderdruck aus dem Archiv des Vereins für siebenbürgische Landeskunde 45 (1930) erschienen.

Jahrhundert stehen vor allem drei Namen: KARL JOHANN SCHULLER, JOSEF HALTRICH, JOHANN WOLFF. SCHULLER sah in SCHMELLERS Bayerischem Wörterbuch das Vorbild und reichte 1849 Proben des Wörterbuchs unter dem Titel „Siebenbürgisch-Sächsische Etymologien und Analogien" der Wiener Akademie ein, über die KARAJAN berichtete[15]. Die strenge Kritik forderte manche Ergänzung, vor allem die Beigabe von Belegstellen zu jedem einzelnen mundartlichen Wort, nicht aber „in allen möglichen deutschen Dialekten (. . .), während es dagegen in den meisten Fällen genügt, daheim zu bleiben, aber da tüchtig aufzuräumen, ungescheut ganze Reihen von Belegstellen aus Redensarten, Sprichwörtern usw. hinzupflanzen, die unerschütterlich und unumstößlich mehr beweisen werden als all das ängstliche Suchen im fremden Haus". Durch ein solches „beglaubigtes Verfahren" würde zudem eine Menge von feinen Nebenbedeutungen der einzelnen Wörter zutage kommen, die nur durch die Umgebung derselben in Redensarten, Sprichwörtern usw. klar werden. Solche Belegstellen sind dauerhaft, „während von zehn Etymologien in der Regel neun späterer Forschung oder neuen Belegen ohne Rettung erliegen"[16]. In solcher Weise regt KARAJAN die Fortsetzung durch SCHULLER an, der jedoch durch die Kritik entmutigt ist und erst später, kurz vor seinem Tode, „Beiträge zu einem Wörterbuche der siebenbürgisch-sächsischen Mundart" (Prag 1865) zum Druck bringt. Verdienstvoll ist, daß er den Kerzer Mundartdichter VICTOR KÄSTNER zur Sammelarbeit auf dem Gebiete der Wort- und Sprichwortforschung angeregt hat. JOHANN KARL SCHULLERS Nachfolger war JOSEF HALTRICH, der jenem Kreis studierender Siebenbürger Sachsen angehört, die in Leipzig in den vierziger Jahren des 19. Jahrhunderts den Plan zur Erforschung ihrer heimischen Volkskultur faßten: FRIEDRICH WILHELM SCHUSTER die sächsischen Volkslieder, FRIEDRICH MÜLLER die Sagen, JOHANN MÄTZ Sitte und Brauch, JOSEF HALTRICH die Märchen. Zwischen 1855 und 1857 sind zwischen diesen einschließlich GEORG DANIEL TEUTSCH, dem späteren Sachsenbischof, und den Brüdern GRIMM mindestens 13 Briefe volkskundlichen Inhalts gewechselt worden. HELGA STEIN hat diese Korrespondenz veröffentlicht[17], HELMUT PROTZE in Berlin im November 1984 anläßlich der sprachwissenschaftlichen Konferenz zu Ehren von JACOB und WILHELM GRIMM über „Wirkung und Nachwirkung der Brüder Grimm auf die philologischen und volkskundlichen Arbeiten siebenbürgisch-sächsischer und rumänischer Gelehrter" gesprochen[18]. HALTRICHS sprachwissenschaftlicher und volkskundlicher Anteil am Siebenbürgisch-Sächsischen Wörterbuch ist nicht gering. Seinen 1865 veröffentlichten „Plan zu Vorarbeiten für ein Idiotikon der siebenbürgisch-sächsischen Volkssprache" hat er an deutsche Gelehrte von Rang wie

[15] Wiener Sitzungsberichte, phil.-hist. Klasse, Heft 9 (1849), 227 ff.

[16] KARAJAN, nach SCHULLERUS, Vorwort zum Siebenbürgisch-Sächsischen Wörterbuch, I, S. XIX.

[17] HELGA STEIN (1975): Siebenbürger Forscher schreiben an die Brüder GRIMM. In: Brüder-GRIMM-Gedenken Bd. 2. Marburg; auch Hessische Blätter für Volkskunde 64/65, S. 131–145.

[18] HELMUT PROTZE (1985): Wirkung und Nachwirkung der Brüder GRIMM auf die philologischen und volkskundlichen Arbeiten siebenbürgisch-sächsischer und rumänischer Gelehrter. In: Linguistische Studien A. Berlin. S. 225–242; auch Vortrag an der Theologischen Fakultät Hermannstadt am 28. 10. 1985.

Friedrich Zarncke und Rudolf Hildebrand (beide Leipzig), Karl Müllenhoff, M. Firmenich, Th. Karajan, Franz Pfeiffer (alle Berlin), Wilhelm Wackernagel (Basel), Karl Simrock (Bonn) und Karl Schröer (Wien) verschickt. Haltrichs Arbeiten sind neben der volkskundlichen Komponente stark soziolinguistisch ausgerichtet, was gerade auch dem Sprachinselwörterbuch von Nutzen ist.

Haltrichs Nachfolger Johann Wolff, von Gustav Kisch als „Jacob Grimm der Siebenbürger Sachsen" bezeichnet, will alle von der nhd. Schriftsprache abweichenden volkstümlichen Ausdrücke und Redewendungen sowie alle in den allgemeinen Gebrauch übergegangenen Fremdwörter, alle Eigennamen, selbst Gassen-, Orts- und Familiennamen im Wörterbuch aufnehmen. Wolff war in Tübingen Kellers, in Leipzig Zarnckes Schüler und stand unter dem Einfluß des „Junggrammatikers" Eduard Sievers. Er war der bedeutendste Förderer des Wörterbuchs, und seine alphabetisch geordneten Exzerpte bilden den Grundstock des Materials. Die von 1908 bis 1932 erschienenen 12 Lieferungen tragen mit Recht im Titel den Zusatz: „Mit Benützung der Sammlung Johann Wolffs" und die Namen der jeweiligen Bearbeiter Adolf Schullerus, Georg Keintzel, Friedrich Hofstädter, Johann Roth, Gustav Göckler, Friedrich Krauss. In der Anlage folgt das Siebenbürgisch-Sächsische Wörterbuch „den guten Vorbildern, die in letzter Zeit besonders im Schweizerischen Idiotikon und im Schwäbischen Wörterbuch gegeben sind", schreibt Adolf Schullerus im Vorwort auf S. XLIV. Von den frühesten Sammlern und Bearbeitern, Johann Karl Schuller, Josef Haltrich, Johann Wolff bis auf Adolf Schullerus und heute ist das Siebenbürgisch-Sächsische Wörterbuch in seiner Grundhaltung volkskundlich bestimmt. Erinnert sei daran, daß die Fachvertreter insgesamt dieses Sprachinselwörterbuch positiv bewertet haben; stellvertretend für sie steht die Äußerung des bahnbrechenden Leiters des Deutschen Sprachatlas/Marburg, der das Siebenbürgisch-Sächsische Wörterbuch „in offener Vorlesung" als eines der am besten angelegten deutschen Mundartwörterbücher bewertete, wie Karl Kurt Klein, der Ferdinand Wredes Vorlesung hörte, mitteilt[19].

Nach dem *Rückblick* auf das Werden des Siebenbürgisch-Sächsischen Wörterbuchs im vorigen Jahrhundert muß festgestellt werden, daß mit Ausnahme des Bayerischen Wörterbuchs und des Schweizer Idiotikons als des umfangreichsten Mundartwörterbuchs deutscher Sprache und nur weniger anderer binnendeutscher Mundartwörterbücher (wie z. B. des Elsässischen Wörterbuchs) im 19. Jahrhundert leider die lexikalische Sammlung zum Nachteil der deutschen Wortforschung recht spärlich gewesen ist, gemessen an den beachtlichen Leistungen im siebenbürgischen Sprachinselraum.

Was die *Anlage* der einzelnen Stichwörter angeht, so bestand allerdings ein gewisser Mangel darin, daß dialektgeographisch das mundartliche Material kaum gegliedert war, da die Satzbeispiele oft nicht lokalisiert wurden. Auch hatte man der Etymologie im Hinblick auf die vor allem um die Jahrhundertwende besonders ak-

[19] In der Besprechung des Hessen-Nassauischen Volkswörterbuchs. In: Siebenbürgische Vierteljahrsschrift 1 (1931), S. 64.

tuelle Lösung der „Urheimatfrage“ zu großen Wert beigemessen. Die Weiterführung der Arbeit am verwaisten Wörterbuch in den dreißiger Jahren führte zum grundlegenden Übergang von der dezentralen Arbeitsweise der einzelnen Bearbeiter zur Einrichtung einer Wörterbuchstelle in Hermannstadt und zu neuen Erhebungen, die seit Ende der fünfziger Jahre durch Kundfahrten fast im ganzen Mundartgebiet und durch Tonbandaufnahmen intensiviert wurden. Mit der Übernahme der Verantwortung durch die Deutsche Akademie der Wissenschaften zu Berlin und die Rumänische Akademie (Bukarest) im Jahre 1956 wurden nach eingehenden Beratungen der zuständigen Stellen wie der Präsidien der beiden Akademien, der 1957 gegründeten Wörterbuch-Kommission, der Wörterbuchstelle Hermannstadt und der Arbeitsstelle des Siebenbürgisch-Sächsischen Wörterbuchs in Leipzig die folgenden Grundsätze[20] erarbeitet, nach denen die bisherigen Bände G bis M fertiggestellt und N bis R vorbereitet werden konnten, und die sich nach dem Urteil der internationalen Fachwelt bewährt haben, so daß sie im Grundsätzlichen verallgemeinerungswürdig erscheinen:

1. Die vorhandenen und die — wie erwähnt — hinzugewonnenen umfangreichen und zuverlässig belegten volkstümlich gebrauchten Wörter und Redensarten aus dem Alltag, auch — wie schon in früheren Bänden — aus dem Rumänischen und Magyarischen oder Slawischen übernommene Ausdrücke sowie die mundartliche Volks- und Kunstdichtung, mit besonderer Berücksichtigung der Sprichwörter, Rätsel und Kinderspiele, sollen als gesamter Sprachschatz der Sprachinsel ins Wörterbuch Eingang finden. Hinzu kommen von den Eigennamen alle toponomastischen Bezeichnungen weitesten Sinnes, jedoch keine Personennamen, außer solchen Vornamen, die zahlreiche lautliche Varianten aufweisen oder auch als Appellativa erscheinen.

2. Unter dem Stichwort (Lemma) werden alle belegten Lautformen (I.) mit Angabe der jeweiligen Orte verzeichnet, so daß ein Querschnitt vom gesprochenen Dialekt der vergangenen Jahrzehnte gegeben wird. Die Anordnung der Stichwörter ist alphabetisch. Besitzt ein mundartliches Wort keine neuhochdeutsche Entsprechung, wird es in seiner mundartlichen Form in die alphabetische Reihenfolge eingefügt. Wenn häufig gebrauchte mundartliche Lautformen im Ansatz erscheinen, ist stets auf das entsprechende neuhochdeutsche Stichwort verwiesen. Die Bedeutungen und Verwendungsweisen der Stichwörter werden durch Satzbeispiele belegt[21].

3. Belege aus der *alten Sprache*, d. h. bis 1848, werden unter dem Gesichtspunkt ihrer Bedeutung für den mundartlichen Einfluß auf die deutsche Schriftsprache in Siebenbürgen oder für die Geschichte der deutschen Sprache gebracht.

4. Alle Satzbeispiele werden mit der Jahreszahl ihrer Aufzeichnung und, soweit nicht die Wahrung sachlicher Zusammenhänge es anders erfordert, in chronologischer Reihenfolge angeführt. Die Angabe der Jahreszahl ist bei neuentstehenden

[20] Vgl. Vorwort zum Band III *(G)*, S. XIV.

[21] Vor den Angaben zur Bedeutung steht II., dann arabische Ziffern 1., 2. und, falls nötig, kleine lateinische oder bei Bedarf griechische Buchstaben.

jungen Sprachinselwörterbüchern, wie z. B. dem donauschwäbischen des Banats, nicht erforderlich.

5. Die für die einzelnen Stichwörter belegten *Synonyme* und *Zusammensetzungen* werden so vollständig wie möglich aufgezählt.

6. Die Angabe und Behandlung bzw. Erklärung der *Etymologie* erfolgt nur bei Wörtern, deren Herkunft aus der allgemeingebräuchlichen neuhochdeutschen Schriftsprache nicht ohne weiteres ersichtlich ist. Sie begnügt sich mit dem nächsten erreichbaren Etymon; auf unsichere Etymologie wird verzichtet.

Um die Gestaltung des Sprachinselwörterbuchs hat sich seit den dreißiger Jahren — außer am Siebenbürgisch-Sächsischen Wörterbuch, an dem FRIEDRICH HOLZTRÄGER und vorübergehend FRIEDRICH KRAUSS tätig waren — der Oberzipser JULIUS GRÉB bemüht, von dem 1932 das Werk „Zipser Volkskunde[22]" erschienen war. Sein *Zipser Wörterbuch* ist, wie er schreibt[23], „nach dem Muster des (. . .) Siebenbürgisch-Sächsischen Wörterbuchs" ausgearbeitet und umfaßt die Oberzips, Hobgarten inbegriffen, jedoch mit Ausnahme der am Dunajetz gelegenen schwäbischen Sprachinsel Sublechnitz und Altmeierhofen, auch die Unterzips. Weithin gebrauchte Oberzipser Mundartwörter werden in der Großlomnitzer Lautform, die der Stadtsprache in der Kesmarker gebracht, während die vom Zipser Niederland in Bauschendorfer und für das ganze Gründlerische geltenden Dialektwörter in der Schwedler Lautform gegeben werden. Es ist eine Tragödie besonderer Art für den unermüdlichen Forscher JULIUS GRÉB auf der einen und ein unersetzlicher Schaden für die Wissenschaft auf der anderen Seite, daß das weitgediehene Zipser Wörterbuch beim Einmarsch der Roten Armee in Aszód/Nordostungarn, wo diese im Hause GRÉBS die Ortskommandantur aufgeschlagen hatte, mit allen Unterlagen verbrannt ist. GRÉBS am 20. 9. 1938 inmitten der Sudetenkrise FRIEDRICH KRAUSS mitgeteilte Sorge: „Bewahre uns Gott vor einem neuen Weltkrieg!" hat sich leider in schlimmster Weise bewahrheitet. Nicht nur sein Lebenswerk war vernichtet, sondern er selbst starb wenige Tage nach der Vernichtung des Wörterbuchs. Nach seinen eigenen Worten sollte das Zipser Wörterbuch die Vorarbeit für ähnliche Wörterbücher in den anderen deutschen Sprachinseln der Slowakei darstellen. Vom Besuch JULIUS GRÉBS bei FRIEDRICH KRAUSS in Nordsiebenbürgen zeugt das in diesem Beitrag veröffentlichte Foto[24]. KRAUSS schrieb auf die Rückseite des Bildes: „Aufnahme in Weilau Anfang Heuert 1937 Friedrich Krauß Dr. Julius Gréb (Zips)".

Ich habe mich noch Mitte der sechziger Jahre in den Zipsen und in Aszód bei Bekannten GRÉBS um Aufklärung bemüht; doch meine Suchaktion nach Resten des Zipser Wörterbuchs blieb ergebnislos. Unter dem Titel „Südostdeutsche Ger-

[22] Kesmark und Reichenberg.

[23] Teuth. 2 (1925/1926), S. 202 ff.

[24] Für die Überlassung des Fotos habe ich der Tochter von FRIEDRICH KRAUSS, Frau HELGARD VON WERDEN (Nürnberg), herzlich zu danken.

Julius Gréb und Friedrich Krauss (1937)

manistenbriefe“ hat KARL KURT KLEIN[25] über den Briefwechsel zwischen JULIUS GRÉB und FRIEDRICH KRAUSS (33 Briefe zwischen 1932 und [5. 7.] 1944) berichtet, in den ihm KRAUSS Einblick gewährte, wobei die Antwortschreiben von KRAUSS aber in Aszód leider mit vernichtet worden sind. Hinzu kommen drei Briefe von KRAUSS an GRÉBS Schwester vom 18. 7. 1956 und deren Antwort vom 25. 7. 1956, in der sie KRAUSS mitteilt, daß ein ganz geringer Teil gerettet sei und sich bei JULIUS LUX befände. Ein Brief von GRÉBS Zipser Landsmann ROBERT HORWAY an KARL KURT KLEIN aus Kaposvár vom 17. 7. 1958 beleuchtet den Sachverhalt und teilt mit, daß er einen kleinen Teil besessen und an JULIUS LUX geschickt habe. Er habe GRÉBS erste, vor dem Ersten Weltkrieg ungarisch verfaßte Ausarbeitungen A – G ins Deutsche übersetzt. Mit ROBERT HORWAY habe ich 1966 in der Zips mehrmals Rücksprache gehalten. JULIUS LUX, der Verfasser des Dobschauer Wörterbuchs, teilt am 6. 12. 1956 FRIEDRICH KRAUSS mit, daß das sich bei ihm befindende Manuskript vom JULIUS GRÉB *A – Auge* 200 Seiten, *Bibel – Buch* dagegen S. 393–468 umfasse. GRÉB holte sich oft Rat bei KRAUSS, auch in Etymologien und Einzelfragen der Stoffbewältigung. So fragt GRÉB z. B. am 9. 11. 1938 an, ob er *schwutzen* ‚flüssig misten‘ (besonders Kälber), eng verwandt mit *schwitzen,* z. B. *der Baum schwitzte Harz,* ohne nhd. Stichwort aufnehmen solle.

Vor allem drängt der Leiter des Deutschen Sprachatlas, WALTHER MITZKA, bei dem eine Koordinierungsfunktion aller deutschsprachigen Mundartwörterbücher lag, um zügige Weiterarbeit und Umfangsbeschränkung, zuerst im Brief an GRÉB vom 28. 6. 1937, dann vom 19. 2. 1939. MITZKA empfiehlt das Rheinische Wörterbuch als Muster zu betrachten und seine Lautschrift zu übernehmen. GRÉB bemerkt aber: „[D]ie Einrichtung des Rheinischen Wörterbuchs spart unstrittig viel Raum, doch ist es eben nicht leicht, ein Wort darin zu finden, besonders für einen Laien“. Im Sommer 1939 hat GRÉB das *N* ausgearbeitet, wobei ihm 18 Schüler des Kesmarker Gymnasiums gute Beiträge geliefert haben. Am 7. 8. 1941 betont MITZKA, daß der Gesamtumfang mit 4–5 Bänden zu hoch sei, und am 20. 11. 1941 rät er mit Verweis auf die Kritik am Badischen Wörterbuch, die nichtmundartlichen Wörter der gehobenen Allgemeinsprache wegzulassen.

Ende der 60er, Anfang der 70er Jahre gab es Pläne, neue Sammlungen zum Zipser Wörterbuch aufzunehmen. Ich selbst hatte begonnen, Zipser Wortschatz zu sammeln und war dabei, zusätzlich eine Umsiedlerkartei von Zipsern nach Herkunftsorten in der damaligen DDR und darüber hinaus aufzubauen. Doch es fehlten schließlich die Finanzmittel, und man scheute sich seitens der Akademie, längerfristige Unternehmen ins Leben zu rufen. Umso günstiger stand es um das — ebenso wie von JULIUS GRÉB jahrzehntelang als „persönliches Unternehmen“ betriebene — von FRIEDRICH KRAUSS gesammelte „Nordsiebenbürgisch-sächsische Wörterbuch“, dessen zügige Bearbeitung sich unter unseren Augen durch GISELA RICHTER (unter Mitwirkung von HELGA FESSLER) vollzieht.

Das Sprachinselwörterbuch muß durch seine Gestaltung seine Bedeutung für verschiedene Disziplinen zum Ausdruck bringen. Besonderen Wert hat es für die *Sprachwissenschaft,* und zwar für die Lexikologie mit Wortbildung und Semantik

[25] In: Südostdeutsches Archiv 5 (1962), S. 58 ff.

ebenso wie für die Grammatik, Laut- und Formenlehre, Sprachgeschichte, selbst für die Syntax, Stilistik und die Namenforschung. Aber auch wichtige Orientierung liefert es der Volkskunde und nicht zuletzt der *Geschichte,* im besonderen der Regionalgeschichte. Wie schon beim kurzen Rückblick auf das Werden des Siebenbürgisch-Sächsischen Wörterbuchs zu erkennen war, ist es vorrangig der archaische Wortschatz, den ein Sprachinselwörterbuch bewahren muß. Von der hochmittelalterlichen deutschen Sprachinsel Siebenbürgen kann besonders viel archaisches Wortgut belegt werden, das im Binnendeutschen aufgrund der dort stärkeren Einwirkungsmöglichkeit durch die deutsche Hochsprache dem Sprachausgleich erlegen und hochsprachlich geworden oder ganz verschwunden ist. Da zu den Wörtern die Sachen gehören, ist von Wichtigkeit der wesentlich größere Anteil der Sachkultur in alten Sprachinseln. Wir lenken den Blick z. B. auf Stichwörter wie *Gäu* (B) 1. ‚Land zum Unterschied von Stadt' 2. ‚Geschäftsbezirk der Bäcker': *der līrjąŋ äs änt gai gąngen* ‚zu den Kunden nach Hause gegangen', KRAUSS Hwspr. 338, SSWB 3, 40, auch DWB 4, I, 1, 1521; *Gäuschütz* (B) ‚Gebäckausträger' ebda.; *Gauchse gūsz* f., (Mb), *gōszn* m. (B) ‚Höhlung der beiden Hände', mhd. *goufe* (Lexer 75), fränk. *gause,* DWB 4, I, 1, 1544, SSWB 3, 40; *Gift* I. 1. ‚Abgabe'; 2. ‚schädlich wirkender Stoff'; *giftig* 1. ‚ergiebig'; 2. ‚schädliche Stoffe enthaltend'; beides zu ‚geben' SSWB 3, 242; *Gemein(d)e gemīn* m. (H), *gemē* (B) ‚Dorf'; Dorf als Simplex ist jung; Bevorzugung des Wortes *Gemein(d)e* vor *Dorf* deutet auf geschlossene Siedlungsweise hin; wichtige Hinweise zur Sozialgeschichte und Volkskunde unter dem Stichwort *Gemein(d)e* einschließlich der Komposita SSWB 3, 137 ff., die zahlreich sind und meist im GRIMM nicht belegt; *Handquehle* 1532, aber seit 1350 auch *Handtuch,* DWB 4, II, 411.

In vielen Fällen handelt es sich um frühe Erstnennungen im Siebenbürgisch-Sächsischen aus dem 15. bis 18. Jahrhundert, die im Deutschen Wörterbuch mit seiner starken historischen Komponente nicht enthalten sind oder die nicht in der im Siebenbürgisch-Sächsischen vorhandenen Bedeutung in GRIMMs DWB mitgeteilt werden. Die Auszählung der Bände 3–6, *G* bis *L* ergab die meisten frühen Erstnennungen, die im DWB fehlen (oder später belegt sind) oder in anderer Bedeutung vorkommen, im *G*-Band, weil er die vielen *Ge*-(Kollektiv-)Bildungen, eine ‚Gemeinschaft' beinhaltende Wörter (*Geselle, Gemein(d)e* und adj. gebr. Part. Prät.) enthält, die im Sprachinselraum eine herausragende Rolle spielen. Insgesamt stammen drei Belege aus dem 15. Jahrhundert, 43 Belege aus dem 16. Jahrhundert, 39 aus dem 17. und 31 aus dem 18. Jahrhundert, zusammen somit 116 Belege, die im DWB nicht (oder in weniger Fällen später oder in anderer Bedeutung) belegt sind. Chronologisch geordnet sind es die siebenbürgisch-sächsischen Wörter: im 15. Jahrhundert: *gegenhalben* Präp. 1424; *geledert* ‚gegerbt' 1484; *Genügnis* ‚Genüge (geleistet hat)' 1494; im 16. Jahrhundert: *harrassen* adj. aus Harras ‚leichter Wollfaden' 1500; *Geläß* n. ‚der Hahn u. sein Zubehör an Feuerwaffen' 1505; *geerben* ‚durch Erbe zufallen' 1508; *Gangreise* ‚Wohl, öffentliche Dienstleistung' 1508, 1567; *gewissenhaft* 1515, DWB erst 17. Jahrhundert; *Glasfensterer* ‚Fensterverglaser' 1520; *geblachmalt* adj., zu ‚Blachmal, mit eingegrabener Arbeit verziert' 1527; *Getreubrief* m. 1528; *Gestüppbeutel* ‚Beutel zum Aufbewahren der Gewürze' 1528; *Geiß(en)-hörnchen* ‚Geißhorn' 1529; *gestümpelt* adj. zu *Stümpel* ‚mit Lauben versehene Häuser‘, fehlt DWB in der Bedeutung 1541; *Hundertmann* ‚Ratsmitglied‘ 1541; *geschädigen* ‚verstärktes Schädigen‘ 1545; *Gastei* ‚Gastmahl, Gelage‘ 1547; *Georgenzins* ‚am Georgentag fälliger Steuerbetrag‘ 1549; *gewürmig* adj. ‚wurmig‘ 1550; *Geschwert* n. ‚Schwert‘ 1556; *Halbachtel(s)* ‚Flächenmaß ca. 600 qm‘ 1556, ‚Hohlmaß von ca. 0,71 l‘ 1680; *Geländchen* ‚Gelände‘ 1554–78; *Genähtchen* ‚Ziernaht‘ 1554–78; *geputzen* ‚verstärktes Putzen‘ 1554–78; *Hand(ge)wehr* 1560, DWB erst 18. Jahrhundert; *Generaldechant* (im Mediascher Kapitel) 16. Jahrhundert; *gestopfen* ‚verstärktes Stopfen‘ 1567; *gekörnt* adj. ‚mit körnerartiger Verzierung versehen‘ 1573, fehlt DWB in der Bedeutung; *Geschnürchen* ‚Schmuck‘ 1575; *hinterwegen* adv. ‚nicht beachten, unterlassen‘ 1575; *Gartenerbe* 1575; *Halt* 1. ‚Gerichtsschranke‘ 1581, fehlt DWB in der Bedeutung; *Gegenratung* ‚gegensätzliche Aussagen‘ ELR, 1, 12, 3 (1583); *Gegenbeschuldigung* f. ebda. 4, 1, 7 (1583); *Gedülpnis* ‚Dickicht von Weiden und Riedgras‘ 1591; *gedrehtstielig* adj. 1592; *Gemolter* ‚unruhige Bewegung‘ 1595; *Gemeidchen* Dim. zu ‚*Gemeide*‘ 1595; *gezwickt* adj. gebr. Part. Prät. zu mhd. *zwicken* (‚mit Zwecken befestigen‘), ‚festgesetzt‘ 1595, fehlt DWB in der Bedeutung; *huld(ig)en* ‚unterwerfen‘ 1597, fehlt DWB in der Bedeutung; *Hirsemehl* 1598; *geprangert* ‚mit dem Pranger bestraft‘ 1599; *Gemeinfresser* ‚Schelte‘ 1599; *gekneten* ‚verstärktes Kneten‘ 1599; *heimlassen* ‚überlassen‘ 1599, fehlt DWB in der Bedeutung; im 17. Jahrhundert: *gewalten* ‚verwalten‘ 1600, fehlt DWB i. d. Bedeutung; *Gemein(d)ewaisen* 1602: *gefährig* ‚feindlich, böse‘ 1606; *Hofbecher* ‚Pokal‘ 1607; *geleidigen* ‚körperliches Leid zufügen, verwunden, beschädigen‘ 1609; *(über)-greifen* ‚bei einer Wahl‘ 1609, fehlt DWB in der Wortbedeutung; *Guldenwerk* ‚Ware für 1 Gulden‘ 1610, DWB erst 1749 belegt; *geholen* ‚verstärktes Holen‘ 1610; *Gereitchen* Dim. zu ‚*Gereite,* Ausrüstung des Pferdes‘ 1513; *genausam* adj. ‚genau‘ 1614; *getragen* adj. gebr. Part. Prät. von ‚tragen, innegehabt‘ 1615, fehlt DWB in der Bedeutung; *herbergen* ‚etwas aufbewahren‘ 1619, fehlt DWB in der Bedeutung; *Haussorge* ‚Hausbedarf‘ 1625, anders DWB 4, II, 689; *Gesellenknecht* ‚Geselle‘ 1629; *Gemein(d)enot* f. ‚allg. Bedürfnisse‘ 1630; *Gemein(d)eobrigkeit* 1630; *Generalpuls* m. ‚Glockenläuten bei einer Generalleiche‘ 1637; *halsen* adj. ‚mit Hals versehen‘ 1650; *geizen* ‚sinnlich spielen‘ 1657, fehlt DWB in der Bedeutung; *Gegenmutter* ‚Bezeichnung der beiderseitigen Schwiegermütter‘, vgl. *Gegenschwieger* DWB 4, I, 2, 2259; *Gartenhüter* ‚städt. Angestellter‘ 1657; *Gefreundete* subst. adj. zu ‚Freund, Verbündete‘ Kraus Chron. 2,72 (Mitte 17. Jh.), fehlt DWB in der Bedeutung; *langsamen* ‚zögern‘ Mitte 17. Jh.; *Gestüpplädchen* ‚Gewürzbüschchen‘ Mitte 17. Jh.; *geladen* 1. ‚verstärktes Laden‘ 17. Jh.; *Gemein(d)eleitgeber* ‚Ausschenker des Gemeindeweins‘ 1661; *Gegenlauf* ‚Anweisung des Marktrichters‘ 1662; *gefährig* ‚von ungefähr‘ 1664; *geringelt* adj. gebr. Part. Prät. von ‚ringeln‘ 1665, fehlt DWB in der Bedeutung; *gesamt* 2. adj. zu ‚Samt‘ 1665; *Gebotspfennig* 1672; *Gewölb(s)herr* ‚Kaufmann‘ 1675, fehlt DWB in der Bedeutung; *Gesellentagwerk* 1678; *Generalleiche* ‚Bezeichnung der kostspieligsten Begräbnisart‘ 1680; *Geschoß* ‚Geschieße‘ 1684, fehlt DWB in der Bedeutung; *Gemein(d)ebuch* ‚Grundbuch‘ 1684, fehlt DWB in der Form; *Gefreite* ‚Verlobung‘ 1692; *Gemein(d)eprivilegien* 1698; *Gebildnis* ‚Porträt‘ 1699; im 18. Jahrhundert: *Gegenerde* ‚als Gegenleistung angebotenes Stück Land‘ 1703; *Ge-*

mein(d)everbündnis 1704; *Gelassenheit* ,in besonderer Verwendung' 1707; *gerichtgeschworen* adj. 1708; *Gesellenkrone* 1710; *Gemein(d)wortmann* ,auf die Zukunft übertragener Ausdruck' 1716; *gallern* adj. ,mit Kragen versehen' 1720; *Gemein(d)ewasen* ,Wiese' 1720; *gezweit* ,unterschiedlich' 1721, fehlt DWB in der Bedeutung; *Gemeinde(a)cker* 18. Jh.; *gemsenhäuten* adj. 1738; *Gesellenkasse* 1738; *Gesellentäfelchen* 1738; *geschindelt* ,mit Schindeln gedeckt' 1748; *Geigerei* 1753; *Herunterkunft* ,Abstieg' 1753; *Herausnehmung* ,Entfernung aus einer Wunde' 1753; fehlt DWB in der Bedeutung; *Gerichtel* ,Richtscheit' 1754; *Geldeinkünfte* 1754; *Gemein(d)ebeutel* 1756; *Gemein(d)ekollekte* 1756; *Gemein(d)eeinkünfte* 1757; *ganzgebig* adj. ,gültig'; *hochfürsichtig* adj. (Kanzleistil) 1762; *Gesellenbruderschaft* 1764; *Gemein(d)ekeller* 1765; *hinüber* ,gegenüber' 1767, fehlt DWB in der Wortbedeutung; *Hirtengedinge* ,Hirtengedingordnung' 1772; *Gemein(d)ewirtschaft* 1774; *Gemein(d)ezuhörer* ,Gemeindeangehörige' 1781; *Gemein(d)ebeschwernisse* 1788.

Nicht minder wichtig ist im Sprachinselwörterbuch die Berücksichtigung jungen Wortgutes. Aber nicht nur solche Neuwörter sind ins Wörterbuch aufzunehmen, sondern ebenso die umgangssprachlichen und stadtsprachlichen Formen oder Varianten. Wir haben davon auszugehen, daß die Umgangssprache in jungen Sprachinseln eine größere Rolle spielt als in alten Sprachinseln, weil eben der Sprachausgleich und die muttersprachliche Hochsprache seit Bestehen der jungen Sprachinsel einwirken, während in der hochmittelalterlichen Sprachinsel Jahrhunderte nur in der Mundart kommuniziert worden ist. Das hat seine besondere Bedeutung für das geplante „Donauschwäbische Wörterbuch".

Groß ist die Bedeutung der Sprachinselforschung unter Einschluß des Sprachinselwörterbuchs für die Aufhellung der *Binnenmundarten* im ursprünglichen Auszugsgebiet der Begründer von Sprachinseln. Dies wurde frühzeitig von der Wiener Schule erkannt. Dabei spielen *Entlehnungen aus Nachbarsprachen* oft eine große Rolle. Dem Studium der wechselseitigen Beziehungen in Sprachgrenzgebieten und der Lehnwörter widmet u. a. A. A. WEIJNEN seinen Beitrag „Deutsche Dialektologie und europäische Dialektforschung: wechselseitige Wirkungen", in welchem auch die Schaffung des „Atlas linguarum Europae" (ALE) begründet und auf wichtige Werke im europäischen Rahmen auf dem Gebiete der interlingualen Dialektforschung gewiesen wird.

Sprachinseln können gut den Übergang von der Einsprachigkeit zur Zwei- oder Mehrsprachigkeit und umgekehrt veranschaulichen. Die Ausbildung lexikalischer Interferenzen ist in Sprachinseln besonders reich. Schöne Beispiele gibt es für den *Alpenraum*. Früh hat EBERHARD KRANZMAYER sich der Erforschung der deutschen Sprachinseln jenes Großraumes angenommen. Seine 1956 (in Wien) erschienene „Historische Lautgeographie des gesamtbairischen Dialektraumes" legt Zeugnis ab über diese bairischen Sprachinselmundarten. Doch schon gut hundert Jahre früher (1833) war JOHANN ANDREAS SCHMELLER in die Sprachinseln der Sieben Gemeinden oder Sette Comuni in der Provinz Vicenza in Oberitalien aufgebrochen: Es hat sich die Meinung durchgesetzt, daß die Gestaltung des Sprachinselwörterbuchs im besonderen Maße Raum geben muß für die Mitteilung von fremdsprachlichen Einflüssen bzw. Entlehnungen. Im Bericht von W. JUNGANDREAS über das Schlesische Wörterbuch[26] steht aber noch der Satz: „Rein slawisches Wort- und Namenmaterial hat in einem deutschen Mundartwörterbuch keinen Platz". JULIUS GRÉB[27] schreibt dazu an FRIEDRICH KRAUSS, daß das „für uns" nicht gelte, „denn das SSWB nimmt doch die rumänischen Lehnwörter auf; ich die slawischen und madjarischen. Im Oberland ist deren Zahl verhältnismäßig gering, aber durch das Niederländische" (= POPPERTAL H. P.) „und Gründlerische wird deren Zahl bedeutend anschwellen, da manche deutsche Worte sogar ganz verdrängt wurden. Sind alle aufzunehmen?" Auch im Vorwort zur 15. Lieferung des „Wörterbuchs der bairischen Mundarten in Österreich" heißt es: „Etwas strenger wird künftig auch bei der Auswahl der Stichwörter verfahren. Dies betrifft z. B. junge Entlehnungen aus Nachbarstaaten, die nur in Sprachinseln, nicht aber im geschlossenen Verbreitungsgebiet belegt sind: Meist entstammt dieses Wortgut Sammlungen, die jetzt als Spezialwörterbücher ohnehin gedruckt vorliegen (MARIA HORNUNG, Pladner Wörterbuch, W. TSCHINKEL, Gottscheer Wörterbuch)". MARIA HORNUNG macht auf den inhaltlichen Verlust aufmerksam (1986, S. 63), wenn die Entlehnungen aus den zahlreichen Nachbarsprachen (im Uhrzeigersinn sind das das Tschechische, Slowakische, Ungarische, Kroatische, Slowenische, Friaulische, Italienische, Rätoromanische in Ladinien und in der Ostschweiz) ausgespart oder weitgehend unberücksichtigt bleiben. In diesen Gebieten kam es in einem tausendjährigen Kontakt zu einem überaus reichen sprachlichen Austausch. MARIA HORNUNG weist darauf hin, daß auch JOHANN ANDREAS SCHMELLER „sich nicht gescheut" habe, fremdartiges, wenig belegtes Wortgut aufzunehmen wie z. B. Bd. 1, 463 *der Platschāri* ‚Hut mit großen, breiten Rändern' und *die Platschārn* ‚unförmlich breite Sache', vgl. neues Wörterbuch *Pletsche* (roman.). Der älteste Bestand romanischer Entlehnungen ist schon aus der tirolischen Auszugslandschaft mitgenommen worden. MARIA HORNUNG hat gezeigt (1984), daß auch die heute nicht mehr bestehende deutsche Sprachinselmundart von Zarz/Sorica und Deutsch-Ruth/Rut in Krain romanisches Lehngut besaß, das nur aus diesem gemeinsamen tirolischen Altbestand herzuleiten sei, da eine Entlehnung aus dem die Sprachinsel umgebenden Slowenischen auszuschließen ist. Man vergleiche Belege wie *Tscheine* < lat.-roman. *cēna* ‚Abendessen' oder *Ferggel* < vulg.-lat. *fercla* ‚Tragegerät'. Somit ermöglicht die Berücksichtigung des Sprachinselwortschatzes auch diachronische Rückschlüsse auf die sprachliche Situation im Binnenland[28].

Altromanische Lehnwörter, die im Siebenbürgisch-Sächsischen weiterleben, enthält auch das Werk „Germania Romana" von THEODOR FRINGS. Sie sind von Siedlern des 12. Jahrhunderts aus dem Westmitteldeutschen ins Karpatenbecken mitgenommen worden und bereichern diese Mundart ebenso wie die jüngeren Entlehnungen in der neuen Heimat aus dem Rumänischen, Ungarischen und Sla-

[26] In: Zeitschrift für Mundartforschung 13 (1937), S. 36.

[27] Am 23. 5. 1937, vgl. KARL KURT KLEIN, Südostdeutsches Archiv 5 (1962), S. 62 f.

[28] Vgl. auch MARIA HORNUNG (1965): Die Bedeutung der Sprachinselkunde für die Erforschung der mundartlichen Verhältnisse im binnendeutschen Raum. In: Zeitschrift für Mundartforschung 32, S. 274–288.

wischen. Wir greifen nur einige im Siebenbürgisch-Sächsischen unserer Tage noch gesprochene altromanische Lehnwörter heraus: der *Kälter, -ie-* ‚Kelter', auch moselfrk. < lat.-roman. *calcatorium; kōm, -ǭ-* ‚Schimmel auf gegorenen Flüssigkeiten', auch moselfrk. < *cano; komp* ‚Wassertrog als Viehtränke', auch moselfrk. < *cumba; Leier* ‚Tresterwein', auch rhein.-nassau., vgl. umgangssprl. *Lorke* < *lor(e)a* und viele andere. Im allgemeinen werden diese altromanischen Lehnwörter nicht mehr als fremd empfunden, zumal sie auffallenderweise auch nicht in der rumänischen Nachbarsprache vorkommen. Es handelt sich bereits um Integration und nicht nur um Interferenz. Das Fremde ist systemimmanent geworden und hat aufgehört, fremd zu sein. Wir können von Mundartaufnahmen im südosteuropäischen Sprachinselraum Beispiele dafür anführen, daß Entlehnungen aus dem Rumänischen ins Siebenbürgisch-Sächsische, selbst wenn sie jahrhundertealt sind wie z. B. *Buretz* ‚Pilz', *Gastrawetz* ‚Gurke', vom Mundartsprecher, gleich welchen Alters er ist, überraschend als fremd empfunden werden, aber mit der Bemerkung *das ist doch blesch* ‚das ist doch rumänisch' toleriert, schließlich inkorporiert, „verschlungen" worden sind. Hier trifft der schöne Satz von Goethe zu: „Die Gewalt einer Sprache ist nicht, daß sie das Fremde abweist, sondern daß sie es verschlingt". Auch bei Aufnahmen im slowakisch-deutschen Interferenzraum bin ich immer wieder auf Entlehnungen gestoßen, auch auf sehr alte und solche, die in die deutsche Hochsprache Eingang gefunden haben wie *Hurke* < *ohurke* ‚Gurke' Göllnitz, *Hurk* Oberstuben, *Tworich* < slowak. *twaroh* ‚Quark', während das nicht aus dem Slawischen stammende ‚Quecke' *kw*-Anlaut hat: *kwichen* Göllnitz.

Würden Lehnwörter aus den Nachbarsprachen im Sprachinselwörterbuch nicht berücksichtigt, würde man auf eine wesentliche Bereicherung verzichten, die auch den engen Zusammenhang zur geschichtlichen Entwicklung des Landes wachhalten kann. Schon Hans Ungar weist in seinem Beitrag „Ungarisches Lehngut im Siebenbürgisch Sächsischen"[29] wohl noch zu Recht auf die Tatsache hin, daß der sprachliche und kulturelle Einfluß, wie man ihn den Urkunden entnehmen kann, zur Zeit des siebenbürgischen Fürstentums, also von der Mitte des 16. bis zum Ende des 17. Jahrhunderts am stärksten war, weil in dieser Zeit das Ungarische die amtliche Sprache war. Danach, d. h. mit Auflösung des Fürstentums, ließ dieser ungarische Einfluß nach, da sowohl im amtlichen als auch im gesellschaftlichen Leben an Stelle des Ungarischen das Latein, das Deutsche und teilweise das Französische gebraucht werden. Sprachgeographisch gesehen war die Intensität verschieden stark, am intensivsten dort, wo beide Volksgruppen nebeneinander oder in nächster Nähe wohnten und in enger Beziehung standen, z. B. in der Umgebung von Reen und Schäßburg. Es ist hier nicht der Ort, auf die zahlreichen Untersuchungen über die deutschen Lehnwörter im Ungarischen einzugehen. Die Wörterbücher von Friedrich Krauss wie auch das Siebenbürgisch-Sächsische Wörterbuch berücksichtigen das ungarische Lehngut, und Jenö Nagy untersuchte (1968) die in den Teilungsbüchern der Stadt Bistritz zwischen 1573 bis 1614 belegten ungarischen Lehnwörter z. B. des Rechtslebens (*Aldamasch, Veralmaschung* ‚Kauftrunk, der zur Bestätigung eines Kaufes oder Tauschvertrages gege-

[29] In: Karpathen 5 (1911/12), S. 428–430 und oft.

bene Trunk'). Zu vergleichen sind auch seine Beiträge „Gesichtspunkte und Ergebnisse in der Erforschung der ungarischen Lehnwörter im Siebenbürgisch-Sächsischen"[30] und „Sprachliche Beziehungen zwischen dem Ungarischen und Siebenbürgisch-Sächsischen"[31].

WALTER KUHN hat schon 1934 grundsätzlich festgestellt: „Ein Überwuchern der Fremdwörter zeigt sich unter den geschlossenen deutschen Sprachinseln in Europa nur bei einzelnen der alten. Ein typisches Beispiel dafür ist Wilmesau in Westgalizien"[32], dessen Wortschatz als großangelegte Krakauer Akademiepublikation veröffentlicht ist[33].

Entlehnungen betreffen immer beide Sprachen, wenngleich unterschiedlich in der Intensität. Mit Recht hatte VASILE ARVINTE[34] (1971) festgestellt, daß die rumänischen Mundarten nicht selten eine ältere Stufe des Siebenbürgisch-Sächsischen bewahren, so wie ich bei der Besprechung des Rumänischen Sprachatlas von EMIL PETROVICI (1958) — besonders Bd. 2 — auf die vielen ins Rumänische früh übernommenen deutschen Handwerkerbezeichnungen auch durch Vermittlung des Siebenbürgisch-Sächsischen verweisen konnte[35]. Was das Alter der rumänischen (oder ungarischen) Entlehnungen ins Siebenbürgisch-Sächsische angeht, so kann auch hier eine Schichtung beobachtet werden. Die Kontakte betreffen alle Lebenslagen und bestehen mitunter seit vielen Jahrhunderten: *men hĭft äs mer gunts kaländer* < rum. *mi-e capul calendar* ‚ich habe den Kopf voll'; *kratsewetz* < rum. *castravete,* eigentlich aus bulg. *krastawiza,* ‚Gurke' (aber nordsiebenbürgisch *audränk*); *klotsch* < rum. *colac* ‚Art Kuchen aus Hefeteig', beides schon im 16. Jahrhundert belegte Wörter[36]; erster Beleg *kraczewyczen* stammt aus dem Jahre 1540 (Kronstädter Rechnungen), weitere 1666 bei J. TRÖSTER. Aus dem Jahre 1699 wissen wir, daß den Mähern *Cratzewetz* zum Imbiß gegeben werden. *De Klōtsch,* pl. *de Klōtschen,* auch als *Kletsch, Kliutsch, Kliotsch, Kluetsch, Klautsch* (Braller, Tartlau) belegt, wird im Rumänischen auch als *Tränenbrot* bzw. Leichenessen gegeben. Es dürfte slawischen Ursprungs sein, vgl. poln. *kollatsch,* das auch im schlesischen Namen für das Erntefest gilt: *Arnkollatsch* < dt. *Ern(t)e* + poln. *Kollatsch,* steir. *Koletsch,* dorthin auch aus dem Slawischen, vgl. das aus dem Slawischen stammende *kalász* im Magyarischen. Oder ist es zu lat. *collatio* ‚Abgabe an den Priester' zu stellen? Tatsächlich wird im Siebenbürgisch-Sächsischen

30 In: Magyar Nyelv 40 (1964), S. 167–180.

31 In: Zeitschrift für siebenbürgische Landeskunde 1 (1978), S. 16–24 (= Vortrag auf der 14. Arbeitstagung des Arbeitkreises für siebenbürgische Landeskunde in Echternach 2. 10. 1976).

32 In: Deutsche Sprachinselforschung, S. 285.

33 MOJMIR-KLECZKOWSKI (1930): Wörterbuch der deutschen Mundart von Wilamovice. Krakau. 1. Teil A – R, 355 S.

34 VASILE ARVINTE (1971): Die deutschen Entlehnungen in den rumänischen Mundarten. (Nach Angaben des Rumänischen Sprachatlasses). Berlin.

35 In: Deutsche Literaturzeitung (Berlin) 79 (1958), Heft 7/8 Sp. 624–628. Vgl. auch IOAN BORCIA (1903): Deutsche Sprachelemente im Rumänischen. Leipzig.

36 Vgl. HELMUT PROTZE (1958): Zum rumänischen Einfluß auf das Siebenbürgisch-Sächsische. In: Cercetări de lingvistică, Festschrift für EMIL PETROVICI, 3, S. 389–405, besonders 391, 396, Beiheft.

dieses Gebäck mit der *Hanklich* bei Hochzeiten als Gebühr für den Geistlichen von einer Brautjungfer, der *Biddermēd,* auf den Altar gelegt (Braller) oder vor der Hochzeit dem Pfarrer ins Haus getragen. Dabei mag die Höhe der Abgabe der *Klōtsch* im gewissen Verhältnis zur Länge und Qualität der Predigt gestanden haben, denn das Kompositum *Klōtschprädijer* bedeutet: ‚Prediger inhaltloser, langer Predigten' (Schäßburg). Wir belegen 1593 (Kreuz) *zwo Kolatschen,* 1667 Meschendorf *clotsch,* ebenso 1684 Schaas, (. . .) *wäre sein Weib mit der Cappin auffn Leichen Fridthoff bey einer Leichen gewesen allwo diese etle mürbe Kolatschen nebst einer Flaschen Wein gehabt* (1721, Protokolle, Cap. Cib.). In Felmern (1678) und Eibesdorf bedeutet *Klōtsch (Klotz)* auch *Palukes* ‚Maisbrei mit Käse'. Wir erkennen in all diesen Mitteilungen auch, wie das Sprachinselwörterbuch die Volkskunde bereichert. Im Tübinger Vortrag am 15. 9. 1990 führte WOLFGANG KLEIBER aus seinem Atlasmaterial zur Kontinentalgermanischen Weinbauterminologie die im Siebenbürgisch-Sächsischen vorkommende rumänische Bezeichnung *Kalip* für das ‚Weinberghäuschen' < rum. *colibă* ‚Hütte' vor, die auch als ‚Schutzhütte der Schäfer' dient und im Karpatenraum weit verbreitet ist. Auf viele typische Entlehnungen aus dem Rumänischen wäre zu verweisen (*Afine* pl. *Áfine* oder Afíne ‚Heidelbeere', *Moasche* ‚Hebamme', *Mosch* ‚Greis', *de Klāke* ‚Fronarbeit', *Lapáde* ‚Holzschaufel'). Hier sei verwiesen auf die Beiträge in den letzten Jahrzehnten von: MIRCEA ZDRENGHEA[37], GRETE KLASTER-UNGUREANU[38], HELMUT PROTZE[39], GISELA RICHTER[40], FRITZ KEINTZEL-SCHÖN[41], RUTH KISCH und HEINRICH MANTSCH[42]. Gründlich hatten sich mit dieser Frage schon zu Beginn unseres Jahrhunderts EMIL GRIGOROVITZA[43] und JÁNOS BRENNDÖRFER[44] beschäftigt. Und JULIUS LUX geht in einem materialreichen Aufsatz „Kulturströmungen in der Zips im

[37] MIRCEA ZDRENGHEA (1957): Rumänisch-deutsche Sprachbeziehungen. In: Mélanges linguistiques. Bukarest.

[38] GRETE KLASTER-UNGUREANU (1958): Wirtschaftliche und gesellschaftliche Beziehungen zwischen Rumänen und Sachsen im Spiegel des siebenbürgisch-sächsischen Wortschatzes. In: Revue de linguistique 3/2, S. 197 ff.

[39] Vgl. HELMUT PROTZE, Anm. 36.

[40] GISELA RICHTER (1960): Zur Bereicherung der siebenbürgisch-sächsischen Mundart durch die rumänische Sprache. In: Forschungen zur Volks- und Landeskunde 3, S. 37 ff.

[41] FRITZ KEINTZEL-SCHÖN (1966): Rumänisch-sächsische Wechselbeziehungen im Spiegel der Sprachforschung. In: Forschungen zur Volks- und Landeskunde 9/2, S. 111 ff.

[42] RUTH KISCH/HEINRICH MANTSCH (1969): Un caz de bilingvism dublu. In: Limba română 18/3, S. 205 ff. und vor allem H. MANTSCH (1973): Rumänisch-sächsische Sprachkontakte. Interferenzen. Rumänisch-ungarisch-deutsche Kulturbeziehungen in Siebenbürgen. Hrsg. von MICHAEL KRONER. Cluj, S. 31–54.

[43] EMIL GRIGOROVITZA (1909): Rumänische Einflüsse in der Sprache der Siebenbürger Deutschen. Heidelberg.

[44] JÁNOS BRENNDÖRFER (1902): Román (Oláh) elemek az erdély szasz nyelvben. Budapest. Vgl. dazu die Besprechungen über GRIGOROVITZA und BRENNDÖRFER von G. KISCH und A. SCHULLERUS im Korrespondenzblatt des Vereins für siebenbürgische Landeskunde 24, S. 14, 68 und Jg. 26, S. 36, 65.

Spiegel des Wortschatzes"[45] auch der wiederholt diskutierten Frage nach, wie rumänisch-balkanische Wörter in den Zipser Wortschatz kommen. Dabei zeigt sich in besonderem Maße, daß Sprachinselwortschatz nicht nur für die Sprachwissenschaft und Volkskunde, sondern auch für die Geschichtswissenschaft von großer Bedeutung ist. NICOLAE DRĂGANU hatte in seinem Beitrag „Die Rumänen im IX.–XIV. Jahrhundert aufgrund der Toponomastik und der Onomastik"[46] behauptet, daß im Mittelalter Rumänen auch in der Zips wohnten. Dem haben ungarische Forscher wie z. B. ISTVÁN KNIEZSA widersprochen[47], da den Zipser Ortsname slowak. *Spišské Vlachy*, deutsch belegt 1408 als *Wallendorf*, ungar. 1243 *Olaszi, Olazy*, lat. als *villa Latina* 1262 belegt, ursprünglich eine wallonische Siedlung darstellt, der Name *vlach* sich in der Zips aber erst um die Mitte des 16. Jahrhunderts nachweisen läßt. Die bis ins hohe Mittelalter zurückzuverfolgende *Transhumanz* erfaßte nicht nur das ganze Karpatengebiet, sondern führte im Osten bis in die Ukraine, im Westen bis in die dalmatinischen Alpen. Die Schafhirten waren im Zipser Raum weithin Slawen, nämlich Slowaken oder Ruthenen, die in ihrer Sprache *vlach* genannt wurden, eine dann auch von den Zipser Deutschen übernommene Benennung, in der Mundart *Bloch* (z. B. 1579: *rutheni seu volachi, ruthenes seu valachos*), wie KNIEZSA[48] belegt. In den Statuten[49] der Stadt Rosenau/Roznava vom Jahre 1574 steht in § 14: *Item sol man den wolachen nicht gestadten die welt mit yhren zigen zu verwisten* (. . .), im § 35: *Item die Hirten sollen von den Jungen vieh vber yhr gebührlich 2 d. kein auffsatzmachen, den leittheuser nicht obliegen, fleißig seiner Herde warten, walochisch gsindt nicht beherbrigen* (. . .). Wohl aber haben die Ruthenen die von den Rumänen im Balkanraum hochentwickelte Milchkultur samt der Bezeichnung ihrer Produkte und anderer Bezeichnungen übernommen, so daß der Weg der rumänischen Wörter von den rumänischen Wanderhirten über die ruthenischen zu den Slowaken gegangen ist[50]. Nach GEORG STADTMÜLLER[51] ist mit walachischer Siedlungsbewegung bis Mähren zu rechnen. In Mähren erinnert daran noch heute die Landschaftsbezeichnung „mährische Walachei", und das walachische Recht" (*ius valachicum*) sicherte den

[45] JULIUS LUX (1962): Kulturströmungen in der Zips im Spiegel des Wortschatzes. In: Südost deutsches Archiv 5, S. 97–182, besonders 111 ff.

[46] NICOLAE DRĂGANU (1933): Românii în veacurile IX.–XIV. pe baza toponomiei şi a onomasticei. In: Studii şi Cercetări 21/22 (1933), S. 41–625.

[47] ISTVÁN KNIEZSA (1935; 1936): Pseudorumänen in Pannonien und in den Nordkarpathen. In: Archivum Europae Centro-Orientalis 1 (1935), S. 97–220; 2 (1936), S. 84–178, Budapest; Ders. (1934): Die ungarischen Beziehungen des slowakischen und polnischen Wanderhirtentums. In: Ethnographia, Budapest, S. 62 ff. Über das Wanderhirtentum ferner: WALTER MAAS (1931): Kritische Bibliographie zum Almwesen in den Karpathen. In: Karpathenland 4, S. 40–46, 94 f.

[48] Pseudorumänen, S. 127; auch JULIUS GRÉB im Brief an FRIEDRICH KRAUSS vom 11. 11. 1942. In: Südostdeutsches Archiv 5 (1962), S. 85.

[49] Leges et Statuta Communitatis Rosnaviensis et virorum 24 PAULO WASSHER et JACOBO COTAN suffra gatoribus 1574. 20 februarij Anno Domini 1574. Vgl. JÓZ MIKULIK (1885): Magyar kisvárosi élet 1526–1715 (Ungarisches Kleinstadtleben von 1526–1715). Rosenau. S. 250 ff., 258.

[50] Vgl. JULIUS LUX, Anm. 45, S. 115.

[51] GEORG STADTMÜLLER (1950): Geschichte Südosteuropas. München, S. 209.

Wanderhirten Vorrechte wie geringe Abgaben, eigene Rechtsprechung und unmittelbare Unterstellung unter die Königliche Kammer.

Das Sprachinselwörterbuch trägt mit seinem Wortschatz und der Berücksichtigung volkskundlicher Überlieferung zur Klärung historischer Abläufe bei. Es ist eine wahre Fundgrube für gewesene oder noch erhaltene Sachkultur einer Region, wobei die volkskundliche Absicht hinter der lexikalischen rangieren muß. Gerade aber der vor unseren Augen sich vollziehende Schmelzungsprozeß deutscher Sprachinseln erhöht den Wert des Sprachinselwörterbuchs für die Sprachwissenschaft, Volkskunde und Geschichtswissenschaft, weil es wie kaum ein anderes Werk eine Sprachinsel umfassend in ihrer Vielfalt fixiert und noch Jahrhunderte nach ihrer lebendigen oder eingeschränkten Existenz widerspiegelt. Das Sprachinselwörterbuch erfüllt so eine in die Zukunft weisende Aufgabe.

Rudolf Post

Das Pfälzische Wörterbuch – Abgrenzung, Materialsammlung und Erarbeitung

Das Pfälzische Wörterbuch, über dessen Erarbeitung hier in Schwerpunkten berichtet werden soll, gehört zu den sogenannten „großlandschaftlichen Dialektwörterbüchern" des Deutschen, deren Sammelphase schon abgeschlossen ist und deren Publikation sich dem Ende zuneigt. In etwa sechs Jahren wird mit Abschluß des Buchstabens *Z* das gesamte Werk publiziert sein. Gegenwärtig steht die Publikation mitten im Buchstaben *S*.

Grundsätzliche Fragen, die jeder, der ein Mundartwörterbuch beginnen will, im voraus zu klären hat, sind beim Pfälzischen Wörterbuch also schon seit Jahrzehnten entschieden. Hier begannen die Sammelarbeiten im Jahre 1913, die Publikation setzte im Jahre 1965 mit dem Buchstaben *A* ein. Alle Prinzipien, sowohl die der Materialsammlung wie auch die der Aufbereitung und Präsentation im Wörterbuch, sind, wenn auch nicht in jedem Falle expressis verbis, so doch durch die tägliche Praxis festgelegt, und ich will versuchen, unter der Vielfalt der Möglichkeiten, die grundsätzlich am Anfang der Erarbeitung eines Großraumdialektwörterbuchs stehen, diejenigen vorzustellen, die für das Pfälzische Wörterbuch gewählt wurden.

Wer eine Sammlung von Mundartwortschatz durchführen und publizieren will, muß sich zunächst dem Problem der Abgrenzung seines Werkes stellen. Hier ist zu entscheiden: welches Areal, welche sprachliche Varietät und welche zeitliche Schicht soll erfaßt und dokumentiert werden? Hinsichtlich der arealen Abgrenzung wurde entschieden, daß das damals zu Bayern gehörige Gebiet der linksrheinischen Pfalz, ein Areal mit etwa 700 Einzelorten erfaßt wird. Als Besonderheit des Pfälzischen Wörterbuchs kann gelten, daß es neben seinem eigentlichen Arbeitsgebiet, nämlich der Pfalz, noch die pfälzisch geprägten Siedlungsdialekte in Ost- und Südosteuropa sowie das sogenannte Pennsylvaniadeutsche mitberücksichtigt. Dem Themenschwerpunkt dieser Publikation entsprechend soll kurz dargelegt werden, nach welchen Methoden und in welchem Umfang sprachliches Material aus den Siedlungsmundarten Südosteuropas Eingang in das Pfälzische Wörterbuch gefunden hat.

Schon in der Hauptsammelphase, der Zeit zwischen den beiden Weltkriegen, waren die pfälzisch geprägten Siedlungsmundarten in Osteuropa und Amerika in das Blickfeld des damaligen Leiters der Sammelarbeiten zum Pfälzischen Wörterbuch, Ernst Christmann, gerückt. Doch erst sein Nachfolger, Julius Krämer, der 1954 die Leitung übernahm und der selbst aus einem Ort mit pfälzisch geprägter Siedlungsmundart in Galizien stammte, machte größere Anstrengungen, um diesen Siedlungsmundarten Aufnahme im Pfälzischen Wörterbuch zu verschaffen. Er versandte sogenannte Fragebögen „zur Erfassung von Wörtern und Wortformen auslandspfälzischer Mundarten" an aus Südosteuropa stammende und nun in Deutschland oder Österreich lebende Sprecherinnen und Sprecher, die in ihrer Heimat pfälzisch geprägte Siedlungsdialekte gesprochen hatten. Als „pfälzisch" galten dabei Mundarten, die von vier Sprachmerkmalen geprägt waren, nämlich *Appel* statt *Apfel, fescht* statt *fest, Haus, Eis* statt *Hus, Iis* und *das* statt *dat*. Betrachtet man das Gebiet, das in der Ursprungslandschaft von diesen Linien umschlossen wird, so geht es an vielen Stellen weit über das Arbeitsgebiet des Pfälzischen Wörterbuches hinaus, etwa im Saarland, in Rheinhessen, im Odenwald oder in der Kurpfalz.

In der Hauptsammelphase zur Erhebung des Sprachgutes der „Auslandspfälzer", wie Julius Krämer sie nannte, wurden 11 Fragebögen mit insgesamt 1400 Fragen versandt.

Krämer hatte ein Netz von ca. 200 Informanten aus etwa 150 Siedlungen aufgebaut und von ihnen diese Fragebögen schriftlich beantworten lassen. Von den 150 Siedlungen entfallen etwa 95 auf Galizien, 40 auf Batschka und Banat, auf die Bukowina 7 und auf das Schwarzmeergebiet (Beresaner Kolonien) 5. In vielen dieser Orte gab es eifrige Informanten, die über die Fragebögen hinaus spontanes Material lieferten, so daß manche Orte wie etwa Baginsberg, Dornfeld oder Obliska in Galizien, Schowe, Torscha, Tscherwenka oder Siwatz in der Batschka, Lenauheim, Lowrin, Gertianosch, Liebling oder Ulmbach im rumänischen Banat, Fratautz und Illischestie in der Bukowina sowie Speyer, Katharinental oder Sulz aus Rußland häufiger im Pfälzischen Wörterbuch auftauchen als viele Orte aus der Pfalz selbst.

Trotz der eifrigen Sammelarbeiten Krämers ist dieses für das Pfälzische Wörterbuch eingeholte Material aus Südosteuropa nicht in jeder Hinsicht repräsentativ, zu unausgewogen ist die Berücksichtigung der einzelnen Siedlungsgebiete, zu gering das abgefragte Korpus und zu problematisch die Frage, was in diesen Mundarten pfälzisch und was nichtpfälzisch ist, denn nach Krämers Devise sollen nur pfälzische, nicht aber andere Einflüsse, z. B. aus nichtpfälzischen Siedlungsdialekten, aus dem Österreichischen oder Slawischen, berücksichtigt werden. Trotz dieser Fragwürdigkeiten stellt das gesammelte Material für das Pfälzische Wörterbuch einen interessanten Hintergrund dar, vor dem innerpfälzische Sprachentwicklungen der letzten 200 Jahre klarer hervortreten. Es zeigt sich zudem häufig eine verblüffende Kontinuität in Wortschatzeigenheiten, Redensarten oder Volksreimen, doch kann aus der Präsentation von auslandspfälzischen Parallelen im Pfälzischen Wörterbuch kein umfassender Überblick über die Siedlungsmundarten selbst gewonnen werden.

Die Abweichung vom strengen Territorialprinzip, wie dies beim Pfälzischen Wörterbuch geschehen ist, kann aus der Sicht des Praktikers nicht unbedingt empfohlen werden, denn neben den schon angedeuteten methodischen Problemen kommt noch ein erheblicher Mehraufwand an Sammelarbeiten, und auch die angemessene Aufbereitung dieser Belege im Wörterbuch bereitet oft Schwierigkeiten.

Nach diesem Exkurs zu den Siedlungsmundarten im Pfälzischen Wörterbuch zurück zur weiteren Abgrenzungsproblematik eines Dialektwörterbuchs, nämlich zu der Frage nach den aufzunehmenden Sprachvarietäten, z. B. (regionale Umgangssprachen, verschiedene Sprecherschichten, mundartliche Neologismen, Fachsprachen, Sondersprachen, Orts-, Flurnamen usw.). Beim Pfälzischen Wörterbuch wurde so entschieden: Aufgenommen wird sowohl der mundartliche Sonderwortschatz wie auch der Wortschatz, der weitgehend mit der Standardsprache übereinstimmt. Auch im Arbeitsgebiet gesprochene Fach- und Sondersprachen werden berücksichtigt, soweit sie von den Sammlern gemeldet wurden. Systematische Befragungen zu Fachsprachen wurden mittels Fragebögen jedoch nur zur Maurersprache, zum Weinbau und zum Sachwortschatz des vorderpfälzischen Tabakbaus vorgenommen. Die Namen, besonders die Flurnamen, werden in eingeschränktem Umfang berücksichtigt.

Der dritte angesprochene Fragenkomplex betrifft die zeitliche Eingrenzung. Soll das Wörterbuch synchron oder diachron orientiert sein? Das Pfälzische Wörterbuch versteht sich als vorwiegend synchrones Dialektwörterbuch, berücksichtigt aber exemplarisch den historischen Wortschatz, soweit er für die Pfalz lokalisier- und datierbar ist. Historische Belege werden jedoch nur als solche kenntlich gemacht, wenn sie vor 1850 liegen, Quellen nach 1850 werden bei dem „lebenden" Wortschatz dokumentiert. Natürlich ist uns bewußt, daß das Material, das wir heute im Pfälzischen Wörterbuch publizieren, im strengen Sinn schon wieder historisch ist, denn es stammt größtenteils aus der Hauptsammelphase zwischen 1925 und 1940.

Nach diesem knappen Blick auf die Einordnung des Pfälzischen Wörterbuches in die unterschiedlichen Wörterbuchtypen soll die praktische Vorgehensweise bei der Wörterbucherstellung in Grundzügen dargelegt werden. Hier sind drei Hauptphasen hervorzuheben, nämlich die Materialsammlung, die Aufbereitung des Materials und schließlich die Publikation.

Die Materialsammlung für ein großlandschaftliches Dialektwörterbuch ist ein langwieriger und äußerst komplexer Vorgang, denn das durch die Sammlung entstehende Korpus soll in mehrfacher Hinsicht einem Vollständigkeitsideal entsprechen. Zum einen sollen alle Sachbereiche des Wortschatzes in möglichst umfassender Weise und einem ausgewogenen Verhältnis zueinander erfaßt werden. Es ist also so etwas wie eine lückenlose Darstellung der gesamten durch die Sprache erfaßten Welt angestrebt. Dieses Ideal konnte nicht in allen Fällen erreicht werden, und es müssen gewisse Disproportionalitäten eingestanden werden. So wurde beim Pfälzischen Wörterbuch z. B. der Sachbereich „Klickerspiel" durch zahlreiche Erhebungen und eine Vielzahl von Fragen bis in letzte Feinheiten durchleuchtet, während der etwas heikle aber doch sehr ergiebige Sexualwortschatz bei der systematischen Erhebung verschämt umgangen wurde und meist nur in spontanen

Meldungen einzelner Mitarbeiter aufscheint. Ein zweites Vollständigkeitsideal betrifft die gleichmäßige Streuung der Erhebungen über alle Orte des Arbeitsgebietes. Es ist also darauf zu achten, daß der Materialfluß aus allen Regionen des Arbeitsgebietes in gleicher Intensität in das Materialkorpus einströmt und daß nicht einzelne Gebiete über-, andere aber unterrepräsentiert erscheinen. Zudem sollen alle relevanten Erscheinungen auf den verschiedenen sprachlichen Ebenen, seien es nun Lautung, Formenlehre, Syntax, Semantik usw. Berücksichtigung finden. Diese Ideale lassen sich nur näherungsweise erreichen, sollten aber nie aus dem Auge verloren werden. In der Regel muß bei einem großlandschaftlichen Wörterbuch eine auf mehrere Jahrzehnte anzusetzende Sammelarbeit geleistet werden, um an diese Ideale annähernd heranzukommen.

Das Material für das Pfälzische Wörterbuch wurde in der Sammelphase auf unterschiedlichen Wegen und aus unterschiedlichen Quellen gewonnen, von denen die wichtigsten kurz genannt seien:

Ein wichtiges Instrument der Materialerhebung stellen Fragebögen dar, die in alle Aufnahmeorte geschickt wurden und in denen in der Regel präzise Fragen gestellt wurden, die sich auf die jeweilige Ortsmundart beziehen. Die Hauptmasse der Fragen sind Bezeichnungsfragen, also z. B. „Wie bezeichnet man in Ihrer Mundart einen kleinen Teich im Ort, in dem sich Enten und Gänse tummeln?“ Es gibt aber auch Bedeutungsfragen, z. B. „Was bedeutet *auf die Schnurr gehen*?“. Daneben gibt es Fragen zu bestimmten Lautungen, zur Formenlehre oder auch zu volkskundlichen oder sachkundlichen Problemen. Als Mitarbeiter für diese Fragebogenerhebungen wurden durch Dekret der Schulverwaltungen die jeweiligen Dorfschullehrer herangezogen, die diese Fragebögen mit Ortsansässigen durchzugehen und auszufüllen hatten. Die Antworten wurden dabei in Laientranskription niedergeschrieben, die keine phonetischen Feinheiten erfassen konnte. Häufig merkt man den Fragebögen heute noch die Verzweiflung an, mit denen die Gewährspersonen versucht haben müssen, die Feinheiten der Mundart mit dem bloßen Inventarium des bekannten Alphabets abzubilden. Insgesamt wurden in diesen Fragebögen (in mir nicht einsichtiger Abfolge) knapp 2000 Fragen pro Ort gestellt.

Zusätzlich zu diesen Fragebögen, die mit präzisen Fragen einzelne Wörter erhoben, gibt es noch solche, die der breiteren Beantwortung geschlossener Themenbereiche dienen sollten. Solche Fragebögen haben meist ein Thema, z. B. „Bewegung“, „Ehe und Familie“, „Heuernte“ und regen die Gewährsleute an, einzelne Unterpunkte dieser Bereiche durchzugehen und Mundartwörter zu diesen Themen zu notieren.

Zusätzlich zu diesen Befragungen vor Ort wurden wissenschaftliche oder populäre Abhandlungen zu den Mundarten des Arbeitsgebietes sowie die reiche pfälzische Mundartliteratur ausgewertet. Für die historische Komponente wurden Archivalien und Editionen aus dem pfälzischen Raum in Auswahl berücksichtigt.

Diese bisher genannten Quellen sind als schriftliche Quellen zu betrachten, erst mit dem Fortschreiten der Technik war es möglich, Mundart auf Tonband aufzuzeichnen. Hier wurde, insbesondere zur Absicherung der phonetischen Angaben seit den fünfziger Jahren, Mundart auf Tonband aufgenommen und teilweise transkribiert. Bei phonetischen Problemfällen werden heute gelegentlich knappe telefonische Umfragen gestartet.

Nach diesem Blick auf einige Prinzipien der Materialgewinnung soll auf die Materialaufbereitung näher eingegangen werden, denn das gesammelte umfangreiche Material muß ja in irgendeiner einsichtigen Weise abgelegt und für die spätere Wörterbuchfassung vorbereitet werden, da ein Stapel Fragebögen, ein Mundartgedicht oder eine Tonbandspule nicht unmittelbar in ein Wörterbuch überführt werden können. Als zentrales Sammel- und Ordnungsinstrument wurde hierzu ein Zettelkatalog aufgebaut, bei dem jede Wortform unter genauer Angabe des Herkunftsortes oder der schriftlichen Quelle auf einem eigenen Zettel notiert und dann nach Stichwörtern alphabetisch sortiert abgelegt wurde. Insgesamt kamen beim Pfälzischen Wörterbuch auf diese Weise dann ca. 1,5 Millionen Belege zusammen, die in Hunderten von Karteikästen das Material für die spätere Bearbeitung bilden. Ein Zettelarchiv war das ideale Arbeitsinstrument der Lexikographen von den Zeiten der Brüder Grimm bis in die Gegenwart. Heutzutage wäre für ein derartiges Projekt jedoch zu fordern, daß man anstelle der Zettelkästen eine elektronische Datenbank als zentrales Sammel- und Ordnungsinstrument nutzt. Dies hätte den Vorteil, daß man nicht nur nach den Stichwörtern systematisch auf das Material zugreifen könnte, sondern genausogut nach den Herkunftsort, die Quelle, der Wortart, der Bedeutung oder nach bestimmten Lautumgebungen fragen könnte.

Doch auch in Fällen, in denen in einem bereits laufenden Projekt mit Zettelarchiv nachträglich die Vorteile der EDV genutzt werden sollen, lassen sich sinnvolle Möglichkeiten des Einsatzes finden. Ich nenne einige Beispiele aus der Praxis der Pfälzischen Wörterbuchkanzlei: Zusätzliche Quellen, die ohnehin elektronisch vorliegen, also elektronisch gespeicherte Druckvorlagen von Mundartliteratur oder durch einen Scanner eingelesene Volltexte können weitgehend automatisch aufbereitet und in Ausdrucken dem Zettelkatalog zugeführt werden. Die zahlreichen Fragebögen der Erhebungen zum Pfälzischen Wörterbuch sind zwar weitgehend verzettelt, jedoch noch nicht alle dialektgeographisch aufbereitet, d. h. es existieren noch keine Karten, auf denen die Verbreitung der einzelnen Formen ersichtlich wäre. Hier werden die Fragebögenantworten einfach in den Computer eingegeben, der dann automatisch über einen angeschlossenen Plotter oder Drucker die zugehörige Sprachkarte zeichnet. Gleichzeitig wird eine sortierte Liste aller gemeldeten Formen in der wörterbuchüblichen Zitierreihenfolge erstellt.

Wichtiger als bei der Aufbereitung des Materials ist jedoch der Computer bei der Herstellung der Druckvorlage. Hier können Zeit und vor allem Kosten gespart werden, Fehler vermindert und stumpfsinnige manuelle Arbeitsabläufe wie das mehrmalige Abschreiben desselben Manuskripts und umständliche Korrekturen erheblich reduziert werden. Bevor dies jedoch bei einem Wörterbuch mit einer relativ aufwendigen typographischen Struktur und zahlreichen Sonderzeichen geleistet werden konnte, waren mehrere grundsätzliche Probleme zu lösen, die weitgehend mit der Struktur der einzelnen Wortartikel und ihrer typographischen Aufbereitung zusammenhingen.

Das Pfälzische Wörterbuch ist ein streng alphabetisches Wörterbuch, die Stichwortansätze orientieren sich an der Standardsprache, und wo keine unmittelbaren Entsprechungen zur Standardsprache existieren, wird eine „verhochdeutschte" Form angesetzt. Der Ansatz eines solchen Konstruktlemmas erwies sich als sinnvoll, da so alle mundartlichen Varianten eines Lemmas (also für „Ameise" etwa *Emetz, Ominds, Amendsel* usw.) an einer Stelle vereinigt werden konnten, während sie bei streng mundartlichem Ansatz jeweils unter *A, E, O* usw. angeführt hätten werden müssen. Innerhalb eines Lemmas als zentraler Informationsklasse wird eine semantische Untergliederung vorgenommen, d. h. unterschiedliche Bedeutungen des Stichwortes werden durch Aufgliederung nach dem Schema 1 a α usw. hervorgehoben. Innerhalb der semantischen Differenzierung werden Lautformen und Lautgeographie abgearbeitet, d. h., um bei dem genannten Beispiel „Ameise" zu bleiben, es wird dokumentiert, in welchen Orten oder Gebieten die Form *Emetz,* wo *Ominds* oder *Amendsel* gebraucht werden. Daneben finden sich Angaben zur Wortbildung, Wortverwendung, Wortgeschichte oder zu benachbarten Wörterbüchern.

Viele dieser sinnvollen, nach einem strengen Schema abzuarbeitenden Informationsklassen wurden schon vor Einsatz des Computers aus Gründen der Benutzerfreundlichkeit durch eine besondere typographische Gestaltung markiert. So werden Stichwort und Gliederungspunkt stets fett hervorgehoben. Mundartbelege, sowohl in populärer Umschrift wie auch in phonetischer Umschrift (nach dem Teuthonista-System) sind stets kursiv gehalten, Herkunfts- oder Quellenangaben werden in eckige Klammern gesetzt, während Verweise stets gesperrt werden. Als wir 1981 beim Buchstaben *K* mit dem Einsatz von Computern zur Manuskripterstellung begannen, hatten wir den Ehrgeiz, die bestehende typographische Gestaltung nicht anzutasten, sondern genauso zu übernehmen. Es war damals die Zeit, da es schon als Wunder angesehen wurde, wenn man auf dem Computer die deutschen Umlaute auf den Bildschirm oder über den Drucker brachte, und wir benötigten nicht nur phonetische Sonderzeichen, sondern auch verschiedene Schriftarten wie Kursive, Kapitälchen oder griechische Buchstaben zum Gliedern usw.! Mit Hilfe zweier graphikfähiger APPLE II Computer und eines selbstgeschriebenen Programms konnten wir jedoch bald beginnen. Die mit Computer geschriebenen Texte wurden damals für die Druckerei noch auf Lochstreifen ausgegeben.

Heute sieht alles anders aus, wenngleich wir wegen unseres frühen Einstiegs und unserer schon vor Jahren mit der Druckerei abgesprochenen Kodierungen nicht mehr auf dem neuesten Stand sein dürften. Wir verwenden z. Zt. ein Textverarbeitungsprogramm namens CHI-Writer, das standardmäßig schon eine Fülle von Zeichensätzen verwaltet und das zusätzlich noch mittels eines mitgelieferten Font-Editor die Möglichkeit bietet, unsere eigenen Zeichensätze für Bildschirm, Nadel- oder Laserdrucker zu erzeugen oder zu verändern. Für interne Korrekturarbeiten wird das Manuskript auf einem Laserdrucker ausgegeben. Die Daten werden zum Schluß in einem leicht lesbaren Format auf Diskette abgelegt und so von der Druckerei für die Fotosatzanlage konvertiert. Das Ideal für ein Dialektwörterbuchunternehmen stellt meines Erachtens ein Textverarbeitungsprogramm dar, das einerseits die Möglichkeit bietet, selbstgenerierte Zeichensätze einzubinden und andererseits diese ohne Probleme in verschiedenen Größen auf den gängigen Nadel- oder Laserdruckern wie auch auf Fotosatzanlagen ausgeben kann.

Die relativ komplexe typographische Gestaltung des Wörterbuchtextes hat sich im nachhinein als Glücksfall erwiesen; die verschiedenen Markierungen für die jeweiligen Schriftarten sind gleichzeitig eine Hilfe für die weitere elektronische Auswertung des Wörterbuchtextes, denn sie markieren ja eindeutig bestimmte Informationsklassen. So kann beim Pfälzischen Wörterbuch ein eigenes Korrekturprogramm alle Verbreitungs- und Quellenangaben innerhalb der obligatorischen eckigen Klammern herausziehen und mit dem Verzeichnis der Abkürzungen und Quellen abgleichen. So werden zahlreiche tückische Fehler entdeckt. Selbstverständlich können auch andere Formalien der Wortartikel wie konsequente Klammerung, richtige alphanumerische Abfolge der jeweiligen Gliederungspunkte oder die alphabetisch richtige Abfolge von Stichwörtern und Verweisen vom Computer überprüft werden. Ein weiteres Programm verwaltet automatisch alle Wörterbuchverweise, denn der Computer weiß, daß jedes gesperrte Wort im Wörterbuchtext ein Verweis sein muß. Jeder, der heute eine Wortschatzsammlung anlegt, sollte darauf achten, daß er, wenn er schon die Informationsklassen seiner Wortartikel nicht in eigens eingerichteten Feldern einer Datenbank abgelegt hat, dann zumindest innerhalb des Wörterbuchtextes klare Markierungssignale für einzelne Informationsklassen einrichtet.

Das zunächst nur für die Druckvorlage erstellte elektronisch abgelegte Manuskript steht damit für weitere Analysen offen. Man kann z. B. alle Zusammensetzungen zu einem bestimmten Wort suchen lassen, die Zitate einer bestimmten Quelle aus dem Wörterbuch herausziehen lassen, alle auf die verschiedensten Artikel verteilten Sprichwörter zusammenstellen, bestimmte Wortbildungsmuster untersuchen usw. Das Material der ersten drei Bände, das noch vor dem Computereinsatz gedruckt worden war, wurde in verkürzter Form nachträglich in den Computer eingegeben, so daß heute automatisch auf alle bisher publizierten etwa 60 000 Stichwörter und Bedeutungen zugegriffen werden kann.

Aus den Erfahrungen bei der Arbeit am Pfälzischen Wörterbuch kann ich daher jeden, der eine Wortschatzsammlung anlegt, ermuntern, dies mit Hilfe eines Computers zu tun. Dieser ersetzt zwar keine philologische Kleinarbeit, doch er ist im Vergleich zu einem Karteikasten oder einer Schreibmaschine ein wesentlich mächtigeres, vielseitigeres und nervenschonenderes Arbeitsgerät.

Sigrid Haldenwang

Das Siebenbürgisch-Sächsische Wörterbuch innerhalb der deutschen Mundartforschung.

Eigenheiten und Aufbau

Unser Wörterbuch will den Wortschatz der rund 250 siebenbürgisch-sächsischen Ortsmundarten in ihrer lautlichen, grammatikalischen und bedeutungsmäßigen Eigenart möglichst weitgehend erfassen und nach wissenschaftlichen Grundsätzen bearbeitet wiedergeben.

Das Siebenbürgisch-Sächsische ist eine typische Kolonistenmundart, die durch Mischung und Ausgleich im Laufe von über 800 Jahren getrennt vom binnendeutschen Raum eine eigenständige, gut übersehbare Entwicklung durchgemacht hat. Ihre sprachlichen Eigentümlichkeiten weisen sie als eine westmitteldeutsche, enger gefaßt eine mittelfränkische Mundart aus, die während ihrer Entwicklung in Siebenbürgen ostmitteldeutsche und oberdeutsche Eigentümlichkeiten aufgenommen hat[1]. Die meisten Gemeinsamkeiten hat sie mit dem Dialekt, der im binnendeutschen Raum zwischen Köln und Trier gesprochen wird, sowie mit dem Luxemburgischen. Einige Spracheigentümlichkeiten der Mundart führen aber auch weiter nördlich ins Flämische und Wallonische.

Die siebenbürgisch-sächsische Mundart zerfällt nach dialektgeographischen Kriterien in das Südsiebenbürgische und das Nordsiebenbürgische, die ihrerseits nicht einheitlich sind. Als wichtigstes „Einheitsmoment"[2] des Siebenbürgisch-Sächsischen wertet Andreas Scheiner „den rheinischen Akzent", dessen artikulatorische Auswirkungen die Lautgestalt der gesamten Sprachlandschaft geprägt haben. Weitere Gemeinsamkeiten zeigen die grammatische Struktur und der Wortschatz. Die tiefste Trennungslinie zwischen dem Norden und dem Süden ergeben zwei Auslauterscheinungen: die „Eifler Regel"[3] oder der n-Abfall in Satzphonetik und Wortzusammenhang (*katsəmusik* ‚Katzenmusik'), die heute ausschließlich in Südsiebenbürgen wirksam ist, und die regressive Erweichung stimmloser Ver-

[1] Siehe dazu Kurt Rein (1963): Der bairische Anteil am Siebenbürgisch-Sächsischen nach den Karten des Siebenbürgisch-Sächsischen Sprachatlasses. In: Südostdeutsches Archiv 4, 27–64; Ernst Schwarz (1957): Die Herkunft der Siebenbürger und Zipser Sachsen. München. S. 64.

[2] Andreas Scheiner (1915): Das Einheitsmoment unserer rheinischen Mundart. In: Korrespondenzblatt des Vereins für siebenbürgische Landeskunde 38. Jg., 33 ff.

[3] Bernhard Capesius (1965): Wesen und Werden des Siebenbürgisch-Sächsischen. In: Forschungen zur Volks- und Landeskunde 8/1, 15 f.

schlußlaute vor stimmhaften (*bagd bruit* ‚bäckt Brot‘) als nordsiebenbürgische Eigentümlichkeit.

Aus historischer Sicht ist das Siebenbürgisch-Sächsische Wörterbuch die Fortsetzung eines um die Jahrhundertwende begonnenen Wörterbuchs unter der Leitung von ADOLF SCHULLERUS. Es handelt sich um die in der Zeitspanne 1908–1924 erschienenen beiden ersten Bände (A – F) und um den 5. Band, zwei Lieferungen (R – Salarist)[4]. Dank einer wissenschaftlichen Vereinbarung im Jahre 1955 der Akademie Rumäniens und der Deutschen Akademie der Wissenschaften zu Berlin — heute Sächsische Akademie der Wissenschaften zu Leipzig — sind, nach einer vierzigjährigen Unterbrechung, zwischen 1971 und 1975 in Zusammenarbeit des rumänischen Akademieverlags (Bukarest) mit dem Walter de Gruyter Verlag (Berlin) die Bände G, H – I – J und K erschienen. Nach einer mehrjährigen Pause in der Drucklegung und vielen Bemühungen konnte Band L in Zusammenarbeit des rumänischen Akademieverlags (Bukarest) mit dem Böhlau-Verlag (Köln, Wien) 1994 endlich herausgebracht werden.

Ein Wörterbuch kann ohne eine sinnvoll angelegte Mundartmaterialgrundlage nicht zustandekommen. Unser Wörterbucharchiv setzt sich wie folgt zusammen: 1. Das im Laufe von etwa hundert Jahren von geschulten und ungeschulten freiwilligen Sammlern wie auch von einzelnen Bearbeitern zusammengetragene Zettelarchiv. 2. Ausschriften aus: historischen Quellen und Archiven (13. Jh. bis 1848), schöngeistiger Mundartliteratur und Wortschatzsammlungen. 3. Direktaufnahmen, die seit Ende der 50er Jahre von den Bearbeitern im größten Teil des Mundartgebietes durchgeführt wurden. Sie werden heute im Rahmen der Möglichkeit fortgesetzt, so daß unser Wortschatzarchiv zur Zeit über eine Million Zettel zählt. Aufgrund dieser Materialgrundlage belegt das Wörterbuch den Allgemeinwortschatz in allen bäuerlichen Lebensbereichen, im Alltag und bei festlichen Gelegenheiten, es berücksichtigt die mundartliche Volks- und Kunstdichtung, erfaßt Sprichwörter, Rätsel und Kinderspiele sowie aus dem Rumänischen und Magyarischen übernommene Entlehnungen. Hinzu kommen von den Eigennamen alle toponomastischen Bezeichnungen im weitesten Sinne, aber keine Personennamen, außer solchen Vornamen, die zahlreiche lautliche Varianten aufweisen oder auch im Sinne von Gattungsnamen auftreten.

In methodischer Sicht wird heute grundsätzlich die von ADOLF SCHULLERUS begonnene Wörterbuchanlage beibehalten, doch unterscheidet sich die Ausarbeitung seit 1957 in anderer Hinsicht von der alten Auffassung, da sie das Sprachliche in den Vordergrund stellt, volkskundliche und kulturgeschichtliche Exkurse in hochdeutscher Sprache vermeidet und stattdessen knappe Definitionen und Erläuterungen zum Text bringt. Die Gestaltung des Wörterbuchs ist hauptsächlich auf Bedeutungsanalyse, lautlich-grammatikalische Fragen, Wortbildungsmuster, Synonymik ausgerichtet. Auch Bemühungen um die Etymologie bleiben nicht aus.

[4] Der von JOHANN ROTH fertiggestellte Buchstabe R erschien als Bd 5 [alte Zählung]: 1. Lfg 1929, 2. Lfg 1931 unter Betreuung von FRIEDRICH KRAUSS, der Anfang des von FRIEDRICH HOFSTÄDTER teilweise fertiggestellten Buchstabens G aus dem Nachlaß herausgegeben von GUSTAV GLÖCKNER (1890–1962) in derselben Lieferung (Bd 5, 2).

Die Stichwörter werden grundsätzlich in schriftsprachlicher Form angesetzt. Nur wo eine gebräuchliche schriftdeutsche Form fehlt und auch keine etymologisch vertretbare gebildet werden kann, erfolgt der Ansatz in mundartlicher Form. Es handelt sich dabei besonders um aus dem Rumänischen und Magyarischen übernommene Wörter sowie um Eigenwörter der sächsischen Mundart mit Ausnahme solcher, die in die schriftdeutsche Literatur Siebenbürgens eingegangen sind. In zusammengesetzten Stichwörtern erscheinen zuweilen auch schriftsprachlich-mundartliche Mischformen: z. B. *Kokəš*blume, *Kokəš*kamm.

Die Anordnung der Stichwörter erfolgt streng nach dem Alphabet. Dabei haben die bei mundartlichen Ansätzen verwendeten Lautschriftzeichen ihre bestimmte Einordnung. Das Wörterbuch verwendet nicht die internationale, sondern eine eigene Lautschrift, deren Zeichenerklärung angegeben wird. Zur Erleichterung für den Benutzer werden Verweise von solchen mundartlichen Varianten, die vom Schriftdeutschen abweichen, auf das Stichwort gemacht, z. B. *Läsəl, Lą̄səl* s. Leitseil. Verweise von hochdeutschen Stichwörtern, die in der Mundart fehlen, werden dann gemacht, wenn es sich um sehr gebräuchliche Wörter handelt, z. B. Marienkäfer fehlt der Ma., Syn. (Synonym) s. unter Goldöchschen.

Die Wörterbuchartikel bestehen grundsätzlich aus drei Teilen: Angabe der Lautvarianten, der Wortbedeutung (der Bedeutungsgruppen) und der Zusammensetzungen (mit dem Stichwort als Grundwort). Bei den Stichwörtern mit zahlreich belegten Lautvarianten (besonders bei Verben, Substantiven) werden (ab Band L) — wenn möglich — die Vokalvarianten ihrer lautgeographischen Verbreitung entsprechend gebietsweise erfaßt, z. B. „Lautvariante -*o*-“ verbreitet im Kokelgebiet, Unterwald, Umgebung Hermannstadt usw.; daran schließen im Mundartgebiet verstreute Einzellautungen mit Ortssigle in runder Klammer an. Um eine bessere lautgeographische Übersicht zu erhalten, wird bei umfangreichen Lautköpfen auch die Einteilung in ‚ssbg‘ (südsiebenbürgisch) und ‚nsbg‘ (nordsiebenbürgisch) gemacht.

Die Bedeutungsanalyse führt vom konkreten zum übertragenen Wortgebrauch. Die Anordnung der Bedeutungsgruppen weist untereinander eine anreihende Darstellungsweise auf. Es wird grundsätzlich nach semantischen Gesichtspunkten gegliedert; in manchen Fällen bestimmt die Wortart die Gliederung nach einem grammatischen Gesichtspunkt. Z. B. „hallo“ *halō (halō, hālo)* 1. Interjektion: *halō, bleiw əweniX štōn!* ‚bleib ein wenig stehn!‘ (Hermannstadt). 2. Substantiv: *nuą̄, dą̄t wą̄r ən halō!* ‚ein freudiger Lärm‘ (Heldsdorf).

Eine Besonderheit unserer Wörterbuchgestaltung bildet der Einbezug der siebenbürgischen Urkundensprache, was bei binnendeutschen Wörterbüchern nicht der Fall ist. Belege aus der alten Sprache (bis 1848) werden unter dem Gesichtspunkt ihrer Bedeutung für den mundartlichen Einfluß auf die deutsche Schriftsprache in Siebenbürgen oder für die Geschichte der deutschen Sprache gebracht. Eine andere Besonderheit ergibt sich durch die Datierung der innerhalb einzelner Bedeutungsabschnitte folgenden Satzbeispiele nach Perioden in chronologischer Folge (z. B. einem Satzbeispiel mit Datierung 1960 mit Ortsangabe folgen Belege ohne Jahresangabe, die sechziger Jahre werden schließlich mit dem letzten Satzbeispiel, z. B. 1968, mit Ortssigle abgeschlossen. Mittels dieser Methode ergeben sich Anhaltspunkte sowohl für das Leben eines Wortes als solches als auch für den Wandel der sozialökonomischen Grundlage im Laufe der Zeit. Wenn etwa das Stichwort „Kollektiv" im Sinne von ‚landwirtschaftliche Produktionsgenossenschaft' (LPG) mit all seinen Zusammensetzungen wie z. B. Kollektivbauer, -besitz, -biene (Bienenstock der LPG) sowie die Ableitungen „kollektivisieren" im Sinne von ‚kollektivieren', „Kollektivist" im Sinne von ‚Mitglied der LPG' um 1960–1989 belegt sind, werden diese Begriffe nach der Wende in Rumänien sehr bald aus dem Wortschatz des Siebenbürgisch-Sächsischen verschwinden, da es die landwirtschaftliche Produktionsgenossenschaft als Einrichtung der Landwirtschaft nicht mehr gibt.

Auch bezüglich der Synonymenhinweise wird jedes Mundartwörterbuch seine hauseigene Methode haben. Die Synonymenzentrale, wo möglichst alle sinngleichen Wörter aufgezählt werden, steht gleich anschließend an jede Bedeutung, sie wird erfahrungsgemäß möglichst zu einem Wort verlegt, das am Ende des Alphabets steht, da im Laufe der Bearbeitung aller Buchstaben noch neue Synonyme hinzukommen. So wird z. B. bei dem Stichwort „Möhrensau" im Sinne von „schlampige Frau" stehen: Syn. s. unter „Schlampe"; bei „Kindersammler" im Sinne von „Kinderschreck", Syn. s. unter „Baubau" und „Tutdirnichts", da in den Schullerusbänden die Synonymenzentrale schon unter dem Stichwort „Baubau" festgelegt wurde, aber aus Mangel an Übersicht nicht alle sinngleichen Wörter berücksichtigt werden konnten. Für nur sinnverwandte Wörter werden auch Vergleichszentralen angelegt.

Der sächsische Wortschatz umfaßt außer einem Grundbestand an Wörtern, der im großen und ganzen der deutschen Sprache entspricht, auch einige Sonderkategorien. Handelt es sich um deutsche Mundartwörter, werden diese durch das Lemma einem binnendeutschen Etymon zugeordnet, und am Ende des Wortartikels wird nach Gedankenstrich mit dem Hinweis Vgl. auf die entsprechenden deutschen Mundartwörterbücher verwiesen. Z. B. Kneist *knoiszt* (Hundertbücheln) ‚Schmutz', ‚schmutziger Mensch', ‚unangenehmer, geiziger Mensch', ‚Geiz', ‚Schindmähre'. — Vgl. Gneist (DWB 4, I, 5, 630[5]); Knist (Rhein. Wb. 4, 961[6]).

Bei siebenbürgisch-sächsischen Wortbildungen wird angedeutet, daß diese im binnendeutschen Raum fehlen. Z. B. möghaftig mĩXhaftiX (Hermannstadt) ‚imstande, in der Lage sein'. — Fehlt DWB.

Mit Gedankenstrich in die nächste Zeile abgesetzt und gesperrt gedruckt wird angeführt: 1. Das mittelhochdeutsche (mhd.) Etymon deutscher Wörter, deren sprachgeschichtliche Entwicklung deutlich verfolgt werden kann. 2. Das Etymon solcher Wörter, die aus der Schriftsprache und anderen deutschen Dialekten verschwunden sind. 3. Das fremde Etymon bei Entlehnungen aus dem Rumänischen, Magyarischen, Lateinischen, Slawischen usw.

1. Z. B. Leitgeb *letšəf* (Groß-Schenk), in der alten Sprache ‚Schankrecht, Aus-

[5] Jakob Grimm, Wilhelm Grimm u. a. (1854–1971): Deutsches Wörterbuch. 33 Bde. Leipzig.

[6] Rheinisches Wörterbuch. Hrsg. von Josef Müller u. a. 9 Bde. Bonn, 1928–1971.

schank‘ sowie ‚Schankwirt‘, in der Mundart ‚Wirtshaus‘. — Vgl. DWB 6, 737; ein bairisch-österreichisches, ostmitteldeutsches Wort (KLUGE 433[7]).
— Zu mhd. lîgëbe, leutgebe, leikebe ‚Schankwirt‘ (LEXER, Hwb. 1, 1939[8]).
2. Z. B. Gedechse *gədaisz* (Alzen) i. d. alten Sprache u. i. d. Mundart; ‚selbstgewebte, weiße Leinenwäsche (Körper- und Bettwäsche)‘; übertr. mal. (mundartlich): ‚Scheltwort für Frauen‘, ‚kleines Kind‘, ‚Ungeziefer‘.
— Zu mhd. dëhse ‚Spinnrocken‘, dëhsen ‚Flachs schwingen‘ (LEXER; Hwb. 1, 416)
3. Z. B. *Kortorār* ‚Zigeuner‘ (Galt).
— Rum. corturar ‚Zeltbewohner, Wanderzigeuner‘.
Mit Gedankenstrich in die folgende Zeile abgesetzt wird auch die Behandlung unklarer Etymologien, über deren Deutung Uneinigkeit besteht, und etymologische Erwägungen.

Um das altererbte Sprachgut von dem aus der Schriftsprache (oder deutschen Umgangssprache) hinzugekommenen zu trennen, wird gleich zu Beginn des Stichwortes der Vermerk gemacht: aus der Schriftsprache bzw. a. d. dt. Umgangssprache. Daneben kann in runder Klammer hinzugefügt stehen: ‚neu‘, ‚neuer‘, ‚selten‘, ‚kaum gebräuchlich‘, ‚veraltet‘.
Z. B. Likör *likör* (Hermannstadt) a. d. Schriftsprache (neu); Kutsche *kutš* (Schweischer) a. d. Schriftsprache (neuer); Lulatsch *lulatš* (Fogarasch) ‚langer, schlampiger Mensch‘ a. d. dt. Umgangsprache (selten); lynchen *lintxən* (Hermannstadt) a. d. Schriftsprache (kaum gebrl.); Kurschmied *kūršmit* (Rätsch) ‚Roßarzt, verallgemeinert Tierarzt‘ a. d. Schriftspr. (veraltet).

Damit werden dem Leser Anhaltspunkte über das Leben des betreffenden Wortes in der Mundart vermittelt. Letztlich werden dadurch Ausdrücke und Wendungen der echten Mundart von denen getrennt, die oft nur ein Hochdeutsch in siebenbürgisch-sächsischer Lautung darstellen, dem würdigen Kanzelton nacheifern und sich daher auf Rede und Gegenrede bei feierlichen Anlässen beschränken. Diese werden mit dem vor- oder nachgestellten Hinweis ‚i. gehob. Spr.‘ (in gehobener Sprache) gekennzeichnet.
Z. B. das a. d. Schriftsprache von der Mundart übernommene und nur in gehobener Sprache verwendete Wort „Lobgesang“ im Satzbeispiel: *əsi sanyən ij ən liufgəseuŋ* (Reußen) ‚so singe ich einen Lobgesang‘.

Das gesamtsiebenbürgische Wörterbuch darf nicht als Parallelunternehmen zu dem Nordsiebenbürgischen Wörterbuch[9] betrachtet werden, da es den nordsieben-

[7] FRIEDRICH KLUGE: Etymologisches Wörterbuch der deutschen Sprache. 19. Aufl. bearb. von WALTHER MITZKA. Berlin, 1963.

[8] MATTHIAS LEXER (1872–1978): Mittelhochdeutsches Handwörterbuch. 3 Bde. Unveränderter Nachdruck Stuttgart, 1974.

[9] FRIEDRICH KRAUSS (1986): Nordsiebenbürgisch-sächsisches Wörterbuch. Bearbeitet von GISELA RICHTER, Bd. I (A - C). Böhlau Verlag, Köln/Wien. GISELA RICHTER (1990): Nordsiebenbürgisch-sächsisches Wörterbuch, aufgrund der nachgelassenen Sammlungen von FRIEDRICH KRAUSS. Bd. II (D – G). Böhlau Verlag, Köln/Wien. GISELA RICHTER, HELGA FESSLER (1993): Nordsiebenbürgisch-sächsisches Wörterbuch, aufgrund der nachgelassenen Sammlungen von FRIEDRICH KRAUSS. Bd. III (H – M). Böhlau Verlag, Köln/Weimar/Wien.

bürgischen Mundartenraum zwar miterfaßt, ihn aber nicht mehr berücksichtigen kann als die übrigen Kleinräume des ganzen sächsischen Mundartgebietes. Die Weiterführung und Herausgabe des Siebenbürgisch-Sächsischen Wörterbuchs erscheint sinnvoll, da auch die Ortschaften Südsiebenbürgens nicht mehr in der früheren Geschlossenheit existieren und die Massenauswanderung der Siebenbürger Sachsen das Verschwinden der Ortsmundarten beschleunigt. Auch für die deutsche Mundartforschung ist die Erfassung des gesamtsiebenbürgischen Wortschatzes von besonderem Interesse, weil unsere Inselmundart „nach wie vor lebendige Belege für älteste Sprachzustände liefert, die der modernen Mundartforschung helfen, älteste Lautungen des Gesamtmittelfränkischen Raums zu erschließen"[10].

[10] Robert Bruch (1953): Grundlegung einer Geschichte des Luxemburgischen. P. Linden, Hofbuchdruckerei/Luxemburg, S. 103 f.

Gisela Richter

Zu Anlage und Anliegen des Nordsiebenbürgisch-Sächsischen Wörterbuchs

Jeder noch so kurz gefaßte Bericht über das Nordsiebenbürgisch-sächsische Wörterbuch muß mit der Nennung und Würdigung seines Begründers anfangen. Friedrich Krauss, der am 31. 12. 1892 geboren wurde, also vor 100 Jahren, hat Wörter- bzw. Sätzesammlungen in den nordsiebenbürgisch-sächsischen Ortsdialekten angelegt, durch sein langes Leben hindurch auf rund 850000 Zettel erweitert und den Band 1 des Nordsiebenbürgischen Wörterbuchs als handschriftlichen Rohentwurf hinterlassen, als er, nach meritorischer Tätigkeit im Dienst der Dialektforschung — nachzulesen bei Karl Kurt Klein sowie in mehreren Nachrufen wie auch in der Einleitung zu Band 1 unseres Wörterbuchs[1] —, am 5. April 1978 starb.

Die Rheinische Friedrich-Wilhelms-Universität Bonn, Besitzer seines Nachlasses, hat im Einverständnis mit dem Arbeitskreis für Siebenbürgische Landeskunde und mit Unterstützung der Deutschen Forschungsgemeinschaft dafür gesorgt, daß die Arbeit von Friedrich Krauss weitergeführt werden konnte. Am 1. 1. 1980 haben eine hauptamtlich und eine nur teilzeitlich beschäftigte wissenschaftliche Mitarbeiterin (Gisela Richter und Helga Fessler) die Bearbeitung und Herausgabe des Werks übernommen. Der Wörterbuchbeirat, d. h. die Professoren Werner Besch, Bonn, Kurt Rein, München und Anton Schwob, Graz, sowie Roswitha Santa, Freiburg, haben das Konzept der Bearbeiterin nach eingehender Prüfung und Aussprachen darüber genehmigt und seither die Arbeit immer gefördert. In alljährlichen Beiratssitzungen sind Gesamtorientierung und unzählige Einzelfragen erörtert und geklärt worden. Der Beirat hat die Manuskripte durchgesehen und, nach Berücksichtigung mancher seiner Einwände, gutgeheißen.

Zur Gestaltung des Wörterbuchs

Das *Material*, synchron angelegt (Zitate aus der Urkundensprache sind selten und eher zufällig), durch notwendige Ergänzungen unsererseits nicht unwesent-

[1] Karl Kurt Klein (1943): Die Nösner Germanistenschule. Bistritz. S. 198 ff.
Nordsiebenbürgisch-Sächsisches Wörterbuch Band I, 1986, Böhlau Verlag/Köln, Wien, S. VII ff.

lich angewachsen[2] (zu zählen hatten wir nie Zeit), schien zunächst in vier Bänden erfaßbar. Wir mußten uns dann im Lauf der Arbeit, auch auf Vorstellungen des Verlags hin, doch für fünf Bände entscheiden, da es ohnehin Wälzer werden. Dies, obgleich wir die von KRAUSS im Entwurf zu Band 1 geübte Totaleinbeziehung aller Notate in das Wörterbuch zugunsten eines sparsameren, selektiven Verfahrens abgelehnt haben. Übrigens ist die Auswahl, wie jeder weiß, der einmal mit einem vorliegenden Wörterbuchmaterial gearbeitet hat, der zeitraubendste Teil der Wörterbucherstellung.

Unser Konzept war, wie das von KRAUSS, von vornherein auf ein *Wörterbuch* ausgerichtet. Die Frage, ob man nicht einem Idiotikon den Vorzug geben sollte, haben wir erwogen und uns dagegen entschieden, 1. weil dann die vielen innerhalb der nordsiebenbürgischen Mundarten gewachsenen, von der Schriftsprache abweichenden Bedeutungen aller Wörter, die auch im Hochdeutschen vorkommen, völlig unberücksichtigt geblieben wären, 2. weil es sich um Ortsmundarten handelt, die damals schon in rapidem Verschwinden begriffen waren und für deren umfassende Dokumentation dies Wörterbuch die einzige Gelegenheit war, und 3. weil ein riesiges Sprachmaterial vorlag, das in einem Idiotikon nur zu einem Bruchteil hätte vermittelt werden können. Weiterhin entschlossen wir uns für die strikt alphabetische Anordnung der Stichwörter und für deren schriftsprachlichen Ansatz, im Einklang mit des Begründers Intentionen, die, was uns wichtig schien, auch die des gesamtsiebenbürgisch-sächsischen Wörterbuchs[3] sind; wir haben uns schließlich, wie mehrfach ausgesprochen, stets als Pendant und Ergänzung zum Siebenbürgisch-Sächsischen Wörterbuch begriffen.

Wie stellen sich nun die einzelnen Bereiche im Wörterbuch dar? Die *Phonetik* illustriert, immer in den Grenzen des vorhandenen Materials, ein Lautkopf, der die Vokal- und Konsonantenvarianten einfach auflistet und mit Ortssiglen versieht. Bei zusammengesetzten Wörtern werden nur dann mehrere Lautformen angeführt, wenn die beiden Bestandteile des Wortes bis zur Unkenntlichkeit verschmolzen sind und wenn das Simplex als Lemma nicht vorkommt. Im übrigen verweisen wir auf den Siebenbürgisch-deutschen Sprachatlas[4], wenn unser Stichwort darin vorkommt.

[2] Es sind zusätzlich exzerpiert worden: die Bände *G*, *H – J* und *K* des Siebenbürgisch-Sächsischen Wörterbuchs für den Literaturnachweis; die sogenannten Heimatbücher, die für nordsiebenbürgische Ortschaften erstellt wurden, einige Arbeiten von FRÜHM, CSALLNER und HUSS, ja, von KRAUSS selbst, die für ihn nicht greifbar gewesen waren und die er dann selbst nicht ausgeschrieben hatte, Mundarthandschriften, die im Archiv der Siebenbürgischen Bibliothek in Gundelsheim aufbewahrt werden, Wörterverzeichnisse und Listen, die uns von Gewährsleuten zugeschickt wurden, z. B. für Reen, Tekendorf, Mettersdorf, Zepling, die Antworten auf unsere gezielten Rückfragen.

[3] Siebenbürgisch-Sächsisches Wörterbuch Band 1, 2 und 5 (a. Z.) 1924–1931 Walter de Gruyter Verlag/Berlin, Leipzig; Band 3, 1971, Band 4, 1972, Band 5 (n. Z.) 1975; Band 6 1993, Akademieverlag/Bukarest (wird fortgesetzt).

[4] Siebenbürgisch-deutscher Sprachatlas, hrsg. von KARL KURT KLEIN und LUDWIG ERICH SCHMITT, bearb. von KURT REIN, Band 1, Teil I, Laut- und Formenatlas 1961, Band 1, Teil II, 1964 Elwert Verlag/Marburg; Siebenbürgisch-deutscher Wortatlas, hrsg. von KURT REIN und REINER HILDEBRANDT, bearb. von HANS-HENNING SMOLKA, 1979, Elwert Verlag/Marburg.

Zur *Morphologie* stehen im Lautkopf knappe Angaben, bei Substantiven der Plural, eventuell Diminutivformen, bei Adjektiven nach Möglichkeit die Steigerungsstufen, bei starken Verben (und es sind noch Verben stark, die im Schriftdeutschen seit langem schwach flektiert werden) erfolgen detailliertere Formenaufzählungen. Bei Präpositionen, Konjunktionen, Numeralia, Pronomina werden grammatische Strukturen bevorzugt bzw. es stellen solche meist die einzige Rettung aus der Schwierigkeit, die Materialfülle zu erfassen, dar. Im übrigen wird, wie üblich, nach Bedeutungen gegliedert. Anhand der Satzbeispiele innerhalb der Stichwörter wird deutlich, daß sich die *Syntax* der Mundart weitgehend von der hochdeutschen Norm unterscheidet. Theoretisch kann das Wörterbuch auf solche Fragen nicht eingehen, wir trachten aber danach, keine Schattierung zu übersehen, damit unsere Bände auch als Unterlage für eine hoffentlich bald erfolgende Untersuchung der siebenbürgisch-sächsischen Satzlehre dienen können. Die Präpositionen, z. B., stellen wahre Fundgruben dar.

Hinweise auf die *Wortbildung* ergeben sich aus der am Schluß des semantischen Teils erfolgenden systematischen Auflistung aller Zusammensetzungen, in denen das Stichwort Grundwort ist, sowie aus knappen Erläuterungen zu besonders fruchtbaren Vor- und Nachsilben, aus der Einbeziehung der gebräuchlichen Zusammensetzungen, in denen das Stichwort Beziehungswort ist und aus den Angaben über die Diminutivformen.

Zur *Laut*- und *Wortgeographie* kann natürlich ein Atlas anderes und mehr aussagen als ein Wörterbuch. Wir versuchen dennoch, durch geographische Streuung der zitierten Sätze zu zeigen, wo im Mundartgebiet ein Wort phonetisch und semantisch wie gebraucht wird. Die *Synonymik,* auf die wir achten, vermittelt anhand der jeweiligen Zentrale und der Hinweise darauf ebenfalls Einblicke in die Wortgeographie. Synonymenvielfalt, die die Mundart allgemein charakterisiert, ist übrigens sowohl bei relativ neuen Wörtern z. B. für den Begriff Kartoffel festzustellen als auch bei alten Wörtern und Begriffen, z. B. essen und stehlen.

Zum Inhalt der *Belegsätze,* mit denen jedes Stichwort versehen ist. Diese Notate von KRAUSS zeigen genau, worauf es ihm beim Sammeln ankam. Sein Interesse galt schlicht allem, was eine Bezeichnung hatte, von Gegenständen in Haus, Küche und Hof, vom Kinderspielzeug bis zum Webstuhl, bis hin zu Glauben und Aberglauben, Brauchtum und Volksmedizin und vielem mehr. So ist das Sprachmaterial, das KRAUSS hinterlassen hat, insgesamt ein sich aus unendlich vielen kleinen Teilen zusammensetzendes Puzzle, das bei aufmerksamer Betrachtung das Volksleben der Nordsiebenbürger Sachsen schlechthin in erstaunlicher Detailtreue und Vielfalt darstellt. Wir versuchen, durch Wahl und Anordnung der Sätze zu den jeweiligen Bedeutungen des Stichworts — und ganz bewußt nicht durch theoretische Exkurse — möglichst viel davon in das Wörterbuch einzubeziehen. Als willkürlich herausgegriffene Beispiele für dies Verfahren nenne ich die Stichwörter: ackern, Bachfleisch (Speck), Düppen (Topf), Eidechse, Fehmoll (Salamander), Güter (Großvieh), Haus, Hochzeit, Kelter und Zusammensetzungen, Leuchter, Maien, Ostern, Pflug und Zusammensetzungen, raten (Heilsegen sprechen), reisen (Frondienst leisten).

Es versteht sich, daß *Lehn-* und *Fremdwörter* nicht ausgespart werden. Die Einflüsse der Nachbarsprachen Rumänisch und Ungarisch sind aus den Ortsmundarten nicht wegzudenken, im Nösnischen um Bistritz mehr das Rumänische, im Reener Ländchen mehr das Ungarische.

Am Schluß jedes Stichworts bringen wir *Literaturhinweise.* Die wichtigsten, strikt das Nordsiebenbürgisch-Sächsische betreffenden Arbeiten, wie auch literarische Mundartveröffentlichungen werden aufgezählt. Lückenhaft ist und bleibt die umfassende Nennung von Wörterbüchern binnendeutscher Dialekte und anderer mundartkundlicher Schriften (von Kritikern z. T. beanstandet), ein weitergehendes Zitieren würde indes den uns gesetzten Rahmen — zeitlich und räumlich — sprengen. Wir bringen daher, was nach Herkunft oder Parallelen für das betreffende Stichwort relevant erscheint und was greifbar ist[5].

Versuche zur *etymologischen Deutung* werden, wie ebenfalls die Kritik vermerkt hat, nicht konsequent genug unternommen. Wollte man dafür mehr Zeit einsetzen, könnte sicher noch manches Fragezeichen verschwinden. Wir haben diese Zeit nicht. Es werden, ohne daß man sich den Luxus und das Vergnügen tagelangen Stöberns gönnen kann, die erforderlichen Hinweise auf einschlägige Literatur, eventuell fremdsprachige Wörterbücher, gegeben, und gedeutet wird nur, wenn sich der Lexikograph auf relativ sicherem Boden fühlt. Immer wieder kommt es vor, daß Etymologien ganz offen bleiben. Die Enkel mögen's besser ausfechten!

Noch kurz zum derzeitigen Stand der Arbeit. Erschienen sind Band 1 (*A* - *C*) 1986, 1520 Spalten, Band 2 (*D* – *G*), 1990, 1440 Spalten, beim Böhlau Verlag Köln, und Band 3 (*H* – *M*), 1993, 1660 Spalten, Wien. Handschriftlich liegt vor Band 4 (*N* – Anfang *S*), gearbeitet wird an Band 5 (Fortsetzung von *S* – *Z*).

[5] Die Wörterbuchstelle in Gundelsheim, ohne jeden Etat, verfügt über einen mühsam zusammengeliehenen, äußerst ergänzungsbedürftigen Handapparat. Wichtige Nachschlagewerke, z. B. das Schweizer Idiotikon, waren nicht zu bekommen. Die bibliographischen Zettel, die KRAUSS geschrieben hat, sind Zufallsprodukte; er exzerpierte, was er hatte oder was für ihn erreichbar war. An dieser unbefriedigenden Sachlage können wir leider nichts ändern.

Hans-Henning Smolka

Zum Problem von Mischung und Ausgleich in der siebenbürgischen Wortgeographie

1. Wenn auch heute noch das Wort Karl Kurt Kleins gilt, wonach Erkenntniswert und Wirkungswert der Sprachinselforschung in keinem angemessenen Verhältnis zueinander stehen[1], so könnte das unter anderem auch darauf zurückzuführen sein, daß bestimmte Teile der Methodik dieser Disziplin noch nicht vollständig ausformuliert werden konnten. Dies wird deutlich, wenn man nach Möglichkeiten und Wegen sucht, z. B. Mischung und Ausgleich auf wortgeographischer Ebene zu untersuchen. So liegen auf phonetisch-phonologischem Gebiet für Siebenbürgen bereits bedeutende Arbeiten von Andreas Scheiner[2], Karl Kurt Klein[3], Hermine Klein[4], Anneliese Bretschneider[5], Kurt Rein[6] u. a. vor, doch sind Überlegungen zur siebenbürgischen Wortgeographie und ihrer Gestaltung durch Mischung und Ausgleich im wesentlichen nur in dem Aufsatz Bretschneiders vorhanden. Sie hatte unter anderem festgestellt, daß im ostsiebenbürgischen Randsaum ein relativ hoher niederdeutscher Anteil in Reliktlage anzutreffen ist, der offensichtlich nicht vom mitteldeutschen Ausgleich erfaßt und im „gegenräumlichen Ausgleich“ ausgebildet worden ist[7]. Dagegen sind die Raumstrukturen im Mühlbacher Raum und im Reener Ländchen durch grundsätzlich andere Faktoren, wie z. B. durch den Unterschied zwischen Adelsboden und freiem Bo-

[1] Karl Kurt Klein (1957): Hochsprache und Mundart in den deutschen Sprachinseln. In: ZfMaf 24, S. 193–229; hier S. 193.

[2] Andreas Scheiner (1930): Die Sprache der Siebenbürger Sachsen. In: Siebenbürgen (Das Deutschtum im Ausland), hrsg. von Karl Bell. Dresden. S. 81–102.

[3] Karl Kurt Klein (1963): Transsylvanica. Gesammelte Abhandlungen und Aufsätze zur Sprach- und Siedlungsforschung der Deutschen in Siebenbürgen. München. (= Buchreihe der Südostdeutschen Historischen Kommission. Band 12).

[4] Hermine Klein (1927): Die Bistritzer Mundart verglichen mit dem Sprachatlas des Deutschen Reichs. Marburg. (= DDG 10).

[5] Anneliese Bretschneider: Ein Anteil des Niederdeutschen an der siebenbürgischen Sprachlandschaft. In: Niederdeutsche Mitteilungen 11 (1957), S. 5–76 und 12 (1958), S. 14–66.

[6] Kurt Rein (1962): Der Siedlungshorst von Urwegen und sein Niederschlag im Mundartenbild Siebenbürgens. In: Beiträge zur siebenbürgischen Geschichte und Landeskunde. Köln/Graz. (= Siebenbürgisches Archiv. Archiv des Vereins für siebenbürgische Landeskunde, 3. F., 1), S. 76–103.

[7] Anneliese Bretschneider, a. a. O., Jg. 11, S. 69 ff.

den, zu interpretieren. Während im einen Fall siedlungs- und sozialhistorische Bedingungen wirksam zu sein scheinen, ist im anderen Fall ein zeitlich späterer Vorgang zu konstatieren. Solche historisch wie typologisch unterschiedlichen Resultate können auf zweierlei Weise entstanden sein:

a) Die Entstehung der wortgeographischen Raumstruktur in Siebenbürgen ist einzig und allein durch Mischung und Ausgleich zu erklären. Vor diesem Zeitpunkt herrschte in Siebenbürgen keine wortgeographische Raumbildung.

b) Die wortgeographische Raumbildung in Siebenbürgen war zum Zeitpunkt ihrer Entstehung relativ klein gekammert und verdankt diese Struktur Kultur- und Siedlungsbewegungen, die jeweils nur eine kleine Anzahl von Ortschaften erfaßten. Ausgleichsprozesse haben im Laufe der Zeit dazu geführt, daß sich die verschiedenen Kleinkammern zu jeweils unterschiedlichen größeren Organisationen zusammengeschlossen haben.

Beide Möglichkeiten sind nach bisheriger Kenntnis grundsätzlich denkbar und schließen einander nicht aus; sie könnten entweder gemeinsam oder in verschiedenen Teilräumen Gültigkeit besitzen. Doch stellt sich das Problem, wie sich die Fragen des Ausgleichsablaufes so formulieren lassen, daß sie konkret überprüft werden können. Hier bietet sich der Vergleich mit dem binnensprachlichen Raum an. Wenn die zweite Möglichkeit, die Kleinkammerung, Geltung hätte, dann müßten im binnensprachlichen Raum analoge Strukturen der Raumbildung zu bemerken sein: Eine bestimmte Kammer müßte immer wieder deutlich eine niederdeutsche Vergleichsregion aufweisen, eine andere Kammer eine mitteldeutsche, eine nächste wiederum eine oberdeutsche usw. Kommt jedoch die erste Möglichkeit in Betracht, dann dürfte sich keine klare Entsprechung der Raumbildung ergeben; an einem Ort wären demzufolge einmal niederdeutsche, einmal mitteldeutsche und ein weiteres Mal oberdeutsche Vergleichsregionen zu erwarten.

2. Mit dem Siebenbürgisch-deutschen Wortatlas[8] und dem Deutschen Wortatlas[9] stehen zwei Kartenwerke zur Verfügung, die in ihrer Struktur so ähnlich sind, daß man sie bei gebührender Berücksichtigung ihrer Verschiedenheit miteinander vergleichen kann. Zehn der 49 thematischen Karten des SDWA wurden für den Vergleich nach den folgenden vier Kriterien ausgewählt:

a) die in den Karten vorkommenden Heteronyme sind mindestens zum Teil identisch;
b) die identischen Heteronyme besitzen raumbildende Funktion;
c) sowohl nominale als auch verbale Kartenthemen werden einbezogen und
d) kein Sachbereich wird einseitig bevorzugt.

Danach gelangten die Karten „Erdbeere“, „Kartoffel“, „Hagebutte“, „Ferkel“,

[8] Siebenbürgisch-deutscher Wortatlas (SDWA), hrsg. von KURT REIN und REINER HILDEBRANDT. Aufgrund der Vorarbeiten von KURT REIN bearbeitet von HANS-HENNING SMOLKA. Marburg 1979 (= Siebenbürgisch-deutscher Sprachatlas, Bd. 2).

[9] Deutscher Wortatlas (DWA), hrsg. von WALTHER MITZKA, LUDWIG ERICH SCHMITT und REINER HILDEBRANDT. Gießen 1956–1980.

„Regenwurm", „Werktag", „dengeln", „weinen", „ziehen" und „gähnen" in die endgültige Auswahl.

Vergleicht man jedoch die zusammengehörigen Karten gleichen Themas in beiden Atlanten, so muß man nach kurzer Betrachtung feststellen, daß immer nur ein Kartenpaar, nicht aber mehrere Kartenpaare miteinander vergleichbar sind. Das aber ist gerade für die hier beabsichtigte Untersuchung von Mischung und Ausgleich dringend erforderlich, da nur Erkenntnisse, die über Einzelkarten hinausgehen, verwertbar sind. Da darüber hinaus wortgeographische Strukturen oft genug mit Sachverbreitungsräumen in Zusammenhang gebracht werden müssen, ist die Beschreibung der räumlichen Verteilung von Heteronymen mit Hilfe der klassischen Dialekteinteilungskriterien in vielen Fällen ein nutzloses Unterfangen. Im konkreten Fall bedeutet dies, daß ein erstes Heteronym im Binnensprachraum ungefähr den west-, mittel- und oberdeutschen Raum einnimmt, ein zweites Heteronym Teile des Westmitteldeutschen und des Niederdeutschen und beide Heteronyme in Siebenbürgen eine ähnliche (aber eben nur ähnliche) Verbreitung aufweisen.

Da nun die Kartenbilder ohne eine Hilfskonstruktion nicht systematisch miteinander in Beziehung gebracht werden können, werden über beide Räume Planquadratnetze gespannt, deren Netzeinheiten nun direkt miteinander vergleichbar sind.

Ein in Siebenbürgen im Planquadrat x auftretendes Heteronym kann nun auf seine raumbildende Wirkung im Binnendeutschen, ein im Binnensprachgebiet auftretendes Lexem auf sein Vorkommen im siebenbürgischen Netz hin untersucht werden. Mit den oben genannten zehn Karten wurde nun ein systematischer Vergleich vorgenommen, wobei als Kriterium für eine Übereinstimmung mindestens ein Viertel des DWA-Planquadrates — durch Isoglosse als raumbildend ausgewiesen — mit der Meldung in einem siebenbürgischen Planquadrat identisch sein mußte.

Der Vergleich der zehn Karten des DWA und SDWA brachte unerwartet deutliche Ergebnisse. Das auffälligste Resultat bestand in der Erkenntnis, daß die einzelnen siebenbürgischen Planquadrate einen außerordentlich unterschiedlichen Grad an Vergleichbarkeit mit dem Binnendeutschen aufweisen. Die Netzeinheit mit der geringsten Vergleichbarkeit kam auf eine Zahl von nur 49 direkten Übereinstimmungen des in ihr vorkommenden Belegs mit Quadraten im Binnensprachgebiet, während das Planquadrat mit der höchsten Vergleichbarkeit 191 Übereinstimmungen mit Planquadraten im DWA verbuchen konnte. So lag die Frage nahe, ob sich der Grad der Vergleichbarkeit räumlich gruppiert, und wenn ja, ob sich bei den Gruppen unterschiedlicher Vergleichbarkeit auch verschiedenartige Vergleichsbilder im Binnendeutschen ergeben.

Aus den Vergleichsergebnissen wurden nun drei etwa gleich große Gruppen von siebenbürgischen Planquadraten gebildet, die die unterdurchschnittliche, durchschnittliche und überdurchschnittliche Vergleichbarkeit repräsentieren[10].

[10] An dieser Stelle möchte ich meinem Freund und Kollegen KLAUS GLUTH vom Deutschen Sprachatlas für seine Hilfe bei der Bewältigung der aufgetretenen statistischen Probleme Dank sagen.

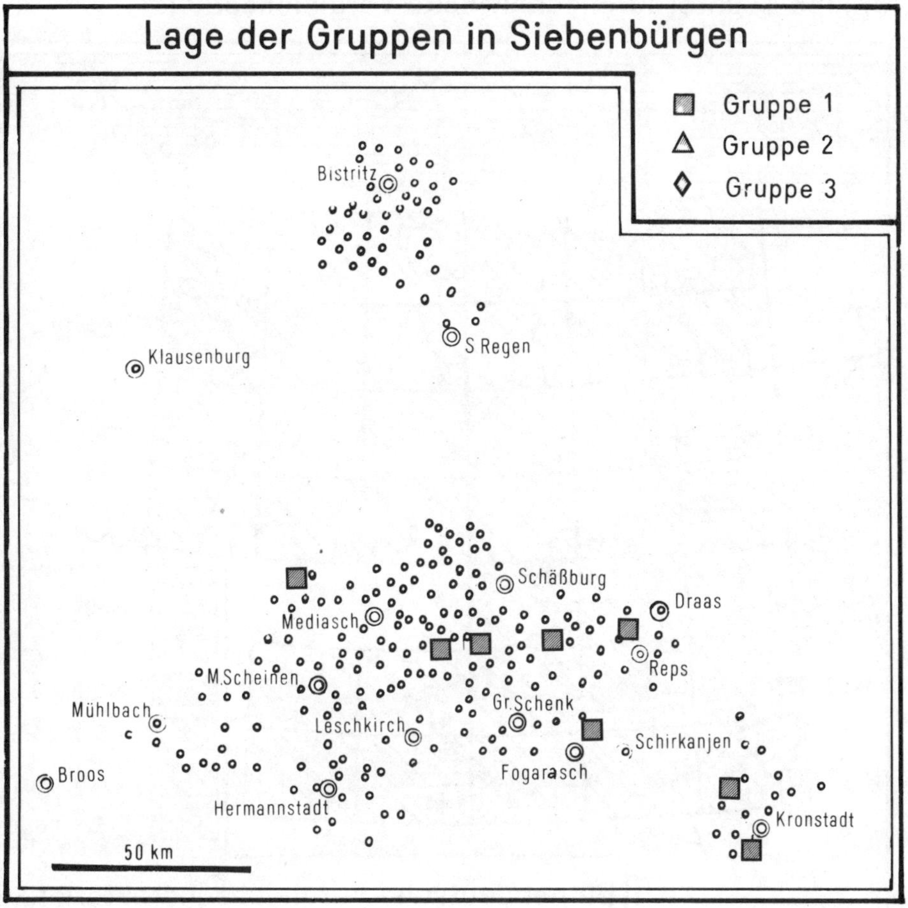

Abb. 1

Gruppe 1 (vgl. Abb. 1 und 2) hat im Osten Siebenbürgens einen deutlichen Schwerpunkt[11], wobei im Binnendeutschen eine moselfränkisch-ripuarische Konzentration mit ringförmiger Diffusion (auch im Norden!) erkennbar ist. Die Zahlen, die den Schraffuren der binnendeutschen Vergleichscharakteristik zugrundeliegen, geben an, in wievielen der insgesamt zehn Karten eine Übereinstimmung zwischen dem betreffenden Planquadrat und den Belegen der Gruppe beobachtet werden konnte[12]. Schon bei der ersten Gruppe deutet sich der westmitteldeutsche

[11] Gruppe 1 umfaßt die Planquadrate mit 45–105 Übereinstimmungen. Die Planquadrate dieser Gruppe werden durch folgende siebenbürgische Ortschaften gebildet (mit Ortspunktziffern des SDWA): *Seiden* (059), *Reichesdorf* (116), *Malmkrog* (134), *Meschendorf* (147), *Schweischer* (155), *Felmern* (202), *Heldsdorf* (226), *Neustadt/Kr.* (234).

[12] Dabei handelte es sich um Gruppendurchschnitte.

Gruppe 1: unterdurchschnittliche Vergleichbarkeit

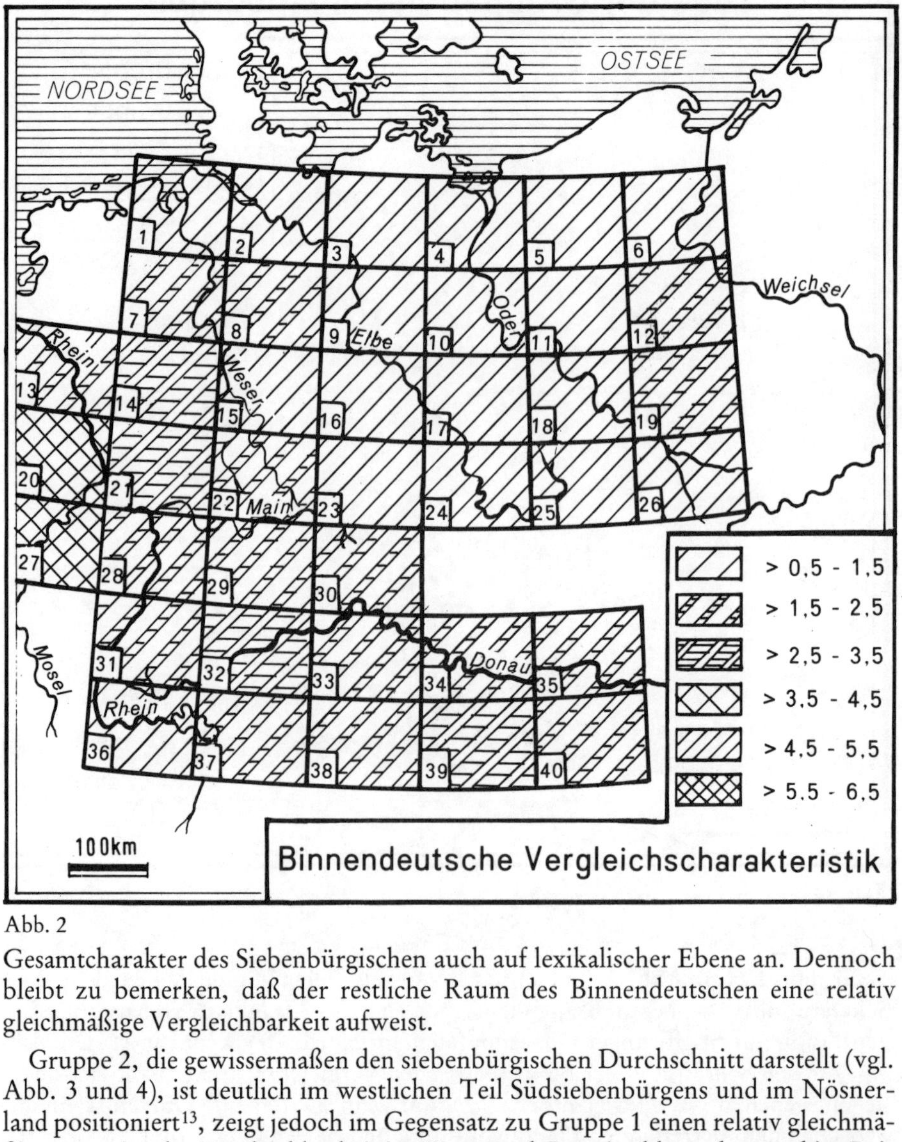

Abb. 2

Gesamtcharakter des Siebenbürgischen auch auf lexikalischer Ebene an. Dennoch bleibt zu bemerken, daß der restliche Raum des Binnendeutschen eine relativ gleichmäßige Vergleichbarkeit aufweist.

Gruppe 2, die gewissermaßen den siebenbürgischen Durchschnitt darstellt (vgl. Abb. 3 und 4), ist deutlich im westlichen Teil Südsiebenbürgens und im Nösnerland positioniert[13], zeigt jedoch im Gegensatz zu Gruppe 1 einen relativ gleichmäßigen Anstieg der Vergleichbarkeit im West- und Ostmitteldeutschen und im Bairisch-Österreichischen. Der Frage nach dem ostmitteldeutschen Kristallisationspunkt wird noch später nachzugehen sein; der bairisch-österreichische Einfluß läßt sich zweifellos auf die Überdachungsphase im 19. Jahrhundert zurückführen,

[13] Gruppe 2 (106–135 Übereinstimmungen): *Jakobsdorf/Bistr.* (009), *Heidendorf* (015), *Petersdorf* (030), *Dürrbach* (034), *Weilau* (039), *Rode* (053), *Blutroth* (090), *Arbegen* (103), *Deutschpien* (164), *Kelling* (168), *Gießhübel* (173), *Stolzenburg* (180), *Alzen* (183), *Kerz* (224), *Honigberg* (231).

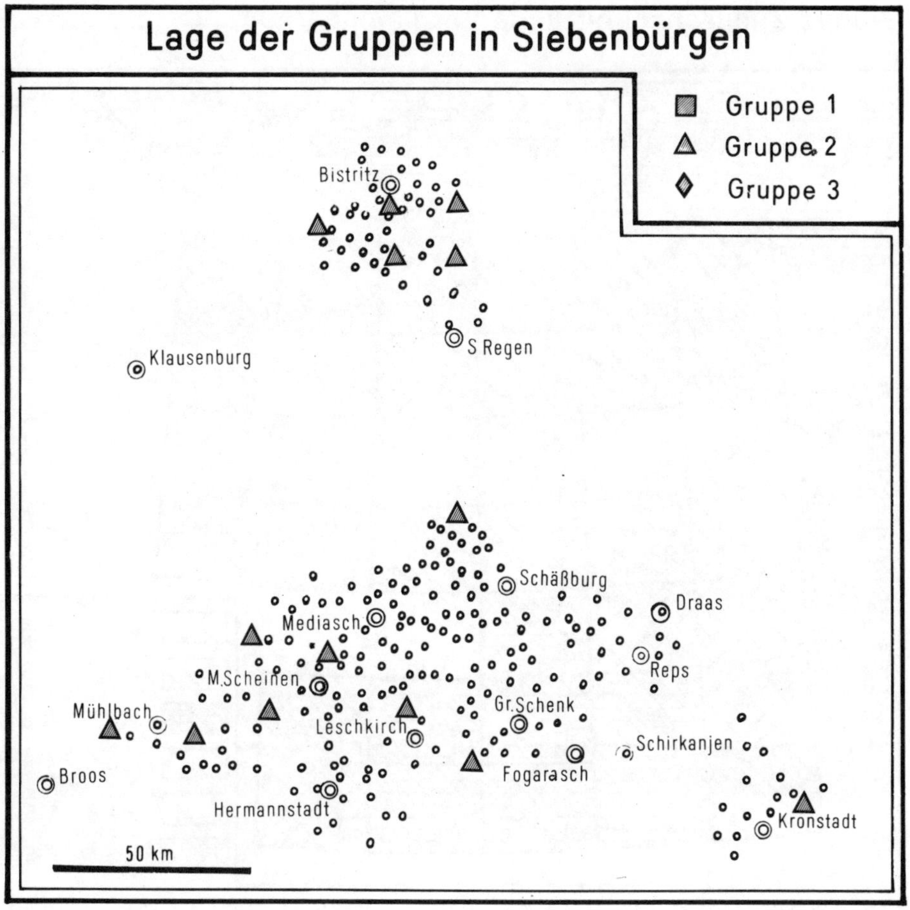

Abb. 3

die schon bei KARL KURT KLEIN in dessen Periodisierungsvorschlag Erwähnung gefunden hatte[14].

Damit wird schon fast der Charakteristik der Gruppe 3 vorgegriffen (vgl. Abb. 5 und 6), in der ein geradezu rasanter Aufbau des Oberdeutschen stattfindet. Bezeichnenderweise sind in den Planquadraten, die diese Gruppe bilden, die wichtigsten Städte Siebenbürgens zu finden[15], von denen aller Wahrscheinlichkeit nach der Einfluß des Bairisch-Österreichischen ausgegangen ist.

Dreht man in einem folgenden Schritt die Betrachtungsweise des Vergleichs einmal um und fragt, wie sich die Vergleichshäufigkeit der 40 binnendeutschen Planquadrate darstellt, wenn man an ihnen die durchschnittliche Übereinstim-

[14] KARL KURT KLEIN, Hochsprache und Mundart (s. Anm. 1), S. 225.

[15] Gruppe 3 (136–195 Übereinstimmungen): *Mettersdorf* (002), *Sächs. Reen* (046), *Scharosch* (072), *Schäßburg* (085), *Scholten* (095), *Broos* (161), *Großschenk* (193), *Nußbach* (209), *Großau* (211), *Hermannstadt* (217), *Kronstadt* (237).

Gruppe 2: durchschnittliche Vergleichbarkeit

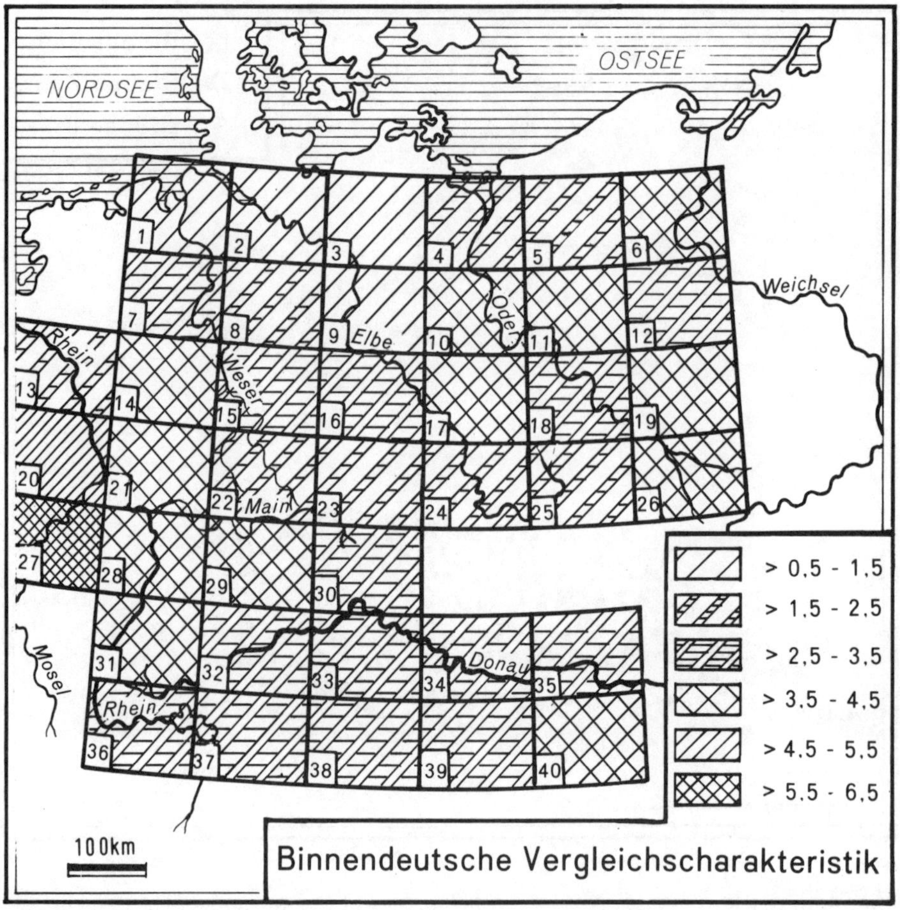

Abb. 4

mung anhand der drei siebenbürgischen Gruppen untersucht, werden die Unterschiede zwischen diesen Gruppen besonders deutlich. Um nun diese Unterschiede, die ja nach dem Merkmal der anzunehmenden Häufigkeit gebildet wurden, zu bereinigen, wurden die Ergebnisse der Gruppe 2 linealisiert, d. h. als gleichmäßige Gerade dargestellt, und die Ergebnisse der beiden anderen Gruppen dazu in das richtige Verhältnis gesetzt. Auf diese Weise erkennt man, daß tatsächlich ein unerwartet hoher niederdeutscher Anteil der Gruppe 1 mit einem relativ stetig weiteren Verlauf der Ergebnisse der Gruppe 3 mit dem starken oberdeutschen Aufbau fast in einer negativen Korrelation gegenübersteht (vgl. Abb. 7). Ein Gesamtüberblick über die siebenbürgischen Gruppen und die durchschnittliche Vergleichscharakteristik, die aus den Ergebnissen aller drei Gruppen errechnet wurde (vgl. Abb.

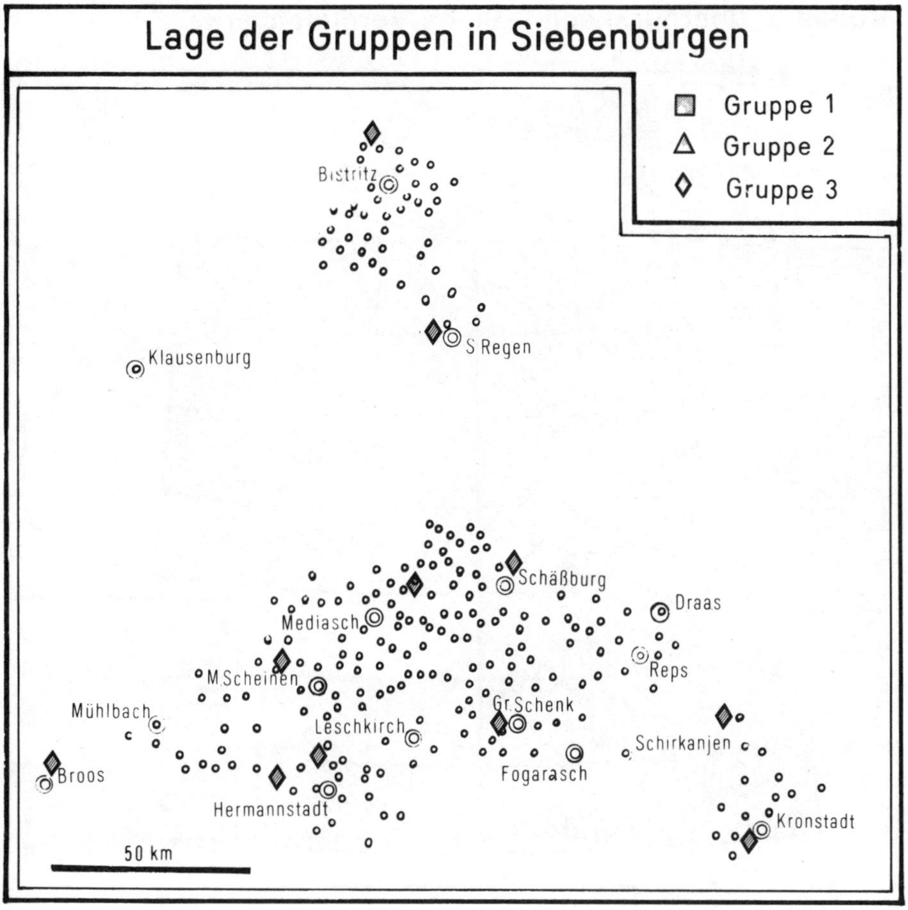

Abb. 5

8 und 9), sollen die Darstellung der Vergleichsergebnisse abschließen und zur Interpretation des Befundes überleiten.

3. Versucht man, die gewonnenen Ergebnisse auf die ursprünglich gestellte Frage zurückzubeziehen, so kommt man zu dem Schluß, daß der siebenbürgische Westen, der eigentümlicherweise eine deutliche ostmitteldeutsche Vergleichsregion aufweist, durch starke Mischungs- und Ausgleichsbewegungen strukturiert ist und die Städte durch das Eindringen der bairisch-österreichischen Hochsprache klar geprägt sind. Dagegen scheint der Osten Südsiebenbürgens, der als Reliktlandschaft gilt, einige Rätsel aufzugeben. Warum, so lautet zwangsläufig die Frage, sind die Reliktwortbestände nicht ebenfalls im Binnensprachgebiet zu finden, warum ist die Vergleichbarkeit des siebenbürgischen Ostens im Vergleich zu den anderen Teillandschaften so ausgesprochen gering? Ganz offensichtlich müssen

Gruppe 3: überdurchschnittliche Vergleichbarkeit

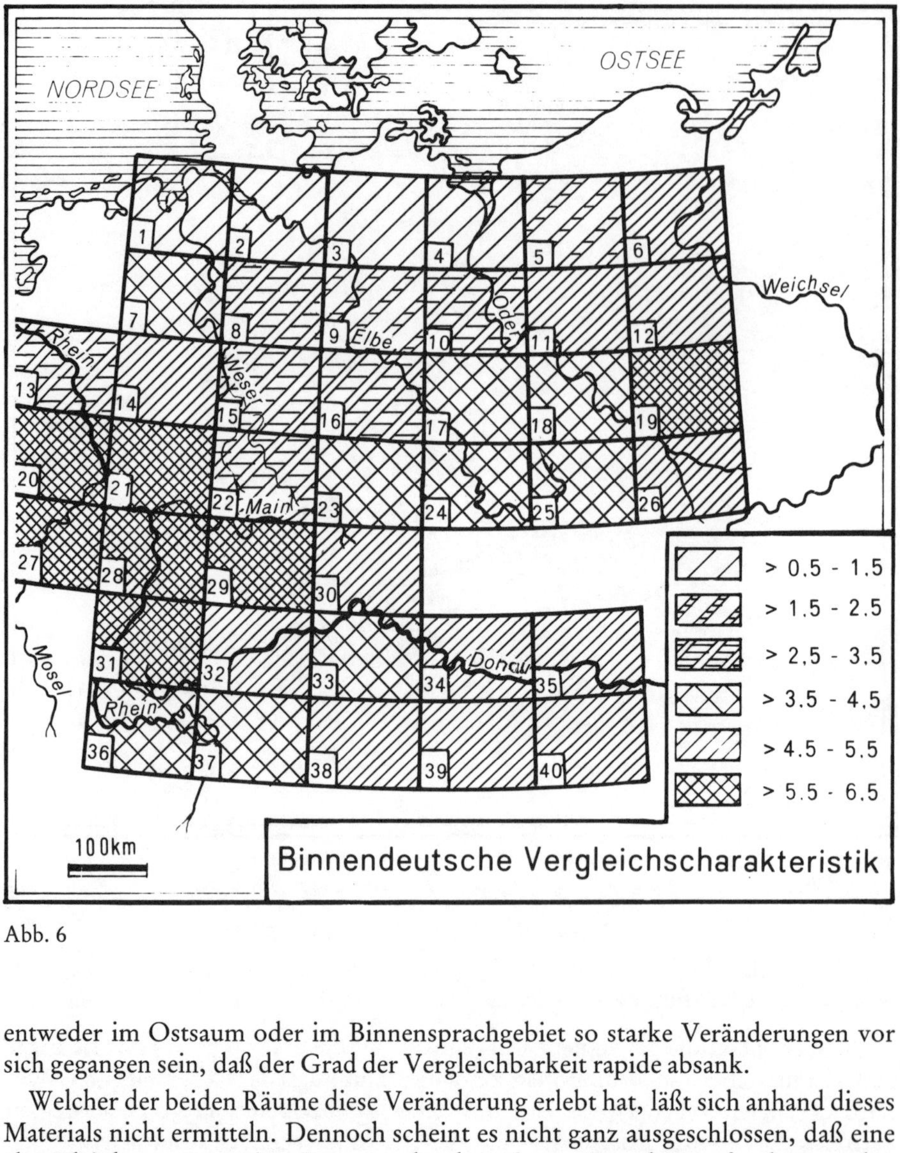

Abb. 6

entweder im Ostsaum oder im Binnensprachgebiet so starke Veränderungen vor sich gegangen sein, daß der Grad der Vergleichbarkeit rapide absank.

Welcher der beiden Räume diese Veränderung erlebt hat, läßt sich anhand dieses Materials nicht ermitteln. Dennoch scheint es nicht ganz ausgeschlossen, daß eine alte Kleinkammerung im Ostsaum durch weiteres Forschen gefunden werden kann, da dieser Raum offensichtlich ein Entwicklungsstadium repräsentiert, das vor der Zeit der Ausgleichsbewegung liegt. Wenn also dieser methodische Versuch zu keinen endgültigen Ergebnissen geführt hat, so verfügen wir nun über präzisere Fragen, die an das empirische Material gestellt werden können:

a) Wodurch ist die geringe Vergleichbarkeit des Ostsiebenbürgischen mit dem

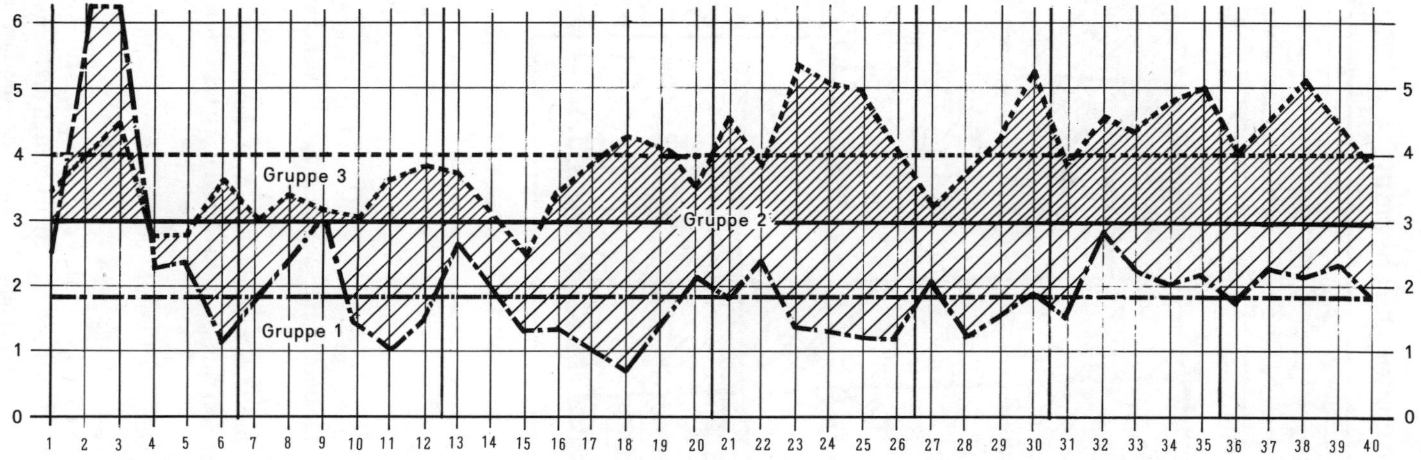

Abb. 7: Graphische Darstellung der Vergleichshäufigkeit in den Gruppen 1–3, Gruppe 2 linearisiert

Gesamtsiebenbürgischer Durchschnitt

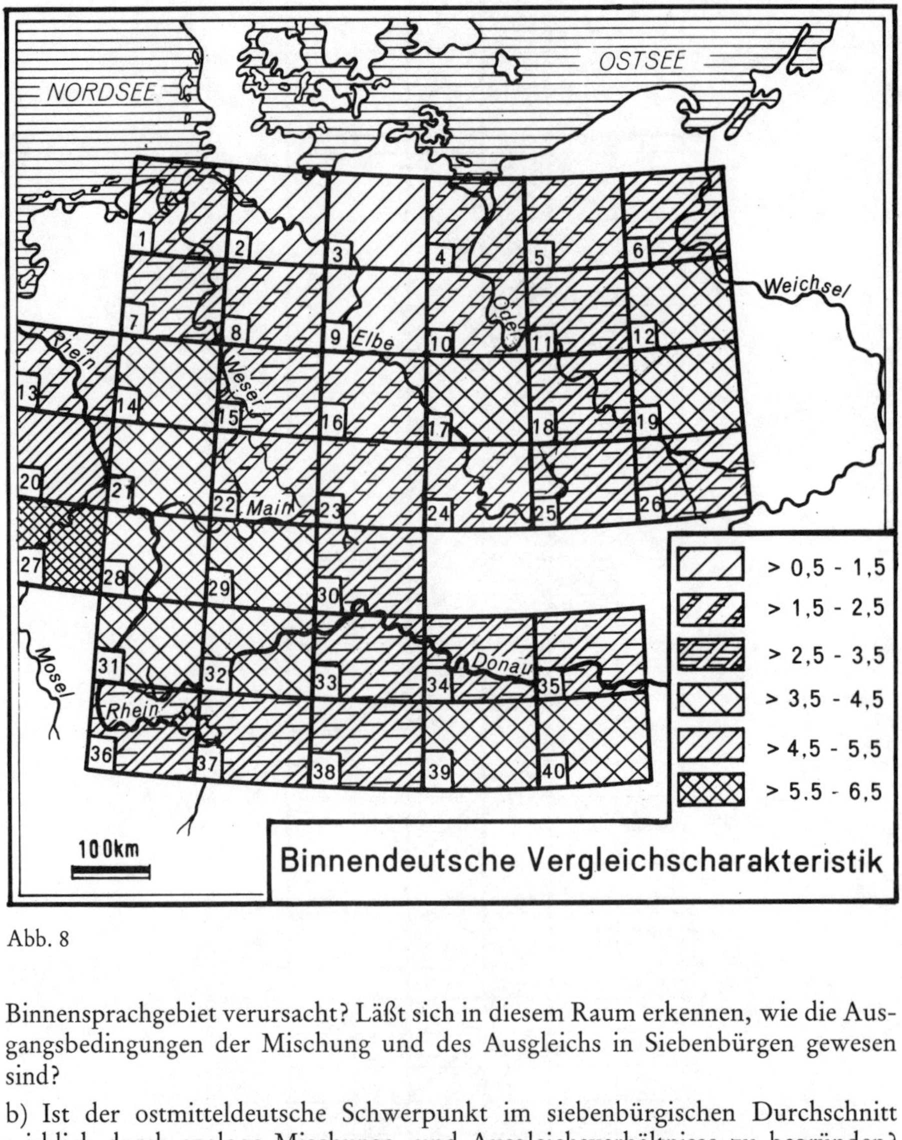

Abb. 8

Binnensprachgebiet verursacht? Läßt sich in diesem Raum erkennen, wie die Ausgangsbedingungen der Mischung und des Ausgleichs in Siebenbürgen gewesen sind?

b) Ist der ostmitteldeutsche Schwerpunkt im siebenbürgischen Durchschnitt wirklich durch analoge Mischungs- und Ausgleichsverhältnisse zu begründen? Und schließlich:

c) Wie weit reicht der städtische Einfluß, und wie hat man ihn sich sprachsoziologisch vorzustellen?

Man wird davon ausgehen können, daß ungleich präzisere Antworten bei einer Netzverdichtung sowohl im Siebenbürgischen als auch im Binnendeutschen erhalten werden können. Ideal wären dabei Netzdichten, die fast jeden siebenbürgi-

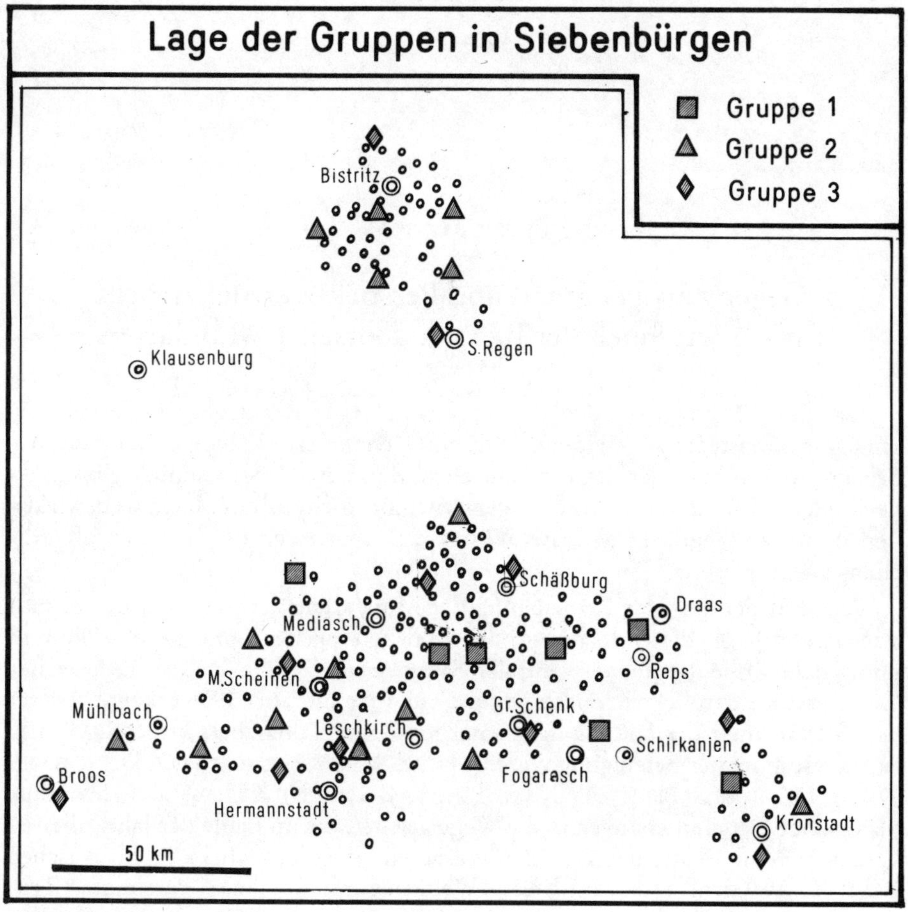

Abb. 9

schen Ortspunkt und eine entsprechende Kleinräumigkeit im Binnensprachgebiet erreichen könnten. Darüber hinaus wäre es außerordentlich aufschlußreich, wenn jeweils thematisch zusammenhängende Kartengruppen miteinander verglichen würden. Die hier vorgestellten Ergebnisse lassen zumindest vermuten, daß die Methode des systematischen und quantitativen Kartenvergleichs dazu geeignet ist, Mischung und Ausgleich in der Wortgeographie zu untersuchen.

Peter Kottler

Gegenwärtiger Stand und Perspektiven der Arbeit am „Wörterbuch der Banater deutschen Mundarten“

Von dieser Tagung, die den besonderen Belangen der deutschen Dialektforschung in Südosteuropa gewidmet ist, erhoffe ich mir eine Wende auch für die Arbeit am „Wörterbuch der Banater deutschen Mundarten“. Sie könnte vielleicht eine Wiederaufnahme der ins Stocken geratenen Bearbeitung des Materials bewirken und dieses umfangreich geplante Wörterbuch seiner schrittweisen Veröffentlichung näherbringen.

Welche Bedeutung der Erforschung der Mundartenmischung und des Mundartenausgleichs in dieser relativ großen und heterogenen Sprachinsel zukommt und welche Rolle dabei einer zentralen Sammelstelle zufällt, hat der Temeswarer Germanistiklehrstuhl gleich nach seiner Gründung im Jahre 1956 erkannt. Dieser hat ab 1957 unter der Leitung des damaligen Lehrstuhlinhabers Dr. Stefan Binder sowie unter der Beteiligung von Dr. Hans Weresch, danach von Dr. Johann Wolf, Dr. Maria Pechtol, Karl Streit, Elisabeth Kyri u. a. Lehrkräften planmäßige Datenerhebungen in die Wege geleitet, die im Laufe der Jahre alle 160 Ortschaften mit deutschem Bevölkerungsanteil erfaßten, wobei zum historischen Banat (u. zw. dem nach dem Ersten Weltkrieg mit Rumänien vereinigten Teil) auch das Gebiet des Kreises Arad nördlich der Marosch hinzugenommen wurde. Gesammelt wurde vor allem mit Hilfe der Germanistikstudenten, vorwiegend jener, die selbst eine Mundart sprachen. Dabei kam die in den 70er Jahren in den Lehrplan eingeführte Praktikumszeit für Studenten diesem Vorhaben des Lehrstuhls ganz besonders zugute. Da dieses Forschungspraktikum, auch Fachpraktikum genannt, im Lehrplan stand, wurden die Ausfahrten, die Unterkunft in Schülerinternaten (in den Sommerferien) und die Verköstigung der Studenten bezahlt, und es gab unter diesen Bedingungen genügend Studenten, die ihre Praktikumszeit freiwillig der Feldforschung unter der Leitung einer Lehrkraft widmeten. Außerdem übernahm es ein Teil der Studenten, die betreffenden Fragebogen auch in ihrer Heimatmundart aufzunehmen. Das Prinzip der Freiwilligkeit spielte eine wichtige Rolle, denn es erhöhte die Aussicht auf gewissenhaft durchgeführte Datenerhebungen. Dennoch ist nicht alles unter dem gesammelten Material gleich zuverlässig; aber das wichtigste ist mehrfach aufgenommen worden und gestattet uns die Ausscheidung der eventuell nicht zu einem Mundarttyp passenden Formen.

Was wurde aufgenommen?

Anfangs wurden die Wenker-Sätze aufgenommen, ergänzt durch noch ein paar zusätzliche Fragen, um nach der schon von ERICH LAMMERT vorgenommenen Einteilung[1] jede Ortsmundart einem Mundarttyp zuzuordnen.

Dieser Aufgabe widmete sich hauptsächlich JOHANN WOLF. Er erstellte auch einen etwa 400 Wörter und Formen umfassenden Fragebogen, der vor allem auf die Erfassung aller wichtigen phonetischen, grammatischen und lexikalischen Merkmale des vorherrschenden rheinfränkischen Mundarttyps ausgerichtet war, sich aber auch in vielem für die Datenerhebungen in den anderen Banater Mundartlandschaften eignete. JOHANN WOLF verfaßte später auch das bedeutendste Buch über diese Sprachinsel, das in seiner zweiten, erweiterten Auflage „Banater deutsche Mundartenkunde" heißt, aber erst 1987, fünf Jahre nach seinem Tode erschienen ist[2].

Was die weiteren Datenerhebungen betrifft, ist vor allem hervorzuheben, daß wir seit den 70er Jahren immer mehr Fragebogen hinzunahmen, wie z. B. jenen des *Deutschen Wortatlas* (DWA), ferner die von PAUL KRETSCHMER in seiner *Wortgeographie*[3] erfaßten Wörter, sodann, ab 1978, auch den Fragebogen von JÜRGEN EICHHOFF[4] und noch manche uns damals zugänglich gewordenen Fragebogen von deutschen Mundartwörterbuch-Unternehmen (wie z. B. den des *Brandenburg-Berlinischen Wörterbuchs,* den mir Dr. WIESE, der Leiter dieser Wörterbuchstelle, freundlicherweise zur Verfügung stellte, als ich 1979 an einem Internationalen Hochschulferienkurs der Humboldt-Universität zu Berlin teilnehmen konnte. Denn das Schwierigste unter der Ceauşescu-Diktatur waren die Kontakte zu den deutschen Wörterbuchkanzleien, so daß unsere Unterlagen und Informationen sehr lückenhaft waren und von Zufällen abhingen.

Es bleibe hier nicht unerwähnt, daß drei von unseren Germanistikabsolventinnen jeweils einen Teil der Antworten auf den Fragebogen des DWA auf Karten eintrugen und in ihren Diplomarbeiten kommentierten. Diese Arbeiten könnten — entsprechend bearbeitet und vereinheitlicht — die Grundlage und den Ausgangspunkt für einen „Banater Deutschen Wortatlas" darstellen. Das Material ist vorhanden. Es bedarf nur der Kräfte und Mittel dazu, um alle diese Arbeiten weiterführen und dann veröffentlichen zu können. Aber gerade diese Mittel und Kräfte fehlen uns zur Zeit. Wir sind uns außerdem der Tatsache bewußt, daß nach dem Stand der heutigen Erkenntnisse ein solcher Dialektatlas noch viele andere Wörter

[1] Siehe ERICH LAMMERT: Wieder zur Frage der Banater Mundartforschung. In: *„Neuer Weg"*, 28.06.1957.

[2] JOHANN WOLF (1987): Banater deutsche Mundartenkunde. Kriterion Verlag/Bukarest. (Die erste Ausgabe erschien unter dem Titel „Kleine Banater Mundartenkunde". Kriterion Verlag, Bukarest. 1975)

[3] Vgl. PAUL KRETSCHMER (1969): Wortgeographie der hochdeutschen Umgangssprache. 2. Auflage, Vandenhoeck & Ruprecht, Göttingen.

[4] JÜRGEN EICHHOFF: Wortatlas der deutschen Umgangssprache. Francke Verlag/Bern, München. Band 1: 1977, Band 2: 1978.

und Formen erfassen müßte, die erst durch weitere Datenerhebungen einzubringen wären. Dazu brauchten wir die Fragebücher, die jetzt bei der Erstellung von Regionalatlanten — die uns auch nicht zugänglich sind — Verwendung finden.

Da die frühere Leitung unserer Universität nicht nur die Zettelkästen, sondern auch ausgearbeitete Buchstaben des Wörterbuchs von uns erwartete, gingen wir in der zweiten Hälfte der 70er Jahre dazu über, die Datenerhebungen — neben den genannten Fragebogen — aufgrund von möglichst vollständigen Wortlisten für die Anfangsbuchstaben *A, B, C, D* vorzunehmen, wobei die onomasiologische Fragestellung zunehmend mit der semasiologischen kombiniert wurde.

Das so zusammengetragene Material hat eine Sammlung von über 330 000 Zetteln ergeben, die außer den Ergebnissen der Feldforschung auch die Exzerpte aus den 176 Diplomarbeiten enthält, die zwischen 1961 und 1988 von Germanistikabsolventen verfaßt wurden und Mundartmaterial aus 87 Banater Ortschaften beinhalten[5]. Dieses Material erwies sich überhaupt als das zuverlässigste, denn die Autoren dieser Arbeiten hörten in den letzten drei Semestern ihres Studiums eine Spezialvorlesung zu Fragen der Dialektologie. Und dennoch sind diese Diplomarbeiten von sehr unterschiedlicher Qualität, was die theoretischen Kenntnisse und die Ausführungen ihrer Verfasser betrifft. Uns interessiert aber mehr ihr Materialwert, und diesbezüglich konnten wir feststellen, daß die mundartlichen Formen in fast allen Arbeiten mit ausreichender Genauigkeit wiedergegeben sind.

Unser Mundartenarchiv umfaßt ferner Exzerpte aus dem Banater Mundartschrifttum, das vor allem für die Belegangaben zur Illustration der Wortbedeutungen herangezogen wird, desgleichen für das Vorkommen der betreffenden lexikalischen Einheiten in Phraseologismen, Sprichwörtern usw.

Die erwähnte Materialgrundlage von 330 000 Zetteln reicht allerdings zur Erstellung unseres Mundartwörterbuchs bei weitem nicht aus. Das Drei- oder Vierfache wäre nötig, wird aber unter den jetzigen Gegebenheiten der massenhaften Auswanderung der banatdeutschen Mundartsprecher nicht mehr zu erreichen sein. Die weiteren Datenerhebungen, die dringend durchgeführt werden müßten, können sich nur noch auf das Machbare beschränken. Aber auch dafür fehlen uns im Augenblick die nötigen Kräfte; denn das Team von Lehrkräften, das bis 1989 am Wörterbuch gearbeitet hat, besteht — infolge von Abwanderung oder Pensionierung — leider heute auch nicht mehr. Zwecks Wiederaufnahme der Arbeit bemühen wir uns derzeit um die Erlangung der finanziellen Mittel zur Schaffung einer Planstelle für einen hauptamtlich angestellten wissenschaftlichen Mitarbeiter. Um eine solche Planstelle hatten wir uns schon jahrzehntelang unter dem Ceauşescu-Regime — leider vergeblich — bemüht.

Nach 1990 war die Temeswarer Filiale der Rumänischen Akademie zur Einrichtung einer solchen Forschungsstelle bereit, aber es fand sich kein Bewerber zur Besetzung der zum Wettbewerb ausgeschriebenen Stelle, und so wurde sie schließ-

[5] Nach 1988 gab es keine Absolventen mehr mit Deutsch als Hauptfach, so daß auch keine germanistischen Diplomarbeiten mehr geschrieben wurden. Erst ab 1995 wird es sie wieder geben.

lich von einem Nichtgermanisten besetzt. Das ist jetzt unsere größte Schwierigkeit: der Mangel an einsatzbereiten Fachkräften. Denn die meisten sind ausgewandert, und die im Land Verbliebenen ziehen eine Stelle im Lehramt vor, da Deutschlehrer jetzt sehr gesucht sind und besser bezahlt werden als die in der Forschung tätigen wissenschaftlichen Mitarbeiter. Und Absolventen mit Deutsch als Hauptfach — die auch in die Fragen der Dialektforschung eingeführt werden — wird es erst ab 1995 wieder geben. So lange würden wir aber nicht gerne warten, da die Zeit gegen unser Vorhaben arbeitet. Deshalb haben wir uns auch an wissenschaftliche Institutionen im deutschen Sprachraum, speziell in der Bundesrepublik Deutschland, um Hilfe und personelle Unterstützung gewandt. Trotzdem werden wir auf unsere zukünftigen Absolventen warten müssen.

Für die Erweiterung unserer Materialgrundlage gibt es immerhin — außer der schwieriger werdenden Feldforschung — noch unausgeschöpfte Quellen. Sowohl die Diplomarbeiten als auch eine Reihe von Werken der Mundartdichtung und des mundartlichen Volksguts wurden bisher nur für die Anfangsbuchstaben *A* bis *E* (teils auch für *F, G, H*) exzerpiert. Das weitere Exzerpieren steht uns noch bevor, und dadurch läßt sich unser Archiv um beachtliches Material bereichern. Desgleichen gibt es aus vielen Ortschaften Tonbandaufnahmen, die noch nicht transkribiert sind und deren Daten sich auch für das Wörterbuch auswerten lassen; doch haben wir oft aus Sparsamkeitsgründen Erzählungen und Berichte in Mundart mit der Geschwindigkeit 4,5 aufgenommen, und heute gibt es kaum mehr Geräte zur Wiedergabe solcher Aufnahmen. Man müßte diese Bänder zwecks besserer Konservierung auf Kassetten überspielen und natürlich — wie schon erwähnt — transkribieren und auswerten. Dazu brauchten wir von deutscher Seite auch eine technische Hilfestellung.

Weil wir seit der zweiten Hälfte der 70er Jahre mit der Ausarbeitung der Wörterbuchartikel beginnen mußten, nahmen wir zuerst den Buchstaben *A* und danach *B* in Angriff, wobei die Arbeit auf fast alle damaligen Mitglieder des Germanistiklehrstuhls verteilt wurde, in der Hoffnung, auf diese Weise rasch einen Band für die Veröffentlichung fertigstellen zu können. Das erwies sich bald als Illusion, denn die Literaturwissenschaftler, die gleichzeitig noch anderen wissenschaftlichen Vorhaben nachzugehen hatten, waren durch diesen zusätzlichen Auftrag überfordert und auch sonst mit den Anforderungen eines Mundartwörterbuchs nicht genug vertraut.

Dazu kam noch, daß wir damals bloß ein einziges deutsches Mundartwörterbuch als Vorbild zur Verfügung hatten und sich deshalb unser Konzept von der Struktur der Wörterbuchartikel später noch wesentlich änderte, als uns die Deutsche Forschungsgemeinschaft einige weitere deutsche Mundartwörterbücher als Schenkung zukommen ließ. Außerdem wanderten Ende der 70er und Anfang der 80er Jahre die meisten Mitarbeiter aus, so daß erst seit 1981, als wir am Buchstaben *D* arbeiteten (denn die Leitung der Fakultät und der neugegründeten Filiale der Akademie für Politische und Sozialwissenschaften zwang uns, weitere Buchstaben zu planen), ein relativ beständiges Arbeitsteam sich darum bemühte, das revidierte Konzept von der für unser Wörterbuch geeigneten Struktur zu verwirklichen. Zu diesem Team gehörten HANS GEHL, CRISTINA STANCIU, DOINA MUNTEANU und der Verfasser dieses Berichtes als Koordinator des Projekts.

Nach denselben Gesichtspunkten arbeiteten wir auch die Buchstaben *E* und *F* (später auch noch teilweise *G* und *H*) aus, wobei wir aber zunehmend die Lückenhaftigkeit unserer Materialgrundlage und die Notwendigkeit weiterer Datenerhebungen erkannten. Doch dafür gab es ab Mitte der 80er Jahre kein Geld mehr und auch keine Studenten, da der 1984 inskribierte Jahrgang der letzte mit Deutsch als erstem Fach war. Und die Studenten mit Deutsch als zweitem Fach sprachen in der Regel keine deutsche Mundart und hatten auch ihr Forschungs- bzw. Fachpraktikum nicht im Fach Deutsch, sondern in ihrem ersten Fach zu leisten. So sind alle ausgearbeiteten Buchstaben unvollständig geblieben.

Am ehesten schien uns noch der Buchstaben *D* in zwei Lieferungen veröffentlichungsreif, denn bei *A* und *B* war es uns klar geworden, daß diese noch einmal völlig neu bearbeitet werden müssen. So nahmen wir im Jahre 1986 die Erstellung einer Endfassung des ersten Teils des Buchstabens *D* für einen Probedruck in der Vervielfältigungsanlage der Temeswarer Universität in Angriff. Dem Redaktionskollektiv schloß sich nun erneut der 1972 emeritierte Professor STEFAN BINDER an und brachte eine Reihe von sehr nützlichen Vorschlägen zur Vereinfachung der Schreibweise der Belegangaben und zur noch einheitlicheren Gestaltung der Wörterbuchartikel ein. Zugleich übernahm er die Überprüfung der ausgearbeiteten Beiträge jedes Mitglieds des Arbeitskollektivs. Seine Vorschläge erforderten ein neuerliches Umschreiben der Wörterbuchartikel, brachten uns aber einer druckreifen Fassung dieses Buchstabens um ein gutes Stück näher. Es wurden aber auch die Lücken in unserer Materialgrundlage erkennbar. Außerdem schied HANS GEHL, der regste und eifrigste Mitarbeiter des Wörterbuchs, in dieser Zeit durch Auswanderung aus dem Arbeitsteam aus. Und nach einer abschließenden Durchsicht und Überprüfung der Beiträge aller Mitarbeiter durch den Koordinator rang sich die Erkenntnis durch, daß für die Schließung der festgestellten Lücken und die Korrektur mancher offensichtlicher Fehler noch unbedingt Nachaufnahmen nötig sind und daß vielleicht doch die Veröffentlichung besser mit dem Buchstaben *A* beginnen sollte, selbst wenn schon das Vorwort, die Einleitung, das Abkürzungsverzeichnis, die Lautschrift usw. für den Druck vorbereitet waren.

Nach der Revolution vom Dezember 1989 erwies es sich auch als möglich, die uns vorher auferlegten Einschränkungen bezüglich des Gebrauchs der deutschen Ortsnamen zu beseitigen und bei den Quellenangaben auch jene Autoren zu nennen, deren Namen wegen ihrer inzwischen erfolgten Auswanderung im Wörterbuch nicht aufscheinen durften. Das erfordert aber wieder eine Neufassung des Abkürzungsverzeichnisses und eine Korrektur vieler Abkürzungen in jedem Wörterbuchartikel. (Auch auf unserer Karte zur Einteilung der Banater deutschen Mundarten, die wir nach JOHANN WOLFs angeführtem Buch erarbeitet haben, durfte nur jener Teil der Ortsnamen in deutscher Sprache erscheinen, bei dem die rumänische Entsprechung dasselbe bedeutet oder ähnlich lautet. Darum steht uns noch das Zeichnen einer neuen Karte bevor).

Auf die Struktur der Wörterbuchartikel wollen wir hier nicht mehr näher eingehen. Sie folgt in großen Zügen dem in den meisten Mundartwörterbüchern vorherrschenden Aufbau, wobei für uns das *Pfälzische Wörterbuch* in vieler Hinsicht ein wichtiges Vorbild darstellte.

In manchem Punkt aber mußten wir eigene Wege gehen, da unser Wörterbuch keinen einheitlichen Mundarttyp darzustellen hat, sondern ein Nebeneinander von fünf stark divergierenden Mundarttypen, wobei drei von diesen in drei Mundartlandschaften des Banats jeweils vorherrschen, u. zw. im Kreis Arad nördlich der Marosch das Süd- und Ostfränkische, im Kreis Temesch und dem Südteil des Kreises Arad das Rheinfränkische (z. T. auch mit moselfränkischen oder mit bairischen Elementen) und im Kreis Karasch-Severin das Bairische, innerhalb dessen sich das Nordbairische in den sogenannten (deutsch)böhmischen Dörfern am Fuße des Semenik noch besonders abhebt. Als völlig isolierten Typus gibt es dann noch das Hochalemannische in Saderlach und den fränkisch-bairischen Mischtypus in Neuarad, Klein-St.-Nikolaus und Lippa. Diese Gliederung spiegelt sich bei jedem Wörterbuchartikel in den phonetischen Angaben, die auf das Lemma und die grammatischen Angaben folgen. Den westmitteldeutschen (rhein- u. moselfränkischen) Mundarten, die den vorherrschenden Mundarttyp des Banats darstellen, entspricht die römische Ziffer I, dem hochalemannischen Typ die Kennzeichnung II A, den süd- und ostfränkischen Mundarten II B, dem bairischen Typ II C und dem fränkisch-bairischen Mischtypus die Ziffer III.

Es wurde bei dieser Tagung der Vorschlag geäußert, ein einziges Wörterbuch für alle donauschwäbischen Gebiete zu verfassen. Ich weiß nicht, ob das tatsächlich realisierbar wäre. Unsere mit großen Anstrengungen bisher geleistete Arbeit würde dadurch wahrscheinlich überflüssig gewesen sein. Denn die erneute Abfassung der Wörterbuchartikel könnte dann erst vorgenommen werden, wenn alle diese Daten auch in den anderen Gebieten erhoben sind. Wer soll das durchführen und wer soll es bezahlen? Wer soll danach die endgültige Fassung erstellen? Allein die Banater Mundarten sind schon so vielfältig, daß sie einen komplizierten Aufbau der Artikel erfordern. Für den gesamten — doch ziemlich heterogenen — Bereich des donauschwäbischen Raumes müßte das ein noch viel umfangreicheres Werk ergeben. Ich wäre schon froh, wenn unser Banater deutsches Wörterbuch einmal lieferungs- oder bandweise zu erscheinen beginnen könnte.

Mária Papsonová

Die Entwicklung der Schreibsprache in der Zips am Beispiel der „Zipser Willkür“

Im vorliegenden Beitrag wird eines der wichtigsten Rechtsdenkmale der Slowakei, die sogenannte „Zipser Willkür“, vorgestellt, und darüber hinaus werden — ohne auf Einzelheiten einzugehen[1] — die wichtigsten Ergebnisse der linguistischen Analyse aller zur Zeit bekannten Fassungen dieser Rechtssammlung dargelegt. Ihre Eigenständigkeit besteht u. a. darin, daß in der „Willkür“ die umfangreichen, den „Zipser Sachsen“, d. h. den deutschen Ansiedlern in der abgeschlossenen Kolonie der Oberzips, von ungarischen Königen erteilten Privilegien ihren Niederschlag finden. Für Jahrhunderte bildete sie die Grundlage einer besonderen politisch-wirtschaftlichen Einheit dieses Gebietes und wurde nicht nur von der deutschen, sondern von der gesamten Bevölkerung der Zipser Städte genutzt.

Das ursprüngliche, in dreizehn derzeit bekannten Abschriften überlieferte Rechtsbuch hatte 93–100 Kapitel (Punkte), die die Beziehungen im Bereich des Familien-, Erb- und Vermögensrechtes, des persönlichen Rechts und des Rechts der öffentlichen Verwaltung, der Organisation des Gerichtswesens und der Handelsgesetze regelten. Ihre Grundverordnung ist die durch die königlichen Privilegien gewährte Sicherung der persönlichen Freiheit im 1. Kapitel, aus dem auch die gesellschaftlich-rechtliche Stellung der Zipser Deutschen hervorgeht. Mehrere Tatsachen weisen darauf hin, daß die hier enthaltenen Regeln — überliefert erst aus den Handschriften des 15. und der folgenden Jahrhunderte — einen älteren Ursprung haben als das in der lateinischen Einleitung angeführte Jahr 1370.

Im Rahmen eines Forschungsprojekts wurde in den Jahren 1984–1989 von Ilpo Tapani Piirainen (Münster/Bochum) und der Verfasserin dieses Beitrags (Prešov, Slowakische Republik) die paläographische Edition aller erhaltenen Fassungen vorbereitet, die unter dem Titel „Das Recht der Spiš/Zips. Texte und Untersuchungen zum Frühneuhochdeutschen in der Slowakei“ in der Forschungsreihe „Veröffentlichungen des Germanistischen Instituts“ der Universität Oulu/Finnland 1992 erschienen ist. Da diese Edition erstmals einen Teil der reichen schriftlichen Produktion aus einem Gebiet vorstellt, das bis jetzt von der neueren Sprachgeschichtsforschung unbeachtet geblieben ist — anders als z. B. in den mittelslowakischen Bergstädten, deren deutsche Schriftdenkmäler außer von Piirainen im

[1] Im folgenden wird auf die Angaben in der beigefügten Literaturliste jeweils unter dem Veröffentlichungsjahr verwiesen.

Rahmen eines Planes zur Untersuchung des Frühneuhochdeutschen im ehemals großungarischen Raum v. a. von ungarischen Germanisten bearbeitet werden[2] —, haben die Autoren nach einiger Überlegung beschlossen, im Unterschied zur üblichen Editionspraxis der sprachlichen Analyse mehr Raum zu widmen und auf die Entwicklungstendenzen des Frühneuhochdeutschen in diesem außerhalb der zentralen Sprachlandschaften gelegenen Gebiet eingehender hinzuweisen.

Von den insgesamt dreizehn erhaltenen Abschriften der „Zipser Willkür" sind zwölf in der Zips (Oberzips und Zipser Gründe) entstanden und werden bis auf drei Ausnahmen — die Texte aus Banská Bystrica/Neusohl, Prešov/Eperies und Budapest — in den örtlichen Archiven aufbewahrt. Sechs von diesen Fassungen wurden in Levoča/Leutschau, der damaligen Hauptstadt der Provinz der 24 Zipser Städte, angefertigt. Die jüngste bekannte Abschrift stammt aus der im benachbarten Komitat Gömör liegenden Stadt Rožňava/Rosenau und ist in Dobšiná/Dobschau niedergeschrieben worden. Nur in Ausnahmefällen handelt es sich um selbständige Kodizes — die „Willkür" wurde meist in Abschrift in verschiedene Protokoll-, Stadt- und Rechtsbücher übernommen.

Die diesem Beitrag auf S. 165 folgende Übersicht vermittelt die wichtigsten Angaben über Entstehungs- bzw. (bei den oben genannten Leutschauer Texten) Aufbewahrungsort und Entstehungszeit der einzelnen Handschriften. Die verwendeten Abkürzungen und die Namen der Schreiber (sofern bekannt) sind ebenfalls angegeben. Bei der Zusammenstellung dieser Chronologie wurden in einem ersten Schritt bereits veröffentlichte Angaben[3] bzw. Äußerungen der Historiker über die Entstehungszeit der nicht genau datierten Texte herangezogen. Aber erst auf Grund der graphemischen Textanalyse konnte die Chronologie präzisiert und endgültig festgelegt werden. Dabei wurde insbesondere die Reihenfolge der Handschriften 9(Ľ) und 10(S), 12(L 1777) und 13(R) sowie die Eingliederung der in Budapest[4] aufbewahrten Abschrift geklärt.

Über die Herkunft und Ausbildung der Schreiber aller hier untersuchten Texte ist nur wenig überliefert. Von dem Autor des dem Original zeitlich, sprachlich und stilistisch am nächsten stehenden ältesten Fragments, das ursprünglich mit einer in den Jahren 1460 bis 1462 von derselben Hand in Georgenberg niedergeschriebenen Zipser Chronik einen gemeinsamen Pergamentkodex bildete, sind auf dem Gebiet der Zips bis heute keine weiteren Schriftstücke aufgetaucht. Die Sprache der Handschrift verrät einen gebildeten, grobe mundartliche Züge meidenden Schreiber. Das gleiche gilt für den Autor der Hs. 4(BB), *Georg Albert*, der 1527 bis 1538 als Stadtschreiber (Notarius) in Leutschau tätig war und 1538 zusammen mit einem anderen Mitglied des Stadtrates zum Herrscher gesandt wurde[5]. Zu Beginn des 16. Jahrhunderts trug der Stadtschreiber von Zipser Neudorf, *Thomas*

[2] Näheres dazu s. Mariá Papsonová (1987), S. 203 f. und die dort angeführte Literatur.

[3] Untersuchungen von Herbert Weinelt (1938, 1949).

[4] Im Gegensatz zu András Vizkelety, nach dem sie kurz nach 1516 (und vor 1540) angefertigt worden sein soll (1973, S. 53–64), setzen wir ihre Entstehung in die Zeit um 1550 (mit größter Wahrscheinlichkeit erst nach 1552).

[5] Jeromos Bal, Jenő Förster, Aurél Kauffmann (1910–1913), Bd. 1, S. 80.

von Schlagendorf genannt, die „Willkür" in das zweitälteste uns überlieferte Stadtbuch der Slowakei ein (Eintragungen aus den Jahren 1383 bis 1637), das 1940 von HERBERT WEINELT untersucht und ediert wurde[6]. Seinem Namen[7] nach handelt es sich bei diesem Autor um einen Einheimischen. Ähnlich kann man beim Schreiber der 1540 beendeten Abschrift von Kirchdorf, *Stephanus Tschaÿ,* sowie bei dem unbekannten Schreiber der im Protokoll der 13 Zipser Städte enthaltenen Hs. 3(L 1511) einheimische Herkunft voraussetzen. Alle drei Fassungen weisen starke mundartliche Einflüsse auf. Die Autoren der Handschriften 6(P — in Leutschau angefertigt) und 7(L 1552), *Heinrich Genersich* und dessen Vater *Melchior,* wurden während der Wirkungszeit des Leutschauer Stadtschreibers *Daniel Türk* als Mitglieder des Stadtrates mit der Anfertigung von offiziellen Schriftstücken beauftragt[8]. Von der Hand *Heinrich Genersichs* soll auch die heute als verschollen geltende, am reichsten ausgestattete Pergamenthandschrift aus dem Jahre 1540 stammen, die im Laufe des 18. und 19. Jahrhunderts dreimal abgedruckt wurde[9]. Der Reihenfolge der Paragraphen in diesen beiden Handschriften entspricht die der Budapester Fassung[10] sowie auch der beiden Abschriften des 18. Jahrhunderts 12(L 1777) und 13(R). Ähnliche Übereinstimmungen (die gleiche Paragraphenfolge, sprachliche Merkmale) weisen die Handschriften 9(Ľ) und 10(S) auf. Die Schreiber der Hss. 8 bis 13 sind nicht bekannt; die am Ende der Hs. 10(S) stehende lateinische Bestätigung von *Caspar Hain Cassoviensis* bezieht sich u. E. auf die Nachträge (§§ 101 bis 105), nicht auf die hundert Paragraphen (Kapitel) des ursprünglichen Rechtsbuches.

Diese erst ab 1545 (Hs. 6) erscheinenden Nachträge aus den Jahren 1505 und 1516 sowie die 21 Ergänzungen der Handschrift 7(L 1552) zeugen davon, daß die Autoren von einzelnen Abschriften bemüht waren, die vor allem im Bereich der öffentlichen Verwaltung, des Handels und der handwerklichen Produktion mit der Zeit neu entwickelten Normen in ihren Texten festzuhalten, diese klarer zu formulieren und dem herrschenden Sprachusus anzupassen. So werden die Deutschen, für die die Gesetzsammlung ursprünglich bestimmt war, im 1. Kapitel der ältesten Handschrift noch Sachsen (*saxen*) genannt, während sie in allen späteren Abschriften schon als Zipser (*Czypser, Zipser, Czÿpser, Cziepszerr, Cziepser, Ziepser, Zipßer*) auftreten.

In diesem Zusammenhang ist auch interessant, daß die Toponyme „Zips" und „Leutschau" von den Zipser Deutschen mit den im Slowakischen gebrauchten Genera, d. h. als Maskulinum (*der Czipsz, ÿn dem Czyps*) bzw. Femininum (*in der Lewtscha, in die Leutschaw*) verwendet werden. Erst in Hs. 12(L 1777) erscheint „Zips" auch schon als Femininum (*in der Zips/in dem Cÿps*)[11]. Im Wort-

[6] Das Stadtbuch von Zipser Neudorf und seine Sprache (s. HERBERT WEINELT 1940).

[7] Groß-Schlagendorf ist eine der Provinz angehörende Gemeinde in der Oberzips.

[8] FRANTIŠEK ŽIFČÁK (1976), S. 143 f.

[9] CAROLUS WAGNER (1774), S. 240–261; A. MICHNAY, P. LICHNER (1845), S. 221–235; KÁLMÁN DEMKÓ (1887), S. 17–86.

[10] Die Hss. 7(L 1552) und 8(B) sind darüber hinaus auch sprachlich fast identisch.

[11] Näheres zur Übernahme der ursprünglichen Orts-, Fluß- und Gemeindenamen s. bei BRANISLAV VARSIK (1974), S. 11–22.

schatz des Rechtsbuches tauchen darüber hinaus außer der typisch deutschen mittelalterlichen Rechtsterminologie auch zwei dem Mittelhochdeutschen fremde Wörter auf, die von Slowaken bzw. Ungarn übernommen worden sind. Bereits in der ältesten Pergamenthandschrift erscheint *birse, byrsche, pyrsche, pirsche* aus ung. „birság" und wird mit der Ausnahme der Handschriften 3 bis 5, 9 und 11 neben vorherrschendem mhd. *buoz, buoze* gebraucht. Die entlehnte bzw. niederdeutsche Form ist neben „Buße" und der ungarischen Entlehnung in den Hss. 3 (L 1511) und 5(SP) als *peÿn,* in den Hss. 9(Ľ) und 10(S) als *peen* überliefert.

Dagegen tritt das Substantiv *hattart (hattert, hatter, hattherdt, hartert, hertert* u. a. m.) aus slow. Maskulinum „chotár" in allen analysierten Abschriften auf und hat hier das mhd. Kompositum ‚wîcbilde' ersetzt, das in der ältesten, im Stadtrechtsbuch von Žilina/Sillein erhaltenen deutschen Fassung des „Magdeburger Rechtes" aus dem Jahre 1378 noch regelmäßig gebraucht wird[12]. Dieses älteste Stadtbuch der Slowakei enthält neben anderen Eintragungen auch die Übersetzung des „Magdeburger Rechtes" ins Alttschechische aus dem Jahre 1473, die als ältestes slowakisches Sprachdenkmal gilt. Die Gegenüberstellung des deutschen Originals und seiner fast 100 Jahre jüngeren Übertragung hat erwiesen, daß die frequentierte, in mehreren Bedeutungen und in mittelhochdeutscher, d. h. noch nicht diphthongierter Form verwendete Zusammensetzung *wîcbilde* die Übersetzer vor ein unlösbares Problem stellte: Verbindungen wie *binnen/binnem wicbilde, in dysem wicbilde, noch wicbilde rechte* werden entweder gar nicht übersetzt oder mit dem Substantiv „Weibsbild" (mhd. ‚wîbes bilde') verwechselt, was den Sinn der Gesetze stark verändert bzw. völlig entstellt und z. B. den Satz *wirt ein man vnversprochen binnem wicbilde mit deube begriffen* in der Bedeutung „wäre ein Mann (. . .) neben einer Frau mit Diebstahl gefangen" erscheinen läßt.

Zwischen der ältesten überlieferten Fassung der um 1370 kodifizierten Rechtssammlung der Deutschen in der Zips, dem Fragment aus Georgenberg, und der jüngsten bekannten Abschrift aus Dobschau liegen über 300 Jahre, die vom sprachgeschichtlichen Aspekt her die wichtigste Entwicklungsetappe auf dem Weg zur Gemeinsprache und zur neuhochdeutschen Schriftsprache darstellen.

Die erhaltenen Kodexe reichen vom 15. Jahrhundert, das einerseits Altes und Eigenständiges bewahrt, andererseits die wichtigsten phonemischen Erscheinungen des Frühneuhochdeutschen fixiert, über das 16. Jahrhundert, das radikale Umbrüche auf der schriftsprachlichen Ebene bringt und die bereits im vorangegangenen Jahrhundert bemerkbaren Vereinheitlichungstendenzen in verstärktem Maße aufweist, bis hin zum 17. Jahrhundert, in dem ein allgemeiner Ausgleich erreicht wird, während im 18. Jahrhundert dann die schriftliche Sprachform mit nationalem Geltungsbereich ausgeformt ist[13]. Sie überliefern das wichtigste Rechtsdenkmal eines außerhalb der zentralen deutschen Sprachlandschaften gelegenen Gebietes, das in mancher Hinsicht — nicht zuletzt als deutsche Sprachinsel — ein eigenständiges Forschungsobjekt darstellt.

[12] Ilpo Tapani Piirainen (1972); Mária Papsonová (1984/1985), S. 113.

[13] Werner Besch (1967); Piirainen (1985), S. 1369–1370; W. Schmidt (1984), S. 119–129.

Die Ergebnisse der neuesten Untersuchungen von frühneuhochdeutschen Quellen aus Mähren, der Mittel- und Westslowakei[14] lassen nicht eindeutig erkennen, ob die Sprachinseln eine eigene Schreibsprache ausgebildet haben oder ob sie sich in ihrer schriftlichen Produktion an Vorbilder im eigentlichen muttersprachlichen Gebiet anlehnen. Die Analyse der kontinuierlich überlieferten Texte der „Willkür" bietet deswegen die Möglichkeit zu beurteilen, inwieweit dies für das Gebiet der Zips gilt; auf der anderen Seite gestattet sie, die verschiedenen Einflüsse der zentralen Sprachlandschaften sowie die Tendenzen zur Vereinheitlichung über 300 Jahre genauer zu verfolgen. Wir gehen davon aus, daß die Sprache des althergebrachten Gewohnheitsrechts, das Gesetz und Gerichtswesen, privates und öffentliches Recht in einer eigenartigen Verquickung umfaßte, keine abseitige Sprache einer kleinen Gruppe war; sie war vielmehr ein wichtiger Bereich des allgemeinen Sprachlebens[15]. Demzufolge können die Ergebnisse unserer Einzeluntersuchung bis zu einem gewissen Grad für die Schreibsprache dieses historischen Gebietes herangezogen werden.

Bei der wiederholten Kopierung des Rechtsbuches unterliegt das inhaltlich Vorgegebene, Feststehende, Unwandelbare der formelhaften mittelalterlichen Vorlage keinen großen Veränderungen. In Abhängigkeit vom jeweiligen Schreiber, von seinen spezifischen Mundartbesonderheiten und seiner Ausbildung sowie von verschiedenen orthographischen Traditionen, denen er beim Fehlen einer generellen Norm ausgesetzt war, veränderte sich aber mehr oder weniger die Graphemik und Morphemik einzelner Handschriften, eine Entwicklung ist auch im Bereich der Lexik zu beobachten. Da in der Graphemik die wichtigsten Faktoren vorliegen, die die dialektgeographische Einordnung der Texte erlauben bzw. im Falle der Sprachinsel das Verhältnis von Dialektbestandteilen der zentralen Sprachlandschaften feststellen lassen, wurde im Rahmen der linguistischen Analyse das Graphemsystem der Handschriften untersucht. Es wurden dabei also auch die beiden Abschriften des 18. Jahrhunderts berücksichtigt, deren Entstehung zwar schon in der neuhochdeutschen Sprachperiode liegt, zu einer Zeit jedoch, in der es noch keine verbindliche Orthographie gibt.

Das Ziel unserer Darstellung bestand darin, auf die Realisation der frühneuhochdeutschen Vokal- und Konsonantengraphien (-zeichen), die als Entsprechungen von normalmittelhochdeutschen Vokalen und Konsonanten auftreten, sowie auf ihre Entwicklung bis ins 18. Jahrhundert hinzuweisen. Nach dem Lautwert einzelner Schriftzeichen, d. h. danach, wie sie phonetisch-phonologisch gedeutet werden können, wurde nur mit Vorsicht gefragt. Aus diesen Gründen wurden nur sporadisch Vergleiche überlieferter Schriftzeichen der untersuchten Texte mit phonetisch festgehaltenen Lauten lebender Zipserdeutscher Reliktmundarten gezogen. Zur Verfügung standen uns dabei vor allem die Arbeiten von Juraj Valiska[16].

[14] Vgl. die Arbeiten von Z. Masařík, I. T. Piirainen, S. Gárdonyi, Claus Jürgen Hutterer, Karl Mollay.

[15] Rudolf Grosse (1964).

[16] Vgl. Juraj Valiska (1967, 1980, 1982).

Ausgangspunkt für die Untersuchung der graphemischen Ebene, die auf der Basis der ältesten Handschrift erfolgt, ist das hypothetische Graphemsystem des Mittelhochdeutschen, mit dem die Grapheme und Graphemvarianten analysierter Handschriften verglichen wurden. Die Beobachtungen über die Entwicklung einzelner Grapheme werden zu den Ergebnissen der bisherigen Forschung in Beziehung gesetzt, insbesondere zu den Arbeiten von W. JUNGANDREAS, V. MOSER, H. PAUL, E. SCHWARZ und H. WEINELT. Bei der nachstehenden Darstellung der Ergebnisse unserer Analyse konzentrieren wir uns vorrangig auf die im untersuchten Material vorherrschenden Abweichungen vom Mittelhochdeutschen sowie auf die dialektgeographischen Charakteristika und auf die markantesten Entwicklungs- und Ausgleichstendenzen in der Schreibsprache der im Überschneidungsgebiet der schlesischen und der bairischen Sprachlandschaften gelegenen Sprachinsel.

Sprachhistorisch lassen sich die Kodexe in die fnhd. und nhd. Periode einordnen; hinsichtlich ihrer Sprachform zeichnen sich im Ergebnis der graphemischen Analyse in der Genese des Rechtsdenkmals mehrere Etappen ab, die den komplizierten Weg zum Neuhochdeutschen im untersuchten Gebiet verfolgen lassen.

Während die in der Mitte des 15. Jahrhunderts angefertigte älteste Handschrift aus Georgenberg in vielfältiger Weise noch die mhd. Schreibtraditionen fortsetzt und manch Altertümliches bewahrt, sind in dem mit sieben Texten vertretenen 16. Jahrhundert Bemühungen zu beobachten, einerseits die Veränderungen der gesprochenen Sprache schriftlich zu fixieren, andererseits die orthographischen Besonderheiten des Fnhd. einzubeziehen. Im sprachlich stark gegliederten 16. Jahrhundert lassen sich demzufolge mindestens zwei Gruppen von Handschriften ausgliedern; eine Sonderstellung nimmt die Hs. 4 (BB) ein.

Die Hauptzüge der typischen graphemischen Erscheinungen der 2. Hälfte des 16. Jahrhunderts sind zum großen Teil bis zum Ausgang des Frühneuhochdeutschen, also auch in den Abschriften des 17. Jahrhunderts festzustellen; dazu kommt aber eine verstärkte Tendenz zu Ausgleich und Vereinheitlichung, die im 18. Jahrhundert im Streben nach einer einheitlichen Schreibweise gipfelt.

In der ältesten Handschrift ist der fnhd. Stand auf allen Gebieten erreicht — die Diphthongierung der mhd. langen Vokale *î, û* und *iu* sowie die Monophthongierung der mhd. Diphthonge *ie, uo,* und *üe* sind konsequent durchgeführt (*vorleyen, frey, weib, pleiben; hawsfraw, bey awssen, ausrichtu(n)g, haus; ee lewte, fewer, czu . . . hewsern, sich ewssen; nymant, genyssen, krig, itzlich; gut, mutt(er), thun, busse, ruffen; czwen pruder, furen, von seinen füssen, sich . . . hütten*).

Relativ häufig, in einigen Fällen absolut, treten aber auch noch Grapheme, Graphemvarianten und Formen auf, die im Mhd. begründet sind, z. B. *sullen/süllen, wellen, sun* (= Sohn), *sunder* (= sondern), *an* (für „ohne“), *ph* (*phand, phen(n)ig, phandu(n)g, entphremde(n), entphoen*), *c* vor *l, r* (*clage, anclag,* (er) *clagit/klagit, crank/krang, cleyder, cleyn/kleyn*), *s* vor *w, l, m, n* (*geslecht, snurche, der sweer, pey sloffender czeit, sweren, sweyn slon, goltsmyt*) u. a. m.

Sowohl in der Graphemik als auch in der Lexik des ältesten Textes sind besonders stark jene Normabweichungen vertreten, die auf eine Beeinflussung durch die

(o)md.-schlesische orthographische Tradition hinweisen. So kommen im Bereich der vokalischen Graphemik besonders oft, in einigen Fällen ausschließlich, folgende Erscheinungen vor:
o > *a* in *adir, sal, ab(ap)/ob(op)* / aber: *von, wol, noch*;
u(ü) > *o(ö): dy könig, alten konigen, söst* (= sonst), *vnmondig, in ir mölen* (= Mühle), *des jongen, kamper wonde, der wont* (= der Verwundete) usw. / aber: *sun, sunder;*
â > *o: noch* (= mhd. „nâch"), *on* (= ohne), *roten, morgengob, lantgroff, lossen, mol* (= Mal), *des obendes, schoff, abslon, Jor* usw. / neben: *an* (dreimal), *gnade, vür den grafen*;
ei > *e:* stets in: *weze* (= Waise); *ynhemisch, vrtelen, czechen* (= Zeichen);
ou > *öu* vor Labialen: *kewffen, hewpt, sich rewffen, v(er)kewffen,* (er) *v(er)kewft,* (er) *lewkent* (= leugnet);
vor- für *ver-: vor mitten* (= vermieten), *vorendert* (= verheiratet), *vorlorn, vorterben, czuuorspilen, vorwezen* (= verweisen) u. a. / *verterbit,* (er) *verbunde;*
der-/dir- für *er-: derstochen ad(ir) dirslagen, dirsloen, derfert her / erfolgit, erslagen;*
e als Irrationalvokal > *i:* (er) *stirbit, pleibit, bewerit, prengit, setzit; beklagit, erfolgit* (Part. Prät.); *habin wir, widergebin, sullin sy, oberthalbin;* (des) *gutis, geldis, landis; frebil, ledir, abir, adir, übir(-);*
die mundartliche Ekthlipsis: *gestift* (= gestiftet), *begnod* (= begnadet), (er) *fynt* (= findet), *noch ret* (= nachredet), *gericht* (= gerichtet, Part. Prät.); *mit eym rechten, in eym margte; ein* (= einen), *sein* (= seinen).

Im Bereich des Konsonantismus:
k für *g, g* für *k* in Medial- und Finalposition stets in: *lewkent her ym, erkeyn* (= irgendein); *in eym margte, in mergten/markt, (in, von, czum) markte; krang, marg* (= Mark) / *crank, mark, werk;*
Zusammenziehung über *h:* (es) *geschit, firczen, gescheen/geschen,* (es) *geschee/geschege* (Konj. Prät.), *czu seen, leyen, foen* (= mhd. „vâhen");
unverschobenes *-pp-, -mp-: hoppen, kuppers; kempe, kamper wonde, von eyner kamper wonden / kemphen, der kemphin* (Gen. Pl.), *der kemphe;*
-nd(-), -ld(-) für *-nt(-), -lt(-): under, hinder, kynder, von den hunden; solde, wolde* (Konj. Prät.), *dy eldern, halden, dy eldisten, geweldig, gehalden; gesund, kynd, rÿnd, gewand, frund; gewald, vnschuld / gelt, gelt schult, gewalt* usw.
Stimmhaftigkeit des *(-)s-:* (er) *zal, zolen* (= Sohlen), *zele* (= Seele) / *sache, besuchen, gesynde, sun; lozen* (= lösen), *off wazen* (= Basen), *vorwezen / lősen, kysen, ist gewesen;*
für alle *s*-Laute (hier für mhd. z(z)): *wissen, lossen, ausen, beysen, mose* (= Maß); *das/daz* (Konj. + Art.), *bis, gros, nas, kreys / puß, moß, naß;*
cz für *z: Czipser, czeit, czwischen, dy leczten kynder, czwenczig, smercze, seczin / schatzen, czusetzen, spitze.*

Mitteldeutsche Einzelformen oder -worte: *wilch, brengen, hulfe, frund(t)* in der Bedeutung „Blutsverwandter", *off(-) kegen, nesten, nest* für Superlativ „nächst", (er) *zeugt* (zu „ziehen"), *wase* für „Base", *verterben* (= verletzen), *her, her-* (= er, Herr), *twingen.*

Die meisten dieser Graphemvarianten und Formen sind in großer Belegdichte nachzuweisen und prägen entscheidend die Sprache der Handschrift. Die bairisch-österreichischen Einflüsse bleiben dagegen auf Einzelfälle bzw. auf die graphische Wiedergabe beschränkt. Häufiger kommen anlautendes *p-* für *b-* (*lantbuch, pruder, pillich, entperen, pus, pund/bund, busse, bleyben, bawm, gebrewde* usw.), Ableitungssuffix *-nus* (*geczewgnus, gestentnus*) und *-ist* im Superlativmorphem der Adjektive (*dy, den eldisten*) vor. *wellen,* das auch in Hss. 2 (SNV) und 3(L 1511) absolut steht, ist u. E. als Bewahrung der älteren mhd. Form, nicht als Eigenheit des süddeutschen Schreibgebrauchs zu betrachten[17].

Eine Fortsetzung der in Hs. 1(SS) festgehaltenen Schreibtradition stellen die Hss. 2(SNV), 3(L 1511) und 5(SP) dar, deren Graphemik keine wesentlichen Abweichungen gegenüber der ältesten Fassung aufweist. Dies betrifft sowohl Umfang und Dichte der mhd. Schreibungen und Formen (diese werden erst in der letztgenannten Handschrift von einem Nebeneinander der älteren und neueren, fnhd. bzw. nhd. Erscheinungen abgelöst) als auch (mit der Ausnahme von *wilch* und nebentonigem *i,* die ausschließlich in Georgenberg bezeugt sind) den Grad der sprachgeographischen Beeinflussung — das Verhältnis der Dialektmerkmale von beiden Sprachlandschaften bleibt im allgemeinen unverändert. Darüber hinaus kommen in dieser Gruppe von Texten, besonders in Hss. 2(SNV) und 3(L 1511), graphemische Erscheinungen vor, die auf einen direkten Einfluß der Zipserdeutschen Mundarten hinweisen und sonst nicht bzw. ganz vereinzelt belegt sind. Im Bereich des Vokalismus ist es in Hss. 2(SNV) und 3(L 1511) neben der hier viel stärker bezeugten Senkung des mhd. *u(ü) > o(ö)* die des mhd. *i > e,* die in beiden Abschriften in großer Belegdichte auftritt. Alle drei Texte weisen das für die gesprochene Sprache der Zips charakteristische *bas* (für „bis"), Hs. 5(SP) vereinzelt auch *gÿn, stÿn* auf. In der konsonantischen Graphemik fällt besonders anlautendes *tph-/tpf-* für mhd. *ph-/pf-* auf, das im analysierten Material sonst nicht vorkommt.
u(ü) > o(ö): gesont (= gesund), *dÿ fronde, der fr̊onth, der scholtman, worfel, zw holffe, gefonden, onden* (= unten), *kopper, bont* (= Bund), *der sonnen* (Gen. Sg.), *M̊oncz* (= Münze), *Entworte(n)/Entwerte(n), orteil, m̊ol her* (= Mühlherr), *orlop* usw. / aber: *sun, sunst, sunder, des küniges;* SP: *son/szwn, des k̊oniks;*
i > e: hender ym (= hinter sich), *kender, en VI wochen, brotleng, yr wellen* (= Willen), *des groffen gerecht* (= Gericht), *gesend/gesynde, Eyn renth* (= Rind), *Em lande, met ym, entreten, en steten ader en merken* u. a.;
tph-/tpf-: Hss. 2 und 3: *tphant, tphennick, tphert, eynes tphennix, Entphaen;*
Hs. 5(SP): *tpferdt, tpfandungk, tpfennigk, tpfandt/pfennigk, pfandt.*

Die zweite Gruppe innerhalb der Handschriften des 16. Jahrhunderts stellen die drei Kodexe Leutschauer Provenienz (Hss. 6 bis 8) dar, die sich von der ersten Handschriftengruppe vor allem durch das Hauptcharakteristikum der fnhd. Orthographie unterscheiden — durch Häufungen und Verdoppelungen von Konsonantengraphien ohne innere lautliche Begründung. Diese Strömung, die bei *f, t, s* auch in der älteren Überlieferung zu verzeichnen ist, setzt stärker bereits in der Hs. 4(BB) ein und bleibt bis zum Ausgang des Frühneuhochdeutschen erkennbar.

[17] Zur Sprache der Georgenberger Handschrift s. auch MÁRIA PAPSONOVÁ (1985), S. 41–65.

Erst in der Hs. 11(G) aus dem Jahre 1666 ist ein Rückgang dieser typischen Erscheinung der fnhd. Schreibsprache zu beobachten. Durch eine große Vielfalt von Graphemvarianten sowohl in der konsonantischen als auch in der vokalischen Graphemik zeichnet sich besonders Hs. 6(P) aus.

Fast unverändert bleibt dagegen das Verhältnis von dialektalen Bestandteilen der zentralen Gebiete; zwar weisen die Texte dieser Gruppe neben überwiegenden Normalschreibungen vereinzelt bairische, seltener mitteldeutsche Erscheinungen bzw. orthographische Einschläge auf, die in der älteren Überlieferung (mit der Ausnahme der Hs. 4(BB)) nicht auftreten (*nit* neben *nicht,* oft *umb,* nur in den Hss. 6 bis 8 wird der Landesname „Ungarn" mit prothetischem *h* als *Hungern* geschrieben, seltener *uͤ, ue* für mhd. *ü, ue* für mhd. *uo,* anlautendes *kh* für *k; sone* im Nom. Sg. für „Sohn"), der md. Einfluß bleibt aber eindeutig vorherrschend. Im Vergleich zur ersten Gruppe kommt es jedoch zu quantitativen Veränderungen. Wie bereits in der Hs. 5(SP) erscheinen hier im größeren Maße neben mundartlichen Formen die frühneuhochdeutschen bzw. späteren schriftsprachlichen Schreibungen, zum Teil werden ausschließlich die jüngeren Formen verwendet. So sind z. B. nach 1540 (und immer in Hs. 4(BB)) *freund, es geschee* (Konj. Prät.) und intervokalisches *h* die Regel.

Während das graphemische Bild von beiden erwähnten Gruppen von Texten des 16. Jahrhunderts eine kontinuierliche Entwicklung der Hauptzüge der Graphemik der ältesten Handschrift darstellt, fällt die Sprache der Hs. 4(BB) durch ihre Eigenheiten (und nicht zuletzt durch ihr eigenartiges Schriftbild) weitgehend aus diesem Rahmen. Wenn auf der einen Seite der Einfluß der oberdeutschen orthographischen Tradition in diesem Text am stärksten zum Ausdruck kommt (Beispiele s. u.), werden andererseits mehrere orthographische Einschläge der süddeutschen Sprachlandschaften, die in anderen Texten anzutreffen sind, in dieser Abschrift gemieden (*x* für mhd. *chs, b-* > *p,* Entrundung, Synkopierung und Apokopierung). In noch größerem Maße trifft das für die in den übrigen Kodexen des 16. Jahrhunderts auffälligen, im 17./18. Jahrhundert auch noch auftauchenden Besonderheiten der schlesischen bzw. einheimischen Mundarten, die im Text aus Neusohl kaum einen Niederschlag finden, zu. Sowohl von den mitteldeutschen als auch von den oberdeutschen Schreibungen und Formen wählt der Schreiber diejenigen aus, die in die spätere Schriftsprache Eingang gefunden haben. Diese stehen auch in den Texten des 17. Jahrhunderts oft noch neben mundartlichen Dubletten und gewinnen erst im 18. Jahrhundert eindeutig die Oberhand. So werden in Hs. 4(BB) stets „wollen", „sollen", „oder", „soll", „ob", „Sohn", „sondern", „sonst", „König", „Hilfe", „bringen", „ohne", „Monat", die zweisilbigen Formen der athematischen Verben „gehen", „stehen", „Freund", „Stadt", „leugnen", „verderben", „zwingen", „(er) käme", „ver-", „er-" gebraucht, dem Neuhochdeutschen entspricht weitgehend die Distribution von inlautendem *ld/lt,* die Schreibung *schw-, schm-, schn-, schl-* u. a. m.

Von oberdeutschen orthographischen Einschlägen sind in größerer Belegdichte folgende zu finden:
überwiegendes *wann* für Konjunktion „wenn", *nit, umb;*

a für mhd. *æ:* (er) *ware/wäre/were/wehr* (Konj. Prät.), (er) *lasst/lest,* (er) *nahme/nähme/nehme* (Konj. Prät.), *Ihren nachsten, die nachste freundt/die Nehste freundt,* (er) *khame/khäme/kheme;*
ä für den Primär- und Sekundärumlaut (Belege für den letztgenannten s. o.): *hälffte/helfft, Inn Städten oder Märckhten, an baiden Stämmen, Inn Städten od(er) Inn Marckhten/Inn Stadten noch Märckhten;*
Unterbleiben des Umlauts vor *-lich, -nisse* und *-ære: offenbarlich/Schedlich; erlaubnuß, gestandtniß/Verdächtnus; Khamper, Khampffer, vmb ... Kampfer Wund(en).*

Nur in dem Neusohler Text werden der aus mhd. *î* neu entstandene und der alte mhd. Diphthong *ei* graphisch auseinandergehalten:
ai für mhd. *ei: ain/ein, flaisch hackher/fleischer, mitainand(er)/miteinand(er), Maidl, dritthaill, baide, Vertzaichnuß, Waißen, Vnnderschaidt, braidt* (= breit) usw.
ei für mhd. *î: Weibßbildt, baiderseit, bleiben, reissen, Beissen, sein, vleiß, Schreib(er)ambt, Weinschenckh/Zeÿt, dreÿ, beÿ, freÿ;*
ie für mhd. *ie: Stieffelltern, Dienstbotten,* (er) *biette* (Konj. Präs.), (er) *Abgienge, ließe, fienge* (Konj. Prät.), *Verliesen/verlieren, geniessen, Thier, ain Ieder, Iemandt, Ihener* (= jener) u. a. m.
ue für mhd. *uo: dieß buechs/Rechtbuchlein, Zuesuchen, muett(er)/Mutter, suechen/suchen, guett, thuen, bueß, Bueße, Schuester, genueg;*
ue für mhd. *üe: guetter, frue* (= früh), *von seinen fuessen, huetten, ain Khue* (= eine Kuh) / *Zwen brüeder, güetter/vollfüren, verfüren/furen/fieren;*
kh- für mhd. *k-: Khinder, verkhauffen, khnecht, Khüebl, Khraiß, khomen, ... / kranckh, Krieg, Knab, Klaid(er), kind(er);*
-ckh(-) für mhd. *-k-* und *-k: so dunckht vnns, Ennckhel, henckhen* (= hängen), *Hackhen, Sackh, Zehen Marckht, ain Schenckh, Enckhl/Engkhl* (= Enkel);
h für inlautendes mhd. *(c)h* vor *t: Reht/Recht, Ain rehtes Recht, zue den Rehten, Tohter/Thochter, deß knehts/khnecht, Inn Sehs wochen/sechs, die Nehste freundt /auf den Nechsten Marckht/ die nachste freundt;*
der graphisch nicht bezeichnete Stimmtonverlust von mhd. *b, d, g.*

Abgesehen von den für das 16. Jahrhundert typischen Konsonantenverdoppelungen, die mit dieser Handschrift stärker einsetzen, macht sich in ihrer Graphemik der spätere nhd. Stand so deutlich bemerkbar wie erst wieder in den Texten des 18. Jahrhunderts. Auffallend ist besonders die aus dem Mitteldeutschen stammende Bezeichnung der Quantität der ursprünglich langen sowie der gedehnten Vokale durch ihre Verdoppelung und vor allem durch nachgestelltes *h,* die (ausgenommen die schon früher auftauchenden Entsprechungen *ee, eh* für mhd. *ê*) in dem Text aus dem Jahre 1538 bei allen Vokalen im größeren Maße anzutreffen ist und in der Mehrheit der Belege mit dem Neuhochdeutschen korrespondiert. Aus den übrigen Texten des 16. Jahrhunderts ist diese Erscheinung nur vereinzelt zu belegen. In Hs. 4(BB) nimmt darüber hinaus der Gebrauch von Majuskeln stark zu, wobei vor allem bestimmte Grapheme wie *a, i, z* (oft sogar im inneren Anlaut) groß geschrieben werden.

Die Texte des 17. Jahrhunderts, besonders aber die jüngsten Abschriften aus dem 18. Jahrhundert, weisen eine deutliche Tendenz zur Vereinheitlichung auf; die Konsonantenverdoppelungen sowie andere Graphemvarianten nehmen stark ab bzw. kommen nur in bestimmten Positionen oder besonderen lexikalischen Einheiten vor. Durch Verdoppelung des nachfolgenden Konsonanten werden grundsätzlich die Kurzvokale bezeichnet; die Opposition der beiden *s*-Laute und die graphischen Homonymescheidungen (*das : daß; wider : wieder*) sind im 18. Jahrhundert bereits ausgebildet. Der schon in den Abschriften der zweiten Gruppe zu beobachtende Rückgang der mundartlichen Varianten zugunsten der schriftsprachlichen Formen ist mit Ausnahme des von einer anderen Hand stammenden Teiles der Hs. 12(L 1777) abgeschlossen; die Texte des 18. Jahrhunderts erreichen weitgehend den neuhochdeutschen Stand.

Aus diesem zusammenfassenden Überblick der graphemischen Analyse der untersuchten Kodexe ist ersichtlich, daß sich in der Entwicklung der geschriebenen deutschen Sprache in dem außerhalb der zentralen Sprachlandschaften gelegenen Gebiet der Zips im 15. bis 18. Jahrhundert dieselben Hauptzüge und -charakteristika verfolgen lassen wie in der Schreibsprache der binnendeutschen Gebiete. Sprachgeographisch ist die mitteldeutsche Grundlage vorherrschend; der Einfluß der lokalen zipserdeutschen Mundarten macht sich nur in der ersten Gruppe der Texte des 16. Jahrhunderts stärker bemerkbar. Die Eigenheiten der mitteldeutsch-schlesischen Sprachlandschaften, die in der ältesten Handschrift sowie in den Texten des 16. Jahrhunderts in großer Belegdichte auftreten und einen festen Bestandteil ihrer Graphemik und Lexik bilden, werden in den Abschriften des 17./18. Jahrhunderts immer mehr zu Relikterscheinungen, deren Verwendung nicht zuletzt auf die Autorität der mittelalterlichen Vorlage mit ihren festen Formeln und auf die Bildungsstufe des jeweiligen Schreibers schließen läßt.

In der gesamten Überlieferung ist eine starke Tendenz festzustellen, eine außer- und überlandschaftliche bzw. die in den muttersprachlichen Gebieten herrschende Sprachform zu verwenden. Diese ist einerseits durch das Streben nach einer einheitlichen Norm, andererseits aber auch durch die Tatsache zu erklären, daß sich die geschriebene Sprache der Sprachinsel nur im beschränkten Maße auf die gesprochene Sprache stützen kann. Maßgebend wirkt sich der Schreibusus der sich in den Zentralgebieten herausbildenden Norm aus.

Die dreizehn derzeit bekannten Handschriften:

Nr.	Entstehungs-/ Aufbewahrungsort	Zeit	Abkürzung	Schreiber
1.	Spišská Sobota/Georgenberg	um 1460	1 (SS)	unbekannt
2.	Spišská Nová Ves/ Zipser Neudorf	Anfang d. 16. Jhs.	2 (SNV)	Thomas von Schlagendorf
3.	Levoča/Leutschau	um 1511	3 (L 1511)	unbekannt
4.	Banská Bystrica/Neusohl (niedergeschr. Levoča)	1538	4 (BB)	Georg Albert
5.	Spišské Podhradie/Kirchdorf	1540	5 (SP)	Stephanus Tschaÿ
6.	Prešov/Eperies (niedergeschr. Levoča)	1545	6 (P)	Heinrich Genersich
7.	Levoča/Leutschau	1552	7 (L 1552)	Melchior Genersich
8.	Budapest	um 1550	8 (B)	unbekannt
9.	Ľubica/Leibitz	17. Jh.	9 (Ľ)	unbekannt
10.	Stráže pod Tatrami/ Michelsdorf	1659	10 (S)	(Caspar Hain Cassoviensis)
11.	Gelnica/Göllnitz	1666	11 (G)	unbekannt
12.	Levoča/Leutschau	1777	12 (L 1777)	unbekannt
13.	Rožňava/Rosenau (niedergeschr. Dobšiná)	18. Jh.)	13 (R)	unbekannt

Literatur

Bal, Jeromos, Förster, Jenő, Kauffmann, Aurél (Hrsg.) (1910–1913): Hain Gaspár Löcsei krónikája I–III (Gaspar Hains Chronik von Leutschau). Levoča.

Besch, Werner (1967): Sprachlandschaften und Sprachausgleich im 15. Jahrhundert. Studien zur Erforschung der spätmittelhochdeutschen Schreibdialekte und zur Entstehung der neuhochdeutschen Schriftsprache. München.

Demkó, Kálmán (1887): Löcse története, A. „szepesmegyei történelmi társulat" (Geschichte von Leutschau). Levoča.

Grosse, Rudolf (1964): Zur sprachgeschichtlichen Untersuchung der spätmittelalterlichen deutschen Rechtsdenkmäler. In: Forschungen und Fortschritte, 38. Jahrgang. Berlin.

Michnay, A., Lichner, Pál (1845): Ofner Stadtrecht. Bratislava.

Papsonová, Mária (1985): Zur Problematik der Komposita im Stadtrechtsbuch von Žilina — Schreibweise, Translation und Semantik. In: *brücken*. Germanistisches Jahrbuch DDR – ČSSR 1984/85. Praha. 105–120.

Papsonová, Mária (1985): Die Zipser Willkür aus Spišská Sobota (Georgenberg). Untersuchungen zum Laut- und Formenbestand. In: Beiträge zur Erforschung der deutschen Sprache, 5, 41–65. Leipzig.

Papsonová, Mária (1987): Ergebnisse, Probleme und Aufgaben bei der Erforschung des Frühneuhochdeutschen in der Slowakei. In: Zeitschrift für Germanistik 2, 198–209. Leipzig.

Piirainen, Ilpo Tapani (1972): Das Stadtrechtsbuch von Sillein. Einleitung, Edition und Glossar (= Quellen und Forschungen zur Sprach- und Kulturgeschichte der germanischen Völker. 46.) Berlin, New York.

Piirainen, Ilpo Tapani (1985): Die Diagliederung des Frühneuhochdeutschen. In: Sprachgeschichte. Ein Handbuch zur Geschichte der deutschen Sprache und ihrer Erforschung. Hrsg. von W. Besch, O. Reichmann, S. Sonderegger. Zweiter Halbband, 1368–1379. Berlin, New York.

Piirainen, Ilpo Tapani und Papsonová, Mária (1992): Das Recht der Spiš/Zips. Texte und Untersuchungen zum Frühneuhochdeutschen in der Slowakei. Bd. 1, 2 (= Veröffentlichungen des Germanistischen Instituts 8). Oulu.

Schmidt, W. (1984): Geschichte der deutschen Sprache. Berlin.

Valiska, Juraj (1967): Die zipserdeutsche Mundart von Chmeľnica (Hopgarten). In: Acta Facultatis philosophiae Universitatis Šafarikanae Prešovensis. Bratislava.

Valiska, Juraj (1980): Nemecké nárečie Dobšinej. Príspevok k výskumu zanikania nárečí enkláv (Die deutsche Mundart von Dobschau. Ein Beitrag zur Untersuchung des Untergangs der Enklavenmundarten). Rimavská Sobota.

Valiska, Juraj (1982): Nemecké nárečia horného Spiša. Príspevok k výskumu reliktných nárečí v pokročilom štádiu ich vývoja (Deutsche Mundarten der Oberzips. Ein Beitrag zur Untersuchung der Reliktmundarten im fortgeschrittenen Stadium ihrer Entwicklung). Stará Ľubovňa.

Varsik, Branislav (1974): Pôvodné slovanské osídlenie Spiša a korene spišských miest (Ursprüngliche slawische Besiedlung der Zips und der Ursprung der Zipser Städte). In: Spišské mestá v stredoveku (Zipser Städte im Mittelalter). Hrsg. von Marsina, Richard, 11–20. Košice.

Vizkelety, András (1973): Príspevky k právnym dejinám spišských miest v stredoveku (Beiträge zur Rechtsgeschichte der Zipser Städte im Mittelalter). In: Spiš 3–4, 53–64. Košice.

Wagner, Carolus (1774–1778): Analecta Scepusii sacri et profani I–IV. Wien, Bratislava, Košice.

Weinelt, Herbert (1938): Die mittelalterliche deutsche Kanzleisprache in der Slowakei (= Arbeiten zur sprachlichen Volksforschung in den Sudetenländern. 4.). Brünn, Leipzig.

Weinelt, Herbert (1940): Das Stadtbuch von Zipser Neudorf und seine Sprache. Forschungen zum Volkstum einer ostdeutschen Volksinselstadt (= Veröffentlichungen des Südostinstituts). München.

Žifčák, František (1976): Kancelária Levoče v 2. polovici 16. storočia (Die Kanzlei von Leutschau in der 2. Hälfte des 16. Jahrhunderts). In: Slovenská archivistika 2, 127–148.

Halrun Reinholz

Die Zweisprachigkeit Banater Schüler als Problem der Deutschdidaktik

Die deutschsprachigen Gruppen im heutigen Rumänien befanden sich schon immer in einer Sprachinselsituation und waren den Einflüssen der sie umgebenden Kontaktsprachen (v. a. Ungarisch und Rumänisch) ausgesetzt, ohne jedoch in ihrer (sprachlichen) Existenz bedroht zu sein. Bis zum Zweiten Weltkrieg waren zweifellos zwei der wesentlichen Existenzbedingungen für ein Sprachinselidiom[1] gewährleistet:

— Die Sprachgemeinschaften waren jeweils (relativ) geschlossen, sozial homogen und kulturell eigenständig mit der Tendenz zur Absonderung.
— Der Bezug zur deutschen Standardsprache in ihrer mündlichen und schriftlichen Ausprägung war vorhanden[2].

Heute dagegen ist die deutsche Sprache in Rumänien vorwiegend bestimmt von:

— den Folgen der langjährigen Isolation vom deutschen Sprachraum sowie
— der Zunahme des Kontakts zur rumänischen Mehrheitsbevölkerung.

Eine der Begleiterscheinungen der politischen sowie sozio-ökonomischen Veränderungen nach dem Zweiten Weltkrieg ist die allgemeine Notwendigkeit, die Staatssprache Rumänisch zu sprechen. Es hat also bei den Deutschen in Rumänien ein Wandel von der „sozialen“ zur „individuellen“ Zweisprachigkeit stattgefunden[3]. In der Sprachinselforschung jedoch wird individuelle Zweisprachigkeit als einer der grundlegenden Faktoren angesehen, die den Bestand des Sprachinselidioms gefährden können: Das Sprachinselidiom wird durch den Einfluß der Kontaktsprache zunehmend verfremdet und geht über eine Mischsprache in der Mehrheitssprache auf[4].

Die deutsche Sprache in Rumänien zeigt seit 1945 eine deutliche Zunahme ru-

[1] Nach Peter Wiesinger (1973): Die deutschen Sprachinseln in Mitteleuropa. In: LGL, Tübingen. S. 367–377.

[2] Alle Akademiker, die Wert auf eine deutschsprachige Ausbildung legten, mußten beispielsweise im deutschen Sprachraum studieren, da weder das Banat noch Siebenbürgen eine deutsche Universität besaßen.

[3] Vgl. dazu: Kurt Rein (1980): Diglossie und Bilingualismus bei den Deutschen Rumäniens. In: Sprachkontakt und Sprachkonflikt (ZDL Beiheft 32). Hrsg. von P. H. Nelde. Wiesbaden. S. 263. Rein übernimmt darin Grootaers Terminologie.

[4] Vgl. Peter Wiesinger (1973), S. 371.

mänischer Einflüsse. Sie betreffen vor allem den lexikalisch-semantischen Bereich, der für Interferenzen bekanntermaßen am leichtesten zugänglich ist, aber auch Bereiche der Grammatik[5]. Mit ein Grund für die Zunahme der Interferenzen mag in der Tendenz zu suchen sein, die Mundart (z. B. beim Umzug in die Stadt) zugunsten einer Umgangssprache (die für die Hochsprache gehalten wird) aufzugeben[6]. Gerade die umgangssprachliche Ebene erweist sich in der Regel als besonders interferenzanfällig. Allerdings sind nicht alle Bereiche der Sprache gleichermaßen vom Einfluß der Kontaktsprache betroffen. STEINKE versucht eine Differenzierung nach verschiedenen sozialen Parametern und stellt im Hinblick auf die Deutschen in Rumänien fest, daß der Einfluß des Rumänischen im Normalfall (d. h. in den traditionellen Siedlungsgebieten und bei Endogamie) in der Domäne Arbeit/Studium besonders groß ist, in der Domäne Familie/Kirche jedoch unbedeutend[7]. Durch die Zunahme von Mobilität und Exogamie in einer Industriegesellschaft, wo die Minderheit zudem durch Abwanderung geschwächt ist, kann dieses Bild sich jedoch verändern.

Die sprachliche Situation der Deutschen im Banat ist im wesentlichen bestimmt von einem genealogischen Gegensatz zwischen Dorf- und Stadtmundarten. Die Dörfer wurden im 18. Jahrhundert aus unterschiedlichen, vorwiegend südwestdeutschen Gebieten besiedelt. Die Mischmundart, die sich unter den bäuerlichen Einwohnern herausbildete (und das betrifft vor allem die überregionale Verkehrssprache), ist dementsprechend rheinfränkisch (pfälzisch) geprägt[8]. Als Eigenbezeichnung hat sich „schwäbisch" (mundartlich „schwowisch") durchgesetzt. Demgegenüber wurden in Temeswar (sowie auch in den anderen Städten und im Banater Bergland) Beamte, Handwerker und Bergleute angesiedelt, deren Herkunftsgebiete dem bairisch-österreichischen Mundartraum zuzuordnen sind. Die Temeswarer Stadtmundarten sind deshalb genealogisch bairisch[9]. Das Verhältnis von Dorf- und Stadtsprache im Banat hat JOHANN WOLF wie folgt schematisch dargestellt[10]:

[5] Eine systematische Erfassung des rumänischen Einflusses (auf die rumäniendeutsche Pressesprache) versucht PETER KOTTLER: Rumänisch-deutsche Sprachinterferenzen veranschaulicht am Beispiel der Presse. In: *Neue Banater Zeitung,* Kulturbote, 3. 6. 1976 – 6. 10. 1977 (25 Folgen und Schlußanmerkung).

[6] Vgl. dazu KURT REIN (1980): Diglossie und Bilingualismus bei den Deutschen Rumäniens, a. a. O., S. 266 ff. Die Triglossie Hochsprache-Mundart-Kontaktsprache kann entweder auf Kosten der Mundart („Baltische Lösung") oder auf Kosten der Hochsprache („Elsässische Lösung") auf eine Diglossie reduziert werden.

[7] Vgl. KLAUS STEINKE (1979): Die sprachliche Situation der deutschen Minderheit in Rumänien. In: Standardsprache und Dialekte in mehrsprachigen Gebieten Europas. Hrsg. von P. STURE URELAND. Mannheim. S. 192.

[8] Zu den Herkunftsgebieten der Banater Schwaben vgl. JOHANN WOLF (1975): Kleine Banater Mundartkunde. Bukarest. S. 20 ff.; zum Sprachgebrauch im Banat ebenda, insbesondere S. 38–50.

[9] Vgl. dazu JOHANN WOLF (1975), S. 52.

[10] Ebenda, S. 51.

A	B
1. Dorfmundarten	1. Stadtmundart
2. Verkehrsmundart	2. Halbmundart der Städte

3. mundartnahe Umgangssprache
4. gehobene Umgangssprache
5. Schriftsprache

Die sprachlichen Unterschiede zwischen diesen Sprachvarietäten sind im Laufe der Zeit „fast gar nicht" ausgeglichen worden, da die Kontakte zwischen Dorf- und Stadtbevölkerung vorwiegend wirtschaftlicher und kaum gesellschaftlicher oder kultureller Art waren[11]. So gilt auch heute noch die Zweigleisigkeit der Sprachvarietäten im Banat.

Seit 1945 ist jedoch der Kontakt zwischen Dorf- und Stadtbevölkerung ungleich intensiver geworden, da viele Dorfbewohner heute ihren Arbeitsplatz (und in der Folge auch immer mehr ihren Wohnsitz) in der Stadt haben. Temeswar als größte Stadt des Banats ist von der Zuwanderung schwäbischer Dialektsprecher besonders betroffen. Darüber hinaus brachte das Wegfallen der materiellen Sicherheit auf dem Land nach 1945 für viele Dorfbewohner auch eine erhöhte Bildungsmotivation. Unter diesen Voraussetzungen spielt nicht nur Ebene 3 im obigen Schema, die „mundartnahe Umgangssprache", im Verkehr zwischen Dorf- und Stadtbewohnern eine wachsende Rolle, sondern auch Ebene 4, die „gehobene Umgangssprache". Beide Ebenen sind jedoch stark bairisch-österreichisch geprägt. Der sprachliche Kontakt der Temeswarer untereinander findet heute ebenfalls fast ausschließlich auf den Ebenen 3 und 4 statt, da die Temeswarer Stadtmundarten (selbst die Halbmundarten) weitgehend aufgegeben wurden.

Naheliegende sprachliche Konsequenzen dieser Konstellation im Banat wären:

— Die Mundart verliert an Bedeutung für die in die Stadt gezogenen Dialektsprecher. Da es auch keine parallelen Stadtmundarten gibt, liegt der Verzicht auf die Mundart nahe.
— Familiensprache und Muttersprache der Kinder wird die städtische Verkehrssprache. (Je nach Bildungsstand Ebene 3 oder 4.)
— Die Bedeutung der rumänischen Sprache wächst durch zunehmenden Kontakt mit Rumänen.
— Die Kompetenz in der Familiensprache ist bei schwäbischen Familien keine muttersprachliche, da das eigentliche muttersprachliche Idiom (der Dialekt) aufgegeben wurde. (Dies als wichtiger Unterschied zur „echten" Stadtbevölkerung). Es kommt dadurch zu Unsicherheiten, die das Eindringen von Interferenzen aus dem Rumänischen begünstigen.

Viele sprachliche und außersprachliche Faktoren sind demnach fördernd für die Herausbildung einer deutsch-rumänischen Mischsprache. Dagegen steht:

— Das Festhalten an einer deutschen Identität.

[11] Ebenda, S. 81 f.

— Sprachpflegerische Bemühungen deutschsprachiger Institutionen wie Schule, Medien usw.
— Das Prestige der Mundart, die zwar aus objektiven Gründen aufgegeben, aber nicht subjektiv abgelehnt wird.

Es ergibt sich demnach ein Spannungsfeld aus assimilationsfördernden und assimilationswidrigen Umständen. Wie sich dieses nun tatsächlich im heutigen Leben der Deutschen in Rumänien auswirkt, versuchte ich anhand einer Umfrage unter jungen Temeswarern zu ergründen. Die Umfrage fand noch vor der „Wende" unter erschwerten Bedingungen statt und ist daher aus technischen Gründen nicht repräsentativ (das Korpus umfaßt nur 28 Probanden). Sie kann jedoch Aufschluß über gewisse Tendenzen geben.

Drei Altersgruppen der jüngeren Generation sind im Korpus vertreten: 10–12jährige (9 Probanden), 13–14jährige (13 Probanden) sowie 21–26jährige (6 Probanden). Der Versuch bestand aus zwei Teilen:

I. Fragen zu vorgelegten Abbildungen sollten Aufschluß über die Sprachkompetenz geben. Um ein möglichst hohes Maß an Spontaneität zu erzielen, war dies der erste Teil des Versuches.

II. Fragen zum familiären Umfeld und zur sprachlichen Selbsteinschätzung sollten die Daten liefern, die Hypothesen zum Sprachverhalten ermöglichten. Die Hypothesen wurden anschließend an dem Belegmaterial aus Teil I überprüft[12].

Zur Terminologie sei angemerkt, daß „deutsch" immer als Gegenbegriff zu „rumänisch" verwendet wird und als solcher auch die Mundart und alle Sprachvarietäten miteinbezieht. Im gleichen Sinne schließt „endogam" einen anderssprachigen (im allgemeinen rumänischen) Ehepartner aus, nicht aber eine andere Sprachvarietät des Deutschen. „Schwäbisch" bezeichnet immer die banatschwäbische Mundart. Die städtische Verkehrssprache, die die Sprachebenen 3 und 4 nach WOLF (s. o.) umfaßt, nenne ich allgemein „Stadtsprache". Schließlich bezeichnet „Standarddeutsch" eine normierte deutsche Sprachform.

Die Ergebnisse des Fragebogens lassen sich wie folgt gliedern:

A. *Muttersprache der Eltern*

Bei 21 Probanden sind beide Eltern deutscher Muttersprache. (Hierzu zählen auch die beiden Probanden, die nur einen Elternteil haben, dieser aber deutscher Muttersprache ist). 7 Probanden haben Eltern verschiedener Muttersprache, ein Elternteil ist jeweils deutschsprachig.

B. *Familiensprache*

In einem endogamen Elternhaus wird in der Familie ausschließlich deutsch gesprochen. Nur ein einziger Proband spricht mit seiner deutschen Mutter auch rumänisch. Im Falle der Mischehen (1 dt. – bulg., 1 dt. – ung., 5 dt. – rum.) ist die Verständigungssprache der Eltern immer rumänisch. Die Mehrsprachigkeit der

[12] Vgl. den Fragebogen und die vorgelegten Abbildungen im Anhang.

Kinder ist jedoch selbstverständlich. Welche Sprache im familiären Alltag dominiert, hängt von verschiedenen außersprachlichen Faktoren ab. (Die Staatssprache Rumänisch überwiegt nur in 3 von 7 Fällen.)

Die Tendenz zur Aufgabe der Mundart war bei den von mir befragten Probanden weniger stark als erwartet: Der Umzug in die Stadt war nur für zwei der vier schwäbischen Familien ein Grund zur Aufgabe der Mundart als Familiensprache. Auch die Heirat mit einem Nicht-Mundartsprecher oder gar mit einem anderssprachigen Partner führt nicht notwendigerweise zur Aufgabe der Mundart. Mit einer einzigen Ausnahme sind alle Probanden mit einem schwäbischen Elternteil in der Lage, die Mundart zu sprechen. Wird sie auch nicht in der Familie verwendet, so doch im Kontakt mit Mundartsprechern auf dem Land. Die Einstellung zur Mundart ist bei allen Betroffenen positiv, sie wird weder abgelehnt noch verdrängt.

C. *Sprachbewußtsein*

Die Frage nach der Einschätzung ihrer eigenen Sprachvarietät („Wie schätzt du das Deutsch ein, das du zuhause/mit Freunden sprichst?") erbrachte folgende Antworten:

a)	„hochdeutsch" „reines Deutsch" „eher hochdeutsch"	9 Probanden
b)	„temeswarerisch"	4 Probanden
c)	„gemischt"	15 Probanden

davon:

3 „hochdeutsch"/„temeswarerisch"
3 „hochdeutsch"/„schwäbisch"
2 „hochdeutsch"/„temeswarerisch"/„schwäbisch"
4 „deutsch"/„rumänisch"
1 „städtlerisch"
2 ohne zusätzliche Angaben

Die Ergebnisse deuten darauf hin, daß über die Varietäten „hochdeutsch", „temeswarerisch" und „schwäbisch" weitgehend Übereinstimmung herrscht. Desgleichen scheint einem großen Teil der Probanden auch bewußt zu sein, daß ihre Alltagssprache ein Varietätengemisch ist. Vor allem die Aussage „gemischt" mit dem Zusatz „städtlerisch" zeugt von Bewußtheit über die Beschaffenheit der Stadtsprache.

Die Frage: „Findest du es gut, wenn deutsch und rumänisch vermischt gesprochen wird? Warum (nicht)? Welche Vor-/Nachteile kann das haben?" erbrachte folgende Antworten:

JA: 3 („man kann sich aushelfen", „man kann beides")

JA (relativiert): 3 („verschiedene Ausdrücke können Gegenstände in der anderen

Sprache oft besser beschreiben. Aber auch Nachteile: man beherrscht keine Sprache richtig")

NEIN (relativiert): 2 („kann persönlich keine Nachteile erkennen", „es ist bequemer")

NEIN: 16

davon:

2 „Bequemlichkeit soll überwunden werden"
2 „deutsche Sprache leidet darunter"
1 „Verständlichkeit leidet darunter"
8 „beide Sprachen leiden darunter"
2 ästhetischer Aspekt („klingt nicht schön", „wirkt komisch")
1 persönlich („kann selbst nicht genug rumänisch")

Keine Antwort: 4

Die Ergebnisse zeigen, daß der Sprachmischung in der Regel nicht gleichgültig gegenübergestanden wird. In der überwiegenden Anzahl der Fälle wird sie eindeutig abgelehnt (75% der gewerteten Antworten!). Die Begründungen zeugen in vielen Fällen von einer reflektierten Haltung gegenüber dem Problem der Sprachmischung.

Aufgrund der Befragung kann nicht nachgewiesen werden, daß die Vielzahl an vorhandenen Sprachvarietäten und ihrer Mischungen zur Verwirrung der Sprecher führt, die eine gleichgültige Haltung auch der Sprachmischung deutsch-rumänisch gegenüber begünstigen würde. Die Ergebnisse deuten im Gegenteil auf einen sehr bewußten Umgang mit Sprache(n) hin.

D. *Aussagen zu Sprachkompetenz und Sprachpräferenz*

Bei deutschen Muttersprachlern aus endogamem Elternhaus überwiegt die deutsche Sprache sowohl in der Kompetenz als auch in der Präferenz. In keinem Fall ergab sich eine Diskrepanz zwischen der „am besten" und der „am liebsten" gesprochenen Sprache. Bei vier der sieben Kinder aus Mischehen war jedoch eine solche Diskrepanz zu verzeichnen. Die von Kindern aus Mischehen bevorzugte Sprache stimmt nicht notwendig mit der im familiären Alltag quantitativ überwiegenden Sprache überein, auch läßt sich keine tendenzielle Bevorzugung des Rumänischen belegen. Offenbar spielen besonders im Fall der Mischehen außersprachliche Faktoren eine größere Rolle als rein sprachliche Gegebenheiten.

E. *Leseverhalten*

Nur drei der 28 Probanden lesen etwa gleich viele rumänische Bücher wie deutsche, bei allen anderen überwiegt die Lektüre in deutscher Sprache. Dies deutet darauf hin, daß die Lektüre in deutscher Sprache offenbar auch in Mischehen als wichtiges kompensatorisches Mittel für die Kinder eingesetzt und gefördert wird[13].

[13] Eine Schwierigkeit bei der Beurteilung des Leseverhaltens ergibt sich allerdings daraus, daß

Anhand des Fragebogens sollte überprüft werden, inwieweit sprachliche Überfremdung, Nachlassen der Sprachkompetenz, Desinteresse am Dasein als Minderheit, Ablehnung der Mundart usw. sich bei den Probanden bemerkbar machen. Diese Faktoren wären fördernd für zunehmende Interferenz und für die Herausbildung einer Mischsprache. Aus den mir vorliegenden Antworten können jedoch keine derartigen Tendenzen abgelesen werden:

— In den endogamen deutschen Familien ist eine deutsche Sprachvarietät in der Regel ausschließliche Familiensprache und in der Sprachkompetenz und -präferenz dominant.
— Das Prestige der Mundart wirkt auch nach, wenn diese aus objektiven Gründen im Familienalltag abgelegt wird.
— Sprachmischung wird in der überwiegenden Anzahl der Fälle abgelehnt.
— Die Lektüre in deutscher Sprache überwiegt bei der Mehrheit der Probanden.

Die Ergebnisse der Befragung zeugen demnach von einem ausgeprägten Minderheitenbewußtsein bei endogamen Familien und von einem unterschiedlich gelagerten, aber in jedem Fall vorhandenen Mit-Zugehörigkeitsgefühl bei Kindern aus Mischehen[14]. Gemessen an den oben dargelegten, zum Teil widrigen außersprachlichen Bedingungen ist das Selbstverständnis der deutschen Minderheit in Rumänien selbst in der jüngsten Generation überraschend intakt.

Im folgenden sollte nun anhand der Testergebnisse aus Teil I nachgeprüft werden, inwieweit vorgebliche und tatsächliche Sprachkompetenz miteinander übereinstimmen. Die Verbalisierung mit Hilfe der vorgelegten Abbildungen sollte Tendenzen im Sprachgebrauch der Probanden sichtbar machen, die möglicherweise im Widerspruch zu der vorgeblichen Sprachbeherrschung stehen.

Die den Probanden vorgelegten Abbildungen gliederten sich folgendermaßen:

A. Gegenstände des häuslichen Alltags
B. Berufe
C. Tätigkeiten
D. Situationen, die zum freien Sprechen animieren sollten (Bildbeschreibung)[15].

Die in Klammern gesetzten Zahlen beziehen sich immer auf die Entsprechungen der Bildervorlage (siehe Anhang). Die Überprüfung standarddeutscher Sprachformen erfolgte in der Regel mit Hilfe des Deutschen Wörterbuchs von WAHRIG.

A. *Benennung von Gegenständen des häuslichen Alltags*

Die Abbildungen (1) – (4) stellen *eindeutige, allbekannte Gegenstände* des häuslichen Alltags dar. Bei ihrer Benennung bewiesen die Probanden Sicherheit.

das Buchangebot in deutscher bzw. rumänischer Sprache in der Regel nicht gleich bzw. gleichwertig ist.

[14] Hier sei allerdings der Vorbehalt angemerkt, daß alle befragten Kinder aus Mischehen die deutsche Schule besuchten, was gewissermaßen schon eine Selektion darstellt.

[15] Ursprünglich war für diesen Teil des Versuchs die Aufnahme auf Tonband vorgesehen, was besonders im Hinblick auf Teil D sinnvoll gewesen wäre. Die technische Durchführung des

A

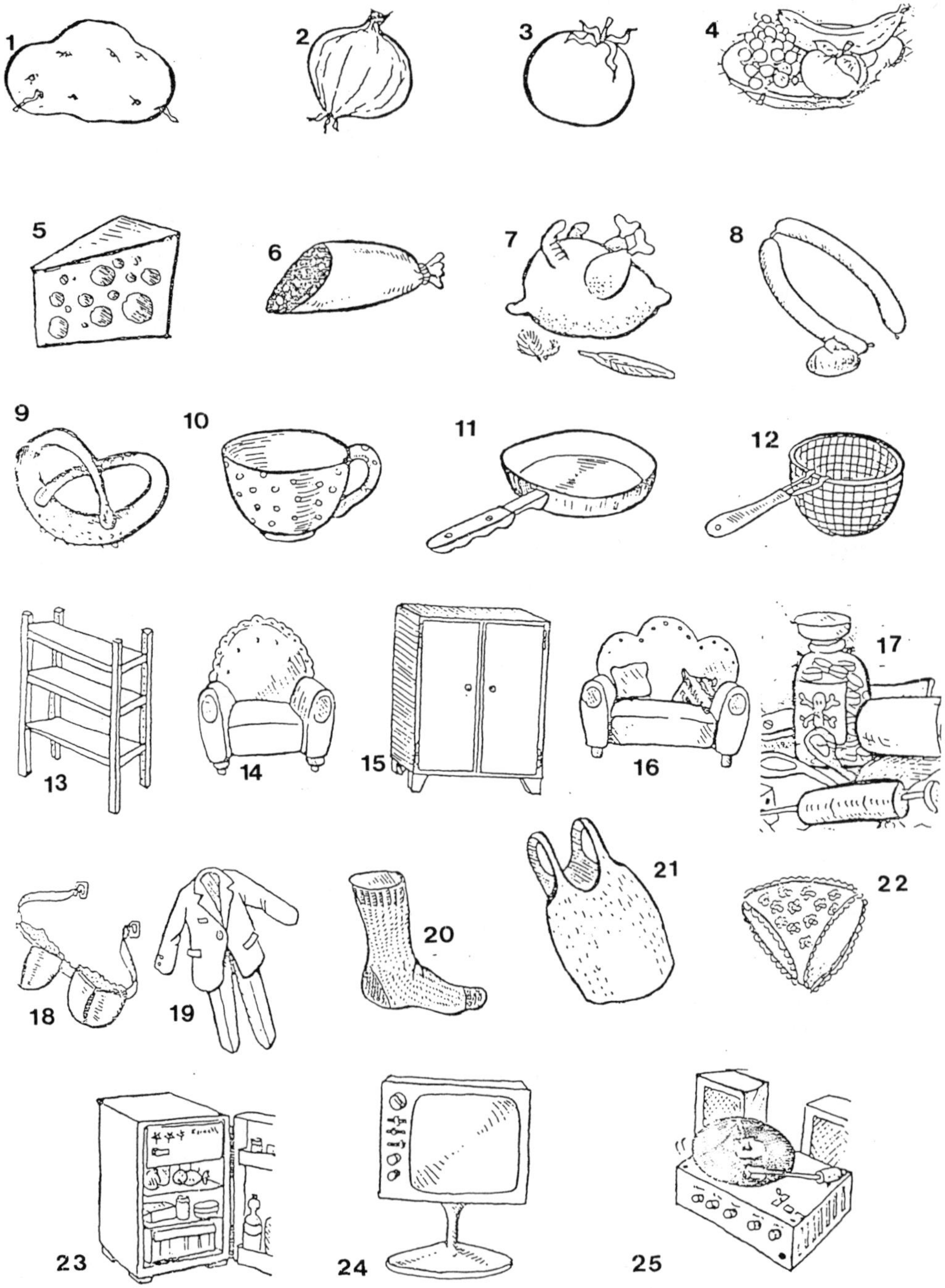

B

D

1

2

C

Streuung ergab sich nur im Bereich der Sprachvarietäten (Kartoffel/Krumpirn; Tomate/Paradeis usw). In keinem Fall wurde eine rumänische Form verwendet.

Weitgehende Sicherheit bewiesen die Probanden auch bei der Benennung der *gängigen Haushaltsgeräte* der Abbildungen (10) – (12). Auch hier lag die Streuung hauptsächlich im Bereich der Sprachvarietäten, es wurden allerdings auch rumäni-

Vorhabens war leider nicht möglich, weshalb Teil D nur unzulänglich aufgrund meiner Mitschriften ausgewertet werden kann.

sche Formen genannt: (10) „ceaşcă“; (11) „tiganie“[16] sowie die Interferenzbildung (11) „Tiegel“ nach rum. tiganie. (12) blieb fünfmal unbenannt, was auf Unsicherheit schließen läßt.

Im Bereich der *spezielleren Eßwaren,* Abb. (5) – (9), erwartete ich eine Häufung von Interferenzen, da die Bezeichnungen dafür auch im außerhäuslichen Alltag (vor allem in der Situation „Einkaufen“) Verwendung finden. Meine Erwartung hat sich nicht bestätigt, es sind nur vereinzelt rumänische Termini belegt. Stattdessen fällt auf, daß in vielen Fällen die allgemeinere Bezeichnung der spezielleren vorgezogen wurde:

(5) Käs(e)/„caşcaval“	27/1
(7) Huhn/Grill-(Brat)hendl	18/4
(8) Wurst/Würstchen/Krenwurst	17/5/5

Dies könnte darauf hindeuten, daß manche speziellere Bezeichnungen nur in rumänischer Sprache geläufig sind[17] und daß zur Vermeidung von Interferenzen auf das Allgemeine, im Deutschen geläufige, zurückgegriffen wird. Allerdings reicht das mir vorliegende Material nicht aus, um diese Behauptung zu belegen. Es wurde von mir in keinem Fall durch Zusatzfragen eine speziellere Bezeichnung gefordert.

Unterschiedlich ist die Streuung im Bereich der *Möbelstücke,* Abb. (13) – (16). Die meisten Formen liegen im Bereich deutscher Sprachvarietäten. Die geringste Streuung weist

(15) Kasten/Schrank 19/9

auf, ansonsten ist das Spektrum relativ weit gefächert:

(14) Fotel/Stuhl/Sessel	17/5/4
(13) Stellage/Regal	15/16
(16) Diwan/Bett/Sofa/Recamier	8/7/15/4

Die Streuung ist in gewissem Umfang auf den uneinheitlichen Sprachgebrauch allgemein zurückzuführen (die dominante Form ist in jedem Fall eine Form der Stadtsprache), es traten jedoch auch zahlreiche Unsicherheitsformen und Einzelbelege bis hin zu unverändert übernommenen rumänischen Bezeichnungen auf. Beispielhaft dafür seien nur die Streubelege unter (13) hier aufgeführt:

Bibliothek	2
Bücherkasten	1
„rastel“	1
„raft“	1
Kasten	1
Brett	1

Auch fallen wieder die allgemeinen Bezeichnungen auf: (14) „Stuhl“ (5 Belege) und (16) „Bett“ (7 Belege).

[16] Beide Formen wurden von demselben Probanden gebraucht.

[17] Auch meinen Erfahrungen nach ist z. B. „Hartkäse“ den wenigsten Deutschen in Rumänien ein Begriff, „caşcaval“ dagegen sehr wohl.

Ebenfalls unterschiedlich ist die Streuung im Bereich der *Kleidungsstücke*. Kaum Unsicherheit gab es bei der Bezeichnung von (19) und (20). (19) „Kostüm", eine naheliegende (und im Sprachgebrauch häufige) Interferenzbildung aus rum. „costum", ist nur einmal belegt. Dagegen weisen die Bezeichnungen unter (18), (21) und (22) eine größere Streuung sowie Unsicherheitsformen bis hin zur Verweigerung der Benennung auf. Es handelt sich um Bezeichnungen von Unterwäsche, einem familiären Tabu-Bereich, der im deutschen Sprachraum vor allem in der Situation „Einkaufen" öffentlich normiert ist. Diese Domäne ist in Rumänien nicht deutschsprachig. Die 7 Belege für (18) „BH" sowie die 4 Belege für (22) „Höschen" gehen wohl auf den Einfluß deutscher Modekataloge zurück.

Eine deutliche Häufung von Interferenzen erwartete ich im Bereich der *Gegenstände, die erst in der Nachkriegszeit Verbreitung fanden,* Abb. (23) – (25), da hier eine Verankerung in der Mundart fehlt und möglicherweise ihre Einführung in Verbindung mit einer rumänischen Bezeichnung erfolgte. Die Antworten der Probanden bestätigen meine Vermutung nicht, in allen drei Fällen dominiert die Form der Stadtsprache deutlich. Die im Sprachgebrauch häufigen Interferenzbildungen „Televisor" (3 Belege), „Tewe" (1 Beleg) und „Frigider" (< rum. frigider „Kühlschrank", 1 Beleg) erscheinen hier nur vereinzelt und sind lautlich dem Deutschen angeglichen (was für die Häufigkeit ihrer Verwendung spricht). Offenbar sind sie jedoch in den meisten Fällen lediglich ein Bestandteil der Performanz, in der Kompetenz ist die standard- oder stadtsprachliche Form in der Regel vorhanden.

Aufgrund der vorliegenden Belege kann eine Überfremdung des Wortschatzes der Probanden nicht nachgewiesen werden. Den Sprechern sind die deutschsprachigen Bezeichnungen für Gegenstände des häuslichen Alltags in der Mehrheit der Fälle geläufig. Die Interferenzgefahr steigt zwar in den weniger traditionellen Bereichen des häuslichen Vokabulars, es ist jedoch nicht einmal im Bereich der Neuerungen der Nachkriegszeit eine Dominanz der Interferenzbildungen festzustellen.

B. *Berufsbezeichnungen*

Beruf und Berufsausbildung sind eine außerfamiliäre Domäne, wo heute die rumänische Sprache überwiegt. Es wäre deshalb nicht verwunderlich, wenn in der jüngsten Generation deutschsprachige Berufsbezeichnungen nicht mehr geläufig wären. Bei der Benennung der Abbildungen erwartete ich deshalb eine Häufung von Interferenzen.

Die Antworten zeigten zunächst Sicherheit bei der Benennung traditioneller Berufe: Bei den Abbildungen (3) „Feuerwehrmann", (4) „Tischler" sowie (6) „Ärztin" waren keine Interferenzformen aus dem Rumänischen zu verzeichnen, lediglich stadtsprachliche Bezeichnungen (Doktorin – 9 Belege, Feuerlöscher – 3 Belege). Die große Streuung bei

(5) Schlosser/Mechaniker/Klempner 8/7/2

mit weiteren Einzelbelegen (Installateur, Dreher, Schmied, Eisler, Handwerker,

Arbeiter) ist, wie die reiche deutschsprachige Synonymik zeigt, auf die mangelhafte Eindeutigkeit der Abbildung zurückzuführen und nicht auf die Verlegenheit um eine Bezeichnung. In zwei Fällen war hier jedoch Interferenz festzustellen: Einmal wurde die rumänische Berufsbezeichnung „strungar" (Dreher) verwendet und einmal die dem Rumänischen lautlich angeglichene Form „Mekaniker".

Häufiger traten Interferenzen bei den neuzeitlichen Berufen auf: Bei Abbildung (7) erscheint zweimal die dem Rumänischen nachgebildete Form „Coafese", einmal die unveränderte rumänische Bezeichnung „coafeza". Überwiegend ist jedoch die stadtsprachliche Form „Friseurin" (20 Belege), gefolgt von der standardsprachlichen „Friseuse" (5 Belege). Dies ist um so überraschender, als im Rumänischen der Herrenfriseur („frizer") vom Damen-„Coiffeur" („coafor") unterschieden wird. Die Belege meiner Untersuchung deuten darauf hin, daß in der Kompetenz der meisten Probanden diese semantische Unterscheidung nicht auf das Deutsche übertragen worden ist. Auch bei Abbildung (1) überwiegt die standardsprachliche Form „Kellnerin" (18 Belege) deutlich, gefolgt von „Serviererin" (4 Belege), einer im Deutschen doch gebräuchlichen Form, wenn sie auch von der rumänischen Bezeichnung „servitoare" gestützt wird. Als einzige echte Interferenzform kann die einmal auftretende „Servitorin" angesehen werden.

Ein deutliches Überwiegen der Interferenzbezeichnungen ergibt sich nur unter

(2) Milizer/Milizmann/Polizist 17/6/5.

Hier handelt es sich um einen Beruf des sozialistischen Alltags, für den im Standarddeutschen zwar die Form „Milizionär" vorgesehen ist, im Sprachgebrauch der Deutschen in Rumänien jedoch auch in der Schriftform in der Regel „Milizmann" oder (eher nur mündlich) „Milizer" verwendet wird. Die „bürgerliche" Bezeichnung „Polizist" wurde fast vollständig verdrängt und ist auch hier entsprechend selten belegt.

Als Fazit im Bereich der Berufsbezeichnungen muß festgestellt werden, daß abgesehen von dem Sonderfall „Polizist" in allen Fällen eine der standardsprachlichen Norm bzw. einer anderen deutschen Sprachvarietät entsprechende Bezeichnung deutlich häufiger gewählt wurde als eine Interferenzbildung aus dem Rumänischen. Obwohl es sich um eine außerfamiliäre, von der rumänischen Sprache geprägte Domäne handelt, sind die deutschsprachigen Berufsbezeichnungen überwiegend geläufig.

C. *Benennung von Tätigkeiten*

Diesem Teil der Untersuchung liegt die Erfahrung zugrunde, daß im Alltagsgespräch das rumänische Verb oft eher geläufig ist als das deutsche und daß es daher zu Bildungen kommen kann, wo ein rumänischer Verbstamm mit Hilfe eines Suffixes (z. B. „-ieren") dem Deutschen angeglichen wird.

Die Abbildungen in Teil C zeigen vorwiegend außerhäusliche, meist sportliche Tätigkeiten, viele werden mit Hilfe von Geräten ausgeführt, die auf der Abbildung zu sehen sind. Dies verführte in der Regel zu Präpositionalkonstruktionen wie

„mit dem Auto fahren“ u. dgl., so daß nur in einem einzigen Fall eine der Hypothese entsprechende Interferenz im Verbalbereich zu verzeichnen war:

(8) sich bronzieren (= sich sonnen, eigentlich: sich von der Sonne bräunen lassen, nach rum. „a se bronza“).

Um das Korpus zu vergrößern, fragte ich nach den mit den Berufen aus Teil B verbundenen Tätigkeiten. Hier fiel auf, daß bezüglich des Berufs „Kellnerin“ (1) „servieren“ deutlich vor „bedienen“ liegt (11/4). Dies mag eine Interferenz aus dem Rumänischen sein, entspricht jedoch der standardsprachlichen Norm. Im Zusammenhang mit dem Beruf „Polizist“ (2) wurde als Tätigkeit zweimal „den Verkehr dirigieren“ angegeben. Diese dem Rumänischen nachempfundene allgemeine Bedeutung von dirigieren („in eine Richtung weisen“) ist im Deutschen unüblich, wird aber von WAHRIG für den Bereich der Umgangssprache angeführt.

Die Belege für Verbalbildungen nach rumänischem Vorbild sind aufgrund der Versuchsanordnung zu vereinzelt, um zuverlässige Schlüsse über ihre Verankerung in der Kompetenz der Sprecher zu erlauben. Mit Hilfe der vorhandenen Belege lassen sich dennoch einige tendenzielle Aussagen machen:

— Traditionelle, oft unspezifische Verben ersetzen die im Binnendeutschen geläufigen modischen Verbalbildungen: Kein einziges Mal ist die Bildung „sonnenbaden“ belegt. Sie wird zumeist durch „sich sonnen“ ersetzt (11 Belege), zweimal durch das stadtsprachliche „Sonnenbad machen“. Ebensowenig scheint „joggen“ geläufig zu sein. „Laufen“ zu Abbildung (1) ist als Verb konkurrenzlos (22 Belege), in vier Fällen erscheint die Bildung „Jogging machen“.
— Auch wo im Standarddeutschen Verbalbildungen zur Verfügung stehen, werden häufig substantivische oder präpositionale Umschreibungen verwendet:

(2) (mit dem) Fahrrad (Bizikl) fahren/radfahren (radeln) 20/5/9, Fernseh schauen/fernsehen 24/2.

In diesem Zusammenhang fallen auch die substantivischen Umschreibungen mit „machen“ auf:

(6) Ausflug machen
(7) Camping machen
Essen machen
Picknick machen

auch im Bereich der beruflichen Tätigkeiten:

B (4) macht Tische
macht Möbel
(6) macht Kranke gesund
(7) macht Frisuren.

Diese Konstruktionen sind im Rumänischen sehr geläufig, Verbalbildungen in den meisten Fällen (falls überhaupt möglich) unüblich. Möglicherweise geht ihre Verwendung im Deutschen darauf zurück.

Im Bereich der Sportarten können Synonyme durch die rumänische Form gestützt werden. Im Rumänischen wird in der Regel die mehr oder minder lautlich angepaßte englische Terminologie verwendet. So erklärt sich das Überwiegen der Belege für (5) „Ping-Pong spielen“ vor „Tischtennis spielen“ (13/9). Die Form entspricht allerdings auch der standarddeutschen Norm. Normwidrig dagegen sind die 9 Belege für (4) „Fotbal spielen“ (rum. fotbal nach engl. football), wenn auch „Fußball spielen“ mit 19 Belegen deutlich überwiegt.

D. *Bildbeschreibung*

Da, wie bereits erwähnt, keine Tonbandaufnahmen durchgeführt werden konnten, kann dieser Bereich nur aufgrund der Mitschriften ausgewertet werden. Durch Tonbandaufnahmen wäre möglicherweise ein Eindruck über Interferenzen im grammatischen Bereich entstanden. Die Mitschriften erlauben nur eine Auswertung des Wortschatzes.

Die Abbildungen zeigen Straßenbilder und berühren damit die Domäne der Öffentlichkeit. Es erscheint daher naheliegend, daß die Benennungen für öffentliche Einrichtungen eher in rumänischer Sprache geläufig sind und die Bemühung um die deutschsprachige Bezeichnung zu Interferenzen führt. Die Probanden bewiesen jedoch weitgehend Sicherheit bei der Benennung gängiger Objekte wie:

(Bus-)Haltestelle/Station 20/2.

Hier bleibt die Interferenz weitgehend aus, obwohl „Station“ von der rumänischen Form „staţie“ gestützt werden könnte. Einmal tritt die Unsicherheitsform „Parkplatz“ auf.

(Verkehrs-)Ampel/Semafor/Stop 22/2/2.

Die rumänischen Formen „semafor“ und „stop“ treten hinter den standardsprachlichen deutlich zurück. Einmal erscheint die Unsicherheitsform „Straßenlampe“.

Zebrastreifen/Zebra/(Straßen-)übergang 25/3/2:

„Zebrastreifen“ wird durch die rumänische Form gestützt, entspricht jedoch der standardsprachlichen Norm. Eine Interferenzbezeichnung ist jedoch „Zebra“ (w) allein. Diese Bezeichnung entspricht dem rumänischen Sprachgebrauch.

Streuung fand sich lediglich bei der Benennung des Obst- und Gemüsestandes:

(Verkaufs-)Stand/Aprosar/Kiosk 5/4/3.

Die standardsprachliche Form überwiegt zwar, wird aber von der Interferenzbildung nach rum. aprozar („Obst- und Gemüseladen“) gefolgt. „Kiosk“ ist der rumänischen Lautform angeglichen: Der Hiatus wird als Diphthong ausgesprochen, /s/ vor /k/ wird zu /sch/ palatalisiert.

Daneben treten diverse Unsicherheitsformen auf:

(Kauf-)Laden	3
Bude	1
Supermarkt	1
Verkäuferhaus	1

Dreimal wird die Benennung durch Umschreibung vermieden: „Mann verkauft Gemüse“, „Gemüseverkäufer“ u. dgl.

Durch Isolation vom binnendeutschen Raum erklärt sich die Tendenz zur Vermeidung des Kurzwortes „Bus". Stattdessen wird, auch von der rumänischen Sprache gestützt, „Autobus" bevorzugt (13/8). Einmal wird die rumänische Lautform „autobuz" (mit Letztsilbenakzent) genannt.

Diese wenigen herausgegriffenen Belege deuten darauf hin, daß viele der öffentlichen Einrichtungen (Ampel, Haltestelle, selbst Zebrastreifen) auch im Rumäniendeutschen genormt und in der Kompetenz der Sprecher präsent sind. Die Normen werden wahrscheinlich vorwiegend im Schulunterricht vermittelt. Das Beispiel „Verkaufsstand" zeigt jedoch, daß die Normierung nicht alle Bereiche gleichermaßen betrifft.

Die Ergebnisse der gesamten Untersuchung zeigen zunächst, daß die Gefahr einer Mischsprache durch zunehmende Interferenzen aus dem Rumänischen bei jungen deutschsprachigen Temeswarern nicht in dem Maß gegeben scheint, wie es aufgrund mancher widriger außersprachlicher Umstände zu erwarten wäre. Die Befragung beschränkte sich allerdings auf grundlegende, konkrete Gegebenheiten und auf die Kompetenz im Bereich des Wortschatzes. In diesem Bereich konnte keine Diskrepanz zwischen vorgeblicher und tatsächlicher Sprachkompetenz festgestellt werden.

Ursprünglich sollte in Teil D des Versuchs nachgeprüft werden, inwieweit auch in einer relativ freien Sprechsituation die standardsprachlichen Normen berücksichtigt würden. Da die systematische Auswertung ohne Tonbandaufnahmen nicht möglich ist (die Mitschriften sind zu ungenau), sollen an dieser Stelle einige Tendenzen aufgezeigt werden, die über den Wortschatz hinausgreifen:

— Wie schon in den anderen Teilen des Versuchs erwies sich im Bereich des Wortschatzes, der eher dem häuslichen Bereich angehört, die Dominanz regionaler Formen:

Rauchfang/Schornstein 12/7.

Hier wurde einmal die Form „Hörner" (Plural) genannt. Dies ist eine Interferenzbildung nach der rumänischen Bezeichnung „horn" für Schornstein.

Netz/Zecker/Sackosch 2/2/1.

In keinem Fall wurde für „Einkaufstasche" eine standardsprachliche Bezeichnung gewählt. Alle drei Bezeichnungen sind in der Stadtsprache geläufig, „Zekker" ist ein (bairisches) Mundartwort, „Sackosch" kann zwar der rumänischen Form „sacoşă" zugeordnet werden, es ist jedoch anzunehmen, daß beide Formen auf das Ungarische zurückgehen.

— Geläufige Formen der Stadtsprache (oder auch der Mundarten) im Verbalbereich sind häufig in Anlehnung an ihre rumänischen Entsprechungen konstruiert und entsprechen der Norm der deutschen Standardsprache nicht:

Die zweite Abbildung zu Teil D des Versuchs zeigt zwei Frauen, die sich miteinander unterhalten. Diese Szene wurde von den Probanden folgendermaßen beschrieben:

Zwei Frauen	(1)	tratschen	8
	(2)	reden	3
	(3)	erzählen	6
	(4)	erzählen miteinander	2
	(5)	erzählen untereinander	1
	(6)	sprechen miteinander	2
	(7)	sprechen zusammen	2

zu (1): „tratschen" heißt in der Stadtsprache, im Gegensatz zur standardsprachlichen Norm, nicht nur „jemandem Übles nachreden", sondern ist eher in dem allgemeinen Sinn „(gemütlich) miteinander sprechen, plaudern", ähnlich wie in der norddeutschen Umgangssprache „klönen", gebräuchlich. Diese stadtsprachliche Form überwiegt deutlich.

zu (2): „reden" müßte im gegebenen Zusammenhang mit der Präposition „mit" konstruiert werden, um die Wechselseitigkeit des Vorgangs darzustellen: Zwei Frauen reden miteinander. Im Rumänischen ist dies nicht nötig.

zu (3), (4) und (5): „erzählen" ist im Deutschen ein transitives Verb und kann deshalb nicht ohne Akkusativobjekt gebraucht werden. Desgleichen sind die Präpositionen „mit" und „unter" in der Verbvalenz von „erzählen" nicht vorgesehen. Die zwei Frauen können möglicherweise einander etwas erzählen. Im Rumänischen kann „a povesti" auch intransitiv, mit oder ohne Präpositionalanschluß, gebraucht werden.

zu (6): Dies ist die einzig normgerechte Form. „Sprechen" kann intransitiv gebraucht werden, und seine Verbvalenz sieht die Präposition „mit" und den Dativ vor.

zu (7): Die Interferenz liegt im Bereich des Präpositionaladverbs: „miteinander" und „zusammen" haben eine einzige Entsprechung im Rumänischen, „împreună".

Um Interferenz im Bereich der Verbvalenz handelt es sich auch im Fall der Belege:

(Der Mann)	wartet den Bus.
	wartet ein Auto.

„Warten" müßte im gegebenen Zusammenhang mit der Präposition „auf" und dem Akkusativ konstruiert werden. Im Rumänischen kann der Akkusativ direkt mit dem Verb „a aştepta" verbunden werden.

Diese Beispiele können einen Eindruck davon vermitteln, daß die Interferenzgefahr in manchen grammatischen Bereichen größer sein kann oder zumindest schwerer zu erfassen ist als im lexikalischen Bereich.

4. Die Befragung hat insgesamt gezeigt, daß es auch bei der jüngsten Generation deutschsprachiger Banater bislang keineswegs zu einer sprachlichen Assimilation gekommen ist, obwohl alle Probanden von klein auf zweisprachig aufgewachsen sind (vor allem die aus Mischehen). Die Verteufelung der Zweisprachigkeit (nicht nur im Hinblick auf Minderheiten) hat in der einschlägigen Forschung Tradition. Erst in letzter Zeit, seit Mehrsprachigkeit immer alltäglicher und für die interna-

tionale Kommunikation unerläßlich wurde, besann man sich mehr und mehr auf die Vorteile eines möglichst frühzeitigen Umgangs mit zwei Sprachen.

In einer mobilen, industriell orientierten Welt können sich sprachliche Minderheiten heute nicht mehr abkapseln und ihr eigenes Leben führen. Zweisprachigkeit ist für die Deutschen in Rumänien (genauso wie etwa für die Südtiroler oder Elsässer) unerläßlich. Diese Notwendigkeit darf aber nicht als Übel, sondern muß als Chance betrachtet werden: Die Möglichkeit einer frühen kompetenten Zweisprachigkeit ist sprachlichen Minderheiten „von Natur aus“ gegeben. Was jedoch dabei nicht vergessen werden darf, ist, daß Zweisprachigkeit nicht einfach den unreflektierten Umgang mit zwei Sprachen bedeutet, sondern daß zu ihrer Erlangung ein Lernprozeß erforderlich ist. Eine sprachliche Minderheit, der die Chance der Zweisprachigkeit gegeben ist, sollte sich auch die Zweisprachigkeit als Ausbildungsziel setzen, zumal dies de facto sowieso der Fall ist: Ab dem 9. Schuljahr unterscheiden die Lehrpläne in Rumänien nicht mehr zwischen Rumänisch als Erst- oder Zweitsprache. Auch in den deutschen Schulen muß also bis zu diesem Zeitpunkt eine adäquate Rumänischkompetenz neben der sowieso erwarteten Deutschkompetenz erworben werden.

Den deutschen Lehrern in Rumänien ist diese Tatsache weitgehend bewußt, auch im Rahmen der Lehrerbildung wurden die entsprechenden Probleme wiederholt angesprochen[18]. Es gab und gibt jedoch kein gezieltes didaktisches Konzept, das eine Hinführung zur Zweisprachigkeit beinhaltet. Das hat seinen Grund nicht zuletzt darin, daß innerhalb der Minderheit ein natürlicher (angesichts der oft launischen Minderheitenpolitik auch begründeter) Argwohn einer übermäßigen Gewichtung der rumänischen Sprache gegenüber herrscht (die man zumindest im Deutschunterricht ausgespart wissen möchte). Dadurch wird eine systematische Hinführung zur Zweisprachigkeit ebenfalls abgelehnt. Diese wird von vielen Eltern immer noch als nichts weiter als ein notwendiges Übel angesehen, das die Kinder überfordert und ihre deutsche Sprachkompetenz beeinträchtigt. In der Praxis hat sich jedoch gezeigt, „daß hemmende Einflüsse im Lernprozeß meist dann auftreten, wenn eine Sprache spontan auf die andere wirkt. Wird der Einfluß der Sprache bewußt gelenkt und geregelt, dann kann er sich im Gebrauch der anderen Sprache überwiegend fördernd auswirken“[19].

Ein wichtiges theoretisches Hilfsmittel für die Deutschdidaktik in Rumänien ist demnach die Kontrastive Linguistik (KL), deren Anliegen es ist, zwei oder mehrere Sprachen auf allen grammatischen Ebenen systematisch zu vergleichen, um strukturelle Unterschiede als potentielle Fehlerquellen auszumachen[20]. Wichtiger für die Praxis ist die Fehleranalyse, ein Ansatzpunkt der kontrastiven Linguistik. Hier kann ein konkretes Fehlerkorpus „im Spannungsfeld der beiden beteiligten Sprachsysteme“[21] ausgedeutet werden.

[18] Vgl. vor allem Johann Wolf (1969): Methodik des deutschen Sprachunterrichts. Bukarest, wo sowohl Mundart und Umgangssprache als auch die rumänische Umgebungssprache als besondere Probleme des Deutschunterrichts ausführlich erörtert werden.

[19] Ebenda, S. 36 f.

[20] Vgl. dazu Kurt Rein (1983): Einführung in die kontrastive Linguistik. Darmstadt.

[21] Ebenda, S. 104.

Ein Beispiel für eine systematische Fehleranalyse ist die vom Germanisten PETER KOTTLER durchgeführte Untersuchung: „Rumänisch-deutsche Sprachinterferenzen veranschaulicht am Beispiel unserer Presse"[22]. Die Untersuchung erfaßt die eher bekannten lexikalisch-semantischen Interferenzen, macht aber auch deutlich, daß in etwa dem gleichen Umfang grammatische Interferenzen (im Bereich der Morphologie und der Syntax) zu verzeichnen sind[23].

Anhand eines Korpus von 131 Probanden der 3. und 4. Grundschulklasse einer Temeswarer Schule unternahm auch ich den Versuch einer schwerpunktmäßigen kontrastiven Fehleranalyse. Dabei stellte sich heraus, daß in den von mir untersuchten Bereichen Verbvalenz, Kasusverstöße, Wahl der Präposition und Satzbau[24] die Interferenzen aus dem Rumänischen sich keinesfalls auf die rumänischen Muttersprachler (in meinem Korpus 51) beschränken, auch nicht wenn die Kinder aus Mischehen (in meinem Korpus ebenfalls 51) dazugezählt werden. Einige Interferenzerscheinungen bleiben zwar auf diese Gruppen beschränkt und nehmen dort auch einen quantitativ größeren Raum ein, dennoch sind viele eindeutig auf den Einfluß des Rumänischen zurückgehende Normverstöße in der Gruppe der deutschen Muttersprachler zu verzeichnen[25]. Der Bezug auf die rumänische Sprache im Deutschunterricht kommt demnach auch bei einer sprachlich heterogenen Zusammensetzung des Klassenverbandes allen gleichermaßen zugute. Daß dieser explizite Bezug bislang nur in unzureichendem Maß geleistet wird, zeigt unter anderem auch die Untersuchung der Pressesprache in Rumänien: Die Redakteure der deutschsprachigen Zeitungen sind zwar nicht unbedingt Germanisten, haben aber doch in der Regel einen deutschsprachigen Schulabschluß. Dennoch ist die Pressesprache in relativ hohem Maße Interferenzen aus dem Rumänischen ausgesetzt. Kennzeichnend ist auch die Erfahrung, die HEDWIG KRALL an einer Temeswarer Schule machte, als sie in Klassenstufe 8 Material für ihre Zulassungsarbeit zur Interferenzproblematik sammelte: „Die Schüler hatten noch nie etwas von Interferenz gehört und waren überrascht, wie viele der Fehler darin ihre Ursache hatten."[26]

Da, wie sich auch in meinen Untersuchungen gezeigt hat, vierzehnjährige Schüler in einem Mehrsprachigkeitsgebiet bereits über ein hohes Maß an Sprachbewußtheit verfügen (können) und auf sprachliche Probleme in der Regel sensibilisiert sind, ist die Bewußtmachung der Interferenzproblematik unerläßlich. Dies entspricht auch den Erkenntnissen von KRALL: Nachdem sie die Probanden über Interferenz aufgeklärt hatte, konnte sie beobachten, „daß sie sich während des Un-

[22] Vgl. a. a. O. (Anm. 5).

[23] Vgl. das genaue Raster der von KOTTLER ermittelten Interferenzen bei HALRUN REINHOLZ (1988): Ausbildungsziel Zweisprachigkeit, (unveröffentlichte Magisterarbeit, masch.). München. S. 69 f.

[24] Auswertungskategorien nach KURT EGGER (1977): Morphologische und syntaktische Interferenzen an der deutsch-italienischen Sprachgrenze in Südtirol. In: Standardsprache und Dialekte in mehrsprachigen Gebieten Europas. Hrsg. von P. STURE URELAND. Mannheim. S. 55–101.

[25] Näheres bei HALRUN REINHOLZ (1988), S. 71–80.

[26] HEDWIG KRALL (1978): Untersuchungen von Mundart- und Interferenzfehlern in der Hochsprache von Temeswar/Banat, (unveröffentlichte Zulassungsarbeit, masch.). München. S. 34.

terrichts gegenseitig auf Interferenzfehler aufmerksam machten und es sogar darauf abgesehen hatten, bei ihren Mitschülern möglichst viele derartige Fehler zu entdecken."[27]

Oft ist es allerdings schwierig, den Einfluß des Rumänischen von dem der Stadtsprache oder der Mundarten zu trennen, da Interferenzen (z. B. im Verbalbereich, bei den Präpositionen oder bei der Negation) bereits zur kollektiven Verhaltensweise geworden sind und zur rumäniendeutschen „Norm" gehören. Deshalb bieten sich für die Deutschdidaktik in Rumänien drei unerläßliche Schwerpunkte an, die darüber hinaus eng miteinander verbunden sind:

Der explizite Bezug auf die rumänische Sprache. Die äußeren Bedingungen (v. a. die Lehrpläne, die sprachlich heterogene Zusammensetzung der Klassenverbände und die frühe Einführung der Zweitsprache) machen die gezielte Förderung der Muttersprache durch kontrastives Arbeiten erforderlich.

Die Berücksichtigung der Diglossie. Die Bewußtmachung von Sprachvarietäten (auch die Unterschiede Schwäbisch-Stadtsprache!) muß vom Wortschatz ausgehen, aber auch den Bereich der Grammatik (der sich zum Teil mit Interferenzen aus dem Rumänischen deckt) eingehend berücksichtigen.

Die Besonderheit der sprachlichen Norm in der Sprachinselsituation. Die kodifizierte deutsche Sprachnorm läßt sich nicht immer mit speziellen Gegebenheiten des rumäniendeutschen oder gar rumänischsprachigen Alltagslebens vereinbaren (als Beispiel sei nur erwähnt, daß „Bakkalaureat" nicht einfach mit „Abitur" übersetzt werden kann, auch nicht „Lyzeum" mit „Gymnasium" u. dgl.).

Alle drei genannten Schwerpunkte laufen darauf hinaus, daß ein wichtiges Ziel des muttersprachlichen Deutschunterrichts in Rumänien (wie in bezug auf Minderheiten wohl allgemein gelten kann) die Schärfung des Sprachbewußtseins sein muß. Der Angehörige einer Minderheit muß in der Lage sein, die richtige Sprachvarietät (wobei das Spektrum sich hier über zwei Sprachen erstreckt) im geeigneten Moment zu realisieren. Unter solchen Voraussetzungen ist Sprachmischung (wie sie beispielsweise im Schülerjargon alltäglich ist) keine Verfallserscheinung, sondern eine spielerische Ausschöpfung gegebener Möglichkeiten. Es ist fast müßig hinzuzufügen, daß auch im Hinblick auf die Auswanderung in die Bundesrepublik und zugunsten einer reibungslosen Integration eine saubere Trennung der Sprachvarietäten von entscheidender Bedeutung ist.

[27] Ebenda.

Fragebogen (Selbsteinschätzung)

A. Persönlich
   1. Alter
   2. Geschlecht
   3. Geburtsort

B. Eltern
   1. Heimatort — a) Mutter
   2. Muttersprache S/T/H/R/ . . . — b) Vater
   3. Beruf
   4. Schulbildung in deutscher Sprache
      a) bis 4. Klasse
      b) bis 8. Klasse
      c) deutsches Lyceum
      d) nur rumänisch

S = „Schwäbisch"
T = „Temeswarerisch"
H = „Hochdeutsch"
R = „Rumänisch"

C. Sprache in der Familie

1. Welche Sprache sprichst du zuhause?
2. Falls mehrere: welche am meisten?
3. Wie sprechen deine Eltern miteinander?
4. Leben noch andere Familienmitglieder
   a) im Haushalt
   b) in der Stadt

   Wie sprichst du mit ihnen?
5. Leben deine Großeltern (a)
   oder Verwandte, die du regelmäßig besuchst, (b)
   in einer anderen Ortschaft?
   Wo? Wie sprichst du mit ihnen?
6. Welche Sprache sprichst du
   a) am besten
   b) am liebsten?
7. Liest du außerhalb der Schule mehr
   a) deutsche
   b) rumänische
   c) andere Bücher?
8. Wie würdest du das Deutsch einschätzen, das du zuhause/mit Freunden sprichst? S/T/H/gemischt
9. Findest du es gut, wenn deutsch und rumänisch vermischt gesprochen wird? Warum (nicht)? Welche Vor/Nachteile kann das haben?

Sektion Literaturwissenschaft

Wolfgang Kessler

Deutschsprachige Veröffentlichungen im Raum des historischen Ungarn: Erschließung – Sammlung – Benutzung

Der Weg des Bibliographen ist hart und steinig. Die Wissenschaft begegnet ihm häufig mit dem Vorurteil, daß seine Arbeit der eines Kärrners oder Buchhalters gleiche und mehr in einer mechanischen Registrierung und selbsttätig sich vollziehenden Sammlung denn in geistig belebter Arbeit und in persönlicher Entscheidung bestehe, begann Richard Mai 1936 das Vorwort seiner *Auslanddeutschen Quellenkunde.* Die von ihm in der Folge beklagte Mißachtung der Bibliographie und des Bibliographen, der schließlich, soll die Bibliographie brauchbar sein, nicht nur zuverlässig arbeiten muß, sondern auch *„gezwungen"* ist, *„teils alte Kategorien und Gattungsbegriffe"* aufzulockern, *„teils neue Ordnungsprinzipien einzuführen"*, und damit *„unmittelbar Anteil an der wissenschaftlichen Begründung und begrifflichen Sicherung der [. . .] Forschung"* nimmt[1], ist bis heute aktuell. Und wenn Gerhard Teich[2] mit eben derselben Berechtigung die Südosteuropa-Bibliographie als vernachlässigten Gegenstand bezeichnet, so gilt seine Feststellung vermehrt für die Bibliographie über die Deutschen in Südosteuropa, besonders aber für die bibliographische Aufarbeitung der im Raum des historischen Ungarn (einschließlich Siebenbürgens und Kroatien-Slawoniens) bis zum Zweiten Weltkrieg gedruckten deutschsprachigen Schriften.

1. Ausgangslage

1.1 Historischer Befund

Im ständisch verfaßten alten Ungarn, bis 1848 bzw. 1867 unter der gemeinsamen Krone politisch geteilt in das Königreich Ungarn und das Großfürstentum Siebenbürgen, wurden die *„linguae Hungarica, Germanica, Valachica, Latina"* sowie *„Slavica, variae dialecti"* gesprochen[3], von denen neben der gelehrten und der poli-

[1] Mai, Richard: Auslanddeutsche Quellenkunde 1924 – 1933. Berlin 1936, S. III.

[2] Teich, Gerhard: Die Südosteuropa-Bibliographie — ein vernachlässigter Gegenstand der deutschen Südosteuropa-Forschung. In: Symposion des Wissenschaftlichen Beirats der Südosteuropa-Gesellschaft. Ergebnisse und Pläne der Südosteuropa-Forschung in der Bundesrepublik Deutschland. München 1972, S. 181 – 190 (Südosteuropa-Studien. 19).

[3] Horvath, Michael: Statistica regni Hungariae et partium eidem adnexarum. Ed. altera. Posonii 1802, S. 63.

tischen Latinität noch im ausgehenden 18. Jahrhundert eigentlich einzig das Deutsche den Ansprüchen einer modernen Standardsprache genügen konnte, auch wenn das Ungarische, die magyarische Nationalsprache, schon auf dem Wege war, sich durchzusetzen.

In diesem Raum, nach heutigen Grenzen in Ungarn, der Slowakei, in Österreich, den *„transilvanischen"* Teilen Rumäniens, in der serbischen Vojvodina und — neben Rijeka (Fiume) — im Binnenraum Kroatiens und in Slawonien, sind seit der Durchsetzung des Buchdrucks zahlreiche Schriften in deutscher Sprache gedruckt worden, die immer noch einer systematischen bibliographischen Erschließung harren. Verstärkt hat sich ihre Zahl seit der Durchsetzung des Deutschen als Sprache der städtischen Zentren, der zentralen Verwaltung, des Militärs und der gesamtstaatlichen Kommunikation Ende des 18. Jahrhunderts, sich abgeschwächt mit der gesellschaftlichen Durchsetzung der Nationalbewegungen nach 1860 und insbesondere seit dem österreichisch-ungarischen Ausgleich des Jahres 1867. Im neoabsolutistischen Jahrzehnt nahm die Zahl der deutschen Drucke quantitativ zu, kulturell und gesellschaftlich war die Forcierung der deutschen Sprache aus bürokratisch-zentralistischen Interessen kontraproduktiv, auch wenn diese *„Modernisierung von außen"* den Übergang von der ständisch-spätfeudalen zur bürgerlichen Gesellschaft entscheidend beschleunigt hat[4].

Vom Beginn des Buchdrucks bis in das 18. Jahrhundert dominierte – wie im deutschen Sprachraum – in Ungarn und Siebenbürgen die Latinität als Sprache von Wissenschaft und Politik[5]. Für Siebenbürgen, das in der ungarischen retrospektiven Bibliographie immer berücksichtigt wird, liegt ebenfalls eine spezielle Bibliographie der Frühdrucke bis 1600 vor[6]. Die Zahl der im ganzen Land gedruckten deutschsprachigen Titel verstärkte sich Ende des 18. Jahrhunderts in ganz Ungarn und Siebenbürgen und nahm erst nach 1860 — die Siebenbürger Sachsen ausgenommen — entscheidend ab. Deutschsprachige Veröffentlichungen verloren immer stärker ihre Bedeutung als Medium der zahlenmäßig schwachen städtischen bürger-

[4] Für Kroatien methodologisch richtungweisend GROSS, MIRJANA: Počeci moderne Hrvatske. Neoapsolutizam u civilnoj Hrvatskoj i Slavoniji 1850 – 1860 [Der Beginn des modernen Kroatien. Der Neoabsolutismus in Zivilkroatien und -slawonien 1850 – 1860]. Zagreb 1985, insbesondere S. 313 zur Rolle des Deutschen im höheren Schulwesen; zusammenfassend DIES.: Neoabsolutismus in Zivil-Kroatien und -Slawonien. In: Mitteilungen des Österreichischen Staatsarchivs 40 (1987), S. 237 – 269.

[5] Allgemein MATL, JOSEF: Die kulturgeschichtliche Wirkung und Leistung der Latinität bei den Slawen, in: Wiener Slawistisches Jahrbuch 16 (1970), S. 37 – 53; zur kulturellen und zur politischen Funktion der Latinität in Ungarn bis 1847 KESSLER, WOLFGANG: Politik, Kultur und Gesellschaft in Kroatien und Slawonien in der der ersten Hälfte des 19. Jahrhunderts. München 1981, S. 134 – 137, 152 – 154 (Südosteuropäische Arbeiten. 77).

[6] JUGĂREANU, VETURIA: Bibliographie der siebenbürgischen Frühdrucke. Baden-Baden 1959 (Bibliotheca Bibliographica Aureliana. 1). — Dagegen verzeichnet BADALIĆ, JOSIP: Jugoslavica usque ad annum MDC. 2. Aufl. Aurelia Aquitana 1966 (Bibliotheca Bibliographica Aureliana. 2), keine deutschsprachigen Drucke.

lichen Gesellschaft[7], in ihnen äußerten sich zunehmend die Vertreter der deutschen national immer bewußter werdenden Gruppen.

Die modernen Nationsbildungen vollzogen sich in Ungarn (einschließlich des Nebenlandes Kroatien-Slawonien) und in dem unter der gemeinsamen Krone bis 1867 politisch getrennten Siebenbürgen zunächst vor allem innerhalb der deutschsprachigen städtischen und der adligen stadtorientierten Gesellschaft, wo – wie bei den Rumänen und Slowaken – das bürgerliche Element nicht so ausgeprägt war, ebenso in den Kreisen der Intelligenz, unter Geistlichen und Lehrern. Die deutsche Landbevölkerung wurde wie die übrige, ungarische oder andersnationale, ländliche Bevölkerung, die ebenfalls bis 1848 überwiegend unter der Erbuntertänigkeit stand, erst sekundär politisiert[8]. Die Siebenbürger Sachsen mit ihrer anderen Tradition auch der Identifikation als *„Deutsche"*[9] hatten seit dem Mittelalter bis 1848 auf dem Königsboden politische Rechte besessen und waren als Landstand an der Landesverwaltung beteiligt[10]. Die seit dem 18. Jahrhundert im Zuge der Wiederbesiedlung des rückeroberten Ungarn ins Land geholten „Schwaben" fanden dagegen erst allmählich und keineswegs in allen Siedlungsgebieten schon vor dem Ersten Weltkrieg zu einem ethnisch definierten Gruppenbewußtsein.

Mit der Nationalisierung des deutschsprachigen Schrifttums parallel zur Entwicklung der nichtdeutschen Nationalsprachen und Nationalliteraturen reduzierte sich die Funktion der bislang in der *„besseren"* städtischen Gesellschaft vorherrschenden deutschen Sprache auf Wirtschaft und Politik. Sie diente immer weniger der Kommunikation innerhalb der gehobenen bürgerlichen Milieus, dafür immer mehr der Außendarstellung und den Außenkontakten. Das Deutsche wurde nach der kurzen Scheinblüte unter dem Neoabsolutismus beschleunigt zur Sprache einer nationalen Minderheit[11].

7 Vgl. Bürgertum in der Habsburger Monarchie. Köln, Wien 1990; zusammenfassend BRUCKMÜLLER, ERNST: Ein „deutsches" Bürgertum? In: Geschichte und Gesellschaft 16 (1990), S. 343ff.; ein herausragendes Beispiel war Ende des 18. Jahrhunderts in Preßburg (Bratislava) WINDISCH, vgl. VALJAVEC, FRITZ: Karl Gottlieb von Windisch : das Lebensbild eines südostdeutschen Bürgers der Aufklärungszeit. Budapest 1936. (Veröffentlichungen des Instituts zur Erforschung des Deutschen Volkstums im Süden und Südosten in München. 11): die Rolle der Militärgrenze verdient in diesem Zusammenhang besondere Aufmerksamkeit, zur Militärgrenzbibliographie (mit zahlreichen deutschsprachigen Titeln für Administration und Wirtschaft) vgl. KESSLER, WOLFGANG: Njemačka i austrijska historiografija o Vojnoj krajini [Die deutsche und die österreichische Bibliographie über die Militärgrenze], in: Vojna krajina. Zagreb 1984, S. 102.

8 Vgl. den Befund bei LEHMANN, MICHAEL: Das deutschsprachige katholische Schrifttum Altungarns und der Nachfolgestaaten 1700 – 1950. Mainz 1975, S. 25 (Studia Hungarica. 9).

9 Aber auch hier bedürfte es noch einer eingehenderen Analyse, vgl. die überzeugenden Darlegungen von PHILIPPI, PAUL: Von Deutschtum und Zukunft der Siebenbürger Sachsen, in: Siebenbürgisch-sächsische Geschichte in ihrem neunten Jahrhundert, München 1977, S. 73 – 93, deren Erweiterung auf andere deutsche Siedlungsgruppen in Ungarn notwendig wäre.

10 KESSLER, WOLFGANG: Universitas Saxonum, in: Gruppenautonomie in Siebenbürgen. Köln, Wien 1990, S. 3 – 26 (Siebenbürgisches Archiv. 24) eine Reihe neuer Akzente setzt jetzt SCHENK, ANNEMIE: Deutsche in Siebenbürgen. Ihre Geschichte und ihre Kultur. München 1992.

11 Für Kroatien KESSLER, WOLFGANG: Aus der Dominanz in die Marginalität. Die deutsche Sprache in Kroatien-Slawonien im 19. Jahrhundert, in: Deutsche Ostkunde 32 (1986), S. 67 – 79, hier S. 68, 75.

Die kulturhistorische Forschung hat gelegentlich auf diesen zumeist als marginal erachteten Fundus deutschsprachigen Schrifttums als Teil einer größeren mehrsprachigen Kultur hingewiesen[12]. Die *„auslanddeutsche"* Forschung, wie sie sich zur Zeit der Weimarer Republik institutionalisierte[13], hat ihn gerne vernachlässigt, war vieles doch nicht national oder politisch *„deutsch"*. So warnte etwa RICHARD CSAKI 1932 in seinem *Deutschen Wegweiser*, das Agramer *Morgenblatt* sei *„deutsch geschrieben mit kroatischer Einstellung"*[14]. Gerade die jüdischen Gemeinden pflegten häufig länger die deutsche Sprache.

Dieses *„Schrifttum"* umfaßte alle Gattungen, die die Literaturgeschichte älteren Typus kennt: schöne Literatur, geistliche Schriften, Historica und Politica, technische Fachprosa, wissenschaftliche Darstellungen. Ihre Autoren gehören allen nationalen Gruppen des Landes an: Ungarn, Kroaten, Serben, Rumänen oder Slowaken ebenso Siebenbürger Sachsen oder Banater Schwaben. Bis etwa 1860 definierte sich die Mehrzahl der Verfasser der ungarländischen deutschsprachigen Druckschriften, Bücher und Periodika überwiegend, zumindest außerhalb der Gruppe der Siebenbürger Sachsen, nicht unbedingt als national deutsch: GRAF JANKO DRAŠKOVIĆs deutschsprachige politische Programmschriften aus den dreißiger Jahren des 19. Jahrhunderts sind z.B. wesentliche Texte des kroatischen Illyrismus[15]. Publizisten und Schriftsteller, die sich als Deutschungarn erklärten, wie Ende des 18. Jahrhunderts der Zipser JAKOB GLATZ (1776 – 1831) oder im Vormärz mit ausgeprägten Sympathien für die ungarische Reformbewegung EDUARD GLATZ (1812 – 1889), blieben Ausnahmen[16]. Mit den *„nationalen Wiedergeburten"* setzten sich spätestens seit 1860 die Nationalsprachen zunächst in der Belletristik und der politischen

[12] MATL, JOSEF: Weg und Wirkungen der deutschen Sprache und Literatur in Südost- und Osteuropa, in: *Südost-Forschungen* 23 (1964), S. 298 – 319.

[13] Vgl. die programmatische Antrittsvorlesung von MANNHARDT, JOHANN WILHELM: Grenz- und Auslandsdeutschtum als Lehrgegenstand. Jena 1926 (Schriften des Instituts für Grenz- und Auslandsdeutschtum an der Universität Marburg. 4).

[14] CSAKI, RICHARD: Deutscher Wegweiser. Grenz- und auslanddeutsches Reisehandbuch durch Europa. Berlin-Charlottenburg 1932, S. 293; JOSEF NADLER hat die deutschsprachigen Gruppen, die nicht „volksdeutsch" sein wollten, abwertend als „Kulturdeutschtum" bezeichnet.

[15] DRAŠKOVIĆ, JANKO GRAF: Erinnerungen an die zum ungarischen Reichstag bestimmten Deputirten der Königreiche Kroatien und Slavonien. Leipzig 1834 [kroatisch „Disertatia iliti Razgovor <. . .>". Karlovac 1832]; DRAŠKOVIĆ, JANKO GRAF: Ein Wort an Iliriens hochherzige Töchter über die ältere Geschichte und neueste literarische Regeneration ihres Vaterlandes. Agram 1838; vgl. KESSLER, WOLFGANG: Buchproduktion und Lektüre in Zivilkroatien und -slawonien zwischen Aufklärung und „Nationaler Wiedergeburt" (1767 – 1848). In: Archiv für Geschichte des Buchwesens 16 (1976), Sp. 341 – 790, hier Sp. 390; DERS.: Lesebarrieren. Buch und Leser in Kroatien vom Ende des 18. bis in die Mitte des 19. Jahrhunderts. In: Buch- und Verlagswesen im 18. und 19. Jahrhundert. Berlin 1976, S.321 – 346 (Studien zur Geschichte der Kulturbeziehungen in Mittel- und Osteuropa. 4), hier S. 325.

[16] GLATZ, JAKOB: Freymüthige Bemerkungen eines Ungarn über sein Vaterland. Teutschland 1799; [GLATZ, EDUARD:] Das deutsche Element in Ungarn und seine Aufgabe. Eine Zeitfrage, besprochen von einem Deutschungar. Leipzig 1843; vgl. Biographisches Lexikon zur Geschichte Südosteuropas München 1976, S. 56 – 57 bzw. 57 – 58. Bd. 2 (Südosteuropäische Arbeiten. 75/II). (Artikel von RUPRECHT STEINACKER).

Publizistik, bald auch in der Wirtschaft und in den Wissenschaften durch. Eine im nationalen Sinne deutsche Publizistik und schöne Literatur entwickelt sich außerhalb Siebenbürgens substantiell erst mit dem politischen Erwachen der ungarländischen Deutschen am Ende des Jahrhunderts[17]. Zur selben Zeit diente die deutsche Sprache vor allem der Außendarstellung: Politik und Wirtschaft dominieren.

Für die Entwicklung der deutschen Minderheiten im kleiner gewordenen Ungarn und den Nachfolgestaaten blieben der Einsatz für die Bewahrung der deutschen Muttersprache als Ausweis der nationalen Identität, der Kampf um die deutschsprachige Elementarschule und die Rechte als Minderheit entscheidend[18]. Ungarn zählte 1930 etwa 550000 Deutsche (6,46 % der Gesamtbevölkerung), Rumänien 800000 (4,73 %) und Jugoslawien 600000 (5 %)[19]. Gemessen an dieser doch geringen Zahl der weitgehend im agrarischen Bereich lebenden Bevölkerung war die Zahl an Druckschriften beachtlich. Die Existenz der deutschen Volksgruppen während des Zweiten Weltkrieges, Flucht, (im Falle Jugoslawiens vollständige) Vertreibung und Existenz in den realsozialistischen Gesellschaften Ungarns und Rumäniens veränderten notwendig Inhalt und Charakter der Veröffentlichungen aus und für die deutschen Minderheiten[20].

1.2 Bibliographische Probleme

Die von WALLASZKY 1808 schon fast ex post beschriebene *„res publica litteraria in Hungaria“*[21] war — wie die adlige *„natio hungarica“* — übernational. Die größte Zahl der in früher Zeit außerhalb des Landes erschienenen Schriften mit Bezug auf

[17] Vgl. SENZ, INGOMAR: Die nationale Entwicklung der ungarländischen Deutschen vor dem Ersten Weltkrieg. München 1977 (Buchreihe der Südostdeutschen Historischen Kommission. 30); SCHÖDL, GÜNTER: Alldeutscher Verband und deutsche Minderheitspolitik in Ungarn 1890–1914. Frankfurt a.M. 1978 (Erlanger Historische Studien. 3); zusammenfassend GOTTAS, FRIEDRICH: Die Deutschen in Ungarn. In: Die Habsburgermonarchie 1848–1918. Bd. 3: Die Völker des Reiches. Wien 1980, S. 340–410.

[18] Vgl. allgemein: Aspekte ethnischer Identität. Hrsg. von EDGAR HÖSCH und GERHARD SEEWANN. München 1991 (Buchreihe der Südostdeutschen Historischen Kommission. 35); KESSLER, WOLFGANG: Zwischen den Völkern. Das Schulwesen der deutschsprachigen Minderheit Jugoslawiens in der Zwischenkriegszeit. In: Deutscher Einfluß auf Bildung und Wissenschaft im östlichen Europa. Köln, Wien 1984, S. 179–210 (Studien zum Deutschtum im Osten. 18); ASCHAUER, WOLFGANG: Zur Produktion und Reproduktion einer Nationalität. Die Ungarndeutschen. Stuttgart 1992, S. 55–93. (Erdkundliches Wissen. 107).

[19] JUNGHANN, OTTO: Die nationale Minderheit. Berlin 1931, S. 37–39. (Weltpolitische Bücherei. 22).

[20] Zur Lage vor den entscheidenden Veränderungen des Jahres 1989 vgl. BORN, JOACHIM und DICKGIESSER, SYLVIA: Deutschsprachige Minderheiten. Ein Überblick über den Stand der Forschung für 27 Länder. Mannheim 1989, S. 173–184, 217–242; BORN, JOACHIM und JAKOB, GERHARD: Deutschsprachige Gruppen am Rande und außerhalb des geschlossenen deutschen Sprachgebiets. Eine bibliographische Dokumentation zum Thema „Sprache“ aus der Zeit nach 1945. 2. Aufl. Mannheim 1990.

[21] WALLASZKY, PAULUS: Conspectus reipublicae litterariae in Hungaria ab initiis regnis ad nostra usque tempora. Budae 1808.

Ungarn machen die *„Türkendrucke“*[22] aus, die *„alte ungarische Bibliographie“* zählt ebenso wie das jetzt den bibliographischen Wissensstand darstellende Verzeichnis von BORSA relativ wenige deutschsprachige Titel[23]. Es gibt keine spezielle Gesamtübersicht über die deutschen Druckschriften, die im Gebiet des historischen Ungarn entstanden sind, keinen Abriß der bibliographischen Situation der in den Grenzen des historischen Ungarn, also Ungarn nach dem heutigen Gebietsstand, die Slowakei, das rumänische Transilvanien (vor allem Siebenbürgen, Banat, Sathmar-Gebiet), die jetzt serbische Vojvodina (jugoslawisches Banat, Batschka, Syrmien) und Kroatien-Slawonien, erschienenen deutschsprachigen Schriften. Die deutschsprachigen Drucke ungarländischer Provenienz sind so verschieden wie Tradition und kulturelle Überlieferung der mittelalterlichen *„sächsischen“* und neuzeitlichen *„schwäbischen“* Siedlungsgruppen, also nach der landsmannschaftlichen Zugehörigkeit, wie sie sich heute darstellt, der Ungarndeutschen, der Karpatendeutschen aus der Slowakei, der Deutschen aus Jugoslawien, der Sathmarer Schwaben, Siebenbürger Sachsen und Banater Schwaben aus Rumänien[24].

Primär gilt unser Interesse hier der *„subjektiven“* Bibliographie[25] der selbständig erschienenen deutschsprachigen Schriften und Periodika ungarländischer, seit 1918 damit auch slowakischer, rumänisch-transilvanischer und jugoslawischer Provenienz. Werke von Autoren ungarndeutscher Herkunft wie Nikolaus Lenau, die außerhalb Ungarns erschienen sind[26], fallen nicht darunter. Die am Inhalt orientierte *„objektive“* Bibliographie, die nach der Pertinenz die ungarländischen Deutschen und ihre Nachfolgegruppen unter den Südostdeutschen seit 1918 behandelt, wird ebenfalls berücksichtigt, wenn die nationalbibliographische Verzeichnung

22 GÖLLNER, CARL: Turcica. Die europäischen Türkendrucke des 16. Jahrhunderts. Bucureşti [u.a.]. — Bd.: 1. 1501 – 1550. 1961; 2. 1551 – 1600. 1968; 3. Die Türkenfrage in der öffentlichen Meinung Europas im 16. Jahrhundert. 1978. (Bibliotheca Bibliographia Aureliana. 70).

23 SZABÓ, KÁROLY [Bd. 3: u. ÁRPÁD HELLEBRANT]: Régi Magyar Könyvtár. = Bibliographica Hungarica vetus. Bd. 1 – 3. Budapest 1879 – 1892; [Ergänzungen:] SZTRIPSZKY, HIADOR: Adalékok SZABÓ KÁROLY Régi magyar könyvtár c. munkájának. = Appendix ad I – II tomos operis CAROLI SZABÓ [. . .]. Budapest 1912 [bis 1711]; speziell die deutschen Drucke über Ungarn bis 1600 bereits bei KERTBENY, KÁROLY: Bibliographie der ungarischen nationalen und internationalen Literatur. Bd. 1: Ungarn betreffende deutsche Erstlingsdrucke 1454 – 1600. Budapest 1880; für den Berichtszeitraum bis 1600 jetzt, bearbeitet von GEDEON BORSA, gültig Régi magyarországi nyomtatványok. = Res litteraria Hungariae vetus operum impressorum. T. [1] – 2. Budapest 1971 – 1983 [1. 1473 – 1600; 2. 1601 – 1635]; für die Slowakei KUZMIK, JOZEF: Bibliografia knih v západných rečiah týkajúcich sa slovenskych veci, vydanych od XVI st. do r. 1955 [Bibliographie der slowakische Angelegenheiten betreffenden Bücher in westlichen Sprachen vom 16. Jahrhundert bis 1955]. MARTIN 1960; vgl. auch den Bibliothekskatalog von APPONYI, ALEXANDER (SÁNDOR): Hungarica. Ungarn betreffende im Ausland gedruckte Bücher und Flugschriften. Bd. 1 – 4. München 1903 – 1927. [T. 1 – 2 = Bd. 1: Bis 1720; T. 3 – 4. = Bd. 2: 1720 – 1800].

24 Vgl. die systematische Übersicht bei KESSLER, WOLFGANG: Ostdeutsches Kulturgut [im Sinne des Bundesvertriebenengesetzes] in der Bundesrepublik Deutschland. München 1989.

25 Zur Terminologie vgl. TOTOK-WEITZEL: Handbuch der bibliographischen Nachschlagewerke. Bd. 1. 6. Aufl. Frankfurt a.M. 1984, S. 12 – 16.

26 NIKOLAUS LENAU. Deutschsprachige Personalbibliographie (1850 – 1981). [Bearb. von] RAINER HOCHHEIM [u.a.]. Frankfurt a.M. 1986 (Europäische Hochschulschriften. I, 902).

sonst nicht ausreicht. Die in den historisch-ungarländischen Zusammenhang gehörende burgenländische Buchproduktion[27] wird vernachlässigt, ebenso Fragen von Ikonographie[28], Vedutologie[29] oder Kartographie[30]. Bosnien mit seiner spezifischen österreichisch-ungarischen staatsrechtlichen Stellung zwischen der Annexion 1908 und der Auflösung Österreich-Ungarns 1918 bleibt außerhalb unserer Betrachtungen[31], desgleichen der slowenische Raum mit Krain, Südkärnten und der Untersteiermark[32], auch Bessarabien[33], die Dobrudscha[34] und die Bukowina[35], d. h. die Regionen des südöstlichen Europa, die nie Teile Ungarns gewesen sind[36]. Die ungarische retrospektive Bibliographie erfaßt, wenn sie die Zeit bis 1918 nach

[27] Allgemeine Bibliographie des Burgenlandes. Bd. 1 – 5. Eisenstadt 1956 – 1965; STOCK, KARL FRANZ; HEILINGER, RUDOLF und STOCK, MARYLÈNE: Bibliographie österreichischer Bibliographien. Abt. 1: Bibliographien der österreichischen Bundesländer. Bd. 1. Burgenland. Graz 1976.

[28] Zum Beispiel BIELZ, JULIUS: Porträtkatalog der Siebenbürger Sachsen. Hamburg 1936. (Historische Bildkunde. 5).

[29] Vgl. die Hinweise bei RÓZSA, GYÖRGY: Die Typologie als Methode der Bearbeitung der alten ungarischen Veduten. In: Lüneburger Beiträge zur Vedutenforschung. Lüneburg 1983, S. 45 – 52.

[30] JÄGER, ECKHARD: Bibliographie zur Kartengeschichte von Deutschland und Osteuropa. Lüneburg 1978, S. 47 – 51, ist hier ausgesprochen unbefriedigend.

[31] Deutsche Drucke gibt es in Bosnien erst seit der Okkupation 1878 (vgl. DŽAMBO, JOZO: Buchwesen in Bosnien und der Herzegowina (1800 – 1878). Frankfurt a.M. 1984 (Arbeiten und Bibliographien zum Buch- und Bibliothekswesen. 2); die deutschsprachigen Zeitungen berücksichtigt im übrigen PEJANOVIĆ, DJORDJE: Bibliografija štampe Bosne i Hercegovine 1850 – 1941 [Bibliographie der Presse Bosniens und der Herzegowina 1850 – 1941]. Sarajevo 1961.

[32] Zur slowenischen Bibliographie vgl. BULOVEC, ŠTEFKA: Bibliografija slovenskih bibliografij 1561 – 1973 [Bibliographie der slowenischen Bibliographien 1561 – 1973]. Ljubljana 1976; TOTOK-WEITZEL, a.a.O., S. 221f.; DOMAY, FRIEDRICH: Bibliographie der nationalen Bibliographien. (Hiersemanns Bibliographische Handbücher. 6) Stuttgart 1987, S. 220 – 224 [DOMAY referiert eingehend die Gliederung der einzelnen Bibliographien].

[33] KRÄENBRING, ARTUR: Bibliographie über das Bessarabiendeutschtum. Hannover 1970 (Hilfskomitee der ev.- luth. Kirche aus Bessarabien. Schriftenreihe des Referates Film und Bild und des Referates Presse. 3); auch die rußlanddeutsche Bibliographie erfaßt die Veröffentlichungen über die Bessarabiendeutschen, vgl. STUMPP, KARL: Das Schrifttum über das Deutschtum in Rußland. 5. Aufl. Stuttgart 1980, insbesondere S. 46 – 63: Schwarzmeerdeutschtum.

[34] Eine spezielle Bibliographie über die Dobrudschadeutschen fehlt, allgemein ist zur Landeskunde immer noch heranzuziehen GREAVU-DUNĂRE S.: Bibliografia Dobrogei, 425 a.Hr. — 1928 d.Hr. Bucureşti 1928 (Academia Română: Memoriile Secţiunii Istorice. Ser. 3, T. 9, mem. 4); das Buchwesen war allerdings ausgesprochen unterentwickelt, vgl. den Artikel „Dobrudscha“ in: Handwörterbuch des Grenz- und Auslanddeutschtums. Bd. 2. Breslau 1936, S. 278 – 290.

[35] Die Veröffentlichungen über die Bukowina bis 1975 verzeichnet BECK, ERICH: Bibliographie zur Landeskunde der Bukowina. — Bd.: 1. Literatur bis 1965. München 1966 (Veröffentlichungen des Südostdeutschen Kulturwerks. Reihe B, 19); 2. Literatur aus den Jahren 1965 – 1975. 1985 (Veröffentlichungen der Forschungsstelle an der Universität Dortmund. Reihe A, 43).

[36] Auf dem hier nur beschränkt verfügbaren Raum kann nur ein grober Überblick angeboten werden; die zahlreichen Ergänzungen, wie sie vor allem *Magyar könyvszemle* [Ungarische Buchrundschau] als zentrale buchhistorische Zeitschrift Ungarns für Ungarn und Siebenbürgen enthält, werden hier vernachlässigt.

Produktion oder Inhalt betrifft, den Raum des vortrianonischen Ungarn — mit Einschränkungen nur bezüglich Kroatien-Slawoniens. Die Bibliographie der Nachfolgestaaten beschränkt sich in der Regel auf das jeweilige heutige Staatsgebiet.

2. Distribution / Buchhandel

Systematisch-quantifizierend sind nur die Agramer deutschsprachigen Publikationen aus der zweiten Hälfte des 18. Jahrhunderts analysiert worden[37]. Buchdruck und Buchhandel lagen zwar in ganz Ungarn bis in die zweite Hälfte des 19. Jahrhunderts vielfach in deutschen Händen[38], doch nationalisierten sich Buchhandel und Buchdruck mit der Nachfrage des Lesepublikums, waren sie doch bürgerliche, keine nationale Einrichtungen. Der Buchhandel verkaufte bis etwa 1860 überwiegend deutsche Verlagswerke und bot noch um die Jahrhundertwende in großem Umfang zeitgenössische deutschsprachige Belletristik und Fachliteratur aus österreichischen und deutschen Verlagen an[39]. Um die Jahrhundertwende standen die größeren Buchhandlungen in engem Kontakt mit dem deutschen Buchmarkt: 13 Kommissionsgeschäfte in Budapest versorgten zum Beispiel um 1900 etwa 160 Buchhandlungen im gesamten Land[40]. Der Befund JOHN LUKÁCS, sehr viele Budapester hätten um 1900 deutsch gesprochen, *„aber seit mindestens einer Generation“* hätte *„Budapest aufgehört, eine vornehmlich deutsche Stadt zu sein“*, trifft auch auf andere Zentren des Landes zu[41]. Von den 1933 außerhalb des Deutschen Reiches erschienenen 3404 deutschsprachigen Schriften erschienen 255 in der Tschechoslowakei (überwiegend allerdings in den böhmischen Ländern), 25 in Ungarn, 22 in Rumänien und 6 in Jugoslawien[42]. Während die in zahlreichen Einzelbeiträgen dokumentierte Rezeption deutscher Literatur in Ungarn vergleichsweise gut aufgearbeitet wurde[43], ist die Geschichte des deutschsprachigen Verlags und des

[37] ŽIVKOVIĆ, DANIELA: Publicistika na njemačkom jeziku u Zagrebu u drugoj polovici 18. stoljeća [Die deutschsprachige Publizistik in Agram in der zweiten Hälfte des 19. Jahrhunderts]. In: Zavod za hrvatsku povijest <Zagreb>. Radovi 22 (1989), 49 – 70.

[38] VALJAVEC, FRITZ: Geschichte der deutschen Kulturbeziehungen zu Südosteuropa. Bd. 3. (Südosteuropäische Arbeiten. 43) München 1958, vor allem S. 170 – 185.

[39] KÓKAY, GYÖRGY: Geschichte des Buchhandels in Ungarn. (Geschichte des Buchhandels. 3) Wiesbaden 1990, S. 106, 112. — Zur guten Kenntnis der zeitgenössischen deutschen Literatur in den vierziger Jahren des 19. Jahrhunderts im Banat vgl. ENGEL, WALTER: Deutsche Literatur im Banat (1840 – 1939). Der Beitrag der Kulturzeitschriften zum banatschwäbischen Geistesleben. (Sammlung Groos. 15) Heidelberg 1982, S. 33f.; für Zagreb KESSLER: Buchproduktion, Sp. 446 – 455.

[40] Offizielles Adreßbuch des deutschen Buchhandels 61 (1899), Abt. III, S. 187 – 188; vgl. auch die Übersicht im Artikel „Buch- und Büchereiwesen“. In: Handwörterbuch, a.a.O., Bd. 2. Breslau 1936, S. 573; zur Buchausfuhr ebd., S. 576.

[41] LUKACS, JOHN: Ungarn in Europa. Budapest um die Jahrhundertwende. Berlin 1990, S. 129. — Vgl. DEŽELIĆ, VELIMIR: Iz njemačkoga Zagreba. Prinos kulturnoj povijesti Hrvata [Aus dem deutschen Agram. Ein Beitrag zur Kulturgeschichte der Kroaten]. Zagreb 1901, S. 69.

[42] Handwörterbuch, a.a.O., S. 579.

[43] Vgl. zur Rezeption der deutschen Literatur in Ungarn 1800 – 1850. Hrsg. von LÁSZLÓ TARNÓI T. 1. 2. (Budapester Beiträge zur Germanistik. 17 – 18) Budapest 1987.

deutschsprachigen Buchhandels im historischen Ungarn, Siebenbürgen ausgenommen[44], noch nicht geschrieben. Sie ist auch nur im Rahmen der allgemeinen Buchhandelsgeschichte Ungarns darzustellen. Der *„deutsche“* Buchhändler madjarisierte bzw. kroatisierte sich sehr schnell zusammen mit seinem bürgerlichen städtischen Publikum.

3. Monographien (Bücher und Flugschriften)
3.1 Nationalbibliographie

KÁROLY KERTBENY, eigentlich CARL BENKERT, unterschied zusammen mit dem bedeutendsten ungarischen Bibliographen des 19. Jahrhunderts, GÉZA PETRIK, in *Ungarns deutscher Bibliographie 1801 – 1860* Kategorien deutschsprachiger Hungarica: 1. in Ungarn gedruckte deutschsprachige Schriften, 2. deutschsprachige Publikationen ungarischer Autoren, die außerhalb Ungarns erschienen sind, sowie 3. „Fremdautoren, Ungarn betreffend“[45]. Die letzte Gruppe gehört nicht im engeren Sinne zur Nationalbibliographie, die im Idealfall alle im jeweiligen Staat erschienenen Druckschriften verzeichnet, darüber hinaus auch die in der jeweiligen Staatssprache außerhalb des Landes erschienenen Schriften. Die deutsche Nationalbibliographie[46] besteht seit 1912. Sie verzeichnet nach Möglichkeit auch die außerhalb Deutschlands erschienenen deutschsprachigen Titel, weist hier zwar weniger Lükken auf als die Vorgänger des *Deutschen Bücherverzeichnisses,* ist aber bei weitem nicht vollständig. Da eine deutsche Nationalbibliothek fehlt (die *Deutsche Bücherei* in Leipzig, eine Gründung des deutschen Buchhandels, hat nur teilweise seit 1912 diese Aufgabe übernehmen können), wurde Ende der achtziger Jahre das Projekt *Sammlung deutscher Drucke 1450 – 1945* begonnen, in dessen Rahmen fünf Sammelzentren für verschiedene historische Perioden (für den Erscheinungszeitraum 1450 – 1600 die Bayerische Staatsbibliothek in München, 1600 – 1701 die Herzog August Bibliothek in Wolfenbüttel, 1701 – 1800 die Niedersächsische Staats- und Universitätsbibliothek Göttingen, 1801 – 1870 die Stadt- und Universitätsbibliothek Frankfurt am Main und 1871 – 1945 die Staatsbibliothek zu Berlin Preußischer Kulturbesitz) *„gedruckte Bücher in deutscher Sprache, wo immer sie in der Welt“* er-

[44] MESCHENDÖRFER, HANS: Das Verlagswesen der Siebenbürger Sachsen. Ein Überblick. München 1979 (Veröffentlichungen des Südostdeutschen Kulturwerks: Reihe B. 36); vgl. auch Die Siebenbürger Sachsen in den Jahren 1848 – 1918. Red. von CARL GÖLLNER. (Siebenbürgisches Archiv. 22) Köln, Wien 1988, S. 313 – 317; GOTTAS, a.a.O., geht z.B. nicht auf den Buchhandel ein. — Auch die Entwicklung des Antiquariats ist wenig erforscht, ein Beispiel für ein Angebot ist der Antiqariats-Catalog von FRANZ MICHAELIS in Hermannstadt. Hermannstadt 1879.

[45] Ungarns deutsche Bibliographie 1801 – 1860. Verzeichniß der in Ungarn und Ungarn betreffend im Auslande erschienenen deutschen Drucke = Magyarországi német könyvészet 1801 – 1860. Im Auftrag des k. ung. Ministerium für Cultus und Unterricht begonnen von KERTBENY, CARL M[ARIA], fortges. von GÉZA PETRIK. Th. 1 – 2. Budapest 1886. [T. 1: 1800 – 1830; T. 2: 1831 – 1860]; die 1861 – 1921 über Ungarn erschienene deutschsprachige Literatur ist zu finden bei GRAGGER, ROBERT: Bibliographia Hungariae. Verzeichnis der 1861 – 1921 erschienenen Ungarn betreffenden Schriften in nichtungarischer Sprache. Bd. 1 – 4. Berlin 1923 – 1929 [1. Historica; 2. Geographica, Politico-Oeconomica; 3. Philologica. Periodica; 4. Register].

[46] Vgl. die Übersichten bei DOMAY, a.a.O., S. 2 – 30; TOTOK-WEITZEL, a.a.O., S. 46 – 57.

schienen sind, sowie fremdsprachige Drucke aus dem geschlossenen deutschsprachigen Raum sammeln sollen[47]. Die ungarische Nationalbibliographie spielt in unserem Zusammenhang eine weitaus größere Rolle als die deutsche, hat sich aber, was die laufende Verzeichnung von 1861 bis 1945 betrifft, auf die Titel in ungarischer Sprache beschränkt — ein Beispiel für ethnozentristische, nationalistische nationale Bibliographie, wie sie international noch lange nicht überwunden ist[48].

3.1.1 Bis 1918

In der habsburgischen Monarchie wurde zwar in den fünfziger Jahren des 19. Jahrhunderts mit der systematischen Verzeichnung der Buchproduktion begonnen, nach 1861 mußte jedoch der *österreichische Katalog* als reiner Buchhändlerkatalog fortgeführt werden, als der er sich nur bis 1872 halten konnte[49]. Nach 1867 gab es auch kein Pflichtexemplar für die Gesamtmonarchie mehr: Drucke aus Ungarn mußten nur noch nach Budapest abgeliefert werden.

Ohne sprachliche Einschränkungen hat PETRIK in der *Bibliographia Hungariae 1712–1860* sämtliche ihm zugänglichen im damaligen Ungarn — einschließlich Kroatien-Slawonien — erschienenen Drucke sowie außerhalb Ungarns erschienene Titel in ungarischer Sprache oder über Ungarn, wenn möglich mit dem Besitznachweis der Budapester Universitäts- und der Museumsbibliothek, der heutigen Széchényi-Nationalbibliothek, zusammengestellt[50]. Die wesentlich auf regionalen Bibliographien und Beständen regionaler Bibliotheken beruhenden Nachträge ergänzen dieses wichtige Verzeichnis. Die als *Magyar könyvészet, Ungarisches Bücherverzeichnis,* erschienenen Folgebände[51] verzeichnen bis zum Ende der k.u.k. Monarchie nur noch die Hungarica in ungarischer Sprache. Wie die Bibliographie der anderen nichtdominanten nationalen Gruppen ist die deutsche Bibliographie Ungarns für die Zeit zwischen 1861 und 1920 nicht im Rahmen der laufenden nationalen Bibliographie dokumentiert. Dagegen enthalten die *Materialien für*

[47] KALTWASSER, FRANZ: Sammlung deutscher Drucke 1450–1945 — ein kooperatives Erwerbungsprogramm, in: *Zeitschrift für Bibliothekswesen und Bibliographie* 37 (1990), S. 115–128, Zitat S. 121.

[48] Das jüngste Beispiel ist die Srpska bibliografija. Knjige 1868–1944 [Serbische Bibliographie. Bücher 1868–1944]. Bd. 1ff. Beograd 1989ff.

[49] BLUM, RUDOLF: Nationalbibliographie und Nationalbibliothek. Die Verzeichnung und Sammlung der nationalen Buchproduktion, besonders der deutschen, von den Anfängen bis zur Zwischenkriegszeit. (Archiv für Geschichte des Buchwesens. 35) Frankfurt a.M. 1990, S. 142–150; vgl. DOMAY, a.a.O., S. 31–35.

[50] Magyarország bibliográphiája 1712–1860. = Bibliographia Hungariae 1712–1860 seu Catalogus librorum in Hungaria, et de rebus patriam nostram attingentibus extra Hungariam editorum. T. 1–4. [Bearb. v.] GÉZA, PETRIK. Budapest 1888–1892. — Nachträge: T. 5: Pótlások [. . .]. = Additamenta ad tomos 1–4 [. . .]. Catalogus librorum annis 1712–1800 in Hungaria (alibique linguae Hungarica) editorum. 1971; T. 6: Nyomda- és kiadástörténeti mutató az 1–5. = Index typographicus librorum annis 1712–1800 in Hungaria (alibique linguae Hungarica) editorum ad tomos 1–5. 1972; T. 7: Pótlások [. . .]. = Additamenta ad opus GÉZA PETRIK Bibliographia Hungariae 1712–1860. 1989.

[51] Vgl. die Übersicht in TOTOK-WEITZEL, a.a.O., S. 125; DOMAY a.a.O, S. 196–204.

eine kroatische retrospektive Bibliographie der Bücher die in Kroatien und Slawonien erschienenen Drucke in allen Sprachen so vollständig, wie dies nach dem Bestandverzeichnis der Agramer Bibliotheken, vor allem der National- und Universitätsbibliothek, möglich ist[52]. Für den Berichtszeitraum 1861 – 1920 sind neben regionalen Bibliographien vor allem Fachbibliographien heranzuziehen, will man Titel ermitteln.

3.1.2 Nach 1918

Mit der Aufteilung Ungarns in der Folge des Friedens von Trianon 1920 wurde das Verzeichnis der ungarischen Neuerscheinungen nur noch als Buchhandelskatalog geführt und beschränkte sich weiter auf ungarischsprachige Drucke. Erst die systematisch nach der Dezimalklassifikation geordnete retrospektive ungarische Nationalbibliographie[53] berücksichtigt auch nicht ungarischsprachige Veröffentlichungen. Neben die ungarische Nationalbibliographie trat mit erheblicher zeitlicher Verzögerung die Bibliographie der Nachfolgestaaten, doch war es verständlicherweise das Interesse am jeweils nationalen Schrifttum, das die Entwicklung der Bibliographie beförderte.

Die *Bibliographie des slowakischen Schrifttums bis 1900* von Rizner[54], nach der Anlage eher ein Schriftstellerlexikon, verzeichnet neben Titeln über die Slowakei auch deutschsprachige Veröffentlichungen slowakischer Autoren. Der seit 1929 erscheinende *Bibliografický katalog Čsekoslovenské republiky* [Bibliographischer Katalog der ČSR] notierte auch die deutschsprachigen Drucke, die der vorangehende, seit 1922 als Buchhandelsverzeichnis erscheinende *Bibliografický katalog* ignoriert hatte[55]. Die retrospektive slowakische Bibliographie für die bis 1700 erschienen Drucke verzeichnet auch einige in deutscher Sprache[56].

[52] Gradja za hrvatsku retrospektivnu bibliografiju knjiga 1835 – 1940 [Materialien für eine kroatische retrospektive Bibliographie der Bücher]. Zagreb 1982ff. — Nicht eingearbeitet sind die Essegger Drucke, soweit sie nicht in Zagreb vorhanden sind. Hier ist die Bibliographie von Malbaša, Marija: Osječka bibliografija. Tiskarsko-izdavačka djelatnost u Osijeku od 1742. do 1978. godine. [Essegger Bibliographie. Druckerei- und Verlagstätigkeit 1742 – 1978.] Sv 1 – 2. Zagreb 1981 – 1985 [1: 1742 – 1944; 2: 1945 – 1978] heranzuziehen, die erstmals ebenfalls zahlreiche deutschsprachige Drucke bibliographisch beschreibt. Kessler: Buchproduktion belegt im bibliographischen Anhang (Sp. 465 – 694) erstmals zahlreiche deutschsprachige Drucke aus Kroatien und Slawonien (einschließlich Gelegenheitsschriften u. ä.).

[53] *Magyar könyvészet 1921 – 1944.* = Bibliographia Hungarica 1921 – 1944. Catalogus systematicus librorum in Hungaria editorum. Bd. 1ff. Budapest 1980ff. — Auf 9 Bände geplant, vgl. Domay, a.a.O., S. 203.

[54] Rizner, L'udovít V.: Bibliografia písomníctva slovenského na spôsob slovníka od najstarších čias do konca r. 1900 [Bibliographie des slowakischen Schrifttums nach Art eines Lexikons von den ältesten Zeiten bis zum Ende des Jahres 1900]. T. 1 – 6. Turčiansky Sv. Martin 1929 – 1934; für die Zeit bis zum Ende des 18. Jahrhunderts ergänzt durch Mišianik, Ján: Bibliografia slovenského písomnictva do konca 18. storočia. Bratislava 1946 ([2]Martin 1971).

[55] Übersicht bei Domay, a.a.O., S. 185 – 193, speziell zur Slowakei S. 192 – 196; Totok-Weitzel, a.a.O., S.

[56] Čaplovič, Ján: *Bibliografia tlač vydaných na Slovensku do roku 1700* [Bibliographie der in

Die laufende Nationalbibliographie begann — im europäischen Vergleich sehr spät[57] — in Jugoslawien (nach einem nicht fortgeführten Versuch für das Jahr 1933[58]) mit dem Berichtsjahr 1950, in Rumänien erst ein Jahr später[59]. Die älteren rumänischen, kroatischen und serbischen Bibliographien waren im ethnisch-sprachlichen Sinne nationale, jedenfalls keine Nationalbibliographie im Sinne der vollständigen Verzeichnung des im Lande erschienenen Schrifttums gewesen. Eine Ausnahme machen auch für den Zeitraum 1918 – 1940 nur die erwähnten *Materialien für eine kroatische retrospektive Bibliographie der Bücher 1835 – 1940*[60].

Die sprachlich definierte Auswahl aus der Nationalbibliographie, wie sie *„Ungarns deutsche Bibliographie 1801 – 1860"* von KERTBENY und PETRIK vorstellt, ist die Ausnahme geblieben. Erst nach 1945 beginnt der laufend durchgeführte vollständige nationalbibliographische Nachweis — und damit auch die der deutschen Drucke — in Ungarn und Rumänien. Diese Veröffentlichungen wurden — wie die deutschen Siedlungsgruppen dort überhaupt — in der Bundesrepublik außerhalb des landsmannschaftlichen Bereichs erst mit erheblicher Verzögerung wahrgenommen. Für die Zeit von 1860 bis in den Zweiten Weltkrieg sind deshalb für die Ermittlung der Titel deutscher Druckschriften die subjektive Regionalbibliographie und die Fachbibliographie unentbehrlich, für den Berichtszeitraum 1900 – 1943 insbesondere die „auslandsdeutsche" Bibliographie. Das wissenschaftliche und regionalkundliche Schrifttum kann in der Regel unter Heranziehung von Fachbibliographien nachgewiesen werden, Auffinden und Nachweisung von Belletristik und politischen Schriften ist allerdings zumeist nur über den Umweg über Literaturgeschichte und Sekundärliteratur möglich, solange die retrospektive Bibliographie nicht aufgearbeitet ist.

3.2 Subjektive Regionalbibliographien

Die subjektive Regionalbibliographie verzeichnet im Idealfall alle an einem Ort oder in einer Region in allen dort gebrauchten Sprachen gedruckten Schriften. Regionale und lokale Bibliographien ergänzen aus der Kenntnis der Sammlungen, Bibliotheken, Museen und Archive vor Ort die älteren Bücherverzeichnisse, z.B.

der Slowakei bis zum Jahre 1700 gedruckten Schriften]. T. 1. 2. MARTIN 1972 – 1984 (Slovenská národná retrospektívna bibliografia. Séria A: Knihy. [Bd.:] 1 a).

[57] DOMAY, a.a.O., S. 204 – 208.

[58] Jugoslovenski bibliografski godišnjak za 1933 god. = Annuaire bibliographique yougoslave. Beograd 1935 (Srpska kraljevska akademija. Posebna izdanja. 106) — mit vollständiger Erfassung der deutschsprachigen Publikationen.

[59] DOMAY, a.a.O., S. 214 – 224. Vgl. den ausführlichen Artikel „Bibliografija" in Enciklopedija Jugoslavije. 2. Aufl. Bd. 1. Zagreb 1980, S. 633 – 650; vgl. auch Die Bibliographie in den europäischen Ländern der Volksdemokratie. Entwicklung und gegenwärtiger Stand. Leipzig 1960 (Bibliothekswissenschaftliche Arbeiten aus der Sowjetunion und den Ländern der Volksdemokratie in deutscher Übersetzung. B, 3).

[60] Građa za hrvatsku retrospektivnu bibliografiju knjiga 1835 – 1940, a.a.O. — Für die Berichtsjahre 1941 – 1950 erschien danach eine laufende kroatische Bibliographie, die 1979 wieder aufgenommen worden ist (vgl. TOTOK-WEITZEL, a.a.O., S. 135; DOMAY, a.a.O., S. 220).

für die Baranya und für Fünfkirchen in Ungarn[61], für die Slowakei (das historische Oberungarn)[62], für Vukovar und – besonders wichtig – Osijek in Kroatien[63] und auch für das nach dem Ersten Weltkrieg rumänisch gewordene Transilvanien[64]. Ergänzt werden diese regionalen Verzeichnisse durch Geschichte und Bibliographie einzelner Druckereien[65] bzw. der lokalen Buchdruckereigeschichte, die bis ins 19. Jahrhundert hinein sehr übersichtlich ist, bestanden doch in Ungarn und Siebenbürgen zum Beispiel im Jahre 1786 nur 32 Druckereien, die vielfach von Buchdrukkern aus dem deutschen Sprachbereich eingerichtet worden waren[66]. Von Interesse ist in unserem Zusammenhang auch das Verzeichnis der in der Ofener Universitätsbuchdruckerei gedruckten Schriften, vor allem der Schulbücher[67].

Der Bearbeitungsstand der subjektiven Regionalbibliographie ist unterschiedlich. Ergänzt wird sie in der Regel durch ihren objektiven Partner, der meist zahlreiche am Ort gedruckte Titel verzeichnet und häufig auch deren Inhalt erschließt.

3.3 Fach- und Spezialbibliographien

Neben den Regionalbibliographien helfen vor allem die historischen und die germanistischen Fachbibliographien bei der Suche nach Spuren deutscher Sprache und Geschichte in den ehemals zur Stephanskrone gehörenden Ländern. Die ältere geo-

[61] So Csekey, István: Baranya és Pécs bibliografiája [Bibliographie der Baranya und von Fünfkirchen]. Pécs 1964; Ulreich, Tibor: Szombathely nyomda napjainak termékeik 1787-töl 1900-ig [Die in Druckereien in Steinamanger 1787 – 1900 erschienenen Schriften]. Szombathely 1961. — Die wesentlichen Veröffentlichungen für Ungarn, Transilvanien und die Slowakei verzeichnet die Magyarország bibliographiája 1712 – 1860, T. 6, S. 547ff.

[62] Zelliger, Aloysius: Pantheon Tyrnaviense bibliographicum exhibens recensionem operum Typis Tyrnaviensibus annis 1578 – 1930 editorum. Tyrnaviae 1931.

[63] Dorn, Antun: Prilozi bibliografiji knjiga, novina i časopisa štampanih u Vukovaru 1867 – 1941 [Beiträge zur Bibliographie der 1867 – 1941 in Vukovar gedruckten Bücher, Zeitungen und Zeitschriften]. Vukovar 1967; Malbaša, a.a.O. — Weitere Hinweise bei Kessler: Buchproduktion.

[64] Naményi, Lajos: A nagyváradi nyomdászat története [Die Geschichte des Großwardeiner Druckereiwesens]. Esztergom 1895; Gross, Julius: Kronstädter Drucke 1535 – 1886. Ein Beitrag zur Kulturgeschichte Kronstadts. Kronstadt 1886; *Tipărituri Româneşti 1539 – 1750 existente la Braşov* [Rumänische Druckerzeugnisse in Kronstadt 1539 – 1750]. Braşov 1980.

[65] Zum Beispiel Deželić, Velimir: Bibliografija novoselske tiskare [Bibliographie der Druckerei Novoszel <in Zagreb>], in: Narodna starina 4 (1925), H. 10, S. 111 – 126; Nyakas, Sarolta: Az elsö pécsi nyomda története [Die Geschichte der ersten Fünfkirchener Druckerei]. Pécs 1934; Špetko, Josef: Dejiny Škarniclovskej kníhtlačarne v Skalici. So supisom jej tlači [Geschichte der Druckerei Skarnitzl in Skalitz. Mit einem Verzeichnis ihrer Druckwerke]. Martin 1958.

[66] Alphabetisches Verzeichnis der jetzt in Ungern, Kroatien, Slavonien und Siebenbürgen bestehenden Buchdruckereyen, in: Merkur von Ungarn 1 (1786), Bd. 1, S. 219 – 222; Valjavec: a.a.O., Bd. 3, vor allem S. 160 – 169.

[67] Balogh, István: A magyar kir. egyetemi nyomda termékeinek cimjegyzéke 1877 – 1877. Budapest 1882. — Zur Universitätsbuchdruckerei jetzt Typographia Universitatis Hungariae Budae 1777 – 1848. Publ. par Péter Király. Budapest 1983.

graphisch-landeskundliche Bibliographie[68] enthält, wie Bücherkunden zu Recht oder Wirtschaft, viele Hinweise auf Arbeiten über die entsprechenden Regionen und Gruppen, ist aber eigentlich zu allgemein konzipiert, als daß sie hier genannt werden müßte. Selbst die medizinische, die technische und die ökonomische Fachbibliographie[69] hilft bei der Suche nach deutschsprachigen Drucken weiter, ebenso (zumindest für Siebenbürgen) die kunstgeschichtliche[70].

Biographische Nachschlagewerke wie der *„Wurzbach"* oder das *Österreichische Biographische Lexikon 1815 – 1945*[71] sind ebenso wie *„Lebensbilder"* aus einzelnen deutschen Siedlungsgruppen[72] bei der Ermittlung der Werke einzelner Verfasser ebenso unentbehrlich wie die zumeist versteckt oder in Festschriften erschienenen Schrifttumsverzeichnisse und Personalbibliographien[73]. Schriftstellerlexika sind insbesondere dann kaum ersetzbare Hilfsmittel, wenn sie sich wie das *Schriftsteller-Lexikon der Siebenbürger Deutschen* oder das ungarische Schriftstellerlexikon SZINNYEIS (mit Einträgen über die ungarländischen deutschsprachigen Autoren bis in das letzte Drittel des 19. Jahrhunderts)[74] nicht wie das *Deutsche Literatur-Lexikon* von Kosch[75] sich auf die *„schöne Literatur"* im engeren Sinne beschränken, sondern im Sinne der älteren Literärgeschichte einem *„erweiterten"* Literaturbegriff folgen und auch Verfasser wissenschaftlicher Veröffentlichungen einbeziehen, ohne allerdings ein Gelehrtenlexikon zu ersetzen.

[68] HAVASS, REZSÖ: Magyar földrajzi könyvtár. = Bibliotheca geographica hungarica. Budapest 1893.

[69] GRMEK, MIRKO DRAŽEN: Hrvatska medicinska bibliografija [Kroatische medizinische Bibliographie]. T. 1. 2. Zagreb 1955 – 1970 [T. 1: 1470 – 1876; 2: 1876 – 1918]; GIÖRY, TIBOR: Magyarország orvosi bibliographiája 1472-1899. = Bibliographia medica Hungariae 1472 – 1899. Budapest 1900 (A Magyar orvosi könyvkiadó társulat könyvtára. 83); zur Forstwirtschaft Kroatien-Slawoniens [KAUDERS ALFONS:] Šumarska bibliografija. = Bibliographia forestalis (1846 – 1946). Zagreb 1947.

[70] Eher unter deutschem Aspekt BIELZ, JULIUS: Schrifttum zur Kunst in Siebenbürgen. Krakau 1943.

[71] Für den Zeitraum ab 1750 bis in den Vormärz ist unersetzt WURZBACH, CONSTANT von: Biographisches Lexikon des Kaiserthums Österreich [ab 1750]. Bd. 1 – 60. Wien 1856 – 1890; den Anschluß bildet: Österreichisches Biographisches Lexikon 1815 – 1945. Bd. 1ff. Wien 1955ff.

[72] Z.B. HUDAK, ADALBERT und GUZSAK, LADISLAUS: Karpathendeutsche Lebensbilder. Der karpathendeutsche Beitrag zum europäischen Geistesleben. Erlangen 1971.

[73] Vgl. z.B. PILDER-KLEIN, HERMINE: Der Mundartforscher FRIEDRICH KRAUSS. Zur Vollendung des 80. Lebensjahres, in: Südostdeutsches Archiv 15/16 (1972/73), S. 221 – 223 [S. 223 – 226: Schrifttumsverzeichnis], oder NEUMANN, WILHELM: Verzeichnis der Arbeiten von HAROLD STEINACKER, in: Südost-Forschungen 14 (1955), S. 259 – 267.

[74] Schriftsteller-Lexikon der Siebenbürger Deutschen. Von TRAUSCH, JOSEPH, SCHULLER, FRIEDRICH, HIENZ, HERMANN H. Nachdruck der Ausg. 1868 – 1901. Bd. 1 – 4. Köln, Wien 1983 (Schriften zur Landeskunde Siebenbürgens. 7); SZINNYEI, JÓZSEF: Magyar irók élete és munkai [Leben und Werk ungarischer Schriftsteller]. Bd. 1 – 14. Budapest 1891 – 1914; für die ältere Zeit immer noch nützlich ist HORÁNYI, ALEXIUS: Memoria Hungarorum et provincialium scriptis editis notorum. T. 1 – 3. Wien 1775 – 1792.

[75] Deutsches Literatur-Lexikon. Begründet von WILHELM KOSCH. 3. Auflage. Bd. 1ff. Bern 1968ff.

3.3.1 Nationalitätenbibliographie

Sprachliche Beschränkungen finden wir nicht nur bei den subjektiven nationalen Bibliographien, auch bei Spezialbibliographien über die einzelne nationale Gruppe, in unserem Fall die Deutschen bestimmter Regionen, gilt das sprachlich-nationale Auswahlprinzip[76]. HERMANN HIENZ hat 1960 (erste Auflage 1940) auch Zeitschriften- und Kalenderaufsätze für seine *Bücherkunde zur Volks- und Heimatforschung der Siebenbürger Sachsen* bibliographisch erfaßt und das gesamte thematische Spektrum historischer Landeskunde abgedeckt, beschränkt sich aber, ohne seine Auswahlkriterien klarzulegen, auf die von ihm als wichtig erachteten deutschsprachigen Veröffentlichungen und legt den Schwerpunkt auf die *„Einzelgebiete"* und die *„Einzelortschaften"*[77]. Überwiegend verzeichnet er in Siebenbürgen erschienene Titel. Ebenfalls nur deutschsprachige Bücher, Manuskripte und Sonderdrucke aus und über das rumänische Banat erschließt der *Bibliographische Wegweiser* von ANTON PETER PETRI[78]. Die von ANTON SCHERER bearbeitete *Donauschwäbische Bibliographie* erfaßt für den Berichtszeitraum 1935 – 1965 mit dem Anspruch auf Vollständigkeit das Schrifttum über die Donauschwaben in allen Sprachen bis hin zu Zeitungsartikeln[79]. Es ist einiges an allgemeiner Literatur beispielsweise über die deutschen Vertriebenen im *„Westen"* hineingeraten, eine Reihe von genannten Arbeiten, z.B. des serbischen Historikers SLAVKO GAVRILOVIĆ, betreffen zwar den donauschwäbischen Siedlungsraum, nicht aber speziell die Donauschwaben. SCHERERS Bibliographie illustriert eindrücklich, daß bei aller fachlichen Kompetenz im Einzelfall ein einzelner Bearbeiter mit Auswahl und Systematisierung aus der exponentiell wachsenden Menge des Titelmaterials überfordert ist[80]. Die 1963 er-

[76] Gelegentlich spiegelt sich die national-antagonistische Sicht bis in Bibliothekssystematiken wider; vgl. z.B. Bücherei des deutschen Ostens <Herne>: Gesamtkatalog. [Bearb. von ERICH SCHOBER.] Herne 1973, der die ältere Bibliothekssystematik abbildet, die Darstellungen aus „deutscher" und „aus slawischer Sicht" unterscheidet.

[77] HIENZ, HERMANN: Bücherkunde zur Volks- und Heimatforschung der Siebenbürger Sachsen. München 1960 (Buchreihe der Südostdeutschen Historischen Kommission. 5); erweiterte Neuauflage von DERS.: „Quellen zur Volks- und Heimatkunde der Siebenbürger Sachsen". Leipzig 1940 (Beiträge zur Kenntnis des Deutschtums in Rumänien 1); Ergänzungen: DERS.: Nachträge zur Bücherkunde. In: Südostdeutsches Archiv 6 (1963), S. 182 – 189; laufende Auswahlbibliographie in der Zeitschrift für Siebenbürgische Landeskunde sowie in der Siebenbürgischen Zeitung.

[78] PETRI, ANTON P.: Bibliographischer Wegweiser zur Geschichte und Volkskunde des Deutschtums im Banat und im Arader Komitat. Mühldorf/Inn 1988.

[79] SCHERER, ANTON: Donauschwäbische Bibliographie 1935 – 1955. München 1966 (Veröffentlichungen des Südostdeutschen Kulturwerks. Reihe B, 18); DERS..: Donauschwäbische Bibliographie 1955 – 1965. München 1974 (Veröffentlichungen des Südostdeutschen Kulturwerks. Reihe B 30). — Diese Bibliographie konnte nicht weitergeführt werden, zu einem speziellen Aspekt jetzt SCHERER, ANTON: Die Heimatvertriebenen in Österreich unter besonderer Berücksichtigung der Donauschwaben. Graz 1991. (Danubio-Suevia. 3). Nützlich ist immer noch DERS.: Südosteuropa-Dissertationen 1918 – 1960. Eine Bibliographie deutscher, österreichischer und schweizerischer Hochschulschriften. Graz, Wien 1968 [ohne spezielle Hervorhebung des südostdeutschen Aspekts].

[80] Vgl. die allgemeinen Aussagen bei KESSLER, WOLFGANG: Stereotypen, Vorurteile, Völkerbilder. In: Österreichische Osthefte 34 (1992), S. 347 – 349.

schienene *Bücherkunde* über *Ostdeutschland und das Deutschtum in Ostmitteleuropa* berücksichtigt gerade noch die „Deutschen in der Slowakei"[81], läßt aber, wie die Deutsche Ostmitteleuropaforschung allgemein, das historische Ungarn sonst außer acht. Die volkskundliche Bibliographie, die Volkskunde im älteren Sinne als nationale Wissenschaft verstanden hat[82], ist ebenfalls national deutsch zentriert. HEINRICH RÉZ hat in den dreißiger Jahren ohne sprachliche Rücksichtnahme die wichtigste — selbständig und unselbständig erschienene — Literatur von den und über die Karpatendeutschen und die Donauschwaben zusammengefaßt[83]. Die Bibliographien über die *„Auslandsdeutschen"*[84], in der Zwischenkriegszeit wesentlich aus politischen Interessen entstanden[85], helfen immer noch bei der Suche nach Veröffentlichungen über Sachfragen, auch wenn sie die deutsche Sicht der Dinge präferiert haben.

3.3.2 Objektive Regionalbibliographien

Die objektive Regionalbibliographie deckt die gesamte thematische Breite der die jeweilige Region betreffenden Darstellungen ab, Geschichte, Landeskunde, Naturkunde usw. Im allgemeinen vernachlässigen oder marginalisieren die Fachbibliographien für den Raum Ost-, Ostmittel- und Südosteuropas[86] den Aspekt der jeweiligen deutschen Minderheiten.

Die *Südosteuropa-Bibliographie* als laufende Auswahlbibliographie der wichtigsten wissenschaftlichen Literatur über das gesamte Südosteuropa kann ihrer Aufga-

[81] JILEK, HEINRICH, RISTER, HERBERT und WEISS, HELLMUTH: Bücherkunde Ostdeutschlands und des Deutschtums in Ostmitteleuropa. (Ostmitteleuropa in Vergangenheit und Gegenwart. 8) Köln, Graz 1963, S. 301 – 314.

[82] Vgl. die Kritik von WEBER-KELLERMANN, INGEBORG: Zur Interethnik. Donauschwaben, Siebenbürger Sachsen und ihre Nachbarn. Frankfurt a.M. 1978.

[83] RÉZ, HEINRICH: Bibliographie der deutschen Volkskunde in den Karpathenländern. Reichenberg 1934 (Beiträge zur sudetendeutschen Volkskunde. 18, H. 2); DERS.: Bibliographie zur Volkskunde der Donauschwaben. Anhang: Bibliographie der deutschen Volkskunde im historischen Westungarn (derzeit Westungarn und Burgenland). Budapest 1935 (Schriftenreihe der Deutschungarischen Heimatblätter. 1).

[84] Nur Monographien verzeichnet Das Deutschtum im Ausland. Eine systematische Zusammenstellung der im Gesamtkatalog der preußischen wissenschaftlichen Bibliotheken verzeichneten Schriften 1900 – 1923. Berlin 1925; für den Berichtszeitraum 1926 – 1933 (erschließt auch die wichtigsten Aufsätze); MAI, RICHARD a.a.O.; als Fortsetzung besteht die Bibliographie des Auslanddeutschtums [Bd. 2ff.: Bibliographie des Deutschtums im Ausland]. Stuttgart. Jg. 1 (1937) – 8 (1944).

[85] Vgl. JAWORSKI, RUDOLF: Der auslandsdeutsche Gedanke in der Weimarer Republik. In: Annali dell'Istituto storico italo-germanico in Trento 4 (1978), S. 369 – 386; KOSZEL, BOGDAN: Polityka Rzeszy Niemieckiej wobec mniejszości niemieckiej w Europie Południowo-Wschodniej w okresiemiedzywojennym [Die Politik des Deutschen Reiches gegenüber der deutschen Minderheit in Südosteuropa in der Zwischenkriegszeit]. In: Rola mniejszości niemieckiej w rozwoju stosunków politycznych w Europie 1918 – 1945. (Uniwersytet im. Adama Mickiewicza w Poznaniu: Seria Historia. Nr. 118) Poznan' 1984, S. 175 – 197.

[86] Vgl. die Übersicht bei TOTOK-WEITZEL, a.a.O., Bd. 2, S. 328ff.

benstellung entsprechend den südostdeutschen Aspekt nur seiner Repräsentanz in der wissenschaftlichen Literatur nach berücksichtigen[87]; das gilt verstärkt noch für die laufende [West-] *Europäische Bibliographie zur Osteuropaforschung*[88], die nur Veröffentlichungen über die Slowakei, Rumänien, Ungarn und das ehemalige Jugoslawien aus dem westlichen Europa berücksichtigt. Dasselbe gilt für die in der Regel recht aktuellen Zusammenstellungen der einschlägigen Veröffentlichungen in der Bundesrepublik Deutschland[89]. Die außerhalb der Heimatregionen nach 1945 erschienenen südostdeutschen Ortsmonographien, die vielfach Aufschluß über entsprechende regionale Veröffentlichungen geben, erfaßt die Bibliographie der *„ostdeutschen"* Heimatbücher[90] nach dem Berichtsstand von etwa 1978. Seither ist allerdings mindestens noch einmal dieselbe Zahl erschienen[91]. Diese Publikationen der aus dem europäischen Südosten stammenden Deutschen in der Bundesrepublik Deutschland und in Österreich geben in der Regel ausführlichen Aufschluß auf in der „alten Heimat" über die engere Herkunftsregion erschienenen Schriften.

3.3.3 Germanistik

Die sprachwissenschaftliche Literatur ist, die Siebenbürger Sachsen ausgenommen, überwiegend außerhalb der deutschen Siedlungsgruppen des historischen Ungarn entstanden[92]. Eine Besonderheit ist hier die Bibliographie der rumänischen Germanistik von KELP[93]. Die ungarische germanistische Fachbibliographie verzeichnet auch ältere deutsche Lehrbücher aus Ungarn und Siebenbürgen. Die im

[87] Südosteuropa-Bibliographie. Hrsg. vom Südost-Institut München. Bd. 1 (1945 – 1950)ff. München 1956ff.

[88] European Bibliography of Soviet, East European and Slavonic Studies. = Europäische Bibliographie der Osteuropaforschung 1ff. [1975ff.].

[89] Zuletzt Südosteuropa-Veröffentlichungen aus der Bundesrepublik Deutschland: 1984 – 1988. Zsgest. von DŽAMBO JOZO. München 1989. (Südosteuropa-Studien 41); vgl. auch NEHRING, KARL: Veröffentlichungen zur Geschichte Südosteuropas in der Bundesrepublik Deutschland, in: Südost-Forschungen 40 (1981), S. 285 – 315 [1971 – 1980]; 45 (1986), S. 241 – 265 [1981 – 1985]; 50 (1991), S. 259 – 302 [1986 – 1990].

[90] KESSLER, WOLFGANG: Ostdeutsche Heimatbücher und Ortsmonographien seit 1945. München 1979. — Zur Problematik der Verwendung von „ostdeutsch" DERS.: Aspekte ostdeutscher Landesgeschichte. Lüneburg 1989 (Lüneburger Vorträge zur Geschichte Ostdeutschlands und der Deutschen im Osten. 1), S. 3ff. Eine besondere siebenbürgisch-deutsche Variante erwähnt LENGYEL, ZSOLT K.: Auf der Suche nach dem Kompromiß. Ursprünge und Gestalten des frühen Transilvanismus 1918 – 1928. München 1993 (Studia Hungarica. 41), S. 82f., 262f.

[91] Einige Hinweise ohne den Anspruch auf bibliographische Vollständigkeit bei KESSLER, WOLFGANG: Ostdeutsches Kulturgut; die landsmannschaftliche Presse verzeichnen, soweit sie in Bibliotheken nachweisbar war CHMIELEWSKI, HORST VON und HAGELWEIDE, GERT: Bestandsverzeichnis der deutschen Heimatvertriebenenpresse. München 1982.

[92] Vgl. WIESINGER, PETER und RAFFIN, ELISABETH: Bibliographie zur Grammatik der deutschen Dialekte. Laut-, Formen-, Wortbildungs- und Satzlehre 1800 bis 1980. Bern, Frankfurt a.M. 1982.

[93] KELP, HELMUT: Germanistische Linguistik in Rumänien. Bibliographie. München 1990 (Veröffentlichungen des Südostdeutschen Kulturwerks: Reihe B. 49).

engeren Sinne germanistischen Arbeiten wurden allerdings schon im ausgehenden 19. Jahrhundert überwiegend in ungarischer Sprache verfaßt[94].

Von der schönen Literatur im weitesten Sinne hat MICHAEL LEHMANN vor allem Andachtsschriften, Gebetbücher und Predigtliteratur als „deutschsprachiges katholisches Schrifttum" chronologisch mit Standortnachweis erfaßt[95]. Schwierigkeiten macht der Zugang zu der sonst in Ungarn und seinen Nachfolgestaaten gedruckten *„schönen Literatur"*, sofern es sich nicht um von der Literaturgeschichtsschreibung kanonisierte Autoren handelt. Zu vernachlässigende Gelegenheitsschriften ausgenommen, muß man für ältere Titel auf die deutsche Literaturgeschichte dieses Raumes, vor allem die *Deutsch-österreichische Literaturgeschichte* NAGL, ZEIDLER und CASTLE[96], zurückgreifen, während die neuere deutsche Literatur in Ungarn und Rumänien vergleichsweise gut dokumentiert ist[97]. Die oben genannten Schriftstellerlexika sind hier ein ausgesprochen wichtiges Hilfsmittel, zumal man im *Deutschen Literatur-Lexikon* von KOSCH nur die Autoren finden wird, deren Werke im engeren deutschen Sprachraum verbreitet waren.

3.3.4 Geschichte

Die in Ungarn erstellten historischen Bibliographien gehen vom Gesamtraum des alten Ungarn aus; sie sind vor allem dann von Nutzen, wenn Veröffentlichungen zur Regional-, zur Migrations- und Siedlungs- oder zur Gruppengeschichte z.B. nationaler Minderheiten erschlossen werden. Nützlich für die Regionalgeschichte bis 1825 ist die Quellenkunde von KOSÁRY[98], von besonderem Interesse für unseren

[94] Germanistik und Deutschunterricht in Ungarn. Bibliographie der Veröffentlichungen. Bd. 1. Wissenschaftliche Publikationen und Lehrbücher 1718 – 1918. Hrsg. von SZÁSZ FERENC. Budapest 1984 (Budapester Beiträge zur Germanistik. 12); vgl. auch BALOGH, a.a.O.

[95] LEHMANN, MICHAEL: Das deutschsprachige katholische Schrifttum Altungarns, a.a.O.

[96] Deutsch-Österreichische Literaturgeschichte. Hrsg. von J. W. NAGL und JAKOB ZEIDLER, nach deren Tod von EDUARD CASTLE. Bd. 1 – 4. Wien, Leipzig 1899 – 1937; außerdem u.a. PUKÁNSZKY, BÉLA VON: Geschichte des deutschen Schrifttums in Ungarn. T. 1. Von der ältesten Zeit bis um die Mitte des 18. Jahrhunderts [mehr nicht erschienen]. Münster 1931. (Deutschtum und Ausland. 34/36) — Die Originalausg (PUKÁNSZKY, BÉLA: A magyarországi német irodalom története (a legrégibb idöktöl 1848-ig. Budapest 1926 [Német philologiai dolgozatok. 31]) reicht bis 1848; für das Banat vgl. ENGEL, WALTER, a.a.O., für Siebenbürgen u.a. Die Literatur der Siebenbürger Sachsen in den Jahren 1848 – 1918. Bukarest 1979; nützlich ist auch KLEIN, KARL KURT: Literaturgeschichte des Deutschtums im Ausland. Leipzig 1939. — Für die Entwicklungen nach 1945 sei nur auf die zahlreichen Beiträge ALEXANDER RITTERS verwiesen; vgl. jetzt: Die deutsche Literaturgeschichte Ostmittel- und Südosteuropas von der Mitte des 19. Jahrhunderts bis heute. Hrsg. von ANTON SCHWOB. München 1992 (Veröffentlichungen des Südostdeutschen Kulturwerks: Reihe B. 54).

[97] Vgl. z.B. Ungarndeutsche Literatur der siebziger und achtziger Jahre. Eine Dokumentation. Hrsg. von SZABÓ JÁNOS und JOHANN SCHUTH. München 1991 (Veröffentlichungen des Südostdeutschen Kulturwerks: Reihe B. 60); Nachruf auf die rumäniendeutsche Literatur. Hrsg. von WILHELM SOLMS. Marburg 1990.

[98] KOSÁRY, DOMOKOS: Bevezetés a magyar történelem forrásaiba és irodalmába [Einführung in die Quellen und die Literatur der ungarischen Geschichte]. T. 1 – 3. Budapest 1951 – 1958 [1. Bis

Zusammenhang aber der vierte Band der *Ungarischen historischen Bibliographie 1825 – 1867*, der die Veröffentlichungen über die *„nichtungarischen Völker (Nationalitäten)"* mit möglichster Vollständigkeit (einschließlich Auswertung der regionalen Zeitungen der Zeit) dokumentiert[99]. Die *Historische Bibliographie Rumäniens* führt in den Systematikabschnitten *„Lokalgeschichte"* und *„mitwohnende"* Nationalitäten in ihrer Auswahl auch die wesentlichen rumäniendeutschen Veröffentlichungen an[100]. Die *Historische Bücherkunde Südosteuropa* behandelt in dem bislang erschienenen Abschnitt über Ungarn im Mittelalter[101] auch die Nebenländer, stellt aber den Aspekt der deutschen Siedlung nicht besonders heraus. Die spezielle Bibliographie über die Geschichte der Deutschen in Ungarn, Transilvanien und den bis 1918 zur ungarischen Krone gehörenden Teilen Jugoslawiens ist unter den deutschen *„Nationalitätenbibliographien"* angeführt. Ortsgeschichtliche Bibliographien[102] (einschließlich der versteckten Bibliographien in Heimatbüchern und Ortsmonographien) sind eine wichtige Hilfe beim Aufspüren deutschsprachiger Veröffentlichungen aus der jeweiligen Region.

4. Periodika

Die *Bibliographie der Zeitschriften des deutschen Sprachgebiets bis 1900* von JOACHIM KIRCHNER erfaßt auch die bekannteren im damaligen ungarischen Raum erschienenen deutschsprachigen Titel mit Standortnachweis in deutschen Bibliotheken[103]. Die deutschsprachigen Zeitungen und Zeitschriften in Ungarn bis 1918 hat einschließlich der zweisprachigen Periodika HEINRICH RÉZ mit Titel, Erscheinungsjahr und — soweit feststellbar — besitzender Bibliothek (außer Budapester Bibliotheken auch die Bibliothek des Brukenthal-Museums in Hermannstadt, die Temeswarer Städtische Bücherei und die Agramer Universitätsbibliothek) mit dem Ziel der Vollständigkeit zusammengestellt[104]. Die neuere pressegeschichtliche Bibliographie, so BÉLA DEZSÉNYIS Zusammenstellung der ungarischen Zeitungslite-

1711; 2. 1711 – 1825; 3. Ergänzungen und Namenregister]; von der 2. Aufl. ist nur Bd. 1 [Allgemeiner Teil (Budapest 1970)] erschienen.

99 TÓTH, ZOLTÁN I., KEMÉNY, GÁBOR G. und KATUS, LÁSZLÓ: Magyar történeti bibliográfia 1825 – 1867. T. 4: Nemmagyar népek (nemzetiségek). Budapest 1959.

100 Bibliografia istorică a României. = Bibliographica historica Romaniae. Vol. 1 – 6. Bucureşti 1970 – 1985 [1. 1944 – 1965. 1970; 2. Secolul XIX. T. 1 [u.a. Regionalgeschichte]. 1972; 3. Secolul XIX. T. 5 [Biographie]. 1974; 4. 1969 – 1974. 1975; 5. 1974 – 1979. 1980; 6. 1979 – 1980. 1985].

101 Historische Bücherkunde Südosteuropa. Bd. 1. Mittelalter. T. 2. (Südosteuropäische Arbeiten. 76/2) München 1980, S. 755 – 1227.

102 Zum Beispiel KRISCHAN, ALEXANDER: 200 Jahre Hatzfeld im Banat (1766 – 1966). Eine Bibliographie. Stuttgart 1972 (Donauschwäbisches Schrifttum. 17);

103 KIRCHNER, JOACHIM: Bibliographie der Zeitschriften des deutschen Sprachgebiets bis 1900. Bd. 1 – 4, 1. Stuttgart 1969 – 1989.

104 RÉZ, HEINRICH: Deutsche Zeitungen und Zeitschriften in Ungarn vom Beginn bis 1918. München 1935. 150 S. (Veröffentlichungen des Instituts zur Erforschung des deutschen Volkstums im Süden und Südosten in München und des Instituts für ostbairische Heimatforschung in

ratur des 18. Jahrhunderts, hat diese Arbeit ergänzt[105]. Neben Wiener Periodika berücksichtigt die *kommentierte Bibliographie* von SEIDLER[106] auch einige Preßburger und Ofener Zeitschriften.

Die nicht slowakischsprachigen Periodika aus der Slowakei bis 1918 hat MICHAL POTEMRA 1963 verzeichnet[107]. Für das rumänische und das jugoslawische Banat ist ergänzend die Zusammenstellung von ALEXANDER KRISCHAN[108] heranzuziehen, der außer Zeitungen und Zeitschriften auch Kalenderjahrbücher (einschließlich landsmannschaftlicher Periodika nach 1945) berücksichtigt und außer ermittelten Standorten auch umfangreich Veröffentlichungen über die Periodika nennt. Die *Materialien einer Bibliographie der jugoslawischen Periodika* weisen auch die im Raum des ehemaligen Jugoslawien erschienenen deutschsprachigen Zeitschriften und Zeitungen mit jeweils dem Erscheinungsbeginn und einem Standortnachweis nach[109]. Vor allem regionale Bibliographien für einzelne Druckorte, regional und ohne sprachliche Einschränkungen konzipiert, bieten genauere Hinweise, so für Temeswar das Verzeichnis von BERKESZI oder für Novi Sad bis 1918 die Bibliographie von BIKICKI und KAČANSKI[110].

Während die bis zum Zweiten Weltkrieg erschienenen deutschsprachigen Zeitungen und Zeitschriften relativ gut dokumentiert sind, wurden die seither erschienenen Periodika bei weitem nicht so gut speziell bibliographisch erschlossen[111]. Die

Passau. 8); zur Geschichte der deutschsprachigen Presse in Ungarn bereits ZUBER, MARIANNE: A hazai német nyelvü folyóiratok 1810-ig [Die einheimischen Zeitungen in deutscher Sprache bis 1810]. Budapest 1915.

105 DEZSÉNYI, BÉLA: A magyar hirlapirodalom elsö százada (1705 – 1805) [Die ungarische Zeitungsliteratur des ersten Jahrhunderts]. Budapest 1941 (Magyarország idöszaki sajtójának könyvészete. 1); vgl. A magyar sajtó története 1705 – 1848 [Geschichte der ungarischen Presse]. Hrsg.: KOKAY GYÖRGY. Budapest 1979; zur neuesten Entwicklung vgl. den Beitrag von MARIA ROSZA in diesem Band S. 260 – 272.

106 SEIDLER, ANDREA und SEIDLER, WOLFRAM: Das Zeitschriftenwesen im Donauraum zwischen 1740 und 1809. Kommentierte Bibliographie der deutsch- und ungarischsprachigen Zeitschriften in Wien, Preßburg und Pest-Buda. Köln, Graz 1988. (Schriftenreihe der Österreichischen Gesellschaft zur Erforschung des 18. Jahrhunderts. 1).

107 POTEMRA, MICHAL: Bibliografia inorečvých novín a časopisov na Slovensku do roku 1918 [Bibliographie der fremdsprachigen Zeitungen und Zeitschriften in der Slowakei bis 1918]. Martin 1963 (Slovenska národná bibliografia. Sér. B: Periodiká. Zv. 1b).

108 KRISCHAN, ALEXANDER: Deutsche periodische Literatur des Banats. Zeitungen, Zeitschriften, Kalender 1771 – 1971. Bibliographie. München 1987 (Veröffentlichungen des Südostdeutschen Kulturwerks: Reihe B. 46).

109 *Grada za bibliografiju jugoslavenske periodike.* Urednik: UJEVIĆ MATE. Zagreb 1955. (Anali Leksikografskog zavoda FNRJ. Sv. 2.).

110 BERKESZI, ISTVÁN: A temesvári könyvnyomdászat és hirlapirodalom története [Geschichte des Temeswarer Verlags- und Zeitungswesens]. Temesvár 1900; BIKICKI, MILANA und KAČANSKI, ANA: Bibliografija novosadske štampe 1824 – 1918. = Bibliographie der Novisader Presse 1824 – 1918. Novi Sad 1977. (Bibliografije Vojvodine) — mit genauen bibliographischen Beschreibungen, erschlossen durch mehrere Register.

111 Vgl. nur die Broschüre Deutsche Presse im Ausland. Ein Überblick über die für die deutschsprachige Bevölkerung nach 1945 hrsg. Zeitungen u. Zeitschriften in allen Erdteilen. Berlin 1972.

Bibliographien der Preßburger und die der Hermannstädter deutschen Kalender und Zeitungen[112] sind wichtige Ergänzungen der auf den Gesamtraum bezogenen Periodikaverzeichnisse.

Was die Inhaltserschließung betrifft, hat JÓZSEF SZINNYEI für das 19. Jahrhundert die nicht selbständig erschienene wissenschaftliche Literatur über Ungarn, darunter zahlreiche deutschsprachige Veröffentlichungen, zu größeren Teilen erschlossen[113]. Im von der Akademie der Wissenschaften zu Göttingen auf der Grundlage der Bestände der für das 18. Jahrhundert herausragenden Göttinger Universitätsbibliothek herausgegebenen Zeitschriftenindex für die Jahre 1750 – 1815 wird unter 200 Periodika nur die *Siebenbürgische Quartalsschrift* berücksichtigt[114], andere wie die *Zeitschrift von und für Ungarn*[115] müssen noch in dieser Form erschlossen werden, ebenso das deutschsprachige Zeitschriftenwesen Ungarns und Siebenbürgens im Vormärz[116] und darüber hinaus. Es gibt zwar regionale Spezialbibliographien zu speziellen Themen[117], insgesamt läßt aber die inhaltliche Erschließung der deutschsprachigen Kalender, Zeitschriften und Zeitungen zu wünschen übrig.

5. Bibliotheken, Sammlungen

In erster Linie sind es die Bibliotheken im Raum des historischen Ungarns, die die deutschsprachigen Hungarica besitzen, in Budapest vor allem die Universitätsbibliothek und die Széchényi-Nationalbibliothek[118]. Die ungarische National-

112 AMBROVITS, HANS: Bibliographie der Zeitungen und Zeitschriften Preßburgs. In: Südost-Forschungen 7 (1942), S. 607 – 645; AVRAM, MIRCEA: Calendarele sibiene în limba germană (sec. XVII – XX) [Hermannstädter Kalender in deutscher Sprache vom 17. bis zum 20. Jahrhundert]. Bd. 1 – 2. Sibiu 1979 – 1982; DUNĂREANU, ELENA und AVRAM, MIRCEA: Presa sibiană în limba germană (1778 – 1970) [Hermannstädter Presse in deutscher Sprache 1778 – 1970]. Sibiu 1971.

113 SZINNYEI, JÓZSEF: Hazai és külföldi folyóiratok magyar tudományos repertóriuma [Ungarisches wissenschaftliches Repertorium in- und ausländischer Zeitschriften]. Budapest 1874 – 1885. — Abt. 1, Bd. 1 – 2, 1 [Geschichte und ihre Hilfswissenschaften 1731 – 1880]; Abt. 2, Bd. 1 [Naturwissenschaften und Mathematik 1778 – 1874]. [Mehr nicht erschienen.]

114 Index deutschsprachiger Zeitschriften. Erstellt durch eine Arbeitsgruppe unter Leitung von KLAUS SCHMIDT. Braunschweig 1990.

115 Vgl. FRIED, ISTVÁN: Funktion und Möglichkeit einer deutschsprachigen Zeitschrift in Ungarn. Die Zeitschrift von und für Ungarn, in: Zeitschrift und Zeitungen des 18. und 19. Jahrhunderts in Mittel- und Osteuropa. 8) Berlin 1986, S. 139 – 157.

116 Zu Siebenbürgen (mit weiterführender Literatur) Hinweise bei DAUGSCH, WALTER: Die Nationalitäten Siebenbürgens im Spiegel deutschsprachiger Siebenbürger Zeitungen und Zeitschriften im Vormärz, in: Zeitschriften und Zeitungen des 18. und 19. Jahrhunderts in Mittel- und Osteuropa. (Studien zur Geschichte der Kulturbeziehungen in Mittel- und Osteuropa. 8) Berlin 1986, S. 187 – 204. In Kroatien erschienen neben der seit 1826 herausgebrachten deutschsprachigen Zeitung nur von 1839 – 1842 in Zagreb (Agram) die „Croatia. Organ für vaterländische Interessen." 1841 – 1847, „Der Pilger. Organ für vaterländische Interessen und Industrie", vgl. KESSLER: Buchproduktion, Sp. 422, 427f.; zum Banat, ENGEL, a.a.O.

117 PERVAIN, IOSIF und CIUDARIA, ANA: Românii în periodicele germane din Transilvania 1778 – 1840. Bibliografie analitică. [Die Rumänen in deutschen Periodika Transilvaniens 1778 – 1840. Analytische Bibliographie]. Bucuresti 1977.

118 Die Széchényi-National-Bibliothek. 3. Aufl. Budapest 1985.

bibliothek hat seit 1804 das Recht auf das Pflichtexemplar aus Ungarn, die kroatische National- und Universitätsbibliothek in Agram das Recht auf das unentgeltliche Pflichtexemplar aus Kroatien-Slawonien seit 1837[119]. Die Geschichte der jeweiligen Bibliotheken gibt im Einzelfall Aufschluß über Entstehung und Zusammensetzung der Sammlungen[120]. Arbeiten zur speziellen Buch-Bibliotheksgeschichte ergänzen mit Bücherverzeichnissen häufig die Bibliographie[121]. Siebenbürgisch-sächsische Bestände waren schon vor dem Ersten Weltkrieg vergleichsweise gut durch gedruckte Bibliothekskataloge erschlossen[122].

In den *„historischen"*, d.h. vor 1900 gedruckten Buchbeständen der Bundesrepublik Deutschland finden sich zahlreiche einschlägige Schriften, doch lassen sie sich durch die summarischen Übersichten der Bestände[123] nicht im Einzelfall erschließen. Die Übersichten über Sammlungen einschlägiger Literatur für die Bundesrepublik Deutschland sind veraltet, aktueller ist nur das Verzeichnis für Österreich[124].

Auch über das 17. Jahrhundert hinaus, für das die Herzog August Bibliothek in Wolfenbüttel eine Art deutscher Zentralbibliothek darstellt, besitzt sie seltene

[119] ROJNIĆ, MATKO: Die National- und Universitätsbibliothek in Zagreb. In: Das kroatische Bibliothekswesen. Zsgest. von TOMISLAV JAKIĆ. (Biblos-Schriften. 98) Wien 1978, S. 65 – 83, hier S. 69.

[120] Als erste Information in deutscher Sprache können immer noch außer der von JAKIĆ herausgegebenen Schrift dienen Das ungarische Bibliothekswesen. Zsgest. von CSAPODI, CSABA. Wien 1971 (Biblos-Schriften. 63); Das Bibliothekswesen der Tschechoslowakei. Wien 1966 (Biblos-Schriften. 43). — Die in derselben Reihe als Bd. 111 erschienene Schrift über das rumänische Bibliothekswesen von DIMA-DRĂGAN (1971) betont sehr den rumänisch-nationalen Aspekt und ersetzt die als Heft 32 der Biblos-Schriften erschienene Darstellung von IRENE PIHULJAK (Das rumänische Bibliothekswesen. Wien 1961) nur bedingt.

[121] Z.B. GÜNDISCH, GUSTAV: Die Bibliothek des Sachsengrafen Albert Huet (1537 – 1607). In: Korrespondenzblatt des Arbeitskreises für Siebenbürgische Landeskunde 4 (1974), S. 32 – 51.

[122] GROSS, JULIUS: Katalog der von der Kronstädter Gymnasialbibliothek bei der 400jährigen Luther-Feier in Kronstadt ausgestellten Druckwerke aus dem Reformationszeitalter. Kronstadt 1883; Katalog der belletristischen und populär-wissenschaftlichen Abtheilung der evangelischen Gymnasialbibliothek A.B. in Kronstadt. Kronstadt 1880; Katalog der Lehrerbibliothek der evangelischen Elementar- und Bürgerschule A.B. in Schäßburg [. . .]. Schäßburg 1910; Katalog der Bibliothek der evangelischen Landeskirche A.B. in Siebenbürgen. Bearb. von WILHELM WEISS. Hermannstadt 1889; Katalog der Bibliothek des Baron Brukenthal'schen Museums in Hermannstadt. H. 1 – 3. Hermannstadt 1896 – 1900; nach 1945: NÄGLER, DOINA: Catalogul Transilvanicelor. Biblioteca Muzeului Brukenthal. Vol. 1 – 2. Sibiu 1974 – 1982 [1: Sec. XVI – XVII; 2: Sec. XVIII].

[123] Handbuch der historischen Buchbestände in Deutschland. Bd. 3ff. Hildesheim 1992ff. [Bd. 1 und 2 sind noch nicht erschienen.]

[124] TEICH, GERHARD: Topographie der Osteuropa-, Südosteuropa- und DDR-Sammlungen. München 1978 [Berichtsstand ca. 1973]; für den landsmannschaftlichen Bereich aktualisiert durch KESSLER, WOLFGANG: Ostdeutsches Kulturgut. — Für Österreich LUKAN, WALTER und PEYFUSS, MAX DEMETER: Ost- und Südosteuropa-Sammlungen in Österreich: Verzeichnis der Bibliotheken, Institute, Archive und Museen. 2. Aufl. Wien 1990. (Schriftenreihe des Österreichischen Ost- und Südosteuropa-Instituts. 15).

Schriften aus und über Ungarn[125]. Im 18. Jahrhundert wurde die Göttinger Universitätsbibliothek führend, deren gedruckte Hungarica-Kataloge, für den Altbestand eine Kopie des Real-Katalogs, auch die deutschsprachigen Titel des Bestands aus und über Ungarn leicht zugänglich machen[126]. Auch der Jenenser Hungarica-Katalog weist deutschsprachige Titel aus und über Ungarn in seinen vortrianonischen Grenzen nach[127]. Die Hungarica-Sammlung hatte an den alten Universitäten, die im 18. und 19. Jahrhundert eine größere Zahl Studenten aus Ungarn hatten, Tradition. Aus Marburger Bibliotheken sind die Siebenbürgenbestände (mit Hinweis auch auf den älteren Bestand über Ungarn) besonders erfaßt[128].

Die Hochschulbibliotheken haben zunächst einmal der Literaturversorgung der jeweiligen Hochschule zu dienen, Staats- und Landesbibliotheken mit Pflichtexemplarrecht sind zunächst einmal für ihre Sammelregion zuständig. Die ständig begrenzter werdenden Mittel machen die Konzentration auf den engeren Sammelauftrag immer notwendiger. Unter den Landesbibliotheken hat die Niedersächsische Landesbibliothek Hannover ihre Schriften über den Donauraum, darunter wenige ältere deutsche Drucke, besonders in einem gedruckten Katalog erschlossen[129]. Die Deutsche Bibliothek in Leipzig und Frankfurt am Main sammelt seit 1912 bzw. 1949. Der Erwerb außerhalb Deutschlands erschienener deutschsprachiger Schriften ist hier notwendigerweise oft zufällig. Ältere Literatur wird außerhalb der „Sammlung deutscher Drucke" eigentlich nur von den Spezialbibliotheken erworben.

Trotz aller politischen Förderung des *„Auslandsdeutschtums"* und der bis in die Mitte des 19. Jahrhunderts zurückreichenden Sammeltradition konnte die Haltung der deutschen Bibliotheken zu diesem Sammelgebiet noch Mitte der zwanziger Jahre engagierte Vertreter des *„auslandsdeutschen Gedankens"* nicht zufriedenstellen[130]. Den vollständigsten Bestand an Literatur von den und über die *„Auslandsdeutschen"* auch im europäischen Südosten aus den Jahren 1917 – 1945 besitzt die

125 Ungarische Drucke und Hungarica 1480 – 1720: Katalog der Herzog August Bibliothek Wolfenbüttel. Bearb. von NÉMETH S. KATALIN. T. 1 – 3. München 1993.

126 Niedersächsische Staats- und Universitätsbibliothek Göttingen: Katalog der Finnisch-Ugrischen Bestände einschließlich Geschichte, Recht, Wirtschaft und Natur Finnlands und Ungarns. Zsgest. von KESZTYÜS, TIBOR. Bd. 1 – 3. [Nebst:] Erg.-Bde. Göttingen 1977ff.; vgl. KESSLER, WOLFGANG: Transylvanica in Göttingen. In: Zeitschrift für Siebenbürgische Landeskunde 4 (1981), 163 – 167; zur Gliederung DOMAY, a.a.O., S. 198.

127 JÜGELT, KARL-HEINZ: Hungarica-Auswahl-Katalog der Universitätsbibliothek Jena. Weimar 1961 (Claves Jenenses. 10) [ältere Titel des 16. – 18. Jahrhunderts].

128 KESSLER, WOLFGANG: Transylvanica in Marburg. Bücher aus und über Siebenbürgen in Marburger Bibliotheken. Ein Auswahlverzeichnis. Marburg 1985 (Schriften der Universitätsbibliothek Marburg. 19).

129 Niedersächsische Landesbibliothek <Hannover>: Katalog des Schrifttums über den Donauraum. Bearb. von GROSSHEIDE KSENIJA. Bd. 1. 2. Hannover 1987 – 1993 [1: Allgemeiner Teil und Jugoslawien; 2: Allgemeiner Teil und Jugoslawien. Berichtsjahre 1988 – 1992 mit Nachträgen]. Erschließt auch Aufsätze.

130 Vgl. WEBER, CHRISTOPH: Die deutschen Bibliotheken und das Auslanddeutschtum. In: Mitteilungen der Akademie zur wissenschaftlichen Erforschung und zur Pflege des Deutschtums / Deutsche Akademie [2] (1926), 8, S. 268 – 283.

Bibliothek des Stuttgarter Instituts für Auslandsbeziehungen, das zwischen 1917 und 1945 ausschließlich mit diesem Aspekt auswärtiger Politik befaßt war[131]. Inzwischen sind die Bestände aus der Bibliothek des 1945 aufgelösten Instituts für Grenz- und Auslandsdeutschtum mit wichtigen südostdeutschen Werken wieder in der Universitätsbibliothek Marburg zusammengefaßt worden, doch ist dieser Bestand bei weitem nicht so vollständig wie der Stuttgarter. Auch die Bibliothek des 1930 nicht ohne südostdeutschen Akzent gegründeten Südost-Instituts in München verfügt im Altbestand über einschlägige Titel[132].

Die Bestände dieser Bibliotheken sind (mit Ausnahme des Südost-Instituts) wie die der anderen Hochschul-, Landes- und Staatsbibliotheken in den regionalen Zentralkatalogen nachgewiesen und mit den üblichen Einschränkungen über den Leihverkehr der deutschen Bibliotheken überregional auszuleihen. Das gilt auch für einige Spezialbibliotheken, die wie die MARTIN-OPITZ-Bibliothek in Herne[133] und die Bibliothek des GERHART-HAUPTMANN-Hauses in Düsseldorf (bis 1992 *Haus des Deutschen Ostens*)[134] nach 1945 gegründet worden sind, um die regionale Literatur der Vertreibungsgebiete der Deutschen im östlichen Mitteleuropa und in Südosteuropa zu sammeln.

In diesem Umfeld bestehen weitere Spezialbibliotheken[135], so die Bibliotheken des Bukowina-Instituts in Augsburg, des Instituts für donauschwäbische Geschichte und Landeskunde in Tübingen, des Südostdeutschen Kulturwerks in München oder die donauschwäbische Bibliothek in Sindelfingen. Die größte ist die Siebenbürgische Bibliothek (mit Archiv) in Gundelsheim. Diese Bibliotheken sind, Gundelsheim ausgenommen, nicht dem Leihverkehr der deutschen Bibliotheken angeschlossen und deshalb nur am Ort zu benutzen. Das gilt auch für die Bibliothek der donauschwäbischen Familienforscher in Sindelfingen und das Österreichische

131 RITTER, ERNST: Das Deutsche Ausland-Institut in Stuttgart 1917 – 1945. Ein Beispiel deutscher Volkstumsarbeit zwischen den Weltkriegen. Wiesbaden 1976 (Frankfurter Historische Abhandlungen. 14).

132 SEEWANN, GERHARD: Bestandskatalog der Bibliothek des Südost-Instituts München. Bd. 1. Druckschriften 1529 – 1945. München 1990 (Südosteuropa-Bibliographie : Ergänzungsband. 1) [die dort angeführten Bibliothekssignaturen mit der Kennzeichnung KW bezeichnen Bücher aus dem Besitz des Südostdeutschen Kulturwerks, das inzwischen räumlich vom Südost-Institut getrennt ist.]; zur Geschichte des Südost-Instituts München 1930 – 1991. München 1991 (Südosteuropa-Bibliographie: Ergänzungsband. 2).

133 Bis 1989 „Bücherei des deutschen Ostens“. — Bestandsnachweis: Bücherei des deutschen Ostens <Herne>: Bestandskatalog. Bd. 4: Böhmische Länder. Südosteuropa (Ungarn, Rumänien, Karpatenländer [sic! recte: Jugoslawien]). Bearb. KESSLER, WOLFGANG. Herne 1987; fortgesetzt in *MARTIN-OPITZ-Bibliothek <Herne>:* Bestandskatalog. Bd. 6. Herne 1993.

134 Haus des Deutschen Ostens <Düsseldorf> / Bibliothek: Sonderkatalog Donauschwäbische Literatur. Düsseldorf 1977.

135 Einen Überblick über die Struktur dieses „Bibliothekssystems“ gibt KESSLER, WOLFGANG: „Ostdeutsche“ Bibliotheken in der Bundesrepublik Deutschland — Bestandsaufnahme und Grundzüge einer Konzeption. In: 13. ABDOSD-Tagung, Wien, 28. – 30. Mai 1984. Referate und Beiträge. Zsgest. v. NOVÁK, MIROSLAV (Staatsbibliothek Preussischer Kulturbesitz. Veröffentlichungen der Osteuropa-Abteilung. 3) Berlin 1984, S. 121 – 129. — Die beste Übersicht jetzt bei KESSLER: Ostdeutsches Kulturgut, a.a.O.

Flüchtlingsarchiv in Salzburg mit guten Beständen vor allem an donauschwäbischer Literatur[136]. Die personelle Ausstattung – und häufig auch die Summe der verfügbaren Sachmittel – läßt bei fast allen diesen Einrichtungen zu wünschen übrig, so daß sie bei weitem nicht alle Anforderungen, die an eine moderne Bibliothek gestellt werden[137], erfüllen können.

Eine besondere Schwierigkeit macht aus Erhaltungs-, aber auch aus Transportgründen im Leihverkehr die Beschaffung von Zeitungen, solange sie nicht verfilmt sind. Den umfangreichsten Bestand an *„auslandsdeutschen"* Periodika von 1917 bis zum Ende des Zweiten Weltkriegs besitzt die Bibliothek des Stuttgarter Instituts für Auslandsbeziehungen. Der Zeitungsbestand aus der Zeit vor 1945 ist fast vollständig verfilmt und so über den Bibliotheksleihverkehr leicht zugänglich[138]. Der 1933 erschienene *Standortkatalog wichtiger Zeitungsbestände* zeigt nach dem Stand von 1930, wie unsystematisch außerhalb Stuttgarts diese Presse gesammelt worden ist[139]. Trotz großer Kriegsverluste ist *„Der Traub"* immer noch nicht ersetzt. Ein Verzeichnis wie das HAGELWEIDES[140] für den Raum des Deutschen Reiches nach den Grenzen von 1914, das auch die für den Erscheinungsort zuständigen regionalen Bibliotheken und Archive einbezieht, wäre nützlich. Zeitschriften weist vor allem die halbjährlich aktualisierte, in Mikroficheform vorliegende *Zeitschriften-Datenbank (ZDB)* nach, teilweise auch Zeitungen und Schriftenreihen mit ihrem Standort in der Bundesrepublik Deutschland.

Eine spezielle Form des Periodikums, die *Programm-Abhandlungen deutscher, österreichischer und schweizerischer Schulen* aus den Jahren 1825 – 1918, erschließt unter gelegentlicher Einbeziehung einiger deutschsprachiger Titel aus Ungarn und Siebenbürgen, das Verzeichnis von KÖSSLER[141] nach den Verfassern der Programmabhandlungen.

Die regionalen Zentralkataloge, deren Nachweise jetzt nach und nach über Mikrofichekataloge in den größeren Bibliotheken allgemein zugänglich werden,

[136] Arbeitskreis donauschwäbischer Familienforscher (AKdFF) <Sindelfingen>: Die Bestände der Bibliothek und des Archivs. Bearb. von JOSEF SCHMIDT. Sindelfingen 1990 (Schriftenreihe zur donauschwäbischen Herkunftsforschung 25); Österreichisches Flüchtlingsarchiv im Haus der Donauschwaben <Salzburg>: Mitteilungen mit Auswahlverzeichnis aus den Beständen. F. 1 – 3. Salzburg 1978 – 1987 (Donauschwäbische Beiträge. 75, 80, 82).

[137] Vgl. jetzt Deutscher Bibliotheksverband: Die wissenschaftliche Bibliothek. Aufgaben – Wandlungen – Probleme. Hrsg.: JÜRGEN HERING. Berlin 1993.

[138] Vgl. den — auch andere Bestände einschließenden — Bestandsnachweis in Mikrofilm-Archiv der deutschsprachigen Presse e.V. <Dortmund>: 8. Bestandsverzeichnis. Dortmund 1989.

[139] Standortkatalog wichtiger Zeitungsbestände in deutschen Bibliotheken. Bearb. von HANS TRAUB. [Unveränd. Nachdruck der Ausg. 1933.] Stuttgart 1974.

[140] HAGELWEIDE, GERT: Deutsche Zeitungsbestände in Bibliotheken und Archiven. Düsseldorf 1974.

[141] KÖSSLER, FRANZ: Verzeichnis von Programm-Abhandlungen deutscher, österreichischer und schweizerischer Schulen der Jahre 1825 – 1918. Bd. 1 – 5. München 1987 – 1991.

verzeichnen ihrer eigentlichen Aufgabenstellung gemäß nur wissenschaftliche Literatur, nicht aber Belletristik, Kleinschriften und Broschüren, Schulprogramme sowie nur außerhalb des Buchhandels erschienene Dissertationen.

6. Möglichkeiten / Desiderata

Die „*deutsche Bibliographie Ungarns*“ ist selbstverständlich nur ein Teil der ungarischen „*subjektiven*“ Nationalbibliographie als der Bibliographie der auf dem politischen Territorium Ungarns gedruckten Schriften. Mit derselben Berechtigung gehört bis 1918 der unter der Krone Ungarns entstandene slowakische, ukrainische, rumänische, serbische und kroatische Buchdruck in die retrospektive Nationalbibliographie Ungarns, nach 1918 die im Druck erschienenen Schriften der nationalen Minderheiten wie die gesamte fremdsprachige Buchproduktion in die Nationalbibliographien Ungarns und der Nachfolgestaaten. Der Nachweis ist, was Ungarn betrifft, für die Zeit zwischen 1860 und 1920 schwierig, bei den Nachfolgestaaten in Teilbereichen bis 1950.

Die deutschen Drucke aus Ungarn sind nicht nur im Zusammenhang einer größeren donauländischen literarischen Einheit von großem historischen Interesse: an ihnen läßt sich auch die Magyarisierung der städtischen Öffentlichkeit belegen, auch nachweisen, in welchen städtischen Sozialmilieus, z.B. jüdischen Gemeinden, sich die deutsche Sprache am längsten gehalten hat. Die ländlichen Siedlungsräume mit ihrer geringeren Schriftlichkeit sind ein anderes Problem. Die Sprache selbst[142] ist — ebenso wie ihre gesellschaftlichen Funktionen — wenig erforscht, ebensowenig die Geschichte des Buchwesens mit ihren Möglichkeiten sozial- und kulturhistorischer Analyse. Die größte Zahl der Titel, die in diesem Raum in deutscher Sprache erschienen und nicht durch Nationalbibliographien nachweisbar sind, läßt sich durch Fachbibliographien ermitteln, die nach Erschließungstiefe und Berichtszeitraum sehr unterschiedlich angelegt sind. Die Orientierung ist schwierig: nur für Siebenbürgen gibt es eine brauchbare, gut kommentierte *Einführung in die wissenschaftliche Literatur*[143] (mit nützlichen Hinweisen auf Institutionen). Wünschenswert wäre eine analytische Bibliographie der infrage kommenden Bibliographien. Darauf aufbauend ließe sich das Programm retrospektiver wie laufender bibliographischer Arbeit, des zurückgerichteten wie laufenden Nachweises von Monographien und Periodika sowie ihrer Inhaltserschließung entwickeln. Der unbefriedigende Zustand der ungarländischen deutschen Bibliographie ist letztendlich eine Folge ihrer mangelnden Professionalität, die ihre Ursache nicht in der fehlenden

[142] Das Essegger Deutsch notiert in der phonetischen Schreibweise der modernen kroato-serbischen Orthographie Plein, Lujo: Die Essekerische Sprechart. H. 1 – 4. Osijek 1929 – 1935; zum Zagreber Deutsch Matl, Josef: Südslawische Studien. (Südosteuropäische Arbeiten. 63), S. 382; zu den spezifischen Sprachproblemen vor allem Slawoniens vgl. Schwob, Anton: Wege und Formen des Sprachausgleichs in den neuzeitlichen ost- und südostdeutschen Sprachinseln. München 1971 (Buchreihe der Südostdeutschen Historischen Kommission. 25).

[143] Repertorium transylvanicum. Eine Einführung in die wissenschaftliche Literatur über Siebenbürgen. Hrsg. von Harald Roth. München 1990 (Veröffentlichungen des Südostdeutschen Kulturwerkes. Reihe B. 52) [Loseblattsammlung].

Kompetenz der Bearbeiter hat, sondern darin, daß sie mangels entsprechender Institutionalisierung eher Liebhaberei als Beruf sein mußte.

Bibliographie und Bibliothekswissenschaft sind nicht Selbstzweck, ebensowenig Bibliotheken. Die Sammlung der entsprechenden Literatur ist insgesamt unbefriedigend, fehlt es doch an allen fraglichen Stellen an ausreichendem Geld. Bibliotheken haben — anders als Schwimmbäder, Museen oder Opernhäuser (zumindest bis Ende der achtziger Jahre[144]) — offensichtlich keine Lobby, und auch bei den auf der Grundlage des § 96 des Bundesvertriebenengesetzes geförderten Einrichtungen findet offensichtlich die repräsentative Darstellungsform des Museums mehr Unterstützung als die wenig spektakuläre systematische Sammlung von Schriftgut.

Trotz aller Bemühungen stehen diejenigen, die noch als Deutsche in Ungarn oder Rumänien leben, offensichtlich vor dem Ende als nationale Gruppe; ihre Zahl wird möglicherweise nicht mehr lange dazu ausreichen, ein funktionierendes Buch- und Zeitschriftenwesen zu unterhalten. Ihre Spuren haben sie aber nicht nur in Volkstrachten, Volkskunst und Bauwerken hinterlassen, sondern auch in der gedruckten schriftlichen Überlieferung. Auf den Gesamtraum bezogen, handelt es sich nur um einen von der Quantität her marginalen Teil der gesamten Literaturproduktion, doch kann dieser Teil eine wichtige Informationsquelle bezüglich vieler Probleme des Verhältnisses der deutschen Minderheiten zu den heute dominanten Staatsnationen sein — wenn er zugänglich ist. *„Wir stehen mit unserem Blatte an den Grenzmarken der deutschen Literatur“*, hatte 1842 der Redakteur der Agramer Croatia, ANTON F. DRAXLER, kurz vor der wirtschaftlich bedingten Einstellung des Wochenblattes beklagt[145], doch gehören auch die Ränder zu dem Ganzen, das, wie Mai im eingangs eingeführten Zitat fortführt, die Bibliographie erfassen, strukturieren und für die Forschung erschließen muß. Die Frage JÜRGEN ENGLERS aus dem Jahre 1985, ob es sich um *„ungarndeutsche Literatur“* oder *„deutschsprachige Literatur Ungarns“* handle[146], ist möglicherweise dabei, eine historische Frage zu werden. Trotzdem sollte sie beantwortet werden.

144 LOHSE, HARTWIG: Die Speicherbibliothek als Schlachtbank, oder: Lassen wir unsere Bibliotheken verkommen? In: Verband der Bibliotheken des Landes Nordrhein-Westfalen: Mitteilungsblatt 36 (1986), S. 176 – 180.

145 *Croatia <Agram>* 4 (1842), Nr. 95 (29. Nov.), S. 4.

146 ENGLER, JÜRGEN: Ungarndeutsche Literatur oder deutschsprachige Literatur Ungarns? In: Neue deutsche Literatur 33 (1985), H. 12, S. 159 – 168, insbes. S. 162. In: Verband der Bibliotheken des Landes Nordrhein-Westfalen: Mitteilungsblatt 36 (1986), S. 176 – 180.

STEFAN SIENERTH

Pietismus in Siebenbürgen. Die Briefe des Sachsenkomes Andreas Teutsch an August Hermann Francke

Im Hermannstädter Staatsarchiv liegen Kopien von acht Briefen, die der Hermannstädter Bürgermeister und Königsrichter ANDREAS TEUTSCH (1669 – 1730) zwischen 1708 und 1714 an AUGUST HERMANN FRANCKE (1663 – 1727), den führenden Repräsentanten des Hallischen Pietismus, richtete[1]. Die Originale der Briefe, die wir in einer 1939 angefertigten Fotokopie einsehen konnten, sind im Besitz der Preußischen Staatsbibliothek Berlin. Die Kopien wurden den Hermannstädter Forschern durch die Vermittlung des Zentralvorstands des Gustav-Adolf-Vereins Leipzig zugestellt, weil man wohl der Ansicht war, daß man in Hermannstadt — im Unterschied zu Berlin oder Halle, wo aus der reichhaltigen Korrespondenz FRANCKEs die wenigen Zuschriften des siebenbürgischen Königsrichters kaum jemand sonderlich zur Kenntnis genommen hätte — an diesen Briefwechsel eher interessiert sei. Die Sympathiebekundungen TEUTSCHs für den Pietismus waren den siebenbürgischen Forschern nicht unbekannt. Spätestens seit HERMANN JEKELI (1878 – 1933) die *Quellen zur Geschichte des Pietismus in Siebenbürgen* (Mediasch 1922) veröffentlicht hatte, sind Einfluß und Spuren der pietistischen Glaubensrichtung bei den Siebenbürger Sachsen in der Geschichtsschreibung, vor allem in den kirchen- und schulgeschichtlichen Beiträgen von FRIEDRICH TEUTSCH (1852 – 1933), immer wieder kenntlich gemacht worden. Möglicherweise waren die Kopien der Briefe für einen sächsischen Forscher bestimmt, der sich nach dem Tode von HERMANN JEKELI und FRIEDRICH TEUTSCH — beide starben im Jahre 1933 — des Pietismus in Siebenbürgen erneut annehmen wollte, nicht zuletzt weil diese Historiker von der Existenz dieser Briefe nichts gewußt hatten.

Der Zweite Weltkrieg, die Jahre der kommunistischen Nachkriegszeit, die auch an den rumänischen Archiven, vor allem an jenen, die deutsche Schriftstücke enthielten, nicht spurlos vorbeigingen, die zusehends schrumpfende Zahl der siebenbürgisch-sächsischen Forscher und nicht zuletzt das religiös besetzte Thema, das in der wissenschaftlichen Öffentlichkeit Rumäniens nicht hätte behandelt werden können, waren die Gründe, die zur späten Bekanntmachung dieser Korrespondenz führten.

[1] Sie umfassen 29 Seiten und tragen die Signatur FG 1-51/280 (*Fondul Brukenthal*).

Devot und sich der zeitüblichen Anredeformeln und -floskeln bedienend, richtete ANDREAS TEUTSCH, damals noch Bürgermeister von Hermannstadt — er sollte erst zwei Jahre später Hermannstädter Königsrichter und Sachsengraf werden und damit das höchste politische und administrative Amt, das seine Landsleute zu vergeben hatten, bekleiden — am 12. Januar 1708 sein erstes Schreiben an den *„Hoch Ehrwürdigen, Groß-Achtbahren und Hochgelährten Herrn H. AUGUST HERMAN FRANCKEN, der Heil. Schrifft Prof. Publ(icus) Ordin(arius) bey der königl Universität zu Halle und Pastori zu Glaucha etc.“*, seinen *„Hochgeehrtisten H(errn) Gönner“*[2].

Die kriegerischen Auseinandersetzungen in Siebenbürgen hatten TEUTSCH daran gehindert, sich früher an FRANCKE zu wenden. Nachdem Siebenbürgen 1691 — wie im Leopoldischen Diplom festgehalten — von der türkischen Oberhoheit losgekommen und dem Reich der Habsburger angeschlossen worden war, brachen 1703 unter der Führung FRANZ RÁKOCZI II. die gegen die Österreicher gerichteten Kurutzenkriege aus, die bis 1711 anhielten.

TEUTSCH habe sich als Unbekannter — heißt es weiter im Brief — und dazu noch aus *„diesem äußersten Winkel Europae“* nicht getraut, den vielbeschäftigten, damals schon über die Grenzen Halles und Preußens bekannt und berühmt gewordenen Mann anzuschreiben. Von zwei jungen Siebenbürgern, die in Halle studierten, einem gewissen Herrn MARKUS und einem ANDREAS DIETRICH — letzterer sollte später im Streit gegen den auf die lutherische Orthodoxie eingeschworenen siebenbürgisch-deutschen Bischof LUKAS GRAFFIUS (1712 – 1736) eine bedeutende Rolle spielen[3] — habe TEUTSCH jedoch erfahren, daß FRANCKE auch die Briefe ihm Unbekannter gern annehme und trotz vielfacher Beanspruchung und einer ausgedehnten Korrespondenz, die in alle Kontinente ging, auch beantworte.

ANDREAS TEUTSCH mag es nicht wenig verwundert haben, daß er — freilich zunächst erst nach etwa einem Jahr, dann aber ziemlich regelmäßig — Antwort auf seine Briefe erhielt. Die Zuschriften FRANCKEs an TEUTSCH liegen im Hermannstädter Staatsarchiv nicht auf, wo auch eine nur handschriftlich überlieferte historische Arbeit von TEUTSCH (*Historia regni sive principatus Transilvaniae*) aufbewahrt wird[4]. Es ist anzunehmen, daß die Antwortschreiben FRANCKEs verloren gegangen sind, vermutlich hat sie ANDREAS TEUTSCH selbst vernichtet, als die Kampagne des siebenbürgischen Bischofs LUKAS GRAFFIUS und des Österreichischen Generals GRAF STEINVILLE gegen die Pietisten in Siebenbürgen begann. Diese Vermutung

[2] Bis auf kleine Auslassungen in den Anrede- und Schlußformeln werden die Briefe in vollem Wortlaut und in der Schreibweise des Verfassers, die besonders in der Groß- und Kleinschreibung inkonsequent ist, wiedergegeben. Für die Hilfe beim Entziffern schwer lesbarer Stellen bin ich Frau LILIANA POPA vom Hermannstädter Staatsarchiv zu Dank verpflichtet.

[3] Vergl. hierüber JEKELI, HERMANN: Quellen zur Geschichte des Pietismus in Siebenbürgen. Mediasch 1922, S. 98 ff; DERS: Die Bischöfe der evangelischen Kirche A. B. in Siebenbürgen. I. Teil: Die Bischöfe der Jahre 1553 – 1867. Mit einem Vorwort von PAUL PHILIPPI, Köln, Wien, 1978, S. 254 ff. (Unveränderter Nachdruck der Ausgabe aus dem Jahre 1933; Schriften zur Landeskunde Siebenbürgens Bd. 2).

[4] Sie trägt die Signatur A 1-5/83. Möglicherweise handelt es sich um eine Abschrift von fremder Hand.

wird auch dadurch gestützt, daß ANDREAS TEUTSCH die Briefe an FRANCKE nicht dem damals öffentlichen Postverkehr anvertraute, sondern sie gleichgesinnten Landsleuten, etwa siebenbürgischen Stipendiaten der Universität Halle, oder JOHANN HOSSMANN VON ROTHENFELS in der kaiserlichen Hofkanzlei zu Wien, einem Freund und Vertrauten von TEUTSCH und Pietist wie dieser, anvertraute, dessen Sohn ebenfalls in Halle studierte. Von Wien aus sind die Briefe unverzüglich an FRANCKE befördert worden und nicht — wie das im Schriftverkehr mit FRANCKE zuweilen geschah — über Berlin und den dortigen Vertrauten und Helfer FRANCKES, FREIHERRN CARL HILDEBRAND VON CANSTEIN. Der umfangreiche Briefwechsel CANSTEINS mit FRANCKE — rund 1000 Briefe von CANSTEIN sind überliefert —, den PETER SCHICKETANZ 1972 als ersten Band einer weitgespannten Dokumentation zur Geschichte des Pietismus der Forschung zugänglich machte, enthält zwar so manche Nachricht über Siebenbürgen und die dortigen Bestrebungen und Schwierigkeiten der Anhänger von FRANCKE, jedoch keinen Hinweis auf ANDREAS TEUTSCH[5].

FRANCKE ging auf die Schreiben von TEUTSCH wohl auch deshalb ein, weil ihm das Schicksal der evangelischen Siebenbürger Sachsen, die seit der Wende des 17. zum 18. Jahrhundert in den Macht- und Einflußbereich Österreichs gelangt waren, das sich vor allem durch die großzügig geförderte Jesuitenmission anschickte, den Katholizismus in den neu erworbenen Gebieten zu festigen und zu verbreiten, nicht gleichgültig war. Aus ähnlichen Gründen hatten sich FRANCKES Stiftungen auch der aus dem Salzburger Land nach Amerika emigrierten evangelischen Gläubigen angenommen.

Doch nicht zuletzt hoffte FRANCKE, die Siebenbürger Sachsen in seine weltweiten Missionsvorhaben einzubauen, ähnlich wie die deutschen Kolonisten in Moskau, Petersburg oder in den USA[6].

Nicht nur, daß Studenten aus Südosteuropa an dem 1704 von FRANCKE errichteten *Collegium orientale* studieren durften, der walachische Fürst NICOLAE MAVROCORDAT erbat sich im Jahre 1719 von FRANCKE für seine Kinder einen Pädagogen aus Halle. Dem Tagebuch FRANCKES entnahm der siebenbürgische Forscher ZSIGMOND JAKÓ die Information, daß sich zwei von FRANCKES siebenbürgisch-sächsischen Schülern bereit erklärt hätten, nach ihrer Rückkehr in die Heimat diese Aufgabe zu übernehmen[7].

In der Moldau war der Sekretär des Fürsten DIMITRIE CANTEMIR, J.G. VOCKERODT, ein Anhänger der Hallenser Pietisten. Über ihn hofften FRANCKE und seine

[5] Siehe: Der Briefwechsel CARL HILDEBRAND VON CANSTEINS mit AUGUST HERMANN FRANCKE. Hg. von PETER SCHICKETANZ, Berlin/New York 1972 (Texte zur Geschichte des Pietismus. Im Auftrag der Historischen Kommission zur Erforschung des Pietismus hg. von K. ALAND, E. PESCHKE, M. SCHMIDT, Abt. III, Bd. 1).

[6] Vgl. hierüber STORZ, JÜRGEN: Die Auslandsbeziehungen A. H. FRANCKES unter besonderer Berücksichtigung Rußlands. In *AUGUST HERMANN FRANCKE 1663 – 1727*. Hg. von ROSEMARIE AHRBECK und BURCHARD THALER, Halle (Saale) 1977, S. 100ff. Martin-Luther-Universität Halle-Wittenberg. Wissenschaftliche Beiträge 1977/37/A 39).

[7] JAKÓ, ZSIGMOND: Beiträge zu den Beziehungen des rumänischen kulturellen Lebens mit der deutschen Frühaufklärung, in: Revue Roumaine d'Histoire, Bd. 8, 1969/3, S. 685.

Schüler sowohl in der Moldau als auch in Rußland, wohin CANTEMIR enge Beziehungen unterhielt, Fuß zu fassen. Der pietistische Einfluß in diesen Ländern beschränkte sich jedoch nicht allein auf äußere Kontakte. ZSIGMOND JAKÓ ist der Meinung, der moldauische Fürst DIMITRIE CANTEMIR habe sich beim Abfassen seiner *Descriptio Moldaviae* (1716) einer Methode bedient, wie sie vor allem von den Hallenser Professoren CHRISTOPH CELLARIUS (Keller) und JOHANN PETER LUDEWIG entwickelt worden sei. Wie diese habe auch CANTEMIR in seiner Schrift über die Moldau *„die Vergangenheit und Gegenwart, die geographischen, natürlichen, wirtschaftlichen, politischen, juristischen, volkskundlichen, sprachlichen und gesundheitlichen Verhältnisse"* seines Landes in ihrer gegenseitigen Durchdringung und Abhängigkeit zu beschreiben versucht[8].

Wie FRANCKE hatte auch bei TEUTSCH eine tiefe religiöse und weltanschauliche Krise seinem Leben eine Wende gegeben. Zwar ist TEUTSCH — im Unterschied zu FRANCKE, der über seine 1690/91 in Erfurt erfolgte *„Erweckung"* und *„Bekehrung"* einen Bericht niederschrieb[9] — nicht ausführlicher darauf eingegangen, doch in den Briefen an FRANCKE spricht er immer wieder von einem Wandel, der sich in seinem Innern vollzogen und sein Welt- und Menschenbild verändert habe. Ich habe — bekennt TEUTSCH voll Reue bereits im ersten Schreiben an FRANCKE — *„meine größte Lebenszeit und besonders das Academische Leben leider in finsternüß und irrthumb zubracht"* (Brief vom 12. Januar 1708). Während seiner Studien in Wittenberg und Utrecht habe er *„die wahre Weißheit und Gottesfurcht nicht suchen können"*. Erst Schriften von PHILIPP JAKOB SPENER (1635 – 1705) und anderer Theologen hätten ihn *„aufgewecket"* und ihn zur Erkenntnis gebracht, daß *„bey den überhäuften Anfechtungen"*, die sein Beruf ihm bereite, *„kein Trost als bey Gott zu finden sey"*. Weil er aber in seiner Jugend um die wahre Erkenntnis gebracht worden sei, wollte TEUTSCH zahlreichen siebenbürgischen Jugendlichen diese Irrwege ersparen: *„Gibt mir Gott die Gelegenheit, einigen jungen Leuten mehrers etwaß rathen zu können, so sollen sie, ob Gott will, zu Halle studieren"*. (ebenda).

Mit den in Halle studierenden Siebenbürgern erhoffte sich TEUTSCH, das darniederliegende Schulwesen der Siebenbürger Sachsen von Grund auf zu erneuern. Das war zu der Zeit — wie dies MARCUS FRONIUS in Kronstadt, unabhängig von den pietistischen Bestrebungen TEUTSCHs auch erkannt hatte — eine nicht zu umgehende Notwendigkeit, denn durch die *„vielen Räubereien"*, die die Kriegsverheerungen der vorausgegangenen Jahre und Jahrzehnte ermöglicht hatten, waren die *„Leute frech und zumal die Jugend wild und unbändig"* geworden[10]. Die Schulen der Sie-

[8] Ebenda, S. 678. Vgl. auch BAHNER, WERNER: Beispiele rumänisch-deutscher Wechselbeziehungen im 18. Jahrhundert und ihr europäischer Kontext, in: Cahiers roumaines d'études littéraires, 1974/3, S. 18; CERNEA, ELENA: Relaţii româno-germane în perioada Frühaufklärung-ului, in: Biblioteca şi cercetarea, Bd. IV., Cluj-Napoca 1980, S. 277ff.

[9] Siehe: Selbstzeugnisse AUGUST HERMANN FRANCKES. Aus Verkündigung und Lebensberichten ausgewählt und eingeleitet von ERICH BEYREUTHER. Marburg an der Lahn 1963, S. 18ff.

[10] FRONIUS, MARCUS: Visitations-Büchlein. Ein Beitrag zur Kirchen- und Sitten-Geschichte des Burzenlandes. Hg. von EUGEN VON TRAUSCHENFELS, Kronstadt 1868, aus der Vorrede, ohne Seitenangabe.

benbürger Sachsen — fügt TEUTSCH hinzu — *„sein auß Vielen ursachen mehr officinae vanitatus et negotiarum als pietatis et eruditionis“* (Brief vom 12. Januar 1708).

Durch die in Halle studierenden Siebenbürger, durch Schriften, die er sich von FRANCKE erbat und auch erhielt, ist TEUTSCH über die Hallischen Stiftungen und Schulanstalten ziemlich eingehend informiert worden. Ihm war sowohl die Apotheke des Waisenhauses, von wo er sich als ausgebildeter Arzt Arzneien für sich und seine ungarischen adligen Freunde und Bekannte zuschicken ließ (Brief vom 23. November 1711), als auch die Druckerei der Stiftung bekannt, die ihn gelegentlich mit Büchern versorgte (Brief vom 12. Januar 1708). In den Beständen der Hermannstädter Brukenthal-Bibliothek hat sich neben einer ganzen Reihe früher FRANCKE-Drucke — beispielsweise die *Segensvollen Fußstapfen des noch lebenden und waltenden liebreichen und getreuen Gottes,* Halle ³1709, (¹1701) und der *Einleitung zur Lesung der Heil. Schrift/Insonderheit des Neuen Testaments,* (Halle 1710) — auch *ein Kurtzer Bericht von der Gegenwärtigen Verfassung Des Paedagogii Regii zu Glaucha vor Halle / Zum Dienst derer / welche Nachfrage zu thun pflegen,* allerdings aus dem Jahr 1720, erhalten. Darin ist u.a. zu lesen — und Sätze wie der folgende haben TEUTSCH bestimmt angesprochen: *„Es ist ein besonderes Stück des grossen und fast allgemeinen Verderbens in der Christenheit, daß für die Bestellung der Schulen nicht allenthalben recht gesorget wird: und der daher entstehende Schade ist desto empfindlicher, weil Schulen die eigentlichen Pflantzgarten eines Landes sind; und in denselben diejenigen zubereitet werden sollen, welche ins künftige die wichtigsten Aemter in allen Ständen bedienen müssen.“*[11]

Es war die Mischung von strenger Gläubigkeit, Ordnung und Zucht auf der einen Seite — die Forscherin MAGDALENE MAIER-PETERSEN bezeichnet in ihrer ausführlichen Arbeit *Der „Fingerzeig Gottes“ und die „Zeichen der Zeit“* (Stuttgart 1984) dieses Erziehungsprinzip als das der *„totalen Lenkung“*[12] — und die nach Ständen gegliederte, auf das praktische Leben hin orientierte Ausbildung auf der anderen Seite, die TEUTSCH — wie viele andere Anhänger und Bewunderer des Hallischen Erziehungsmodells in der ganzen Welt — so faszinierte. Nicht nur daß TEUTSCH immer mehr siebenbürgische Jugendliche zum Studium nach Halle schickte[13] —

[11] FRANCKE, AUGUST HERMANN: Kurzer Bericht von der Gegenwärtigen Verfassung Des Paedagogii Regii zu Glaucha vor Halle / Zum Dienst derer / welche Nachfrage zu thun pflegen, Halle 1720, S. 12.

[12] MAIER-PETERSEN, MAGDALENE: Der „Fingerzeig Gottes“ und die „Zeichen der Zeit“. Pietistische Religiosität auf dem Weg zu bürgerlicher Identitätsfindung, untersucht an Selbstzeugnissen von SPENER, FRANCKE und OETINGER, Stuttgart 1984, S. 289 (Stuttgarter Arbeiten zur Germanistik. Hg. von ULRICH MÜLLER, FRANZ HUNDSNURSCHER und CORNELIUS SOMMER, Nr. 141). Als weiterführende Literatur zu diesem Fragenkreis siehe u.a.: Der Pietismus in Gestalten und Wirkungen. MARTIN SCHMIDT zum 60. Geburtstag. Hg. von HEINRICH BORNKAMM, FRIEDRICH HEYER, ALFRED SCHINDLER, Bielefeld 1975 (Arbeiten zur Geschichte des Pietismus, Bd. 14); Zur neueren Pietismusforschung. Hg. von MARTIN GRESCHAT, Darmstadt 1977 (Wege der Forschung, Bd. CDXL); MARTENS, WOLFGANG: Literatur und Frömmigkeit in der Zeit der frühen Aufklärung, Tübingen 1989 (Studien und Texte zur Sozialgeschichte der Literatur. Hg. von WOLFGANG FRÜHWALD, GEORG JÄGER, DIETER LANGEWIESCHE, ALBERTO MARTINO, RAINER WOHLFEIL, Bd. 25).

[13] Nach HERMANN JEKELI (Quellen zur Geschichte des Pietismus in Siebenbürgen, a.a.O., S. 10,

darunter waren außer sächsischen Jugendlichen, die aus bürgerlichen, bäuerlichen und intellektuellen Kreisen kamen, auch Söhne ungarischer Adliger, z.B. der Sohn des kaiserlichen Oberinspektors des Bergwerks- und Münzwesens in Siebenbürgen, SAMUEL KÖLESÉRI VON KERESTER (Brief vom 22. Mai 1709), der sich in Halle für ein politisches Amt ausbilden lassen wollte —, TEUTSCH wollte in Hermannstadt auch ein *„nach der Hallischen Method eingerichtetes Gymnasium“* haben (Brief vom 6. Januar 1709), wie es deren um 1700 bereits in mehreren europäischen Städten von Amsterdam bis Moskau gab. Nach dem Vorbild des *„Englischen Hauses“* — so benannt nach den zahlreichen englischen Zöglingen, die in Hallischen Stiftungen Quartier bezogen — wollte TEUTSCH in Halle sogar ein *„Siebenbürgisches Seminarium“* errichten, was aber, da es möglicherweise Schwierigkeiten mit der Finanzierung gegeben hätte und da wohl auch der Andrang der Studenten ausblieb, ein frommer Wunsch blieb (Brief vom 27. Juli 1712). TEUTSCH bezeichnete es als seine *„größte zeitliche Freude“*, wenn er erleben durfte, daß ein *„rechtschaffener Schulmann von Halle“* nach Hermannstadt entsandt werden könnte (Brief vom 22. Mai 1709). FRANCKE kam diesem in den Briefen von TEUTSCH geäußerten Anliegen nach und schickte 1711 sogar zwei Lehrer nach Hermannstadt: CHRISTIAN VOIGT aus Halle und JOHANN BAPTIST HABERMANN aus Wien. Diese Professoren sollten dem stark heruntergekommenen Unterricht neuen Auftrieb und dem Hermannstädter Gymnasium den Charakter einer höheren Lehranstalt verleihen. Anfangs war die weltliche und geistliche Obrigkeit der Siebenbürger Sachsen mit den von beiden Professoren unterbreiteten Vorschlägen einverstanden, nicht zuletzt auch weil sie hoffte, den siebenbürgischen Studenten in Zeiten äußerster materieller Not das kostspielige Auslandsstudium ersparen und den großen Bedarf an Lehrern in den heimischen Schulen rascher decken zu können. Je mehr die Anhänglichkeit gegenüber VOIGT und HABERMANN wuchs, desto stärker erregten sie den Widerwillen jener sächsischen Kreise, die, zum Großteil an der Wittenberger Universität ausgebildet, auf die lutherische Orthodoxie eingeschworen waren. Durch ihre Vortragsmethoden und die von ihnen gegründete Buchhandlung — sie war eine der ersten in Siebenbürgen und bot vorwiegend pietistische Lektüre an — erregten die Gäste jedoch vor allem bei den österreichischen Behörden Anstoß, die darin eine Gefahr für ihre eigenen Interessen witterten und deshalb die beiden Lehrer, nach einer zweijährigen Tätigkeit, zum Abdanken und zum Verlassen des Landes zwangen[14]. In den letzten Briefen von TEUTSCH an FRANCKE ist neben Freudensäußerungen über das bereits Erreichte auch von *„Verdrießlichkeiten und Hinterungen“* die Rede, von denen er zwar wenig bemerkte, die aber *„heimlich“* vorbereitet würden (Brief vom 27. Juli 1712). Mit der Vertreibung der beiden Lehrer und dem Abbruch der Korrespondenz zwischen TEUTSCH und FRANCKE hörte der pietistische Einfluß in

Fußnote 1) studierten von 1697 – 1714 rund 50 siebenbürgisch-sächsische Studenten in Halle. FRIEDRICH TEUTSCHS Behauptung, zwischen 1695 – 1737 sollten es 15 *„Ungarn und Siebenbürger“* gewesen sein, die als *„Informatoren oder Schüler mit dem Waisenhaus in Halle . . . in Verbindung gestanden“* haben, bedarf der Korrektur (TEUTSCH, FRIEDRICH: Siebenbürger in Halle, in Korrespondenzblatt des Vereins für siebenbürgische Landeskunde, 2(1879)7, S. 66)

[14] Vgl. auch JEKELI, HERMANN: Quellen zur Geschichte des Pietismus in Siebenbürgen, a.a.O., S. 72 ff.

Siebenbürgen jedoch nicht auf. Wenn auch die kirchliche Obrigkeit in Siebenbürgen bis ins vierte Jahrzehnt des 18. Jahrhunderts immer wieder kritisch Stellung zum Pietismus nahm, ist der Einfluß dieser Glaubensrichtung vor allem im Schulwesen der Siebenbürger Sachsen unverkennbar. In dem Synodalbericht *Zur Auferziehung der lieben Jugend und zur bessern Einrichtung der Schulen projektierter Rath und Mittel* (1722) lassen sich viele der vom Pietismus zum ersten Mal in Umlauf gesetzten Gedanken zur Erweiterung des Erziehungswesens wiederfinden. Seit damals ist man wohl auch in Siebenbürgen daran gegangen, *„alle Kinder, beyderley Geschlechts, in Städten und Dörffern, mit Obrigkeitlichem Befehl, zur Schule anzuhalten, daß sie lesen, schreiben und den Catechismus lernen"*. Ebenfalls auf die Anregungen der Hallenser geht auch die Bestimmung zurück, Katechismen und *„andere geringe Schulbüchlein"* auf Kosten der Nationsuniversität zu drucken und *„umb einen geringen Preiß, ja den Waysen und armen Leüte Kindern umbsonst"*, zu verteilen[15].

Der Einfluß Halles läßt sich auch in den umfangreichen Reformbewegungen erkennen, die um die Mitte des 18. Jahrhunderts im Zuge der allgemeinen Veränderungen, die das gesamte österreichische Schulwesen unter der Kaiserin MARIA THERESIA durchmachte, auf alle siebenbürgisch-sächsischen Schulen und Gymnasien ausgedehnt wurden. Den Anfang machte das Bistritzer Gymnasium, an dem mit ANDREAS SCHALLER als Rektor ein ehemaliger Hallenser Schüler am Werk war. Auch die Lehrer und Theologen, die die Neuordnung des Hermannstädter Gymnasiums aus dem Jahre 1756 vornahmen (JAKOB SCHUNN, JOHANN BRUCKNER, ANDREAS SCHUNN, MARTIN FELMER), hatten in Halle studiert. Gegenüber den früheren Neuerungen des Jahrhunderts bedeutete diese Schulordnung — nach HERMANN JEKELI — einen *„sehr wesentlichen Fortschritt"*[16]. Sie war es, die das siebenbürgisch-deutsche Schulwesen aus dem Zeitalter des Barocks gänzlich in jenes der Aufklärung hinüberleitete.

Der Pietismus hat auch in der Literatur der Siebenbürger Sachsen Spuren hinterlassen, vor allem in der religiösen Dichtung und in der Briefliteratur. ANDREAS TEUTSCH hat sich selbst als Schriftsteller und Herausgeber betätigt. In seinen Briefen hatte er FRANCKE darüber unterrichtet, daß er, weil Siebenbürger *„in geistlich und leiblichem Verderben biß über die ohren"* stecke, als Bürgermeister und später als Komes immer wieder versucht habe, auf politischem und gesellschaftlichem Gebiet Änderungen vorzunehmen. In seiner *„publicis functionibus"* habe er jedoch *„nichts fruchtbarliches thun"* können, der prekäre Zustand des Landes mache jedwelchen ernstgemeinten Versuch, die Lage zum Guten zu wenden, zunichte, daß man hierbei *„alle Hoffnung verlieren"* müsse. Endgültig möchte er allerdings die Hände nicht in den Schoß legen — es hätte der pietistischen Weltauffassung, die auf Weltveränderung aus war, auch widersprochen — und weil er ständig *„etwas . . . versuchen"* wolle, habe er *„etliche kleine Büchlein"* verlegt und diese *„dem gemei-*

[15] Der Bericht wurde abgedruckt in: Die siebenbürgisch-sächsischen Schulordnungen. Hg. von FRIEDRICH TEUTSCH, Bd. 1, 1543 – 1778, Berlin 1888, S. 132 ff.

[16] JEKELI, HERMANN: Die Entwicklung des siebenbürgisch-sächsischen höheren Schulwesens von den Anfängen bis zur Gegenwart, Mediasch 1930, S. 28.

nen Mann in die Hände" gelegt, in der Zuversicht, „*ob so vielleicht noch iemand*" für eine Änderung sowohl der Menschen als auch der Verhältnisse „*möchte gewonnen werden können*" (Brief vom 12. Januar 1708). Zu diesem Zweck gab TEUTSCH 1707 in Hermannstadt, noch bevor er an FRANCKE geschrieben hatte, seinen *Kurzen und einfältigen Unterricht, wie man die Heilige Schrift zu seiner wahren Erbaung lesen solle,* heraus und verfaßte seine *Davidischen Harffen,* eine Psalmenparaphrase nach dem König DAVID, die er im selben Jahr in Hermannstadt drucken ließ[17]. Diese Texte, in denen er das eigene religiöse Erleben auf das vorgeprägte Sprachmaterial zu übertragen versuchte, sind nach TEUTSCHs Vorbericht in „*einigen wenigen mehrenteils betrübten Nebenstunden*"[18], die sich der auf verantwortungsvollem Posten stehende Mann von seinen Amtsgeschäften abringen konnte. Abgesehen von der religiösen Befriedigung, die sie gewähren sollten, waren es auch die Lehrhaftigkeit und Verbindlichkeit der Davidischen Psalmen, die den siebenbürgischen Dichter zu seinem Werk anregten. Daraus könne der Reiche „*den rechten Brauch des Reichthums*" lernen, der Arme aber fände darin „*Trost in seiner Armuth*". Damit sein Büchlein sich auch in weiten Kreisen wirksam erweise, bediene sich der Autor — heißt es weiter im Vorbericht — keiner „*poetisch verblühmten weither-gesuchten oder geschmückten Redens Arten*"[19], sondern einer einfachen, eingängigen und überzeugenden Sprache.

Ein starker pietistischer Einschlag ist erst in den Gesangbüchern, die 1751 in der Kronstädter bzw. 1766 in der Hermannstädter Stadtdruckerei herausgegeben wurden, zu erkennen. Sowohl das von PETER CLOS nach dem Muster des Freylinghausenschen Gesangbuches (Halle 1741) edierte *Geistreiche Cronstädter Gesang-Buch* als auch *Das vollständig vermehrte Hermannstädtische Gesang-Buch* sind vom Pietismus mehr als nur berührt worden. Die Einkehr in sich selbst, die Versenkung ins Göttliche, das sich nur im persönlichen Erlebnis offenbart, kommt in zahlreichen der in diese beiden Sammlungen aufgenommenen Texte zum Ausdruck. Weil aber die pietistischen Auffassungen so spät in die siebenbürgischen Gesangbuchlieder Eingang fanden, war ihnen in Siebenbürgen nur eine kurze Lebensdauer beschieden. Schon zwei Jahrzehnte nach dem Erscheinen der vom Pietismus geprägten Gesangbücher druckte PETRUS BARTH 1793 das *Christiliche Gesangbuch zum Gebrauch der evangelichen Gemeinden in Siebenbürgen* in Hermannstadt, dem die Kronstädter 1805 ihre *Sammlung geistlicher Lieder* folgen ließen. Beide Gesangbücher tragen die unverkennbaren Zeichen des in der Zwischenzeit auch in Siebenbürgen vielfach eingedrungenen und heimisch gewordenen theologischen Rationalis-

[17] Vgl. hierüber auch SIENERTH, STEFAN: Geschichte der siebenbürgisch-deutschen Literatur im achtzehnten Jahrhundert, Klausenburg 1990, S. 70 f.

[18] TEUTSCH, ANDREAS: Davidische Harffen / oder Des Heiligen Königes und Propheten Davids mehriste Psalmen / Auf gewisse / bey denen Evangelisch-christlichen Gemeinden Aug. Conf. gebräuchliche Melodeyen gesetzet . ., Hermannstadt 1707. Das uns zugängliche Exemplar wird im Kronstädter Staatsarchiv aufbewahrt und trägt die Signatur I-13269. Aus dem Vorbericht, ohne Seitenangabe.

[19] Ebenda.

mus[20]. Die pietistische Episode blieb auch für die umfangreiche Briefliteratur der Siebenbürger Sachsen, die für das 18. Jahrhundert immer noch ungenügend erforscht ist, nicht ohne Bedeutung. Zunächst hatte der Pietismus, in seinem Protest gegen die rationalistische Gefühlskälte der lutherischen Orthodoxie, auch die Distanz zwischen den Menschen verringert. Obgleich TEUTSCH in seinen Briefen an FRANCKE auf den förmlichen Umgang nie verzichtete, sind seine Zuschriften, im Unterschied etwa zur trockenen und unpersönlichen Korrespondenz des evangelischen Bischofs GEORG HANER (1736 – 1740), menschlich anrührend und von persönlicher Prägung. TEUTSCH scheut sich nicht, seine Gedanken und Empfindungen preiszugeben, von der eigenen Gotteserfahrung und inneren Erweckung zu sprechen, auch wenn FRANCKE damals zu den berühmtesten Männern Europas gehörte.

Damit nimmt er in vielem bereits die Briefliteratur vorweg, die in der zweiten Hälfte des 18. Jahrhunderts in Anlehnung an die Poesie der Empfindsamkeit auch in Siebenbürgen in den Vordergrund trat[21].

Anhang

Briefe von Andreas Teutsch an August Hermann Francke

1.

Hoch Ehrwürdiger Großachtbahrer und Hochgelahrter
Hochgehrtister H. und Hochwertgeschätzter Gönner,

Ich lebe der Versicherten Hoffnung, daß M. W. H. Professor die Kühnheit, welche ich mir als ein unbekandter nehme, Ihnen zu schreiben nicht Übel deuten, sondern in liebe aufnehmen und zum Besten kehren werden. Ich stehe schon etliche Jahre in hertzlichem verlangen, daß, da ich in diesem zeitlichen Leben, dero angesicht zu sehen nicht hoffen kan, wenigstens durch eine wenige von Ihnen erlaubte Correspondentz meines Wuntsches fähig zu werden, und mich zuweilen schriftlich mit W. H. Professor unterreden zu können. Es hat mich aber unterschiedliches, die bisherige unbekandschafft, vornehmlich aber die durch den leidigen Krieg unterbrochene Correspondentz mit Deutschland, und der mangel einer bequemen Gelegenheit hiervon Verhindert. Bis ich endlich die gewünschte occasion habe, einen jungen Menschen W. H. Professor zu recommandieren und zugleich mein bisheriges sehnliches Verlangen zu eröffnen, zumalen, da mich zwei Siebenbürger H. MARCI und H. DIETRICH nicht allein von Verschiedenen gründlich informiert, sondern auch versichert, das eines unbekandten Zuschrift von Ihnen gütig aufgenommen werden möge. Mein Zweck ist nicht, hierbey etwas anders als göttl. Ehre,

[20] Vgl. hierüber auch BRANDSCH, GOTTLIEB: Unsere Kirchen-Gesangbücher, in: Kirchliche Blätter, 24. Jg., 15. 09. 1932, S. 340.

[21] Siehe ausführlicher hierüber SIENERTH, STEFAN: Geschichte der siebenbürgisch-deutschen Literatur im achtzehnten Jahrhundert, a.a.O., S. 110 ff.

die Beförderung meiner und anderer Seligkeit zu suchen. Ich habe meine größte Lebenszeit und besonders das Academische Leben leider in finsternis und irrthumb zubracht, und also in Deutschland die wahre Weißheit und Gottesfurcht nicht suchen können. Nach der Zeit hat mich der Wehrtester (!) H. D. SPENERS Glaubenslehre und etliche anderer Sachen aufgewecket bis es dem lieben Gott gefallen, mich in die beschwerlichste Ämpter geraten zu lassen, worinnen ich weidlich exercieret und erfahren haben müssen, daß bey den überhäuften Anfechtungen kein Trost als bey Gott zu finden sey. Zugleich hat mich die göttl. Barmhertzigkeit auch vermittels der POIRETS Büchern den Grund der rechten Philosophie so mir noch unbekandt war finden lassen. Weil ich nun in meiner Jugend so jämmerlich betrogen worden, so möchte aus hertzlichem Verlangen nach denn Seelen Wohlergehen meines Nebenmenschen gerne junge Leute beßer unterwiesen haben, und dehrowegen überbringern dieses, MICH. EUSERUM, welcher den Studiis gewidmet, zu W.H. Professor Gütigkeit und Direction dienstlichst recomendieren wollen, in Hoffnung, daß sie das, anderen Siebenbürgern erwiesene Patrocinium auch gegen diesen ergehen laßen, und ihrer beförderlich sein werden. Gibt mir Gott die Gelegenheit einigen jungen Leuten mehrers etwaß rathen zu können, so sollen sie ob Gott will, zu Halle studieren, in Versicherung, daß sodann unser elendem und in geistlich und leiblichen Verderben biß über die ohren steckenden Siebenbürgen zu Vieler Menschen Seeligkeit gerathen werden möge. Es hat dem lieben Gott gefallen, mir keine Söhne übrig zu laßen, sonsten solten sie im Glauchischen Paedagogio erwachsen. Unterdeßen haben 2 Knaben von 14 biß 15 Jahren unter meiner Aufsicht, welche mit Consens ihrer übrigen Angehörigen, und sicherer Gelegenheit in einem Jahr circiter wohl hinauß befördern möchte, so ferne ich hoffen kann, wie nicht zweiffle, daß solche gütig möchten aufgenommen werden. Inzwischen, weil uns in diesem äußersten Winkel Europae Viele nachrichten, besonders aber die von dem herrlichen Paedagogio mangelt, des wollte dienstlich bitten, alle diesfalls vorhandene Nachrichten, gegen benennende Dankbahrer Bezahlung hereinzuschicken. Vielleicht möchte Gott mehrere Hertzen erwecken, ihren Kindern zu zeitlicher und ewiger Wohlfahrt zu rathen. Gleich wie auch sonst vielfältig, ist bey uns alles fast in grund verdorben. Die Schulen sein aus Vielen ursachen mehr officinae vanitatus et negoitiarum als pietatis et eruditionis. Mehrentheils bey Kirchen und Schulbedienten kein Eyffer umb Gott und die Seeligkeit des Nächsten. In ordine Politico mehr Gottlosigkeit, Ignorantz und Eigennutz als Sorge Vor Gottes Ehre und dem gemeinen nutzen anzutreffen. Also möchte hertzlich wüntschen, daß durch etliche fromme christliche Studiosos, kaum einmahl ein seliger anfang gemacht werden könnte, in schulen so dann auch in Kirchen etwas Weniges seliglich zu reformieren. Es sein wohl etliche auch unter unserem ordine ecclesiastico, die sich die gemein Verderbniß zu Hertzen ziehen, aber so wenig, daß man sie leicht zählen kan. Und da ich abgesagtermaßen zu publicis functionibus, wider Willen und Recht mit den Haaren, wie Gott weiß, gezogen worden und also noch schwitzen muß, so ist dieses mein größter jammer gewesen, da ich gestunden (?) wie man sogar fast nichts fruchtbarliches thun kan, und daß sich bey den geringsten gedanken, der Teufel mit seinem Reich so gewaltig in den Weg leget, daß man alle Hoffnung Verlieren muß. Aber gleichwohl etwaß zu Versuchen, so habe etliche kleine Büchlein auflegen und dem gemeinem Mann in die Hände laufen lassen, ob so vielleicht noch iemand möchte gewonnen werden können. Und darunter sein 2 von H. Profess. welche mich ungemein contentieret. Hoffe mit solchem Nachdruck Sie nicht beleidiget zu haben. Die Bekenntnis eines rechten Christen habe deßwegen noch nicht publiq machen können, weil glaube, daß noch dieses orts niemand sey, der solche mit Wahrheit nachsagen könne, und an dessen statt gemeinet besser zu sein, bey dem noch fast nicht so zu nennenden Christenthum, etliche Gebetsformulen Arndts vorzuschreiben, welche täglich selbst zu beten nöthig finde.

Übrigens wüntsche von Hertzen, von denen unvergleichlichen Schriften, welche M. H. Prof. bishero mit den größten nutzen edieret, theilhaftig zu werden, weil aber noch die wenigsten gesehen, kan auch nichts sonderliches benennen.

Es solte aber vor alles, so was zu erhalten, das Glück hätte, dankbahrliche Bezahlung erfolgen. Weil ich versichert bin, daß in Halle die allerbeste zum Christenthumb und der wahre Erudition dienliche Bücher mehr als an einem andren Ort in Deutschland zu bekommen sein werden, so bittete inständig um einige Catalogos, welche in denen nächsten Jahren biß itzt heraußgekommen sein. Nach der ANTOINETTE BOURIGNON Schriften trage ein sehnliches Verlangen, weil der treffliche Herr POIRET dadurch so herrlich erbauet worden. Werde aber erstens M. H. Prof. hierüber ertheilende Meynung und dann die Nachricht, ob selbige Bücher in Latein und Deutsch zu bekommen, erwarten, welchenfalls mich nicht nur fehlbitte thun zu lassen, inständigst ersuche. Daferne Sie mich dehro geneigten Antwort theilhaftig zu machen, belieben, so könnte die antwort an Tit. H. JOHANN HOFMAN VON ROTHENFELSS, kayserl. Siebenbürgischen Hoffcanzley Rath zu Wien, (welcher vermutlich wegen seines ins Paedagogium geschickten Söhnleins nicht unbekandt sein kan) dirigieret, oder da sich indeßen einiger dorten studierender Siebenbürger auf die Rükreise begeben solten, denselben anvertrauet werden. Ich bitte gantz dienstlich, meine gebrauchte Kühnheit nicht in üblen zu vermerken, als vor zu mich erstgesagte ursagen dermaßen angetrieben, daß ich solchem Zug unmöglich wiederstehen können. Worzu kompt, daß da ich mit höchsten Verdruß in denen weltlichen Verrichtungen vertieffet sein muß, mir Fälle vorkommen, welche mich faßt verzagen machen, und also meiner in die enge getriebene Seelen ein ersprießlicher theologischer Rath oftmals höchst nöthig wäre, welchesfalls auch durch M. H. Prof. erlaubete Correspondentz, zumahl bey Gott gebe künftig sichererern transport der Briefe, offtmahlen getröstet zu werden verhoffe.

Wormit M. H. Profes. der unendlichen Barmhertzigkeit Gottes zu seelen- und Leibeswohlergehen hertzl. befehle, langes Leben und fernere Kräfte des Heil. Geistes zu vieler menschen Seeligkeit innigst anwünsche, auch aber zu geneigester Affection und kräftiger Vorbitte bey unserem leiblichen himmlischen Vater recommendiere, der ich obschon unbekandt lebenslang sein werde

M. Hochwertgeschätzten H. Profess.
gehorsam- und dienstwilligster
Diener ANDR. TEUTSCH Bürgerm.

Hermannstadt d. 12. Jan. A 1708

P.S. Daß in denen beyden Tractätlein anleitung und Unterricht dehrer Wehrtester Nahme nicht exprimiert, ist ursache, weil bey dem größten theil unser Geistligkeit die Wittembergische praejudicia gar zu tiefst eingesessen, und ich also besorget, die Leute, zur Verhinderniß Vieles guten, zu irritieren.

2.

Hoch Ehrwürdiger und Hochgelahrter!
Hochgeehrtister Herr und Gönner

Nebst hertzinniglichem Wuntsch, daß der Vater aller Barmhertzigkeit E. HW. den Anfang, Fort- und Ausgang dieses itzo angetrettenen und Vieler andern Jahre zu allem geistl. und leibl. Wohlergehen reichlich gesegnet sein laßen, und Sie noch ferner als ein höchst nützliches Werkzeug der Beförderung seiner heiligen Ehre lange Zeit erhalten wolle; habe hertzl. und gehorsamen Dank zu sagen, daß meine unbekandter Weise genommene Freyheit nicht alleine Wohl auffgenommen, sondern ich auch mit dehro Wehrtisten Antwortschrift bin beglücket worden. Ich danke auch besonders inbrünstig Vor das denen dorthin kommenden armen Siebenbürgern erwiesene Patrocinium, und zweiffle nicht, es werde dem grundgütigen Gott gefallen, uns auß der Hallischen Information künftig Leute zu geben, welche dieser orten zur Beförderung des rechten Christenthums vieles gute beytragen mögen. Es ist nicht ohne, daß unterschiedliche Vornehmen unserer H. Geistlichen auß Mangel beßerer Nachricht und wegen einiger Vorgefaßten Meinungen, vor die Studiosos Hallenses nicht gar favorabel gesinnet gewesen; allein es scheint, als ob die göttliche Wahrheit ihnen klärer unter die Augen anfange zu leuchten, dergestalt daß die judicia initius zu klingen anfangen. Es sey dem aber wie ihm wolle, es werden die zu Halle studierte christl. Studiosi auch hierzu Land gewißlich die göttl. Beschirmung und verständiger Leute Beyfall finden.

Vor das überschickte Paquet Sachen, welches heute bekommen sage hertzl. und gehorsamen dank, und gleich wie ich solches in der Tat mit höchst dankbahrem Abtrag zu erkennen mich verpflichte, also versichre, daß diese Schriften ein seliger Saamen sein werden, darauß über kurtz oder lang nach dem gnädigen Wohlgefallen Gottes in diesem äußersten Winkel der christl. Welt Viele heilsame Frucht zur Ehre Gottes auffgehen soll. Dey habet suas horas & moras. Pro praesenti finde wegen sowohl des leidigen Krieges und anderer nicht zu vermeldender Ursachen, besonders aber wegen Mangel getreuen Beystandes, solche unüberwindliche Hinternüße welche mich noch eine Zeit nicht hoffen laßen. Indeßen sey das Werk welches Gottes ist, heimgestellet, denn welcher überschwenglich thun kan mehr als wir wißen oder Verstehen, der wirds zu seiner außführen. Indeßen wüntsche mir Von gantzer Seelen so Gott will in unserm armen Vaterland, ein nach der Hallischen Method eingerichtetes Gymnasium zu erleben, die mir communicirte Nachrichten werden indeßen dazu dienen, daß man desto mehr zu meditiren Anlaß nehmen wird, biß Gott die rechte Zeit und Stunde bringt, welche wir von seiner Barmhertzigkeit erwarten wollen. Vor die wohlmeinende Erinnerung die Scripta POIRETTIANA u. BOURIGNONIANA betreffend bin gleichermaßen dienstlich verpflichtet, und werde suchen auff keinerley Weise niemanden einigen anstoß zu geben, Vor mich aber auch nichts ohne prüffung anzunehmen. Weil ich sowohl auß Schuldigkeit als innerlichem Trieb von gantzer Seelen wüntsche, daß unsere Siebenbürgische Jugend beßer als es sonst pflegt, möge erzogen werden, so werde nicht unterlaßen, unterschiedl. Eltern Gemüther wegen Absendung ihrer Kinder ins Paedagogius Regius zu disponieren, es wird aber etliche Zeit brauchen, inner welcher nächst hertzl. Gebet zu Gott, meines Orts waß möglich thun will. Cetera Deo. Sage nochmahls wegen der geschickten edlen Schriften herzl. Dank, und versicher bey bequemer Zeit eine würkliche Dankbahrkeit (. . .)

dienstschuldigst und ergebenster Diener

A TEUTSCH Bürgerm.

Hermanst. d. 6. Jan. A. 1709

3.

Hoch Ehrwürdiger und Hochgelahrter
Hochwehrtgeschätzt- und sonders geneigter
H. Professor

Ich erkühne mich meine ehedessen unbekandter Weise gefaßete Confidence zu continuiren und diese wenige Zeilen an E.H.W. in hertzlicher Zuversicht abzulaßen. Zumahlen mir darzu eine solche Gelegenheit gegeben worden; als ich biß datoher inniglich gewünschet, und dergleichen zukünftig oftermahlen zu überkommen, sehnliches Verlangen trage. Es hat nemlich der hiesige kays. Bergwerks und Müntzwesens Ober Inspector in Siebenbürgen Tit. H. SAMUEL KÖLESÉRI VON KERESTER, in Betrachtung der unter göttl. Seegen durch E. H W. Direction zum besten der Jugend gemachten unvergleichlichen Anstalten, dehroselben seinen Sohn zu Beförderung seiner Studien zu recommendieren, resolvieret, in Versicherter Hoffnung, daß er seine unter E. H W. Obsicht zubringende Zeit nützlich anwenden, und zum künftigen nützlichen Dienst seines Vaterlandes werde angeführet werden. Es ist derselbe gewidmet, nach göttl. Verleihung künftig in einer Politischen Function dem gemeinem Besten zu dienen. Es wird sonder Zweiffel Wohlgedachter sein H. Vater, sich wegen der ihme nöthigen Stunden mehrers declarirert haben. Ich bin versichert, daß die bey unterschiedlichen unsres Vaterlandes bißhero praedominierte ungegründete praejudicia (welche etlicher unbesonnen auf denen Sächsischen Universitäten studierten jungen Leute falsch- und übereilete relationes zum Grund gehabt haben) nach und nach gäntzlich verschwinden, hingegen das Werk des Herrn, welches zu Halle so kräfftig aufzubrechen angefangen hat, wie andernorts, also auch dahier beßer erkandt werden.

Die größte Ursache des Verderbens in allen Ständen rühret gewißlich von der Anführung der Jugend her, welches auch unsers Orts mit größter Betrübniß meiner Seelen ansehen muß, anbey Vor itzt wegen Verschiedenen unüberwindlich-scheinenden Hinternißen nur beseufzen muß. Ich trage aber doch das veste Vertrauen zu der unendlichen Barmhertzigkeit Gottes, daß uns dermahlen, wenn vielleicht Gott gefallen solte, ersagte Hinterniße nach seiner Allmacht und Weißheit überwinden zu helffen, ein rechtschaffener Schulman von Halle zu theil werden dörffte, welches so mich Gott erleben laßen solte, für meine größte zeitliche Freude halten wolte. Ich hoffe zu Gott, vielleicht annoch dieses Jahr einen unter meiner education stehenden jungen Menschen, vermutlich auch noch ein oder andere mit ihm, ins Paedagogium Regium recomandieren zu können. Itzund hab wegen erstgedachten H. Oberinspect. KÖLESÉRI Sohn inständig bitten wollen, selbigen dehro väterliche Vorsorge hochgeneigt zu gönnen, damit er zur wahren Gottesfurcht und andere ihm nöthigen Studien treulich möge angeführet werden. Gott wird auch dieses gute Werk reichlich vergelten seine geliebte Eltern aber alles gebührende dankbahrlichst abzuführen nicht ermangeln.

Sonst erkenne mich einen größten Schuldner, hoffe aber zu Gott, daß mir Gelegenheit werde gegeben werden, meine wahre Erkendtligkeit an den Tag zu legen womit E. W. H. der Beschirmung des Allerhöchsten (. . .)

dienstschuldigster Diener

A. TEUTSCH Dr.

Hermannstadt d. 22. Maji A. 1709

4.

Hoch Ehrwürdiger, Groß Achtbahrer und Hochgelahrter
Insonders Hochgeertigst- und Hochwehrtgeschätzter
H. Professor

Bey gegenwertig abgehenden gantz sichere Gelegenheit habe nicht unterlaßen sollen, diese wenige Zeilen mitzugeben, und damit meine Schuldigkeit zu contestieren. Und da ich unbekandter ohne solches verdienert zu haben, nicht allein dehro geneigtesten Zuschrift gewürdiget worden, sondern auch ein und anderers zu meiner und anderer guten Freunde sehr nützlichen Nachricht, auß dem Buchladen des Waysenhauses von M. H. Prof. Gütigkeit empfangen habe; so weiß meine sonderbahre obligation und hegende hertzl. Erkendtligkeit dermahlen mit nichts anders als inliegende wenigen zum dienst des wehrten Waysenhauses abzustatten, dienstlich bittende, meiner hertzl. Ergebenheit versichert zu sein und mich in dehro Gebet nicht zu vergeßen. Ich wüntschte anbey, daß unsere Siebenbürg. in der dortigen getreuen information stehende Söhne, uns dermaleins nach göttl. gnädigen Verleyhung sehr ersprießliche und zu Beförderung göttl. Ehre sehr nützliche Männer, deren unser armes Vaterland sehr benöthiget ist, abgeben mögen, gleich wie denn von hier auß so viel möglich, je mehr und mehr dorthin zu disponieren und zu recommendieren nicht unterlaßen werde. Der allmächtige Gott wird E. H. E W. vor alle heilsame Sorgfalt, da durch so vieler Menschen Wohlfahrt befördert wird, ewig seegnen. In hertzl. Erlassung in Gottes getreue Beschirmung, und dienstl. Empfehlung zu beharrl. Gewogenheit, verbleibe

E H E W. M. H. E. Profess.

dienstschuldigst- und ergebenster
Diener

A. Teutsch Dr.

Hermannstadt d. 20 Jul. A. 1709

5.

Hoch Ehrwürdiger Groß Achtbahrer
Hochgelahrter Hochwehrtgeschätzt- und
Hochgeneigter H. Professor

Daß mich unterstehe, mit meiner unterschiedlich Wiederholeten Zuschrift überlästig zu sein, darzu obligieret mich theils, die vor unsere studierende Jugend schuldigst zu tragende Vorsorge, sodenn veranlaßet mich auch die geneigteste Aufnehmung meines allererst abgelassenen Brieffes. Überbringer dieses welcher meine wenige Meynung die Fortsetzung seiner Studien betreffend verlanget, hat sich in Gottes Nahmen resolviert, auff der berühmten Universität Halle seine Studien ferners fortzusetzen, worzu ihn umb desto mehr anzuhalten ursach gefunden, ie (je) mehrers ich überzeuget werde, daß die Jugend alldorten sowohl in der unzweifflich-Wahren Evangelischen Orthodoxie, als allerley andernützlichen Erudition zum allertreuesten angeführet werde. Solchem nach auff ersagten jungen Menschens ansuchen ihn mit diesem wenigen recommendations Zeilen nicht entstehen können, dienstl. bittende, denselben nebst andren dehro Väterlichen information hochgeneigt genießen zu laßen. So unser armes Vaterland dermahlen die Früchte ihrer zu Halle informierten Jugend einzuerndten, das Glück haben wird, so trage keinen Zweifel, daß eine mehrere und Von Vielen herzurührende Erkendtlichkeit sich äußern werde. Wormit diese meine Kühnheit gütigst auffzunehmen inständig bitte, und E. H. E. W. der Beschirmung des Allmächtigen hertzl. befehle.

Stets verbl. E. H. E. W. M. Hochgeehrtisten H. Profess.
dienstschuldigst- u. ergebenster Diener
A Teutsch Dr.

Hermannstadt d. 18. Aug. 1709

6.

Hoch Ehrwürdiger und Hochgelahrter
Hochgeehrtister H. Professor und in Gott
hertzlichgeliebt- und wehrtester Gönner

Nachdeme durch die gnädige Verordnung des treuen Gottes, welcher in diesen letzten greulichen Zeiten, scheinet auch dieses elenden Winkels nicht zu vergeßen, sondern uns von Weitem ein und andere Strahl des Lichtes so uns zu seiner seligen Erkündtniß bringen soll, erblicken läßet, eines theils mein sehnliches Wüntschen seine Erfüllung erlanget, indeme zu meinem Mitgehülfen und Amptsbrueder meiner äußerlichen Verichtungen, unsern wehrten H. von Rothenfelss bekommen, als ist, wie vor dem abwesend (doch damahlen ohne erlangung einigen Zwecks) so auch nach glückl. Conjunction, die erste Sorge dahin gegangen, wie doch auff einige Weise ein ob schon geringer Anfang zu Beförderung des bey uns in höchstem Grad verderbten Christenthums möge gemacht werden; worinnen wir aber nicht anders, als durch allgemählige Reformation und christl. Einrichtung des Schulwesens zu reussieren geglaubet haben. Dieses hat zwar schon längsten bey mir ein unbeschreibliches Verlangen nach einem Christl. solid-gelehrt- und geübten Schulman auß u. nach der Anweisung E. Hoch. Ehrenw. erweket, und mich umb so einem Mann eine Ansuchung zu thun bewogen. Daß dann E. Hochw. auff sathinig (?) unser dienstlich und sehnliches Verlangen uns mit einem redlichen Mann zustatten kommen wollen, und denselben biß Wienn übersendet haben, solche erkenne mit verbindlichstem Dank, und wüntsche, daß der Herr unser Gott solche Bereitwilligkeit zu Beförderung seiner Ehr, und der Menschen Seeligkeit, mit tausendfachem Seegen belohnen wolle. Warumb aber die dermahlen zugedacht u. vacante Rectorat Stelle in Hermannstadt vor der Zeit bekleidet werden müßen, welches denn unser intention und auff Zeit lange unterbrochen, davon wird unser lieber H. Bürgermeister H. von Rothenfelss ein mehres berichtet haben. Nun ist es soweit kommen, daß auff willigste Genehmhaltung unsers wehrten Oberpfarrers und Consens des gantzen Magistrats zu Hermannstadt, dem lieben und theueren H. Voigt die vocation tanquam Professori Gymnasii Cibiniensis resolvieret und außgefertiget worden ist. Ich trage keinen Zweiffel, sondern habe das hertzl. Vertrauen, es werden E. Hochehrw. nach dero brunstigem Eifer vor Gott und der Menschen Seeligkeit, uns zur Beförderung unsers Zwecks verhelffen, und mit Übersendung wohlgedachten wehrten Mannes erfreuen. Es hat die Schuldigkeit des obrigkeitlichen Amptes, und das sehnliche Verlangen nach gottgefälliger Beßerung gedrungen, die Sache nicht mehr bey bloßen Klagen, Wüntschen und projectiren unverantwortlicher Weise bewenden zu laßen, sondern im Namen des Herrn dürchzubrechen, und ungeachtet alles waß zu böse Feind und falsche Brüder etc. in Weg legen möchten, einen anfang zu etwas guten zu machen, in vestem Vertrauen, daß Gott, der sich auch dieser Orten in vielen Seelen nicht unbezeuget läßt, sein Werk wie anzufangen, so auch zu führen wissen werde zu seinem ewigen Preiß. Das gantz ungemeine Exempel der göttl. Führung welche mich u. den H. v. Rothenfelss wunderbahrer Weise nach Hermannstadt gebracht, und uns unwürdige u. elende zu den ersten Ämptern dieser Nation verordnet (da ich meines wenigen Orts nicht ohne innigliche Erniedrigung vor der göttl. Majestät und gewaltige Seelenangst, an meinem vorigen u. jetzigen Zustand gedenken kan) giebt uns einige Hoffnung, daß dieses nicht von ohngefehr geschehen sey und verpflichtet uns soviel höher unsers Berufs nach dem Willen Gottes ernstlich wahrzunehmen. Nun Gott ist getreu, der wird bey so hoffender Ernde, da so lange Zeit ein so großer Mangel an rechtschaffenen Arbeiten bey uns gewesen, auch noch einige treue Arbeiter in diese seine Ernde zu senden wißen. Ihm soll vor diese seine Barmhertzigkeit, deren Erfüllung ich mich im Glauben ungezweifelt versichere, ewig Lob und Preiß gesagt seie; inzwischen werden wir und die nachkommen nicht vergeßen, waß der Herr durch E. Hoch Ehrw. das ein außerwähltes Werkzeug an uns gutes thun wird.

Ich habe anbey kürtzlich beizufügen daß, nachdeme mir und ander medicament auß der Apotheken des Waisenhauses her zu Land unter göttl. Seegen wohl angeschlagen, auch bey Verschiedenen des hungarischen Adels bekanndt worden, etliche derselben ehestens einige Quantität verschrieben dörfen. Weil sie aber der deutschen Sprache nicht mächtig, so habe dienstlich ansuchen wollen, obs nicht möglich, ihnen mit einem kurtzen lateinischen Informatorio zu helfen, damit sie nach deßen Anweisung sich der medicamenten möchten bedienen können. Wegen der bey Gelegenheit „meines Kästchens“ überkommenen unterschiedlichen erbaulichen gedruckten Sachen sage herzl. Dank. Ich versichere, daß solche nicht ohne großen nutzen bey vielen geblieben. (. . .)

E. herzl. ergeb. dienstwillig
A. TEUTSCH

Medwisch 23. Nov. 1711

7.

Hoch Ehrwürdiger Groß Achtbahrer und Hochgelahrter
Hochgeehrtister und in Gott herzl. geliebt
und theuerester H. Professor

Vorauß habe fleißig zu deprecieren, daß auf M. H. Pr. wehrtestes vom 16 ten Dec. 1711 an mich erlaßenes, die Antwort biß annoch schuldig geblieben, welche bißherige nicht vorsetzliche Versäumniß hiermit dienstl. einbringen werden und künfftig falls Gott dem elenden Leben noch einige Zeit zusetzen wird, desto fleißiger corespondieren werde. Ich kann meine Erkendtligkeit wegen der seel. beförderung des Werkes Gottes durch Überlaßung und persoadierung unsers hertzl. geliebten und werten H. Prof. VOIGTS, nimmermehr ausdrücken. Der Herr vergelte unendlich diese uns erzeigete Wohltat, so ich höher schätze als alles in der Welt.

Dieser wehrte Mann hat in Gottes Nahmen seine Function angetretten zum Vergnügen frommer Seelen, und bleibet allbereit der göttl. Seegen nicht auß. Es wird derselbe hoffentlich von allen waß bishero geschehen, und was auffs künftige im Vorschlag ist, umbständlichere Nachricht ertheilen. Von denen sonsten Besorgeten u. anfangs auch fast angeschienenen Verdrießligkeiten und Hinterungen, ist unter dem Schutz des Höchsten wenig oder nichts zu bemerken, außer waß etwan heimlich geschehen mag, aber ans Licht nicht kommen darff, also daß man billig glauben kann, es geschehe auch noch heut zu tage das Wort des Herrn zu manchem: Hüte dich, daß du mit meinem Knecht nicht anders denn freundlich redest. Vor meinen Theil erkenne die Gnade Gottes mit tieffester Demuth, welche auch mir in meinem schweren und herzbrechenden Anliegen, dieses wehrten Mannes geistlichen Beystand zum ungemeinem Trost gedeihen läßet. Er ist es, dem ich meines elenden Hertzens Zustand vor Gott offenbahre, und niemahls ohne Erquickung gelassen werde. Ich habe ein festes und unbewegliches Vertrauen zu göttlicher Treue, daß seine arbeit in dem Herrn an Vielen Seelen in diesem Land herrlich und reichlich werde gesegnet sein u. bleiben. Und da der seelige Anfang zu dem, waß ich so sehnlich gewüntschet, nunmehro gemacht ist, und wir das fernere dem Herren wieder billig zu überlaßen haben, so solt es mir nun auch erfreulich sein, wenn es Gott gefallen möchte, mich von diesem Posten abzulösen, und aus diesem Kerker frey zu laßen. Sein Wille geschehe! Von der aufrichtigkeit des Herzens in Beförderung des guten, bin ich mir vor Gott bewußt, aber die untüchtigkeit und unvermögen ist (!) in allen stücken bey mir so groß (ja wird in mehrerer Erkendtniß meines großen Elendes je länger ie größer), daß ich an Außrichtung mehren Vor mich billig zu zweiffeln habe. Indeßen geschehe des Herrn allerliebster Wille! Er laße nur alles zu seinem Preiß gereichen. Den Vorschlag wegen des Siebenbürgischen Seminarii Aufrichtung in Halle betreffend, sage hertzl. und Erkentlichsten Dank. Es hat dermahlen noch die Gelegenheit nicht gegeben, hierüber ein mehres mit denen, welche die Hand zu langen haben werden, zu conferieren, zumahl auch unsers H. Bürgermeisters itzige abwesenheit im Wege stehet. Es soll aber wills Gott nicht vergeßen werden, umb, falls Gott seine Gnade verleihet, etwas dergleichen zu stiften, sobald es füglich sein kan. Vor die väterliche u. ungemeine unsern daselbst studierenden Siebenbürgern erweisende Gütigkeit zu Beförderung ihrer sowohl geistlich als leibl. Nothdurfft, sage hertzl. Dank. Der Herr wolle vor alles ein reicher und herrlicher Lohn sein. Wormit M. H. E. Professor göttlicher Gnade und Beschirmung erlaße, mich aber dehro Vorbitte zu Gott befehle, verharrend

M. H. E. Professors Von Hertzen
verbundener und ergebenster Diener
A. Teutsch (m. p.)

Hermannstadt d. 27. Jul. A 1712

8.

Hermannstadt den 21. febr. 1714

Sonsten ist der hiesige Zustand sehr betrübt, indem derer göttl. Gerichte Ausbruch über unsere arme Kirche die mehrentheils ohne redliche Hirten ist, kein Einhalt gethan werden mag, also da alle menschliche Hülffe entstehet, auf dergleichen die geringste reflexion nicht zu machen, sondern allein die Sache dem Herrn, deßen sie ist, anbefohlen werden muß.

A. Teutsch

KONRAD GÜNDISCH

„Germanistisches" in der Siebenbürgischen Bibliothek Gundelsheim

In seinem letzten, unvollendet gebliebenen Roman äußert ERWIN WITTSTOCK (1899–1962) seine Besorgnis über die Gefährdung der siebenbürgisch-sächsischen Lebensgemeinschaft, die manchem unter uns, heute, nach der massenhaften Aussiedlung der letzten Jahre, dem Untergang geweiht zu sein scheint. In liebevoll-ironischer Weise schildert Wittstock Mentalität und Untergangsstimmung in einem siebenbürgisch-sächsischen Dorf[1].

Angesichts zahlreicher Übelkeits- und Ohnmachtsanfälle (nach Genuß eines Antirheumatrankes, den ein Quacksalber gebraut und verkauft hat) glauben die Bewohner eines abgeschiedenen Ortes in Transylvanien, das Weltgericht stünde ihnen und ihrer Gemeinschaft bevor. Höhepunkt des *Jüngsten Gerichts* ist die Erkenntnis, daß ihnen *„der Gedanke an den eigenen Tod und an den Tod ihrer Kinder und Enkel schon nicht mehr so schmerzlich erschien wie die Einsicht, daß mit ihnen auch alles dahinschwand, was der Name des geliebten Altbirk, was der ihnen ins Herz gesenkte Heimatbegriff umfing, und daß das Andenken an ihre Gemeinde aus der Welt getilgt sein werde, als hätte es ihn nie gegeben"*. Niemand würde *„mehr da sein, der vom Schicksal und Fleiß der Ahnen mit Ehrfurcht"*[2] spräche. Sie *„fühlten, wie schwach sie waren, wenn man sie aus ihrer festgefügten Gemeinschaft loslösen und ihr Geschichtsbewußtsein abschnüren würde. Sie empfanden, daß sie als Gemeinschaft keine Zukunft mehr haben würden, wenn sie im Wirbel des Weltuntergangs ihre Erinnerung an die Vergangenheit verlören. Bauern, die die Urkunden und Bücher im Ratturm nie gesehen hatten und ihren Tod und den Tod ihrer Kinder in vollkommener Fassung erwarteten, schluchzten bei dem Gedanken auf, daß mit der Vernichtung der alten Schriften das Andenken Altbirks unwiederbringlich verloren sein werde"*[3].

In dieser Situation tritt die Gemeindeversammlung zusammen. Sie stellt zunächst mit Entsetzen fest, daß im Gemeindeamt *„auch nicht die geringsten Weisungen für den Fall vor(liegen), daß das Jüngste Gericht losgeht"* und daß es *„nicht nur der Gesetzgeber, nicht nur die Staatsbehörde, sondern auch die Kirche ver-*

[1] WITTSTOCK, ERWIN: Das Jüngste Gericht in Altbirk. Roman. Mit einem Nachwort von Joachim Wittstock. Berlin: Union Verlag, 1972.

[2] Ebenda, S. 48f.

[3] Ebenda, S. 50.

säumt hat, Verhaltensmaßregeln ... auszuarbeiten"[4]; sie erläßt deshalb eine *„Kundmachung über das Verhalten der Altbirkner Bevölkerung am Tage des Jüngsten Gerichtes*"[5], damit alles, wie gewohnt, seine Ordnung habe. Wichtig ist es ihr dabei zu bestimmen: *„Handschriften der Nachbarschaftsartikel, schöne Tonkrüge, namentlich die sogenannten Kirchberger Krüge, ferner Viehbrandzeichen, Silbergulden, Goldstücke, getürmte Frauennadeln, Frauengürtel und Frauenheftel, Ansichten von der Altbirkner Kirchenburg und andere Merkwürdigkeiten dieser Art sollen unter feste sichere Türstöcke niedergelegt und darüber auch noch eiserne Gefäße, Kessel usw. gestülpt werden, damit sie ... bei späteren archäologischen Ausgrabungen samt den alten Büchern des Ratturmes der Kirchenburg, von denen die ältesten in den Panzerschrank des Raiffeisenvereins gebracht werden, davon Kunde geben können, daß die Altbirkner Dorfgemeinschaft zur Zeit ihres Untergangs einem seßhaften, Ackerbau und Viehzucht treibenden Volk angehört hat, das eine entwickelte Lebensform gehabt und sittliche Wohlanständigkeit gepflegt hat*".

Ein solcher *„Ratturm der Kirchenburg*", in dem gegen den Verlust der Vergangenheit gearbeitet wird, um die Siebenbürger Sachsen nicht von ihrem Geschichtsbewußtsein abzuschnüren, scheint mir heute Schloß Horneck in Gundelsheim am Neckar zu sein. Aber auch der möglichen Sinnlosigkeit dieses Unterfangens sollte man sich bewußt sein, anders als die Altbirkner Gemeindevertretung, der es sogar angesichts des Weltuntergangs vor allem um die Rettung der Erinnerung an die Leistungen der Vorfahren ging.

Seit etwa einem Vierteljahrhundert verfügen die Siebenbürger Sachsen im Heimathaus Siebenbürgen auf Schloß Horneck über eine Dokumentationsstelle, in der sie für die Zeitgenossen und für die Nachwelt in einem Museum das dingliche Kulturgut, in einer Bibliothek die Bücher und in einem Archiv Urkunden, Briefe, das Schrifttum ihrer Vereine und andere Quellen zur Landeskunde ihrer Heimat, zur Kultur und Geschichte ihres Volkes sammeln, sichern und bewahren, ohne — ähnlich wie beim *Jüngsten Gericht in Altbirk* — darüber zu reflektieren, daß es vielleicht eine solche Nachwelt gar nicht gibt, eine Nachwelt, die daran Interesse haben könnte, zu erfahren, was in Siebenbürgen einmal war und uns als *„Erbe*" überliefert ist. Die Überzeugung, daß die Geschichte der Siebenbürger Sachsen Teil der gesamtdeutschen Geschichte ist, daß Siebenbürgen eine besondere Kulturlandschaft Europas ist und bleibt, läßt solche Gedanken in den Hintergrund treten.

Die *Siebenbürgische Bibliothek mit Archiv: Landeskundliche Dokumentationsstelle*[6] ist aus dem Bedürfnis entstanden, Voraussetzungen für die wissenschaftliche Arbeit jener zu schaffen, die sich nach dem Zweiten Weltkrieg in Deutschland

[4] Ebenda, S. 88 und 92.

[5] Ebenda, S. 51–70; das folgende Zitat auf S. 67f.

[6] Zur Entstehung und Entwicklung der Institution vgl. HERTER, BALDUIN: Das Siebenbürgische Dokumentationszentrum in Gundelsheim am Neckar. In: GÜNDISCH, KONRAD (Red.): Wege landeskundlicher Forschung. 25 Jahre Arbeitskreis für Siebenbürgische Landeskunde 1962–1987. Köln Wien: Böhlau-Verlag 1988, S. 195–207 (Siebenbürgisches Archiv, Bd. 21).

mit der Geschichte und Kultur Siebenbürgens auseinandersetzen wollten. Anfänge wurden seit 1952 mit Nachweisen über siebenbürgisches Schrifttum in deutschen Bibliotheken gemacht, die von Mitgliedern des *Arbeitskreises junger Siebenbürger Sachsen* (dem späteren *Arbeitskreis für Siebenbürgische Landeskunde*) gesammelt worden sind. 1955 wurde der Grundstock einer *„Siebenbürgischen Bücherei"* aufgrund einer Übereinkunft zwischen dem Gustav-Adolf-Werk und dem Hilfskomitee der Siebenbürger Sachsen gelegt: Ein Nachlaß von rund 500 Bänden wurde im Siebenbürgerheim von Rimsting am Chiemsee aufgestellt, um der *„Benützung und auch der wissenschaftichen Auswertung ... zugänglich"* gemacht zu werden. 1963 wurde der inzwischen auf 849 Bücher angewachsene Bestand ins Heimathaus Siebenbürgen auf Schloß Horneck überführt.

1967 schuf man dann die *Siebenbürgische Bibliothek* als Gemeinschaftswerk der Siebenbürger Sachsen in Deutschland, um *„zu einer Sammelstelle des gesamten Schrifttums über Siebenbürgen und aus Siebenbürgen und einer zentralen wissenschaftlichen Arbeitsstelle für dieses Sachgebiet ausgebaut (zu) werden"*[7]. Eine systematische Sammel- und Auswertungstätigkeit konnte aber erst gewährleistet werden, als am 23. März 1970 zwischen dem Arbeitskreis für Siebenbürgische Landeskunde und dem Institut für Auslandsbeziehungen Stuttgart ein Kooperationsvertrag über die *„gemeinsame und dadurch intensivere Auswertung der beiderseitigen dokumentarischen und archivalischen Bestände"* abgeschlossen werden konnte, demzufolge ein Referat für transilvanische Forschung am Stuttgarter Institut eingerichtet wurde, das zugleich die Leitung der Siebenbürgischen Bibliothek und die Geschäftsführung des Arbeitskreises wahrnahm.

Balduin Herter, der diese Referentenstelle am 1. Juli 1970 angetreten hatte, konnte nunmehr, nach Jahren der ehrenamtlichen Tätigkeit, seine volle Arbeitskraft mit viel Elan und Beharrlichkeit für den Auf- und Ausbau dieser Bibliothek einsetzen: Ihre Bestände haben sich in der Zwischenzeit verzehnfacht, von 3507 Bänden im Jahre 1970 auf heute fast 35000 Titel[8]; sie wurde zur Bücherei mit den umfangreichsten Transylvanica-Beständen westlich von Budapest. Heute beginnt wohl jede ernsthafte Siebenbürgen-Forschung in Westeuropa in Gundelsheim und endet mit der Übergabe des Resultats (in Form von Büchern, Aufsätzen u.ä.) ebendort.

Im Bewußtsein der in Deutschland lebenden Siebenbürger Sachsen ist Gundelsheim zum *„Ratturm ihrer Kirchenburg"* geworden. Wie wohl kaum eine andere Gruppe haben sie hier ihr Schriftgut unterschiedlichster Beschaffenheit und Provenienz deponiert: Bücher, Zeitschriften, Zeitungen, Urkunden, Akten, Korrespondenz, Tagebuchaufzeichnungen, Chroniken, Manuskripte, Ortspläne, Mikrofilme, Fotos, Ansichtskarten und vieles andere. Die meisten Stücke wurden ge-

[7] Siebenbürgische Bibliothek mit Archiv, B II 8: Vereinbarung vom 1. April 1967 zwischen Arbeitskreis für Siebenbürgische Landeskunde (vertreten durch Dr. Otto Mittelstrass; Vorsitzender, und Balduin Herter), Hilfskomitee der Siebenbürger Sachsen und ev. Banater Schwaben (Vorsitzender: Hans Philippi) und Landsmannschaft der Siebenbürger Sachsen in Deutschland (Bundesvorsitzender: Erhard Plesch).

[8] Stand Ende 1991.

spendet oder testamentarisch dem Dokumentationszentrum überlassen, viele wurden mit Mitteln des Bundes, des Patenlandes Nordrhein-Westfalen und des Gastlandes Baden-Württemberg erworben, andere aus Spendengeldern angekauft, oder sie kamen im Tausch gegen Publikationen des Arbeitskreises nach Gundelsheim.

Aus dieser Entstehungsgeschichte erklärt sich der Charakter der Sammlungen. Sie konnten nicht systematisch aufgebaut werden, sondern sind eher Zufallsprodukte. Es wurde gesammelt, was an sogenannten Transylvanica zu finden war, die Systematik ergab sich aus dem Schwerpunkt Siebenbürgen. Erst viel später konnte an die gezielte Ergänzung einzelner Bestände, z. B. von Zeitschriften oder Zeitungskollektionen, gedacht werden, ein schwieriges Unterfangen, bedenkt man, daß im kommunistischen Rumänien — wo die meisten Publikationen und fast alle älteren Geschichtsquellen zu finden sind — jedes ältere Schriftstück zum Bestandteil des sogenannten *„nationalen Kulturguts“* erklärt worden war[9]. Nicht einmal der *Neue Weg*[10] liegt vollständig vor, da er erst seit der hauptamtlichen Betreuung der Bibliothek (1970) systematisch gesammelt und frühere Jahrgänge nicht mehr (oder noch nicht) erworben werden konnten.

Ein Bestand von rund 35000 Titeln und etwa 500 mehr oder weniger vollständigen Reihen von Periodika bietet trotzdem eine Gewähr dafür, daß man in Gundelsheim eher als anderswo für Forschungs- oder Dokumentationszwecke gesuchte Titel auch findet. Genau geführte alphabetische Sach- und Standortkataloge ermöglichen ein schnelles und sicheres Bibliographieren. Ansätze zur Erfassung von Transylvanica in anderen deutschen Bibliotheken[11] geben weitere Hinweise.

Zu finden sind Veröffentlichungen von und über siebenbürgische Dichter und Schriftsteller aus der Zeit des Humanismus bis heute; einen Schwerpunkt bildet die siebenbürgisch-deutsche Literatur, doch ist auch die rumänische und ungarische recht gut vertreten. Das *„transylvanische“* Kriterium ist weit gefaßt: Gesammelt wurde gleicherweise Literatur, die von in Siebenbürgen geborenen (oder von Siebenbürgern abstammenden) Autoren geschrieben wurde, wie auch solche, die Siebenbürgen in irgendeiner Weise thematisiert. Desgleichen ist die Volksdichtung der Deutschen, Rumänen, Ungarn oder Zigeuner aus Siebenbürgen vertreten, und auch die rege Übersetzertätigkeit in diesem vielsprachigen Raum wird dokumen-

[9] Vgl. das Gesetz Nr. 63 zum Schutze des nationalen Kulturerbes vom 30. Oktober 1974. Rumänisch in: Buletinul Oficial Nr. 137 vom 2.11.1974; deutsch bei Wagner, Ernst (Hg.): Quellen zur Geschichte der Siebenbürger Sachsen. Köln, Wien: Böhlau Verlag, ²1981, (Schriften zur Landeskunde Siebenbürgens, Bd. 1), S. 386–396.

[10] Seit 1949 in Bukarest erscheinende deutsche Tageszeitung, mit einer wöchentlichen *Kulturbeilage,* in der viele deutsche Schriftsteller Rumäniens debütiert haben oder rezensiert worden sind und deren Studium auch für das Verständnis des kulturpolitischen Umfeldes, in dem sich diese Regionalliteratur entfaltet hat, unerläßlich ist.

[11] z. B. Kessler, Wolfgang; Godeke, Herwig: Transylvanica in Marburg. Bücher aus Siebenbürgen in Marburger Bibliotheken, Marburg 1985. Gudrun Schuster hat die Angaben über siebenbürgische Frühdrucke aus der Bibliographie Régi Magyarországi Nyomtatványok (Alte ungarische Drucke), 2 Bde., Budapest 1971–1983, ins Deutsche übersetzt und arbeitet nun an der Erfassung von Transylvanica in der Bayerischen Staatsbibliothek München.

tiert, wobei allerdings nur die Übersetzer ins Deutsche auch bibliographisch (im alphabetischen Katalog) erfaßt worden sind.

Ein Katalog, den GUDRUN SCHUSTER anläßlich der Begleitausstellung zur Hamburger Tagung des Arbeitskreises für Siebenbürgische Landeskunde, *Siebenbürgen als Beispiel einer Regionalliteratur* (1989), zusammengestellt hat, weist 290 Titel von literarischen oder bibliophilen Kostbarkeiten aus, die sich in den Beständen der Siebenbürgischen Bibliothek befinden[12]: einerseits ist dies ein repräsentativer Querschnitt und Überblick über die *„literarischen"* Bestände dieser Bücherei, andererseits ein Hinweis auf dort vorhandene Erstausgaben, Rara, Autographen.

Eine Auflistung der vorhandenen Autoren und Titel würde den gegebenen Rahmen sprengen. Interessierte können die gewünschten Bücher in der Bibliothek selbst einsehen, sie können um Auskunft bitten, den langen Weg der Fernleihe (an welche die Bibliothek angeschlossen ist) beschreiten, oder die in der Universitätsbibliothek Heidelberg, in der Bibliothek des Instituts für Auslandsbeziehungen und im Institut für donauschwäbische Geschichte und Landeskunde Tübingen aufgestellten und laufend ergänzten Karteisammlungen konsultieren.

Für den Literaturhistoriker wichtiger erscheinen Informationen über unveröffentlichte Quellen, die sich im Archiv der Landeskundlichen Dokumentationsstelle befinden: Briefe, Manuskripte, Aufzeichnungen persönlicher oder familiärer Natur, Fotografien u. ä. Sie kamen als Nachlässe, Schenkungen und durch gezielten Ankauf nach Gundelsheim. Ankäufe waren oft zugleich Rettungsaktionen für Archivgut, das ansonsten auf antiquarischem Wege in privaten Tresoren verschwunden, oder gar – preissteigernd – in kostbare Einzelstücke (z. B. bemalte Manuskriptseiten) zerlegt, verkauft worden wäre.

Das Sammeln dieses Archivguts ergab sich aus den Zufällen des Alltags; ein gewachsenes Archiv findet man in Gundelsheim nicht vor. Seine Systematik (die sich in der Signaturvergabe verdeutlicht) wurde, aufgrund von Beratungen mit dem Bundesarchiv Koblenz, dem Württembergischen Hauptarchiv Ludwigsburg und dem Kreisarchiv Heilbronn, im Jahre 1978 von GISELA RICHTER, HELGA FESSLER und BALDUIN HERTER entworfen. Leider war es bisher nicht möglich, eine hauptamtliche Archivkraft auf Dauer anzustellen. Einen Ausweg bot die Möglichkeit, das Archiv aufgrund von Zeitverträgen oder Arbeitsbeschaffungsmaßnahmen zu betreuen, was allerdings eine starke Fluktuation des Personals zur Folge hatte und gerade im archivistischen Bereich äußerst problematisch ist, wo Kontinuität und damit verbundene Konsequenz bei der Einordnung des äußerst heterogenen Schriftgutes vonnöten wären.

In der Regel werden Archivalien nach ihrer Provenienz verzeichnet, d. h. nach ihrer Herkunft und in dem Zusammenhang, in dem sie entstanden sind, unter weitgehender Beibehaltung der ursprünglichen Ordnung. Das war in Gundelsheim nur bei dem Schriftgut möglich, das geschlossen, als Nachlaß, als Archiv ei-

[12] SCHUSTER, GUDRUN: Deutsche Literatur aus Siebenbürgen in den Beständen der Siebenbürgischen Bibliothek Gundelsheim. Katalog zur Ausstellung anläßlich der 27. Jahrestagung des Arbeitskreises für Siebenbürgische Landeskunde vom 7.–10. September 1989 im Haus Rissen, Hamburg. Gundelsheim: Siebenbürgische Bibliothek, (1989), 36 S.

nes siebenbürgisch-sächsischen Vereins oder als thematische Sammlung übernommen wurde.

Ist das nicht möglich, so wird das Pertinenzsystem angewandt, d. h. die Archivalien werden nach Sachgruppen (nach „*Betreff*") geordnet. Das geschieht, wenn nicht ein gewachsenes Archiv verwaltet wird, sondern — wie das in Gundelsheim fast die Regel ist — Einzelstücke an einem Ort deponiert werden.

Schließlich werden laufende Sammlungen angelegt, z. B. von Zeitungsausschnitten zu einem bestimmten Thema, die nach Abschluß der Kollektion ins Pertinenzarchiv übergehen.

Dementsprechend ist das Siebenbürgische Archiv Gundelsheim in drei große Bestände gegliedert:
a) Pertinenzbestände;
b) Provenienzbestände;
c) Laufende Sammlungen[13].

Das Gundelsheimer Archiv läßt sich nicht mit den in Jahrhunderten gewachsenen Einrichtungen dieser Art vergleichen, die in Siebenbürgen vorhanden sind, etwa mit dem großen Archiv der Stadt Hermannstadt und der sächsischen Nation (heute Staatsarchiv Hermannstadt/Arhivele Statului Sibiu), das auch literaturhistorisch hochinteressantes Quellenmaterial aufbewahrt.

Natürlich ist es nicht möglich und auch nicht sinnvoll, alles aufzuzählen, was in Gundelsheim in den letzten zwanzig Jahren zusammengekommen ist und was für den Literaturhistoriker oder Sprachwissenschaftler von Interesse sein könnte. Einige Hinweise seien den Germanisten nicht vorenthalten:

Unter den Pertinenzbeständen ragt nach Umfang und Materialfülle das von Rolf Schuller angelegte und derzeit von Manfred Wittstock betreute Siebenbürgisch-Sächsische Künstlerarchiv heraus[14]. Es ist eine nach den Namen der bildenden Künstler alphabetisch geordnete Sammlung, in der jeweils Lebensdaten, Korrespondenz, Pressestimmen, Ausstellungsplakate und Kataloge, Fotos u.ä. abgeheftet sind. Da einige Schriftsteller auch als bildende Künstler in Erscheinung getreten sind, kann man hier interessante Unterlagen über Persönlichkeit und Werk finden. Im zweiten, nach Handwerken geordneten Teil, in dem Hinweise auf die wichtigsten Kunstgewerbe der Siebenbürger Sachsen zusammengetragen wurden, dürften literaturgeschichtlich relevante Daten seltener sein. Sehr wertvoll ist in diesem Zusammenhang auch die Exlibris-Sammlung, in der, neben vielen anderen, die Exlibris von Ludwig Hesshaimer und Albert Arz von Straussenburg herausragen. Eine gesonderte Abteilung bildet außerdem das Theater, wobei Szenenfotos, Theaterhefte, Plakate und, alphabetisch geordnet, Daten über verschiedene Schauspieler auf siebenbürgischen Bühnen erfaßt wurden. Diese beiden Abteilungen sind auch für den Literaturhistoriker wahre Fundgruben.

Zu den Pertinenzbeständen gehören auch die genealogische Sammlung mit Fa-

[13] Vgl. das Typoskript „Landeskundliches Dokumentationszentrum Gundelsheim. Archivordnung", 1990, 14 S., zusammengestellt von Marianne Klubitschko.

[14] Siebenbürgische Bibliothek mit Archiv, A I.

milienlisten und Ahnentafeln, unter anderen einige kunstvoll gemalte Stammbäume[15]. Aus einigen dieser Unterlagen lassen sich genealogische Verbindungen, läßt sich die Herkunft siebenbürgisch-sächsischer Autoren rekonstruieren. Diesem Zweck können auch die Akten des Generaldekanats Nordsiebenbürgen[16] dienen, die als Originale oder in Fotokopien Forschungen in Kirchenmatrikeln ermöglichen. Aufgrund von Quellen aus der Abteilung *„Persönlichkeiten"*[17] kann das *„politische"* Wirken einiger Dichter und Schriftsteller in und für ihre Gemeinschaft erhellt werden. Sie wird auch durch eine laufende Sammlung von Zeitungsartikeln und sonstigen Informationen ergänzt, die zahlreiche Ordner füllt. Desgleichen arbeitet die Bibliothek mit HERMANN H. HIENZ zusammen, der das „Schriftsteller-Lexikon"[18] fortführt und aktualisiert. In diesen *„SSL"*-Ordnern findet man viele, sonst oft kaum oder schwer zugängliche Angaben über siebenbürgisch-sächsische Autoren.

Da viele schriftstellerisch tätige Siebenbürger Sachsen auch musikalisch begabt waren und außerdem zahlreiche Gedichte vertont worden sind, ist in der Abteilung *„Musik"*[19] manche dort nicht vermutete Angabe zu finden, die literaturhistorisch interessant sein kann[20].

In der Fotothek[21] liegen Porträts einiger Autoren[22] auf, desgleichen Bilder ihrer Herkunftsorte oder Wirkungsstätten.

Die Nachlässe siebenbürgisch-sächsischer Persönlichkeiten, die sich nach dem Zweiten Weltkrieg in Deutschland einen Namen gemacht haben und vollständig oder zum Teil der Siebenbürgischen Bibliothek überlassen wurden, desgleichen Teile der Nachlässe von Schriftstellern aus der zweiten Hälfte des 19. und der ersten Hälfte des 20. Jahrhunderts, die ihre Nachkommen nach Gundelsheim überbracht haben, sind den Provenienzbeständen zugeordnet. Sie sind eine ergiebige Quelle für sprach- und literaturgeschichtliche Forschungen. Einige Namen seien hier — in der Reihenfolge ihrer Registrierung als Nachlaßgeber, aufgezählt, um die Bedeutung dieser Fundgrube zu illustrieren: FRIEDRICH KRAUSS, FRITZ HOLZTRÄGER, KARL KURT KLEIN, GUST ONGYERTH, OTTO FOLBERTH, EGON HAJEK, ARNOLD WEINGÄRTNER, ERICH BUCHINGER, BERNHARD CAPESIUS, MICHAEL ALBERT, FRIEDRICH KRASSER, HELLMUT KLIMA[23].

[15] Ebenda, A II.

[16] Ebenda, A VI.

[17] Ebenda, A III.

[18] TRAUSCH, JOSEPH; SCHULLER, FRIEDRICH: Schriftsteller-Lexikon der Siebenbürger Deutschen, 4 Bde. Kronstadt, Hermannstadt 1868–1902. Vgl. auch HIENZ, HERMANN A.: Beiträge zum Schriftsteller-Lexikon der Siebenbürger Deutschen. 11 Folgen, als Beilagen zur Zeitschrift für Siebenbürgische Landeskunde 1 (1978) – 8 (1985).

[19] Siebenbürgische Bibliothek mit Archiv, A VII.

[20] z. B. Werke WOLF VON AICHELBURGS (A VII 1) oder ein Aufsatz von RUDOLF LASSEL über den Pfarrer, Dichter und Literaturhistoriker EGON HAJEK (A VII 7).

[21] Siebenbürgische Bibliothek mit Archiv, A V.

[22] Ebenda, A V 3.

[23] Ebenda, B I 3, 4, 5, 7, 13, 31, 32, 50, 56, 57, 61, 62.

Von Forschern und wissenschaftlich oder familienkundlich interessierten Laien angelegte Sammlungen, die der Siebenbürgischen Bibliothek überlassen worden sind, wurden manche zu den Provenienzbeständen gezählt. Hier findet man z. B.: Unterlagen zur Geschichte des Theaters in Siebenbürgen, die CARL GORVIN oder ARTHUR KONNERTH angelegt haben; die volkskundlichen Belege, die THUSNELDA HENNING-HERMANN gesammelt und auch in ihrem schriftstellerischen Werk ausgewertet hat; mit dem Titel *„Literarisches"* versehene Sammlungen von ELISABETH ACKNER und JOHANN LIEB; einige Manuskripte von HEINRICH ZILLICH oder (als Depositum) von ERWIN WITTSTOCK[24].

In den Aktenbeständen des Archivs werden die Unterlagen aufbewahrt, die die siebenbürgisch-sächsischen Verbände in Deutschland übergeben haben: Landsmannschaft, Hilfskomitee, Hilfsverein „Johannes Honterus", Siebenbürgisch-Sächsischer Kulturrat, Siebenbürgisches Museum, Arbeitskreis für Siebenbürgische Landeskunde[25]. Es handelt sich um wichtige Quellen zur Zeitgeschichte, vor allem in den Bereichen Flucht und Aussiedlung sowie Integration, die auch für den Literaturhistoriker ergiebig sein können.

Als *„Kleinere Erwerbungen"* werden Einzelstücke und Sammlungen geringeren Umfanges bezeichnet. Neben wenigen Originalurkunden sind hier vor allem Briefe aufbewahrt. Wertvoll sind einige Handschriften mit z. T. unveröffentlichten literarischen Werken, u. a.: Gedichte von FRIEDRICH WILHELM SCHUSTER; Gedichte von EGON HAJEK aus den Jahren 1938–1940; Gedichte von MICHAEL ALBERT sowie Szenen aus dessen Drama *Harteneck,* auch sein Singspiel *Die Türken vor Schäßburg;* Aufsätze von FRIEDRICH KRASSER[26]. Theater-, Operetten-, Konzertplakate aus den Jahren 1885–1897 sind für die Ausarbeitung und Illustration einer Theatergeschichte Siebenbürgens wichtig, an den Vorarbeiten von RICHARD HUSS und KARL KURT KLEIN für den *„Sprachatlas"* oder den sprachgeschichtlichen und Mundartaufzeichnungen von FRIEDRICH KRAUSS dürften die Germanisten interessiert sein[27].

Die Mitarbeiter der Bibliothek und des Archivs ergänzen — vor allem mit Zeitungsausschnitten, kleineren Schriften u. ä. — insgesamt 70 Themenbereiche in sogenannten „Laufenden Sammlungen" wie z. B. *Deportation in die Sowjetunion, Flüchtlings- und Aussiedlerfragen, Minderheiten, Gruppenprozeß rumäniendeutscher Schriftsteller (1959), Literatur, Medien, Publizistik, Theater* oder *Mundart*[28].

Die Archivalien sind in Gundelsheim öffentlich zugänglich, nur die durch Leihverträge oder Bestimmungen des Nachlaßgebers gesperrten Quellenbestände können nicht oder nur bedingt zur Benutzung freigegeben werden. Wie allgemein üblich und von der Archivordnung vorgegeben, werden Archivalien nicht ausgeliehen; nur die Anfertigung von Fotokopien ist — soweit es der Erhaltungszustand zuläßt — möglich.

24 Ebenda, B II 8, 13, 23, 24, 35, 42, 49 (in der Reihenfolge der Aufzählung).

25 Ebenda, B III 2, 3, 4, 5, 7, 8.

26 Ebenda, B IV 12, 21, 27, 29.

27 Ebenda, B IV 31, 24, 25.

28 Ebenda, C 9, 16, 32, 18, 29, 31, 48, 60, 34.

Alle Archivalien sind im Akzessionsbuch registriert, in dem Erwerbsdatum, Herkunft, Kurzbeschreibung des Inhalts und Signatur verzeichnet werden. Viele — vor allem die kleineren Bestände sind zudem durch Karteikarten und Querverweise erschlossen. Große Bestände, z. B. Nachlässe, konnten wegen des chronischen Personalmangels nicht archivalisch bearbeitet werden. Sie werden sachgemäß und in der Ordnung aufbewahrt, in der sie übergeben wurden. Bei der Benutzung dieser Quellen wird streng darauf geachtet, daß zumindest diese alte Ordnung beibehalten wird.

Auch im „*Ratturm der Kirchenburg*“ zu Gundelsheim warten also alte Bücher und Urkunden darauf, zwar nicht im „*Panzerschrank des Raiffeisenvereins*“, trotzdem aber gesichert und gut aufgehoben, gelesen und studiert zu werden, damit die „*Erinnerung an die Vergangenheit*“ eine Zukunft hat. Um das Dokumentationszentrum Gundelsheim kann man keinen Bogen schlagen, wenn man sich mit der Sprache, der Literatur, dem Theaterwesen oder der Publizistik bei den Siebenbürger Sachsen beschäftigen will.

Gottfried Habenicht

Das Johannes-Künzig-Institut für ostdeutsche Volkskunde

Das Interesse der deutschen Volkskunde an den im Ausland siedelnden Deutschen und vor allem an denjenigen, deren Vorfahren im Osten und Südosten Europas eine neue Heimat gefunden haben, ist besonders nach dem Ersten Weltkrieg stark angewachsen. Einer der Gründe dürfte die wohl nicht von der Hand zu weisende Erkenntnis gewesen sein, daß die in Deutschland fortgeschrittene Industrialisierung zu neuen volkskundlichen Tatbeständen geführt hat, die vor allem durch das Schwinden der alten bäuerlichen Lebensformen und dem damit verbundenen starken Wandel der ländlichen Kulturwelt gekennzeichnet waren. Dagegen war deren Fortbestand in den deutschen Siedlungen außerhalb des geschlossenen deutschen Sprachraums gewährleistet, und somit wurden die Volkslieder, -erzählungen usw. dieser Kolonien als Quelle alter deutscher volkskundlicher Tatbestände mit steigender Beachtung bedacht[1].

Indes wäre die Projektion rezenter volkskundlicher Fakten aus einem auslandsdeutschen Siedlungsgebiet auf die binnendeutsche volkskulturelle Vergangenheit ein schwerwiegender methodischer Fehler. Denn auch die auslandsdeutsche Siedlung hat eine — wenn auch von der binnendeutschen verschiedene und, im allgemeinen, langsamere — Entwicklung durchlaufen und wurde dabei, trotz ihres „*Sprachinsel*"-Daseins, vom mehrheitlichen Staatsvolk beeinflußt. Außerdem ist die Übernahme geistiger Güter aus Deutschland in den „*Sprachinseln*" ein Dauerfaktor gewesen, der ebenfalls bei der Beurteilung von deren volkskulturellen Er-

[1] Referat aufgrund meines Beitrags: Das Johannes-Künzig-Institut für ostdeutsche Volkskunde. Zu seinem vierzigjährigen Bestehen. In: Jahrbuch für ostdeutsche Volkskunde (35). 1993, S. 409 – 423. Weitere Veröffentlichungen über das Institut: Künzig, Johannes: Zentralstelle für Volkskunde der Heimatvertriebenen. In: Jahrbuch für Volkskunde der Heimatvertriebenen (1). 1955, S. 203 – 208; ders.: Aus der Arbeit der Zentralstelle der Heimatvertriebenen. In: Ebenda. (3). 1957, S. 255 – 259; ders.: Institut für ostdeutsche Volkskunde. In: Ebenda (5). 1959/60, S. 273 – 275; Werner-Künzig, Waltraut: Das Institut zur volkskundlichen Erforschung der Deutschen aus Ost- und Südosteuropa. Begründet von Johannes Künzig. In: Der Fachberater für Vertriebene, Flüchtlinge, Kriegsgeschädigte. Bad Godesberg (26). 1973, Nr. 2, S. 89 – 100; dies.: Johannes-Künzig-Institut für ostdeutsche Volkskunde. In: Jahrbuch für Ostdeutsche Volkskunde (29). 1986, S. 381 – 389; Habenicht, Gottfried: Arbeit und Aufgaben des Johannes-Künzig-Instituts für ostdeutsche Volkskunde. In: Volksfrömmigkeit bei den Donauschwaben. Studientagung in Stuttgart-Hohenheim am 31. Oktober – 1. November 1987, S. 29 – 39 + [6] S. Anhang.

scheinungen mit zu berücksichtigen ist. Nichtsdestotrotz bleibt es aber unumstritten, daß die *„Sprachinsel-Volkskunde“*[2] einen deutlichen Beitrag zum Fortschritt der gesamtdeutschen Volkskunde leisten konnte und geleistet hat.

Mit Bedacht habe ich die gestiegene Wertschätzung ostdeutscher Forschungen im Kontext der Volkskunde in den ersten drei-vier Dezennien des 20. Jahrhunderts herausgestellt: Ist es doch die geistige Atmosphäre jener Jahre, die maßgeblich das wissenschaftliche Interesse JOHANNES KÜNZIGS — und implizite auch die Forschungsschwerpunkte des später von ihm gegründeten Instituts — mitgeprägt hat. Leben und Werdegang von Professor JOHANNES KÜNZIG habe ich schon andernorts ausführlich geschildert[3], so daß ich mich hier auf das beschränken kann, was auffassungsmäßig und methodisch die Ausrichtung des von ihm sehr viel später gegründeten Instituts beeinflußt hat. Der aus dem badischen Frankenland stammende Volkskundler JOHANNES KÜNZIG ist auf die im Osten und Südosten Europas bestehenden deutschen Siedlungen durch seine Forschungen über die volkskundlichen Gegebenheiten seiner badischen Heimat aufmerksam geworden. 1923 hat er das *Badische Volksliedarchiv* gegründet und außerdem beachtenswerte Beiträge zur Erzähl- und Liedforschung seiner Heimat verfaßt. Im Zuge dieser Forschungen stieß er auf Nachrichten über die Auswanderung zahlreicher Südwestdeutscher in die im 17. und 18. Jahrhundert zurückeroberten südöstlichen Gebiete des Habsburgerreiches, namentlich ins Banat. Ein Ergebnis dieser Untersuchungen war das Buch *Saderlach. Eine alemannische Bauerngemeinde im rumänischen Banat und ihre Südschwarzwälder Urheimat* (Karlsruhe 1937), in dem KÜNZIG, in der darin erfolgten Gegenüberstellung von neuer Heimat und Auswanderungsgebiet, auch methodisch ein für Heimatbücher bis heute vorbildliches Beispiel statuiert hat. Das Buch wurde 1937, anläßlich der 150jährigen Einwanderung in Saderlach, an alle Familien daselbst verteilt und erfuhr 1987, beim 200. Jahrestag der Einwanderung, der nunmehr in der im Auswanderungsgebiet gelegenen Hotzenwald-Ortschaft Schluchsee gefeiert wurde, eine zweite Auflage. JOHANNES KÜNZIGS Wissen um die Verbindung zwischen der eigenen Heimat und dem der ost- und südostdeutschen Siedler

[2] Siehe diesbezüglich: WEBER-KELLERMANN, INGEBORG: Probleme interethnischer Forschung in Südosteuropa. In: Handbuch des Volksliedes. München 1975, Bd. 2, S. 185 – 198, besonders S. 187 f.; DIES.: Zur Interethnik. Donauschwaben, Siebenbürger Sachsen und ihre Nachbarn. Frankfurt a. M. 1987; SALMEN, WALTER: Das Erbe des ostdeutschen Volksgesanges. Würzburg 1956 u.a.

[3] JOHANNES KÜNZIG (*1897 in Pülfringen im Badischen Frankenland † 1982 in Freiburg im Breisgau). Der interessierte Leser sei verwiesen auf: WERNER-KÜNZIG, WALTRAUT: *JOHANNES KÜNZIG zum 80. Geburtstag.* In: Jahrbuch für ostdeutsche Volkskunde (20). 1977, S. 325 – 345; DIES.: Bibliographie der volkskundlichen Veröffentlichungen von JOHANNES KÜNZIG, 1922 – 1967. Freiburg 1967, 36 S.; HABENICHT, GOTTFRIED: Das JOHANNES-KÜNZIG-Institut für ostdeutsche Volkskunde. Zu seinem vierzigjährigen Bestehen. In: Jahrbuch für ostdeutsche Volkskunde (35). 1992, S. 409 – 423, bes. S. 409 – 412; DERS.: JOHANNES KÜNZIG †. 28. 6. 1897 – 10. 4. 1982. In: Südostdeutsche Vierteljahresblätter, München, (31). 1982 Folge 3, S. 234 – 236, der gleiche Nachruf (mit jeweils geringfügigen Änderungen auch in: Banater Post vom 15. 5. 1982; Unsere Post vom 16. 5. 1982; Mitteilungen für die Donauschwaben in der Bundesrepublik Deutschland vom 15. 5. 1982); Jahrbuch des Österreichischen Volksliedwerkes, Wien (31). 1982, S. 124 – 125 u.a.

hat seine weitere Tätigkeit grundlegend geprägt und ist zu einem methodologischen Eigenzug auch der späteren Institutsarbeit geworden.

Zur Festlegung der späteren methodologischen Grundlagen in der Institutsarbeit trug ein weiterer Umstand bei, der gerade zu Beginn der dreißiger Jahre Bedeutung erlangt hatte: Es handelt sich um das Festhalten volkskultureller Äußerungen mit Hilfe technischer Aufnahmegeräte. Wenn auch anderwärts die Methode schon vordem anerkannt und weitflächig angewandt worden ist — dabei beziehe ich mich vor allem auf Länder wie Ungarn oder Rumänien, in denen die Forschung den Hauptakzent einerseits auf Untersuchungen über die innere Liedstruktur, über seine strophenweise Evolution und über das Variationsgeschehen bei seiner flächenmäßigen Verbreitung oder beim Übergang in das Repertoire anderer Ethnien und andererseits auf das soziologisch relevante Studium über das Spannungsfeld, innerhalb dessen sich das „Leben" des Liedes vollzieht, gesetzt hat[4], so kommt für den deutschen Raum JOHANNES KÜNZIG das Verdienst zu, die Tonaufnahme als Grundlage volkskundlichen Feldforschungsverfahrens durchgesetzt zu haben. Dazu muß man wissen, daß die deutsche Forschung damals dominierend historisch und philologisch ausgerichtet war[5] (und es z. T. auch heute noch ist) und daß, um diesen Zielsetzungen zu entsprechen, die direkte, synthetische Notation als Beleg für die Existenz eines bestimmten Liedtextes in einer bestimmten Zeit und in einem bestimmten Gebiet durchaus genügte. Auch die österreichische Volksliedforschung hatte große Vorbehalte gegenüber dem technischen Aufzeichnungsverfahren[6], was umso mehr verwundert, als sowohl Wien als auch Berlin Stellen bedeutender Phonogramm-Archive waren[7]. Daß KÜNZIG darüber hinaus das einzelne Volkslied in seiner Einmaligkeit als momentbezogene Variante in einer ganz bestimmten Ausprägung auf-

[4] Vgl. diesbezüglich sämtliche BARTÓK-Publikationen zum Thema Volkslied (Das ungarische Volkslied, 1924/1925; Chansons populaires roumaines du departement Bihar, 1913; Der Musikdialekt der Rumänen von Hunyad, 1914/1920; Volksmusik der Rumänen von Maramures, 1923; Melodien der Rumänischen Colinde, 1935; Serbo-Croatian Folk Songs, 1951, Slovenské l'udové piesné, 1959 – 1970 etc.), die im Kerne alle auf Phonogrammen aus den ersten zwei Dezennien unseres Jahrhunderts beruhen. Zur Methodologie der stark soziologisch geprägten rumänischen folkloristischen Schule siehe: BRĂILOIU C[ONSTANTIN]: Esquisse d'une méthode de folklore musical. Paris 1931.

[5] Unschwer kann dies aus den Schriften JOHN MEIERS, aus der Konzeption des von ihm ins Leben gerufenen *Volksliedarchivs* und, vielleicht am deutlichsten, aus der von ihm 1935 begonnenen Publikation *„Deutsche Volkslieder mit ihren Melodien. Balladen"* (bisher 9 Bde. = 164 Nrn.) herausgelesen werden.

[6] Siehe damit zusammenhängend die negativen Randbemerkungen des einflußreichen JOSEF POMMER auf den Artikel von SCHEIRL, F. FRANZ: *Der Phonograph im Dienste des Volksliedes.* In: Das deutsche Volkslied (8). 1906, S. 85 – 89.

[7] GRAF, WALTER: *Aus der Geschichte des Phonogrammarchivs der Österreichischen Akademie der Wissenschaften.* In: Bulletin Phonographique (6). 1964 S. 9 – 39; HORNBOSTEL, ERICH M. VON: Das Berliner Phonogrammarchiv. In: Zeitschrift für vergleichende Musikwissenschaft (1). 1933 S. 40 – 45. Eine gedrängte Übersicht der Benutzung von mechanisch erfolgten Tonaufzeichnungen in der folkloristischen Forschung bietet ELSCHEK OSKÁR: Musikethnologie und Elektroakustik. In: Handbuch des Volksliedes, München 1975, Bd. 2, S. 623 – 645. (Motive. Freiburger Folkloristische Forschungen, 1/II)

faßte, daß er die Individualität der Variante in einem bestimmten Kontext sah und auch ihre Variationen von Strophe zu Strophe als charakteristische Züge des Volksgesangs wertete, die es festzuhalten galt, lenkt unser Augenmerk auf die Bedeutung hin, die ihm, als einem, der neue Wege geht, zukommt.

Soweit in aller Kürze zur Vorgeschichte der Institutsgründung. Das Institut hat erst nach dem Zweiten Weltkrieg Gestalt angenommen. Zu dieser Zeit hatte sich JOHANNES KÜNZIG, der das Fach Volkskunde in Freiburg vertrat und dessen Institut durch den Fliegerangriff auf die Stadt im November 1944 zerstört worden war, der Caritas als Flüchtlingsreferent zur Verfügung gestellt, in welcher Eigenschaft er zahlreiche Transporte mit Ausgewiesenen und Flüchtlingen aus dem Osten und Südosten in Empfang nahm. Der so neu erstellte Bezug zu den Deutschen aus dem Osten brachte darüber hinaus Ansätze zur wissenschaftlichen Beschäftigung mit deren Volkskultur. Die Möglichkeit einer Kontinuität war gegeben, allerdings unter geänderten Voraussetzungen: denn die ehemaligen Ostsiedler hatten nunmehr ihre Heimat verloren und ihre volkskulturellen Äußerungen konnten somit in vielen Bereichen nur in einem fremden Kontext und nur als Erinnerungen erfaßt werden. Unter diesen Voraussetzungen hat JOHANNES KÜNZIG das Tonband Nr. 1 aufzeichnen können. Dies geschah im März 1951 in der Flüchtlingssiedlung St. Stephan bei Darmstadt. Viele weitere Aufnahmen — anfangs in Flüchtlingsbaracken und Notunterkünften erstellt — folgten, bis die heutige Zahl von 1225 besprochenen, besungenen und zum Teil auch bespielten Tonbändern erreicht wurde. An dieser Stelle angelangt, muß auf die wichtige Rolle hingewiesen werden, die WALTRAUT WERNER-KÜNZIG seit der Entstehung des Instituts und bis heute für die Geschicke dieser Forschungseinrichtung gespielt hat. Ihr Volkskundestudium brachte sie unmittelbar in Verbindung mit den wissenschaftlichen Anschauungen und der Methodik von Professor Künzig, die sie voll akzeptierte, so daß die Voraussetzungen für eine Teamarbeit äußerst günstig waren. Die weiter oben erwähnten kolateralen Umstände zu Kriegsende führten dazu, daß die gemeinsame Gedankenwelt sich in effektive, gemeinschaftlich verrichtete volkskundliche Terrainarbeit umsetzte. Wenn man heute rückblickend die Errungenschaften des Instituts, die größtenteils auf dem gemeinsamen Schaffen dieses beispielhaft abgestimmten Teams beruhen, würdigen möchte, so kann niemals der Anteil des einen oder anderen Partners für sich gewertet werden.

Die erste Phase der Institutsarbeit stand verständlicherweise ganz im Zeichen des Sammelns. Die beiden Wissenschaftler haben die gegebene Situation, durch die zahlreiche gute Gewährspersonen aus den verschiedensten ost- und südostdeutschen Siedlungen auf einem relativ kleinen Gebiet anzutreffen waren, bestens genutzt. Mit dem Imperativ der *„letzten Stunde“* vor Augen — daß also Gegebenheiten ehemaliger und jetzt nicht mehr existierender Dorfgemeinschaften anhand von Mitteilungen von Gewährsleuten mit noch sehr frischer Erinnerung festgehalten werden konnten — haben die beiden Sammler im Laufe der fünfziger und sechziger Jahre unter großem persönlichen Einsatz Tondokumente erstellt und Fakten festgehalten, die heute unwiederbringlich verloren wären. Denn die Erinnerung der Gewährsleute ist geschrumpft (nachdem sie seit Jahrzehnten einer anderen geistigen

Umwelt ausgesetzt waren), viele gute Gewährspersonen sind gestorben, und die Nachfolgegeneration wurzelt schon in einer völllig anderen Wirklichkeit als die der ehemaligen ostdeutschen Heimat. Auch heute noch nehmen wir auf Tonband auf — doch die Intensität dieser Arbeit ist, umständebedingt, unvergleichlich geringer als in den ersten beiden Jahrzehnten der Institutstätigkeit.

Das thematische Spektrum der Institutsaufnahmen ist umfassend; alle volkskundlich relevanten Fakten waren Ziel derselben. So finden sich auf den Tonbändern Mitteilungen über die wirtschaftlichen und sozialen Verhältnisse, über die Siedlung und das einzelne Haus, über die Feldarbeit, über Flurnamen und über Arbeitsgeräte, Berichte über die Umstände der Flucht, über das Brauchtum im Jahres- und Lebenslauf, über das religiöse Brauchtum und das Volksleben schlechthin, über Trachten und über das Volkskunstgewerbe, über Aberglaube und Volksmedizin, Volksschauspiele, Volkslieder und Volkserzählungen aller Gattungen u. v. m.[8] Berücksichtigt wurden alle Ostdeutschen aus Siedlungsgebieten, die außerhalb der bestehenden Staatsgrenzen liegen — also Schlesier, Ostpreußen, Sudetendeutsche, Wolgadeutsche, Bessarabien- und Dobrudschadeutsche, Bukowinadeutsche, Siebenbürger Sachsen, Donauschwaben, Gottscheer usw.

Nachdem die Arbeit in den Anfangsjahren des Instituts sich gezielt auf die ausgewiesenen und geflüchteten Deutschen aus dem Osten und Südosten konzentrierte, war es nur folgerichtig, daß als Bezeichnung der neu gegründeten Forschungsstätte *Zentralstelle für Volkskunde der Heimatvertriebenen* gewählt wurde. Diese stand übrigens im Einklang mit der im Rahmen des *Verbandes der Vereine für Volkskunde* (heute: *Deutsche Gesellschaft für Volkskunde*) gegründeten *Kommission für Volkskunde der Heimatvertriebenen* und deren Organ, das seit 1955 edierte *Jahrbuch für Volkskunde der Heimatvertriebenen.* Gewandelte Tatbestände haben dazu geführt, daß das Wort *„heimatvertrieben"* in allen oben genannten Verbindungen durch *„ostdeutsch"* ersetzt wurde, so daß auch die *Zentralstelle für Volkskunde der Heimatvertriebenen* 1962 in *Institut für ostdeutsche Volkskunde* und, letztlich 1983, ein Jahr nach dem Tod von Professor Künzig, in *JOHANNES-KÜNZIG-Institut für ostdeutsche Volkskunde* umbenannt wurde. 1964 wurde das Institut etatisiert und in den Haushaltsplan des Landes Baden-Württemberg integriert, was zur Folge hatte, daß die Forschungsarbeit fortan materiell gesichert und mit qualifizierten Fachkräften vonstatten gehen konnte. So sind heute drei Wissenschaftler im Institut beschäftigt, die auch sonst — z. B. als Mitglieder der Kommission für Ostdeutsche Volkskunde im Rahmen der Deutschen Gesellschaft für Volkskunde — für das Studium der ostdeutschen Volkskultur eintreten und in verschiedenen Fachpublikationen aus ihrem Forschungsbereich veröffentlichen. Eine Bibliothekarin, eine Dokumentationskraft und zwei Halbtagsschreibkräfte gehören mit zu den Angestellten des Instituts und sorgen für einen optimalen Verlauf der Forschungsarbeit.

*

[8] Ein 1951 erstellter Aufruf zum Sammeln faßt, in Form eines Fragebogens, diese Elemente zusammen. Wiedergegeben ist der Aufruf in: WERNER-KÜNZIG, WALTRAUT: JOHANNES-KÜNZIG-Institut für ostdeutsche Volkskunde. In: Jahrbuch für ostdeutsche Volkskunde (29). 1986, S. 381 – 389; siehe S. 383.

Der wichtigste Bestand des Instituts ist seine authentische, einzigartige und unwiederholbare Tondokumentensammlung. Diese bedingt auch größtenteils die weiterführende Arbeit des Instituts. Die Auswertung des aufgezeichneten Materials erfordert zwingend eine zweckmäßige archivalische Erschließung. Sie erfolgt folgendermaßen:

Die Tonbänder sind nach laufender Nummer aufgestellt, von 1 bis 1225. Die Tonbandschatullen sind jeweils mit der betreffenden Nummer versehen, dazu ist noch — zur ersten Orientierung — das Herkunftsgebiet und eine kurze Inhaltsangabe mit den wichtigsten Aufnahmedaten (Gewährspersonen, Herkunft, Aufnahmeort und -datum etc.) aufgeklebt. Ein ausgeklügeltes System, das verschiedenfarbige Streifen verwendet, zeigt auf den ersten Blick die Laufgeschwindigkeit des Bandes an und dazu, ob es sich um eine Vollspur- oder aber um eine Zweispuraufnahme handelt. In ausführlicherer Form sind die Inhalte der Tonbänder in den Regesten festgehalten. In einem ersten Abschnitt sind die nötigen Identitätsdaten des Tonbandes verzeichnet: Bandnummer, Voll- oder Halbspur, Laufgeschwindigkeit, Tonbandtyp und Aufnahmegerät, dazu Name und Herkunft der Gewährsperson(en), Aufnahmedatum und -ort und evtl. Name der Aufnehmenden. Die Sigel für die einzelnen Inhaltsabschnitte, die darauffolgend wiedergegeben werden, sind mit Hilfe der Laufzeitangaben festgehalten. Einzelmitteilungen werden im Regest resümiert, Lieder werden unter ihren geläufigen Bezeichnungen (falls vorhanden) und den Textincipits (die beiden ersten Zeilen) wiedergegeben.

Die Regesten werden in dreifachen Ausfertigungen erstellt, wobei die ersten nach laufenden Nummern — also wie die Tonbänder selbst —, die zweiten nach Herkunftsgebieten (und innerhalb derselben nach Ortschaften) und die dritten nach Aufnahmegebieten und -orten geordnet sind. Durch die regionale Gliederung (d. i. die zweite Ausfertigung) kommen die im Laufe von Jahren und an verschiedenen Orten erstellten Tondokumente aus den gleichen Gebieten und Orten zusammen und werden überschaubar. Eine Kartei umfaßt komplementär Namen, Lebensdaten, Lichtbild und Zusatzinformationen über die Gewährsleute.

Die Transkription der Tondokumente stellt einen weiteren Schritt im Hinblick auf ihre wissenschaftliche Erschließung dar. Die genaue Wiedergabe des Gesungenen oder Erzählten ist Voraussetzung für die korrekte weitere Untersuchung, und deshalb wird dieser Phase in der Bearbeitung größte Aufmerksamkeit geschenkt. In diesem Sinne werden die sprachlichen Eigenheiten mit Hilfe der internationalen Lautschrift transkribiert, während im Liedbereich alle Abwandlungen der Melodie in den Folgestrophen in bezug zur voll ausgeschriebenen ersten Strophe mitaufgezeichnet werden. Selbstverständlich werden die Nachschriften mit allen Angaben versehen, die sie mit den entsprechenden Tondokumenten in Beziehung setzen.

Die Einordnung der Transkriptionen erfolgt vorerst nach laufender Nummer. Ein Doppel wird entsprechend der Gattung typisiert — so z. B. kommen in den Kästen *„Balladen"*, *„Legendenlieder"* etc. alle Einzelbelege zu den jeweiligen Erzählliedtypen zusammen. Die Belege aus den Bereichen dieser beiden Gattungen sind auch, mit Literaturhinweisen versehen, veröffentlicht worden, so daß sie nunmehr einem weiteren Interessentenkreis zugänglich sind[9]. Auch die Tonaufnahmen aus einigen Ortschaften sind in ihrer Gesamtheit inhaltlich-systematisch aufgeschlüsselt worden; in diesem Sinne seien erwähnt die Repertorien der Tonaufnahmen von Almáskamarás im Ungarischen Banat, Gánt im Ungarischen Schildgebirge, Kisfalud in der Jugoslawischen Baranya, Kula und Sarwasch in Slawonien[10]. Die alphabetische Aufgliederung der Textincipits, die in einer Kartei zusammengefaßt sind, und die AARNE-THOMPSON-Typisierung der Märchenbelege, die in einer weiteren Kartei stehen, helfen desgleichen bei der Identifikation bestimmter Stücke. Das eigentliche Tonaufnahmenmaterial des Instituts wird auswahlweise in der Reihe *Quellen deutscher Volkskunde* publiziert und so für die Wissenschaft und Lehre zugänglich gemacht. Als Muster für die bisher 13 Nummern umfassende Reihe (14, wenn man das „*Muster*" mitrechnet, das noch nicht ausdrücklich als zur Reihe gehörig bezeichnet wurde), steht die „*Ton-Bild-Buch*"-Veröffentlichung *Ehe sie verklingen* von JOHANNES KÜNZIG aus dem Jahre 1956[11].

Das in *Ehe sie verklingen (. . .)* im Kern enthaltene Prinzip: die Veröffentlichung authentischer Tonaufnahmen, also die Wiedergabe dessen, was die Gewährsleute selbst mitgeteilt haben (und nicht die Publikation einer „*Bearbeitung*", die durch den Filter eines aus der intellektuellen Schicht herrührenden und mit vermeintlich gehobenen ästhetischen Prärogativen ausgestatteten Tonsetzers und Berufssängers bzw. -erzählers geflossen ist), ist bis heute die Grundlage der Reihe geblieben und wird sie auch weiterhin bleiben. Denn nichts kann letztendlich den Volksgesang besser veranschaulichen als seine tönende Realität selbst. In den Institutsausgaben ist die eigentliche Tonveröffentlichung stets durch die genaue Text-Melodie-Nachschrift doubliert und durch einen mit Literaturhinweisen versehenen Kommentar ergänzt, der von einer kompetenten Fachkraft erstellt wurde. Die Veröffentlichungen der Reihe veranschaulichen einmal die Gattungen volkstümlichen Erzählens: Balladen, Legendenlieder, Liebeslieder, Schwänke, Volkslesestoff, wobei Tonbelege von Gewährsleuten aus möglichst zahlreichen ostdeutschen Landschaften mit eingebracht werden; des weiteren ostdeutsche Landschaften — z. B. die Gottschee oder die Karpaten-Ukraine — und dann einzelne Gewährsleute, die aber gerade durch ihre hervorragenden Qualitäten als typische Repräsentanten des Volkslied- bzw. Erzählguts ihrer Heimat gelten und demnach auch ein Bild derselben insgesamt übermitteln, wie z. B. die *Rosibäs aus Hajós*, die *blinden Madl aus Gánt*, der Dobrudschadeutsche PAUL RUSCHEINSKI, die Wolgadeutsche MARIA WOHN oder die RESI-NÉNI aus Almáskamarás. Wie ein und dasselbe Lied von Sänger zu Sänger bzw. von Landschaft zu Landschaft variiert, haben wir anhand von 18 Beispielen der Ballade *Graf und Nonne* in einer unserer Publikationen gezeigt.

Bei der Erstellung von Kommentaren zu den genannten Ausgaben und in der Forschung schlechthin kommen uns die reichen Bibliotheksbestände zugute, über

[9] Siehe die in der am Ende dieses Beitrags stehenden Veröffentlichungsliste vermerkten Repertorien unseres Balladen- bzw. Legendenlieder-Bestandes.

[10] Siehe, ebenda, die genannten Ortschafts-Repertorien.

[11] Für diese wie auch für die des weiteren genannten Veröffentlichungen siehe die schon genannte Liste am Ende des Beitrags.

die wir verfügen. Die Institutsbücherei geht in ihrem Kern auf die Privatbibliothek JOHANNES KÜNZIGS zurück und wurde laufend vervollständigt. Ein ausgedehnter Bestand bezieht sich auf volkskundliche Titel allgemein, ein anderer Teil auf Veröffentlichungen aus dem Bereiche der ostdeutschen Volks- und Heimatkunde und ein weiterer auf zahlreiche Titel aus Einzellandschaften. Die Aufstellung der Letztgenannten verfolgt das landschaftliche Kriterium, was dem jeweiligen Überblick sehr dienlich ist.

Separat gesammelt und aufgestellt ist die reiche Sammlung (insgesamt 1217 Titel) heimatlicher Zeitungen, Zeitschriften, Heimatbriefe etc., die eine große Fülle an Mitteilungen über volkskundliche Themen enthalten. Die Benutzung dieser Sammlung durch Interessenten von außerhalb des Instituts ist sehr groß, da wir an das Fernleihnetz angeschlossen sind (unser Institut ist durch das Sigel *„Frei 131"* gekennzeichnet) und die von der Freiburger Universitätsbibliothek auf Mikrofiches edierte, laufend aktualisierte Bestandsübersicht 870 Titel unserer Gesamtsammlung als nur bei uns vorhanden ausweist. Der Periodica-Bestand unseres Instituts ist EDV-gespeichert und auf dieser Grundlage ist ein Katalog ediert worden[12]. Die Speicherung des gesamten Buchbestandes ist im Gange.

Die Diathek mit ca. 5000 Aufnahmen, von denen ein Teil JOHANNES KÜNZIG zu verdanken ist, noch aus den dreißiger Jahren stammt und die ostdeutsche Ortschaften und Trachten präsentiert, ist genauso erwähnenswert wie unsere große Sammlung an geographischen und politischen Karten, die ca. 1200 Nummern umfaßt. Die Sammlung von Postkarten ist relativ klein, doch umfaßt auch sie wertvolle Stücke wie z. B. die *„Liedpostkarten"* des erzgebirgischen Sängers ANTON GÜNTHER. Das Bildarchiv wie auch die Landkartensammlung sind nach geographischen Kriterien geordnet, innerhalb der landschaftlichen Gruppen besteht Nummernfolge. Die EDV-Speicherung der Landkartensammlung ist im Gange, die der Bildarchivbestände wird anvisiert.

Die zahlreichen Einsendungen schriftlicher Erinnerungen und persönlicher Sammlungen seitens Ostdeutscher sind entweder nach landschaftlichen oder aber nach volkskundlich-fachlichen Kriterien in Kästen aufbewahrt geordnet. Von besonderem Interesse sind aus dieser Kategorie des Institutsbestandes die autobiographischen Niederschriften von Gewährsleuten, ihre Aufzeichnungen über heimatliche Gegebenheiten, Erinnerungsstücke — z. B. handschriftliche Liederbücher etc. Aus den Archivbeständen dieser Einsendungen hat das Institut die *„Volksliedersammlung LINSTER"* ediert: 105 Liedaufzeichnungen des Hatzfelder Musiklehrers JOSEF LINSTER, die dieser seinerzeit an JOHANNES KÜNZIG eingesandt hatte[13].

Mit der zuletzt genannten Gruppe seien auch die Nachlässe von Wissenschaftlern erwähnt, die im Institut aufbewahrt und z. T. auch ediert wurden. So befanden sich im Nachlaß von Professor BRUNO SCHIER (1902 – 1984) mehrere Versionen eines Manuskripts, das schlichtweg als Lebenswerk des betreffenden Wissenschaftlers angesehen wird, nämlich seine Arbeit über die deutsch-slawischen volkskulturellen

[12] Ebenda, siehe das *Repertorium der Periodika.*

[13] Ebenda, siehe die Abteilung *Buchveröffentlichungen* in der Liste am Ende des Beitrags.

Beziehungen. Im Sinne des Autors gesichtet, hat unser Institut das posthume Werk als einheitliches Ganzes veröffentlicht[14].

1985 wurde unserem Institut das Material der *„Sammlung Karasek"* zwecks pflegender Aufbewahrung übergeben. Nach dem 1970 erfolgten Tod von Alfred Karasek wurde die vordem in Bischofswiesen gelagerte Sammlung vom Lande Baden-Württemberg 1972 angekauft und nach Stuttgart verbracht, wo sie Josef Lanz und später Ernst Hobler betreut haben. Die auf Direktaufzeichnungen und nicht auf Tonbandaufnahmen fußende Sammlung hat als Schwerpunkt: ostdeutsche Krippenkunst, ostdeutsches Volksschauspiel und ostdeutsches Erzählgut. Das Material ist großenteils ausgewertet worden und hat Eingang gefunden in die Veröffentlichungsreihe der Kommission für ostdeutsche Volkskunde. In unserem Institut wird die Sammlung in sich geschlossen aufbewahrt.

Angesichts der letzten Entwicklungen in Osteuropa ergeben sich nun auch für das Johannes-Künzig-Institut neue Aufgaben und neue Perspektiven. Die große Aussiedlerwelle aus den Ländern der ehemaligen Sowjetunion eröffnet so z. B. die Möglichkeit einer aktuellen Bestandsaufnahme aus volkskundlicher Sicht und schafft vorzügliche Bedingungen, um den Eingliederungsprozeß der Rußlanddeutschen in die binnendeutsche Realität zu untersuchen. Dieses Thema wollte denn auch Professor Dr. Peter Assion, der mit Wirkung von 1. Juni 1993 zum neuen Leiter des Instituts ernannt worden war, mit aller Kraft angehen.

[14] Ebenda, siehe die Abteilung *Buchveröffentlichungen* im Anhang.

Veröffentlichungsliste des Johannes-Künzig-Instituts für ostdeutsche Volkskunde

Publikationsreihe: QUELLEN DEUTSCHER VOLKSKUNDE

Band 1 Gottscheer Volkslieder aus mündlicher Überlieferung. Authentische Tonaufnahmen 1954 – 1966 von Johannes Künzig und Waltraut Werner. Drei Langspielplatten mit Textheft. Freiburg 1967. (LP-Nrn. 9, 10, 11)

Band 2 Ungarndeutsche Märchenerzähler I: Die Rosibäs aus Hajós. Drei Langspielplatten mit Textheft. Authentische Tonaufnahmen 1967 aus Hajós von Johannes Künzig und Waltraut Werner. Freiburg 1969. (LP-Nrn. 12, 13, 14)

Band 3 Ungarndeutsche Märchenerzähler II: Die „Blinden Madel aus Gánt." Drei Langspielplatten mit Textheft. Authentische Tonaufnahmen 1958 und 1960 von Johannes Künzig und Waltraut Werner. Kommentare: Dietz-Rüdiger Moser. Freiburg 1971. (LP-Nrn. 19, 20, 21)

Band 4 Balladen aus ostdeutscher Überlieferung. Vier Langspielplatten mit Text- und Kommentarbuch. Gesammelt und herausgegeben von Johannes Künzig und Waltraut Werner. Kommentare: Hartmut Braun und Dietz-Rüdiger Moser. Freiburg 1969. (LP-Nrn. 15, 16, 17, 18)

Band 5 Legendenlieder aus mündlicher Überlieferung. Authentische Tonaufnahmen 1953 – 1971 von Johannes Künzig und Waltraut Werner-Künzig. Herausgegeben in Zusammenarbeit mit Hartmut Braun und Dietz-Rüdiger Moser. Drei Langspielplatten mit Textheft. Freiburg 1971. (LP-Nrn. 22, 23, 24)

Band 6 Aus dem Liedgut des Dobrudschadeutschen „Singers" Paul Ruscheinski. Drei Langspielplatten mit Textheft. Authentische Tonaufnahmen 1956 – 1973 von Johannes Künzig und Waltraut Werner. Melodie-Transkriptionen und Kommentare: Gottfried Habenicht. Freiburg 1977. (LP- Nrn. 45, 46, 47)

Band 7 Volkslesestoff in mündlicher Überlieferung. Vier Langspielplatten mit Textheft. Authentische Tonaufnahmen 1959 – 1966 von Johannes Künzig und Waltraut Werner. Kommentare: Leander Petzoldt. Freiburg 1978. (LP-Nrn. 41, 42, 43, 44)

Band 8 Schwänke aus mündlicher Überlieferung. Drei Langspielplatten mit Textheft. Authentische Tonaufnahmen 1952 – 1970 von Johannes Künzig und Waltraut Werner. Kommentare: Hannjost Lixfeld. Freiburg 1973. (LP-Nrn. 34, 35, 36)

Band 9 Volkslieder aus Deutsch-Mokra — einer Waldarbeiter-Siedlung in der Karpaten-Ukraine. Vier Langspielplatten mit Text- und Kommentarbuch. Gesammelt und herausgegeben von Johannes Künzig und Waltraut Werner-Künzig, in Zusammenarbeit mit Gottfried Habenicht. Freiburg 1978. (LP-Nrn. 28, 29, 30, 31)

Band 10 Liebeslieder vom Böhmerwald bis zur Wolga. Drei Langspielplatten mit Text- und Kommentarbuch. Gesammelt und herausgegeben von Johannes Künzig und Waltraut Werner-Künzig. Kommentare: Rolf Wilhelm Brednich und Gottfried Habenicht. Freiburg 1979. (LP-Nrn. 49, 50, 51)

Band 11 Lied- und Erzählgut der Resi Klemm aus Almáskamarás im ungarischen Banat. Vier Langspielplatten mit Text- und Kommentarbuch. Gesammelt und herausgegeben von

JOHANNES KÜNZIG und WALTRAUT WERNER-KÜNZIG. Kommentare: GOTTFRIED HABENICHT und MICHAEL BELGRADER. Freiburg 1980. (LP-Nrn. 37, 38, 39, 40)

Band 12 Graf und Nonne. 18 Beispiele einer Ballade aus mündlicher Überlieferung. Herausgegeben von JOHANNES KÜNZIG †, WALTRAUT WERNER-KÜNZIG und GOTTFRIED HABENICHT. Transkriptionen und Kommentar von GOTTFRIED HABENICHT. (Eine Schallplatte mit Beiheft). Freiburg 1986.

Band 13 Wolgadeutsche Volkslieder — Das Liedgut der MARIA WOHN aus Rothammel. 275 Lieder (Texte, Melodien, Anmerkungen). Herausgegeben von JOHANNES KÜNZIG † und WALTRAUT WERNER-KÜNZIG. Freiburg o. J.

WEITERE SCHALLPLATTENEDITIONEN AUTHENTISCHER TONAUFNAHMEN

1. KÜNZIG, JOHANNES: Ehe sie verklingen . . . Alte deutsche Volksweisen vom Böhmerwald bis zur Wolga. 4 Schallplatten mit Textheft (= 80 S. und 24 Bildtafeln). Freiburg 1958; ²1960; ³1977. (LP-Nrn. 1, 2, 3, 4)
2. Drei Märchen und eine Ballade der „Blinden Schwestern" aus Gánt (Ungarisches Schildgebirge). Aufgenommen im März 1958 von PROFESSOR DR. JOHANNES KÜNZIG. (1 Schallplatte). Freiburg o.J. (LP-Nr. 5)
3. Balladen aus mündlicher Überlieferung. Authentische Tonaufnahmen 1952–1963 von JOHANNES KÜNZIG und WALTRAUT WERNER. (1 Schallplatte). Freiburg o.J. (LP-Nr. 8)
4. Passionslieder aus mündlicher Überlieferung. Authentische Aufnahmen 1952–1963 von JOHANNES KÜNZIG und WALTRAUT WERNER. (1 Schallplatte). Freiburg o.J. (LP-Nr. 6)
5. Legendenlieder aus ostdeutscher Überlieferung. Authentische Tonaufnahmen 1953–1963 von JOHANNES KÜNZIG und WALTRAUT WERNER. Hüllentext von JOHANNES KÜNZIG und JOSEF MÜLLER-BLATTAU. (1 Schallplatte). Freiburg o.J. (LP-Nr. 7)
6. Von Weihnachten bis Dreikönig. Authentische Tonaufnahmen 1953–1969 von JOHANNES KÜNZIG und WALTRAUT WERNER. (3 Schallplatten). Freiburg o.J. (LP-Nrn. 25, 26, 27)
7. Aus dem Volksleben des slawoniendeutschen Dorfes Sarwasch. Authentische Tonaufnahmen 1954–1972 von JOHANNES KÜNZIG und WALTRAUT WERNER. (2 Schallplatten). Freiburg o.J. (LP-Nrn. 32, 33)
8. Aus dem geistlichen Liedgut des Dobrudschadeutschen PAUL RUSCHEINSKI. Authentische Tonaufnahmen 1956 und 1958 von JOHANNES KÜNZIG und WALTRAUT WERNER. (1 Schallplatte). Freiburg o.J. (LP-Nr. 48)

BUCHVERÖFFENTLICHUNGEN

1. KÜNZIG, JOHANNES: Kleine volkskundliche Beiträge aus fünf Jahrzehnten. [Herausgegeben von WALTRAUT WERNER-KÜNZIG]. 448 S. Freiburg 1972.
2. Die Traditionsblätter und Periodika im Institut für ostdeutsche Volkskunde. Katalog in zwei Bänden. Herausgegeben von WALTRAUT WERNER-KÜNZIG. Freiburg 1979.
3. Repertorium der Periodika. Zeitschriften, Jahrbücher, Zeitungen, Traditionsblätter und Kalender im JOHANNES-KÜNZIG-Institut für ostdeutsche Volkskunde. [Herausgegeben von WALTRAUT WERNER-KÜNZIG]. Freiburg 1987.
4. Ostdeutsche Trachtenkunde, Abteilung Donauschwaben. [Herausgegeben von WALTRAUT WERNER-KÜNZIG]. Freiburg 1987.

5. Ostdeutsche Trachtenkunde, Abteilung Schlesien – Mähren – Böhmen. Historische Abhandlungen. [Herausgegeben von Waltraut Werner-Künzig]. Freiburg 1987.

6. Künzig, Johannes; Werner, Waltraut: Volksballaden und Erzähllieder — ein Repertorium unserer Tonaufnahmen. Herausgegeben in Zusammenarbeit mit Gottfried Habenicht. 288 S. Freiburg 1975.

7. Künzig, Johannes; Werner, Waltraut: Legendenlieder — ein Repertorium unserer Tonaufnahmen. Herausgegeben in Zusammenarbeit mit Gottfried Habenicht. 172 S. Freiburg 1977.

8. Künzig, Johannes; Werner-Künzig, Waltraut: Almáskamarás / Ungarisches Banat. Ein Repertorium unserer Tonaufnahmen bearbeitet von Gottfried Habenicht. Freiburg 1983.

9. Künzig, Johannes; Werner-Künzig, Waltraut: Gánt / Ungarisches Schildgebirge. Ein Repertorium unserer Tonaufnahmen, bearbeitet von Gottfried Habenicht. Freiburg 1983.

10. Künzig, Johannes; Werner-Künzig, Waltraut: Kisfalud / Jugoslawische Baranya. Ein Repertorium unserer Tonaufnahmen, bearbeitet von Gottfried Habenicht. Freiburg 1983.

11. Künzig, Johannes; Werner-Künzig, Waltraut: Kula / Bez. Poscheg / Slawonien. Ein Repertorium unserer Tonaufnahmen, bearbeitet von Gottfried Habenicht. Freiburg 1983.

12. Künzig, Johannes; Werner-Künzig, Waltraut: Sarwasch / Bezirk Esseg / Slawonien. Ein Repertorium unserer Tonaufnahmen, bearbeitet von Peter Haegele. Freiburg 1983.

13. Schier, Bruno: West und Ost in den Volkskulturen Mitteleuropas. (Mit einem Vorwort von Waltraut Werner-Künzig). Marburg: Elwert 1989.

14. Habenicht, Gottfried: Liedgut und Liedleben in einem Hauerländer Dorf. Der Gewährsmann Anton Köppl aus Honneshau: Lieder, Selbstzeugnis, Kommentare. Aufgrund der Tonaufnahmen 1975 – 1984 von Johannes Künzig, Waltraut Werner-Künzig und Gottfried Habenicht. Freiburg 1987.

15. Habenicht, Gottfried: Die Volksliedersammlung Linster (1933/34) aus Hatzfeld im Banat. Freiburg 1988.

16. Kurfürst, Pavel: Die Bauernfiedel. Über die Streichinstrumente der Volksmusik in der Iglauer Sprachinsel. Freiburg 1993. (In Druck).

17. Habenicht, Gottfried: Wolgadeutsche Lieder aus Argentinien. Die Aufzeichnungen Thomas Kopps in der Kolonie Santa Teresa. Freiburg, 1994.

18. Habenicht, Gottfried: Die Volkslieder der Sammlung Szimits. Kommentierte Ausgabe. (In Vorbereitung)

Anton Unterkircher

Das EDV-Projekt des Innsbrucker „Brenner-Archivs“

Das Forschungsinstitut *Brenner-Archiv* an der Universität Innsbruck wurde 1964 gegründet, um den Nachlaß Ludwig von Fickers und seiner Zeitschrift *Der Brenner* zu verwalten. Durch die Vielzahl von *„Brenner“*-Kontakten haben sich in einer Sogwirkung Nachlässe von *Brenner*-Autoren und deren Umkreis angesammelt, so daß jetzt an die 100 Nachlässe oder Teilnachlässe vorhanden sind. Durch die Kontakte von Fickers zu den verschiedensten Personen und Gruppierungen besteht ein interdisziplinäres Archiv. Es verwaltet nicht nur literarische Nachlässe, sondern auch Nachlässe von bildenden Künstlern. Durch von Fickers Kontakte zu Ludwig Wittgenstein, Theodor Adorno und Martin Heidegger gibt es einen philosophischen Sammelschwerpunkt (u.a. einen Teilnachlaß Ludwig Wittgenstein). In Innsbruck liegen auch Dokumente, die zu dem Tagungsthema passen: Einzelnummern der Zeitschrift *Klingsor*, Briefe von Heinrich Zillich und Adolf Meschendörfer und Briefe und Manuskripte von Otto Alscher.

Wenn man sich nun ein Archiv vorstellt, denkt man in erster Linie an verstaubte Akten und Bücher, die im besten Falle schön geordnet in Depots stehen und über Kataloge, Inventarbücher und ähnliches aufzufinden sind, an Computer denkt man weniger. Und doch leistet ein Computer im Prinzip genau das (beim heutigen Stand der Software noch weit mehr), was Kataloge auch tun. Eine Datenbank ermöglicht den Zugriff auf riesige Datenmengen und vermag die gewünschten Informationen, je nach Fragestellung, in Sekundenbruchteilen herauszufiltern. Der Einsatz von EDV an Archiven ist daher auf Dauer gesehen nicht nur nicht zu verhindern, sondern unumgänglich. Dies schon allein deshalb, weil Literaturarchive in Zukunft Nachlässe z.T. auch auf Disketten bekommen werden; auch wird der Austausch von großen Datenmengen über CD-Roms immer einfacher.

Bereits seit Mitte der 80er Jahre war das *Brenner-Archiv* bestrebt, EDV einzuführen. Dabei gab es von Anfang an klare Vorstellungen: Es sollte keine *„Hauslösung“* entstehen, sondern die Daten sollten in einem zumindest österreichweiten Verbundnetz abfragbar sein. Auch wollten wir keine eigene Software entwickeln, denn dies hätte ja wieder die Austauschbarkeit der Daten behindert. Da in Bibliotheken EDV schon viel früher zum Einsatz gelangt war, lag es nahe, auf diesem Gebiet Ausschau zu halten. Damals war in Österreich gerade der Verbund österreichischer Bibliotheken im Entstehen, und diesem Verbund haben wir uns als erstes und bisher einziges Archiv angeschlossen.

Im Bereich der wissenschaftlichen Bibliotheken hatte und hat noch die sogenannte RAK[1] Geltung, ein penibles Regelwerk für die Katalogisierung von Büchern, das für den gesamten deutschen Sprachraum gedacht ist. Auch gab es zu diesem Regelwerk schon damals eine Reihe von Sonderregeln[2], etwa zur Erfassung von AV-Medien. Leider noch keine für Archivalien. Im Vorwort zu den RAK-WB heißt es: „*Die RAK wurden 1977 als ein Regelwerk publiziert, das den heutigen Formen und Titelangaben von Veröffentlichungen und dem Informationsverhalten der Benutzer unserer Zeit gerecht zu werden suchte, das den internationalen Konsens in der Katalogisierung anstrebte und das die zur Präzision zwingenden Ansprüche der elektronischen Datenverarbeitung berücksichtigte.*“[3]

Aufgrund dieses Regelwerkes entwickelte eine Wiener Firma das EDV Programm BIBOS. BIBOS ist die Abkürzung für Bibliotheksorganisationssystem. Wie schon der Name sagt, ist es ein komplexes System, das die gesamte Verwaltung einer Bibliothek übernimmt, sei es die Budget-Verwaltung, die Bestellung von Büchern, die Erwerbung, Katalogisierung und schließlich auch die Ausleihe. Das heißt, der Bibliothekar findet irgendwo die bibliographische Angabe, tippt sie unvollständig ins System ein und druckt eine Bestellung für den Buchhändler aus, der als Lieferant ebenfalls im System verwaltet wird. Dann kommt das Buch herein, der Titel wird vervollständigt, in der Erwerbsabteilung wird die Inventarnummer, die Signatur und der Standort vergeben, in der Sacherschließung wird das Buch inhaltlich nach genormten Schlagwörtern und Schlagwortketten erschlossen. Der Bibliotheksbenutzer, der im System eine Benutzernummer erhält, leiht dann das Buch über den Bildschirm aus.

Die RAK war die Voraussetzung für das EDV-Programm BIBOS. Nun ist aber ein EDV-Programm schon prinzipiell etwas anderes als ein schriftliches Regelwerk. Die genaue Umsetzung des schriftlichen Regelwerkes hat nämlich die Möglichkeiten der EDV eher eingegrenzt. Durch die lange Planungszeit bedingt, ist die Konzeption von BIBOS ihrerseits schon etwas veraltet, so daß die Möglichkeiten der jetzigen Hochleistungs-PCs nicht voll ausgenutzt werden können. Zudem ist die Umstellung von einer althergebrachten Verwaltung auf EDV an sich wieder ein Problem, das viel Zeit erfordert. So sind manche Bibliotheken und Institute noch ohne Netzanschluß und müssen weiterhin mit Karteikarten versorgt werden. BIBOS ist demnach in erster Linie ein System, das Karteikarten generieren kann. Abgesehen davon, daß sich der Karteikarten-Ausdruck in der Praxis trotzdem noch als äußerst schwierig erweist, korrespondiert die komplizierte Eingabe nicht mit einer detaillierten Abfrage am Bildschirm. Das heißt, man muß zwar eine

[1] Regeln für wissenschaftliche Bibliotheken: RAK-WB. Hrsg. von der Kommission des Deutschen Bibliotheksinstitutes für alphabetische Katalogisierung unter Vorsitz von Franz Georg Kaltwasser. Wiesbaden: Reichert 1983 (Regeln für die alphabetische Katalogisierung, Bd. 1).

[2] Sonderregeln für audiovisuelle Materialien, Mikromaterialien und Spiele: RAK-AV. Berlin: Dt. Bibliotheksinstitut 1985; Sonderregeln für Musikalien und Musiktonträger: RAK-Musik. Wiesbaden: Reichert 1986 (Regeln für die alphabetische Katalogisierung, Bd. 3); Sonderregeln für kartographische Materialien: RAK-Karten. Wiesbaden: Reichert 1987 (Regeln für die alphabetische Katalogisierung, Bd. 4).

[3] Wie Anm. 1, S. V.

Menge von verschiedenen Kategorien ausfüllen, vor allem die von der RAK vorgesehenen Nebeneintragungen (eben für die verschiedenen Karteikarten); diese sind allerdings nicht auf dem Bildschirm auffindbar. So muß man zwar für einen Herausgeber eines Werkes eine Nebeneintragung machen, suchen kann man ihn aber nur in einer Personendatei, in der Verfasser, Herausgeber, Illustratoren, Übersetzer u.ä. zusammengeführt werden. Ebenso geht es mit den von der RAK vorgesehenen verschiedenen Titeln: Hauptsachtitel, Parallelsachtitel, Einheitssachtitel, Nebentitel u.a. Für alle diese Titel sieht BIBOS verschiedene Kategorien vor, auffindbar sind sie allerdings nur in einer einzigen Titeldatei usw. In diesem Sinne bleiben Möglichkeiten von EDV ungenützt, da man solche genaue Aufschlüsselungen nicht suchen kann. Andererseits hat das natürlich wieder den Vorteil, daß man mit irgendeinem Namen bzw. mit irgendeinem Titel, sei es nur mit dem Reihentitel, dem Nebentitel oder dem Originaltitel (bei Übersetzungen) auf jeden Fall fündig wird. Die Nebeneintragungen sind für den Benutzer auf dem Bildschirm nicht einmal sichtbar, d.h. manche Zeilen müssen mehrfach eingetragen werden. Dies ist für eine Bildschirmarbeit eigentlich unzumutbar. Wenn diese Übergangsphase einmal überwunden ist und niemand mehr Karteikarten brauchen wird, dann wird hier wohl eine wesentliche Erleichterung eintreten.

Bereits in der Planungsphase von BIBOS hat mein damaliger Kollege CHRISTOPH KÖNIG, jetzt im Deutschen Literaturarchiv in Marbach tätig, Richtlinien zur *Verwaltung und wissenschaftlichen Erschließung von Nachlässen in Literaturarchiven*[4] entworfen, die 1988 beim K.G. SAUR Verlag in München erschienen sind. Diese Richtlinien verstehen sich als weitere Sonderregel der RAK und weichen nur dort ab, wo es eben die spezifischen Merkmale von Werkzeugen zu erfassen gilt. Wichtig ist, daß KÖNIGS Richtlinien nicht nur für Handschriften konzipiert wurden, sondern grundsätzlich auf alle Materialien anwendbar sind. In Nachlässen befinden sich meist nicht nur Handschriften, sondern oft auch die Bibliothek des Erblassers, Erinnerungsstücke, Dokumente, Büsten, Gemälde, Tonbänder, Videokasetten u.ä.

KÖNIGS Richtlinien geben den gesamten Ablauf der Erfassung eines Nachlasses wieder. Jeder eingehende Nachlaß, Teilnachlaß oder jedes Einzelstück ist zuerst einmal als Eigentum des Archivs zu kennzeichnen, also zu inventarisieren. In einem zweiten Arbeitsgang wird der Nachlaß in folgende Ordnung gebracht: 1. echter Nachlaß, 2. anreichernder Nachlaßteil. Zum echten Nachlaß gehören die Werkzeuge des Nachlassers, Korrespondenzen und Lebensdokumente; zum anreichernden Nachlaßteil alles, was sich im Laufe des Lebens des Nachlassers angesammelt hat (Bibliothek, Rezensionen u.ä.) und was spätere Besitzer hinzugefügt haben. Der dritte Schritt sieht die Katalogisierung der Archivalien vor, und zwar wird ein Archivale im Prinzip genau wie ein Buch behandelt: Wer ist der Verfasser, was für einen Titel hat das Werk, wann und wo ist es entstanden, aus wievielen Seiten, besser Blättern, besteht es. Bei einem Buch ist das in der Regel recht

[4] KÖNIG, CHRISTOPH: Verwaltung und wissenschaftliche Erschließung von Nachlässen in Literaturarchiven. Österreichische Richtlinien als Modell. Hrsg. vom Forschungsinstitut „Brenner-Archiv" (Innsbruck). München [u.a.]: Saur 1988 (Literatur und Archiv, Bd. 1).

einfach, meist genügt ein Blick auf die Titelseite. Im Extremfall eines unsignierten Bierdeckelgedichtes, wo man nur an der Handschrift den Autor erkennt, ist es schon weit schwieriger. Hier müssen also die fehlenden Informationen so gut wie möglich ergänzt und als solche auch kenntlich gemacht werden. Klar ist, daß man mit den Kategorien einer Buchbeschreibung bei einem Archivale nicht auskommt. Wenn man genau sein will, muß man die Papierart angeben, eventuelle handschriftliche Korrekturen von fremder Hand, die Beschaffenheit des zum Archivale gehörenden Behältnisses, etwa ein vom Autor selbst angelegtes Heft, Mappe oder bei Korrespondenzen das Kuvert. Schließlich fehlt noch die äußerst wichtige Angabe der Provenienz, also in welchem Nachlaß das Stück liegt. Wichtig ist bei einem Archivale auch eine genaue Datierung, die Jahresangabe reicht in den meisten Fällen nicht aus.

Ist der Nachlaß geordnet und beschrieben, wird zuerst die Signatur vergeben. Die verschiedenen Abteilungen des Nachlasses werden durchnumeriert, diese wieder in Unterabteilungen gegliedert usw. Mit der entsprechenden Signaturgruppe kann also der Benutzer gezielt eine Nachlaßabteilung, etwa die dramatischen Werke, durchsehen.

KÖNIGS *Richtlinien* sind aber von vornherein auf die elektronische Datenerfassung ausgerichtet. WALTER METHLAGL schreibt darüber im Vorwort:

„Andererseits beziehen sie — erstmals überhaupt — die Möglichkeit, elektronische Datenverarbeitung einzusetzen, grundsätzlich ein; dies sowohl hinsichtlich des Ablaufs der archivalischen Aufbereitung als auch hinsichtlich der Katalogisierung. Dieser Möglichkeit wird durch die Adaption der in den RAK festgelegten Definitionen und Regeln, aber auch durch die vorausschauende Kalkulation mit internationalen Datenformaten (etwa mit dem Maschinellen Austauschformat für Bibliotheken, MAB 1) entsprochen. Der EDV-Einsatz wird einen entscheidenden Schritt in der Archivierung literarischer Nachlässe darstellen: die Bearbeitung wird ökonomischer; die gespeicherten Daten können differenzierter recherchiert werden, obwohl es dieselben sind, mit denen man es auch bei der konventionellen Erfassung zu tun hat. Neben künftiger Raumersparnis (da Kataloge zwar nicht notwendigerweise, jedoch möglicherweise wegfallen), besteht eine sehr folgenreiche Auswirkung dieser Automatisierung vor allem in der Möglichkeit des Datenaustausches mit anderen Institutionen innerhalb eines Verbundes einschlägiger Sammlungen. Die Richtlinien können hierfür die Voraussetzung darstellen.“[5]

*

Seit einem guten halben Jahr versuche ich nun, die RAK, CHRISTOPH KÖNIGS *Richtlinien* und BIBOS unter einen Hut zu bringen. Dabei haben sich verschiedene Probleme ergeben, wovon sich aber bisher keines als unlösbar erwies. Die Schwierigkeiten entstehen natürlich in der Hauptsache daraus, daß BIBOS ein Programm zur Erfassung von Büchern ist. Das heißt, wir mußten erst einmal die für die Bücher verwendeten Kategorien auf ihre Tauglichkeit für die Beschreibung

[5] KÖNIG, CHRISTOPH: ebenda, S. 6.

von Archivalien testen und natürlich zusätzliche Kategorien für die Besonderheiten der Beschreibung von Archivalien adaptieren.

Bei der Titelaufnahme halten wir uns einerseits streng an die RAK, andererseits sehen die Richtlinien von König gewisse Erweiterungen vor. Laut RAK können beispielsweise nur 3 Verfasser angegeben werden, ebenso ist bei einem Sammelwerk die Anzahl der enthaltenen Werke auf 3 beschränkt. Für ein Literaturarchiv ist eine solche Beschränkung natürlich unsinnig. Wenn es 10 Verfasser gibt, dies ist z.B. bei Rundbriefen durchaus nicht so selten, dann muß man diese ebenfalls anführen. Maßgebend für die Genauigkeit solcher Angaben ist immer die Bedeutung der jeweiligen Archivalien für das betreffende Archiv und der jeweilige Bekanntheits- und Forschungsstand des betreffenden Nachlasses. Besonders wichtig ist — wir geben unsere Daten ja in einen Bibliotheksverbund ein —, daß man sofort die Materialarten auseinanderhalten kann. So geben wir im Zusatz zum Titel eines Manuskriptes das Kürzel EZ für Entstehungszeuge ein. Königs Richtlinien unterscheiden nämlich zwischen Ausgaben auf der einen Seite und Entstehungszeugen, welche eben die Entstehung eines Werkes dokumentieren, auf der anderen. Handelt es sich um ein Lebensdokument, ein Korrespondenzstück, um ein Tonband, so wird dies ebenfalls im Zusatz zum Titel angeführt. Der Benutzer sieht so auf den ersten Blick, um was es sich handelt; Bücher erhalten logischerweise keine spezielle Kennzeichnung. Auf die allgemeine Angabe folgt nun noch eine spezielle zum Werkzusammenhang: etwa Reinschrift, Abschrift, Druckfahne, aber auch 1. Entwurf, 1. Fassung, überarbeitete Reinschrift u.ä.

Besonders wichtig erscheint uns auch die Angabe einer Gattungsbezeichnung im Zusatz zum Sachtitel, etwa Gedicht, Roman, Drama, Tagebuch usw., denn vor allem bei den Nachlässen sind ja oft die Titel der einzelnen Werke völlig unbekannt und viele Nachlaßstücke tragen überhaupt keinen Titel. Da bringt die Information, um welche Gattung es sich hier handelt, entschieden mehr. Natürlich muß man eher eine grobe Einteilung wählen, denn erstens ist eine genaue Bestimmung oft überhaupt nicht möglich, zweitens ist der Zeitaufwand für den Archivar zu groß, und drittens wird auch die Suche auf dem Bildschirm komplizierter, weil es dann nicht mehr genügt, nach dem vagen Begriff Gedicht zu suchen, sondern beispielsweise nach einem Sonett. Ist die Angabe allerdings zu weit, dann wird wieder die Anzahl der Treffer zu hoch und der Benutzer muß eine Vielzahl von Datensätzen *durchblättern,* um das zu finden, was er sucht. Damit der Verbund nicht überlastet wird, ist in BIBOS die für den Benutzer verwertbare Trefferzahl auf 100 beschränkt, d.h. das System zeigt zwar an, daß es zu dem weitgefaßten Suchbegriff beispielsweise 750 Titel gefunden hat, auf dem Bildschirm kann aber nur auf 100 Titel zugegriffen werden. Der Benutzer muß seine Suchkriterien so einschränken, daß er die Trefferzahl von 100 Titeln nicht überschreitet.

Ein besonderes Augenmerk richten wir auf eine präzise Eingabe des Datums, oder wenn dies nicht genau möglich ist, von Zeiträumen. Für ein Archiv ist nämlich die Beantwortung der Frage, was für Dokumente besitzen wir zu diesem Zeitraum, Jahr, Monat oder sogar Tag, von unschätzbarem Wert.

Eine Bibliothek hat, wie erwähnt, verschiedene Abteilungen, in denen einzelne

Arbeitsschritte in BIBOS durchgeführt werden. Leider kann sich ein Archiv unserer Größenordnung verschiedene Abteilungen nicht leisten, d.h. man ist Titelaufnehmer, Erwerber und Sacherschließer in einem, muß also drei Funktionen, die in einer Bibliothek von verschiedenen, spezialisierten Abteilungen versehen werden, vereinigen. Um dieser enormen Belastung entgegenzuwirken, haben wir uns auf folgendes Minimalprogramm geeinigt: Die Erwerbung eines Nachlasses erfolgt wie bisher außerhalb des Systems; dadurch wird der Erwerb der einzelnen Stücke innerhalb des Systems wesentlich vereinfacht. BIBOS sieht nämlich eine Option Rückarbeitung von Altbestand vor. In die Erwerbsmaske ist demnach nur die Inventarnummer, der Standort, die Signatur und leider eine Buchnummer einzutragen, die bei Büchern vorne eingeklebt und mit einem Barcode-Lesegerät, wie in den Supermärkten, eingelesen wird. Natürlich kann man auf ein Archivale keine solche Nummer aufkleben, und so heften wir diese auf die Mappen, in denen die Archivalien gelagert werden. Dies bedeutet klarerweise einen Mehraufwand an Arbeit, doch ist in BIBOS der Erwerb erst dann abgeschlossen, wenn diese Buchnummer eingegeben ist. Die Strich-Code-Nummer hat bei Büchern eine eindeutige Identifizierungsfunktion, bei Archivalien — eben weil die Buchnummer nicht aufgeklebt werden kann — leider nicht mehr.

Auf eine Sacherschließung müssen wir im gegenwärtigen Zeitpunkt fast völlig verzichten, da wir ansonsten unser Archiv schließen und uns nur mehr dieser Arbeit widmen müßten. Die Möglichkeit, dies zu einem späteren Zeitpunkt nachzuholen, ist natürlich gegeben, doch ist eine Sacherschließung nur sinnvoll, wenn sie bei allen Datensätzen nachgetragen wird. Immerhin ist denkbar, daß man eine Sacherschließung bei wichtigen Nachlässen vornimmt und dies auf der Benutzerinformation vermerkt. Die einzige Information, die wir in der Sacherschließung eintragen, ist die Nachlaßbezeichnung, also die Angabe, in welchem Nachlaß der betreffende Werk-Zeuge liegt.

Tatsache ist, daß wir inzwischen unsere Inventarbücher und so nebenbei auch die Schreibmaschinen abgeschafft haben und einen großen Teil unserer Arbeitszeit vor dem Bildschirm verbringen. Da eine Erfassung unserer alten Kataloge aufgrund mangelnden Personals nicht möglich ist und auch weil bisher Archivalien nach dem System der Österreichischen Nationalbibliothek erfaßt wurden, die mit den Richtlinien von KÖNIG sozusagen nicht kompatibel sind, muß der Benutzer in Zukunft zwei verschiedene Suchwege gehen. Der erste führt ihn wie bisher zum Katalog, der zweite zum Computer: wenn der Datenbestand einmal vorhanden ist. Derzeit haben wir — im Zuge der Erprobung — erst an die 1.000 Datensätze im System. Da heute auch sonst überall Computer stehen, dürfte die Hemmschwelle für die Benutzer nicht sehr groß sein. Entgegen der Eingabe-Maske ist nämlich die Benutzermaske sehr einfach. Hier merkt man nichts mehr von der komplizierten Eingabe, sondern man kann ohne irgendwelche Vorkenntnisse sofort eine Suchaktion starten.

Mit KÖNIGS *Richtlinien* arbeiten wir seit 1988, die Umstellung auf EDV ist erst zum jetzigen Zeitpunkt voll im Gang. In der beinahe täglichen Erwartung der Umstellung wurden von 1988 ab keine Inventarbücher mehr geführt und die Daten zu den einzelnen Archivalien nur mehr auf Erfassungsformulare eingetragen. Jetzt warten über 10.000 solcher Blätter auf die Eingabe in den Computer. Da die Eingabemaske nicht gerade bearbeiterfreundlich ist und bei weitem nicht die Möglichkeiten eines guten Textverarbeitungsprogrammes bietet, ist das Eingeben eher etwas mühsam. Die Erfassungsformulare können vorerst z.B. nicht ohne weiteres von einer Schreibkraft eingegeben werden, weil zumindest Grundkenntnisse der RAK vorhanden sein müßten; um allerdings ein Buch nach allen Regeln aufnehmen zu können, braucht man eine Bibliothekarsausbildung. Dies stellt uns vor fast unüberwindliche Probleme. Vor kurzem haben wir den gesamtem Nachlaß des Philosophen WOLFGANG STEGMÜLLER übernommen, der zur Hälfte aus Büchern besteht, ca. 8.000 Stück. Um eine solche Bibliothek nach RAK aufzunehmen, braucht ein ausgebildeter Bibliothekar mindestens 2 Jahre, und da kann er noch keine Sacherschließung vornehmen. Auch muß man bei Büchern in Nachlässen zusätzlich noch auf Anmerkungen des Nachlassers und Widmungen achten und diese auch vermerken.

Es gibt allerdings nicht nur Schwierigkeiten: In einem geordneten Nachlaß liegen immer ähnliche Texte nebeneinander, vor allem bei Korrespondenzen ist die Abweichung von der Aufnahme gering. Wir haben z.B. in einem Nachlaß einen vollständig erhaltenen Briefwechsel (zwischen FERDINAND EBNER und LUISE KARPISCHEK), der ungefähr 1500 Briefe umfaßt. Hier muß man nur einen Datensatz von Grund auf erstellen. Dann kann man diesen kopieren und ändern. Von einem zum nächsten Brief ändert sich oft nur das Datum. In kurzer Zeit ist hier die Aufnahme von vielen Briefen möglich; auch bewältigt dies jetzt schon eine Schreibkraft nach kurzer Einführung. Auch bei Manuskripten, etwa verschiedenen Fassungen eines Werkes, ändert sich von einem zum nächsten Datensatz nicht viel.

Ein besonderer Vorteil des Programmes: BIBOS ist als Verwaltungsprogramm staatlich anerkannt. Man muß zum Beispiel nicht einmal mehr ein Inventar ausdrucken.

Voll zum Tragen kommt EDV sowieso erst, wenn viele Datensätze eingegeben sind. Dies wird vor allem dann der Fall sein, wenn die Verbundidee greift. Momentan sind wir das einzige Archiv, das im BIBOS-Verbund Daten eingibt. Ansonsten gehören dem Verbund über 20 der größten Bibliotheken Österreichs an, darunter alle Universitätsbibliotheken und natürlich auch die Österreichische Nationalbibliothek. Geplant ist, daß nach unserem Pilotprojekt sich andere österreichische Literaturarchive anschließen, darunter das an der Österreichischen Nationalbibliothek gegründete österreichische Literaturarchiv. Wenn dieser Verbund einmal funktioniert, wird es an jedem Archiv und an jeder größeren Bibliothek in Österreich möglich sein, festzustellen, welche Nachlaßstücke überhaupt in Österreich zu einem bestimmten Autor vorhanden sind, wo sie liegen und sogar, welche Signatur die einzelnen Stücke haben. Bei der momentanen Situation in Österreich, wo zumindest jedes Bundesland ein eigenes Literaturarchiv errichtet hat oder errichten will, ist der Verbund wirklich die einzige Möglichkeit, die Daten zentral zu sammeln. Es werden allerdings noch einige Jahre vergehen, bis es so weit ist. Bis jetzt ist es in Österreich sogar für Insider schwierig, die verstreuten Nachlaßteile zusammenzufinden[6]. Kommt die Verbundidee zum Tragen, so kann diese Regionalisierungstendenz durchaus fortgesetzt werden. Regionalarchive sind nämlich — wir sind ja selber eines — bei der Sammlung von Nachlässen viel effektiver, da sie präsenter als ein fernes Zentral-Archiv sind.

Die Stärke von BIBOS liegt jedenfalls in der Vernetzung und in der Gleichartigkeit aller Titelaufnahmen, unsere speziellen Titelaufnahmen miteingeschlossen. Mit der zunehmenden weltweiten Vernetzung wird es bald möglich sein, unseren Datenbestand von überallher einzusehen. Der umgekehrte Fall wird zum Beispiel schon jetzt praktiziert. Die Titelaufnahmen der Deutschen Bibliographie werden schon jetzt in unseren Verbund eingespeist und sind aufgrund der RAK mit unseren Datensätzen kompatibel.

Wenn man allerdings die Entwicklung der CD-Roms betrachtet, so scheint sich für Archive auch eine andere Möglichkeit aufzutun. Man modelliert irgendein Datenbankprogramm auf seine Bedürfnisse um, richtet sich natürlich sehr bearbeiterfreundliche Eingabemasken ein und preßt dann die Daten auf CD-Roms, die man auf Anfrage einfach verschickt — möglicherweise auch über ein Datennetz — vorausgesetzt, daß der Empfänger einen entsprechenden Anschluß besitzt.

Grundsätzlich habe ich allerdings ein distanziertes Verhältnis zur EDV. Solange alles läuft, kann man nichts dagegen haben, fällt aber einmal das Gerät aus, oder gibt es Schäden am Netz, dann kann man eigentlich nur mehr Daumendrehen. Unsere Daten werden auf einem Großrechner in Wien bearbeitet und gespeichert. Fehler können hier am Datennetz im Haus, am Rechner in Innsbruck (der die Daten nach Wien weiterleitet), an der Leitung nach Wien und am dortigen Rechner auftreten. Obwohl uns versichert wird, daß ein Verlorengehen der Daten völlig ausgeschlossen ist, da sie vielfach gesichert seien, kann man sich doch schwer von den alten Katalogen trennen, die sichtbar und greifbar im Institut stehen, obwohl es von ihnen keine „Sicherungskopien“ gibt.

[6] Seit kurzem gibt es allerdings ein sehr wertvolles Nachschlagwerk: Hall, Murray G.; Renner, Gerhard: Handbuch der Nachlässe und Sammlungen österreichischer Autoren. Wien, Köln, Weimar: Böhlau 1992.

Mária Rózsa

Die deutschsprachige Presse in Ungarn im Überblick
Eine Budapester Dokumentation

Die Anfänge regelmäßig erscheinender Presseerzeugnisse liegen in Ungarn fast um ein Jahrhundert hinter den westeuropäischen zurück. Am Anfang des 18. Jahrhunderts existierte in dem nach der 150jährigen Türkenherrschaft verwüsteten Land kein Bürgertum, das als potentielle Basis (Hersteller und Lesepublikum) für das Zustandekommen eines Zeitungswesens in Frage kam. Die ersten in Ungarn herausgegebenen Zeitungen (*Mercurius Hungaricus,* 1705 – 1710 und *Nova Posoniensia,* 1721 – 1722) waren in lateinischer Sprache abgefaßt. Die nächste Etappe der ungarischen Pressegeschichte bildeten die deutschsprachigen Blätter. Hier müssen wir feststellen, daß in der deutschsprachigen periodischen Presse Ungarns zwei Tendenzen bemerkbar sind: ein Teil der Blätter entsprach den Ansprüchen der Deutschen in Ungarn, der andere Teil beabsichtigte, das Ausland über Ungarn zu informieren bzw. Kontakte mit deutschsprachigen Ländern aufrechtzuerhalten. Es gab selbstverständlich viele Publikationen, die beide Ziele im Auge behielten. Zwischen 1730 und 1738 erschien in Ofen (Buda) die erste deutschsprachige Zeitung unter dem Titel *Wochentlich zweymal neu ankommender Mercurius.* Das Blatt ahmte Form und Inhalt des *Wienerischen Diarium* nach; viele Nachrichten wurden einfach übernommen.

In der zweiten Hälfte der Regierungszeit Maria Theresias erfuhr das geistige Leben, auch die Presse, einen großen Aufschwung. Das Ideengut der frühen Aufklärung wurde in Ungarn durch die Vermittlung deutscher und österreichischer Gruppierungen verbreitet. Die ab 1764 erscheinende *Preßburger Zeitung* eröffnete eine neue Periode und war die langlebigste deutschsprachige Zeitung in Ungarn, (sie erschien von 1764 – 1929). Die wöchentlich zweimal erscheinende, vom Gottsched-Jünger Karl Gottlieb Windisch (1725 – 1793), dem späteren Bürgermeister der Stadt, redigierte Zeitung konnte am Anfang kein selbständiges Profil aufweisen, ihr Aufbau und ihr Format glichen dem *Wienerischen Diarium;* die *Preßburger Zeitung* war aber das einflußreichste Blatt der Zeit.

Von größerem Interesse als die Zeitungen waren die Zeitschriften. Zu erwähnen ist erneut die bahnbrechende Rolle von Windisch. Als Beiblätter der *Preßburger Zeitung* gab er die ersten moralischen Wochenschriften heraus: *Der Freund der Tugend* (1767 – 1769), *Der vernünftige Zeitvertreiber* (1770) und das *Preßburgische Wochenblatt* (1771 – 1773). In der josephinischen Ära edierte Windisch weitere von der *Preßburger Zeitung* unabhängige Blätter, so von 1781 bis 1787 das *Ungarische Magazin* und im Anschluß daran das *Neue Ungarische Magazin* (1791 – 1793), die Mitteilungen aus dem Gebiet der Geschichte, Geographie und Numismatik vermittelten und namhafte Mitarbeiter besaßen.

Zur gleichen Zeit wurden auch in Wien deutschsprachige, von Ungarn gegründete Zeitschriften herausgegeben. DÁNIEL TERSZTYÁNSZKY, damals Archivar in Wien, gründete eine wissenschaftliche Zeitschrift, *Allergnädigst privilegierter Anzeiger aus den sämtlich-kaiserlich-königlichen Erbländern* (1771 – 1776). Die wöchentlich erscheinende Zeitschrift brachte historische und topographische Studien. 1781 wurde die Zeitschrift *Der Mann ohne Vorurtheil* von GYÖRGY BESSENYEI (1747? – 1811), eine der führenden Persönlichkeiten der ungarischen Aufklärung, in Wien herausgegeben. Es erschienen sieben Hefte, die philosophische und politische Artikel BESSENYEIS enthielten und in denen er den aufgeklärten Absolutismus vom Standpunkt der radikalen Aufklärer (ROUSSEAU, HELVETIUS) kritisierte.

JOSEPH II. hat die nominelle Hauptstadt Ofen (Buda) und ihre Zwillingsstadt Pest zur wirklichen Hauptstadt des Landes gemacht, die zentralen Verwaltungsbehörden wurden von Preßburg nach Ofen verlegt. Die günstigen Voraussetzungen für einen Aufschwung des deutschsprachigen Kulturlebens in der Hauptstadt sind darauf zurückzuführen, daß die Einwohner in überwiegendem Maße deutscher Herkunft waren. Es gab deutsche Theater in Pest und Ofen, die Verlage und Buchhandlungen waren Eigentum zugewanderter deutscher Unternehmer. Damals gab der Historiker MARTIN GEORG KOVACHICH in Pest seinen *Merkur von Ungarn oder Litterarzeitung für das Königreich Ungarn und dessen Kronländer* (1786 – 1787) heraus. Mit diesem Periodikum wollte er die Wissenschaften in Ungarn fördern, Ideen der Aufklärung verbreiten, das Ausland auf Ungarn aufmerksam machen. Aber die Wirkung blieb aus, die Zeitschrift scheiterte nach kurzem Anlauf.

Die anderen deutschsprachigen Zeitungen waren ziemlich farblos und konnten mit der *Preßburger Zeitung* nicht wetteifern. In Ofen kamen die *Ungarischen Staats- und Gelehrten Nachrichten* (1787 – 1797) zweimal wöchentlich heraus. Die Artikel wurden größtenteils übernommen, das Blatt verfügte jedoch über Korrespondenten in der Provinz. Die von 1798 bis 1799 erschienene *Ofner Zeitung* wurde 1800 mit dem *Neuen Courier aus Ungarn von Kriegs, Staats und Gelehrten Sachen* zusammengelegt und als *Ofner und Pester Zeitung* herausgegeben. Diese Zeitungen wiesen eine gewisse Kontinuität auf und waren nach Stil und Inhalt miteinander vergleichbar. Die bei MARTIN HOCHMEISTER gedruckte *Siebenbürger Zeitung* (1784 – 1787) in Hermannstadt, später unter dem Titel *Der Kriegsbote* (1788 – 1791), von 1792 bis 1862 *Siebenbürger Bote,* kam den speziellen Interessen der Siebenbürger Sachsen entgegen.

Nach der Niederlage der ungarischen Jakobiner folgten Jahre des Terrors. Die Verhaftungen und Verfolgungen ungarischer Schriftsteller, die strengen Zensurvorschriften führten dazu, daß die Schriftsteller entweder schwiegen oder die Politik mieden. Der Akzent wurde in der Presse auf weniger gefährliche Gebiete verlegt; so entstand ein wissenschaftlicher Zeitschriftentyp.

Die Wiedergeburt der Presse leiteten wieder deutsche Blätter ein. Einer der Initiatoren war ein hervorragender Redakteur, LUDWIG SCHEDIUS (1768 – 1847), Ästhetikprofessor an der Pester Universität. Als Beiblatt des Pester *Neuen Couriers* gab er einen kritisch referierenden *Literärischen Anzeiger für Ungern* (1798 – 1799) heraus, der nach dem Vorbild der *Allgemeinen Litteratur-Zeitung* gestaltet wurde, danach den *Kritischen Anzeiger der neuesten Litteratur* (1804). In diesen Blättern wurden Besprechungen, Nachrichten und kleinere Mitteilungen veröffentlicht, im ersten berichtete man auch über Werke und Pläne ungarischer Schriftsteller und Gelehrten, im zweiten über Neuerscheinungen in Deutschland. Die wichtigste Leistung von SCHEDIUS war die *Zeitschrift von und für Ungern zur Beförderung der vaterländischen Geschichte, Erdkunde und Literatur* (1802 – 1804). SCHEDIUS stellte sich die Aufgabe, einerseits richtige Kenntnisse über Ungarn zu vermitteln, das Ausland über die neuesten Ergebnisse der ungarischen Wissenschaft zu informieren und ein Forum zu schaffen, wo Meinungen ausgetauscht werden konnten. Ein Verdienst des Herausgebers ist es, daß er mit seinen Zeitschriften den späteren ungarischen wissenschaftlichen Veröffentlichungen den Weg gebahnt und der ungarischen Literatur im Ausland gute Dienste geleistet hat. Zu gleicher Zeit erschien in Siebenbürgen ein bedeutendes wissenschaftliches Periodikum, die *Siebenbürgische Quartalschrift* (1790 – 1801), die das geistige Leben der Siebenbürger Sachsen zu erfassen versuchte.

Dem Verfall der deutschsprachigen periodischen Presse nach 1848/49 ging in der ersten Hälfte des Jahrhunderts eine Blütezeit voraus. Die immer stärker werdenden nationalen Forderungen der ungarischen Kräfte brachten das ungarische Deutschtum an einen Scheideweg: es mußte entweder seine Identität aufgeben und sich assimilieren lassen oder es schloß sich aus freien Stücken den nationalen Bestrebungen der Ungarn an. Viele entschieden sich für eine Interessengemeinschaft, weil das *„deutsche Element"* von den Diskriminierungen Wiens gleichfalls betroffen wurde. Die deutsch schreibenden, aber ungarisch fühlenden Schriftsteller setzten sich das Ziel, bei Wahrung ihrer eigenen Tradition die deutsch-ungarischen kulturellen und literarischen Beziehungen zu festigen bzw. Ungarns Interessen im Ausland zu vertreten. Das Zusammenwirken österreichischer und ungarischer Schriftsteller zeigt sich zuerst in der *Pannonia*, einem *„vaterländischen Erholungsblatt für Freunde des Schönen, Guten und Wahren"*, welches bei TRATTNER in Pest von 1819 bis 1822 wöchentlich zweimal erschien. Der Redakteur war KARL ALBERT GRAF FESTETICS, der die Zensurvorschriften ständig mißachtete. Das Blatt brachte Gedichte zweitrangiger österreichischer Schriftsteller, aber auch zweimal Gedichte von GRILLPARZER. Die Zeitschrift *Iris (Zeitschrift für Wissen, Kunst und Leben)* geleitet von SAMUEL ROSENTHAL und CARL STIELLY, die von 1825 bis 1828 erschien, beschäftigte eine große Zahl namhafter Mitarbeiter (ANASTASIUS GRÜN, ERNST VON FEUCHTERSLEBEN, JOHANN GABRIEL SEIDL und LUDWIG AUGUST FRANKL); für das Blatt waren zweisprachige Schriftsteller, z.B. der Dichter und Historiker JOHANN GRAF MAILÁTH, der Dramatiker KARL HUGO und der Literaturhistoriker FRANZ SCHEDEL (TOLDY) tätig. In der *Iris* wurden viele Übersetzungen aus dem Ungarischen veröffentlicht.

Das niveauvollste belletristische Blatt der Epoche war *Der Spiegel. Zeitschrift für*

Literatur, Kunst, Eleganz und Mode (1828–1852), mit seinem Beiblatt *Der Schmetterling* (1836–1848). *Der Spiegel* wurde von 1828 bis 1841 von FRANZ WIESEN betreut, danach von SAMUEL ROSENTHAL, seit 1848 von SIEGMUND SAPHIR. Die Publikation präsentierte einen neuen Typus von Zeitschriften, den des belletristischen Modejournals. Charakteristisch für die belletristischen Teile (Gedichte, kleine Erzählungen, Novellen) war das Nebeneinander mehrerer literarischer Strömungen. Es überwogen die Romantik und das österreichische Biedermeier (BETTY PAOLI, IGNAZ FRANZ CASTELLI, J. KARL HICKEL usw.). Ein besonderes Verdienst des *Spiegel* war es, daß er das ungarische Publikum mit den Vertretern des Jungen Deutschland (HEINE, GUTZKOW, LAUBE) und den Dichtern der 48er Revolution HERWEGH und FREILIGRATH bekannt machte. Daneben brachte das Blatt viele Berichte über Aufführungen deutscher, österreichischer und ungarischer Theater. Zu seinen Mitarbeitern gehörten der zweisprachige Schriftsteller und Polyhistor KARL GEORG RUMY, der Schriftsteller und Dichter ADOLF FRANKENBURG und MAX FALK, der spätere Hauptredakteur des *Pester Lloyd.*

Das literarische Tageblatt *Der Ungar* glich in Konzeption und Aufmachung dem *Spiegel.* Titel und Untertitel *„Zeitschriftliches Organ für magyarische Interessen, Kunst, Eleganz, Literatur und Mode"* verdeutlichen den Standpunkt der Herausgeber. *Der Ungar* übernahm die Vertretung der ungarischen Interessen und der ungarischen Literatur und wollte dem Ausland ein objektives Bild von Ungarn vermitteln. Die von 1842 bis 1848 erschienene belletristische und publizistische Publikation wurde von HERMANN KLEIN herausgegeben. Mitarbeiter waren u.a. MAX FALK und SIEGMUND SAPHIR; auch *Der Ungar* veröffentlichte zahlreiche Übersetzungen aus dem Ungarischen.

Ein weiteres ungarisch gesinntes Periodikum war das belletristische *Pesther Tageblatt* (1839–1845). Der Untertitel lautete: *„Zeitschriftliches Organ für Wissen, Kunst und Leben"*. Das *Pesther Tageblatt* wurde bei GUSTAV HECKENAST verlegt und von SIEGMUND SAPHIR redigiert. Mit seinen Artikeln trug das *Pesther Tageblatt* zur Verbreitung von radikalen Ideen bei. Das selbstgesteckte Ziel des Blattes war es, beim Publikum, das bisher nur deutsche Texte gelesen hatte, das Interesse an ungarischer Literatur zu wecken. Das *Pesther Tageblatt* und allgemein die zweisprachigen Autoren wurden wiederholt angegriffen — selbst von namhaften ungarischen Literaten —, weil ihr Verhalten die Entwicklung der nationalen Sache (gemeint sind der Kampf gegen das Deutsche als offizielle Sprache und die Unabhängigkeitsbestrebungen) verhindere.

Die *Gemeinnützigen Blätter*, das Beiblatt der *Vereinigten Ofner und Pester Zeitung*, (1811–1845) (vormals: *Ofner und Pester Zeitung*) und die wöchentlich viermal erscheinende, von EDUARD GLATZ redigierte *Pester Zeitung* (1845–1849) unterstützten die Regierungspolitik und polemisierten gegen die *„Magyarisierungsbestrebungen"*. Interessant ist die Entstehung der *Pester Zeitung.* Den Verlegern und Druckereibesitzern HECKENAST und LANDERER gelang es, SAPHIR aus der Redaktion des *Pesther Tageblattes* zu entfernen; so entstand aus dem belletristischen Blatt die um eine politische Rubrik ergänzte und eine regierungstreue Politik vertretende *Pester Zeitung.* Die Kulturrubrik des neuen Blattes war unbedeutend. Als in

Deutschland die ungarischen Nationalbestrebungen wiederholt in Broschüren und Büchern angegriffen wurden, gründete der Leipziger Verleger OTTO WIGAND die Zeitschrift *Vierteljahresschrift aus und für Ungarn* (1842 – 1844) mit dem Ziel, die ungarischen Interessen in Deutschland zu vertreten. Redakteur war der Kunsthistoriker IMRE HENSZLMANN. In den einzelnen Nummern wurden Aufsätze von KOSSUTH, ÁGOSTON TREFORT (Kulturpolitiker, später Minister) und FERENC PULSZKY (Schriftsteller und Archäologe, später Direktor des Nationalmuseums) veröffentlicht, die auf heftige Kritik stießen.

In der ersten Hälfte des 19. Jahrhunderts befriedigten die Provinzblätter, zahlreiche *„Kundschaftsblätter"* in Kaschau (Kosice) und Arad, ferner das *Temesvarer Wochenblatt* (1840 – 1849) in erster Linie regionale Interessen. Bedeutender war das Beiblatt der *Preßburger Zeitung, Pannonia* (1837 – 1849), das aber dem Niveau des *Spiegels* nicht nahe kam. Interessant waren auch die *Siebenbürgischen Provinzialblätter* (1805 – 1824) und das *Archiv des Vereins für Siebenbürgische Landeskunde* (erschienen von 1841 mit Unterbrechungen bis 1944), die sich größtenteils mit Themen aus der siebenbürgisch-sächsischen Kulturgeschichte befaßten.

In den 40er Jahren ist die deutschsprachige Presse Ungarns modern und aktuell geworden. Einen neuen Geist brachten die aus der Wiener, tschechischen und böhmischen Presse verdrängten jüdischen Schriftsteller mit, die für fortschrittliche Ideen aufgeschlossen waren. Die deutschsprachigen Blätter hatten ihren Anteil an der publizistischen Vorbereitung der ungarischen Revolution von 1848.

1848 riß der Strom der Pressefreiheit auch die deutschen Blätter mit sich, es wurden zahlreiche, aber kurzlebige Periodika gegründet, z.B. *Der wahre Ungar, Der Patriot, Morgenröthe, Die Opposition, Das junge Ungarn.* Diese radikalen Blätter wurden entweder schon während des Jahres 1848 oder im Laufe des nächsten Jahres eingestellt. Von vielen ist heute nur noch der Titel bekannt. Die *Pester Zeitung* veränderte nach dem 15. März 1848 ihre Zielsetzung; nach der Niederschlagung des Freiheitskampfes stellte sie sich aber erneut in den Dienst der Wiener Regierung. In der BACH-Ära wurde alles getan, um die ungarischen Nationalbestrebungen im Keime zu ersticken. Die neoabsolutistische Ära führte auch in kultureller Hinsicht zur Stagnation. Für die Presse war neben der strengen Zensur der Rückgang der Zahl der Veröffentlichungen kennzeichnend. Von den deutschen Blättern überlebten 1849 nur *Der Spiegel,* die *Pester Zeitung,* die *Preßburger Zeitung,* in Siebenbürgen die *Kronstädter Zeitung* und das *Archiv des Vereins für Siebenbürgische Landeskunde.* 1853 entstand das Nachfolgeblatt der *Pester Zeitung* die *Pest-Ofner Zeitung* (1853 – 1862), ein offizielles Organ der Regierung. SAPHIR redigierte ein belletristisches Wochenblatt, die *Pester Post* (1853), die ab 1853 zu einem illustrierten, belletristischen und politischen Volksblatt unter dem Titel *Sonntagsblatt* umgestaltet wurde.

1853 wurde die Erlaubnis zum Erscheinen eines Blattes erteilt, daß das bedeutendste und niveauvollste unter den deutschsprachigen Periodika Ungarns bis 1944 wurde. Der ab 1854 erscheinende *Pester Lloyd* war das Publikationsorgan der Pester-Lloyd-Gesellschaft, einer kaufmännischen Organisation, und verfolgte das Ziel, über deren Tätigkeit zu berichten. In der ersten Periode von 1854 bis 1867 erschienen im *Pester Lloyd* unter der Leitung von JÁNOS WEISZ und SAMUEL ROTHFELD neben Handelsnachrichten auch Berichte über Politik und Kultur.

Nach dem Ausgleich von 1867 schlug die Entwicklung der ungarischen Presse eine ungeahnte Richtung ein. Wegen der zunehmenden Assimilation des Deutschtums nahm die Zahl der Leser deutscher Blätter ab. Die deutschsprachige Presse umfaßte drei große Gebiete: die erste Gruppe(a) bildeten die politischen Presseorgane, die hauptstädtische Presse von überregionaler Bedeutung und die Provinzialblätter, die sich hauptsächlich lokalen Angelegenheiten widmeten. Zur nächsten Gruppe (b) gehörten die wissenschaftlichen Zeitschriften und in die letzte (c) die Fachorgane der einzelnen Berufsgruppen.

a) 1867 kam der herausragende Publizist MAX FALK (1828 – 1908) an die Spitze des *Pester Lloyd.* Er hatte in Wien gelebt und war als Hauptmitarbeiter der liberalen Tageszeitung *Wanderer* sowie als Korrespondent mehrerer ungarischer Blätter bekannt und beliebt. Unter FALKS Redaktion entwickelte sich der *Pester Lloyd* zu einem bedeutenden Organ des Liberalismus. Der überparteiliche *Pester Lloyd* erfüllte zwei Aufgaben: die Zeitung war für diejenigen geschrieben, die in Ungarn des Deutschen mächtig waren; andererseits wollte man ein objektives Bild von Ungarn im Ausland vermitteln. Ab 1906 übernahmen SIGMUND SINGER und LEO VEIGELSBERG die Leitung des *Pester Lloyd.* Unter SINGERS Redaktion wurde das Blatt der westeuropäischen Presse angeglichen; sein größtes Verdienst war die äußere und innere Umgestaltung der Zeitung, deren Niveau besser wurde. Der *Pester Lloyd* war besonders in außenpolitischer Hinsicht maßgebend; er vertrat unter verschiedenen Redaktionen eine regierungstreue Linie. Nach SINGERS Tod (1913) wurde JÓZSEF VÉSZI Redakteur, der über eine große journalistische Erfahrung verfügte. Der *Pester Lloyd* war das Organ des gebildeten Großbürgertums und der Intelligenz, und einzig ihm gelang es, die Grenzen Ungarns zu überschreiten. Er wurde im Ausland von den Mitarbeitern im diplomatischen Dienst, von Geschäftsleuten gelesen und überall dort, wo man etwas über Ungarn erfahren wollte. Die anderen deutschsprachigen Zeitungen, die zwar im Land auf Interesse stoßen konnten, waren für den *Pester Lloyd* keine Konkurrenz. Die bedeutendsten unter ihnen waren das *Neue Pester Journal* (1872 – 1925), ein Sprachrohr des deutschsprachigen Kleinbürgertums, und das 1877 von PAUL TENZER gegründete *Neue Politische Volksblatt,* das zu den billigen Volksblättern gehörte und gleichfalls den Liberalismus vertrat. 1929 wurde dieses Blatt von SIGMUND LÁNYI erworben; es bestand bis 1940.

In den von Deutschen bewohnten Gebieten bzw. Städten las man die ihre Interessen vertretenden Provinzblätter. Es gab Orte, wo man zu gleicher Zeit mehrere, manchmal einander bekämpfende Blätter besaß: z.B. in Ödenburg (Sopron) die regierungstreue *Oedenburger Zeitung* (1875 – 1944), ein Organ des konservativen christlichen Bürgertums, die radikale Politik verfolgende Publikation *Radikal* (1900 – 1913) und das billige *Westungarische Volksblatt* (1894 – 1918). In Preßburg gab es die *Preßburger Zeitung* und den *Westungarischen Grenzboten* (1872 – 1918). In Fünfkirchen (Pécs) erschien die *Fünfkirchner Zeitung,* mit Unterbrechungen von 1869 bis 1906. In den Zentren der Siebenbürger Sachsen, in Hermannstadt und

Kronstadt, gab es langlebige Zeitungen. Die Hermannstädter Presse war konservativer, die Kronstädter unterstützte eher die liberale Opposition. In Hermannstadt erschien von 1792 bis 1862 der *Siebenbürger Bote* (von 1863 bis 1918 unter dem Titel *Hermannstädter Zeitung*). Die Fortsetzung des zwischen 1837 und 1849 in Kronstadt herausgegebenen *Siebenbürger Wochenblattes* war die *Kronstädter Zeitung*, die während ihrer langen Existenz (sie erschien bis 1944) im Besitz der Familiendruckerei GÖTT blieb und von Familienmitgliedern redigiert wurde. Das wichtigste Blatt der Banater Schwaben war die 1852 entstandene *Temesvarer Zeitung*, die bis 1860 das offizielle Organ der Landesregierung war, danach aber in private Hände überging und in überparteilich liberalem Sinne redigiert wurde. Die *Temesvarer Zeitung* erschien (mit Unterbrechungen) bis 1949. Zu den langlebigsten Blätter der Batschka gehörten das Wochenblatt *Bács-Bodroger Presse* (1856 – 1912), das *Groß-Becskereker Wochenblatt* (1851 – 1916) und der *Werschetzer Gebirgsbote* (1857 – 1919). Erfolgreiche Publikationen sind lange Zeit in Güns (Köszeg) am Leben geblieben; die *Günser Zeitung* (1883 – 1938) und der *Günser Anzeiger* (von 1889, mit Unterbrechungen bis 1938), in Kaschau die *Kaschauer Zeitung* (1872 – 1914) und in Arad die *Arader Zeitung* (1852 – 1918).

b) Die nächste Gruppe bilden die wissenschaftlichen Zeitschriften zu einzelnen Wissensgebieten, die Ungarns internationale Beziehungen pflegten und bestrebt waren, die sprachliche Isolation der ungarischen Wissenschaft zu beenden. Unter diesen möchten wir näher auf die Zeitschriften zur Ungarnkunde eingehen. Der Sprachforscher PAUL HUNFALVY redigierte die 1877 gegründete Zeitschrift *Literarische Berichte aus Ungarn*. Die Vierteljahresschrift war gehalten, in erster Linie über die Tätigkeit der Ungarischen Akademie der Wissenschaften zu berichten. Es wurden meist Einzelfragen behandelt, die Aufsätze waren Übersetzungen ungarischer Arbeiten, die in der Originalfassung schon erschienen waren (1877 – 1880). Die Zeitschrift nahm 1881 den Titel *Ungarische Revue* an und wurde monatlich herausgegeben. GUSTAV HEINRICH, Professor an der Universität und der eigentliche Begründer der ungarischen Germanistik, übernahm später die Schriftleitung. Die *Ungarische Revue* stellte ihr Erscheinen 1895 ein. Bedeutender war die von GUSTAV HEINRICH geleitete *Ungarische Rundschau*. Das Blatt wurde 1912 mit dem Ziel gegründet, das Ausland über die wissenschaftlichen und gesellschaftlichen Bestrebungen Ungarns zu informieren. Die gut redigierte und bis 1916 herausgegebene Zeitschrift zog junge Germanisten wie ROBERT GRAGGER, THEODOR THIENEMANN und JOSEF TURÓCZI-TROSTLER an.

1916 wurde an der Berliner Universität ein Lehrstuhl für ungarische Sprache und Literatur errichtet und ROBERT GRAGGER zum Professor ernannt. 1921 gründete er die Vierteljahresschrift *Ungarische Jahrbücher*, in der Studien aus den Gebieten Kunst, Philosophie, Pädagogik, Länder- und Völkerkunde, Sprachwissenschaft und Soziologie sowie eine regelmäßige Bücherschau veröffentlicht wurden. Mit den *Ungarischen Jahrbüchern* wurde ein großer Schritt zur Beseitigung der sprachlichen Isolation der ungarischen Wissenschaft getan. Der Nachfolger von GRAGGER, Professor JULIUS FARKAS, redigierte das Blatt bis 1943. Die *Deutsch-ungarischen Heimatblätter* wurden von 1929 bis 1935 von JAKOB BLEYER herausgegeben, nach seinem Tod erschienen sie unter dem Titel *Neue Heimatblätter,* von 1939 bis 1943 wurden sie als *Deutsche Forschungen in Ungarn* fortgesetzt. Die Zielsetzung dieser Zeitschrift war die Erforschung des *„gesamten deutschen Lebens in Ungarn"*, ferner der deutsch-ungarischen Beziehungen. Diese Unternehmung glich dem *Archiv des Vereins für siebenbürgische Landeskunde,* das auch hauptsächlich Themen der Landes- und Völkerkunde behandelt hatte.

c) In die dritte Gruppe gehören die deutschsprachigen bzw. zweisprachigen Fachorgane, von denen wir nur einige Beispiele anführen. Längere Zeit konnten sich der *Allgemeine Technische Anzeiger für Ungarn* (1897 – 1906), die *Pester Medizinisch-Chirurgische Presse* (1865; 1867 – 1870; 1871 – 1918) und *Der Bauunternehmer und Lieferant* (mit Unterbrechungen von 1882 bis 1919 und 1928) behaupten. Zweisprachig waren die *Ungarischen Botanischen Blätter* (1902 – 1918), die *Ungarische Bergwerkzeitung* (1912 – 1918) und die *Ungarische Bäckerzeitung* (1903 – 1918). Das bis heute existierende Organ der Buchdrucker *Typographia* verfügte von 1885 bis 1919 über eine deutschsprachige Beilage (*Gutenberg*). Diese Blätter konnten auf das Interesse einer sehr beschränkten Leserschaft zählen und stellten ihr Erscheinen mit dem Ausbruch des Ersten Weltkrieges ein.

Der verlorene Krieg brachte die Auflösung der Doppelmonarchie. Am 4. Juni 1920 wurde der Vertrag von Trianon unterzeichnet. Er hatte zur Folge, daß Ungarn fast zwei Drittel seiner Fläche einbüßte, darunter Gebiete mit deutscher Bevölkerung. Deshalb und infolge der katastrophalen Wirtschaftslage schrumpfte die deutschsprachige Presse. Von den Budapester deutschen Zeitungen sind das *Neue Pester Journal,* das *Neue Politische Volksblatt* und der *Pester Lloyd* am Leben geblieben. Auf dem Gebiet des heutigen Ungarns setzten folgende Provinzblätter ihr Erscheinen fort: die *Oedenburger Zeitung,* die *Günser Zeitung,* außerdem gab es eine deutschsprachige Publikation in Bonyhád, den *Bauernbund* (1909 – 1921). Der *Pester Lloyd* feierte 1928, während der Amtszeit von Vészi, sein 75jähriges Bestehen. Vészi mußte 1937 als Nichtarier seinen Platz räumen. Der neue Chefredakteur war von 1937 bis 1944 Georg Ottlik. 1939 wurde ein Pester-Lloyd-Komitee gegründet und beschlossen, dafür zu sorgen, daß das Blatt seine Traditionen fortsetzen, über allen Parteien stehen und den nationalen Interessen verpflichtet bleiben solle. Der *Pester Lloyd* wurde bis zum 1. April 1945 herausgegeben (die Redakteure waren zunächst nach Szombathely, dann nach Ödenburg geflohen). Wegen der Kriegsereignisse waren alle in Ungarn vorhandenen Blätter gezwungen, ihr Erscheinen bis zum Jahresende einzustellen.

Literatur: Deutsche Presse in Ungarn (1730 – 1944)

Bibliographien:

Ambrovits, Hans: Bibliographie der Zeitungen und Zeitschriften Preßburgs. In: Südosteuropa, 1942, H. 3 – 4, S. 607 – 645.

Busa, Margit V.: Magyar sajtébibliográphia (Ungarische Pressebibliographie) 1705 – 1849. Budapest 1986. Bd 1 – 2.

Krischan, Alexander: Die deutsche periodische Literatur des Banats. Zeitungen, Zeitschriften, Kalender 1771 – 1971, München 1987. Bibliographie. (= Veröff. des Südostdt. KW, Reihe B, Bd. 46)

Réz, Heinrich: Deutsche Zeitungen und Zeitschriften in Ungarn von Beginn bis 1918. München 1935.

Seidler, Andrea; Seidler, Wolfram: Das Zeitschriftenwesen im Donauraum zwischen 1740 – 1809. Kommentierte Bibliographie der deutsch- und ungarischsprachigen Zeitschriften in Wien, Preßburg und Pest-Buda. Wien – Köln – Graz 1988.

Allgemeines:

Csáky, Moritz: Die Bedeutung der deutschsprachigen Zeitschriften Ungarns für die österreichische Literatur des Vormärz. In: Die österreichische Literatur. Ihr Profil im 19. Jahrhundert. (1830 – 1880). Red. Herbert Zeman. Graz 1982. S. 91 – 106.

Dezsényi, Béla: Az idöszaki sajtó története a Dunatáj országaiban (Geschichte der periodischen Presse in den Donauländern). Budapest 1947.

Dezsényi, Béla; Nemes, György: A magyar sajtó 250 éve (250 Jahre ungarische Presse). Budapest 1954.

Farkas, Julius: Deutsche Zeitschriften der Ungarnkunde. In: Ungarische Jahrbücher. 1931. S. 1 – 14.

Fried, István: A magyarországi német nyelvü sajtó kutatásának kérdései (Probleme der Erforschung der deutschsprachigen Presse Ungarns. Vom 18. Jahrhundert bis zur ersten Hälfte des 19. Jahrhunderts). In: Magyar Könyvszemle. 1983. Nr. 1. S. 89 – 101.

Gragger, Robert: Geschichte der deutschen Literatur in Ungarn. Von Maria Theresia bis zur Gegenwart. Bd. 1: Vormärz. Wien – Leipzig 1914.

Kurth, Karl: Aus der Geschichte des deutschen Zeitungswesens im Südostraum. In: Donaueuropa. 1942. Nr. 9. S. 649 – 651.

A magyar sajtó története (Geschichte der ungarischen Presse). 1705 – 1892. Red. György Kókay. Budapest. Bd. I. 1979. Bd. II/1 - 2. 1985.

Osztern, Rózsa: Zsidó újságirók és szépirók a magyarországi németnyelvü idöszaki sajtóban a Pester Lloyd magalapitásáig, 1854-ig (Jüdische Journalisten und Schriftsteller in der deutschsprachigen periodischen Presse bis zur Gründung des Pester Lloyd 1854). Budapest 1930.

Pukánszky, Béla: A magyarországi német irodalom története a legrégibb idöktöl 1848-ig (Geschichte der deutschen Literatur in Ungarn von den Anfängen bis 1848). Budapest 1926.

Réz, Heinrich: Deutsche und österreichische Mitarbeiter der deutsch-ungarischen Zeitschriften und Zeitungen. 1819 – 1852. In: Festschrift für Gedeon Petz. Budapest 1933. S. 225 – 229.

Réz, Heinrich: Die geistigen Strömungen in den ungarischen und deutsch-ungarischen Zeitschriften. 1800 – 1820. In: Ungarische Jahrbücher. 1937. Festschrift. Zwanzig Jahre Ungarisches Institut der Friedrich-Wilhelm-Universität Berlin. Heft 1 – 3. S. 139 – 153.

SZEMZÖ, PIROSKA: Német irók és pesti kiadóik a XIX. században (Deutschsprachige Schriftsteller und ihre Pester Verleger im 19. Jahrhundert). 1812 – 1878. Budapest 1931.

UNGÁR, ELEMÉR: A magyarság a hazai német folyóiratok tükrében (Das Ungarntum im Spiegel der heimischen deutschen Zeitschriften). 1819 – 1848. Pécs 1937.

ZUBER, MARIANNE: A hazai német nyelvü folyóiratok története 1810-ig (Geschichte der heimischen deutschen Blätter bis 1810). Budapest 1915.

250 Jahre deutschsprachige Presse in Ungarn. Red. JÁNOS NEMES. Wien – Budapest 1982.

Literatur über die Presse einzelner Gebiete bzw. Städte:

BERKESZI, ISTVÁN: A temesvári könyvnyomdászat és hirlapirodalom története (Geschichte des Temesvarer Buchdrucks und Pressewesens). Temesvar 1900.

CSATKAI, ENDRE: Vierhundert Jahre Presse in Oedenburg. In: Oedenburger Zeitung. 2. März 1927. S. 1.

DAUGSCH, WALTER: Die Nationalitäten Siebenbürgens im Spiegel deutschsprachiger Siebenbürger Zeitungen und Zeitschriften des Vormärz. In: Zeitschriften und Zeitungen des 18. und 19. Jahrhunderts in Mittel- und Osteuropa. Berlin 1986. S. 187 – 204.

GABRIEL, JOSEF; MANGOLD, ALEXANDER: Geschichte des Temesvarer Buchdruckervereins. (1851 – 1887). Temesvár 1890.

JAKAB, ELEK: Az erdélyi honismertetö egylet tudományos munkássága eredményeiröl (Über die Ergebnisse der wissenschaftlichen Tätigkeit des Vereins für siebenbürgische Landeskunde). In: Századok. 1870. Heft 8, S. 523 – 533.

KARDOS, EMILIA: A pécsi német sajtó és szinészet története (Geschichte der deutschen Presse und des deutschen Theaters in Fünfkirchen). Pécs 1932.

MARBACH, ERNST: Die Entwicklung des Zeitungswesens in Oedenburg. In: Oedenburger Zeitung. 30. Dez. 1891. S. 1 – 2.

MILLEKER, FELIX: Geschichte des Buchdrucks und Zeitungswesens im Banat. (1769 – 1922). Werschetz 1926 (= Banater Bücherei 20).

SIGERUS, EMIL: Die deutsche periodische Literatur Siebenbürgens. 1778 – 1930. In: Ostland. 1931. S. 116 – 123, 143 – 154.

TAFFERNER, ANTON: Der Donauschwabe und seine Presse. Versuch einer Übersicht und Wertung bis 1918. In: Der Donauschwabe und sein geistiges Profil. Weg und Schicksal. Festgabe für Prälat JOSEF NISCHBACH. Bearb. MICHAEL LEHMANN. Stuttgart – Wien 1969.

WEISENFELD, ERNST: Die Geschichte der politischen Publizistik bei den Siebenbürger Sachsen. Frankfurt a. M. 1939.

WÜST, JOSEF: Die Anfänge des Buchdrucks und des Pressewesens im Banat. Ein Abschnitt österreichischer Kulturarbeit im Südosten, Diss. Wien 1954.

die zeit in der zeitung. beiträge zur rumäniendeutschen politischen publizistik. Hrsg. EDUARD EISENBURGER und MICHAEL KRONER. Cluj-Napoca 1977.

Literatur über einzelne Blätter

ANGERMAYER, KARL D. J.: A Preßburger Zeitung. Magyarország legrégibb hirlapjai történetéhez (Die Preßburger Zeitung. Zur Geschichte der ältesten ungarischen Zeitungen). Pozsony. 1896.

CIURDARIU, ANA: Zum Erscheinen der „Siebenbürger Zeitung". In: Forschungen zur Volks- und Landeskunde. 1970. Nr. 2. S. 73 – 75.

BRACHFELD, SIEGFRIED: Deutsche Literatur im Pester Lloyd zwischen 1933 und 1944. Budapest 1971. (= Budapester Beiträge zur Germanistik. 3).

BUSA, MARGIT V.: A legelsö magyarországi német nyelvü nöi folyóirat (Die erste deutschsprachige Zeitschrift für die Damen in Ungarn). Zeitung für Damen. In: OSZK Évkönyv (Jahrbuch der Széchényi-Nationalbibliothek). 1963/1964. Budapest 1966. S. 265 – 269.

D' ESTHER, KARL: Egy német újság magyarországy pályafutása (Die Laufbahn einer deutschen Zeitung in Ungarn). Politische Gespräche der Todten. In: Magyar Könyvszemle. 1926. Nr. 3 – 4. S. 363 – 367.

F.B./FABÓ, BERTHOLD/: Die älteste Zeitung Ungarns. (Preßburger Zeitung). In: Ungarische Rundschau. 1914. Nr. 1. S. 252 – 254.

FARKAS, JULIUS: 20 Jahre Ungarische Jahrbücher. In: Ungarische Jahrbücher. 1941. Heft 1 – 3. S. 1 – 4.

FENYVES, KATALIN: Der Freund der Tugend, die erste moralische Wochenschrift in Ungarn. In: Festschrift für Karl Mollay zum 65. Geburtstag. Budapest 1978. S. 74 – 85. (= Budapester Beiträge zur Germanistik. 4).

FRIED, ISTVÁN: Eine unzeitgemäße wissenschaftliche Zeitschrift am Ende des 18. Jahrhunderts. Neues Ungrisches Magazin. In: Arbeiten zur deutschen Philologie. Bd. 16. Debrecen 1982. S. 49 – 55.

FRIED, ISTVÁN: Funktion und Möglichkeit einer deutschsprachigen Zeitschrift in Ungarn. Die Zeitschrift von und für Ungern. In: Zeitschriften und Zeitungen des 18. und 19. Jahrhunderts in Mittel- und Osteuropa. Berlin. 1986. S. 139 – 157.

FRIED, ISTVÁN: Gottschedianus pietista folyóirat Sopronban (Gottschedianer pietistische Zeitschrift in Ödenburg). Wochenschrift für die Liebhaber der Geschichte . . . In: Soproni Szemle. 1984. Nr. 1 – 4. S. 29 – 42.

FRIED, ISTVÁN: Die Zeitschrift „Iris" und die Kultur der südslawischen Völker. In: Studia Slavica Academiae Scientiarum Hungaricae. 1977. S. 69 – 85.

GÁRDONYI, ALBERT: A Pester Zeitung meginditása (Die Gründung der Pester Zeitung). In: Magyar Könyvszemle. 1941. Nr. 2. S. 121 – 131.

GORIUPP, ALISZ: Egy ismeretlen újság a XVIII. századból (Eine unbekannte Zeitung aus dem XVIII. Jahrhundert). Pester Wochenblatt. In: Könyvbarátok Lapja. 1928. Nr. 4. S. 322 – 323.

HERNÁDY, FERENC: A Pressfreie Flugblätter (Die Pressefreien Flugblätter). In: Magyar Könyvszemle. 1959. Nr. 4. S. 364 – 366.

KÓKAY, GYÖRGY: BESSENYEI GYÖRGY ismeretlen folyóirata (Die unbekannte Zeitschrift von GYÖRGY BESSENYEI). Der Mann ohne Vorurtheil in der neuen Regierung. = Irodalomtörténeti Közlemények. 1967. Nr. 1. S. 25 – 34.

KÓKAY, GYÖRGY: Elökerült a Preßburger Kundschaftsblatt két száma (Zwei Nummern des Preßburger Kundschaftsblattes sind gefunden worden). In: Magyar Könyvszemle. 1973. Nr. 2. S. 185 – 186.

KÓKAY, GYÖRGY: Még egyszer a Preßburger Kundschaftsblattról (Noch einmal über das Preßburger Kundschaftsblatt). In: Magyar Könyvszemle. 1974. Nr. 3 – 4. S. 370 – 371.

KÓSA, JÁNOS: A Neuer Kurier története (Die Geschichte des Neuen Kuriers). In: Magyar Könyvszemle. 1941. Nr. 2. S. 150 – 166.

KÓSA, JÁNOS: Ungarische Oeconomische Zeitung — a legrégibb magyar gazdasági szaklap (Die Ungarische Oeconomische Zeitung — das älteste ungarische ökonomische Fachblatt). In: Magyar Könyvszemle. 1941. Nr. 4. S. 390 – 392.

KÓSA, JÁNOS: Az Ungarische Staats- und Gelehrte Nachrichten és az Ofner Zeitung. Két budai hirlap története (Die Ungarischen Staats- und Gelehrten Nachrichten und die Ofner Zeitung. Die Geschichte von zwei Ofner Zeitungen). In: Magyar Könyvszemle. 1942. Nr. 4. S. 375 – 385.

KRISCHAN, ALEXANDER: Die „Temesvarer Zeitung" als Banater Geschichtsquelle. (1852 – 1949). München 1969. (Veröff. des Südostdt. Kulturwerks. Reihe B, Bd 46).

KRONER, MICHAEL: „Kronstädter Zeitung" und „Siebenbürgisch-deutsches Tageblatt". Die bedeutendsten publizistischen Organe der Siebenbürger Sachsen bis 1944. In: die zeit in der zeitung. beiträge zur rumänischen politischen publizistik. Cluj-Napoca 1977. S. 68 – 94.

KRONER, MICHAEL; DINU, ELENA: Die Bemühungen der Zeitschrift „Klingsor" um einen rumänisch-deutschen Dialog. In: Rumänisch-ungarisch-deutsche Kulturbeziehungen in Siebenbürgen. Cluj 1973, S. 217 – 247.

LANGYEL, MÁRTA, S.: Egy fejezet 1848-i sajtónk történetéből: JULIAN CHOWNITZ „Die Opposition" — ja (Ein Kapitel aus der Geschichte unserer Presse in 1848: Die Opposition von JULIAN CHOWNITZ). In: OSZK Évkönyv. 1978. Budapest 1980. S. 471 – 491.

MIKÓ, PÁLNE: Marseillaise és Gotterhalte. Találkozás MÁRTON JÓZSEFFEL (Marseillaise und Gotterhalte. Begegnung mit József Márton). Pannonia, eine Zeitschrift für Freunde der ungarischen Sprache und Literatur. Budapest 1986.

NEUMANN, EDE: A fövárosi napisajtó fejlödése (Die Entwicklung der Tagespresse in der Hauptstadt). Neues Pester Journal. In: Typographia. 12. Jan. 1923. S. 3, 19. Jan. 1923. S. 2., 26. Jan. 1923. S. 2 – 3., 2. Febr. 1923. S. 2., 9. Febr. 1923. S. 3., 16. Febr. 1923. S. 2., 23. Febr. 1923. S. 2., 2. März 1923. S. 2., 9. März. 1923. S. 2., 16. März 1923. S. 2 – 3., 23. März 1923. S. 3.

PICHLER, ALOIS H.: Entstehung der Preßburger Zeitung. Preßburg 1913.

RÉZ, HEINRICH: Die erste deutsche Zeitung in Ungarn. (Wochentlich zweymal neu-ankommender Mercurius). In: Deutsch-ungarische Heimatblätter. 1931. Nr. 1. S. 147 – 151.

RITOÓK, JÁNOS: Der „Klingsor" und die ungarische Literatur Rumäniens. In: Rumänisch-ungarisch-deutsche Kulturbeziehungen in Siebenbürgen. Cluj 1973, S. 248 – 256.

SUPKA, GÉZA: A Pester Lloyd hetvenöt éve (75 Jahre Pester Lloyd). In: A Sajtó. 1928. Nr. 8. S. 389 – 406.

SZEKERES, MARGIT: Regnum Mortuorum. (Politische Gespräche der Toten). In: Magyar Könyvszemle. 1955. Nr. 1 – 2. S. 131 – 134.

SZEMZ, PIROSKA: A Pester Sonntagsblatt. Pesti szépirodalmi folyóirat az abszolutizmus korában (Das Pester Sonntagsblatt. Eine Pester belletristische Zeitschrift in der Epoche des Absolutismus). (1853-1855). Budapest 1942.

SZEMZÖ, PIROSKA: A „Pester Zeitung". Egy XIX. századbeli kormánylap története (Die Pester Zeitung. Die Geschichte eines Regierungsblattes aus dem XIX. Jahrhundert). Budapest 1941.

SZIKLAY, LÁSZLÓ: Slowakische Volkslieder im „Pesther Tageblatt". In: Studia Slavica Academiae Scientiarum Hungaricae. 1966. S. 405 – 412.

TRÓCSÁNYI, ZOLTÁN: HARTLEBEN KONRÁD ADOLF kiadó lapterjesztési ötletei és a Patriotisches Wochenblatt (Ideen des Verlegers KONRAD ADOLF HARTLEBEN in Zusammenhang mit dem Zeitungsvertrieb und dem Patriotischen Wochenblatt). In: Magyar Könyvszemle. 1942. Nr. 4. S. 423 – 426.

VALJAVEC, FRITZ: KARL GOTTLIEB WINDISCH. Das Lebensbild eines südostdeutschen Bürgers der Aufklärungszeit. München 1936.

WINDISCH, ÉVA, V.: KOVACHICH, MÁRTON GYÖRGY és a magyar tudományszervezés elsö kisérletei (MARTIN GEORG KOVACHICH und die ersten Versuche der Organisierung des ungarischen wissenschaftlichen Lebens). (Merkur von Ungarn). In: Századok. 1968. Nr. 1. S. 90 – 144.

ZSOLDOS, JENŐ: A Pesther Tageblatt és az Athenaeum (Das Pesther Tageblatt und das Athenaeum). In: Libanon. 1940. Nr. 1. S. 6 – 11.

András Varga

Die Geschichte der Bibliothek des Ordenshauses der Piaristen und des Minoritenkonvents in Szeged

Die Klosterbibliotheken in Szegedin (Szeged) gehörten zu den wichtigsten geistlichen Informationszentren in Südostungarn von der Türkenherrschaft bis zum Ersten Weltkrieg. Die Bedeutung dieser Bibliotheken lag darin, daß sie zum einen vom 16. bis zum 19. Jahrhundert, als es keine öffentlichen Bibliotheken gab, das Szegediner Bibliothekswesen vertraten: auch wurden die wertvollen Bücher, Inkunabeln und Kodexe bis zur Säkularisation der Kirchengüter 1950 – 1951 in den Klöstern aufbewahrt. Seit dem Ende des 15. Jahrhunderts waren das Kloster der Franziskaner-Observanten im Laufe des 18. und 19. Jahrhundert das Ordenshaus der Piaristen und das neuorganisierte Minoritenkloster die Triebkräfte der kulturellen Entwicklung. Das Kloster der Franziskaner-Observanten in der unteren Stadt besaß östlich von Preßburg die einzige Büchersammlung in Europa, welche seit dem Mittelalter bis zur Gegenwart ununterbrochen am gleichen Ort existierte. Über diese Sammlung wird in Kürze ein umfassender Katalog publiziert werden, deshalb beschränken wir uns hier auf die nötigsten Feststellungen. Aufgrund der heute vorhandenen Bände und der Kataloge aus den Jahren 1748 und 1846 kann man erkennen, daß die Franziskanerbibliothek ausschließlich kirchlichen Zwecken untergeordnet war. Ihr Bestand setzte sich aus Werken zusammen, die für Predigten und für allgemeine geistliche Tätigkeiten notwendig waren. Der erste Versuch einer Inventarisierung fand 1630 statt, aber die tatsächliche Erfassung der Bestände wurde erst 1846 durchgeführt. Obwohl die Bibliothek zu dieser Zeit mehr als 2900 Bücher umfaßte, verlor das Kloster seit dem 18. Jahrhundert seine Bedeutung immer mehr, und die Rolle der Observanten wurde von den Piaristen übernommen. Den Grundstock der Bibliothek legten die Piaristen bei ihrer Ansiedlung im Jahre 1721. Ein Vertrag mit dem Stadtrat hielt fest, daß der Rat nach Möglichkeit die Werke erwirbt, die der Prior bezeichnet. Zum ersten Mal erfahren wir im Jahre 1726 von der Erfüllung des Übereinkommens, als die Stadt für die Bibliothek 26 Gulden ausgab. Aus den Eintragungen der in der Universitätsbibliothek von Szegedin aufbewahrten Bände geht allerdings hervor, daß bereits seit 1723 das Profil der Bibliothek einer zielbewußten Bestandserweiterung zu verdanken war. Seit 1728 begann man mit der Inventarisierung, und gleichzeitig damit wurde das Titelblatt des jeweiligen Buches auch mit dem Datum der Erwerbung und des Einbindens versehen. Die Zuwendungen der Stadt wurden fortgesetzt; dadurch und durch verschiedene Spenden wurde ein beträchtlicher Bestand aufgebaut. Von den Spendern bzw. Nachlaßgebern sind in erster Linie die in Szegedin verstorbenen Mitglieder des Ordenshauses (GERGELY TAPOLCSÁNYI, MÁRTON VAJDA, FERENC SZLUHA, GYÖRGY BALKÓ) zu nennen; auch ÁDÁM LÁBADY, Stadtrat und Richter von Szegedin, und JÁNOS JÓZSA, ein ehemaliger Schüler, der 1798 seine Bibliothek von 609 Büchern dem Ordenshaus vermachte. Durch die ungünstige Unterbringung wurden die Sammlungen dezimiert, und nach 1798, als die Piaristen den größten Teil ihres Einkommens verloren, verkauften sie die wertvollen Bücher, um ihr Auskommen zu sichern.

Die Stelle des Bibliothekars blieb oft unbesetzt. Der erste, dessen Namen wir kennen, ist im Jahre 1727 JAKAB FIALA gewesen, Lehrer der Dichtkunst und Rhetorik, dann folgten von 1760 bis 1790 BÓDOG LENGYEL, ELEK HORÁNY, ALBERT BOTKA, LAJOS SZOMI, ÁGOSTON KARABA und andere. In den Jahren darauf blieb der Posten unbesetzt; bis 1814 kümmerte sich niemand um die Bibliothek. Die erste größere Neuordnung erfolgte 1813–1814, als der Piaristenlehrer FERENC UGRÓCZY die Einrichtung veränderte und die Bestände ordnete. Er stellte auch einen Katalog auf, in dem 2512 Werke in 4028 Bänden verzeichnet waren.

Mit der Reorganisation kam auch der Neuerwerb wieder voran. Unter den Spendern finden wir unter anderem den Szegediner Buchdrucker ORBÁN GRÜNN, weiterhin ISTVÁN VEDRES, MIKLÓS KRALLER und SÁNDOR PÁLFY. Der frühere Prior JÁNOS GÜL hinterließ 116 Bände, und nach dem Tode von ADOLF GEGÖ kamen weitere 164 Bände mathematischer und naturwissenschaftlicher Werke in das Kloster. Reiche Spenden sind mit den Namen von MIKLÓS SZALAY, FLÓRIÁN HEMTNER und anderen verbunden. Nach 1823 war die Bibliothek einige Jahre wieder ohne Betreuung. JÁNOS REISINGER schreibt im Jahre 1830: ‚*librorum alii a tineis et pulveribus consumpti, alii confuse dispositi, alii denique penitus deesse, facta investigatione, deprehendebantur*'. Bis 1833 hatte REISINGER wieder Ordnung geschaffen, er trug die Werke nach, die im Katalog fehlten. Danach kam es erneut zu einer Vielzahl von Spenden. Dazu gehörten der Nachlaß des Szegediner Arztes GYÖRGY SOBAY mit 258 Bänden und der Nachlaß von INCE KARÁCSONYI mit 344 Bänden. Die Verwaltung der Büchersammlung wurde im Jahre 1841 von LÖRINC KORECZ übernommen, der einen neueren Titel- und einen Sachkatalog aufstellte, wo 5192 Bände zu 3102 Werken gehörten.

In den darauffolgenden Jahrzehnten gab es kaum Veränderungen. Die Bibliothek war zu dieser Zeit in zwei Räumen untergebracht, in denen die Feuchtigkeit und der Schimmel schwere Schäden verursachten. Während des Hochwassers von 1879, das die Stadt verwüstete, wurden die Bücher nicht vernichtet, aber die Räume beschädigt, und die Wiederherstellung war mit einer völligen Modernisierung verbunden. Dabei wurde nicht nur die Einrichtung erneuert, sondern es entstanden wieder ein Titel- und Sachkatalog in der Zusammenstellung von JAKAB FIRTINGER. Diese Kataloge registrierten 5416 Werke und 10675 Bände. Die Sammlung wurde durch 2000 Abhandlungen, gedruckte Reden, kleinere Druckschriften bzw. 400 Kalender und meteorologische Beobachtungen ergänzt. Außerdem wurden 19 Bände, die in dem Zeitraum zwischen 1488 und 1536 erschienen sind, sowie 22 ungarisch geschriebene

Druckwerke aus der Zeit zwischen 1557 und 1711 in die Regale der Bibliothek aufgenommen.

Die nächsten 50 Jahre erbrachten wieder einen bedeutenden Zuwachs: im Jahre 1931 wurden in vier Räumen 9488 Werke und 18867 Bände gezählt, unter ihnen 20 Inkunabeln. Die Bibliothek des Piaristenordenshauses zu Szegedin bestand bis 1950, dann ging sie mit den Kirchengütern in Staatseigentum über. Der größere Teil der Sammlungen wurde jedoch zerstreut: so findet man heute nicht mehr als 246 Bände in der Sondersammlung der Universitätsbibliothek von Szegedin.

Die Franziskaner-Minoriten besaßen schon im 15. Jahrhundert ein eigenes Kloster in der Stadt. Nach der ersten Blüte im 15. und Anfang des 16. Jahrhunderts ist der Orden fast vollständig verschwunden.

Die zweite Niederlassung gab es erst nach 1726; aufgrund des Freibriefs der Kaiserin MARIA THERESIA im Jahre 1742 konnten sie sich als Geistliche betätigen. Bei dieser Niederlassung haben auch die aus der Ordensprovinz Bosna Argentina geflüchteten Ordensbrüder eine bedeutende Rolle gespielt. Diese brachten ihre Bücher mit. Der Orden hatte von Anfang an seine eigene Bibliothek im Kloster, obwohl der erste Bücherkatalog noch unauffindbar ist. Wir kennen jedoch das Bücherverzeichnis aus dem Jahre 1740 (vorläufig das erste in Szegedin); aber wegen der allzu summarischen Abfassung ist es nicht geeignet, den Bücherbestand ausführlich zu analysieren. Soviel kann festgestellt werden, daß die laufenden Neuerscheinungen im 17. und 18. Jahrhundert erworben wurden. Die häufigsten Autoren sind Jesuiten, Franziskaner und Pauliner. Die klassischen Autoren, *„abgesehen von den Abschriften von ARISTOTELES und DUNS SCOTUS und einer Sammlung von AESOP"*, sind nicht vertreten. Die Zahl der deutschen Bücher ist auffallend, aber sie kann mit der alltäglichen Tätigkeit der Brüder motiviert werden. Die ungarischen Autoren sind vor allem durch PÉTER PÁZMÁNY und ANDRÁS ILLYÉS vertreten, der letztere verfaßte die ersten sogenannten Dorfpredigten in Ungarn. Die neuere Literatur ist in der Bibliothek durch Werke des IMRE TOLVAY, des Pauliner ZSIGMOND CSÚZY und des bekannten Jesuiten ISTVÁN LANDOVICS sowie MÁRTON SZENTIVÁNYI vertreten. Dieses Verzeichnis enthält 166 Bände mit theoretischer Fragestellung; die meisten sind für die Predigt und Glaubensstreitigkeiten geeignet, aber auch moraltheologische Werke fehlen nicht. Die Bibliothek kann als Resultat einer planmäßigen Erwerbstätigkeit betrachtet werden.

In dem Bestand der Bibliothek weist nur ein einziger Possessorenvermerk auf die Provenienz hin, aber vermutlich stammen auch andere Bücher aus dem Ordenshaus in Belgrad.

Der neue Katalog wurde nach der Visitation des Provinzials im Jahre 1764 zusammengestellt. Der Katalog ist ebenfalls unvollständig und summarisch. Der Katalog registriert etwa 350 Bücher. Die Bibliothek wurde durch humanistische Werke, durch italienische und französische Bücher sowie durch grammatische Lehrbücher bereichert. Der Bestand kann schon neben die Sammlung des Franziskanerordens in der Unteren Stadt gestellt werden: mengenmäßig sind beide Bibliotheken gleichwertig, thematisch gibt es unterschiedliche Akzentsetzungen. Aufgrund archivalischer Quellen kann festgestellt werden, daß die Ordensbrüder immer neue Kataloge verfertigt haben. Nach 1766 wurde ein alphabetischer Katalog von zweiundzwanzig Seiten angelegt, der Verfasser, Titel, Erscheinungsort, Umfang und die wichtigsten Merkmale des Einbandes angibt. Ein weiterer Katalog wurde am 6. Juli 1774 erstellt. Um die Jahrhundertwende enthielt die Bibliothek mehr als 1000 Druckwerke. In den Jahren 1912 und 1913 wurde die Bibliothek wieder neu eingerichtet und verfügte über 4080 Bände, 1949 wurde sie säkularisiert, und die Bücher wurden in verschiedene Sammlungen eingeordnet. Heute kennen wir die 144 Bände, welche die Universitätsbibliothek in Szegedin erwerben konnte. Die Bibliothek der Minoriten in Szegedin kann nicht mehr rekonstruiert werden. In diesem Sinne ist ihre Geschichte mit derjenigen der Franziskaner-Observanten und der Piaristen zu vergleichen.

Anhang I.
Die ältesten Bücher der Bibliothek der Piaristen in Szegedin (1884)

1488: Menghi Faventini Viri Clarissimi in Pauli Veneti Logicam eommentum cum Quaestionibus quibusdam. 8° Impressum Venetiis, inpensis Francisci de Madiis. necnon Arte Joannis Leowiler de Halk. Anno 1488, 288. S.

1491: Francisci Philelphi Orationes. Venetiis, per Bartholomaeum de Zanis de Portesio. Anno 1491. 336 S.

1501: Divinum Opus Gratiani S. P. decretumque cum suo Apparatu: summariis: divisionibus: sacre Scripture concordantiis: infinitisque additionibus in margine positis: cum maxima textus castigatione. Folio.

1506: Decretalium domini papae Gregorii noni libellus accurata diligentia emendatus: summoque studio elaboratus, cum multiplicibus tabulis et repertoriis ad materias quascunque diligenter inueniendas aptissimis. Lugduni impressum per solertem virum Jacobum sacon pedemontanum. Anno a partu Virginis Milesimo quingentesimo sexto. Folio.

1509: Instututiones Imperiales. cetr. Impress(um) Lugduni per magistrum Nicolaum de Benedictis. Anno Domini 1509. Folio.

1511: Digestum vetus quinquaginta librorum pandectarum. Lugduni Opera Francisci Fradin Anno 1511. Folio, 732 S.

1511: Digestum novum cum casibus seu summariis excellentissimor(um) doctorum Bartoli de saxo ferrato:et Pauli de castro: Baldi et aliorum utriusque iuris professorum multis additionibus decoratum finit. Impressum Lugduni per Franciscum Fradin Anno 1511. Folio, 642 S.

1511: Infortiatum, quod quattuor et decem continens libros pandectarum est medium pervigili iurisperitorium ac impressoris cura sculptum hec comprehendit subnotata. Opera Francisci Fradin impressoris Lugduni commorantis. Anno Domini 1511. Folio 588 S.

1512: Codex Justinianus. Summa cura castigatus atque revisus: additionibusque novis illustratus finem optatum accepit. Anno Domini 1512. In inclyta urbe Lugdunensi. Opera Francisci Fradin impressoris. Folio 744 S.

1512: Concordantiae Juris Canonici cum tractatu de pace constantiae ab apparatu d(o)m(i)ni bal de ubla doctoris utriusque iuris famosissimi. Mira sedulitate impressum opera Francisci Fradin Lugd(uni) commorantis Anno D(o)m(i)ni 1512. Folio, 414 S.

1523: M(arci) Plauti Comoediae XX. Basileae 1523. Apud Andr(eam) Cratandrum. 8° 784 S.

1526: Desiderii Erasmi Roterodami Colloquia, nunc emendatiora cum omnium Notis, Amstelodami, Typis Danielis Elzeviri. Kis 8°, 589 S. und Index.

1529: D(esiderii) Erasmi Roterodami libelli aliquot selecti, quibus et studiorum ratio traditur, et quod praeceptoris erga discipulos et contra, discipulorum erga praeceptorem, munus, quae optima vivendi forma, quomodo in Principum Aulis versandum solita illius elegantia, dilligentiaque luculentiss(ime) assignatur. Apud Friburgum Brisgoiae. Anno 1529. 8°, 117 S.

1532: Habet hic Amice Lector P(ublii) Terentii Comoedias, una cum Scholiis ex Donati Asperi et Cornuti Commentariis decerptis cetr. studio et opera Des(iderii) Erasmi Roterodami. Basileae, in officina Frobeniana Anno 1532. 4° 389 S. und Index.

1534: D(esiderii) Erasmi Roterodami de duplici Copia Verborum ac rerum Libri duo. — Hagenoae ex officina Petri Brubachii Anno 1534. 8° 424 S.

1535: Ex P(UBLII) TERENTII Comoediis latinissimae Colloquiorum formulae, ordine selectae, una cum eiusdem Poetae insignioribus sententiis. Coloniae apud JOANNEM GYMNICUM, Anno 1535. 8°, 112 S.

1536: JOANNIS LUDOVICI Vivis Valentini de Conscribendis Epistolis, libellus vere aureus. Basileae 1536. per THOMAM PLASTERUM et BALTHASAREM LASIUM. 8°, 112 S.

1536: Tabulae Syntaxis Latinae es PHILIPP(O) MELANCH(THONE) desomptae (!). Quibus adiecta est brevis de Periodis et Prosodia ratio, iam recens nata et edita. Impressum Lipsiae per VALENTINUM SCHUMANN, Anno 1536. 8°, 80 S.

Utilissima Praecepta Morum ex optimis Autoribus collecta, et Germanicis rithmis reddita ab ERASMO ALBERTO in gratiam incipientium puerorum IOANNIS D. MARTINILUTH(ERI) filio nuncupata. — Datum Sprendelinga Trium ut Vocant Quercuum Anno 1536. 8°, 30 S.

Anhang II

Die aus Belgrad mitgebrachten Bücher der Bibliothek des Minoritenkonvents in Szegedin (1740)
Viridarium Christianarum Virtutum
Opus EMERICI TOLVAJ
Opus Cocorum Germanicum scriptum
Opera R.P. HEGER Germanica 3.
Missio R.P. TYRAN
Fessel der Haüs
Opus VALENTINJ LARSON
Exercitia Annua ideomate Germanico
Opus R.P. PLACIDJ TALLER
Concionator Germanicus Auth(ore) ignoto
Opus Gerardi Paulj ideomate Germanico
Opus Conc(ionum) R.P. PAZMANIJ Ungaricum
Opus WITTI SCHERER
Biblia Latina
Homo Terrenus Auth(ore) DREXELLER
Opus Conc(ionum) R.P. ERTL ideomate Germanico in tom(is) 3.
Opus GERARDI PAULJ
Stigmatographia Trinitaria
Cursus Israel
Opus R.P. JACOBI TYRANN
Opus S. MATRIS TERESIAE
Conciones R.P. GIRONST (!) e S. Jesu Ideomate Germanico
Phy(si)ca AR(I)S(TOTE)LICA scripta
Conciones Missionariae R. D. FRIDERICJ PRINCZ ideom(ate) Germa(nico)
Conciones Quadragesimales, FR. BONOGRACIAEideom(ate) Germa(nico)
De amore SSmi Nominis JESU. ideom(ate) Germanico.
Sacro Sancti Concilij Canones et decreta
Expositiones Epistolar(um) una cum Epistolis Auth(ore) FRAN(CISCO POLIGRANO, Tuba Analogica. R. R. CRISTOPH(ORI) SCHELHAMER.ideo(mate) Germa(nico) 2.
Latria Austriaco Vienensis. Auth(ore) EMERICO PFENDER.
Opera P. TEOPHILJ a. S. ALBERTO . ideom(ate) Germanico
Passio D(omi)ni JESU CHRISTI Auth(ore) R.P. ANTONIO MAGERL. ideo(mate) Ger(manico)
Conciones Quadragesimales. P. VILIBALDI. ideo(mate) Germanico

Conciones Franc(isci) Xaverij Brean. ideo(mate) Germanico
Logica Scotico Aristotelica scripta
Psalmodia Ecclesiastica. Auth(ore) P. Germano Cartier
Thomas a Kempis
Libellus continens Evangelia et acta Apostolorum
Libellus R.P. Petrj Canisij Societ(ate) Jesu
Orationes et pietates de v(enera)b(i)lj sacramento
Fabulae Ezopicae
Aesopi phrgijs (!) et aliorum fabulae
Biblia Sacra ideomate Ungarico
Opus Concionatorum in folio Auth(ore) Franc(isco) Heger ideo(mate) Germanico
Conciones Dominicales P. Wolgangi (!) Zumsteg. ideo(mate) Germanico
Calamaeto (!) tomj
Lux SSium R. P. Lucae a S. Nicolao. ideo(mate) Germanico
Conciones in omnes Dominicas P. Philippi Kiselij. ideo(mate) Germanico
Conciones R.P. Philippi a S. Jacobo. Ideomate Germanico
Disceptationes de Laudibus et effectibus Podagrae, ideo(mate) Germ(anico) et latino
Aula subterranea Domina Dominantium in folio. ideo(mate) Germ(anico)
Nexus Philosophiae Theologico Politicae. P. Georgij Weiss
Vesperae cum notis
P. Nicolaj Cusanj liber utilis pro concionibus. ideo(mate) Germ(anico)
Tomas a Kempis
De Passione Dominj. Auth(ore) R. P. Mathiae Camphausen
Stellae Contionatorum A R.P.D. Alexandrj Calamatj ideo(mate) Germ(anico)
Martyrologium Romanum Gregorij 13
Conciones Festivales P. Zachariae Luselve (!)
Regulae Juris Canonicj ideomate Latino
Tractamentum Conceptuum. ideom(ate) Germanico
Candelabrum Apocalipticum. seu Conc(iones) fest(ivales) ideom(ate) Germ(anico)
Contiones Dominicales Auth(ore) Joanne Ernesto de jamagne (!). ideo(mate) Lati(no)
Theologia Moralis scripta
Ph(is)ica Scotica scripta
De caelo et mundo Liber scriptus
Item scriptus de sacramentis in genere
Tractatus de Incarnatione scriptus
Libellus Germanicus varias nugas continens
Theologia Moralis P. Hermanj Busenbaum
Ephraimj Gerhardi delineatio Juris Civillis. ideo(mate) Latino
De tortoribus Christi D(omi)nj
Th(eolo)gia Moralis P. Josephi Riccj
Joannis Owen oxoniensis Epigra(mma)ta
Th(eolo)gia speculativa scripta
Breviarum lacerum
Flora Epistolaris studio Honesti a Montibus
Bellarminus Enervatus in quatuor Tomos divisus
Synonima
Chilo Franciscanus Fr. Felicis Reineccij. ideo(mate) Germanico
Medulla Th(eolo)giae Moralis P. Busenbaum
Diurnale

Exercitia Spiritualia complectens meditationes ideo(mate) Latino
Libellus Th(eolo)gicus de Sacramentis in G(ene)re et specie
Libellus tractans de medicamentis Auth(ore) SIGISMUNDO RICHTERO
Libellus tractans pro Immaculato Conceptu DEJPARAE V(IRGINIS)
R.P. JULIJ FABIJ liber de mortificatione. ideo(mate) Latine
Directorium Confessariorum
THOMAS A KEMPIS
Professio Fidej. ideo(mate) Germanico
Liber italicus P. ALPHONSI LITTA
Conciones Dominicales auth(ore) R.P. FRITZ
Jus Canonicum ANTONIJ GAISLINGER
Liber parvus Congregationis
Liber AUGUSTINJ PAOLETTI. ideo(mate) Latino
Liber BASILIJ FINQUENSIS. ideo(mate) Latino
Opus EMERICJ MARULJ. ideo(mate) Latino
Opus STEPHANIJ a S. PAULO. ideo(mate) Latino
Concilium Tridentinum
Verbum abreviatum R.P. SERENJ SATTER
Teatrum Gloriae
Controversia NICOLAJ WAILINGER. ideo(mate) Germanico
Der gefesselte Sinder
Vita JOSEPHI A COPERTINO. ideo(mate) Germanico
Conciones Dominicales et Festivales CHRISTIANJ BREZ
Conciones Panegiricae
Imago Vitae. ideo(mate) Ungarico
Tribunal Confessariorum
Cantionalia Ungarica 2.
Opus R.P. JOANNIS OLIVAE
Dictionarum PAPAJ et FRISIJ 2.
Opus R.P. LUCAE a. S. NICOLAO
Cornu Copiae
Grigristung
Opus R.P. SCHABLER
Opus ANTONIJ GUEVARA. ideo(mate) Germanico
Christliche haushaltung
Examen Institutionum Imperialum
Lexicon ALBERTJ FABRICIJ
Opus FRANCISCJ VAGNER
Religionis Romano Catholicae fundamentum
Rudimenta historica
Opus JACOBI BALDE
Conciones PHILIPPI HARTUNG
Conciones STEPHANI LANDOVICS
Novellae Persianae. ideo(mate) italico
Conciones ANDREAE ILLES.
Opus JOANNIS CAPISTRANJ DE JAGMANE (!)
Conciones TEODORJ PRINCZ
Der libe gottes FRANC(ISCI) DE SALIS
Breviarium Magnum et parvum Petrinorum 2.

Conciones Csuzianae. ideo(mate) Ungarico
Europea fama. ideo(mate) Germanico
Locj Comunes Juris
Lobstraid PETRI undt PAULI
Manuale Exorcistarum
DAICHESSER MICHL
Opus CHRISTIANJ precz
Opus ABRAHAMJ a.S. CLARA
Peniculus Papporum
Biblia Latina
Ortus S. Coronae Regnj Hungariae
Discursus Juridicus de testamentis Auth(ore) WENCESLAO BARTODAIS
Conciones PAULJ SEGNERJ
Historia Ecclesiastica
Itinerarium Athej
Syntaxis apologetica Th(eolo)giae Moralis
Ius Cons(ultus) FRANCISCJ HORTMANJ (!)
Solutiones MARTINJ SZENTLVANYI
Krigsleib Wegordnung
Constitutiones Sacrae
Historia Imperatorum
Examen fortifocarorium Auth(ore) MAXIMILIANO PERTOLT
Examen ordinandorum
Theologia Moralis
Cathechismus Romanus
Historia prophana
Formula variorum Consiliorum
Instructio puerorum. ideo(mate) Germanico
Missio seu via Apostolica
Commentarium Th(eolo)g(i)ae Moralis
Historia B.V. CAELENSIS
Liber prophanus
Theologia Moralis R.P. ELBEL
Horologium Historiarum
Meditationes R.P. DIDACJ STELLAE

Literatur:

KULCSÁR, PÉTER: Szeged könyvtártörténete az egyetem alapitásáig. (Die Bibliotheksgeschichte von Szeged bis zur Universitätsgründung). Szeged 1970, 52 S. In: Acta Universitatis Szegediensis. Acta Bibliothecaria. Tom. VII. Fasc. 3.

Régi könyveink és kézirataink katalögussai. A szegedi piaristák könyvtára. Hg. von ANDRÁS VARGA. (Kataloge unserer Altbücherbestände und Handschriften. Die Bibliothek der Piaristen in Szeged). Szeged XIV, 1986. 88 S. In: Acta Universitatis Szegediensis. Acta Bibliothecaria. Tom. IX. Fasc. 1.

Régi könyveink és kézirataink katalögussai. A szegedi minoriták könyvtára. Hg. von ANDRÁS VARGA. (Kataloge unserer alten Bücher und Handschriften. Die Bibliothek des Minoritenkonvents in Szeged). Szeged 1991, 62 S. In: Acta Universitatis Szegediensis. Acta Bibliothecaria. Tom. IX. Fasc. 4.

Monica Vlaicu

Das politische und das Vereinsleben der Deutschen in Rumänien, 1918 – 1945. Quellen aus den Beständen des Staatsarchivs Hermannstadt

Die vorliegende Darstellung will auf Quellen hinweisen, die sich im Besitz des Staatsarchivs in Hermannstadt befinden. Die Beschreibung der Bestände verfolgt den Zweck, die Forscher darauf aufmerksam zu machen, was sie in Hermannstadt vorfinden können.

Seit den dreißiger Jahren des 19. Jahrhunderts gibt es Vereinsgründungen in Siebenbürgen. Die unterschiedlichsten Zusammenschlüsse hatten die Erhaltung und Darstellung regionaler Eigenart in Siebenbürgen ins Auge gefaßt. Schon gegen Ende des 19. Jahrhunderts kam es dazu, daß die einzelnen Vereine den Zusammenschluß zu Verbänden suchten; im Jahre 1892 war zum Beispiel ein siebenbürgisch-sächsischer Sängerbund entstanden.

Nach 1918 galt es, die Tätigkeit von Vereinen aus unterschiedlichen Siedlungsgebieten zusammenzufassen. Zu den bestehenden Einrichtungen kamen neue hinzu. Die große Zahl der Vereine steht im Gegensatz zu den relativ selten erhaltenen Vereinsarchiven. Das *Deutsche Kulturamt* registrierte im Jahre 1921 in Mediasch insgesamt zweiundzwanzig Vereine; von keinem dieser Vereine ist ein Archiv überliefert. Es gibt allerdings die Möglichkeit, in Familienbeständen und in der Sammlung Brukenthal sporadisch Informationen über unterschiedliche Vereine und deren Tätigkeit vorzufinden.

Als nach 1920 die Tätigkeit von Verbänden und politischen Organisationen einen Aufschwung erlebte, sorgte man keineswegs in allen Fällen dafür, eine lückenlose Dokumentation darüber anzulegen. Diese Lücken behindern zwar neuere Forschungen. Dennoch ist das Vorhandene eine gute Ausgangsbasis, um zeitgeschichtliche Zusammenhänge zu betrachten.

Sieht man von zwei lokalen Vereinen der Zibinsstadt ab, dem Gesangverein *Hermania* und dem Sportverein *Die Falken,* dann findet man im Hermannstädter Archiv vor allem über diejenigen Vereine Informationen, deren Tätigkeit sich auf ganz Siebenbürgen erstreckte und nach 1919 oft auch sämtliche Siedlungsgebiete Großrumäniens mit deutscher Bevölkerung umfaßte. Das gilt für den *Verein für Siebenbürgische Landeskunde* (1840 – 1946), den *Gustav-Adolf-Verein* (1859 – 1937), den *Allgemeinen Frauenverein der evangelischen Landeskirche A.B. in*

Rumänien (1883 – 1941), den *Siebenbürgisch-Sächsischen Landwirtschaftsverein*[1], den *Bund sächsischer Lehrer evangelischer Konfession A.B. in Siebenbürgen* (1919 – 1941).

Wir können hier nicht auf Details eingehen, werden jedoch versuchen, auf spezifische Eigenheiten dreier Vereine zu verweisen; danach beschäftigen wir uns mit den Vereinen, die landesweit wirkten, also nicht nur für Siebenbürgen von Bedeutung waren. Hierher gehört auch das *Kulturamt der Deutschen in Großrumänien*, eine Einrichtung des *Verbandes der Deutschen in Großrumänien.*

1. Einzig in ihrer Art ist die Sammlung der *Sächsischen Kriegsgräberfürsorge in Siebenbürgen* (1918 – 1944), die reichhaltiges Fotomaterial, Schriftgut und topographische Skizzen aufbewahrt. Der Verein wurde im Jahre 1918 mit Sitz in Hermannstadt gegründet; die Leitung hatte AUGUSTE SCHNELL inne. Aufgrund des Königlichen Erlasses vom 12. September 1939[2], der den Verein *Kriegsgräberfürsorge* mit Sitz in Bukarest als Rechtsperson anerkannte, schloß sich der siebenbürgische Verein dem Bukarester an und galt als regionale Zweigstelle. Er betreute 67 Friedhöfe, auf denen 20.000 Opfer des Ersten Weltkrieges ruhten (unter ihnen 4.000 Deutsche). In 20 dieser Friedhöfe waren keine Gräber von Deutschen vorhanden; Pate der restlichen 47 Friedhöfe war der *Landesverband Bayern des Volksbundes Deutsche Kriegsgräberfürsorge*[3]. Von 61 der 67 Friedhöfe ist die Bestandsübersicht erhalten geblieben (bei jedem Verstorbenen wird Dienstgrad, Volkszugehörigkeit, Name, Truppenteil, Todestag festgehalten).

Im Jahre 1942 erhielt die Siebenbürgische Kriegsgräberfürsorge vom Auswärtigen Amt in Berlin den Auftrag, die in Siebenbürgen im Ersten Weltkrieg gefallenen Deutschen nach Michelsberg umzubetten[4]. Die Umbettung begann im gleichen Jahr; die Burgkirche in Michelsberg wurde zum Sammelfriedhof für die im Ersten Weltkrieg im Kreis Hermannstadt Gefallenen. Über diese Tatbestände kann man sich heute im Archiv informieren.

2. Am 17. Juli 1922 wurde der *Allgemeine deutsche Theaterverein* in Hermannstadt gegründet; es handelte sich um die Ausweitung des *Hermannstädter Theatervereins,* der nun für ganz Siebenbürgen zuständig war und die Gründung von Ortsgruppen in einzelnen siebenbürgischen Städten beschloß. Der neugegründete Verein setzte sich zum Ziel, das deutsche Theater in Siebenbürgen zu fördern und dabei das siebenbürgisch-sächsische Schrifttum bevorzugt zu beachten. Um das zu erreichen, koordinierte der Verein die Gastspiele der Berufstheater und initiierte in der theaterfreien Zeit Liebhaberaufführungen und literarische Soireen[5]. Im Jahre 1933 wurde das *Deutsche Landestheater in Rumänien* gegründet; es war Eigentum der *Deutschen Theatergemeinschaft e.V.* und wurde von GUST ONGYERTH geleitet. Im Jahre 1939 schloß GUST ONGYERTH mit der *Deutschen Theatergemeinschaft* und

[1] Die Bestände sind noch nicht bearbeitet.

[2] 2. Amtsblatt Nr. 123 vom 12. September 1919.

[3] Staatsarchiv Hermannstadt (StAH), Fonds: Sächsische Kriegsgräberfürsorge in Siebenbürgen, Nr. 11.

[4] StAH, ebenda, Nr. 79.

[5] StAH, Fonds: Theaterverein Hermannstadt, Nr. 2.

mit dem Leiter des deutschen Nachbarschaftswesens in Rumänien, Professor WILHELM SCHUNN, einen Vertrag ab, der diesen damit betraute, alle deutschen Theatervorstellungen im Lande zu veranstalten. Ebenfalls 1939 kam es zur Eingliederung des *Deutschen Landestheaters* in die Volksgemeinschaft.

3. Für die *Deutsche Buchgilde* in Rumänien gibt es keine geschlossene Sammlung, doch finden sich viele Informationen über deren Satzungen und Tätigkeit im Fonds Kulturamt und in der Sammlung Brukenthal. Die *Deutsche Buchgilde* in Rumänien wurde im Herbst 1930 gegründet, um die Herausgabe guter deutscher Bücher zu fördern; Schwerpunkt war das schöngeistige Schrifttum. Gelegentlich wurden auch Bücher aus anderen Sparten publiziert. Voraussetzung war, daß sie breitere Leserkreise anzusprechen vermochten.

4. Die Hauptleitung des *Verbandes der Deutschen in Großrumänien* beschloß am 15. Februar 1922 die Einrichtung eines *Kulturamtes der Deutschen in Großrumänien*[6]. Das neue Amt begann seine Tätigkeit am 1. März, und DR. RICHARD CSAKI wurde mit der Leitung beauftragt. In einem Schreiben CSAKIs an den Schwäbischen Landwirtschaftsverein in Temeswar wird mitgeteilt: *„Besondere Statuten haben wir nicht, da wir kein Verein, sondern ein Arbeitsorgan des Verbandes der Deutschen Großrumäniens sind“*[7]. Die allgemeinen Richtlinien für die Tätigkeit der neuen Einrichtung wurden wie folgt festgelegt[8]:

a. Das Kulturamt sichert und verteidigt sämtliche Kulturgüter des Deutschtums in Großrumänien.

b. Das Kulturamt hat durch Schaffung möglichst vieler gemeinsamer Kultureinrichtungen das Zusammengehörigkeitsgefühl aller Deutschen Großrumäniens zu stärken und so eine kulturelle Angleichung herbeizuführen.

c. Diese kulturelle Angleichung darf nicht auf Kosten der einzelnen Siedlungsgebiete erfolgen. Deshalb muß das Kulturamt Sonderbedürfnissen der Siedlungsgebiete nachkommen und vor allem dort fördernd einspringen, wo die nötige Organisationskraft und Übersicht über die zu leistende Arbeit nicht vorhanden ist.

d. Das Kulturamt hat die geistige Verbindung zum Mutterland aufrecht zu erhalten.

Aus der bezeugten Tätigkeit des Kulturamts ist zu schließen, daß es die einzige Instanz war, die kulturell und organisatorisch alle deutschen Siedlungsgebiete in Rumänien, ohne Ansehen der Konfession, erfaßte. Die Tätigkeit des Kulturamts läßt sich, aufgrund des vorhandenen Schriftgutes, in drei große Gruppen gliedern:

A. Die Arbeit in den und für die deutschen Siedlungsgebiete Großrumäniens;

B. Vermittlertätigkeit zwischen Rumänien und Deutschland;

C. Kontakte zu deutschen Gruppen und Organisationen in anderen Staaten (Tschechoslowakei, Ungarn, Polen, Jugoslawien, baltische Staaten, ebenso recht enge Beziehungen zu Landsleuten in Amerika).

Das Kulturamt war für dreiundzwanzig Arbeitsgebiete zuständig, deren wichtig-

[6] Siehe: Siebenbürgisch-Deutsches Tageblatt, 49 (1922), Nr. 14.617 (21.2.).

[7] CSAKI, RICHARD: Deutsches Kulturamt in Rumänien. Tätigkeitsbericht 1922 – 1927, Hermannstadt 1927, S. 2.

[8] StAH, Fonds: Kulturamt der Deutschen in Großrumänien /fortab: Kulturamt/, Nr. 33, S. 2 (Brief vom 5. April 1922).

ste waren: Fragen der Volksbildung, Veranstaltung volkstümlicher Vortragsreihen, Ausstellungen, die alljährlichen deutschen Ferienhochschulkurse in Hermannstadt, Konzerte, verlegerische Initiativen. Es gab eine Pressestelle, eine Abteilung für Auskünfte. Jugendfragen und die Berufs- und Studienberatung waren ebenso wichtige Anliegen des Kulturamtes.

Das Kulturamt wurde eine wichtige Kontaktadresse für binnendeutsche Persönlichkeiten und Einrichtungen, es übernahm Vermittlerfunktionen und war für Vertrauensfragen zuständig. Man kann behaupten, daß es — sieht man von den baltischen Einrichtungen ab — in den zwanziger Jahren keinen bekannteren Ansprechpartner für Deutschland gab.

Bezüglich der Belege aus Abteilung C ist festzuhalten, daß das Kulturamt von Anfang an Verbindungen zu anderen deutschen Minderheitengruppen herstellte. Man wollte aus der Kenntnis der Arbeitsmethoden und -bereiche anderer Kultureinrichtungen in Ostmitteleuropa Lehren für die eigene Tätigkeit gewinnen, bzw. man wollte die eigenen Erfahrungen auch anderen zugänglich machen.

Für die Minderheitentagung des Jahres 1925 wurde Dr. CSAKI beauftragt, die grundlegenden Kulturaufgaben für Minderheiten zu bestimmen und Vorschläge für eine konkrete Zusammenarbeit der verschiedenen Einrichtungen vorzulegen[9]. In seinem Bericht über *„Die kulturelle Organisation der deutschen Minderheiten“*[10] legte CSAKI am 18. Juli 1925 in Wien dar, daß *„die auslandsdeutschen Gruppen des östlichen Europa organisatorisch als eine Einheit betrachtet werden können. Überall sind die Hauptmerkmale gemeinsam, die die Form der Kulturarbeit, vor allem aber die Methode des Kulturkampfes, kennzeichnen“*. Aus Berlin erhielt CSAKI den Rat, *„darauf hinzuarbeiten, daß künftig eine Zusammenarbeit auf dem Gebiet der kulturellen Betätigung zwischen allen deutschen Minderheitenstämmen erfolgt. Es wäre das eine Entwicklung, deren letzte Konsequenz das Entstehen eines selbständigen Kulturfaktors im Rahmen der großen deutschen Gesamtkultur sein müßte“*[11].

Die sich abzeichnende Notwendigkeit, über ein Sprachrohr zu verfügen, das die Verbindung zu den anderen deutschen Gruppen und zu den binnendeutschen Instanzen herstellen kann, veranlaßte die Herausgabe der Zeitschrift *Ostland. Vom geistigen Leben der Auslandsdeutschen*[12]. CSAKI schreibt in einem Brief an THOMAS MANN, in welchem er um dessen Mitarbeit an der Zeitschrift *Ostland* bittet: *„Wir möchten ein Band schaffen zwischen dem heutigen Deutschland und dem Auslandsdeutschtum, nicht von einer politischen Gruppe Deutschlands aus — dafür gibt es viele Zeitschriften —, sondern vom ganzen Deutschland, wie wir es hier aus der Distanz vielleicht besser in seiner wahren Gestalt, mit seinen Gipfeln und Niederungen erblicken können, als der Durchschnittsdeutsche im Reich“*[13].

[9] Ebenda, Nr. 93/1924.

[10] Ebenda, Nr. 12/125 (gekürzte Fassung).

[11] Ebenda, Nr. 93 (Brief vom 22. August 1924).

[12] VLAICU, MONICA: Annäherungen zwischen deutschem und rumänischem Geistesleben (Briefe von O. W. Cisek an die Zeitschrift „Ostland“). In: Neue Literatur 36 (1985), Nr. 11, S. 67 – 80.

[13] StAH, Fonds: Kulturamt, Brief Nr. 1790, Hermannstadt, 25. Juli 1925; auch VLAICU, MONICA: Treffpunkt der geistig führenden Kreise. RICHARD CSAKI und die Tätigkeit des „Kulturamtes der Deutschen in Rumänien“. In: Die Woche vom 8. 8. 1986.

Das *Ostland* war die einzige Zeitschrift außerhalb des deutschen Sprachraumes, die versuchte, die Anliegen der deutschen Minderheitengruppen in Ost- und Südosteuropa zu behandeln und dabei den kulturellen Belangen die höchste Aufmerksamkeit zu schenken; eine Verbindung zwischen den einzelnen Siedlungsgebieten sollte auf diese Art hergestellt werden. Am 1. Januar 1926 erschien die Zeitschrift zum ersten Mal.

Die Banater Schwaben wurden innerhalb der Tätigkeitsfelder des Kulturamtes kontinuierlich beachtet; sie wurden immer wieder zur Mitarbeit angeregt, und die am 10. Dezember 1926 erfolgte Gründung des *Banater Deutschen Kulturvereins* ist eine Folge dieser Bemühungen. In § 1 der Satzung des Vereins wurde festgehalten: *„Der auf unbestimmte Zeit gegründete ‚Banater Deutsche Kulturverein' mit dem Sitz in Temeswar bezweckt die Erforschung, Pflege und Förderung aller Kulturzweige der deutschen Bevölkerung im Banate, im Arader und im Sathmarer Gau"*. Im Januar 1927 wurde Dr. JOSEF GABRIEL zum Vorsitzenden des Vereins gewählt, und CSAKI schrieb an Dr. CARL LOESCH in Berlin: *„Wir im Zentrum sind allerdings zur Einsicht gelangt, daß gerade das Banat eine landschaftlich bedingte kulturelle Arbeitsstelle braucht, die natürlich mit uns in organischer Zusammenarbeit zu stehen hat"*[14]. Einer Behauptung von PETER SCHIFF zufolge wurde der schwäbische Kulturverein *„zur Ergänzung unserer Volksorganisation gegründet"*[15]. Ein Jahr später publizierte der Banater Verein die Zeitschrift *Banater Deutsche Kulturhefte*.

Eine der größten Veranstaltungen des Kulturamtes war die Ausstellung über die Banater Schwaben, die anläßlich des theologischen Hochschulkurses am 6. August 1922 in der Aula der Brukenthalschule in Hermannstadt eröffnet wurde. Über das Zustandekommen dieser Ausstellung kann man den Briefwechsel mit dem Prälaten JOSEF NISCHBACH, mit FRANZ WETTEL, JOSEF GABRIEL u.a. nachlesen. Beabsichtigt war, die Volkskultur des Banats den anderen deutschen Gruppen in Rumänien vorzustellen. Die kulturellen Leistungen in Vergangenheit und Gegenwart sollten gezeigt werden. Der Hauptkatalog umfaßte die Abteilungen:
- Die höhere geistige Kultur,
- Die volkstümliche Kultur.

In einem Brief vom 28. Mai 1922 schreibt CSAKI: *„Hoffentlich gelingt es im Anschluß an die Ausstellung, den Grundstock zu einem Banater deutschen Heimatmuseum zu legen, und da ist es ein besonderes schwäbisches Interesse, mitzuhelfen, daß diese erste Schau des für das Museum geeigneten Materials möglichst zahlreich werde"*[16]. Außer der umfangreichen Korrespondenz im Umfeld der Ausstellung sind auch sämtliche Inventurlisten erhalten, die alle Exponate registrierten. Ebenfalls hier gibt es eine Aufzeichnung über die aus Weißkirchen stammende Dichterin MARIE EUGENIE DELLE GRAZIE[17].

In der vom Kulturamt erarbeiteten *„Jahreschronik"* finden sich viele Hinweise

[14] StAH, Fonds: Kulturamt, Nr. 13, S. 178.

[15] Ebenda, S. 179.

[16] Ebenda, Nr. 33, S. 122.

[17] Ebenda, S. 71. Vgl. ihre im Südostdeutschen Kulturwerk veröffentlichte Biographie von MAYER-FLASCHBERGER, MARIA: MARIE EUGENIE DELLE GRAZIE. München 1984. Reihe B, Bd. 48.

auf Ereignisse aus dem Banat, etwa über die Einweihung des deutschen Schülerheims der Banatia am 29. August 1926, über die Zusage des Unterrichtsministers PETROVICI, daß in der Banatia ein deutsches, katholisches Gymnasium eingerichtet wird, über die Gründung des *Kulturvereins* am 10. Dezember 1926, über den deutschen Volkstag in Arad am 19. Februar 1927 usw.[18].

Aus dem Briefwechsel zwischen CSAKI und NISCHBACH, der im Umfeld der Ausstellungsvorbereitungen entstand, erfahren wir viel über das deutsche Schulwesen im Banat, über die dort veranstalteten pädagogischen Kurse, über die Vereinheitlichung der deutschen Schulbücher usw.[19].

ERWIN SCHILLER, Sekretär der Hauptstelle der *Deutsch-schwäbischen Volksgemeinschaft,* berichtete nach Hermannstadt über Vortragsreihen, Theater, über Stipendien für Hochschüler und Lehrmittel für Volksschulen[20].

Besonders reichhaltig ist der Briefwechsel, der anläßlich der Theatergastspiele geführt wurde, als die Berliner REINHARDT-Bühne in Rumänien gastierte, die GANGHOFER-THOMA-Bühne, die Berliner Kammeroper, die Wiener Operettengesellschaft, das Dresdener Streichquartett oder die Solisten LUDWIG KAISER (Pianist, Kassel), LUISE GMEINER (Pianistin), GEORG KULENKAMPF (Geiger, Baden-Baden) usw. In Einzelbriefen erfahren wir etwas über den Sänger GEORG DIPPON, den Hatzfelder Komponisten JOSEF LINSTER[21]. Auch mit dem Kulturamtsleiter ANTON TITZ wurden vor allem Fragen der Neuordnung des deutschen Theaters besprochen[22], und in der Korrespondenz mit ELSE ALSCHER geht es um die Herausgabe ihrer Gedichtsammlung *„Vom anderen Ufer"*, um Beiträge für die Zeitschrift *Ostland* und um ELSE ALSCHERS Tätigkeit als Korrespondentin des *Budapester Tageblattes* und der *Belgrader Neuesten Nachrichten*[23].

Auch Informationen über das Banater Vereinsleben *(Banater Deutscher Frauenverein Temeswar, Deutsch-Katholischer Jugendverein, Schwäbischer Landwirtschaftsverein, Banater Deutscher Kulturverein* mit Ortsgruppen) sind recht zahlreich vorhanden.

Die Tätigkeit des *Kulturamtes der Deutschen in Großrumänien* dauerte vom 1. März 1922 bis zum 1. August 1931, als das Kulturamt infolge finanzieller Schwierigkeiten aufgelöst wurde[24]. Die *Ostland*-Verwaltung teilte ihrerseits mit, *„daß das Kulturamt infolge der Ungunst der Lage gezwungen ist, seine Tätigkeit und damit auch das Erscheinen der Zeitschrift ‚Ostland' einzustellen"*[25].

[18] Ebenda, Nr. 103.

[19] Ebenda, Nr. 13/1927.

[20] Ebenda, Nr. 13/1927.

[21] Ebenda, Nr. 13, S. 545.

[22] Ebenda, Nr. 29/1930.

[23] Ebenda, Nr. 19/1929; auch bei VLAICU, MONICA; GEIER, LUZIAN: Annäherung und Zusammenarbeit. Zur Rolle des Kulturamtes der Deutschen in Rumänien im Spiegel der Archivdokumente (III). In: Neue Banater Zeitung vom 15. 3. 1987.

[24] VLAICU, MONICA: Aus dem Briefwechsel zwischen ALFRED POMARIUS und KONRAD NUßBÄCHER. In: Forschungen zur Volks- und Landeskunde, Bd. 29, 1986, Nr. 2, S. 99 – 103.

[25] StAH, Fonds: Kulturamt, Nr. 32.

Wenn es um die Auswertung der Quellen zur Tätigkeit des Kulturamtes geht, muß darauf hingewiesen werden, daß sich im Archiv in Hermannstadt vor allem die Korrespondenz befindet, die Tausende von Briefen umfaßt; auch gibt es Monats- und Jahresberichte. Es geht nicht an, die Arbeit des Kulturamtes zu den einzelnen Themenbereichen ausschließlich aufgrund der Briefschaften zu erschließen. Aus der Korrespondenz erfährt man nämlich, daß regelmäßig Berichte nach Deutschland geschickt wurden; in Frage kommen als Adressaten: das *Deutsche Auslands-Institut* in Stuttgart, die *Deutsche Mittelstelle für Südosteuropa* in Berlin, die *Arbeitsgemeinschaft deutscher Zeitschriften für die Interessen des Grenz- und Auslandsdeutschtums* in Berlin, *die Reichszentrale für Heimatdienst* in Berlin, der *Verband Auslandsdeutscher Studierender* in Leipzig, *die Mittelstelle für Jugendgrenzlandarbeit* in Berlin, der *Bund der Auslandsdeutschen* in Berlin, das *Osteuropa-Institut* in Breslau. Auch darf nicht vergessen werden, daß der Landesverband Hessen-Nassau (Vorsitzender STEINHARDT) Siebenbürgen, das Banat und die Bukowina zu betreuen hatte, der Landesverband Hessen-Darmstadt (Vorsitzender Studienrat WECKERLING) dagegen die Dobrudscha und Bessarabien.

Die meisten Unterlagen dürfte man im *Institut für Auslandsbeziehungen* in Stuttgart vorfinden, schon deshalb, weil der Leiter des Kulturamtes vom Stuttgarter Institut (damals: *Deutsches Auslands-Institut*) beauftragt worden war, über die deutschen Gruppen in Rumänien, Ungarn, Polen, Dänemark, Jugoslawien, der Tschechoslowakei und in den baltischen Staaten zu berichten.

5. Der *Bund deutscher Hochschüler in Rumänien* wurde ins Leben gerufen, um die Studentenschaft zu erfassen. Die regionalen Voraussetzungen für diesen Bund waren unterschiedlich. In Siebenbürgen hatte es schon vor dem Ersten Weltkrieg einen *Bund siebenbürgisch-sächsischer Hochschüler* gegeben, wobei die Ortsgruppe Kronstadt am 9. Juli 1899 gegründet, die in Klausenburg im Jahre 1895 geschaffen worden war. In der Bukowina fehlte eine solche Studentenorganisation, dafür gab es die Burschenschaften (*Arminia*, gegründet 1877, *Frankonia*, 1903) und die Korps (*Allemania* und *Gothia*)[26]. Auch in Hermannstadt gab es Vergleichbares; es bestanden Kontakte zu Verbänden in Deutschland. Es gab die Vereinigung alter Burschenschaften, die Gruppe des Vereins deutscher Studenten, die Gruppe des akademischen Turnbundes[27].

Ein erster Schritt in Richtung eines organisatorischen Zusammenschlusses wurde von den Studenten am 22. und 23. September 1922 unternommen, als die Vertreter des *Bundes siebenbürgisch-sächsischer Hochschüler* den *Bund der Schwäbischen Hochschüler* (gegründet im Jahre 1920) zu einer Tagung nach Bistritz einluden. Bei dieser Gelegenheit konstituierte sich die Gründungsversammlung des *Bundes deutscher Hochschüler in Rumänien*[28]; es wurde der Wunsch geäußert, daß die in Bistritz nicht vertretenen Kommilitonen aus der Bukowina, Bessarabien und dem Altreich sich dem Bund anschließen sollten. Die Satzungen sahen vor, daß jeder Hochschüler deutscher Abstammung Mitglied des Bundes werden könne. Eine

[26] StAH, Fonds: Bund Deutscher Akademiker in Rumänien (BDAR), Nr. 18, S. 166.

[27] Ebenda, S. 7.

[28] Ebenda, Nr. 1, S. 7.

Universitätsstadt sollte Sitz des Vereins werden. Die Ortsgruppe als kleinste organisatorische Einheit mußte mindestens zehn Mitglieder aufweisen. Diese Ortsgruppen wurden in Kreise zusammengefaßt: Altreich, Banat, Bessarabien, Bukowina, Siebenbürgen (später kamen die Dobrudscha und Sathmar hinzu). Den Kreisen wurden weitgehende Freiheiten zugestanden, zum Beispiel auch das Recht, eigene Satzungen auszuschreiben. Der Tätigkeitsbericht für das Geschäftsjahr 1931 – 1932 hält fest: *„Sehr erschwert wurde unser Beginn durch das Fehlen des Archivs und damit jeglichen Anschlusses an die Vergangenheit, die Geschichte und geschäftliche Praxis des Bundes“*[29].

Die Geschäfte des Bundes sollten von einer Hauptleitung wahrgenommen werden, der je ein Vertreter der fünf Siedlungsgebiete angehörte. Der Vorsitzende vertrat den Bund in der Öffentlichkeit, leitete die Versammlungen; die Hauptversammlung sollte jährlich in einem anderen Siedlungsgebiet abgehalten werden[30].

Die zweite Tagung des Bundes fand vom 6. – 7. September 1923 in Temeswar statt; eine größere Zahl von Vertretern war erschienen, auch die Alt-Akademiker waren anwesend, und es wurden ernstgemeinte Diskussionen über die Umwandlung des Hochschülerbundes in einen Akademikerverband geführt[31]. Den Antrag von Dr. HANS OTTO ROTH, den Bund als Rechtsperson anzuerkennen, lehnte Minister DUCA mit der Begründung ab, er erlaube bloß eine Organisation der Studentenschaft nach Siedlungsgebieten. So wurde der Bund nicht beim Registergericht eingetragen, funktionierte aber satzungsgemäß weiter[32].

Die vierte Bundeshauptversammlung in Hermannstadt (3. – 5. September 1925) brachte die entscheidende Umwälzung. Der Verband hieß fortab *Bund Deutscher Akademiker in Rumänien;* Sitz des Bundes mußte nicht unbedingt eine Universitätsstadt sein. Die erfaßten Studenten konnten in Deutschland oder in Rumänien studieren[33]. Ein endgültiger Funktionsstatus wurde erst 1929 angenommen; im gleichen Jahr wurde zwischen dem Bund und dem Zentralverband Auslandsdeutscher Studierender in Leipzig ein Patenschaftsvertrag abgeschlossen. Zu einem Arbeitsabkommen kam es erst am 15. April 1932[34]. Am 29. August 1930 tagte der Bund wieder in Temeswar, und ANTON VALENTIN erstattete den Bericht über das Geschäftsjahr 1929 – 1930. Damals verfügte der Bund über 620 Mitglieder in der Ortsgruppe Temeswar (darunter 480 aktive Mitglieder und 140 Alte Herren[35]). Als Bundeszeichen wurde in Temeswar die Bezeichnung *„Aufgehende Sonne, Symbol für das Ostdeutschtum“*[36] angenommen. 1930 gab die Ortsgruppe Kronstadt die Publikation *Der Akademiker* heraus, die ab 1932 *Akademische Blätter* hieß.

Im Jahre 1931 schlossen sich die Ortsgruppen zu Kreisgruppen zusammen; es

[29] Ebenda, Nr. 18, S. 228.
[30] Ebenda, Nr. 4.
[31] Ebenda, Nr. 11, S. 100.
[32] Ebenda, Nr. 16, S. 180.
[33] Ebenda, Nr. 16, S. 165.
[34] Ebenda, Nr. 5.
[35] Ebenda; Nr. 7.
[36] Ebenda, Nr. 8.

entstanden die Kreise Siebenbürgen, Banat, Altreich, Bessarabien und Bukowina[37]. Jede Kreisgruppe konnte nach freiem Ermessen ihre Organisation ausbauen und ihre Tätigkeit organisieren[38].

Im Frühjahr 1931 initiierte Dr. E. GUNDHARDT eine ethno-politische Vortragsreihe, um die Akademiker mit dem Leben ihrer Gruppe besser bekannt zu machen[39]. Ein Jahr später scheint eine *„neue Flut ins alte Bett geströmt“* zu sein, denn die Neugestaltung des Vereinslebens stand im Vordergrund der Bemühungen. Der Bund wollte nicht bloß das Zusammengehörigkeitsgefühl seiner Mitglieder festigen, sondern auch bewirken, daß sich die Akademiker im Dienst an der Gemeinschaft engagierten. Man wollte die Satzung ändern, auch erneut einen Vorstoß unternehmen, um die rechtliche Anerkennung der Vereinigung zu erreichen. Dagegen trat POMARIUS auf, der festhielt: *„Die Volksgemeinschaft (sei) als politische Partei organisiert und anerkannt. Jugendliche aber dürfen politischen Parteien nicht angehören“*[40]. Einige Ortsgruppen sahen dies anders und suchten den Weg in die Politik. So geschah es in Kronstadt, wo sich die Ortsgruppe am 20. Dezember 1933 als Untergliederung der *Nationalsozialistischen Erneuerungsbewegung der Deutschen in Rumänien (NEDR)* ausgab[41], obwohl die Satzungen des Bundes festhielten, daß dieser überparteilich und unpolitisch sei. Bei der Kreistagung am 30. September 1933 wurde die Einführung der Arbeitspflicht und des Führerprinzips beschlossen[42].

Oft waren Kontakte zu deutschen Studentenvereinigungen angestrebt worden, etwa zum Verband der *Vereinigung deutscher Hochschüler* Polens, dem *Landesverband deutscher Hochschüler* Südslawiens, der akademischen Vereinigung *Suevia* in Budapest, dem *Verband deutscher Studenten* usw.[43]

1936 kam es — auch innerhalb der Jugendbewegung — zu politischen Spannungen (die Spaltung der NS-Erneuerungsbewegung in die Anhänger von GUST bzw. von FABRITIUS war ein Anlaß dafür) und Veränderungen[44]. Auch hier gab es scheinbar nur die Alternative: *Deutsche Volkspartei* (DVR) oder FABRITIUS. Die Lage spitzte sich auf dem Studententag in Bukarest am 1. März 1936 zu, als HANS LOEW auf Anordnung von FRITZ FABRITIUS die *Deutsche Hochschülerschaft* in Rumänien (DHR) gründete[45]. Dem Unternehmen LOEW stimmten nicht alle Teilnehmer zu.

Die neu erarbeiteten Richtlinien für die *Deutsche Hochschülerschaft* Rumäniens sahen vor, daß diese deutschstämmige Hoch- und Fachschüler Rumäniens zu erfassen habe und Teil der *Deutschen Volksgemeinschaft* in Rumänien sei. Als Zielsetzung wurde angegeben, daß die Mitglieder zu sozial und völkisch bewußten, fach-

[37] Ebenda, Nr. 11.
[38] Ebenda, Nr. 16.
[39] Ebenda, Nr. 18, S. 7.
[40] Ebenda, Nr. 18, S. 145.
[41] Ebenda, Nr. 31, S. 15.
[42] Ebenda, Nr. 31, S. 125.
[43] Ebenda, Nr. 18, S. 330.
[44] Ebenda, Nr. 36, S. 118.
[45] Ebenda, Nr. 26, S. 27.

lich gut ausgebildeten, einsatzbereiten Menschen herangezogen werden sollten. Dem Obmann der Hochschülerschaft waren mehrere Hauptämter untergeordnet: das Innenamt, das Außenamt, das Werbe-, das Verwaltungsamt, das Amt für Studienberatung, das Mädchenamt.

Am 25. Oktober 1936 wurde eine Kundgebung der gesamten deutschen Jugend veranstaltet, die sich zur Volksgemeinschaft bekannte. Bei dieser Gelegenheit wurde der *Bund Deutscher Jugend* in Rumänien als offizielle Jugendorganisation der Volksgemeinschaft geschaffen[46]. Die ersten Ortsgruppen entstanden in Hermannstadt und Temeswar. Die Hochschülerschaft gab eine Monatsschrift *Volk und Heimat* heraus, der Landesjugendführer der Volksgemeinschaft, NIKOLAUS HANS HOCKL, edierte den *Führerbrief des Bundes Deutscher Jugend.*

Aufgrund der vom Landesjugendführer und dem Obmann der *Deutschen Hochschülerschaft* getroffenen Vereinbarung trat 1937 die Hochschülerschaft dem *Bund Deutscher Jugend* bei, ohne ihre innere Organisation zu verändern; auch unterstand die Hochschülerschaft, vertreten durch ihren Obmann, unmittelbar dem Landesjugendführer[47].

6. Die weltanschauliche Grundlage des *Bundes Deutscher Jugend* bildete die sogenannte *Erneuerungsbewegung*, die den Nationalsozialismus nachahmte. Die organisatorische Grundlage des Bundes war das Volksprogramm vom 22. Oktober 1935 und das Jugendstatut vom August 1936.

Das in Hermannstadt vorliegende Archivmaterial spiegelt die Tätigkeit der Hauptleitung des *Bundes Deutscher Jugend* wider, der zu Kreisen zusammengefaßten Siedlungsgebiete (Altreich, Banat, Bessarabien, Buchenland, Siebenbürgen), der einzelnen Ortsgruppen sowie Beziehungen zur Vereinigung auslandsdeutscher Studierender in Leipzig, zur Volksgemeinschaft und zum deutschen Kulturamt. Die Geschichte des Bundes kann heute detailliert erforscht werden, was bisher nicht möglich war.

Politische Organisationen

Die Hermannstädter Bestände belegen die politische Entwicklung der Siebenbürger Sachsen seit 1918. Frühere Entwicklungen sind aus Familiensammlungen und Zeitungskollektionen zu entnehmen. Für die Zwischenkriegszeit erwähnen wir folgende Quellen:

a. Die Bestände des *Deutsch-Sächsischen Nationalrates für Siebenbürgen* (1918–1919), der vom 2. November 1918 bis zum 5. November 1919 als Nachfolgeeinrichtung des *Sächsischen Zentralausschusses* wirkte und Vorgänger des *Deutsch-Sächsischen Volksrates für Siebenbürgen* (seit 1920) war, dann zu einer Art siebenbürgisch-sächsischem Ausschuß der Deutschen Parlamentspartei wurde[48].

[46] Ebenda, Nr. 35, S. 69.

[47] Ebenda, nr. 36, S. 16.

[48] ROTH, HARALD: Der „Deutsch-sächsische Nationalrat für Siebenbürgen" 1918–1919, München 1993, S. 117. Der Verfasser hat für diese Arbeit die Archivalien in Hermannstadt herangezogen.

b. Die Bestände der *Deutschen Volksgemeinschaft in Rumänien,* die für alle Siedlungsgebiete Rumäniens mit deutscher Bevölkerung eingerichtet war und die am 27. September 1940 ihren Sitz von Hermannstadt nach Kronstadt verlegte, wo sie am 20. November 1940 durch ANDREAS SCHMIDT zur *Deutschen Volksgruppe in Rumänien* umgewandelt wurde. Von den Akten der *Deutschen Volksgruppe* werden nur die Bestände des Kreises Mediasch in Hermannstadt aufbewahrt.

Das Schriftgut der *Deutschen Volksgemeinschaft* und der *Deutschen Volksgruppe* war bisher weder einheimischen noch ausländischen Historikern zugänglich. Erst im Jahre 1990 wurde die Bearbeitung der erwähnten Bestände begonnen; sie ist bis heute noch nicht abgeschlossen.

Die unterschiedlichen Voraussetzungen, welche die deutschen Gruppen in einzelnen Siedlungsgebieten vorzuweisen hatten, bedingten den Umfang und die Art ihrer Beteiligung an gemeinsamen Vorhaben. Der *Verband der Deutschen Großrumäniens,* der am 9. September 1919 in Temeswar geschaffen worden war, sollte eine Interessenvertretung für alle Deutschen in Rumänien sein. Man dachte in erster Linie ans Kulturleben, weil im politischen Bereich die *Deutsche Parlamentspartei* bestand. Erst im Jahre 1931 fand eine Hauptversammlung statt, die den Verband in ein wirksames Instrument gemeinsamer Arbeit umwandeln sollte. Auch eine neue Satzung wurde verabschiedet[49]. Bei der Neukonstituierung wurde Wert darauf gelegt, daß der Verband auch in politischen Fragen zu einem Verbindungsglied zwischen den Organisationen der einzelnen deutschen Siedlungsgebiete umgestaltet werden sollte.

Das vorhandene Archivmaterial kann vielleicht zur Erläuterung dieses Aspekts nicht allzu viel beitragen, doch erlaubt es, eine Kontinuität des Zeitgeschehens nachzuvollziehen. Es liefert zahlreiche Informationen über die Entwicklung der *Selbsthilfe,* einer Bausparkasse, die 1922 von FRITZ FABRITIUS gegründet wurde und die als Vorläuferin der späteren nationalsozialistischen Erneuerungsbewegung gilt. Im Jahre 1932 separierte FABRITIUS die Bausparkasse von der Erneuerungsbewegung und gründete als politische Partei die *Nationalsozialistische Selbsthilfebewegung der Deutschen in Rumänien* (NSDR). Gleichzeitig setzte er das Führerprinzip durch und gestaltete das Parteiprogramm nach dem Muster der NSDAP. Eine besondere Aufmerksamkeit widmete FABRITIUS dem *Rassenamt* von ALFRED CSALLNER. Dieses Amt — spätere Bezeichnung: *Landesamt für Statistik und Sippenwesen* — bestand seit 1918, als CSALLNER es als Privatmann eingerichtet hatte. 1932 riet CSALLNER FABRITIUS, ein *Rassenamt der Selbsthilfe* zu begründen[50], mit dessen Leitung er betraut wurde[51]. Das vorliegende Archivmaterial bietet ausgiebige Informa-

[49] Siehe dazu MIEGE, WOLFGANG: Das Dritte Reich und die Deutsche Volksgruppe in Rumänien 1933 – 1938. Ein Beitrag zur nationalsozialistischen Volkstumspolitik, Frankfurt/M. 1972, S. 55.

[50] StAH, Fonds: Deutsche Volksgemeinschaft in Rumänien (fortab: Volksgemeinschaft), ohne Signatur (der Bestand wird z. Z. bearbeitet).

[51] Ebenda. 1936 legte CSALLNER sein Pfarramt nieder und widmete sich ganz den „völkischen“ Aufgaben. Die gegen Ende 1938 erfolgte Einigung zwischen den beiden konkurrierenden Gruppen hatte auch zur Folge, daß die Dienststelle CSALLNERS erneuert und ausgebaut wurde.

tionen betreffend die Statistik, die sogenannte Volkspflege, den Lebensraum, Aufklärung und Werbung, Erziehung in den Siedlungsgebieten.

WOLFGANG MIEGE verweist darauf, daß die *NSDR* zu Beginn der dreißiger Jahre unverhüllt ihre Machtansprüche zu erkennen gab, weil sie davon überzeugt war, daß nur der Nationalsozialismus zu einer wahren Volksgemeinschaft aller deutschen Gruppen in Rumänien führen könne[52]. Beim Sachsentag in Hermannstadt konnte die *NSDR* sich am 1. Oktober 1933 durchsetzen, doch erging an sie die Aufforderung von RUDOLF HESS, den Machtkampf zu beenden und sich der Einheitsorganisation einzugliedern. Bis Ende 1933 gab es keine funktionsfähige Dachorganisation der Deutschen in Rumänien.

Aus dem vorliegenden Material sind weitere Ereignisse des Jahres 1933 rekonstruierbar, so der Besuch FRICKEs in Rumänien, die Auseinandersetzungen der Hauptleitung des Verbandes mit der rumänischen Regierung im Vorfeld der Wahlen, die Kontroversen zwischen Konservativen und NSDR, die Einflußnahme der radikalen Gruppe um GUST innerhalb der NSDR, die Namensänderung (von NSDR zu NEDR, das ist: *Nationale Erneuerungsbewegung der Deutschen in Rumänien*). Auch Entwicklungen in anderen Provinzen (im Banat, in der Bukowina) können verfolgt werden. Von Interesse ist die Einmischung deutscher Instanzen in die innenpolitischen Verwicklungen in Rumänien; das Außenpolitische Amt der NSDAP, die Auslandsorganisation, die Reichsjugendführung, das Propagandaministerium waren nicht untätig. Ihre Aktionen können anhand der Dokumente in Hermannstadt zum Teil nachvollzogen werden.

Auch die Spaltung im Jahre 1934, als die Anhänger von GUST und JICKELI gegeneinander antraten, als STEINACKER vermitteln wollte und FABRITIUS Zurückhaltung übte, sind aus privaten und offiziellen Briefschaften zu entnehmen. Besonders aufschlußreich ist dabei der Briefwechsel von Dr. HELMUT WOLFF und von FRITZ FABRITIUS, weil er die Entwicklungen der Jahre 1934 – 1939 festhält, die Intrigen und Kulissenspiele, die Verbindungen zu den Provinzen und den binnendeutschen Behörden.

Als es im Jahre 1935 zur Gründung der *Deutschen Volkspartei Rumäniens* (DVR) in Temeswar kam (sie wurde am 14. Juli 1935 von GUST auch für Siebenbürgen ins Leben gerufen), setzte FABRITIUS am 30. April 1935 ein Rundschreiben auf, in dem es hieß: *„Mit dem heutigen Tage übernehme ich die Gauleitung von Siebenbürgen selbst. Die Geschäfte führt unter meiner Leitung Kamerad Dr. WOLFRAM BRUCKNER. Gleichzeitig sind alle Kameraden darauf aufmerksam zu machen, daß es in der Bewegung keine andere politische Führung gibt, sondern daß unsere innere und äußere Politik ausschließlich von mir bestimmt wird"*[53]. Ein nächstes Rundschreiben fügte am 13. Mai 1935 hinzu: *„Ebenso behalte ich die Entscheidung in wirtschaftlichen Fragen für Siebenbürgen mir vor"*[54]. Am 28. Juli 1935 fand im Hermannstädter Thalia-Garten die Treuekundgebung für FRITZ FABRITIUS statt, wo Dr. HELMUT WOLFF in seiner Rede betonte: *„Als aus den verschiedenen Kreisen Siebenbürgens*

52 MIEGE, WOLFGANG: wie Anm. 47, S. 100.

53 StAH, Fonds: Volksgemeinschaft, Jahr 1935.

54 Ebenda.

die Vertreter in Schäßburg zusammenkamen, um Stellung zu nehmen zu der Frage, ob die deutsche Volkspartei in Siebenbürgen gegründet werden solle, da war unsere Stellungsnahme eine offene Kampfansage an Dr. GUST und seine Anhänger. Wir haben eindeutig gesagt, daß wir die Gründung der DVR in Siebenbürgen nur unter den Umständen zulassen, wenn sie nicht als reine Kampfpartei neuen Unfrieden und neue Zwietracht säe, sondern wenn sie als eine Auslese der Besten unserer Organisation, die unsere Bewegung doch in der Hand hat, in ihrer Arbeit unterstützt"[55]. Eine andere Meinung vertrat ALFRED POMARIUS: „*Der DVR ist für das Banat gegründet worden, um den dortigen Kameraden durch Vereinigung mit der BELLER-Gruppe neue Kräfte zuzuführen. Die Volkspartei wurde dann für das Buchenland benützt, weil man einen Namen für die Wahlen brauchte. Sie ist also ausgesprochen für die regionalen Sonderzwecke der Bewegung im Banat und Buchenland geschaffen worden, weshalb auch der Führer sie ausdrücklich nicht mit der Bewegung identifiziert. Sie sollte dort als Hilfsinstrument im Kampf um die Körperschaften dienen, und hat diesen Dienst im Buchenland tadellos erfüllt*"[56]. Hier sei auf Quellen hingewiesen, welche die Rolle von RUDOLF BRANDSCH in der „*Bewegung*" klären und die Einstellung der damaligen politischen Spitzenfunktionäre zu BRANDSCH.

Die Auseinandersetzung zwischen den rivalisierenden Kräften der *Deutschen Volkspartei* und den Anhängern von FABRITIUS wurde am 27. Oktober 1938 eingestellt, als FABRITIUS Landesobmann wurde. Eine Propagandaschrift aus dieser Zeit, die den Titel *Das wahre Gesicht der DVR* trägt, kennzeichnet den Machtkampf bestens: „*Großteile der Banater Schwaben sind als deutsche Sektion in der Liberalen und in der National-Zaranistischen Partei und sogar bei den Sozialdemokraten. Viele Buchenländer Deutsche stehen in der ‚Eisernen Garde', und eine nicht geringe Zahl bessarabischer Deutscher bekennt sich zu CUZA. In Siebenbürgen (ver)weigert die DVR ihre Eingliederung in die Volksgemeinschaft*"[57]. Aus dem erwähnten Zeitraum sind auch die Schreiben von FABRITIUS an den SS-Obergruppenführer LORENZ (Berlin) vorhanden und Aufzeichnungen von HELMUT WOLFF, FABRITIUS, Sitzungsprotokolle und Tätigkeitsberichte usw.

Nachdem im Jahre 1938 die *Deutsche Volkspartei* verboten wurde, blieb die Volksorganisation zusammen mit der *Nationalen Arbeitsfront (NAF,* gegründet im Jahre 1936) bestehen, weil sie FABRITIUS zufolge keine Partei war. Die *Nationale Arbeitsfront* war geschaffen worden, um die massenwirksame Durchsetzung der Ideologie der Volksgemeinschaft zu gewährleisten. Sie sollte die Gefahr der Spaltung verhindern helfen und im Geiste sozialer Tätigkeit den Zusammenhalt der Gruppe sichern. Die NAF unterstand unmittelbar dem Landesführer. Im Jahre 1939 wurden neue Richtlinien für die Nationale Arbeitsfront aufgestellt, die durch ihre Beispielhaftigkeit die Einsatzbereitschaft der deutschen Gruppe steigern sollte; ebenso war beabsichtigt, daß durch die NAF die von der Führung der Volksgemeinschaft gesetzten Ziele verwirklicht werden sollten. Angriffsziele waren dabei der „*jüdische*

[55] Ebenda.

[56] Ebenda.

[57] Ebenda, 1937.

Bolschewismus", *„volks- und staatszersetzende Strömungen wie Marxismus und Irredentismus"*[58].

Nachdem im Jahre 1938 die *Front der Nationalen Wiedergeburt* geschaffen worden war, nahm FABRITIUS das Angebot der rumänischen Regierung an, innerhalb einer deutschen Sektion dieser *Front* eine eigene Organisation zur Bewältigung wirtschaftlicher, sozialer und kultureller Anliegen zu gründen. Die Voraussetzung dafür war, daß die deutsche Bevölkerung des Landes der *Front* geschlossen beitrat.

1939 wurden FABRITIUS und einige seiner Anhänger gezwungen, von der politischen Bühne abzutreten; am 27. September 1940 ANDREAS SCHMIDT zum Volksgruppenführer ernannt und der Sitz der Volksgruppe von Hermannstadt nach Kronstadt verlegt. Am 20. November wurde die *Deutsche Volksgruppe* als juristische Person des öffentlichen Rechts anerkannt.

Zusatz:

Zuletzt möchte ich auf einen Archivbestand verweisen, der zwar nichts mit dem Vereinswesen zu tun hat, für die kulturelle Tätigkeit der deutschen Minderheit jedoch von Bedeutung ist. Ich beziehe mich dabei auf den Briefwechsel von OLGA HÖRLER mit VIKTOR ORENDI-HOMMENAU und mit ADAM MÜLLER-GUTTENBRUNN. Die Korrespondenz mit ORENDI-HOMMENAU enthält Informationen zur Tätigkeit der Zeitschrift *Von der Heide* (gegründet im Jahre 1909)[59]. Im Nachlaß von OLGA HÖRLER befindet sich die größte erhaltene Sammlung von Briefen ADAM MÜLLER-GUTTENBRUNNS; es handelt sich um 200 Briefe und Karten aus den Jahren 1911 – 1921. Eine Auswertung dieser Korrespondenz ist noch nicht erfolgt. Nach 1921 setzte OLGA HÖRLER den Briefwechsel fort; Ansprechpartnerin war jetzt ADELE MÜLLER-GUTTENBRUNN, die wichtige Angaben zur Person, zum Schaffen und zur Nachwirkung des Banater Schriftstellers, ihres Gatten, nach Hermannstadt übermittelte[60].

Dieser kurze Überblick soll nur auf Bestände des Staatsarchivs Hermannstadt aufmerksam machen, die aus unterschiedlichen Gründen vor 1989 der Forschung nicht zugänglich waren. Die Kenntnis dieser Bestände wird es ermöglichen, wichtige Aspekte der Zeitgeschichte zu klären. Einer Aufarbeitung des vorhandenen Archivmaterials steht heute nichts im Wege.

[58] Ebenda.

[59] Einige dieser Briefe sind veröffentlicht worden. Siehe bei VLAICU, MONICA; GEIER, LUZIAN: Die „Heide" ist mein Sorgenkind. In: Neue Banater Zeitung vom 16. 2. 1986.

[60] VLAICU, MONICA: „. . . daß er seinem Volk etwas ist" (Briefe von ADELE MÜLLER-GUTTENBRUNN an OLGA VON HÖRLER). In: Neue Literatur, 38 (1987), Nr. 1, S. 68 – 78.

Ioan Dordea

Karl Kurt Kleins Briefwechsel mit rumänischen Gelehrten*

Im Staatsarchiv Klausenburg wird ein Teilnachlaß von Karl Kurt Klein (1897–1971) aufbewahrt, den ich zu sichten, zu ordnen und zu katalogisieren hatte[1]. Die Arbeit am Nachlaß Klein bot mir die Gelegenheit, mich mit bisher unveröffentlichten Quellen zum Leben und Schaffen des namhaften siebenbürgisch-sächsischen Gelehrten zu beschäftigen. Die in Klausenburg aufgehobenen Briefkopien (Corespondenţa trimisă şi primită) stammen aus dem Zeitraum von 1919 bis 1944 und betreffen jenen Lebensabschnitt Kleins, den man als rumänische Periode bezeichnen könnte; es ist bekannt, daß dieser Lebensabschnitt durch die Kriegsereignisse jäh unterbrochen wurde, als Klein gezwungen war, 1944 Wohnung und Arbeitsplatz aufzugeben. Die im Teilnachlaß vorliegenden Dokumente und Briefe ermöglichen es, die in Würdigungen, Nachrufen und Lexikonartikeln enthaltenen biographischen Zusammenhänge differenzierter und zutreffender darzustellen[2]. Selbst die Biographie Kleins, die Hermine Pilder-Klein mit größtmöglicher Kompetenz vorbereitet, wird auf das in Klausenburg befindliche Material zurückgreifen müssen[3].

Die Dokumente im Klausenburger Staatsarchiv vermitteln uns das Bild eines vielseitig bewanderten, erstaunlich produktiven Gelehrten, der auch mit dem

* Für die Übersetzung des Textes aus dem Rumänischen danken Herausgeber und Verlag Herrn Victor Bratu.

[1] Siehe dazu Dordea, Ioan: Der Nachlaß Karl Kurt Klein im Staatsarchiv Klausenburg (1760–1944) Vortrag, gehalten bei der Jahrestagung des Arbeitskreises für Siebenbürgische Landeskunde in Augsburg (1992). Erscheint in: Europäische Kulturlandschaft Siebenbürgen. Reflexion einer wissenschaftlichen Dokumentation. Reihe: Kulturdenkmäler Siebenbürgens, Bd. 3.

[2] Wir erwähnen hier Möckel, Andreas: Nachruf auf Karl Kurt Klein. In: Korrespondenzblatt des Arbeitskreises für siebenbürgische Landeskunde, 1 (1971), H. 3, S. 65–74. — Thurnher, Eugen: Karl Kurt Klein Forscher, Lehrer, Politiker. In: Südostdeutsches Archiv, Bd. 14, 1971, S. 1–8. — Schwob, Anton: Karl Kurt Klein als Lehrer und Forscher. In: Siebenbürgisches Archiv, 21 (1988), S. 241–254. — Zillich, Heinrich: Karl Kurt Klein †. In: Südostdeutsche Vierteljahresblätter, 20 (1971), Nr. 2, S. 73–76.

[3] Hermine Pilder-Klein arbeitet seit langem an einer Bio-Bibliographie Karl Kurt Kleins.

rumänischen Geistesleben in enger Beziehung stand. Zum Beweis dient die umfangreiche Korrespondenz mit rumänischen Persönlichkeiten, deren Briefe an KLEIN ebenso lückenlos gesammelt wurden, wie KLEIN Durchschläge seiner Schreiben an diese Briefpartner aufbewahrt hat. Es handelt sich um Tausende von Briefen, die KLEINs Vielseitigkeit — als Lehrer, Forscher, Herausgeber, Kulturwissenschaftler, als rumänischer Staatsbürger — bezeugen, nicht zuletzt auch sein Selbstbewußtsein als Angehöriger der deutschen Minderheit in Rumänien.

In der Folge werde ich mich auf den Briefwechsel zwischen KLEIN und Persönlichkeiten der rumänischen Kultur beschränken. In den meisten Fällen wurde die Korrespondenz in rumänischer Sprache geführt, so daß sich eine Übersetzung der Originalfassung als notwendig erweist; wenn es um Zitate aus deutsch geschriebenen Briefen geht, wird darauf eigens hingewiesen.

In der Briefsammlung sind die Schreiben von und an Philologen, vor allem an Germanisten, am zahlreichsten vertreten. Eine Sonderstellung nimmt dabei die Korrespondenz zwischen KLEIN und dem ersten Ordinarius in Jassy, TRAIAN BRATU (1875–1940), ein[4]. In Klausenburg liegen über dreihundert Briefe auf, die zwischen den beiden Germanisten gewechselt wurden. KLEIN hat BRATU bis zuletzt sehr geschätzt und dies noch im Jahre 1965 anläßlich des Festaktes bei der Überreichung des Mozart-Preises in Innsbruck zum Ausdruck gebracht. In seiner Rede bezeichnete KLEIN seinen Jassyer Ordinarius BRATU als einen *„hoch über dem Durchschnitt stehenden Mann und Charakter an der moldauischen Universität Jassy“*[5]. Diese Einschätzung trifft auch auf den Mitarbeiter und Kollegen von BRATU, auf KLEIN selbst, zu.

Der Briefwechsel zwischen KLEIN und BRATU informiert ausführlich, wie es dazu kam, daß KLEIN seine akademische Laufbahn in Jassy begann; dabei ist nicht nur die schnelle Folge der Briefe beeindruckend. BRATU schrieb 1923 dem Hermannstädter Bischof FRIEDRICH TEUTSCH und bat ihn, er möge ihm einen Mitarbeiter für den Germanistiklehrstuhl in Jassy empfehlen. Daraufhin wandte sich KLEIN am 8. August 1923 an BRATU, dem er sich *„als eventueller Anwärter“* auf die Stelle eines wissenschaftlichen Assistenten vorstellte. Am 18. August 1923 erläuterte BRATU dem *„Kandidaten“* die voraussichtlichen Dienstverpflichtungen in Jassy und die möglichen beruflichen Aufstiegschancen. Zu den von KLEIN angesprochenen eigenen Forschungsinteressen äußerte sich Bratu wie folgt: *„Daß Sie sich als Spezialforschungsgebiet die Literatur und Kultur der deutschen Minderheiten in Rumänien nehmen wollen, finde ich als normal und der Situation entsprechend. Als Bürger Rumäniens könnten Sie das noch erweitern und auch die Einflüsse dieser Literatur und Kultur auf die anderen verfolgen und so die wechselseitigen*

[4] Dazu siehe FASSEL, HORST: Karl Kurt Kleins Tätigkeit in Jassy 1923–1939. In: ANTON SCHWOB (Hrsg.): Beiträge zur deutschen Literatur in Rumänien seit 1918. München 1985, S. 71–87. (Veröffentlichungen des Südostdeutschen Kulturwerks. Reihe B, Bd. 45.)

[5] Siehe dazu: Ansprache des Preisträgers Univ.-Professor Dr. Dr. h.c. Karl Kurt Klein. In: Gedenkschrift zur Verleihung des WOLFGANG-AMADEUS-MOZART-Preises für das Jahr 1965, (Innsbruck 1965), S. 27.

Beziehungen studieren“[6]. Der Brief schloß mit dem Wunsch: „*Es wäre mir sehr angenehm zu hören, daß Sie nach Jassy kämen*“. Am 28. August 1923 erklärte sich KLEIN dazu bereit, „*dem Ruf nach Jassy Folge zu leisten*“[7]. Die Antwort von BRATU wurde am 5. September aufgesetzt; der Ordinarius war erfreut, „*seinen künftigen Mitarbeiter gefunden zu haben*“[8]. Am 1. November 1923 wurde KARL KURT KLEIN zum wissenschaftlichen Assistenten in Jassy ernannt; dem Einstellungsverfahren waren lediglich vier Briefe im Laufe eines knappen Monats vorausgegangen.

Die Korrespondenz zwischen KLEIN und BRATU endete im Jahre 1940, als BRATU starb. Die Briefe spiegeln die Entwicklung der beruflichen und menschlichen Beziehung zwischen den Briefpartnern wider, die eine dauerhafte Freundschaft miteinander verband. Aus der langjährigen Zusammenarbeit erwuchs das 1935 verwirklichte Vorhaben einer vierbändigen Lehrbuchserie für den Deutschunterricht an rumänischen Mittelschulen. Damals regte KLEIN an, daß BRATUs Neuerungen für den Unterricht der deutschen Flexion und der Negation sowohl in der Grammatik, die den Lehrbüchern beigegeben war, als auch in deutschen Fachzeitschriften publik gemacht werden. Ein weiteres Dokument der Zusammenarbeit ist das Universitätsjahrbuch, das 1935 für den Zeitraum 1930 bis 1935 vom Rektor herausgegeben und von KLEIN redigiert wurde, obwohl KLEIN durch seine Tätigkeit als Dozent und als Direktor der Universitätsbibliothek voll ausgelastet war[9].

Auf weitere Einzelheiten des Briefwechsels zwischen KLEIN und BRATU kann hier nicht eingegangen werden. Allerdings soll wenigstens erwähnt werden, wie sehr BRATU KLEIN schätzte. Als sich dieser um die Nachfolge von GUSTAV KISCH am Germanistiklehrstuhl in Klausenburg bewarb, schrieb BRATU an den Dekan der Philosophischen Fakultät, Professor NICOLAE DRĂGANU (1884–1939): „*Ich beglückwünsche im voraus Ihre Fakultät zu der Bereicherung, die sie im Falle der Berufung von KLEIN erfährt*“. In seiner Antwort unterstrich auch DRĂGANU die ihm bekannte berufliche Befähigung des angehenden Professors: „*Ich erfülle der Fakultät und meinem Gewissen gegenüber nur meine Pflicht, wenn ich den tüchtigsten der in Frage kommenden Bewerber unterstütze*“. Tatsächlich erfolgte die Berufung ohne Gegenstimme und mit der höchstmöglichen Benotung beim Auswahlverfahren.

Recht umfangreich ist auch KLEINs Briefwechsel mit dem Bukarester Ordinarius SIMION MÂNDRESCU (1868–1947) und dem Kreis seiner Schüler und Mitarbeiter, zum Beispiel mit ION SÂN-GIORGIU, einem Germanisten, der zeitweilig auch in Vălenii-de-Munte bei den Hochschulkursen Mitarbeiter von NICOLAE IORGA war, oder mit VIRGIL TEMPEANU und JEAN LIVESCU. Der Briefwechsel erstreckte sich

[6] Im Original deutsch.

[7] Brieftext in deutscher Sprache.

[8] Brieftext deutsch.

[9] Die von KLEIN ausgearbeitete Form des Universitätsjahrbuches wurde auch nach 1937 beibehalten und vom Direktor der Universitätsbibliothek redigiert (von 1937 bis 1949 war dies BRONISLAUS IRION, ein Germanist aus der Bukowina, der sich bei jeder Gelegenheit zum „*Modell KLEIN*“ bekannte).

über zwei Jahrzehnte. Oft geht es um an KLEIN herangetragene Aufforderungen und Ansuchen, die mit der Tätigkeit der von MÂNDRESCU gegründeten *Gesellschaft der Germanisten aus Rumänien* und deren Zeitschrift *Revista germaniştilor români* zusammenhingen. KLEIN wurde aufgefordert, Vorschläge zu machen, Entwürfe vorzulegen, Aufsätze und Buchbesprechungen zu liefern. Ebenso wurde KLEIN darum gebeten, an den in Kronstadt angesetzten Sommerkursen teilzunehmen, die deutschen Gästen zugedacht waren, an denen sich jedoch auch rumänische Staatsbürger beteiligen konnten. KLEINs Hilfsbereitschaft war beträchtlich und ging so weit, daß er sich an der Ausarbeitung der Satzungen des Germanistenverbandes und seiner Zeitschrift beteiligte. In der Zeitschrift selbst wurden nur zwei Beiträge von KLEIN veröffentlicht. Es handelt sich um die Laudatio, die KLEIN 1935 zum sechzigsten Geburtstag BRATUs in der Aula der Universität Jassy gehalten hatte, und um eine Würdigung der Leistungen MÂNDRESCU, der die Zeitschrift herausgab[10]. MÂNDRESCU bedankte sich bei KLEIN und schrieb ihm am 21. Dezember 1938: *„Ich danke Ihnen von ganzem Herzen für den bedeutenden Artikel, mit dem Sie das mir gewidmete Sonderheft zu bereichern trachteten. Ich gestehe, daß Sie mir gewisse Einzelheiten aus meinem an Aufregungen reichen Leben ins Gedächtnis riefen, an die ich mich sonst nicht erinnert hätte"*.

Auch in früheren Jahren hatte es Ansätze zu einer Zusammenarbeit gegeben. MÂNDRESCU hatte KLEIN dazu aufgefordert, an einer Tagung teilzunehmen. Am 6. März 1934 schrieb er: *„Angesichts der bevorstehenden Änderung des Gesetzes über das Unterrichtswesen sämtlicher Stufen beschloß das Zentralkomitee der Gesellschaft der Germanisten Rumäniens, eine Tagung mit sämtlichen Deutschlehrern des Landes in Bukarest zu veranstalten. Sie würden uns einen besonderen Dienst und einen großen Gefallen erweisen, wenn Sie diese Tagung mit Ihrer Anwesenheit beehren und für die versammelten Deutschlehrer einen Vortrag halten wollten"*. Über den Verlauf der Tagung ist mir nichts bekannt.

KLEIN hatte sich bereits in jungen Jahren den Ruf eines Kenners der Literatur der Siebenbürger Sachsen erworben. Dies war Anlaß dafür, daß er zu wiederholten Malen eingeladen wurde, an den Hochschulkursen in Vălenii-de-Munte teilzunehmen. ION SÂN-GIORGIU schrieb 1928 an KLEIN: *„Einige Vorlesungen über die siebenbürgisch-sächsischen Dichtungen wären in Văleni herzlich willkommen"*. In einem späteren, nicht datierten Brief, heißt es: *„Ich danke Ihnen für den schönen Artikel. Aus Zeitmangel ließ ich Ihnen den Probedruck nicht zugehen. Die Korrektur und damit die Revision wurde von Herrn Iorga persönlich vorgenommen"*.

Ein nicht unbeträchtlicher Teil der Korrespondenz KLEINs belegt seine Beziehungen zu rumänischen Romanisten. Es geht in der Mehrzahl der Fälle um die Publikation und die Redigierung von Arbeiten, die für den Druck vorbereitet wurden. Höchste wissenschaftliche Ansprüche wurden dabei gestellt. Dies gilt auch im Falle des intensiven Briefwechsels mit Professor ION BIANU (1856–1935),

[10] KLEIN, KARL KURT: Un germanist român: profesorul Traian Bratu. In: Revista germaniştilor români, 6 (1937), Nr. 2, S. 4–9. — Ders.: S. C. Mândrescu, germanistul. In: Ebenda, 7 (1938), S. 101–125.

Mitglied, zeitweilig auch Präsident der Rumänischen Akademie, der die Bukarester Akademiebibliothek organisierte und zahlreiche Editionen aus der älteren rumänischen Literatur betreute. Auch mit SEXTIL PUŞCARIU (1877–1948), dem bekannten Sprachwissenschaftler aus Klausenburg, dem Begründer und Leiter des Museums für rumänische Sprache und Herausgeber des Wörterbuchs der rumänischen Sprache und des Rumänischen Sprachatlasses, verband KLEIN eine langjährige Korrespondenz. Zu den namhaften Briefpartnern KLEINs gehörten auch der Jassyer Romanist IORGU IORDAN (1888–1986), der Mitglied sowohl der Rumänischen Akademie als auch anderer ausländischer Akademien war, außerdem der Ordinarius für rumänische Literatur in Klausenburg GHEORGHE BOGDAN-DUICĂ (1866–1934), der Bukarester Literaturhistoriker NICOLAE CARTOJAN (1883–1944), Professor DUMITRU CARACOSTEA (1879–1965) und viele andere.

Als Direktor der Universitätsbibliothek in Jassy (1932–1937) waren KLEIN die Neuerscheinungen bestens bekannt, die älteren Ausgaben unmittelbar zugänglich. Deshalb ergingen viele Bitten an ihn, und er hat in den meisten Fällen den Kollegen von nah und fern geholfen. Wir führen ein einziges Beispiel an. ION BIANU schrieb am 5. Februar 1932 an KLEIN: *„Empfangen Sie bitte meinen herzlichsten Dank für die Zusendung des letzten Heftes Ihrer Siebenbürgischen Vierteljahresschrift, in dem der Aufsatz von Herrn RICHARD HUSS aus Debrezin über die, in meinem Bericht an die Rumänische Akademie beschriebenen Runen aus Buneşti veröffentlicht ist. Ich werde diesen Artikel mit großem Interesse lesen, um die Umstände ihrer Entdeckung zu erfahren, nachdem ich mich beeilt hatte, die Welt davon in Kenntnis zu setzen, ohne selbst imstande zu sein, ihre Merkmale und historische Bedeutung zu klären*“.

Zwei weitere Briefe will ich heranziehen, weil sie am unmißverständlichsten belegen, welche Meinung die rumänischen Briefpartner von KLEIN hatten. Am 7. Juli 1933 schrieb KLEIN an SEXTIL PUŞCARIU: *„Für die freundliche Zusendung Ihrer Schrift ‚Deutsche Kultureinflüsse auf das rumänische Volk‘ danke ich Ihnen herzlich und ganz ergebenst. Von privater Seite war mir schon verschiedentlich von dem durchschlagenden Erfolg berichtet worden, den der Vortrag in Berlin erzielte. Ich habe die Schrift mit Aufmerksamkeit durchgelesen und mich aufrichtig gefreut, daß Sie hie und da auch auf meine bescheidenen Vorarbeiten zurückgreifen konnten*“[11]. Den zweiten Brief schrieb SEXTIL PUŞCARIU am 31. Dezember 1936 an KLEIN, worin er ihn bittet, ihm seine Unterstützung bei der Erarbeitung des Rumänischen Sprachatlasses zu gewähren: *„Auf dem ersten internationalen Linguistik-Kongreß im Jahre 1928 in Den Haag wurde an die Regierungen sämtlicher gebildeter Länder appelliert, die Ausarbeitung nationaler Sprachatlanten einzuleiten. Daraufhin übernahm das von der Universität Klausenburg betreute ‚Museum der Rumänischen Sprache‘ die Aufgabe, den Rumänischen Sprachatlas zu erstellen.*“ Um KLEINs Interesse zu wecken und ihm eine sachbezogene Zusammenarbeit schmackhaft zu machen, fährt PUŞCARIU fort: *„Zeigen wir der Welt den großen Reichtum unserer Sprache, vervollständigen wir das kartographische Bild der Romanität mit ihrem östlichsten Zweig und beweisen wir, daß die junge Universi-*

[11] Im Original deutsch.

tät in Klausenburg nicht ‚balkanisiert' ist, wie es unsere Feinde behaupten, sondern daß sie sich in einem umfassenden, ergebnisreichen wissenschaftlichen Arbeitsprozeß befindet"[12].

Einem Schreiben von IORGU IORDAN an KLEIN, das am 19. Februar abgefaßt wurde, ist die freundschaftliche Verbundenheit, die langjährige Zusammenarbeit an der gleichen Fakultät, aber auch die Anerkennung der Verdienste KLEINS um deutsch-rumänische Kulturbeziehungen zu entnehmen. Wir erfahren: „*(...) Mein Freund* SPITZER[13] *schreibt sehr schöne Dinge über Sie und Ihre Tätigkeit als Lektor für Rumänisch /sic!/. Ich beglückwünsche Sie dafür und bin Ihnen zugleich dankbar als Rumäne und Sprachforscher, daß Sie dem Rumänischen so gute Dienste erweisen*".

In der Zeit, als KLEIN die *Siebenbürgische Vierteljahrsschrift* herausgab (1931–1941), kam es zum einem sehr intensiven Briefwechsel auch mit rumänischen Mitarbeitern. Erwähnenswert sind vor allem die Beziehungen zu dem Bukarester Soziologen DIMITRIE GUSTI (1880–1955), dem Leiter des *Institutul Social Român*, zu den Historikern CONSTANTIN DAICOVICIU (1898–1973), ION LUPAŞ (1880–1967), ION MOGA (1907–1950) aus Klausenburg und zu CONSTANTIN C. GIURESCU. (1901–1977), DAN SIMIONESCU (1902–1990) aus Bukarest, ebenso zu dem Bukarester Sprachwissenschaftler ALEXANDRU ROSETTI (1895–1992), dem Leiter des Verlag *Fundaţiile Regale*. Auch mit dem Kunsthistoriker VIRGIL VĂTĂŞIANU (1902–1993) aus Klausenburg stand KLEIN in Briefkontakt.

Als Herausgeber der *Siebenbürgischen Vierteljahrsschrift* mußte KLEIN oft heikle Situationen bewältigen und im Interesse der Wissenschaft auch polemische Auseinandersetzungen in Kauf nehmen. Ein Schreiben KLEINS an CONSTANTIN C. GIURESCU vom 16. März 1938 veranschaulicht das. Dort heißt es: „*Empfangen Sie bitte meinen ergebensten Dank für den Auszug, den Sie mir freundlicherweise zusandten. Meine Zeitschrift ist mit der Besprechung des zweiten Bandes Ihrer Synthese der Geschichte der Rumänen im Rückstand, da einige meiner sächsischen Landsleute — die moralischen und materiellen Träger der Zeitschrift — über Herrn* IORGAS *gegen die Rezension des ersten Bandes erhobenes Donnerwetter bestürzt sind. Ich fahre dieser Tage nach Hermannstadt, um die Geister zu beruhigen, und hoffe, die Rezension des zweiten Bandes wird im Heft 3/1938 erscheinen*". Auf das Aufsehen, das die Besprechung des ersten Bandes von GIURESCUS Geschichte Rumäniens erregt hatte, wird weiter unten eingegangen.

KLEINS Interessen waren äußerst vielseitig. Der studierte Sprachwissenschaftler und Literaturhistoriker war an Geschichte, Volkskunde, Ethnographie und Archivistik interessiert, was zu einem lebhaften Gedankenaustausch mit namhaften Historiographen führte. Wir erwähnen bloß den Jassyer Mediävisten und Herausgeber der Zeitschrift *Cercetări istorice* ILIE MINEA (1884–1943), den Militärhisto-

[12] Wenn Klausenburg als „*junge Universität*" bezeichnet wird, hängt dies damit zusammen, daß sie nach 1920 als „*rumänische*" Universität von König FERDINAND „*gegründet*" worden war. Eigentlich besteht die Klausenburger Franz-Josephs-Universität seit 1872. Ihre Vorläufer waren Jesuiten- (16. Jh.) und Piaristencollegien (18. Jh.).

[13] Gemeint ist LEO SPITZER (1887–1960), der bekannte österreichische Romanist, der später im Exil starb.

riker Radu Rosetti (1877–1949), den in Jassy, danach in Bukarest tätigen Andrei Oţetea (1894–1977), Iosif Şchiopul (1876–1946), Valeriu Bologa (1892–1971) aus Klausenburg, der sich der Geschichte der Medizin widmete und, last but not least, Professor Nicolae Iorga (1871–1940), einen der berühmtesten Rumänen der Zwischenkriegszeit.

Iorga war sehr kritisch, nahm fast alle Neuerscheinungen unter die Lupe, schätzte aber auch das Fachwissen seiner Kollegen. Nachdem er im Jahre 1925 Kleins Buch *Beiträge zur Geschichte des Protestantismus in der Moldau*[14] und den Aufsatz *Deutsches wissenschaftliches Leben in Siebenbürgen nach dem Kriege*[15] erhalten hatte, schrieb Iorga: *„Vielen Dank für die zwei für mich besonders interessanten Schriften und für Ihre sorgfältige Arbeit, aber auch weil Sie um den Hang der Menschheit zum Göttlichen und Schönen kreisen"*. Bei anderen Gelegenheiten war Iorga unnachgiebig und uneinsichtig, wenn es sich um Werke handelte, die seiner eigenen Auffassung von Geschichtsschreibung widersprachen. Als es um die Vorstellung des ersten Bandes von Giurescus *Geschichte der Rumänen* ging, versuchte Klein, die Veröffentlichung einer Rezension zu diesem Werk in seiner Zeitschrift zu rechtfertigen. Er schrieb am 17. März 1936 an Iorga: *„Die als Herausgeber der ‚Siebenbürgischen Vierteljahrsschrift' übernommene Verpflichtung, das letzterschienene Werk* (von) *Herrn C. C. Giurescu zu rezensieren, habe ich zu verantworten. Wie ich erfahre, hat Sie die Besprechung erzürnt. Der Rezensent hegte Ihnen gegenüber keinerlei aggressive Absicht. Ich hoffe, Ihnen die Sachlage persönlich erklären zu können"*. Die Antwort auf diese Stellungnahme ließ nicht lange auf sich warten. Am 19. März 1936 formulierte Iorga einen kurz angebundenen Brief an Klein: *„Mein Herr, Ihre Gefühle für diejenigen, die mich beleidigt haben, sind mir gut bekannt, bereits aus der Zeit, als Sie das Werk des Barbaren* Philippide *in den Himmel hoben. Es war zu erwarten, daß Sie in dem Plagiator* Giurescu *einen Ableger finden würden. Sie haben die moralische Pflicht, so weiterzumachen. Ein Besuch bei mir ist zwecklos"*. Auf die Hintergründe einer solchen barschen Erwiderung möchte ich hier nicht eingehen.

Dagegen zitiere ich aus einem Schreiben Kleins an Valeriu Bologa, das am 29. April 1930 aufgesetzt wurde. Bologa war Direktor des Instituts für Geschichte der Medizin an der Universität Klausenburg. Der Brief ist ein Indiz dafür, wie fruchtbar die fächerübergreifende deutsch-rumänische Zusammenarbeit zu sein vermochte. Klein schrieb an Bologa: *„Der Weg, auf dem ich als Literaturhistoriker vom Fach zur Besprechung Ihrer medizingeschichtlichen Arbeit komme, ist kein ganz alltäglicher. Er führt über die Sprachwissenschaft zur Sprachgeschichte, Geschichte der Herkunftsfrage der Siebenbürger Sachsen, siebenbürgische Geschichte, schließlich auch zur heimischen Medizingeschichte. Sobald Dr.* Spek *im Korrespondenzblatt mehr Platz hat, werde ich einen, wie ich glaube, sehr interes-*

[14] Bukarest 1924, Bd. I. Band II erschien 1926.

[15] Klein, Karl Kurt: Deutsches wissenschaftliches Leben in Siebenbürgen nach dem Kriege. In: Der Auslandsdeutsche, 4 (1924), S. 316–321.

santen Aufsatz über einen bisher kaum gekannten schlesischen Arzt, Scultetus, der in Siebenbürgen tätig war, veröffentlichen"[16].

Zu den Briefpartnern KLEINS gehörten auch bekannte rumänische Dichter, Philosophen und Dramaturgen. In erster Linie ist dabei LUCIAN BLAGA (1895–1961) zu erwähnen, aber ebenso müssen die beiden Philosophieprofessoren aus Jassy PETRE ANDREI (1896–1940) und NICOLAE BAGDASAR (1896–1971) sowie der Bukarester Philosoph CONSTANTIN RĂDULESCU-MOTRU genannt werden. Zwischen BLAGA und KLEIN gab es eine Absprache, derzufolge jeder von ihnen die Werke des anderen in seine Muttersprache übertragen sollte. KLEIN hätte BLAGAS *Spaţiul mioritic* (Der mioritische Raum) und seine *Trilogia culturii* (Trilogie der Kultur) ins Deutsche übersetzen sollen. BLAGA sollte dafür Teile einer Schiller-Arbeit KLEINS ins Rumänische übertragen. Im August 1941 richtete BLAGA ein Schreiben an KLEIN, der zur Rückkehr nach Klausenburg gezwungen worden war. Darin lesen wir: „*Ich wurde für den Herbst nach Wien und Prag eingeladen, Vorträge zu halten. (. . .) Unter anderen habe ich auch an Spaţiul mioritic, erstes Kapitel, gedacht. Ich glaube, Sie haben die Übersetzung dieses Teils schon fertig, und möchte Sie bitten, mir eine Kopie zu schicken*". In schmerzlicher Erinnerung an verlorene Freunde schreibt BLAGA außerdem: „*Wir denken viel an die guten Freunde, die uns verlassen haben. Ich hoffe noch immer, daß es doch einmal anders sein wird. Vergessen Sie mich, bitte, nicht!*"[17]

Weil KLEIN den Ruf hatte, über ein vielseitiges und umfassendes Wissen zu verfügen, wandten sich zahlreiche Wissenschaftler unterschiedlicher Fachgebiete an ihn und baten um Rat und Hilfe. Der Musikhistoriker GHEORGHE BREAZUL (1887–1961) bat KLEIN, dessen Arbeiten über MARTIN OPITZ ihm bekannt waren, ein angebliches OPITZ-Zitat zu überprüfen. Der Bukarester Professor schreibt am 15. September 1935: „*Auf Anraten von Herrn Rektor Bratu erlaube ich mir, Sie mit einer Frage zu belästigen, da, so weit ich es beurteilen kann, Sie der einzige sind, der darauf eine vollkommen zufriedenstellende Antwort zu geben vermag. Im Vorwort einer Volksballadensammlung aus dem Banat, die von dem Volksschullehrer* GHEORGHE CATANA *vor dem Kriege herausgegeben wurde, behauptet dieser,* MARTIN OPITZ habe sich mit folgenden Worten über rumänische Musik geäußert: ‚Höre ich ein rumänisches, mit so viel Süße gesungenes Lied, bin ich geneigt anzunehmen, die Musik sei eigens für die Rumänen und die Rumänen eigens für die Musik geschaffen.' Wie Sie sehen, ist dieses Zitat für die Vorgeschichte der rumänischen Musik von überragender Bedeutung, weswegen ich Sie bitte, so freundlich zu sein, mich zu unterweisen, wie ich die angeführte Stelle ausfindig machen und wie ich mir den ursprünglichen deutschen oder lateinischen Originaltext verschaffen könnte". Obwohl KLEIN die Authentizität des Zitats nicht bestätigen konnte, versuchte er, seinen Briefpartner zu ermutigen. Er schrieb am 23. September 1935: „*Ich verspreche Ihnen, Sie sogleich zu benachrichtigen, sollte ich im Verlauf weiterer Untersuchungen über* MARTIN OPITZ *auf das gesuchte Zitat zu stoßen. Dies wäre eine hocherfreuliche Entdeckung*".

[16] Im Original deutsch.

[17] Im Original deutsch.

Auch der Volkskundler ARTUR GOROVEI (1864–1961) nahm an, daß allein KLEIN ihm dazu verhelfen könnte, ein für ihn unlösbares Problem zu klären. Am 25. September 1936 wandte er sich an KLEIN: „*Obwohl ich nicht die Ehre habe, Sie persönlich zu kennen, erlaube ich mir, Ihnen eine Bitte vorzutragen, die Sie mit Sicherheit in der Lage sind, zu erfüllen. Die Frage, die mich bewegt, bezieht sich auf den heiligen Mercurius, der in unserer Kirche gefeiert wird. Ich möchte erfahren, ob die Sachsen und folglich die Siebenbürger Sachsen diesen Heiligen in ihrem Kalender führen und worin sein Kult besteht.* Die präzise Antwort von KLEIN hat GOROVEI sicherlich zufriedengestellt.

KLEIN hat häufig mit Archivaren, Verwaltern von Urkundensammlungen, mit Bibliographen und mit Institutionen korrespondiert, die sich mit der Aufbewahrung von Dokumenten beschäftigten. AUREL SACERDOŢEANU (1864–1976), CONSTANTIN MOISIL (1876–1938), SEVER ZOTTA (1874–1945) sind einige dieser Archivare. Ich beschränke mich darauf, einen Brief von KLEIN an AUREL SACERDOŢEANU anzuführen, der beweist, welche Achtung SACERDOŢEANU, der Direktor des Staatsarchivs, bei den siebenbürgisch-sächsischen Historikern genoß. Am 14. Oktober 1938 schreibt ihm KLEIN: „*Infolge Ihrer Stellungnahme in dem Streit um die Wahrheit der alten siebenbürgisch-sächsischen Urkunden ist Ihr Name unter den Siebenbürger Sachsen bekannt geworden. Das Verständnis und die Unvoreingenommenheit, die Sie in Ihren Untersuchungen entwickelten, hat die allgemeine Aufmerksamkeit auf Sie gelenkt*". In seinem Antwortschreiben vom 21. Oktober 1938 erläutert SACERDOŢEANU seinen Standpunkt: „*Ich möchte Ihnen versichern, daß ich ausschließlich von dem Wunsch beseelt war, etwas zur Wiederherstellung der Wahrheit beizutragen, die klar zu Tage liegt. Ich hoffe auch weiterhin auf eine noch engere Zusammenarbeit bei der Erforschung der alten, zum guten Teil gemeinsamen geschichtlichen Quellen*".

Wir konnten in unseren Ausführungen nur Bruchstücke bieten, die Zahl der Briefempfänger und Briefschreiber, die mit KLEIN in Verbindung standen, ist viel größer, als es unsere Auswahl zu belegen vermochte. Erkennbar wird, wie wichtig diese bislang kaum erschlossene Quelle für die deutsch-rumänischen Kulturbeziehungen, für die Kenntnis der Leistungen von KARL KURT KLEIN ist und wie unerläßlich eine Aufarbeitung dieser Archivbestände bleibt.

Horst Fassel

Deutsche Literatur in den Sammlungen der Universitätsbibliothek Jassy

1. Die Universitätsbibliothek Jassy gehört zu den vier rumänischen Archivbibliotheken und steht, was den Umfang ihrer Sammlungen anbelangt, nach der Akademiebibliothek Bukarest, der Rumänischen Nationalbibliothek (früher: Staatsbibliothek Bukarest) und der Universitätsbibliothek Klausenburg an vierter Stelle; in der Zwischenkriegszeit war auch die Universitätsbibliothek in Czernowitz ein Konkurrent der Büchersammler in Jassy.

Die Universität von Jassy ist die älteste Universität des Landes. Als im Jahre 1860 die Universitätsgründung erfolgte, entstand zeitgleich auch die Bibliothek, die Bestände älterer Institutionen aufnahm. Dazu gehören die Restbestände der *Academia Vasiliană*, der Fürstenakademie, die der moldauische Herrscher Vasile Lupu (1634 – 1653) im Jahre 1640 ins Leben gerufen hatte. Ebenso gehören dazu die Bücher und Handschriften, die von den Mönchen des Klosters *Trei Ierarhi* zusammengetragen worden waren, wo es im frühen 18. Jahrhundert eine nennenswerte Bibliothek in der landesweit bekannten Klosterschule gegeben hatte. Im 19. Jahrhundert lieferte die *Michaelsakademie* (1835 – 1840) zahlreiche Buchbestände; diese Akademie, die eine philosophische und eine juristische Fakultät beherbergte, war eine Vorläuferin der späteren Universität. So war die Übernahme ihrer Lehrbücher und ihrer griechischen, lateinischen, französischen und deutschen Ausgaben im Jahre 1860 eine Selbstverständlichkeit.

Eine nach 1833 entstandene Büchersammlung wurde der Universitätsbibliothek nicht einverleibt: die Bücherei des Vereins der Ärzte und Naturforscher, der aus einem von dem Aschaffenburger Mediziner Dr. Jakob von Czihak gegründeten wissenschaftlichen Leseverein hervorgegangen war. Die Bibliothek des Vereins der Ärzte und Naturforscher, zu dessen Ehrenmitgliedern Alexander von Humboldt und Napoleon III. gehört hatten, besteht noch. Seine Büchersammlungen[1] können aus dem Jassyer Gesamtkatalog ersehen werden, der sich in der Universitätsbibliothek befindet. Schon im Jahre 1841 hatten sich die Ärzte und Naturforscher geweigert, ihre Bücher auch Nichtmitgliedern des Vereins zur Verfügung zu stellen. Die Erarbeitung eines Katalogs erfolgte erst in den achtziger Jahren aufgrund einer Initiative der Universitätsbibliothek.

[1] Siehe dazu: Fassel, Horst: Die Gesellschaft der Ärzte und Naturforscher aus Jassy. In: Beiträge zur deutschen Kultur, 3 (1986), 1, S. 30 – 38.

Auch andere Bibliotheken in Jassy verfügen über Bestände, welche die in der Universitätsbibliothek vorhandenen thematischen Sammlungen ergänzen. In der als Lese- und Leihbibliothek angelegten Stadtbibliothek sind einige Seltenheiten des siebenbürgisch-sächsischen Schrifttums anzutreffen; besondere Erwähnung verdient ein *Liber amicorum* aus dem 17. Jahrhundert, das Stammbuchverse und die Wappen der vertretenen Autoren enthält. In der Bibliothek der Zweigstelle Jassy der Rumänischen Akademie sind Bücher aus Altbeständen ehemaliger Schulbüchereien der Bukowina vorhanden. Die Bibliothek der orthodoxen Metropolie hat Schulausgaben zum Deutschunterricht in der Moldau und die dazugehörigen literarischen Textsammlungen aufbewahrt. Die erwähnten Bibliotheken haben ihre Rara zum Teil der Universitätsbibliothek entnommen, oder diese hat Teile der anderen Bibliotheken erworben[2].

Bis zum Jahre 1918 waren es vor allem Privatspenden und Nachlässe, die eine Bereicherung der Bestände der Universitätsbibliothek ermöglichten. Für das Prestige der Einrichtung spielte es eine Rolle, daß einige Persönlichkeiten des wissenschaftlichen und des Kulturlebens Rumäniens Leiter der Bibliothek waren, so der namhafte Gelehrte BOGDAN PETRICEICU HAŞDEU (1838 – 1907), der von 1860 bis 1864 die Grundlagen einer systematischen Sammeltätigkeit legte; auch der rumänische Nationalpoet MIHAI EMINESCU (1850 – 1889) war von 1874 bis 1875 Direktor der Universitätsbibliothek. EMINESCU schrieb damals seine Artikel über rumänische Schriftsteller für das Brockhaus-Lexikon. Von 1884 bis 1886 war EMINESCU wieder in der Universitätsbibliothek tätig; aus dieser Zeit (1886) stammt auch seine Übersetzung der Sanskritgrammatik von FRANZ BOPP, die heute zu den Kultstücken in Jassy gehört.

In der Regel übernahm bis 1932 ein Professor der Universität die Leitung der Bibliothek. Bei allen guten Absichten mußte dies nicht unbedingt zu Erfolgen führen. Der Volkskundler ION CARAGIANI (1841 – 1921) scheint durch seine lange Amtszeit das Gegenteil zu beweisen: er war von 1878 bis 1921[3] Bibliotheksdirektor. Seine Nachfolger, PETRE ANDREI (1922 – 1927) und GIORGIO PASCU (1927 – 1932), hatten – außerhalb ihrer Fachgebiete, der Soziologie und der rumänischen Literaturgeschichte – wenig Glück. Im Jahre 1932 mußte der neue Direktor, der Siebenbürger Sachse KARL KURT KLEIN (1897 – 1971), jahrelang darum kämpfen, den Schuldenberg abzutragen und die Sanierung des Bibliotheksgebäudes zu verwirklichen, das von ANDREI und PASCU vernachlässigt worden war[4]. Gleichzeitig wurden die Mitarbeiter der Bibliothek geschult; Dokumentationsreisen nach Deutschland und Arbeitsaufenthalte in deutschen Bibliotheken förderten die Qualifikation der Bibliothekare. Zum Vorbild wurde die Bibliothek des Instituts für

[2] Die siebenbürgisch-sächsischen Werke in der Stadtbibliothek sind mit hoher Wahrscheinlichkeit Ankäufe aus der Zeit, als KARL KURT KLEIN Direktor der Universitätsbibliothek war (1932 – 1937) und die siebenbürgischen Sammlungen in Jassy beträchtlich erweiterte.

[3] Von 1899 – 1901 gab es eine Zäsur.

[4] Siehe dazu: FASSEL, HORST: Karl Kurt Kleins Tätigkeit in Jassy 1923 – 1939. In: ANTON SCHWOB (Hrsg.): Beiträge zur deutschen Literatur in Rumänien seit 1918. München 1985, S. 71 – 87 (Veröffentlichungen des Südostdeutschen Kulturwerks, Wissenschaftliche Arbeiten, Reihe B, Bd. 45).

Weltwirtschaft in Kiel gewählt, zu deren langjährigem Direktor, WILHELM GÜLICH, KLEIN enge Beziehungen unterhielt[5]. Nach 1937 war die Personalunion von Universitätslehrer und Bibliotheksdirektor nicht mehr möglich. KLEINS Nachfolger wurde der aus der Bukowina stammende Germanist BRONISLAUS IRION, der die Geschicke der Universitätsbibliothek bis 1949 leitete und die von KLEIN initiierten Maßnahmen weiterführte. In der Zeit der stalinistischen Wirren wurde IRION ein Opfer des kommunistischen Terrors. Sein Nachfolger, der Moldauer GRIGORE BOTEZ, war von 1949 – 1976 federführend, als die Bibliothek in das Gebäude der ehemaligen *Stiftung König Ferdinand* verlegt wurde und als ein Zuwachs der Bestände erfolgte, der erstaunlich ist. Durch die Einbeziehung zahlreicher ehemaliger Seminarbibliotheken, durch Nachlässe, durch die Ergänzung der eigenen Sammlungen aus Privatbeständen und aus anderen ortsansässigen Bibliothekseinrichtungen gelang es BOTEZ, die Zahl der Bücher, die in den dreißiger Jahren knapp 700.000 Bände betragen hatte, auf über eineinhalb Millionen zu steigern. Am 31. Dezember 1988 verfügte die Universitätsbibliothek Jassy über 2.527.641 Bücher und Periodica[6]. Die Sammlungen sind sowohl im Hauptgebäude in der Păcurari-Straße 4 untergebracht als auch in den Zweigstellen der verschiedenen Fakultäten der Universität. Seit 1989 versucht CORNELIU ŞTEFANACHE die internationalen Beziehungen der Bibliothek wieder auszubauen.

2. Die Universitätsbibliothek in Jassy (amtliche Bezeichnung: *Biblioteca Centrală Universitară „Mihai Eminescu"*) ist wie erwähnt, eine der vier Archivbibliotheken des Landes, die ein Pflichtexemplar jeder Neuerscheinung in Rumänien zu erhalten hat. Die Organisationsform des rumänischen Hochschulwesens bringt es mit sich, daß dabei die geisteswissenschaftlichen Schwerpunkte im Vordergrund stehen, die naturwissenschaftlichen Publikationen jedoch, oft als Dauerleihgaben, an die Hochschuleinrichtungen abgetreten werden, die nicht zur eigentlichen Universität gehören: an das Institut für Medizin und Pharmazie, an die Musikhochschule, die Kunstakademie, das Institut für landwirtschaftliche Studien. Die Ausgliederung der Theologie aus dem normalen Universitätsbetrieb in den Jahren 1947 – 1989 hatte zur Folge, daß die vorhandenen, reichhaltigen Bestände mit theologischer und religionsgeschichtlicher Literatur schwer zugänglich waren, daß Neuanschaffungen aus dem Ausland in der Regel unterblieben. Diese Lücken gilt es heute zu füllen. Sie sind allerdings nicht die einzigen, die der Zeitgeschichte zu verdanken sind. Wir erwähnen hier nur die gezielten Büchervernichtungen der fünfziger Jahre, denen zahlreiche ältere Publikationen zum Opfer fielen, auch geschlossene Kollektionen mißliebiger Zeitungen und Zeitschriften aus der Zwischenkriegszeit. Weil in Jassy selbst eine zahlenmäßig bescheidene deutsche Minderheit lebte, wurden die deutschen Werke von dieser Zerstörungswut eher verschont als in den Siedlungsgebieten der deutschen Minderheitengruppen in Siebenbürgen und im Banat.

[5] Siehe dazu: Briefe von Karl Kurt Klein. Aus dem Archiv der UB Jassy. In: Beiträge zur deutschen Kultur, 1 (1984), 1, S. 73 – 76.

[6] Siehe dazu: POPESCU, NICOLETA; PAPUC, LIVIU; TĂTĂRUCĂ, RADU: Biblioteca Centrală Universitară „Mihai Eminescu". Monografie. Iaşi 1989, S. 26.

Besonders wertvolle Bücher werden in Rumänien unter dem Begriff *Patrimonium,* gemeint ist Kulturerbe, zusammengefaßt. Die Universitätsbibliothek in Jassy besitzt 25.000 Bände, die zu diesem landesweiten Kulturerbe gezählt werden. Dazu gehören: „*Wiegendrucke, alte ausländische Bücher, alte rumänische Ausgaben, Handschriften, Alben, Atlanten, Karten, Musikalien*“[7].

Die Zahl der Wiegendrucke ist nicht besonders groß (zwei Dutzend). Auch sind die frühen Drucke aus Westeuropa aus dem 15. und 16. Jahrhundert nicht sehr zahlreich. Was die Universitätsbibliothek Jassy an besonderen Sammlungen vorzuweisen hat, sind:

A. Byzantinische Musikhandschriften aus dem 13. Jahrhundert.
B. Griechische Manuskripte und Drucke[8].
C. Alte rumänische Handschriften und Drucke.
D. Westeuropäische Reisebeschreibungen und Belletristik mit rumänischer Thematik.
E. In der Moldau und in Rumänien verwendete Lehrbücher aus dem 19. und 20. Jahrhundert.
F. Nachlässe von rumänischen Autoren (Dichtern, Wissenschaftlern, Persönlichkeiten des öffentlichen Lebens).

Für die Rara gibt es einen von Martin Bodingher erarbeiteten Katalog[9], für die griechischen Drucke hat Nikos Gaidagis ein Gesamtverzeichnis vorgelegt[10]. Für die anderen Sammelschwerpunkte gibt es kaum Vorarbeiten, wenn man nicht für die Abteilung D, die Beiträge zu einer imagologischen Darstellung (das Rumänien-Bild bei Franzosen, Deutschen, Italienern) bereithält, die Untersuchung von Gaidagis erwähnt, der sich mit handschriftlichen Eintragungen und Leserkommentaren in Büchern der Bibliothek beschäftigt hat, welche für die rumänische Lokalgeschichte von Bedeutung sein können[11].

Auch über die größeren Nachlässe gibt es keine befriedigenden Darstellungen. Eine Ausnahme bildet der Nachlaß der Gebrüder Hurmuzachi aus der Bukowina, über den sowohl der Bibliotheksdirektor Mihai Bordeianu[12] als auch Liviu Papuc berichtet haben[13]. Hieraus ist zu entnehmen, wie die frühen Drucke aus der Bukowina nach Jassy gekommen sind (zum Beispiel die zweisprachige Zeitung *Bucovina,* 1848 – 1850, die von den beiden Hurmuzachis herausgegeben worden war, auch

[7] Dazu: Werbeschrift der Universitätsbibliothek Jassy, Typoskript 1992, 5 S. im Institut für donauschwäbische Geschichte und Landeskunde Tübingen, Projekt Kulturraumforschung.

[8] Siehe dazu: Gaidagis, Nikos: Catalogul cărţilor greceşti din Biblioteca Centrală Universitară „Mihai Eminescu“ Iaşi. Iaşi: BCU 1974 – 1979, Band I – III.

[9] Bodingher, Martin: Catalogul cărţilor rare şi preţioase. Iaşi. BCU 1974 – 1981, Band I – IV.

[10] Wie Anm. 8.

[11] Siehe: Gaidagis, Nikos: Însemnări privind istoria românilor de pe cărţi vechi. In: Anuarul Institutului A.D. Xenopol. Iaşi 1974, Band XI.

[12] Donaţia Constantin Hurmuzachi făcută Bibliotecii Centrale Universitare „M. Eminescu“ din Iaşi. In: Comunicări şi referate de bibliologie. Bucureşti 1970, S. 326 – 330.

[13] Rolul activ al unei biblioteci: „Donaţiunea Const. Hurmuzachi“. In: Biblioteca universitară între tradiţie şi devenire. Iaşi 1988, S. 99 – 112.

die frühe rumänische Grammatik des Jahres 1810); über die Herkunft vieler deutscher Literaturerzeugnisse aus der Bukowina erhalten wir aber auch bei Einsicht in den Nachlaß HURMUZACHI keinen Aufschluß.

Über den recht stattlichen Nachlaß des GRIGORE STURDZA (1.553 Bände) oder des Jassyer Apothekers LUDWIG STEEGE (1.449 Bände) wissen wir so gut wie nichts[14]. Auch sind die wichtigen Bestände aus den Nachlässen von Universitätsprofessoren, allen voran des namhaften rumänischen Literaturwissenschaftlers GARABET IBRĂILEANU, nicht separat erschlossen, und es bringt wenig, wenn man erfährt, daß der aus Bessarabien stammende PAUL DE GORE 4.000 Bücher gespendet hat[15].

Immer wieder werden die Prachthandschrift eines griechischen *Leţionarul evanghelic* aus dem 8. Jahrhundert, eine byzantinische Psalmensammlung aus dem 13. Jahrhundert als Paradebeispiele der Bestände in Jassy angegeben. Selbstverständlich gehören die Bücher und Handschriften der Abteilung C (alte rumänische Manuskripte und Drucke) zu den Attraktionen dieser Bibliothek. So findet man hier eine Evangeliensammlung des Diakons CORESI, die 1580 in Kronstadt gedruckt worden war, außerdem ein Lehrbuch des Metropoliten VARLAAM, das im Jahre 1643 im Kloster Trei Ierarhi in Jassy ediert wurde[16], dazu die verschiedenen Ausgaben der Werke des moldauischen Metropoliten DOSOFTEI[17]. Bei den Handschriften sind zu erwähnen: eine Psalmensammlung von ANDONIE IEROMONAHUL[18], eine Chronik der Moldau von GRIGORE URECHE[19], GUEVARAS Fürstenspiegel[20]. Für die Frühzeit der rumänischen Literatur, vor allem des religiösen Schrifttums, ist in Jassy sehr viel an Buchausgaben und Handschriften vorhanden.

In Abteilung D gibt es Reisebeschreibungen, die seit dem 18. Jahrhundert regelmäßig gesammelt wurden. So findet man GRISELINIS *Versuch einer politischen und natürlichen Geschichte des Temeswarer Banats in Briefen* (Wien 1780), VON BORNS Reisebriefe[21], KLEEMANNS Donaubeschreibung[22]. Wenn bei diesen Reisen Schwerpunkte erkennbar sind, so darf festgehalten werden, daß einerseits die im 19. Jahrhundert zunehmenden Donaureisen und die Reisen durch die Moldau und Bukowina durch seltene Belege in Jassy vertreten sind. Für die Donaureisen erwähnen wir hier: *den Antiquarius des Donaustroms* (Frankfurt 1785), ALEXANDER HEKSCH, *Die Donau von ihrem Ursprung bis an die Mündung* (Wien 1881), *Pittoreske Donaufahrt von Ulm bis Konstantinopel* (Wien 1838).

Die Reisebeschreibungen, die sich auf die Moldau und die Bukowina beziehen, gehören oft zu den Rara der Bibliothek in Jassy. Wir erwähnen einige Beispiele:

[14] Statistische Angaben siehe bei: POPESCU, NICOLETA; PAPUC, LIVIU; TĂTĂRUCĂ, RADU: Biblioteca Centrală Universitară „Mihai Eminescu", wie Anm.6, S.30 ff.

[15] Wie Anm. 14, S. 31.

[16] Carte românească de învăţatură.

[17] Zum Beispiel DOSOFTEI: Viaţa şi petrecerea sfinţilor. Iaşi: Metropolie 1682.

[18] Codicele psaltic. Putna 1545.

[19] Cronica Ţării Moldovei, ca. 1730.

[20] Ceasornicul domnilor, übersetzt von NICOLAE COSTIN. Iaşi 1700.

[21] BORN, IGNATZ VON: Briefe über mineralogische Gegenstände auf einer Reise durch den Temeswarer Banat, Siebenbürgen, Ober- und Niederungarn. Frankfurt/Leipzig 1774.

[22] KLEEMANN, ERNST NIKOLAUS: Reise von Wien über Belgrad bis Kilianova. Leipzig 1774.

VINZENZ BATTHYÁNYS *Reise durch einen Theil Ungarns, Siebenbürgens, der Moldau und Bucovina* (Pest 1811), WILHELM DERBLICHS *Land und Leute der Moldau und Walachei* (Prag 1859), PAUL KÖRNBACHS *Studien über französische und daco-romänische Sprache nebst Skizzen über die Moldau* (Wien 1850), HEINRICH REIMERS *Reise durch die Moldau und Walachei nach Konstantinopel* (Petersburg 1793), JOHANN CHRISTIAN STRUVES *Reise eines jungen Russen von Wien über Jassy in die Crimm* (Gotha 1801).

Diese Reiseliteratur wird ergänzt durch belletristische Werke, in denen das Bild Rumäniens und der Rumänen eine Rolle spielt. Auch hier verweisen wir bloß auf einige der vorhandenen Titel: KARL EMIL FRANZOS, *Aus Halb-Asien. Culturbilder aus Galizien, der Bukowina, Südrußland und Rumänien* (Leipzig 1876), WILHELM VON KOTZEBUE, *Aus der Moldau. Bilder und Skizzen* (Berlin 1860), RICHARD KUNISCH, *Bukarest und Stambul* (Berlin 1861), FRIEDRICH UHL, *Aus dem Banate* (Leipzig 1848).

In Abteilung E finden wir Lehrbücher, die an Unterrichtsanstalten der rumänischen Provinzen in Gebrauch waren. Zu den Seltenheiten gehören SAMUIL MICU und GHEORGHE ŞINCAIS *Elementa linguae daco- romanae sive valachicae* (Wien 1780), IENĂCHIŢĂ VĂCĂRESCUS *Observaţii sau băgări de seamă asupra regulilor gramaticii rumâneşti* (Wien 1787), RADU TEMPEAS rumänische Grammatik[23], ebenso aber die in der Moldau verwendeten Schulbücher des 19. und 20. Jahrhunderts.

Von besonderem Interesse sind die Deutschlehrbücher. Das 1855 erschienene Lehrwerk von ZAHARIA COLUMB[24], die Lehrbücher von AYWAS, MEISSNER, TIKTIN, die Zweisprachwörterbücher von CODREANU bis TIKTIN, die Publikationen der Jassyer Hochschulgermanisten im 20. Jahrhundert[25].

In Abteilung F sind die Nachlässe der Ärzte (LUDWIG RUSS sen. und jun., JAKOB VON CZIHAK) zu erwähnen, weil sie deutsche Ausgaben der Schriften dieser in Jassy tätigen deutschen Ärzte enthalten. Ebenso sind die Nachlässe der Musiker nicht erforscht; auch hier gab es deutsche Komponisten, deren Werke in der Jassyer Universitätsbibliothek vorliegen (FRANZ und EDUARD CAUDELLA, JOSEF HERFFNER, ALEXANDER FLECHTENMACHER). Die Archivsammlung des Rektorats, von der Teile auch in der Universitätsbibliothek vorliegen, die Archivalien der Bibliothek selbst aus der Zwischenkriegszeit (Belege zur Tätigkeit der Direktoren KLEIN und IRION) enthalten wertvolle Korrespondenz zur Lokalgeschichte und zur Entwicklung der rumänischen und der deutschsprachigen Literatur in der Moldau.

3. Die Sammlungen zur deutschen Literatur sind, soweit sie als Grundlage für den Deutschunterricht an den Schulen und an der Universität[26] angelegt wurden, systematisch aufgebaut. Bis 1945 haben KARL KURT KLEIN und BRONISLAUS IRION dafür gesorgt, daß sowohl die Grundlagenliteratur (Literatur- und Sprachwissenschaft) für ein Germanistikstudium in Jassy vorhanden war als auch die Werkausga-

[23] Gramatica romănească. Sibii: Bart 1797.

[24] Gramatica teoretico-practică de limbă germană. Iaşi: Tip. româno-franceză 1855.

[25] Siehe dazu: FASSEL, HORST: Traian Bratu şi germanistica ieşeană. Iaşi 1981 (dort eine sehr ausführliche Bibliographie).

[26] Seit 1905 gibt es in Jassy einen Germanistiklehrstuhl.

ben der wichtigsten deutschen Autoren. Bei den „*Säuberungen*" nach 1948 kam es zur Vernichtung eines Teilbestandes, wobei der Zufall dafür sorgte, daß manches verschwand, anderes erstaunlicherweise in den Beständen der Bibliothek überlebte. Diese nahm alle Seminarbibliotheken auf, die vor 1945 selbständig funktioniert hatten. Ein kleiner Restbestand der Bibliothek des Deutschen Seminars wurde 1966 dem Germanistiklehrstuhl wieder zur Verfügung gestellt und bildete den Grundstock für die Präsenzbibliothek des Lehrstuhls, die als Filialbibliothek der Universitätsbibliothek ausgewiesen wird und deren 7.000 Bücher von Mitarbeitern des Lehrstuhls betreut werden. Durch Bücherspenden der Deutschen Forschungsgemeinschaft, des Deutschen Akademischen Austauschdienstes (in Jassy gab es seit 1969 den ersten DAAD-Lektor in Rumänien) und der DDR-Botschaft in Bukarest sind die Altbestände der Bibliothek ergänzt worden, die Lücken der fünfziger und sechziger Jahre, als Deutsch als Studienfach bis 1964 verpönt war, teilweise geschlossen worden.

Die Bestände der Universitätsbibliothek, die deutsche Literatur aus den Provinzen Rumäniens (auch aus Bessarabien, der nördlichen Bukowina, die 1940 und erneut 1944 von Rumänien abgetrennt wurden) enthalten, sind bis 1918 durch zufällige Anschaffungen und Spenden entstanden, von 1918 bis 1932 wurden sie erweitert, weil die Universitätsbibliothek als Archivbibliothek Pflichtexemplare der Bücher und der periodischen Schriften aus allen Gebieten Rumäniens zu erhalten hatte. Schließlich wurde von 1932 bis 1949 während des Direktorats von KLEIN und von IRION gezielt die deutsche Literatur Rumäniens gesammelt.

3.1. Wenn wir zusammenfassen, dann finden wir einige Rarissima aus der siebenbürgisch-sächsischen Literatur in Jassy: in den siebziger Jahren wurde in Radautz (Bukowina) die Ausgabe des sogenannten „*Türken-Büchleins*" des Ungenannten Mühlbächers erworben[27], der ersten Darstellung der Geschichte und der Sitten und Gebräuche der Türken aus europäischer Sicht. Aus dem Besitz des namhaften Sachsengrafen VALENTIN FRANCK VON FRANCKENSTEIN stammt ein Rhetorik-Lehrbuch des 17. Jahrhunderts[28]. Eine Ausgabe der berühmten Kosmographie des siebenbürgischen Reformators HONTERUS ist ebenfalls vorhanden, auch das erste rumänisch-deutsche Glossar des Siebenbürger Rumänen Gabriel LUPSCHOR[29]. Die Ausgaben der Werke der siebenbürgisch-sächsischen Autoren von 1918 bis 1990 sind fast alle in der Universitätsbibliothek Jassy vorhanden. Eine besondere Kuriosität ist dabei die Erstausgabe des Erzählbandes *Die Ratten von Hameln* aus dem Jahre 1958, die 1959, als von AICHELBURG zusammen mit weiteren vier deutschen Schriftstellern aus Siebenbürgen in einem politischen Prozeß verurteilt wurde, aus den öffentlichen Bibliotheken Rumäniens verschwanden; Jassy besitzt als einzige rumänische

[27] Cronica Abconterfeyung und Entwerffung der Turkey mit yrem Begriff. Durch SEBASTIAN FRANCK verdeutscht. Augsburg: H. Steiner 1530.

[28] BECKER, GEORG: Orator extemporeus, sive artis oratoriae breviarum. Lipsiae: Kirchner 1664, mit einem Autograph des Sachsengrafen.

[29] HONTERUS, JOANNES: Rudimentorum cosmographicorum. (Zürich): Froschauerum 1552. — LUPSCHOR, GABRIEL: Vocabular român-german, Ms. Alba Iulia 1764.

Bibliothek diese Erstausgabe[30]. Auch die Werke der anderen 1959 verurteilten Schriftsteller (HANS BERGEL, ANDREAS BIRKNER, GEORG SCHERG, HARALD SIEGMUND) sind in Jassy vorhanden.

3.2. Gut vertreten ist die deutsche Literatur aus der Bukowina und aus der Moldau (dem heute rumänischen Teil und Bessarabien, dem heutigen Moldawien). Durch den ehemaligen Czernowitzer Bibliothekar GHEORGHE CARDAŞ ist der handschriftliche Nachlaß der beiden Bukowiner Rumänen THEODOR (1838–1858) und JANCU (1838–1922) LUPUL, die in deutscher Sprache dichteten, in die Universitätsbibliothek gelangt[31]. Das erste deutsche Schauspiel aus der Bukowina[32] ist ebenfalls in Jassy vorhanden, dazu die vollständige Kollektion der *Bucovina. Romänische Zeitung für Politik und Literatur*[33]. Werke von ERNST RUDOLF NEUBAUER, KARL EMIL FRANZOS sind in Jassy anzutreffen, und aus der Zwischenkriegszeit fast alles, was an Buchausgaben in der Bukowina erschien. Bei den Periodika sind große Teile der Kollektionen, die bis 1948 vorhanden waren, verschwunden, das heißt wahrscheinlich vernichtet worden. Dazu gehören die Kollektionen der Zeitung *Der Tag* (1932–1935), des *Czernowitzer Morgenblatts* (1919 ff.), die Jahrgänge 1926–1937 des sozialdemokratischen *Vorwärts*. Von den Zeitungen ist die *Czernowitzer Allgemeine Zeitung* komplett vorhanden. Außerdem gibt es kurzlebige kleinere Periodika, meist allerdings nicht in geschlossenen Kollektionen.

Von den in der Moldau, vor allem in Jassy gedruckten deutschen Büchern ist so gut wie alles da. Erwähnenswert sind die Buchausgaben und die Zeitschrift *Das literarische Rumänien* (1890) von OSWALD NEUSCHOTZ und die Gedichtbände von ELIESER FINKELSTEIN[34]. In Bessarabien (dem heutigen Moldawien) erschienen erst nach 1918 deutsche Periodika und Bücher. Die wenigen Buchausgaben[35] sind in Jassy vorhanden; von den Zeitungen fehlen die *Deutsche Volkszeitung* (1935–1939) und der *Bessarabische Beobachter* (1932–1934). Die *Deutsche Zeitung* ist von 1921–1940 in geschlossener Kollektion nachgewiesen. Auch die Kalender der Zwischenkriegszeit sind fast komplett in den Jassyer Sammlungen erhalten geblieben.

3.3. Aus dem Banat ist von den Publikationen vor 1918 kaum etwas in die Bestände eingegangen. Nach 1918 und bis 1990 gibt es im Bereich der Periodika komplette Sammlungen der sozialdemokratischen Tageszeitung *Freiheit* (1945–1948),

[30] AICHELBURG, WOLF: Die Ratten von Hameln. Bukarest: E.S.P.L.A. 1958; die zweite Auflage erschien 1969 im Bukarester Literaturverlag.

[31] Von JANCU LUPUL gibt es zwei Hefte mit Gedichten, von THEODOR LUPUL ein Epenfragment (Achills Tod) und ein Heft mit Gedichten (Sämtliche Gedichte). Siehe OCTAVIAN, NICOLAE: Theodor Lupul. In: Jassyer Beiträge zur Germanistik, 1983, Nr. 3, S. 63–74.

[32] S.N.: Die Zurückkunft aus Palästina, Mitoka 1825.

[33] Czernowitz 1848–1850.

[34] Siehe dazu: FASSEL, HORST: Brücken zur rumänischen Kultur. Das deutsche Schrifttum in der Moldau, seine Beziehungen zu Siebenbürgen und dem Buchenland im 19. Jahrhundert. In: Neue Literatur, 30 (1979), Nr. 9, S. 91–104.

[35] SANDAU, ANDREAS: Bessarabische Steppe. Vier Erzählungen. Tarutino: K. Liebram 1939; REINIG, RICHARD: Die Wacht im Osten. Ein Spiel von Kampf und Sendung. Tarutino: K. Liebram 1939.

der *Temesvarer Zeitung* (1945 – 1949), der *Banater Deutschen Kulturhefte* (1927 – 1931) und der *Banater Monatshefte.* Die Zeitungsbestände der Zwischenkriegszeit sind dezimiert worden; vollständige Jahrgänge sind nur bei kurzlebigen Periodika aufbewahrt worden.

Bei den Buchausgaben sind erst nach 1918 große Teile des deutschen Schrifttums aus dem Banat in Jassy anzutreffen. Nach 1945 ist so gut wie alles, was im Banat erschienen ist oder von deutschen Autoren des Banats veröffentlicht wurde, in der Universitätsbibliothek gesammelt und aufbewahrt worden.

4. Zusammenfassend kann festgestellt werden, daß man in den Beständen der Universitätsbibliothek Jassy noch regionales deutsches Schrifttum suchen und — nach der Abschaffung der „*Giftschränke*" — auch eventuell finden kann. Die recht schlechte Lagerung der riesigen Buchbestände kann andererseits dazu führen, daß manche heute noch vorhandenen Titel in Zukunft nicht mehr benutzbar sind. Eine Aufarbeitung der Sammlungen deutscher Literatur aus Siebenbürgen, dem Banat, der Bukowina und Bessarabien könnte durch die Germanistikstudenten in Jassy erfolgen, weil der Personaletat der Universitätsbibliothek es nicht mehr zuläßt, die bis dahin vorbildlichen Register der einzelnen Periodika (es waren durchwegs rumänischsprachige) zu erstellen oder Bibliographien zu erarbeiten. Ergänzungen zu den großen Sammelstätten in Bukarest, Hermannstadt und Klausenburg könnten in Jassy durchaus auch in Zukunft entdeckt werden.

Antal Hegedüs

Möglichkeiten der Nutzung von Quellen zur Geschichte der Deutschen aus Südosteuropa in serbischen Archiven

In Serbien regelt ein Gesetz die Nutzung des Quellenmaterials der Archivbestände. Es wurde am 26. Januar 1990 unter dem Titel *Zakon o kulturnim dobrima* (Gesetz zur Nutzung von Kulturgütern) verabschiedet. Das Gesetz regelt den Denkmalschutz, die Einrichtung und Nutzung von Museen, Archiven und Kinotheken. Mit diesem Gesetz wurden gleichzeitig alle einzelnen Gesetze aufgehoben, die es bislang für jede der genannten vier Einrichtungen gegeben hat.

Ich stelle mir nicht die Aufgabe, das *Gesetz zur Nutzung von Kulturgütern* in seinem gesamten Umfang vorzustellen, ich beschränke mich auf zwei Besonderheiten. Zunächst lenke ich den Blick auf die politische Seite des Gesetzes: Es ist ein Produkt Serbiens, und zwar Serbiens unter Präsident Milošević. Das Gesetz von 1990 beendet die Eigenständigkeit der beiden ehemaligen Autonomen Provinzen Vojvodina und Kossovo im kulturellen Bereich. Es hebt die vier Einzelgesetze auf, welche die Denkmalpflege, die Archive, die Museen und die Kinotheken betrafen. Sie werden durch ein zentralistisches Gesetz ersetzt.

Zum anderen rücke ich die kulturelle Seite des Gesetzes ins Blickfeld: Die Fachleute sind fast einhellig der Meinung, daß das Gesetz ein unüberschaubares Monstrum ist. Warum? Es zwängt wahllos alle Fragen, die bislang in klare Einzelgesetze über die Denkmalpflege, die Archive, die Museen und Kinotheken gefaßt waren, in die Zwangsjacke eines einzigen Gesetzesaktes. Das Gesetz ist — anstatt die bestehenden Gesetze weiterzuentwickeln und zu vervollständigen — im vollen Wortsinn ein Rückschritt, weil es die besseren Regelungen abgeschafft hat.

In der folgenden Darlegung beschränke ich mich auf die Regelung der Nutzung des Archivmaterials.

Zwei Paragraphen regeln diese Nutzung: es sind dies die § 138 und § 139. Während in § 138 die allgemeinen Grundsätze gefaßt sind, enthält § 139 Bestimmungen über die Möglichkeiten und Bedingungen für Ausländer.

Der Wortlaut des § 138 enthält einen Verbotskatalog: Ein Archiv muß die Nutzung des Archivmaterials untersagen, wenn sie „. . . *die Interessen der Gesellschaft verletzen würde, wenn ein Dienst- oder Geschäftsgeheimnis preisgeben würde, oder wenn sie die Interessen der Bürger gefährden würde*".

Dieser Katalog, der sich gegen jedes Forschungsprojekt oder jeden Forscher im

In- und Ausland richten kann, ist negativ formuliert und enthält außerdem allgemeine Kriterien, die so gefaßt sind, daß das eben herrschende politische System sie auslegen kann, wie es ihm paßt. Wenn also das Gesuch eines Forschers zur Nutzung des Archivmaterials vorliegt, kann bereits ein Angestellter in einer Abteilung oder der Direktor der entsprechenden Einrichtung die Zurückweisung einleiten, ja sogar vorentscheiden. Genügt es doch, zur Ablehnung eines Gesuchs eine der Begründungen, die im Gesetz verankert sind, zu zitieren: Zum Beispiel, das zur Forschung angeforderte Archivmaterial könne die Interessen der Gesellschaft verletzen oder die Interessen der Bürger gefährden — und schon ist das Grund genug, die Erlaubnis zur Nutzung zu versagen.

Der § 139 regelt die Nutzung des Archivmaterials durch Ausländer. Es heißt dort: „*Ausländer können Archivmaterial, beziehungsweise Bild- und Tonmaterial aus Kinotheken nur mit einer Sondererlaubnis und im Einklang mit den allgemeinen Bestimmungen dieses Gesetzes nutzen.*

Die Genehmigung im Sinne der eben vorgestellten Bestimmung erteilen je nach Zuständigkeit entweder die Behörden der Republik oder die Verwaltungsbehörden der Provinz, die für die Kulturbelange zuständig sind. Dabei sind die internationalen Vereinbarungen zu beachten bzw. das gegenseitige Einvernehmen der Archive und der Kinotheken in Übereinstimmung mit den zuständigen Behörden. Die Stellungnahme der Einrichtung oder Organisationen, in deren Zuständigkeitsbereich das Archivmaterial aufbewahrt wird, ist vorweg einzuholen."

Die Bestimmungen des Paragraphen 139 beinhalten:

1. Ein ausländischer Staatsangehöriger kann nur mit einer Sondergenehmigung forschen.
2. Diese Sondergenehmigung erteilen die obersten Behörden der Republik oder der Provinz.
3. Die Stellungnahme des Archivdirektors muß vorliegen.

Die Genehmigungsprozedur verläuft folgendermaßen: Der ausländische Forscher wendet sich an die Einrichtung, an das Archiv. Er muß einen schriftlichen Antrag stellen. Im Antrag müssen genaue Angaben gemacht werden, welche Archivbestände er zu nutzen und welchen Zeitraum er zu erforschen gedenkt. Es ist außerdem anzugeben, in wessen Auftrag und zu welchem Zweck die Forschung betrieben werden soll. Nun legt der Leiter der betreffenden Einrichtung das Gesuch dem Kollegium zur Meinungsbildung vor. Dann arbeitet er einen Entscheidungsvorschlag aus. Dieser Vorschlag wird, zusammen mit dem Gesuch, dem Organ der Obersten Behörde, das ist ein Ausschuß, vorgelegt. Der Ausschuß besteht aus sechs Mitgliedern; er tritt monatlich einmal zusammen. Eines der Mitglieder ist Angehöriger der Behörde für Staatssicherheit, die übrigen fünf Mitglieder sind Vertreter der Gesellschaft und der Verwaltung. Im allgemeinen muß zur Abwicklung des Genehmigungsverfahrens mit einer Frist von dreißig Tagen gerechnet werden. Danach verständigt das Archiv den ausländischen Antragsteller. Wenn der Antrag jedoch abschlägig beschieden wurde, wird dem Antragsteller die Ablehnung oft gar nicht mitgeteilt.

In den meisten Ländern der Welt erhält man die Genehmigung zur Benützung des Archivmaterials, sofern es keine Verschlußsache ist, innerhalb von 10 Minuten, wenn es sich nicht um Material handelt, das jünger als 50 Jahre ist und das persönliche Daten, die schutzbedürftig sind, enthält oder Staatsgeheimnisse beinhaltet. Im März 1991 wurde von Abgeordneten der *Demokratischen Vereinigung der Ungarn in der Vojvodina* — eine Partei der Opposition — ein Vorstoß zur Modifizierung des Gesetzes, insbesonders des § 139, unternommen. Die Vorlage hatte folgenden Wortlaut: „*§ 139. Der Direktor einer Einrichtung hat das Recht, ausländischen Staatsangehörigen die Nutzung des Materials der Archive und der Kinotheken zu genehmigen.*"

Die Begründung der Vorlage zur Änderung des Gesetzes ist bemerkenswert. Darin wird hervorgehoben, daß die Fassung des § 139 rückschrittlich, ja restriktiv und ein Überbleibsel der jüngsten Vergangenheit sei. Sie widerspreche dem Grundsatz der Meinungsfreiheit und dem freien Informationsaustausch. Außerdem stehe sie im Gegensatz zum internationalen Standard der Freiheit der Forschung, zu dem die Nutzung der Archive und der Kulturleistungen als selbstverständliche Voraussetzung gehöre. Falls das Gesetz nicht geändert werde, bestehe die Gefahr, daß die eigene Forschung mit Schwierigkeiten verbunden sei und die Nutzung der im Ausland aufliegenden Materialien zuungunsten Serbiens eingeschränkt würde. Träte das ein, würden insbesondere die Möglichkeiten der Geschichtsforschung beeinträchtigt, denn schließlich seien serbische Forscher auf den Zugang zu wichtigem Quellenmaterial, das in ausländischen Archiven stehe, dringend angewiesen. Und nicht zuletzt stünde eine Änderung des Gesetzes in völligem Einklang mit dem Demokratisierungsprozeß und dem gesellschaftlichen Wandel, der sich in Serbien vollziehe.

Was geschah mit der Vorlage? Sie wurde im Juni 1991 dem Rechtsausschuß des Gesetzgebers zugeleitet. Die Mitglieder dieses Ausschusses befanden, daß es bei den jetzigen Verhältnissen im Lande nicht opportun sei, über eine Gesetzesänderung zu diskutieren. Dieser Standpunkt hat zur Folge, daß bis zum heutigen Tag im Parlament keine Diskussion über den Änderungsvorschlag stattgefunden hat.

Ioan Dordea

Das neue Archivgesetz in Rumänien Änderungsvorschläge im Gesetzentwurf*

Die Urkunde war zu allen Zeiten das wahrheitsgetreueste Instrument, um Ereignisse und Protagonisten zu vermerken, und sie wird es auch künftig bleiben. Aus diesem Grund trachtete man schon frühzeitig danach, bestimmte Normen und später dann Gesetze auszuarbeiten, die das Sammeln und Verzeichnen, die Konservierung wie die wissenschaftliche Auswertung des in einem Archiv aufbewahrten Schriftguts sichern, um dieses als wichtigsten Datenspeicher der Vergangenheit für die Nachkommenschaft aufzubewahren. Besondere Aufmerksamkeit schenkte man daher der archivarischen Ausbildung. Die Urkunde hat allein durch sich selbst wie als Teil eines Bestandes oder einer Sammlung einen subjektiven Wert. Sie steht mit dem Dasein eines bestimmten Volkes, einer Gruppe in engem Zusammenhang, aber sie hat auch einen objektiven, einen quasi-universellen Wert, was in jüngster Zeit immer mehr Zustimmung erfährt und somit auch dem Archiv als spezieller Einrichtung in dem vielschichtigen Prozeß gegenwärtigen institutionellen Wandels einen gesonderten, festen Platz zuweist.

Die Archive Rumäniens nahmen im Laufe ihrer wechselvollen, spannungreichen Geschichte eine Entwicklung, die nicht immer zum Vorteil der Institution verlief. Denn, bedingt durch seine geographische wie geopolitische Lage wurde Rumänien nur allzu oft in politische Abläufe hineingezogen, die nicht selten widersprüchlich, ja gewalttätig abliefen. Schließlich kam es auch mit Blick auf die bescheidenen finanziellen Möglichkeiten und infolge von Naturkatastrophen in diesem Jahrhundert zu Schädigungen, und zu nicht wieder gut zu machenden Verlusten.

Obwohl Urkundenfunde, die auf dem Gebiet Rumäniens gemacht wurden, in ferne Vergangenheit zurückweisen[1], sind die rumänischen Staatsarchive als Institu-

* Herausgeber und Verlag danken für die Überlassung dieses auf einer Archivar-Tagung in St. Augustin im Oktober 1993 vorgelegten Referats, das gegenüber der Vortragsfassung für den Druck leicht ergänzt und aktualisiert wurde.

[1] Der amerikanische Archivar Ernest Posner erwähnt unter den Lehmtäfelchen, welche die ersten Archive bildeten, auch die aus dem rumänischen Tătărlia (Kreis Klausenburg), vgl.: Archives in the Ancient World. Cambridge: Harvard UP 1972. VIII + 283 S. Dieser Fund wie ein zweiter, die zwischen 1786 und 1855 bei Roşia Montană entdeckten Wachstäfelchen, bestätigen das Vorhandensein dieser Art Archive auf dem Gebiet des romanisierten Dakien. Die Wachstäfelchen sprechen auch von Beamten und deren Aufgaben bei der Anfertigung und Konservierung ihrer Akten, vgl.: Inscriptiones Daciae Romaniae. Bd. 1. Bucureşti 1975, S. 169; Wollmann, Volker: Die Wachstäfelchen von Roşia Montană und die Datierung der „Römerstollen", in: *Anuarul Institutului de Arheologie Cluj*, 19(1976) S. 237–257.

tion, die auf die Aufnahme, Konservierung, Erfassung und Wertung, aufs Ordnen sowie die Verzeichnung und wissenschaftliche Auswertung von Akten und Urkunden spezialisiert ist, erst vor 163 Jahren entstanden. Zur Gründung kam es am 1. Mai 1831, doch wurde die eigentliche Tätigkeit erst 1862 aufgenommen, als man in Bukarest die Generaldirektion der Staatsarchive einrichtete. Die im Verlauf eines Jahrhunderts auf dem Gebiet des Archivwesens gesammelten Erfahrungen entsprechen nicht zuletzt den politischen und sozioökonomischen Veränderungen, welche nach dem Ersten Weltkrieg in Rumänien stattfanden. Sie führten im Jahre 1925 zur Verabschiedung des ersten Archivgesetzes. Es schuf die Voraussetzungen für den Aufbau und für eine gesicherte Rechtsstellung der rumänischen Archive, legte die Archivierungspflicht für das staatliche Schriftgut fest und regelte die Ausbildung der Archivare. Das Gesetz vertrat den Standpunkt der Dezentralisierung der Archive. Ein entscheidender Schritt auf diesem Wege wurde 1920 getan, als man in Cluj/Klausenburg die erste regionale Archivdirektion ins Leben rief[2]. Ähnliche Behörden wurden in Kišinjev/Chişinău (Bessarabien) und in Černivcy/Cernăuţi/Czernowitz (Bukowina), also in den neuen Provinzen eingerichtet. Anfangs lag der Schwerpunkt auf der Definition des Schriftguts, das dem Archiv übergeben werden sollte und auf dem Archivschutz. Im Jahr 1924 wurde das Presseorgan der Generaldirektion *Revista Arhivelor* geschaffen, die Archivhochschule gegründet und zwei Jahre später, 1926, entstand das Museum der Archive.

Das Archivgesetz aus dem Jahr 1925 ermöglichte den Staatsarchiven während der Zwischenkriegszeit eine vielgestaltige Entwicklung. Das Sammeln und Ordnen, die Deponierung und Verzeichnung anhand von gültigen Archivnormen zwecks wissenschaftlicher Auswertung des Schriftguts standen im Mittelpunkt. Trotz einiger Unzulänglichkeiten des Archivgesetzes von 1925 nahm das rumänische Archivwesen während der Zwischenkriegszeit einen Aufschwung.

Doch wurden diese vielversprechenden Ansätze 1941 mit Rumäniens Eintritt in den Zweiten Weltkrieg zunächst zurückgenommen und dann, nach 1945, zunichte gemacht, da völlig andere Wege beschritten werden mußten. Rolle und Kompetenzen der Staatsarchive wurden nach 1950 allmählich den vom kommunistischen System erzwungenen neuen Erfordernissen angepaßt. Es kam zu einer übermäßigen Zentralisierung und zur Überbetonung politischer, wirtschaftlicher, sozialer und kultureller Einzelaspekte. Die Beschlüsse, Befehlsanordnungen und Dekrete aus der Zeitspanne 1951–1989 mit Bezug auf die Archive, darunter das letzterlassene Dekret Nr. 472/1971 wirkten alle in Richtung einer Konzentration des Schriftguts in den Staatsarchiven. Weder die ursprünglichen Körperschaften, die Archive angelegt hatten, noch die derzeitigen Besitzer von Archiven wurden dabei berücksichtigt. Die gesetzlichen Vorschriften beschränkten das Recht zu Schen-

[2] Bis zum Jahr 1920 gab es in Siebenbürgen kein in dieser Art vergleichbares, zentrales Staatsarchiv. Das Schriftgut wurde von den Stellen, bei denen es angefallen und gesammelt worden war, auch verwahrt, seien das nun religiöse Institutionen und zentrale Einrichtungen wie die Fürstliche Kanzlei, das Gubernium, die Tabula regia (aus deren Beständen Budapest 1875, nach dem Ausgleich, Teile übernahm) oder die Archive regionaler und anderer weltlicher Körperschaften wie die der Komitate, der Sächsischen Nationsuniversität, der Rathäuser.

kung und Verkauf auf wenige Institutionen, die allein Archivmaterial besitzen durfen. So wurde das Recht zur Übernahme von Archivmaterialien auch auf jene Institutionen ausgedehnt, die traditionsgemäß ein Recht zur Aufnahme, zum Sammeln und Aufbewahren von Dokumenten besaßen wie z. B. die Zentral- und Universitätsbibliotheken, die Museen und auch die Bibliothek der Rumänischen Akademie mit ihren Kreisfilialen. Selbst Kirchen-, Gemeindeund Familienarchive wurden nicht verschont, sie mußten das Schriftgut mit historischem Bezug abliefern. Ausgenommen blieben laut Gesetz die Archive der zentralen und lokalen Parteiorgane mit ihren Untergliederungen wie Gewerkschaften, Jugend- und Studentenorganisationen. Auch einige Ministerien und kulturelle Institutionen mit besonderer Breitenwirkung wie das Museum für Geschichte und das Institut für die Geschichte der Kommunistischen Partei Rumäniens blieben unangetastet.

Im Zeitraum 1945 bis 1989 beeinflußten die neuen gesetzlichen Maßnahmen und Veränderungen den Zugang zum Schriftgut negativ. Besondere Vorschriften bezüglich der Bildung des sogenannten „Spezialfond“ und interne Regelungen betreffend die Forschungsbedingungen in Archiven führten zur massiven Beschränkung des Zugangs für Forscher aus dem In- und Ausland.

Das Dekret Nr. 472/1971 über den Nationalen Archivbestand sah u.a. die Anbahnung und Förderung von Beziehungen zu ausländischen Organisationen vor. Bezweckt wurde ein regerer Informationsfluß zwischen den Archiven und die Beschaffung von Mikrofilmkopien im Wege des Tausches. Bereits 1950 hatte es schüchterne Ansätze in diese Richtung gegeben. Ein beachtlicher Ausbau erfolgte in den sechziger und siebziger Jahren, um im darauffolgenden Dezennium völlig einzuschlafen. Die Isolierung Rumäniens war somit auch auf dem Gebiet des Archivwesens deutlich erkennbar, da die Archivare an den Arbeiten der internationalen Kommissionen nicht mehr teilnehmen durften. Diese negativen Aspekte, die sich in den letzten Krisenjahren des kommunistischen Regimes noch zuspitzten, haben unsere Institution besonders schwer getroffen. Um der Wahrheit willen und weil man Tatsachen nicht verleugnen oder entstellen möchte, muß man auch von einem positiven Beitrag der Archivare zur Weiterentwicklung des rumänischen Archivwesens in diesen schweren Jahren berichten. Sie erzielten manchen Fortschritt beim Ordnen, Verzeichnen und wissenschaftlichen Auswerten des verwahrten Schriftguts, sie veröffentlichten Bestandsübersichten, sachthematische Inventare, Urkundenbücher, Kataloge u. ä. für eine Reihe von Beständen, die z. Z. über 240.000 lf. Meter und 30.000 Fonds zählen. Auch muß die Hilfestellung erwähnt werden, die sie jenen leisteten, die in staatlichen Institutionen und Betrieben — unter Anleitung und Kontrolle seitens der Staatsarchivare — die Archivierung der eigenen Bestände vorzunehmen hatten. In diesem Zeitraum wurden über 25 neue Zweckbauten für Archive errichtet, alte Gebäude renoviert und sie alle mit zweckdienlichem Mobiliar und anderen Einrichtungen ausgestattet. Es waren Jahre, die im Zeichen der Abkapselung, der Übergriffe und der Isolierung standen, Jahre, in denen die selbstverständlichen Menschenrechte eingeschränkt waren. Für Archivare war das, trotz des starren Systems, das ihnen seine Normen und Beschränkungen aufzwang, auch eine Zeit intensiver Tätigkeit im Archiv.

„Die Archive“, heißt es im Bericht des Internationalen Archivkongresses zu Montreal vom 7. bis 11. September 1992, „waren von den Ereignissen in Zentraleuropa direkt und unmittelbar betroffen“[3]. In Rumänien hatten die Ereignisse vom Dezember 1989 direkte und sofortige Auswirkung auf die gesamte Institution, so etwa auf die Beziehungen zwischen Staatsarchiv und ziviler rumänischer Gesellschaft. Öffnung und Transparenz waren geboten, was in der heutigen Lage von großer Bedeutung ist. Weitere Maßnahmen wurden geplant; sie beziehen sich insbesondere auf die künftige Neuordnung des gesamten Archivsystems, dessen Grundlegung in einem neuen Archivgesetz zu sehen ist, das internationalen Normen zu entsprechen hat.

Als öffentliche Institution müssen die Staatsarchive allen in gleicher Weise den Zugang zur Information sichern und gewähren. So ergab sich als erste Maßnahme naturgemäß die Entpolitisierung der Institution und des Personals, was zur Entlassung aller Militärangehörigen führte. Weitere Sofortmaßnahmen, bei deren Durchführung nicht darauf gewartet werden konnte, daß das rumänische Parlament das neue Archivgesetz verabschiedete, waren die Regelung des Zugangs zum Schriftgut entsprechend internationalen Gepflogenheiten für in- wie auch für ausländische Forscher sowie die rasche Wiederherstellung von Beziehungen und Kontakten zu gleichartigen Institutionen und zu deren Archivaren in anderen Ländern. Zu Beginn des Jahres 1992 wurde der sogenannte „Spezialfonds“ aufgelöst. Anschließend übernahmen die Staatsarchive das Schriftgut des Zentralkomitees der Rumänischen Kommunistischen Partei, der Kreis-, Munizipal- und Kommunalbehörden sowie die Archive des Innenministeriums und der *Securitate*[4], insofern sie historischen Wert besitzen. Die Bearbeitung dieser Archive — Erfassen, Werten, Ordnen, Verzeichnen — bildet derzeit unsere Hauptaufgabe, zumal dieses Archivgut unsere Zeitgeschichte der letzten fünfzig Jahre enthält, und die Öffentlichkeit auf unmittelbaren Zugang drängt. Der Austritt aus der quasi-totalen Isolierung, in der sich Rumänien jahrelang befand und die neuerliche Vertretung der rumänischen Staatsarchive bei den internationalen Foren waren zwingend erforderlich. Inzwischen hat Rumänien wieder Anschluß an diese archivarischen Organisationen gefunden und mit ihnen Tausch- und Kooperationsabkommen geschlossen. Rumäniens Archivare möchten ihre in der Zeit des Schweigens eigens gewonnenen Erkenntnisse in diese globale Kooperation einbringen.

Zu sofortigem Handeln drängte ferner die erforderliche Wiederzulassung eines Hochschullehrgangs für Archivare, nachdem die Hochschule für das Archivwesen 1950 geschlossen worden bzw. in ein „Ausbildungszentrum“ namens „Nationale Schule für archivische Fortbildung“ umgewandelt worden war. Ferner mußte die Zeitschrift *Revista arhivelor* inhaltlich verbessert werden. Weitere Publikationen, die die Wege archivalischer Forschung und Ermittlung ebnen sollen, wurden geplant, so daß seit dem Jahr 1992 drei neue Zeitschriften erscheinen: *Buletin de in-*

[3] *Buletin de informare şi documentare arhivistică.* Bucureşti 3(1992) S. 22–24.

[4] Laut Gesetz Nr. 14/1992 wurde das von der ehemaligen *Securitate* abgelegte Schriftgut mit einer Sperrfrist von 40 Jahren versehen.

formare şi documentare arhivistică, Anuarul Arhivelor Statului din România und *Din tainele arhivelor.* Zweck dieser Publikationen ist es, die Öffentlichkeit mit den Besonderheiten unserer Arbeit bekannt zu machen, aber auch mit der Institution des Archivs selbst als wichtigstem Datenspeicher der Vergangenheit sowie mit dem Inhalt der dort verwahrten Bestände. Von nicht minderem Interesse war es, die Öffentlichkeit mit der Stellung des Archivars und seiner Rolle in der Gesellschaft näher vertraut zu machen und ihm die erforderliche Anerkennung zu sichern. Seit dem 28. Dezember 1992 gibt es die „Gesellschaft der Archivare und der Freunde des Archivs" als juristische Körperschaft, die die Berufsinteressen der Archivare vertritt.

*

Eine der wichtigsten Aufgaben war jedoch die Ausarbeitung eines Gesetzesentwurfs betreffend den nationalen Archivbestand, denn nur damit kann die Tätigkeit der Staatsarchive insgesamt auf festen Rechtsgrund gestellt werden. Mit vorbereitenden Arbeiten dafür hatte die Generaldirektion in Bukarest im Jahre 1991 begonnen und dem Parlament im Verlauf des Folgejahres den Entwurf zur Beratung vorgelegt. Die Regierung stimmte ihm in der Sitzung vom 14. Oktober 1992 zu, und der Senat erklärte ihn 1993 für rechtskräftig. Zur Zeit muß die Deputiertenkammer noch über den Entwurf beschließen, ehe er nach Veröffentlichung im Amtsblatt in Kraft treten kann. Das neue Archivgesetz geht von folgenden Voraussetzungen aus: die Tradition des rumänischen Archivwesens, die Empfehlungen seitens des Internationalen Archivrates (I.A.R.) bezüglich neuer Regelungen auf internationaler Ebene sowie die Anregungen der *Table Ronde* (Dresden, 1990), den Zugang zum archivierten Schriftgut durch Zusammenarbeit mit anderen öffentlichen Institutionen und mit Privatpersonen zu erleichtern.

Auf den Inhalt des neuen Archivgesetzes, die künftige Benennung und das Verwaltungsstatut der Staatsarchive können hier nicht näher eingehen, auch nicht auf die einer Klärung harrende Frage, ob die Staatsarchive eine Behörde im Verband des Innenministeriums bleiben oder als Nationalarchiv selbständig bestehen werden. Einige der anvisierten Regelungen seien jedoch anschließend hervorgehoben.

Allgemein sei darauf aufmerksam gemacht, daß die Artikel des künftigen Archivgesetzes durch ihre Konzeption und ihren Inhalt eine klarere und strengere Darlegung archivischer Prinzipien und Begriffe sichern, und daß den provenienzbildenden Institutionen und auch den privaten Archivbesitzern ein eigenes Betätigungsfeld eingeräumt wird. Eine weitere wichtige Regelung bezieht sich auf die Einteilung des Schriftguts in zwei Kategorien: öffentliche Dokumente, für die die Staatsarchive eine verwaltungsmäßige und archivschützende Funktion ausüben, und die als „historische Archive" eingestuften Privatarchive, die ebenso dem gesetzlichen Schutz unterliegen und deren Vernichtung, Veränderung oder Verbringung außer Landes untersagt ist.

Eine neue Bestimmung in der archivgesetzlichen Regelung nimmt Bezug auf die Archive der im Ausland wirkenden rumänischen Institutionen, auf die Privatbestände von Persönlichkeiten und auf die von rumänischen Institutionen geschaffenen Archive, die unter bestimmten Bedingungen außerhalb der Landesgrenzen bestehen. Ein weiterer Punkt bezieht sich auf die Verpflichtungen der bestandsbildenden Institutionen bezüglich Erfassung, Bewahrung, Ordnung, Verzeichnung und Konservierung ihres archivwürdigen Schriftguts — gemeint sind Staatsbetriebe und Institutionen — sowie auf die Rechte und Pflichten der physischen und juristischen Personen, die Schriftgut von historischem Belang als ihr privates Eigentum besitzen können.

Abschließend ist festzustellen, daß die einstmaligen Beschränkungen beseitigt sind und die bislang registrierten Neuregelungen nur dank des Umbruchs in Rumänien möglich wurden.